JN235975

教師の
コミュニケーション
事典

監修 **國分康孝**
　　 國分久子

編集 佐藤勝男
　　 加勇田修士
　　 水上和夫
　　 佐藤節子
　　 明里康弘
　　 石黒康夫
　　 植草伸之
　　 朝倉一隆
　　 苅間澤勇人
　　 粕谷貴志

図書文化

まえがき

　教育の役に立つカウンセリング，教育者でなければできないカウンセリング，これが教育カウンセリングのモットーである。

　本事典の監修者・編者は，すべて教育カウンセリングの実践者・研究者である。1対1の面接だけでなく，授業・学級経営・キャリア教育・サイコエジュケーション・特活（グループワーク）・保護者や地域の連携・チーム支援など，面接室外の日常生活場面で能動的にかかわっていく。このような形態が教育カウンセリングの特徴である。

　これらの形態に共通する要素は，コミュニケーションである。いわゆるカウンセリングもコミュニケーションであるが，コミュニケーションはカウンセリングの上位概念である。カウンセリングは，①リレーションづくり，②問題の把握，③問題解決に有効なコミュニケーション（介入）を行うが，これがコミュニケーションのすべてではない。

　現実原則を提示する，児童生徒の能力を伸ばす，保護者の苦情にこたえる，会議の司会をする，上司に提案する，同僚の同意をとりつけるなどもコミュニケーションである。

　すなわち，コミュニケーションとは，相互にメッセージ（コミュニケーションの内容）をシェアすることによって，自分あるいは相手，または自分と相手の両方の思考・感情・行動の変容を意図する人間関係である。例えば，期末試験の成績を子どもに伝えた場合に，子どもが意欲的に学習にとりかかるとすれば，コミュニケーションの効果があったわけである。もし子どもに何の変化も生じなければ，そのコミュニケーションは効果がなかったことになる。

　本事典は，「どういうときに，どういう人（あるいはグループ）に，どういうメッセージを，どういう方法で（言語・非言語）コミュニケートするのが効果的か」を提唱する『教師の指南番』である。是々非々をクリアにする辛口のコミュニケーションもあれば，支持・共感を伝える甘口のコミュニケーションもある。この柔軟なプリンシプルを，監修者はアレン・アイビイのマイクロカウンセリングのモットーに示唆を得て

次のように設定した。曰く，

  Which message
   for which purpose
    to which individual（group）
     by which way
      under what conditions.

　教師に期待される好ましいコミュニケーションとは，問題解決・問題の予防・教育開発の役に立つコミュニケーションである。役に立つとは，人の思考・感情・行動の変容に効率的かつ効果的（efficient and effective）という意味である。本事典が全国4万の小学校・中学校・高等学校の「元気のもと」になることを願っている。

　最後になったが，本事典出版の企画者東則孝氏と東氏を支えた編集部の渡辺佐恵さん，牧野希世さん，菅原佳子さんに心からご苦労さまでしたと申し上げたい。また，私どもと直接間接にゆかりのある編者と執筆者が，監修者の意図を忠実に具現化してくださったことをありがたく思っている。

　『構成的グループエンカウンター事典』に続けて『教師のコミュニケーション事典』をサポートしてくださった図書文化社の工藤展平代表取締役社長と村主典英常務取締役，中川輝雄出版部取締役の「時代のアセスメント」の的確さに敬意を表して本事典の「まえがき」を閉じたい。

　　　2005年5月

           監修者　國分康孝 Ph. D.
              國分久子 M. A.

主要目次 『教師のコミュニケーション事典』

第1章 コミュニケーションの基礎
▶教師に必要なコミュニケーション／20 ▶コミュニケーションの理論と技法／28 ▶非言語的コミュニケーション／44 ▶コミュニケーションの手段／49 ▶コミュニケーションの諸問題／57 ▶新人教師のコミュニケーションABC／62

第2章 子どもへの日常的な働きかけ
▶あいさつ・声かけ／70 ▶話を聞く／77 ▶ほめる／83 ▶注意する・しかる／86 ▶伝える／91 ▶授業／93 ▶学級経営／109 ▶生徒指導／131

第3章 一人一人の子どもへのかかわり
▶ほめる・はげます／146 ▶注意する（礼儀）／151 ▶注意する（規範）／156 ▶注意する（対人関係）／168 ▶注意する（非行）／185 ▶自信をつける／194 ▶いやす・助ける／198 ▶教師との関係／213

第4章 子ども集団への対応
▶ほめる／220 ▶注意する／223 ▶グループを育てる／239 ▶さまざまな問題／245

第5章 保護者とのコミュニケーション
▶コミュニケーションの基本／252 ▶コミュニケーションの手段／260 ▶日常のコミュニケーション／274 ▶リレーションづくり，協力体制の確立／286 ▶子どもに関する教師からの報・連・相／293 ▶子どもに関する保護者からの報・連・相／306 ▶保護者の状況別コミュニケーション／326 ▶家庭環境に関する変化・問題／343 ▶コミュニケーションの諸問題／353

第6章 同僚とのコミュニケーション
▶基本的なコミュニケーション／360 ▶教職員との人間関係づくり／376 ▶仕事上のマナーとコツ／386 ▶仕事上のコミュニケーション／394 ▶同僚への配慮・相談／408 ▶私的なコミュニケーション／416

第7章 管理職とのコミュニケーション
▶管理職からのコミュニケーション／426 ▶管理職へのコミュニケーション／454

第8章 地域とのコミュニケーション
▶基本的なコミュニケーション／478 ▶地域とのコミュニケーションの土台／483 ▶日常のコミュニケーション／495 ▶行事を通じたコミュニケーション／505 ▶商店街・事業所とのコミュニケーション／513 ▶防災・安全対策を通じたコミュニケーション／516 ▶組織・施設を通じたコミュニケーション／519

第9章 専門機関とのコミュニケーション
▶医療・福祉に関する連携／532 ▶不登校に関する連携／544 ▶非行・問題行動に関する連携／551 ▶進路指導に関する連携／563 ▶特別支援教育に関する連携／568

『教師のコミュニケーション事典』
詳細目次

まえがき／1
目次／3
本書の使い方／18

第1章 コミュニケーションの基礎

▼教師に必要なコミュニケーション
1 教師のコミュニケーションとは何か／20
2 柔軟なコミュニケーション／21
3 コミュニケーションの流れ／22
4 リレーションづくり（流れ①）／23
5 現在地の確認（流れ②）／24
6 対応策づくり（流れ③）／25
7 コミュニケーションのパターン／26
8 パターンの使い方／27

▼コミュニケーションの理論と技法
9 カウンセリング理論・技法の活用／28
10 受容・共感／30
11 アイメッセージ／31
12 質問技法／32
13 自己開示／33
14 介入（けんかの収め方）／34
15 情報提供／35
16 助言／36
17 説得／37
18 指示／38
19 対決／39
20 行動理論的アプローチ／40
21 精神分析的アプローチ／41
22 実存主義的アプローチ／42
23 一般意味論からのアプローチ／43

▼非言語的コミュニケーション
24 表情／44
25 声の出し方／45
26 物理的距離／46
27 ジェスチャー（身振り手振り）／47
28 マナー／48

▼コミュニケーションの手段
29 会話／49
30 スピーチ・あいさつ／50
31 電話／51
32 手紙／52
33 Eメール／54
34 ビデオ／56

▼コミュニケーションの諸問題
35 回避したくなる／57
36 後悔する／58
37 遠慮してしまう／59
38 過剰にかかわる／60
39 攻撃的になる／61

▼新人教師のコミュニケーションABC
40 あいさつの仕方／62

41 子どもへの基本的な態度／63
42 同僚との関係／64
43 上司との関係／65
44 電話のかけ方・受け方／66
45 服装で気をつけること／67
46 同僚や上司の紹介で気をつけること／68

第2章 子どもへの日常的な働きかけ

▼あいさつ・声かけ
1 あいさつ／70
2 気にかかる子どもへのあいさつ／71
3 面識のない子どもへのあいさつ／72
4 名前の呼び方／73
5 子どもへの声かけ／74
6 小グループの子どもたちへの声かけ／75
7 気になる子どもへの声かけ／76

▼話を聞く
8 話を聞く／77
9 小グループの子どもたちの話を聞く／78
10 面識のない子に話しかけられたとき／79
11 子どもの訴えや相談を聞く／80
12 子どもから聞き出す／81
13 発表・意見を聞く／82

▼ほめる
14 ほめる／83
15 ほめるところの見つけ方／84
16 効果的なほめ方／85

▼注意する・しかる
17 注意する基本とコツ／86
18 熱心なあまりルール違反をしたときの注意／87
19 しかる／88
20 しかっても効果が見られないとき／89
21 いまの子に通じにくい言葉・接し方／90

▼伝える
22 伝え方／91
23 子どもが動く指示のコツ／92

▼授業
24 授業ルールの定着／93
25 チャイム着席の習慣化／94
26 指名の仕方／95
27 発表・発言の活性化／96
28 学びを深める発問／97
29 間違えた発言の受け止め方／98
30 机間指導／99
31 ノート指導とコメント／100
32 作品へのコメント／102
33 ティームティーチング／104
34 個別指導／105
35 離席への対応／106
36 不規則発言への対応／107

- 37 話を聞けない子への対応／108

▼学級経営
- 38 学級経営方針の説明／109
- 39 教師の立ち方・座り方／110
- 40 学級を育てる担任の態度／111
- 41 学級マナーの育て方／112
- 42 聞く力の育て方／113
- 43 返事のさせ方／114
- 44 学校の規則の指導／115
- 45 遊びの育て方／116
- 46 掲示物・作品展示のあり方／117
- 47 教室の美化と改善／118
- 48 宿題や提出物の期限の守らせ方／119
- 49 班活動の改善／120
- 50 係活動の支援／121
- 51 席がえの仕方／122
- 52 朝の会でのコミュニケーション／123
- 53 帰りの会でのコミュニケーション／124
- 54 昼食でのふれあい／125
- 55 日記・連絡帳でのコミュニケーション／126
- 56 手紙でのコミュニケーション／128
- 57 部活動を通じた担任のコミュニケーション／130

▼生徒指導
- 58 整列のさせ方／131
- 59 注目のさせ方／132
- 60 朝礼でのルール指導／133
- 61 新入生オリエンテーションでのルール指導／134
- 62 遅刻指導／135
- 63 頭髪・服装指導／136
- 64 非行（触法行為）の予防／137
- 65 問題行動を指導するときの話し方／138
- 66 問題行動の事実確認の方法／139
- 67 指導を受け入れない子との人間関係づくり／140
- 68 あきらめやすい子の耐性の育て方／141
- 69 反省文の書かせ方／142
- 70 非行を思いとどまらせる「心のブレーキ」／143

第3章 一人一人の子どもへのかかわり

▼ほめる・はげます
- 1 がんばっている子／146
- 2 努力が成果として現れた子／147
- 3 結果は出ないが努力している子／148
- 4 生活態度に成長が見られた子／149
- 5 まじめな子への配慮／150

▼注意する（礼儀）
- 6 あいさつをしない子／151
- 7 ポケットに手を入れたままあいさつをする子／152
- 8 靴のかかとを踏んでいる子／153
- 9 教師にタメ口をきく子／154
- 10 言葉遣いが乱暴な子／155

▼注意する（規範）
- 11 遅刻した子／156
- 12 私語をする子／157
- 13 忘れ物をする子／158
- 14 宿題を提出しない子／159
- 15 食事のマナーが悪い子／160
- 16 マンガなど不要物を持ってきた子／161
- 17 服装が乱れ始めた子／162
- 18 携帯電話を持ってきた子／163
- 19 茶髪に染めた子／164
- 20 ルール違反の服装をしている子／165
- 21 落書きをする子／166
- 22 学校の物をすぐ壊す子／167

▼注意する（対人関係）
- 23 思いどおりにならないと暴力をふるう子／168
- 24 キレやすい子／169
- 25 思い込みの強い子／170
- 26 相手の話を聞かない子／171
- 27 ちょっかいを出す子／172
- 28 じっとしていられない子／173
- 29 すぐ教師のところに来る子／174
- 30 わがままな子／175
- 31 人を冷やかす子／176
- 32 陰口を言う子／177
- 33 仲間はずれにする子／178
- 34 いじめたことを認めない子／179
- 35 ほかの教師の悪口を言う子／180
- 36 注意されてふてくされる子／181
- 37 注意されてカッとなる子／182
- 38 注意されて泣いてしまう子／183
- 39 注意されて人のせいにする子／184

▼注意する（非行）
- 40 深夜徘徊をする子／185
- 41 万引きをした子／186
- 42 喫煙をする子／187
- 43 援助交際をする子／188
- 44 非行グループと接触している子／189
- 45 暴走族に勧誘されている子／190
- 46 暴走族からの離脱を考えている子／191
- 47 非行グループからの連れ戻し／192
- 48 反省の色が見えない子／193

▼自信をつける
- 49 静かで目立たない子／194
- 50 人目を気にする子／195
- 51 仲間に入れない子／196
- 52 すぐに「どうせできないから」と言う子／197

▼いやす・たすける
- 53 元気がない子／198
- 54 悩みがありそうな子／199
- 55 保健室によく行く子／200
- 56 リストカットをする子／201
- 57 前の日にしかった子／202

- 58 ほかの教師に強くしかられた子／203
- 59 昨日休んだ子／204
- 60 久しぶりに登校してきた子／205
- 61 学習につまずいている子／206
- 62 学校を辞めようとしている子／207
- 63 友達のいいなりになる子／208
- 64 友達に貸したお金が返ってこない子／209
- 65 いじめを訴える子／210
- 66 迷惑を被っている子／211
- 67 児童虐待を受けている恐れがある子／212

▼教師との関係

- 68 教師となんとなくうまくいかない子／213
- 69 教師に反発し口答えをする子／214
- 70 教師に対して横柄な態度の子／215
- 71 ほめても素直に受け取らない子／216
- 72 教師と疎遠な子／217

第4章 子ども集団への対応

▼ほめる

- 1 クラス全員の協力や努力をほめる／220
- 2 全員の前で子どもをほめる／221
- 3 学級のいい雰囲気をほめる／222

▼注意する

- 4 男女の仲が悪い学級／223
- 5 見て見ぬふりをする学級／224
- 6 掃除に取り組まないグループ／225
- 7 全校集会でだらだらしているグループ／226
- 8 けじめのない学級／227
- 9 いじめをしているグループ／228
- 10 ほとんどの者がいじめに加担している学級／229
- 11 正義が通らない学級／230
- 12 教室で窃盗が発生した学級／231
- 13 遅刻の多い学級／232
- 14 教師によって態度を変える学級／233
- 15 授業態度が落ち着かない学級／234
- 16 荒れ始めた学級の再出発／235
- 17 校則違反が目立つ学級／236
- 18 非行を繰り返すグループ／237
- 19 教師に反発するグループ／238

▼グループを育てる

- 20 リーダーシップが発揮されていないグループ／239
- 21 グループ同士が対立している／240
- 22 班長だけががんばっている／241
- 23 グループをかわりたいと言ってきたとき／242
- 24 グループ学習が進まない／243

25	手順を示しても話し合いができないグループ／244	28	いじめが学級で起きたとき／247
		29	しらけて元気がない学級／248
▼さまざまな問題		30	行事で負けて意気消沈している学級／249
26	級友の不登校についての学級への説明／245	31	行事に消極的な学級／250
27	級友が再登校するときの学級への説明／246		

第5章 保護者とのコミュニケーション

▼コミュニケーションの基本
1 保護者とのコミュニケーションの基本／252
2 保護者面談の基本／253
3 保護者の変化への対応／254
4 保護者の願いや不安への応え方／255
5 考え方の違い・意見の対立への対応／256
6 保護者とのリレーションづくり／257
7 言葉遣い・敬語／258
8 学級経営方針の理解を得る／259

▼コミュニケーションの手段
9 電話／260
10 緊急連絡網／262
11 連絡帳／263
12 手紙／264
13 お知らせ／266
14 学級通信／268
15 保護者会／269

16 三者面談／270
17 来校依頼／271
18 家庭訪問／272
19 緊急保護者会／273

▼日常のコミュニケーション
20 保護者からの欠席連絡／274
21 欠席した子どもの保護者への連絡／275
22 早退する子どもの保護者への連絡／276
23 体調不良の子どもの保護者への連絡／277
24 様子が気になる子どもの保護者への連絡／278
25 家庭訪問や保護者面談の日程調整／279
26 健康診断結果（受診勧告）の連絡／280
27 補習授業の連絡／281
28 長期休業・臨時休業に入るときの連絡／282

- 29 親子行事・ゲストティーチャーの協力依頼／283
- 30 反応の少ない保護者への連絡／284
- 31 学校開放などで来校した保護者への対応／285

▼リレーションづくり，協力体制の確立
- 32 年度始めの関係づくり／286
- 33 学級懇談会の工夫／287
- 34 個別配慮の依頼があったとき／288
- 35 保護者との連携で進める個別的な支援／289
- 36 子育ての悩みへの対応／290
- 37 不登校の子どもの保護者への対応／291
- 38 発達障害をもつ子どもの保護者への対応／292

▼子どもに関する教師からの報・連・相
- 39 校内で事件を起こしたときの連絡／293
- 40 子ども同士が被害・加害であるときの連絡／294
- 41 いじめの報告／295
- 42 危険な遊びの報告／296
- 43 器物破損の報告／297
- 44 異性関係の問題に関する相談／298
- 45 警察による補導の報告／299
- 46 けがをして救急車を要請するときの連絡／300
- 47 リストカットの報告／301
- 48 問題行動に関する来校の要請／302
- 49 基本的な生活習慣確立への協力要請／303
- 50 保護者と子どもの進路希望不一致／304
- 51 学級崩壊の報告・説明／305

▼子どもに関する保護者からの報・連・相
- 52 家出の連絡／306
- 53 不登校の相談／307
- 54 いじめの訴え／308
- 55 ほかの子どもの問題行動についての苦情／309
- 56 騒がしい級友についての苦情／310
- 57 ほかの保護者についての苦情／311
- 58 保護者同士の人間関係についての相談／312
- 59 学習指導についての苦情／313
- 60 通信簿についての苦情／314
- 61 学級経営についての苦情／315
- 62 部活動についての苦情／316
- 63 部活動の親の会からの要請／317
- 64 帰宅時間についての苦情／318
- 65 校則についての苦情／319
- 66 修学旅行についての苦情／320
- 67 学校の事件対応についての苦情／321
- 68 他校の教育活動と比較しての苦情／322
- 69 クラスがえについての要望／323
- 70 管理職に向けられた教師に対する苦情／324
- 71 ほかの教師に対する苦情／325

▼**保護者の状況別コミュニケーション**

72 年上・年下の保護者／326

73 いつも連絡がとれない保護者／327

74 うまくかかわりがもてない保護者／328

75 かたくなな保護者／329

76 子どもを否定的にとらえる保護者／330

77 母子家庭・父子家庭の保護者／331

78 祖父母への対応／332

79 親以外の保護者／333

80 養育役割を果たしていない保護者／334

81 保護者が地域の有力者のとき／335

82 教師を軽視する保護者／336

83 学校の意義を認めない保護者／337

84 学校よりも塾を優先する保護者／338

85 なんとなくうまくいかない保護者／339

86 精神疾患のある保護者／340

87 宗教的な理由で行事への参加を拒む保護者／341

88 授業参観中に私語をする保護者／342

▼**家庭環境に関する変化・問題**

89 保護者が入院するとき／343

90 家庭に不幸があったとき／344

91 家族の変化があったとき／345

92 保護者の会社が倒産したとき／346

93 未納金支払いの督促／347

94 生活保護（就学援助費）の申請を勧めるとき／348

95 消費者金融からの電話／349

96 虐待が疑われるとき／350

97 保護者の精神疾患が疑われるとき／351

98 家庭内の問題を相談されたとき／352

▼**コミュニケーションの諸問題**

99 保護者からもらい物／353

100 保護者からの私的な誘いを断る／354

101 匿名の苦情／355

102 毎日さまざまな苦情を寄せる保護者／356

103 子どもたちの行動に対する苦情／357

詳細目次

第6章 同僚とのコミュニケーション

▼基本的なコミュニケーション
1 あいさつ／360
2 会話／361
3 電話の取り次ぎ／362
4 来客の取り次ぎ／363
5 時間に対する意識／364
6 退校／365
7 出張／366
8 急な早退・遅刻／367
9 年休／368
10 長期の休暇／369
11 頼む／370
12 断る／371
13 教えてもらう／372
14 感謝を伝える／373
15 苦言を呈する／374
16 苦言を受ける／375

▼教職員との人間関係づくり
17 先輩教師とのつきあい／376
18 後輩教師とのつきあい／377
19 学年団の教師とのつきあい／378
20 教科団の教師とのつきあい／379
21 校務分掌組織内のつきあい／380
22 養護教諭とのつきあい／381
23 事務職員とのつきあい／382
24 技能士とのつきあい／383
25 給食・図書担当職員とのつきあい／384
26 業者とのつきあい／385

▼仕事上のマナーとコツ
27 書類の整理・保管／386
28 日直当番／387
29 職員室での気配り／388
30 会議への参加／389
31 プレゼンテーション／390
32 行事の準備・実施／391
33 授業研究チーム／392
34 授業研究会参加のマナー／393

▼仕事上のコミュニケーション
35 職員室での会話／394
36 学年団の方針を無視する同僚／395
37 共同の仕事に協力しない同僚／396
38 締切を守らない同僚／397
39 口出しの多い同僚／398
40 かかわりをもちたがらない同僚／399
41 うわさ・中傷を流す同僚／400
42 仕切りたがる同僚／401
43 言葉遣いが乱暴な同僚／402
44 セクハラまがいの言動／403
45 つまらない冗談ばかり言う同僚／404
46 私的な話題が多い同僚／405
47 服装がふさわしくない同僚／406
48 仕事が遅い同僚／407

▼同僚への配慮・相談
49 オープンスペースでの授業の配慮／408

50 自信を失っている同僚への対応／409
51 授業が騒がしい同僚への対応／410
52 問題を抱え込む同僚への対応／411
53 保護者の対応を相談する／412
54 子どもへの対応を相談する／413
55 生徒指導の相談を受ける／414
56 指導の限界を感じるとき／415

▼私的なコミュニケーション
57 同僚にお祝い事があるとき／416
58 同僚に不幸があったとき／417
59 お金を貸してと言われたとき／418
60 品物の購入を勧められた／419
61 私的なつきあいを断るとき／420
62 研修会に誘うには／421
63 飲み会に誘うには／422
64 職員室で疎外感を感じるとき／423
65 ギャンブル好きな同僚／424

第7章 管理職とのコミュニケーション

▼管理職からのコミュニケーション
1 緊急時における上部機関への報告／426
2 職員からの報告を受ける／427
3 上部機関からの指示の伝え方／428
4 会議で職員の意見を覆す／429
5 体罰予防の指示／430
6 体罰をした教師への対応／431
7 体罰を受けた子どもの保護者への対応／432
8 不登校の子どもを抱えた担任への対応／433
9 不登校の子どもを抱えた保護者への対応／434
10 不登校対応のための校内チームワーク／435
11 指導不服従の子どもを抱えた担任への対応／436
12 指導不服従の子どもの保護者への対応／437
13 指導不服従対応のための校内チームワーク／438
14 出張を命じた教師への声のかけ方／439
15 年休取得した教職員への声のかけ方／440
16 授業のほめ方／441
17 教職員とのあいさつ／442
18 管理職から教職員へのリレーションづくり／443
19 保護者からの苦情の聞き方／444
20 子どもからの苦言の聞き方／445
21 不公平を訴える教職員への対応／446
22 服装頭髪指導をしたがらない教師への対応／447

- 23 服装・言動がふさわしくない教師への対応／448
- 24 休みがちな教師への対応／449
- 25 校長から教頭へのリレーションづくり／450
- 26 教頭から校長へのリレーションづくり／451
- 27 セクハラで苦情が寄せられた教師への対応／452
- 28 遅刻を繰り返す生徒についての相談を受ける／453

▼管理職へのコミュニケーション
- 29 管理職へのお願いの仕方／454
- 30 報告書等の決裁の受け方／455
- 31 意に染まない注意を受けたとき／456
- 32 管理職と意見が対立したとき／457
- 33 校内で起きた事件の報告・相談／458
- 34 校外で起きた事件の報告・相談／459
- 35 リストカットの報告・相談／460
- 36 警察に補導された子どもの報告／461
- 37 家出した子どもの報告／462
- 38 不登校気味の子どもの報告・相談／463
- 39 保健室を頻回利用する子どもの報告・相談／464
- 40 死にたいと訴える子どもの報告・相談／465
- 41 専門家の判断が必要な子どもの報告・相談／466
- 42 退学したいと言う生徒の相談／467
- 43 部活動をやめたいと言う生徒の報告・相談／468
- 44 在学のまま結婚を申し出る生徒の報告／469
- 45 保護者からの苦情の報告・相談／470
- 46 子どもが校内でけがをしたときの報告／471
- 47 保護者からむずかしい相談を受けたとき／472
- 48 話を聞かない保護者についての相談／473
- 49 虐待が疑われる保護者についての報告・相談／474
- 50 同僚とうまくいかないときの相談／475

第1章

コミュニケーションの基礎

▶教師に必要なコミュニケーション

基礎1 教師のコミュニケーションとは何か

場面例とポイント

授業中何度注意しても私語がやまない。どうしたら教師と子どものコミュニケーションが成り立つか。

❶こちらに目を向けさせる

「静かになるまで授業を始めません」。教師の声さえ通らないときは，カードで示すか板書する。とくにうるさい子どもには近づいて，「話をやめられない理由がありますか」と聞く。

❷アイメッセージで主張する

全員が注目したことを確認する。「授業が進めにくいです。授業を受けたい人が十分に勉強できる学級にしたいのです。勉強したい人がしたくない人にじゃまされるなんておかしいでしょう。もっと静かにできませんか。（間）このような状態で聞いてくれたらとてもうれしいですね」

考え方

教師が発したメッセージは，必ずしも意図したとおりに相手に伝わっているとはかぎらない。一方的なメッセージ，一方的な指導の場合は，コミュニケーションは成立しているとはいえない。コミュニケーションが成立していれば，思考・感情・行動の変容が起きるはずである。

よって教師は「コミュニケーションが成り立っているのか。どうしたら成り立つか」を常に考慮する必要がある。

例えば冒頭例のように，子どもたちが騒がしいときに，教師が大声で注意してもコミュニケーションは成立しない。一時的に静かにはなるが長続きせず，行動に変容が起こらないのである。

そこで相手に話を聞く体勢をつくらせて，教師がアイメッセージで語るのが，コミュニケーションの基本である。

①こちらに目を向けさせる

こちらの話がどのように相手に伝わっているかをまず意識する。相手の状態をとらえて，聞く体勢をつくらせる。

高圧的に押さえつけて静かになっても，心が離れていては授業の効果は望めない。子ども自身が納得して変容することをめざしたい。手間はかかっても根気強く働きかけることが必要である。

②アイメッセージで主張する

主張すべきことをひるまずに主張し続けるには，アイメッセージが有効である。子どもとの関係を壊さず，父性原理を発揮できる。アイメッセージとは，「(1)事実（私語）→(2)その影響（人に迷惑）→(3)こちらの気持ち（困っている）」から成り立つ。(3)には，教師の誠実さと子どもへの配慮や肯定的な感情，愛情を込める。「困るんだ」「心配なんだよ」「うれしいよ」と表現される。

もしそれでも私語をやめない子どもがいた場合，「何か話をやめたくない理由でもあるのかな」などの質問技法に切り替える。質問技法とアイメッセージの繰り返しでかかわりを深めていく。

❗ 質問とアイメッセージを繰り返して，両者が満足すること。

〈参考文献〉 T. ゴードン『T. E. T 教師学』小学館

（加勇田修士）

▶教師に必要なコミュニケーション

基礎 2　柔軟なコミュニケーション

場面例とポイント

A先生は小5のB男に1日に5～6回カミナリを落とす。B男の行動はおさまるどころかエスカレートする一方だ。

❶発想を転換し，やり方を変える

いままでのやり方に固執せず，違った方法を試す。例えば，「○○したらダメ」と否定的な言葉かけをしていたものを「○○したほうがいいんだよ」とする。肯定的な言い方をして，望ましい反応に導く。「○○したら，友達はいやな気持ちになるよ」とその子どもの行動の影響を話して，教える。

❷見方を変え，いいところに焦点化

目の前の不適切な行動も，見方を変えれば指導のきっかけとなり，成長へのチャンスともなる。できるだけ肯定的な雰囲気づくりを心がけ，子どものよい面を取り上げて評価したり，集団の中で認めたりする。

考え方

コミュニケーションの方法は，相手にとってふさわしいことが必要である。いまとっている方法が通じない（ミスマッチしていた）相手に対しては，やり方を変える柔軟性が大切である。

①発想を転換し，やり方を変える

冒頭の例では，AD/HD（注意欠陥・多動性障害）などの可能性も考える必要がある。ただし専門医の診察は込んでいて予約は何か月も待たされる。それからの実践では遅すぎる。いっぽう特別支援教育のスキルは，障害のない子に適用した場合でも，大きな効果が期待できることが知られている。そこで，A先生とB男のコミュニケーションの必要性と意義を考えて，手間はかかるが特別支援教育のスキルを用いるようにしたところ，B男は「○○すればよいのだ」と理解できるようになった。

こうした教師の発想の転換は，周囲の子どもたちにとっても模倣の対象（モデル）になる。クラスではB男に対して「○○してくれない？」「協力しようよ」などという会話が増えた。

②見方を変え，いいところに焦点化

相手の望ましい行動を増やすには，お互いに気持ちが通じ合う，良好な人間関係を形成することが必要である。

そのためには，肯定的な関係づくりを行い，いいところをほめることで，適切なコミュニケーションを増やしていく。

わかりやすいほめ方が基本であるが，意外性のある対応をしたり，全体の中でさりげなくほめたり，他の子どもからの伝聞としてほめたりするなど，不適応の度合いや成長に合わせて工夫する。

とくに問題を起こしていないときや授業に参加しているだけでも，「あたりまえ」とせずほめるとよい場合がある。しかる必要がある場合は，アイメッセージを使う（31ページ参照）。

> ❗ 過去と他人は変えられない。変えられるのは自分と未来である。

（加勇田修士）

1章　コミュニケーションの基礎

▶教師に必要なコミュニケーション

基礎3 コミュニケーションの流れ

場面例とポイント

欠席が長く続いている子どもの母親が相談に来校する。話し合いはどのような流れで進むのが望ましいか。

❶リレーションづくり

「いまどんなことで困っていますか」と質問して、それに対する話をひたすら聞く。まず信頼関係をつくる。

❷現在地の確認

「いま、お子さんは○○だと思いますか」と現在の状態・問題点を確認する。

❸対応策づくり

「次の面談日までに、これから申し上げる『3つのお願い』を試していただくのはどうでしょう」と提案するなどして、対応策を話し合う。

考え方

コミュニケーションの流れは、コーヒーカップ方式という3段階が基本である。まず(1)相手との間に信頼関係をつくることから始め、(2)何が問題かを明らかにし、(3)今後の対応策を共に検討していく流れをつくる。浅い話題から始め、次第に深め、また現実的な話題に戻る。

①リレーションをつくる
③問題を解決する
②問題をつかむ
コーヒーカップ方式

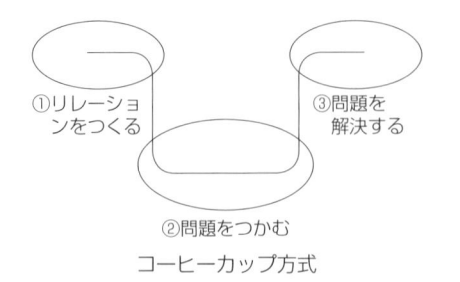

①リレーションづくり

リレーションとは、「安心して自分の本音を語れる信頼関係」のことである。冒頭のように、相手が問題に巻き込まれていて不安でたまらない状態にある場合に、ひたすら話を聴くことで相手の気持ちを受け止める。

「このままでいいものかどうか不安なんです」などと、本音が語られるようになったところで現在地の確認に入る。

②現在地の確認

話題となっていることについて「いまどのような状態にあるのか」「何が問題なのか」を話し合う。冒頭例の場合「不登校の要因として、情緒的エネルギーが十分に補給されていないからだと考えられるようですが、いかがでしょう」などと双方が納得できるように煮詰める。

そして「では、具体的にはどうしたらいいでしょうか」と今後の話へと進む。

③対応策づくり

実現できる程度の具体的な対応策を決めて実行に移す。冒頭例では、「子どもにエネルギーを与えるかかわり方」として3項目をお願いした。(1)親が先回りせず「子どもの人生は子どもが主人公であること」を徹底する。(2)子どもが話しかけてきたら真剣に聞き、評価はしない。(3)試行錯誤を認め、悩むことを支持し、子どもと共に揺れ動くように心がける。

❗決め手は、「私はあなたの味方です」という雰囲気づくり。

〈引用文献〉 國分康孝『カウンセリングの技法』誠信書房

(加勇田修士)

▶教師に必要なコミュニケーション

基礎 4 リレーションづくり（流れ①）

場面例とポイント

授業時間にトイレに隠れている子どもを見つけた。ふだんはしっかり者の子どもである。どうやってトイレから出させるか。

❶相手の身になる

「よかった，ここにいたんだ」「探したよ」「心配していたよ」など，おだやかな口調と表情で声をかけながら，ゆっくり近づいて心的距離を縮める。

❷肯定的な働きかけ

「だいじょうぶ。心配しなくていいよ」などと話しかけ，やさしく肩や腕，手などに触れる。

❸言行一致

「何があったのか話してほしいけど，どうかな」「どうしてここにいるのか教えてくれないかな」など，本気で理解したい気持ちを言葉や表情で伝える。

考え方

リレーションとは，安心して自分の本音を語れる信頼関係のことであり，すべての人間関係のスタートである。

例えば，トイレに隠れていた子どもと教師にリレーションができて，「この先生なら自分のことをわかってくれる」という信頼が得られたならば，不安や緊張は緩和され，コミュニケーションが始まる。コミュニケーションは，まずリレーションをつくり，その後に現在地の確認，対応策づくりへと進むのが基本である。

①相手の身になる

授業を抜け出した子どもは，しかられはしまいかとビクビクしている。怒りで興奮していたり，悲しみに打ちひしがれているかもしれない。そう予想されるとき，「何をしているんだ！」とどなっても逆効果である。トイレから出そうとするなら，トイレに隠れなければならない心情を理解するところから始める。

②肯定的な働きかけ

リレーションをつくる方法としては，話しかける，近寄る，触る，見守るなど，言語・非言語の両面に及ぶさまざまな方法がある。

いずれの方法を用いるにしても，肯定的な身体的・心理的はたらきかけ（ストローク）を行うことが基本である。

ユーモアを交えるとより効果的である。例えば，「そんなに居心地がいい場所なの」と言いながら教師もトイレの中に入り，子どもの隣に立つ。「よーし，今日は２人でトイレの花子さんしようか」などと，臨機応変な対応が生きる。

③言行一致

ここでは教師の言行が一致していることに気をつけたい。言葉では「心配していたよ」と言いながら，声色や表情で「何をやっている！」というメッセージが見て取れるような裏面（ダブルバインド）があってはならない。子どもは非言語コミュニケーションに敏感である。

> ❗ 短時間で自分の味方だと思わせる。本音で語り，本気でつきあう。

（片山養子）

1章　コミュニケーションの基礎

▶教師に必要なコミュニケーション

基礎5 現在地の確認（流れ②）

場面例とポイント

「疲れた」と言って保健室に来たが、あまり話そうとしない子どもを、養護教諭はどう理解し、どうやって現状を把握するか。

❶観察による理解

身体の基本的な状態を示すバイタルサイン（体温、呼吸、脈拍、血圧）などに注目し、視診・触診で観察し、応答による問診を行う。

❷会話による理解

「疲れているようだけど何かあったの。よかったら話してみない。一緒に考えたいし、早く楽になってほしいから」。

会話が成り立たない場合は、「心の地図」など、会話以外の媒介を活用する。

考え方

コミュニケーションにおいて、リレーションが形成できたら、次は「現在地の把握」を行い、今後の対応策につなげる。

相手を的確に理解し、現在地を把握するには、面接法・検査法・調査法・観察法などさまざまな方法を用いる。

しかしいずれも万能ではない。何を理解しようとするのかを明確にして、相手の特性を踏まえ、最終段階の「対応策づくり」に役立つ方法を用いる。

なお、子どもに対する理解は、援助を行う手だてとすると同時に、子どもの自己理解を促進し、自己洞察を促せるようなものでありたい。

①観察による理解

観察を生かして、実際に起こっている身体の症状や、体が表現している意味を理解する（非言語コミュニケーション）。

冒頭例の「疲れた」と言ったきりの子どもには、診る、触る、言葉かけによって、バイタルサインから把握する。まず器質的な異常の有無を確認し、体の痛みを取り除くことを優先する。

②会話による理解

会話が可能な場合は、開かれた質問（イエス・ノーで答えられない質問）やアイメッセージなど、カウンセリング技法を活用して相手の言いたいことや問題の背景を明確化する。

会話が苦手な子どもには、道具を使ったアプローチが有効である。筆談のようにして紙に書く、人形を使って会話するなど、さまざまな工夫が考えられる。

本事例では、いまここでの心を聞くため、A4の紙の真ん中にハートの絵が描いてある「心の地図」を使用した。「この中にいまの気持ちを形や面積で表すよ。先生は、いまはAさんのことが心配って気持ちがいちばん大きいなあ。それからおなか空いたっていう感じもちょっぴりある」と説明をかねて、やってみせる。

その後子どもに用紙を与え、静かに自分の心を見つめさせる。描き上がった図から、教師が気にかかる点を聞いていく。

> ❗ 相手の何を理解したいのかを明確にする。わかったつもりにならない。

（片山養子）

▶教師に必要なコミュニケーション

基礎 6 対応策づくり（流れ③）

場面例とポイント

合唱コンクールの朝練習に参加しないA男がいる。級友の説得にも応じない。担任は感情的になって言い争いになった。

❶子どもの気持ちを受容する

「朝の練習に来なかったようだけど、どうしたの」と聞く。

❷教師の気持ちを表現する

「クラスのみんなが一生懸命に練習しているので、A男君が朝の練習に来ないと、どうしたかなって心配になった」

❸要求を明確に伝える

「朝早いのはたいへんだと思うけどクラス全員のことだから来てほしいと思う」

❹問題解決の提案をする

「お互いの考えを出し合って、うまく行く方法を一緒に見つけよう」

❺解決案を多数出す

「寝坊するのが心配なら友達に電話してもらう」「朝練習を充実させる方法を話し合う」など

❻解決策を評価し決定する

「無理なくできそうなものは、B君に電話で起こしてもらうことと、学活で練習方法を再検討することだから、まずはこの2つからやってみよう」

考え方

子どもが従ったようにみえても、教師の権威に屈しただけの場合は多い。この場合、行動変容も一時的なばかりか、教師への信頼感は消え、関係は悪化する。

子どもと教師の要求がぶつかるときには、勝ち負けのない解決が必要である。勝ち負けのない解決とは、お互いの要求を出し合い、そこから解決策をできるだけ多く見つけ、最後にその中から決定して実行するという問題解決方法である。

①子どもの気持ちを受容する

感情的にならず、まず聞く。

②教師の気持ちを表現する

アイメッセージで気持ちを伝える。

③要求を明確に伝える

「○○してほしい」と要求を明確に伝える。

④問題解決の提案をする

話し合う姿勢があることを教師が示すことから、双方が納得する解決が可能となる。具体的な話し合いの方法を示すことで、両者の協力が必要であることを理解させ、意欲をもたせたい。

⑤解決案を多数出す

ブレーンストーミングのイメージで、解決につながると思える方法をたくさん出し合う。ここでも評価はしない。

⑥解決策を評価し決定する

ここで初めて評価が行われる。この評価は、教師の一方的な価値観によるものではない。お互いを理解し合いながら、教師と子どもが協力して納得のできる方法を選ぶのである。

> ❗ 教師と子どもが互いに納得できる解決策を、協力して見つける。

（阿部明美）

▶教師に必要なコミュニケーション

基礎 7 コミュニケーションのパターン

場面例とポイント

突然，子どもが校則違反の茶髪にしてきた。子どもを呼び出して面接することになったがどうするか。

❶受身的コミュニケーション

「君が突然，茶髪にしてきてびっくりしたよ。どうしたんだい？」と質問して，子どもの気持ちや考えを引き出す。そして「なるほど，そういう気持ちがあったんだ」と子どもの気持ちを明確化する。

❷能動的コミュニケーション

「正直，君が突然茶髪になってびっくりしている。茶髪は校則違反だから，そのままだと処罰を受けるかもしれない。私はそれが心配だ。だから髪を染め直してほしいんだ」とアイメッセージを用いて，教師の願いや気持ちを伝える。

❸解決をめざすコミュニケーション

受け入れ可能な解決策や選択肢を列挙し，勝ち負けのつかないゴールをめざす。

考え方

相手の状況に応じてコミュニケーションをするには，状況に応じて，「受身的コミュニケーション」と「能動的コミュニケーション」と「解決をめざすコミュニケーション」を使い分ける。むずかしい問題も，この原理でねばり強くかかわっていくことで解決に近づいていく。

①受身的コミュニケーション

質問技法で相手の気持ち，考え，ビリーフを引き出しながら明確化し，相手を受容するパターンのことである。これは相手の意見や思いを聞き，引き出し，受け入れるというコミュニケーションである。

コップの水があふれそうなとき，さらに新しい水を注ぐには，まずあふれんばかりの水をこぼすことが必要である。同様に，ネガティブな感情や反抗心で子どもがいっぱいになっているときは，まず受身的コミュニケーションを多用しながら，子どものネガティブな感情や反抗心を吸い取ることが重要である。心の余裕が生まれれば，教師の願いや気持ちに耳を傾けられる。

②能動的コミュニケーション

教師の意見や思いを述べ伝え，相手に対決するパターンである。これを，アイメッセージ（31ページ参照）で行う。

アイメッセージで対決するときは「あなたのことを大切に思っている。でも，あなたの言っていることは間違っていると思うので同意できない」と，人格を否定せず，問題のある行為について教師がどう感じているかを伝える。「間違ったことをするあなたはだめな人間だと思う」などの人格を否定する迫り方をしてはならない。好意的な感情に基づく自己開示によってコミュニケーションが深まり，プラスの関係が生じる。

③解決をめざすコミュニケーション

25ページの⑤⑥を参照。

> ❗ 相手の状況を見て，コミュニケーションを使い分ける。

（小暮陽介）

▶教師に必要なコミュニケーション

基礎 8 パターンの使い方

場面例とポイント

突然，子どもが校則違反の茶髪にしてきた。子どもを呼び出して面接することになったが反抗的である。どうするか。

❶受身的コミュニケーションを用いる
「一体どうしたんだい？　その髪は？」
「大変だったろう，そこまで髪を染めるのは。どうして染めようと思ったんだい？」

❷能動的コミュニケーションに転換する
「君の考えはわかった。けどそのままだと校則違反で何らかの処罰があるかもしれない。そうなったら先生は残念だ。だから髪を染め直してほしいんだ」

❸再びパターンを転換する
まだ子どもが反抗的であったり不満そうだったら，「髪を染め直すことに何かありそうだね？　教えてくれるかい？」と受身的コミュニケーションに切り替える。

❹転換を繰り返して，ふれ幅を小さく
「君の気持ちはわかった。でも君がこのままだと処罰されることが心配なんだ」と能動的コミュニケーションを用いる。

❺解決をめざすコミュニケーション
「髪を染め直す？　それとも切ってくる？　いつまでにしてくる？」

考え方

相手に応じたコミュニケーションとは，相手の状態に合わせて「受身的コミュニケーション」「能動的コミュニケーション」のパターンを切り替え，徐々にふれ幅を狭めながらコミュニケーションを深め，「解決をめざすコミュニケーション」に至ることである。1つのパターンで押し通すことではない。

①受身的コミュニケーションを用いる
まず受身的コミュニケーションを用い，子どもが茶髪に対してどう考えているかを，質問技法を活用しながら聞く。

②能動的コミュニケーションに転換する
ある程度，子どもの考えや気持ちが理解できたら，能動的コミュニケーションに切り替える。アイメッセージを用いて教師の気持ちや願いを伝える。

③再びパターンを転換する
アイメッセージを展開している途中で，相手の気持ちが高ぶったり，ネガティブな感情に支配されてしまったら，質問技法に切り替えて，落ち着かせる。

④転換を繰り返して，ふれ幅を小さく
あせらずに何度もパターンを切り替え，互いに納得できるまで話し続ける。

順調にいけば，能動性の高いアイメッセージから問題解決的なアイメッセージに，受容性の高い質問技法から問題解決的な質問技法に雰囲気が変わってくる。

⑤解決をめざすコミュニケーション
双方が歩み寄り，解決しなければという思いが出てきたら，互いの一致点を見つけ対応を進める。2つのパターンのどちらにも偏らない，淡々としたコミュニケーションである。受け入れ可能な解決策や選択肢を列挙し，問題を解決する。

> ❗ 納得できるまでパターンを転換し，ねばり，折り合いをつける。

（小暮陽介）

基礎 9　カウンセリング理論・技法の活用

▶コミュニケーションの理論と技法

場面例とポイント

高3のA子が、突然「秋の遠足には行きません」と言ってきた。父子家庭なので背景に何か事情があるのでは、と察し、とにかく話を聞く必要性を感じた。

❶アセスメント（受身的技法の例）

「ふだんの君から考えれば、急に遠足に行かないと言い出したのは何か事情があるんじゃない？　よかったら話してくれないかなあ」

❷適切な理論・技法による対応

弟が暴走族を抜けようとしても毎晩嫌がらせがあって眠れないうえ、家事もしなければならず、疲れきってしまったというA子の訴えを聞き、気持ちを受容して労をねぎらった。

考え方

コミュニケーションを深めるには、受身的コミュニケーションと、能動的コミュニケーションを柔軟に活用する（26、27ページ参照）。その具体的な進め方として、カウンセリングの理論・技法が有効である。「受身的コミュニケーション」に適する理論・技法と、「能動的コミュニケーション」に適する理論・技法を、次ページ「技法の連続性モデル図」の縦軸に整理した。

①アセスメント

まず相手の状態をアセスメントし、相手に合ったコミュニケーションのパターンを選んで対応する。

A子の場合、いつもの様子と違っていたので、事情があって気持ちのうえでの混乱があるのではないかと思われた。

相手が興奮状態にあるときは、質問技法などの受身的技法で受容共感しながら、リレーションをつくるところから始めるとよい。そこで、受身的技法でまずA子の話を聞くようにした。

②適切な理論・技法による対応

(1)受身的技法

受身的技法は、相手の話をひたすら聞く「受容」や、「繰り返し」「明確化」「支持」「質問」などの技法のことである。受身的技法で対応されることで相手は落ち着き、信頼感が生じやすくなる。場合によっては、話を聞いてもらうだけで、相手が自ら問題を解決することもある。

A子の場合は、ひたすら話を聞いてあげたところ、翌日「遠足に行きます」と言って申込用紙を提出した。聞いてもらうことで情緒エネルギーが補給され、疲れやイライラが解消されたのだろう。

ところでA子の場合は、能動的な技法を用いて、「なぜそんなことを急に言い出すんだ」としかれば、的外れなコミュニケーションになり、A子は違った態度をとっただろう。

相手に応じて、受身的コミュニケーションか、能動的コミュニケーションかを見定めるには、相手がどの程度こちらの援助を必要としているのか把握する視点が必要である。それが右図の横軸である。『学校心理学』（石隈利紀）から援用

〈参考文献〉　國分康孝『カウンセラーのための6章』誠信書房　P.34より
アイビイ著　福原真知子ほか訳『マイクロカウンセリング』川島書店

している。

- 一次的関与…すべての子どもがもつ発達上のニーズに対する日常的な対応
- 二次的関与…援助する必要の大きい一部の子どもに対する個別的な対応
- 三次的関与…重大な援助を要する特定の子どもに対し，計画的・組織的に応じる

(2) 能動的な技法

能動的技法には，こちらの考えや感情を前面に押し出し，相手に理解を求める「対決」「説得」「指示」などがある。能動的な技法で対応することで，相手はどうしたらよいかが明確にわかる。それに従うことで問題が解決されて，感情的なわだかまりも解消することがある。

相手の意思に任せていては身動きできない場合など，能動的技法が有効である。

J大学外国語学部を志望するB子（高3）から進路指導室で質問を受けているとき（情報提供×一次的関与→図中B），「スランプが続き，欠席も増えて卒業が危なくなってきた」と相談を受けた（受容と質問×二次的関与→図中D）。

その後，B子は休みがちになり，鬱状態となったためにクリニックを紹介したところ，危機的な状態からは脱した（ケースワーク×三次的関与→図中I）。

元気になってからの進路相談で，「一流大学に入らなければこの世で生きる意味はない」という思い込みが強かったので，論理療法を使ってイラショナルビリーフを修正する練習をした（説得×二次的関与→図中F）。その結果，志望校の幅が広げられるようになるとともに，表情が明るくなり欠席もなくなった。

カウンセリング技法の連続性モデル

[援助技法]	カウンセリング技法（背景の理論）	一次的関与	二次的関与	三次的関与
能動的 ↑	契約履行（行動療法，現実療法など） 現実原則提示（現実療法） 環境修正（ケースワーク） 対決（実存主義的アプローチ） 説得（論理療法） 指示（行動療法，ゲシュタルト療法）	C	F	I
	助言（交流分析） フィードバック（特性・因子論） 自己開示（実存主義的アプローチ） 解釈（精神分析） 教示・説明（交流分析） 情報提供（特性・因子論） 焦点合わせ（マイクロカウンセリング）	B	E	H
↓ 受身的	質問（来談者中心療法） 支持（〃） 明確化（〃） 繰り返し（〃） 受容（〃）	A	D	G

予防開発的 ←―― [援助レベル] ――→ 治療的

（加勇田修士）

▶コミュニケーションの理論と技法

基礎 10　受容・共感

場面例とポイント

宿題をやってこない子どもに何度もきつく指導しているが、「英語なんかやっても意味がない」とふくれてにらむ。

❶現実原則を示す

集団の前では「宿題はやってこなくてはいけません。あなたのために出しています」のように現実原則から入ることが多いが、できるだけ子どもと2人になるチャンスをつくる。

❷話のきっかけをつくる

「ところで、英語なんかやっても意味がないと言ったけど、もう少し詳しく話してくれるかな」「むずかしくてやろうとしてもできないということもあると思うけど、どうかな」

❸受け止める（受容・共感）

この子のことをわかりたいという願いをもって真剣に聞く。こちらの気持ちを率直に伝える。「なるほど、そういう理由があったんだね」「あなたの気持ちがわかったよ」

考え方

反抗は、教師に甘えたい、コミュニケーションをとりたい、という気持ちの反動形成と考えられる。コミュニケーションできるようにして、という非言語的メッセージである。そこで、だめなものはだめと言いながらも、そうせざるを得ない子どもの気持ちや状況を、当を得た質問によって聞き出すことが必要である。

ありのままの子どもを評価なしでそのまま受け止め、よくわかると感じる点を率直に伝えるのが受容・共感である。これによって子どもが自分を否定せず、現状の自分をありのままに受け止め、行動を改善し成長していくことが可能になる。

①現実原則を示す

初めに現実原則を示すことで、受け入れられない事実があることを明確にする。子どもの不愉快で失礼な態度にも、動揺せず落ち着いて話す。感情的にならず、事実のみを指摘するよう注意する。

②話のきっかけをつくる

質問は「あなたのことをもっと知りたい」というメッセージである。

③受け止める（受容・共感）

子どもの行動は間違っている。しかし、だからだめな子ということは、けっしてない。子どもの目をしっかり見て、真剣に話に耳を傾ける。やがてそうせずにはいられない苦しさが伝わってくる。「なるほど、あなたの気持ちがよくわかった」「そういうときもある」「私にも経験がある」「宿題をやってこられないのはつらいことだね」などの表現で、そのとき教師が共感したことを、心をこめて伝える。ありのままの子どもを受け止めたとき、子どもがほんとうに求めていたコミュニケーションが成立する。子どもは必ず前に向かって進みだす。

❗治そうとするな。わかろうとせよ。

（阿部明美）

▶コミュニケーションの理論と技法

基礎 11 アイメッセージ

場面例とポイント

ある子どもが，期限が過ぎても提出物を出さないので困っている。

❶互いに見えるように向かい合う

その子どもときちんと向かい合って話し合えるように態勢をつくる。他の子どもがいない場所を設定する。

❷教師のアイメッセージ

子どもは緊張しているので，いきなりアイメッセージを伝えるのではなく，前言をおくとよい。「君に聞いてほしいことがあって来てもらったんだ」というようなものである。「実は，君が提出物を出していないので，成績がつけられなくて困っているんだ。私は君がもっている力をきちんと知って成績をつけたいんだ」

考え方

自分を伝えなければコミュニケーションにはならない。教師は教えることを仕事としているのだから，自己表現を豊かにしたほうがよい。子どもへの配慮や関心を理解してもらえないからである。

①「わたし」を主語にする

アイメッセージは自分の考えや気持ちを伝えて，相手の理解を求めるものである。したがって主語は「わたし」になる。そのように思っているのはだれなのかがはっきりとわかるように表現しなければならない。

「あなた」を主語にした表現はユーメッセージである。「～しなさい」という命令や「～するものなのだ」という説教などは，すべてユーメッセージである。ユーメッセージでは，自分のほんとうの気持ちを伝えることをしていない。

ユーメッセージはアイメッセージに変えることができる。「提出物を期限までに出すというのは常識だよ」を「君が期限を守らなくても平気な人になるようなことを，私はしたくないんだ」というようにである。

②アイメッセージをつくるヒント

米国のトマス・ゴードンはアイメッセージを5つに分類して実際に表現しやすくしている。(1)宣言は，自分の意見や気持ちを率直に表現することである。(2)予防は，否定的な感情にならないように自分のことを予告することである。例えば「用事は早めに言ってもらえるとありがたい」というようになる。(3)肯定は，「君が来てくれたので安心したよ」というように，相手の行動によって自分に肯定的な感情が動いた場合に表現する。(4)と(5)は相手の行動とその影響，自分の感情の三部で構成される。(4)対決は，自分に影響があって困る場合，「授業中におしゃべりをしているとやりにくくて困るんだ」というようになる。(5)価値観に影響を与えるは，「おしゃべりをしていると君がわからなくなるのではないかと心配だ」というように，相手に影響が出てくる場合のものである。

❗ アイメッセージに対する子どもの反発を受け止めてあげること。

〈参考文献〉　近藤千恵監修，高野利雄著『先生のためのやさしい教師学による対応法』ほんの森出版

（髙野利雄）

▶コミュニケーションの理論と技法

基礎 12 質問技法

場面例とポイント

なかなか話をしない子ども，話しづらそうにしている子どもに対してどうしたらよいか。

❶**相手をより理解するための質問**

何のための質問かを明確にする。

❷**コミュニケーションの実際**

(1)開かれた質問：「君がお母さんについて思っていることを，どんなことでも話してみてくれる？」

(2)閉ざされた質問：「君のお母さんは小言の多い人なんだね」

(3)うながす質問：「君のお母さんが言ったことを，もう少し聞かせてくれる？」

(4)明確化する質問：「お母さんにそう言われたとき，君はどんな気持ちになるの？」

(5)確認する質問：「君はお母さんのことを，うるさくていやだと感じているんだね」

(6)沈黙の打開：「いま，どんなことを考えているの？」「話しづらいのかな？」

考え方

同じ子どもでもよく話せるときとそうでないときがある。また，話すことが苦手な子どももいる。質問技法は子どもの考えや気持ちを表現させてリレーションをつくり，子ども理解を深める有効な方法である。

①何のために質問するのか

まず質問者の好意的態度・姿勢が必要である。質問が子どもをより理解しようとするものか，教師の関心を満たそうとするものかによって，その内容も仕方も違ってくる。質問技法は，相手をより理解するために情報収集をする目的で行う。明確化と確認については傾聴技法でもあるが，実際のコミュニケーションの流れの中に続いてくるので，ここでは広げておくことにする。

②コミュニケーションを進展させる

質問→回答→別の質問→回答→別の質問のように繰り返されていると，そこにパターンが形成されてしまう。子どもには自ら話そうとする意欲が生まれてこないので，コミュニケーションが成立しない。例えば，開かれた質問→回答→明確化・確認の質問→回答→うながす質問→回答→閉ざされた質問というように，場の必要に応じて質問技法の種類を活用していくとよい。

話せないでいる子どもの場合は，答えやすくするために，初めは閉ざされた質問をすることも有効である。しかし，これは話させられているとか，詰問されていると誤解され，子どもに否定的感情を生みだすこともある。

沈黙はそれ自体が何かの表現であると受け止めて，開かれた質問やうながす質問を使って打開することができる。

❗ 質問技法のサイクルをイメージして活用する。

（髙野利雄）

している。
- 一次的関与…すべての子どもがもつ発達上のニーズに対する日常的な対応
- 二次的関与…援助する必要の大きい一部の子どもに対する個別的な対応
- 三次的関与…重大な援助を要する特定の子どもに対し，計画的・組織的に応じる

(2)能動的な技法

能動的技法には，こちらの考えや感情を前面に押し出し，相手に理解を求める「対決」「説得」「指示」などがある。能動的な技法で対応することで，相手はどうしたらよいかが明確にわかる。それに従うことで問題が解決されて，感情的なわだかまりも解消することがある。

相手の意思に任せていては身動きできない場合など，能動的技法が有効である。

J大学外国語学部を志望するB子（高3）から進路指導室で質問を受けているとき（情報提供×一次的関与→図中B），「スランプが続き，欠席も増えて卒業が危なくなってきた」と相談を受けた（受容と質問×二次的関与→図中D）。

その後，B子は休みがちになり，鬱状態となったためにクリニックを紹介したところ，危機的な状態からは脱した（ケースワーク×三次的関与→図中I）。

元気になってからの進路相談で，「一流大学に入らなければこの世で生きる意味はない」という思い込みが強かったので，論理療法を使ってイラショナルビリーフを修正する練習をした（説得×二次的関与→図中F）。その結果，志望校の幅が広げられるようになるとともに，表情が明るくなり欠席もなくなった。

カウンセリング技法の連続性モデル

[援助技法]	カウンセリング技法（背景の理論）	一次的関与	二次的関与	三次的関与
能動的 ↑	契約履行（行動療法，現実療法など） 現実原則提示（現実療法） 環境修正（ケースワーク） 対決（実存主義的アプローチ） 説得（論理療法） 指示（行動療法，ゲシュタルト療法）	C	F	I
↑↓	助言（交流分析） フィードバック（特性・因子論） 自己開示（実存主義的アプローチ） 解釈（精神分析） 教示・説明（交流分析） 情報提供（特性・因子論） 焦点合わせ（マイクロカウンセリング）	B	E	H
↓ 受身的	質問（来談者中心療法） 支持（　〃　） 明確化（　〃　） 繰り返し（　〃　） 受容（　〃　）	A	D	G

予防開発的 ←　[援助レベル]　→ 治療的

（加勇田修士）

▶コミュニケーションの理論と技法

基礎 10 受容・共感

場面例とポイント

宿題をやってこない子どもに何度もきつく指導しているが、「英語なんかやっても意味がない」とふくれてにらむ。

❶現実原則を示す

集団の前では「宿題はやってこなくてはいけません。あなたのために出しています」のように現実原則から入ることが多いが、できるだけ子どもと２人になるチャンスをつくる。

❷話のきっかけをつくる

「ところで、英語なんかやっても意味がないと言ったけど、もう少し詳しく話してくれるかな」「むずかしくてやろうとしてもできないということもあると思うけど、どうかな」

❸受け止める（受容・共感）

この子のことをわかりたいという願いをもって真剣に聞く。こちらの気持ちを率直に伝える。「なるほど、そういう理由があったんだね」「あなたの気持ちがわかったよ」

考え方

反抗は、教師に甘えたい、コミュニケーションをとりたい、という気持ちの反動形成と考えられる。コミュニケーションできるようにして、という非言語的メッセージである。そこで、だめなものはだめと言いながらも、そうせざるを得ない子どもの気持ちや状況を、当を得た質問によって聞き出すことが必要である。

ありのままの子どもを評価なしでそのまま受け止め、よくわかると感じる点を率直に伝えるのが受容・共感である。これによって子どもが自分を否定せず、現状の自分をありのままに受け止め、行動を改善し成長していくことが可能になる。

①現実原則を示す

初めに現実原則を示すことで、受け入れられない事実があることを明確にする。子どもの不愉快で失礼な態度にも、動揺せず落ち着いて話す。感情的にならず、事実のみを指摘するよう注意する。

②話のきっかけをつくる

質問は「あなたのことをもっと知りたい」というメッセージである。

③受け止める（受容・共感）

子どもの行動は間違っている。しかし、だからだめな子ということは、けっしてない。子どもの目をしっかり見て、真剣に話に耳を傾ける。やがてそうせずにはいられない苦しさが伝わってくる。「なるほど、あなたの気持ちがよくわかった」「そういうときもある」「私にも経験がある」「宿題をやってこられないのはつらいことだね」などの表現で、そのとき教師が共感したことを、心をこめて伝える。ありのままの子どもを受け止めたとき、子どもがほんとうに求めていたコミュニケーションが成立する。子どもは必ず前に向かって進みだす。

❗ 治そうとするな。わかろうとせよ。

（阿部明美）

第8章 地域とのコミュニケーション

▼基本的なコミュニケーション
1 地域の人とのあいさつ／478
2 学校への協力のお願い／479
3 地域と学校のつきあい／480
4 学校便りによる情報発信／481
5 掲示板・ホームページによる情報発信／482

▼地域とのコミュニケーションの土台
6 地域のとらえ方／483
7 指導者としての地域／484
8 だれのための学校か／485
9 学校に対する地域の期待／486
10 学校と地域のつながり／487
11 教師に対する地域の期待／488
12 地域のなかの教師／489
13 地域の一員としての中学生の役割／490
14 学校評議員会を生かした学校経営／491
15 地域の教育力／492
16 地域の声の受け止め方／493
17 地域からの情報収集／494

▼日常のコミュニケーション
18 隣接する家や施設とのつきあい／495
19 町会とのつきあい／496
20 学校への不満の受け止め方／497
21 うわさの広がりへの対応／498
22 地域住民からの苦情への対応／499
23 地域で子どもが事件を起こしたとき／500
24 事件が起きたときの協力要請／501
25 頻繁に苦情を寄せる人への対応／502
26 どなり込んできた人への対応／503
27 プライバシーの守り方／504

▼行事を通じたコミュニケーション
28 学校開放のお願いへの対応／505
29 学校開放利用者との関係／506
30 ゲストティーチャーの協力依頼／507
31 地域の行事への参加／508
32 祭りへのかかわり方／509
33 地域行事での連携（パトロール）／510
34 地域行事への参加を断る／511
35 儀式的行事への招待と参加／512

▼商店街・事業所とのコミュニケーション
36 地域の商店街とのかかわり／513
37 商店街・事業所との連携／514
38 商店街・事業所への職場体験のお願い／515

▼防災・安全対策を通じたコミュニケーション
39 防犯・不審者対策／516
40 地域防災活動へのかかわり／517
41 地域の防災拠点としての学校／518

詳細目次

▼組織・施設を通じたコミュニケーション
- 42 地域組織とのつきあい／519
- 43 地域施設とのつきあい／520
- 44 地域人材の活用／521
- 45 地域との物の貸し借り／522
- 46 地域回覧板の活用／523
- 47 地域掲示板の活用／524
- 48 学区内の小中学校の連携／525
- 49 ジュニアリーダーとの連携／526
- 50 青少年対策地区委員会との連携／527
- 51 保護司との連携／528
- 52 民生委員・児童委員との連携／529
- 53 議員とのつきあい／530

第9章 専門機関とのコミュニケーション

▼医療・福祉に関する連携
- 1 けがや病気に関する病院との連携／532
- 2 救急車の要請／533
- 3 子どもの入院で生じる対応／534
- 4 病院内学級への転校／535
- 5 摂食障害に関する医師との連携／536
- 6 性的暴力の被害に関する連携／537
- 7 発達の遅れに関する連携／538
- 8 就学時検診の結果を受けた連携／539
- 9 虐待の疑いがある場合の連携／540
- 10 家庭の経済的な問題に関する連携／541
- 11 医療・福祉関係の組織・機関／542

▼不登校に関する連携
- 12 不登校についての相談／544
- 13 適応指導教室への通所／545
- 14 ひきこもりに関する連携／546
- 15 家庭内暴力に関する協力要請／547
- 16 不登校関係の組織・機関／548

▼非行・問題行動に関する連携
- 17 非行傾向のある子どもについての相談／551
- 18 万引きの被害店舗への謝罪と対応／552
- 19 家出に関する協力要請／553
- 20 薬物・シンナー乱用に関する問題／554
- 21 警察による補導への対応／555
- 22 警察へのパトロール要請／556
- 23 少年鑑別所・保護観察所・少年院との連携／557
- 24 家庭裁判所との連携／558
- 25 児童自立支援施設との連携／559
- 26 非行・問題行動関係の組織・機関／560

▼進路指導に関する連携
- 27 学校訪問の協力要請／563

28	職場体験学習の協力要請／564	33	特別支援学級への通級に関する連携／569
29	奨学制度の説明とすすめ方／565	34	特別支援教育の基礎知識／570
30	奨学金制度／566	35	特別支援教育関係の組織・機関／574
31	遺児の心のケアプログラム／567	36	特別支援教育での担任の連携相手／576

▼特別支援教育に関する連携

32	軽度発達障害に関する相談／568	

さくいん／578
執筆者紹介／584
編集者紹介／588
監修者紹介／591

本書の使い方

忙しい先生方の緊急度に応じて読むことができます。
　①うまいコミュニケーションをズバリ知りたい　→　場面例とポイント
　②詳しい考え方や留意点をしっかり押さえたい　→　考え方

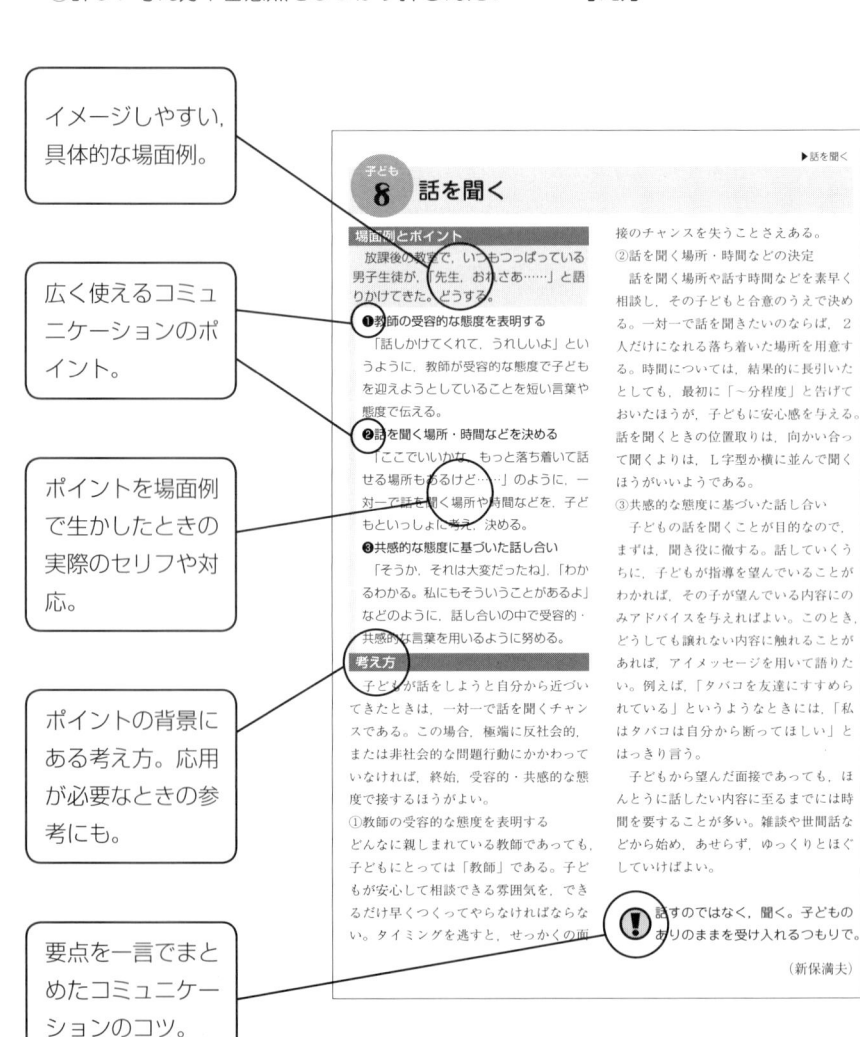

- イメージしやすい、具体的な場面例。
- 広く使えるコミュニケーションのポイント。
- ポイントを場面例で生かしたときの実際のセリフや対応。
- ポイントの背景にある考え方。応用が必要なときの参考にも。
- 要点を一言でまとめたコミュニケーションのコツ。

子ども 8　話を聞く　　　　　　　　　　　　　　　▶話を聞く

場面例とポイント

放課後の教室で、いつもつっぱっている男子生徒が、「先生、おれさあ……」と語りかけてきた。どうする。

❶教師の受容的な態度を表明する
「話しかけてくれて、うれしいよ」というように、教師が受容的な態度で子どもを迎えようとしていることを短い言葉や態度で伝える。

❷話を聞く場所・時間などを決める
「ここでいいかな、もっと落ち着いて話せる場所もあるけど……」のように、一対一で話を聞く場所や時間などを、子どもといっしょに考え、決める。

❸共感的な態度に基づいた話し合い
「そうか、それは大変だったね」「わかるわかる。私にもそういうことがあるよ」などのように、話し合いの中で受容的・共感的な言葉を用いるように努める。

考え方

子どもが話をしようと自分から近づいてきたときは、一対一で話を聞くチャンスである。この場合、極端に反社会的、または非社会的な問題行動にかかわっていなければ、終始、受容的・共感的な態度で接するほうがよい。

①教師の受容的な態度を表明する
どんなに親しまれている教師であっても、子どもにとっては「教師」である。子どもが安心して相談できる雰囲気を、できるだけ早くつくってやらなければならない。タイミングを逃すと、せっかくの面接のチャンスを失うことさえある。

②話を聞く場所・時間などの決定
話を聞く場所や話す時間などを素早く相談し、その子どもと合意のうえで決める。一対一で話を聞きたいのならば、2人だけになれる落ち着いた場所を用意する。時間については、結果的に長引いたとしても、最初に「一分程度」と告げておいたほうが、子どもに安心感を与える。話を聞くときの位置取りは、向かい合って聞くよりは、L字型か横に並んで聞くほうがいいようである。

③共感的な態度に基づいた話し合い
子どもの話を聞くことが目的なので、まずは、聞き役に徹する。話していくうちに、子どもが指導を望んでいることがわかれば、その子が望んでいる内容にのみアドバイスを与えればよい。このとき、どうしても譲れない内容に触れることがあれば、アイメッセージを用いて語りたい。例えば、「タバコを友達にすすめられている」というようなときには、「私はタバコは自分で断ってほしい」とはっきり言う。

子どもから望んだ面接であっても、ほんとうに話したい内容に至るまでには時間を要することが多い。雑談や世間話などから始め、あせらず、ゆっくりとほぐしていけばよい。

(!) 話すのではなく、聞く。子どものありのままを受け入れるつもりで。

（新保満夫）

▶コミュニケーションの理論と技法

基礎
13 自己開示

場面例とポイント

いじめをする子どもへの対応として，構成的グループエンカウンターによる集団体験を活用するとき，教師はどう自己開示をするとよいか。

①信頼関係づくり

いじめていた状況のみで判断して叱責せず「君の言動には，よほどの理由があるようだね」と子どもの心に問いかける。

②自分の行動・思考・感情を語る

「これから『内観』というエクササイズをします。お世話になったこと，迷惑をかけたこと，お返しをしたことを振り返ります。私は小学校4年のとき，クラスでいじめにあい，孤立していました。『死にたい』と思ったこともあり，『学校へ行きたくない』と言って母を困らせました。母はしばらくの間，担任の先生に断って，教室の後ろに座って見守ってくれたことがありました。して返したことはスーパーにお使いに行ったことぐらいでした」と教師が自己開示のモデルを示す。

考え方

自己開示とは，自分の気持ち，考え方をありのままに相手に話すことである。本音を語り，内面をさらけ出すことによって，聞き手の自己変容を導き，深い人間関係をつくることができる。

また教師の自己開示がモデルとなって，子ども同士の自己開示も活発もなる。

①信頼関係づくり

自己開示が効果を発揮するには，まず教師と子どもとの信頼関係（リレーション）を築くことが必要である。平素から子どもの心に真剣に耳を傾け，一個の人格として対応し，一緒に問題を解決していく姿勢が大切である。

②自分の行動・思考・感情を語る

自己開示では自分の行ったこと，考えていること，感じていることを語る。聞いた人には「思考・感情・行動」の3つの心のプロセスを経て自己変容が起こる。

例の場合，構成的グループエンカウンターを継続的に実践し，簡便内観のエクササイズを行った。身近な人に対して「してもらったこと，して返したこと」を振り返り，みんなの前で自分の思いを本音で語り合う（自己開示）ものである。

左のように教師の自己開示がモデルとなって，いじめられた子の自己開示も行われた。これを聞いて，いじめた子どもは「自分自身のいらだちや不満のはけ口にいじめをしてきたが，いじめられた子どもの苦しみ・痛みに気づき（思考），今までの自分が情けなく思えてきて，申し訳ない思い（感情）が湧いてきた」とその場で声にして謝った（行動）。

相手の自己開示にふれることで，自分の考えが修正され，相手の立場を理解し，思いやりの心が生まれ，思考・感情の変容によって，自らの行動を見つめ直し，正しい判断を導くようになるのである。

❗ 心的防衛を乗り越え，自分の欠点をさらしながらも，絆を深める。

（齋藤美由紀）

1章　コミュニケーションの基礎

▶コミュニケーションの理論と技法

基礎 14 介入（けんかの収め方）

場面例とポイント

休憩時間につかみ合いのけんかをしている。どのように対応するか。

❶周囲への指示と冷静な声かけをする

周囲にいる子どもに「ここは先生たちが対応するから、少しの間離れてください」「職員室に行って、先生方を連れてきて」と指示する。

当事者には離れるように指示する。あるいはバケツなどをたたいて、注目を別なものに移すようにする。「お互いの気持ちをじっくり聞くから、いまここでは絶対に手を出してはいけない」と冷静な口調で声かけをする。

❷事実確認する

ある程度興奮状態が収まった時点で、別室に分けて連れていく。また、他の教師は、けんかに至った原因・要因を把握するために、状況を知る子どもから事実確認を同時進行で行う。

考え方

①速やかな状況判断
(1)周囲に対する指導

けんかの当事者たちにとって、騒ぎに駆けつけた周囲の人数が多ければ多いほど、お互いに興奮の度合いがどんどんエスカレートしてくるものである。したがって、傍観者的立場の子どもの存在を、できるだけ減少させるよう配慮する。

(2)当事者たちに対する指導

まず教師は、相手に対しての罵声、暴力といった言動を制止する。つい「やめなさい！」「何をしているのか！」と強い口調で言いがちであるが、できるだけ冷静に淡々とした態度で、言葉を発するほうが望ましい。

これまで経験した多くの事例から、冷静さをもつ第三者の介入によって、当事者たちの心のフラストレーションが沈静化していくようである。

しかし、お互いがかなり興奮して、事態が深刻な状況であれば、早い時点で応援の教師を呼んで来てもらう。自分一人で解決できないこともあることを知っておく必要がある。

②個別対応による事実確認

けんかに至った原因・要因には、言葉の誤解や、自分の言動に収拾がつかなくなってついカッとなってしまったことなどがあるが、双方の主張は異なることが多い。そこで、教師は現象面だけにこだわらず、じっくりとそれぞれの心の内を傾聴していく姿勢をもつことである。この場合、必ず個別対応すること。すべて話し終えた時点で、行動の振り返り、相手への思い（謝罪）、今後の反省事項などを見つけていく作業を一緒に行う。

生徒同士の解決をはかるために、教師は両者の間に入って、それぞれに主張を伝える役をとるのが大切である。

> ❗ 的確な状況判断と、傾聴姿勢で心を察すること。

（齋藤美由紀）

▶コミュニケーションの理論と技法

基礎 15 情報提供

場面例とポイント

保健室に「たばこをやめてと彼女に言われたので，方法を教えてほしい」とA男が来室した。どのような働きかけが適切か。

❶現状把握

「君にとってやりやすい方法を一緒に考えてみよう。そのためにはいまの君のたばこ依存度をチェックしてみよう」

❷自己決定のための説明

「君の依存度は〇〇だね。これからいくつかの禁煙法について説明しますから，君は1つ1つイメージしながらよく聞いて，自分がやってみようと思う禁煙法を選んでください」

❸確認し，解決を見届ける

「君の選んだこの方法が成功するように，しっかり確認していくよ」「大丈夫そうだね。じゃあ成功を祈っています。5日間ぐらいは禁断症状でくじけそうになると思うので，いつでも報告に来てね」

考え方

自分で問題を整理して処理できる子どもに対しては，「情報提供」をするだけで十分である。

情報提供は，相手が何を知りたいのかを正確に把握し，援助ニーズに応じた適切な情報を提供することで，問題解決を効果的に進めるものである。相手の役に立つ情報を提供することが大切である。

本事例では，すでに禁煙動機も明確で，行動を起こす段階まで来ている。そこで，やる気を強化する実行できそうな具体的な情報を提供する。教師は問題解決に意欲的に取り組めるようサポートする。

①現状把握

自ら納得して解決策を選択できるために，双方ともに現状を具体的に把握する。

例の場合，自分の依存度を数値で確認するために，ファガーストロームの質問票を使用し，FTQ指数を求めた。

②自己決定のための説明

相手の不安や疑問・質問に応じながら，自ら納得して選択できる解決策の情報を提示する。わかりやすく簡潔に説明するために，写真・イラスト・図表などを活用する。技法の連鎖（能動的－受動的）を意識して応じるとよい。

例の場合，①ニコチン代替法，②インターネットプログラム，③行動療法，④リラックス法などを提示。依存度が高い場合には禁煙外来によるニコチン代替法が，低中程度の場合には行動療法とリラックス法の併用が効果的であることを説明し，自分に合った方法を自分で決定させる。いわゆるインフォームドコンセント（説明と同意）を成立させる。

③確認し，解決を見届ける

解決策を実行できるように，内容を具体的に確認し，結果を見届ける。シミュレーション，モデリング，リハーサルなどで自信をつけさせることも有効である。

> 正確でわかりやすく，相手の役に立つ情報を提供する。簡にして要を得た伝え方。

（片山養子）

▶コミュニケーションの理論と技法

基礎 16 助言

場面例とポイント

「話ができる友達がいない」と訴える子どもに，どう対応すればよいか。

❶事実を確認する

「友達はほんとうに1人もいないかな？　今日は何人とお話しした？　昨日は？」と聞いてみると，ゼロということはまずない。客観的な事実を確認する。

❷現在の位置を示す

「友達とうまくお話しできたのは，どんなとき？　どんなお話？」と聞いてみる。「わ～，よかったね！」などと共感的に受け止めながら，「ほかには？」と多くのケースを導き出す。

❸具体的な助言を与える

「君は○○が得意なんだねえ。みんなにも話して（見せて）あげたら？」と助言を与える。

考え方

「助言」とは，指示的なアプローチの中では最もおだやかなもので，助言すれば子どもに問題解決する力があると判断された場合に用いられる。しかし助言は，正確なアセスメント（見立て）に基づいた，明確で具体的なものでなければ，混乱を招く。

教師には，問うことによって子どもの能力を引き出すスキルと，問われたことに対し明確に答える力が要求される。

また，教師自身のスキルを超えた問題には，他の専門家を紹介できるような謙虚さも有していなければならない。

①事実を確認する

「助言」を求めてくる子どもは，非論理的な思い込み（イラショナルビリーフ）のために悩んでいることが多い。その状態のままで助言を与えようとしても，「だけど」とか「でも」という反応しか返ってこない。

まず，論理的な矛盾を指摘（論理療法の反駁）しながら，質問技法などで事実を確認する必要がある。

②現在の位置を示す

「いつも1人でいる」「みんな話しかけてくれない」などというイラショナルビリーフが崩れたら，逆にうまくいっているときを探す。

このようなやりとりを通じて，問題解決への情報となる，子どもの隠された能力や個性を引き出し，現在の位置を確認する。

③具体的な助言を与える

情報が集まったら，その中でできそうなものを提案する。その結果がうまくいったら，さらに強化し，うまくいかなければ次の方策を探っていく。

「自分でよく考えてみよう」などという不明瞭な助言を与えることや，教師自身がよく把握していない情報を与えることは避ける。まして，自分の力では手に負えないと判断したら，他の専門家に任せるべきである。

> !　正確なアセスメントに基づいて，明瞭な「助言」を与える。

（小林強）

▶コミュニケーションの理論と技法

基礎 17 説得

場面例とポイント

授業中,「グループ学習でほかの人がふざけてばかりいるので家に帰りたい」と,言い出した。どう対応したらよいか。

❶現実原則は守らせる

「家に帰すわけにはいかないけれど,君の言うことはもっともだから,話を聞くよ」と落ち着かせる。

❷機会をねらってほめる

タイミングを見計らって,「I君は自分が取り組むだけでなく,みんなが分担できるよう配慮もしているね」とほめる。

❸選択理論を使って説得をする

ひととおり話が終わったところで,「君がほんとうに望んでいることは,みんなと話し合えることじゃない？ どうしたらそれができるか,一緒に考えよう」と,教室に戻るよう説得する。

考え方

「説得」とは,現実原則に従うことを教える能動的技法のひとつである。命令するほどの緊急性はないが,直接的な指示が入りにくいときに用いられ,助言よりは毅然とした姿勢が要求される。

子どもに現実原則を教えるには,教師も現実原則に従ったうえで子どもの快楽原則も理解し,変容させる力をもたなければならない。とくに,説得をする場合には,現実原則の中で,子どもの基本的な欲求を満たすスキルが必要である。

①現実原則は守らせる

まず,別室に移動して個別対応ができる環境を整え,学級のほかの子どもたちに影響が出ないよう配慮する。

子どもが,逃避など一時的な快楽原則に走ろうとするときは,教師は毅然としてこれを制止し,現実原則に従ったうえでなら,受容する余地があることを示す。

これは子どもの耐性を育てる機会となる。子どもは現実原則を守るだけでなく,現実原則に従って(現実的選択)欲求を満たす体験をすることになるからである。

②機会をねらってほめる

不平や苦情を示す相手に対して,説得を成功させるツボは,ほめることである。ほめられることで,自己肯定感が増し,子どもの心が安定する。時間があれば,じっくり話を聞いて,「そんな状況でよくやってこられたね」と言ってもよいし,子どもが気づかずにいた長所を指摘してやってもよい。相手が保護者の場合なら「ほんとうにお子さんのことを大切にしておられますね」などと言ってもよい。ただし,気にしていることや無理していることをほめるのは,逆効果になる。

③選択理論を使って説得をする

子どもの気持ちが安定したら,現実的な選択ができるような説得をする。日ごろの良好な人間関係が築かれていれば,現実原則に基づいて説得することができる。選択理論では,それによって,基本的欲求の実現を学ぶと位置づけている。

> ❗ 現実原則を教えて,現実的な選択を促す教師の責任感。

(小林強)

▶コミュニケーションの理論と技法

基礎 18 指示

場面例とポイント

「いまよりも成績をよくしたい！」と相談してきた子どもにどう対応すればよいか。

❶努力を受容する

「これまで，どんなふうに勉強してきたの？」と聞き，努力したこと，しようとしたことを受容する。

❷現状と目標を明確化する

「これまでに結果を出せたと感じられたときには，どんなことをしたの？」「どれくらいの成績が取れれば結果が出せたと納得できるの？」と聞いて，「○○の試験で平均点以上を取る」というような具体的な目標をつくる。

❸具体的に指示をする

その子の学力にあった参考書や問題集を紹介し，気に入ったものを選ばせ，それを来週までに○ページやってきて見せるように指示をする。

考え方

子どもの悩みや問題点が明らかになって，具体的な助言を求めているときは，「指示」が有効に働く。教師は適切な指示を具体的に示すことができる判断力が必要である。また教師の指示が実行されるには，子どもとのふだんからの信頼関係をつくっておくことが重要である。

①努力を受容する

受容・支持による協力態勢づくりの段階である。後の指示が入りやすいようにする準備ともいえる。受容と指示とは相反するものではなく，相乗的に効果を発揮するのである。まず，これまでやってきたことを認め，受容する。

しかし，受容だけで終わってしまえば，オリエンテーションとはならない。適切な「指示」を出さなければならない。

②現状と目標を明確化する

これまでの成功体験から達成動機づけをし，目標の設定を通じて，「そこまでならできそう」という自己効力感を高める。具体的な目標が出れば，指示の機が熟したと判断できる。

ここで目標設定もなく，指示を急いだりすると，子どもが教師の指示を実現する意欲が低くなってしまう。

③具体的に指示をする

指示の内容は，あいまいであったり，実現が困難なものであってはならない。時間や量など，数値化できることは，明確に示されなければならない。

子どもが教師の指示を実行できなかったときは，目標や指示内容を再設定するか，改めて，指示の意味を説明する。

ただし，緊急性が高いほど，説明などに割ける時間はないので，指示をする教師の毅然とした姿勢が重要になる。

> ❗ 受容と，動機づけができたなら，的確に「指示」をする教師の判断力。

（小林強）

▶コミュニケーションの理論と技法

基礎 19 対決

場面例とポイント

「クラブを辞めたい」と子どもが言ってきたが、面倒くさいことから逃げようとしているだけのようだ。どう対応するか。

❶話は聞くが賛成はしない

「あきらかに怠けが目的であり、その子にとって、クラブ活動を続けることが有益である」と判断できる場合は、話をひととおり聞くが、あくまでも耳を傾けるという姿勢を示すにとどめ、簡単に受け入れることはしない。

❷率直な言葉で対決する

「君はクラブ活動のとき輝いている」「君にはクラブ活動を続けてほしい」「それでも君はクラブを続けるべきだと思う」などと子どもの将来や成長を考えたうえで、率直に述べる。

❸自己開示で切り込む

「自分もクラブ活動では悩んだことがあったが、それを乗り越えたことが、いまでは大切な財産になっているんだ」などと体験を語って聞かせる。

考え方

「対決」とは、受容するよりも率直に語ることが必要なとき、あるいは能動的技法（29ページ参照）の助言や指示、説得などが有効と思われないときに、教師が自分自身を開き、子どもと正面から向き合うことをいう。

①話は聞くが賛成はしない

子どもが困難を訴えてきたときに、それもやむなしと判断できない場合、すなわち、「面倒くさい」「やる気がない」などの快楽原則に流されている場合ならば、相手に敬意を払う意味で、話を聞くことはしても、賛成するかしないかは簡単に決めない。

あえて、子どもにとって壁となり、対決することが、その子の成長を促すと判断したときは、教師はその役割を全うする責任がある。

②率直な言葉で対決する

学校は大人と子どもが上手につきあう世界ではない。表面的な友好関係よりも、互いが腹を割った場面が主になる世界である。「対決」をすると腹を決めたら、教師は率直に自己の思いを語るべきである。

結果を考えた発言に真実はない。教師が誠意をもって、当たって砕ける覚悟で語る言葉には、おのずから迫力がある。

③自己開示で切り込む

教師は、さらに大人として、自分自身が身をもって、心から感じ、体験したことを語れなければならない。

子どもが、その時点では理解できなくても、やがて成長し、大人となって、次代の子どもたちに自己開示ができるようになるのは、このような教師や大人との出会いがあったからこそである。

> ⚠ 必要ならば、子どもとの「対決」をも辞さない教師の誠意。相手の人格は認めて、行為について対決する。

（小林強）

1章　コミュニケーションの基礎

▶コミュニケーションの理論と技法

基礎20 行動理論的アプローチ

場面例とポイント

「授業中指名されると思うと，授業に出たくない」という新入生A子にどう対応したらよいか。

❶いまできていることを評価・強化する

指名されるとどのように困るのか，どの授業で困るのかを具体的に聞き，いまがんばって出席できていることをほめる。どうやったら出席できるのかを確認する。

❷困っている状態を，授業担当者にどう伝えるかを，子どもと話し合う

どう伝えるか子どもと話し合ったうえで，付き添って，よく指名する授業担当者に事情を話し，当分は指名しないことの配慮を請い，了解を得る。

❸自ら求めた結果，よい効果が得られたことを確認し強化する

指名されても，答えられる経験をめざす。できたことをほめる。

考え方

行動理論は過去の生育歴などにはこだわらない。いまできていること（行動）に焦点をあて，そこからのステップバイステップをめざし，一緒に生きるためのコミュニケーションである。

①いまできていることを評価・強化する

まずは，自ら，困っている状態を相談に来たことを「よく，１人で相談に来られたね」とねぎらう。さらに「大丈夫。困ったら，自分でどうしたらいいのか，あなたは具体的に行動できる人」とほめる。A子について，授業担当者と協議し，がんばって出席していることを大切に，少なくとも現在できていることを後退させない方針を取る。

②困っている状態を，授業担当者にどう伝えるかを，子どもと話し合う

子どもと話し合って決めた対策を，(1)当人抜きで伝えておいてほしいのか，(2)付き添えば自ら言えるのか，(3)１人で言いに行くのかを提案する。その際に「担当の先生とお互いに知り合う機会になるので，できれば(2)か(3)がよいと思う」と言い添える。どれを選択するかで当人の不安レベルを測ることができる。(2)の場合は，自ら言い出せなくとも，付き添った大人がどのように相手と交渉するのかをそばでみることで，学習効果をねらえる。

③自ら求めた結果，よい効果が得られたことを確認し強化する

その後，対策がちゃんと効果をあげているか，継続的に本人に確認する。そのうえで，「先生が約束を忘れて，この前当てられた。思いがけなかったのでドキドキしたけど答えられた」などと，一歩進むことができればしめたものである。新たにできたことをほめ，行動を強化する。

> ⚠ 先回りしない。当人の状況をていねいに把握。具体的な行動の提案。できていること，新たにできたことの強化。

（菊地まり）

▶コミュニケーションの理論と技法

基礎 21 精神分析的アプローチ

場面例とポイント

摂食障害のあるA子が、ある日、やってくるなり、涙を流し、泣きじゃくりながら、「私は思ったことも言ってはいけないんですか！」と食ってかかってきた。

❶感情転移を理解する

「食ってかかる」ことに巻き込まれないように自戒しながら「家で何かあったの、よかったら話して」と声をかける。

❷意識化の援助

(1)「行動のパターン」の意識化

朝の食卓での出来事が語られた。「私がいるから、父と母はけんかするんでしょう。お姉ちゃんまでが『あんたわがまま言って』と私を責める。家族の平和のためには、私なんかいないほうがいいんです！」と言う。ここで「そのようなとき、あなたは自分がいないほうがいいと思ってしまうのね」と、自分の存在価値がないと感じているA子の行動のパターンに気づかせる。

(2)「行動の意味」の意識化

「あなたは、家族にとって自分がじゃまな存在だと感じているのね。でもほんとうは家族にあなたが価値ある存在、大事な存在と感じてほしいのね」

❸行動変容への働きかけ

「これからは、自分の気持ちに気づき、自分の気持ちが受け入れられるようにしましょう」

考え方

抵抗や転移など、精神分析の知識をもっていることで、否定的な感情をぶつけられても、巻き込まれないでコミュニケーションすることができる。

①感情転移を理解する

否定的（または好意的）感情をぶつけられても、自分のこととして対応しない。子どもは、自分の母親や父親との関係を教師にぶつけているのだろう（転移）と思えば、落ち着いて対応できる。

②意識化の援助

(1)行動のパターンの意識化

そのためには子どもが無意識でしている行動のパターンに気づかせる。

(2)行動の意味の意識化

無意識でしている行動が子どもにとってどんな意味があるかに気づかせる。

③行動変容への働きかけ

(1)問題解決のスキルの学習

子どもが自分の行動のパターン、行動の意味に気づいたら、否定的感情に巻き込まれないために、自律訓練によるセルフコントロールの練習や、相手に認められるように自己主張訓練などを学習させる。

(2)修正感情体験

さらに、子どもの肯定的自己概念を育てるために、教師が肯定的評価を与え続ける。

> ❗ 感情をぶつけられることがあっても、即、反応しない。

（菊地まり）

▶コミュニケーションの理論と技法

基礎 22 実存主義的アプローチ

場面例とポイント

教師に問題行動を指摘されると、指導の仕方が気に入らず、自分に非があっても、「お前らプロだろ」とどなる。このような子どもにどう対応したらよいのか。

❶落ち着いて話せるようになるまで待つ
周囲の人間を移動させたり別室に移動したりして、1対1で話せる環境をつくる。

❷相手のあるがままを受け止める
子どもの言い分を聞き、どう感じているかを理解する。

❸論理的に説明する
善悪の判断を一方的に押しつけず、考え方の道筋を説明する。

❹自分のあるがままの心情を示す
教師自身が、子どもの言葉をどう感じたか、自己開示する。

考え方

実存主義的アプローチとは、本音と本音の交流（エンカウンター）によって自分の姿を覚知させることである。

①落ち着いて話せるようになるまで待つ
どなり始めたら、エネルギーが発散されるまで、お互いに安全な距離をとり、かつ話を聞く姿勢を示して待つ。ギャラリーをなくすために、周囲の人間を移動させるか、「話は向こうの部屋で聞くからね」とターゲットにされた教師が、目を見ながら指示して連れ出すのがよい。

②相手の本音を受け止める
質問技法を使って話を聞き、子どもがほんとうに問題にしていることを言葉の背景ごと受け止める。

例えば、「以前、手を出すと罰せられたから、手は出さないが、先手にならないと馬鹿にされるから、大声で威嚇することにしている」と、これまでのエピソードを語り始めたら、その言葉を共感的に受け止めるとともに、（カッとしやすい面もあるが、「教師」「役人」という権威に対する反発が見え隠れしているようだ）と、その言葉の背景ごと受け止める。

③論理的に説明する
話の内容の正邪に焦点を当てるのではなく、コミュニケーションとしては損だ、ということを話題にする。「どなると、相手は黙るが、話を素直に受けとめているわけではない。心の中では、反発したりうんざりしたり、恐いと思ったりしているんだよ」と、指摘する。

④自分のあるがままの心情を示す
人は相手の言葉に傷つくことがあることを、教師が身をもって示す。「率直に言って、大声を出されると、聞くのが嫌になる。子どもの相手をする仕事のプロだから我慢して聞いているが」と、「教師だって人間だ、傷つくのだ」と伝える。

自分の実体を示すことで、子どもが「自分の気づかないまま、相手を傷つけてきた」と思い至ることができるよう、認知の変容をはかる。

> ❗ 教師の権威をかさにきない。ひとりの人間としてこちらのよろいを脱ぐ。

（菊地まり）

▶コミュニケーションの理論と技法

基礎 23 一般意味論からのアプローチ

場面例とポイント

学年の他のクラスが騒がしいと，多くの同僚が，学年主任である私に指摘する。どうしたらいいだろうか。

❶言葉の意味を確認する

同じ言葉を聞いても，人によってまったく違ったように受け止める可能性がある。まず，その言葉の意味を確認する。

❷言葉のもつイメージ

自分がその言葉についてどのようなイメージをもっているかに注意する。

❸一般化のしすぎではないか

一般化のしすぎによって，事実の一部を全体に適用していないか，指摘する。

考え方

一般意味論では，その言葉は事実を正しく伝えているかを問う。伝達手段としての言葉は，すべてを事細かく表現してはいないことが少なくない，と考える。それゆえ，伝え聞いたことに対して，それがすべてであると判断するのではなく，そのほかの要素がないかどうかを確認することが必要である。

①言葉はすべてを表さない

人とコミュニケーションをとるとき，お互いの使っている言葉の意味が等しくなければ，物事が正確に伝わったことにならない。まず，相手にその言葉の意味を確認する。

例えば，少しでも話し声がすると騒がしいと注意する人がいる。また，少しぐらい騒がしいほうが「元気がある」と評価する人もいる。「騒がしい」も「元気がある」も事実を語っていない。話し手の受け取り方（意味）を語っているにすぎない。そこで，何人が，どの程度「騒がしい」のかという事実を，同僚に確認する。

また，現場（事実）を見ていないと，憶測で物事を判断せざるをえなくなる。言葉の意味を確認するだけでなく，現場に行って，状況を確認することである。

②言葉のもつイメージ

また，言葉のもっているイメージにも注意したい。今回の場合「騒がしい」という言葉にマイナスのイメージを感じている。それだけで大変なことだという思いが先にきて，どうしてよいかわからなくなってしまうのである。自分が，その言葉についてどのようなイメージをもっているかにも注意したい。

③一般化のしすぎではないか

この2つのことが，さらに一般化のしすぎということを引き起こし，「騒がしい」という主観的な事実がどのように起こっているかがわからないまま，クラス全体が「騒がしい」という感覚（一般化）になってしまうのである。

事実を見ることから始め，騒がしく感じている教師には，子どもが，どこでどう騒いでいるかを質問しながら，担当教師の一般化のしすぎに迫る。

! 百聞は一見にしかず。

〈参考文献〉井上尚美・福沢周亮『国語教育・カウンセリングと一般意味論』明治図書　（田島聡）
ハヤカワ, S.I. 著　大久保忠利訳『思考と行動における言語』岩波書店

1章　コミュニケーションの基礎

▶非言語的コミュニケーション

基礎 24 表情

場面例とポイント

問題行動を注意された子どもが，反抗的な態度をとっている。教師も固い表情で正論づくの対応をするうちに，緊張状態が続いている。

❶表情に表れる心のメッセージ

責めずに寄り添う気持ちをもつ。例の場合，「あなたの話を聞きたい」「なぜ何回も繰り返してしまうか一緒に考えたい」「今後どうしていきたいかをしっかりと考えてほしい。あなたは考える力がある」「悪いことは悪いことだから，事実を認め，処分を受けよう」などのメッセージを心にもっていたい。

❷視線・アイコンタクト

「相手の目を見て話せ」という一般的な教えにとらわれる必要はない。「受け入れる目」と「主張する目」を使い分けたい。

❸姿勢

相手に本音を語ってもらいたいときは，威圧的な姿勢を避ける。大人が小さい子に腰をかがめて話しかけるようにである。そして身体の芯となる軸を感じながらも，むだな力をぬいて，自然体をとる。

考え方

言語は知能的であるのに対し，身体は本能的である。よってノンバーバル（非言語）コミュニケーションは頭で意図的につくろうとしても限界がある。例えば「緊張していません」とつくろっても，肩が上がっていたりなどして表れる。
①表情に表れる心のメッセージ

表情も身体の一部なので，心と連動し，ごまかしはきかない。教師は表すべき心のメッセージを明確にもちたい。

例えば問題を起こし，「どうせ先生たちは怒るだけでわかってくれない」と決めつけているような子どもは，自分でも気持ちや行動をコントロールできずに困っている。そのことを受け入れることができれば，教師の表情は自然に生まれる。
②視線・アイコンタクト

「目は心の窓」といわれるように，視線だけで言葉以上に語れることは多い。「話す目」だけでなく「聴く目」がかぎを握る。

対人恐怖症や視線恐怖症傾向の子どもには，視線をはずすほうがいいこともある。しかし特別な場合でないかぎり，約束事などの重要な場面では，お互いの視線がしっかりかみ合うほうが有効である。
③姿勢

心の解放と身体の解放は連動している。イライラしたら，呼吸を鼻から吸い口でゆっくり吐き出し，全身をゆるめてみる。「器が身体でその中心が心」のイメージでコントロールしていく。自分の表情はどのように相手に見えているかを鏡やビデオで確認し，顔のあらゆる筋肉を動かして，表情を豊かにする練習をしてみる。気持ちが伴わないと，ぎこちない表情になることが体感できる。

❗表情は教師の本音を伝える。

（丸山里奈）

▶非言語的コミュニケーション

基礎 25 声の出し方

場面例とポイント

行事の後など中だるみしやすい時期，授業に無関係なおしゃべりが増えた。声が聞こえにくいと，まじめな子どもから指摘される。

❶声の出し方

子どもは休み時間との境目をつけにくい。空気を一変するような声でひとこと発したい。「何が始まるの」と思わせる。

❷ワンパターンに陥らない

(1)「間」を入れる

大きな声を出していればいいわけではない。子どもを静かにさせるには，「あれ？」と思わせる技が必要。急に説明をやめる。ただ黙って間をとる。私語をする集団をじっと見つめるなど。

(2)トーンのめりはりをつける

重要な説明をする前に，わざと「ささやき声」で引きつけると効果的。

(3)リズムを使い分ける

基本的には「大きな声でゆっくりと」話す。しかし疲れたムードが漂っている日は，通常のペースより速めたほうが，気持ちを切りかえられることがある。

考え方

どなり声，絶叫する声，つぶやくような声は，聞きづらい。言いたいことが相手に伝わっているかどうか確認して，聞きやすい声かどうかに，常に留意したい。

①声の出し方

舞台でも，高音のほうが低音より聞き取りにくいと一般に言われる。そこで教室でも気持ちやや低めの声にしてみるほうが相手に伝わりやすい。

その場合，音の高さに意識をもっていくのではなく，身体の中央（おへそのあたり）に意識をもっていくことがコツである。

日ごろの訓練としては，床にあおむけに寝て背中を床につける感じでしゃべると「腹にすわった声」が体感できる。またはいすにかけて足を床から軽く上げて（片足でもよい）しゃべってみると，体を使っているのが感じられる。頭から抜けるようなキンキン声は長時間聞いていると疲れるのに対して，腹にすわった声は聞きやすい。自分の発した声の位置を確認し，話し手の声で聞き手の態度が変わってくることも頭に入れておきたい。

②ワンパターンに陥らない

「教えるとはこうあるべき」というワンパターンに陥っていないか点検する。(1)～(3)を具体的に確認したい。

マンネリ化したまま改善策を練らず，授業態度の悪いことを子どものせいにして片づけてしまうのは，どうであろうか。

子どもたちの授業態度が悪いと，教師も疲れてくるだろう。つまり，授業という媒体を通したコミュニケーションが成り立っていないことは，双方にとってつらい状態である。「押してだめなら引いてみな」をヒントに工夫が必要である。

！ 教師はエンタティナー。声も商売道具。

（丸山里奈）

1章 コミュニケーションの基礎

▶非言語的コミュニケーション

基礎 26 物理的距離

場面例とポイント

不登校傾向の子どもをやっと面談に呼び出した。1対1で話すのにどういすを置くか，机を間に入れたほうがよいか。

❶相手の安心できる方法を考える

例えば，教師が男性でその子どもが男性恐怖症気味であるとあらかじめわかっているのなら，1回目は机などの媒介を入れるほうが安心感を与える場合もある。

他人に対しての恐怖心が少なく，教室という固いイメージを取り払ったほうがよいと判断したら，いすだけを向き合わせたり，斜め横などに置いて，距離感を縮める。

❷安心できる空間か確かめる

廊下を通る人が気になったり，自分の姿をほかの子どもに見られることを気にする子どもにとって，教室は好ましくない。なるべく相談に適している場所を，部屋の空間の大きさや座る配置などを考慮して選ぶ。距離や配置を子どもに選ばせるとよい。

考え方

教師は，授業で大勢を相手にしたり，個人面談をしたり，多様な状況で人間を相手にしている。よって相手との距離感に対してのセンスが問われる。

その第一は，物理的距離から情報を仕入れることである。例えば，警戒心の強い子どもは人と遠くに距離をとる。その子が近くに座ることに抵抗がなくなってきたら，内面の変化と見ることができる。

距離感に対するセンス発揮の第二は，物理的距離を相手との実際の対応に生かすことである。

授業の際は，「重要説明は教壇中央で」「雑談は教壇から降りて」「個々の理解度を確かめるには机間指導で」と使い分けている教師もいる。どれが正しいということはなく，個々の教師の創意工夫次第である。

①相手が安心できる方法を考える

メンタルな面で問題を抱えている子どもと接するときは，教師の一方的な考えや好みによるのではなく，まず相手がどうしたいか，どうしたほうが安心できるかなどに焦点を合わせるほうがよい。

子どもが自己主張できない場合も多いだろうが，面談を重ねるごとに，コミュニケーションが増え，「心の距離感」は変化していくだろう。最初から焦らず，まず「遠からず近からず」というスタンスで始めるとよい。

②安心できる空間か確かめる

こちらから相手のいすの位置を決めないで，相手にいすを与えて自由に配置できるようなやり方もある。

その場合，相手が教師に対してどのように感じているか，面接だからどのようにしないといけないと思い込んでいるかなど，言葉では表現されない情報を入手できることもある。

! 物理的距離は心の距離。相手が感じている心の距離に合わせる。

（丸山里奈）

▶非言語的コミュニケーション

基礎 27 ジェスチャー（身振り手振り）

場面例とポイント

相談を受けても、話が表面的で会話がすぐに終わってしまう。もっと深刻な問題を抱えているような気がするが。

❶相手の方に顔と体を向ける

「ちゃんと話を聞いていますよ」という雰囲気を態度で示すことが重要。

❷適切なタイミングで「うなずく」

話の中でも、とくに思いや感情の強いところ、そしてせりふが入るところで大きくうなずくと効果的である。

❸相手のジェスチャーをまねする

相手のジェスチャーをよく観察し、大げさにならない程度にまねしながら、相手の言った言葉を同じように繰り返すことで共感を示す。

考え方

コミュニケーションにおいては、言葉の内容以上に顔の表情、声の調子、ジェスチャーなどが重要である。親密な交流の雰囲気をつくるためにも、ジェスチャーなどの非言語的なコミュニケーションは欠かせない要素である。

また、相手の気持ちを知るにも、ジェスチャーは重要なかぎとなる。とくに、言葉で発していることと、ジェスチャーに食い違いがある場合は、注意して、相手の本音に耳を傾ける必要がある。

①相手の方に顔と体を向ける

相手に関心をもっていること、そして話を聞く準備ができていることを態度で示す。威圧的にならないために、しゃがむ、いすに座るなど、視線の高さを相手に合わせるように工夫するとよい。逆に、腕や足を組むなどのしぐさは、心理的な距離感をつくるので、基本的には避けたほうがよい。

②適切なタイミングで「うなずく」

話を聞くときのもっとも効果的なジェスチャーは「うなずく」ことである。しかし、変なタイミングや必要以上にうなずくことは、話を聞いていないような印象を与えるため、注意が必要である。相手をよく観察して、気持ちや感情のこもった言葉、「やったー」などと子どもが思わずつぶやくせりふ、言葉の区切りなどに合わせてタイミングよく「うなずく」とよい。

③相手のジェスチャーをまねする

話を聞きながら相手をよく観察していると、怒りの場面では握り拳をつくったり、不安な場面では胸に手を当てたり、悲しい場面では顔や目の辺りに手をもっていくことがしばしば観察される。そのときの話の中に出てくる感情を自分自身でも感じながら、相手の行うジェスチャーをさりげなくまねするとよい。またほかにも、相手の首の上下左右の動き、呼吸や話に伴う体の前後の動きなどの小さな動作も観察し、相手のリズムに合わせて同じように動くと、より効果的に信頼関係を形成することができる。

> ❗ 感情は非言語コミュニケーションに反映されやすい。

（河原治）

1章　コミュニケーションの基礎

▶非言語的コミュニケーション

基礎 28 マナー

場面例とポイント

保護者への電話でトラブルが生じたと同僚に話したら「君はふだんからマナーに気を配ったほうがいい」と言われた。どういうことに気をつけるべきなのか。

❶相手の立場になる

相手の都合や気持ちを考え，自分ならどう感じるかを常に考える。

❷基本的なマナーに留意する

時間や服装といった基本的なマナーは，自分ではよいつもりでも，他の人から見て，違和感があることがあるので，とくに配慮する。

❸自分の常識をチェックする

相手の身になるには，自分が常識であると思い込んでいることが相手に不快感を与えていないか，常に見直しをする必要がある。

考え方

マナーや礼儀作法は，相手を思いやる気持ちから生まれたルールである。マナーがあってはじめてコミュニケーションができるようになる。また，教師は子どもたちがマナーを身につけるための手本となる仕事でもある。

①相手の立場になる

忙しいときに，紋切り型の電話がかかってきたらどのような気持ちになるか。人の気持ちを察するためには，自分の心の中に起こる気持ちを自分で洞察し，理解（自己理解）するトレーニングが必要である。自己理解ができる人は他者への洞察もできる。

②基本的なマナーに留意する

時間や服装といった，基本的なマナーへの配慮が必要である。約束した時間を厳守するのは当然であるが，約束がない場合でも，相手の都合や，社会的常識を踏まえた時間を選ぶ。

また，服装はその職業を象徴する重要な環境要素である。私は教師であるといったメッセージが服装を通して伝えられることを考え，十分に吟味した服装を心がける。また，服装は相手に対しての誠意の表現でもある。教育といった人を育てる場面では，服装も重要な自己表現の１つである。服装についても誠意をもって配慮する。

③自分の常識をチェックする

自分でどんなによいと思って行ったことでも，予想に反して不評をかうことも少なくない。マナーは育った環境や風習もあり，自分では問題ないと思っていても相手に不快感を与えることがある。

自分が尊敬できるモデルをもつこと，そして，困ったときは相談ができるような関係をつくり，失敗を未然に防ぐ努力をするとよい。また，失敗は成功のもとといったように，失礼があったら素直に謝罪をして，早急に態度を改めることのできる柔軟な心も必要であろう。

❗ マナーは，人への誠意と，仕事への熱意の表現。

（冨田久枝）

▶コミュニケーションの手段

基礎 29 会話

場面例とポイント

異動後初めての保護者参観日。学級通信にはいい反響を得ていたが、直接顔を合わせたときもうまく話をしたい。

❶笑顔であいさつ
人と出会ったら、まず明るくほほえんであいさつをする。お互いうれしくなる。

❷プラス思考で会話する
相手の考えを聞いて、プラス面を見つけるようにする。

❸名前を呼んで会話する
人は名前を呼ばれると親しみを覚える。「Aさんの趣味は何ですか」などと、自分に関心を示されるとうれしい。

❹聞き上手になる
相手の言葉を上手に受けて、正確に返していくことで気持ちが通い合う。

相手の話が一段落したら、「こういうことですね」と、相手の言いたいことを整理して返すのもよい。

考え方

コミュニケーションの目的は、自分と他人が肯定的に受け止め合えるようにすることである。会話の中に自分と人を大切にする気持ちが入っているかどうかを確認したい。

①笑顔であいさつをする

あいさつは人間関係づくりの基本、会話の第一段階だ。保護者会なら「こんにちは。お忙しい中ご出席くださりありがとうございます」「お会いできてうれしいです」と心から相手を受け入れる気持ちを表す。相手にも出席してよかった、会えてよかったなと感じてもらえる。

②プラス思考で会話する

「君の言い方は間違っている」などと相手を否定する人は、反発をかうだけでお互いの関係を悪くする。まずは相手の考えを聞いてプラス面を見つける。考え方が合わず苦手だ、異質だと感じている相手に対しても、敬遠するのではなく、自分の考え方や見方を広げてくれるありがたい存在だと思うとよい。

「人と会話するのはいやだ」と否定的にとらえていると、会話も消極的で、つまらなくなる。逆に話すことが好き、できる、得意と肯定的にとらえていると、会話も楽しくなり、自信がついてくる。

③名前を呼んで会話する

保護者との会話でも「Bちゃんは○○が上手ですね」とその子のよさを話題にすると目が輝く。会話をする相手に関心をもち、名前を覚えて話すとよい。

④聞き上手になる

会話は言葉のキャッチボールである。まず相手の言葉を上手に受け止めて会話が始まる。

この子は乱暴だからという先入観をもって話を聞くと、誤解して受け取ることがある。自分の色眼鏡で見ないで、相手の言葉を正確に聞くことが大切である。

> ❗ 相手を大切にし、自分らしさを生かす。言葉は誠実さを映す鏡。

（亀山益恵）

1章 コミュニケーションの基礎

▶コミュニケーションの手段

基礎 30 スピーチ・あいさつ

場面例とポイント

朝会で全校児童に,「ボールの片づけができていません。ボールが泣いています。使った人は必ず片づけましょう」と注意した。あまり聞いていないようだった。

❶聞き手の姿勢をつくる

最初から否定的な言い方をせず,最初は聞き手の心構えをつくり,話し手に向かせる。「最近の校庭を見て何か気づいたことはありませんか」。

❷全員が等しく理解できる言い方

受け止め方に違いの出る言い回しは避け,客観的な数値などを活用する。

❸内容を具体的に示す

正しい方法を図やポスターにして伝えるなど,具体的にわかりやすく話す。

❹聞き手の意欲を高める配慮

すすんで片づけている子どもを紹介したり,「片づけ上手は遊び上手」の合言葉を活用するなどして意欲づける。

考え方

スピーチは1対1のコミュニケーションと違い,多数を相手にしたコミュニケーションである。多数であっても一人一人に語りかけるような気持ちをもちたい。

①聞き手の姿勢をつくる

いきなりできていないことを言われたのでは,聞き手はいやな気分になる。まず聞き手が聞いてみようと思う話題から始める。「最近の校庭を見て何か気づいたことはありませんか」と質問して考える場面を与えたり,直接ボールを見せて「このボールはどこにあったと思いますか」と視覚に訴えたりしてみる。

②全員が等しく理解できる言い方

感情に訴えようとして,「ボールが泣いている」などの表現をしてしまうことがあるが,このような表現は誤解を招きやすい。「ボールが泣くはずがないよ」と反感をもつ子どももいる。

例えば小学校の1年生から6年生までに向けて話すときは,中間の年齢の子が理解できるような内容で話すと,全員に伝わりやすい。ボールが落ちていた数や減少した数を集計し,実態を伝えるなど,具体的に伝える。

③実践化に向け具体的に話す

ボールを乱暴に投げ入れて片づけをしているようなときは,困った例をロールプレイなどで提示し,なぜいけないかを伝える。正しい片づけ方を図やポスターにして伝える。

④聞き手の意欲を高める配慮

当然のマナーも上から押しつけられてやるのでは習慣化しない。全体に呼びかけたことを,評価して全体に返すことが必要である。すすんで片づけている子を紹介したり,ほめたりする。また,落ちているボールを減らすために,教師も休み時間に外で子どもと共に遊んでみるなどの方法もよい。

聞き手が素直に受け止められる話し方と内容を心がける。

(亀山益恵)

▶コミュニケーションの手段

基礎 31 電話

場面例とポイント

保護者がわが子の言い分だけをうのみにして苦情の電話をかけてきた。

❶**相手の感情を受け止める**
「そうですか。それはご心配ですね」

❷**言い分を聞き，整理・要約し確認する**
「つまり，Aさんが○○ということを，いちばんご不満に思われていると考えてよろしいでしょうか」

❸**原則としてその場で結論を出さない**
「お話の内容はよくわかりました」「少しだけお時間をいただいて，子どもたち（他の保護者・同僚・上司）からも話を聞いて（相談して）みたいと思います」

❹**好ましい感情・関係で終了する**
「明日にでも，こちらからご連絡させていただきますのでお待ちください」「今日はご連絡をいただけてよかったです」

考え方

ポイントは目的を汲み取ることである。早急に対応してほしいのか，感情が高ぶって電話してきたのか，単に説明を求めているのか，といったことを理解して対応する。

電話は声がものを言う。心を込めて聞くことで相手との信頼関係が結ばれる。

あとで「言った言わない」とならないように，重要なことの結論はその場で出さないのが原則である。また，メモを取りながら話を聞く。

①相手の気持ちを受け止める
たとえ内容に疑問を感じても，努めて話を聞くことに徹すると，かけ手は話を聞いてもらえたという気持ちになる。それが以降の落ち着いた話し合いに欠かせない。

②事実関係を整理する
人は往々にして，またとくに子どもにはよくあることだが，自分に都合のよいように話すことがある。

例えば，苦情の訴えに対しても，関係者の話も合わせてよく吟味し，全体像を明らかにしていく必要がある。「だれが悪者か」を特定するのではなく，事実関係を明確にすることを念頭に置く。

③時間を置くことで冷静な判断を得る
時間がたてば，かけ手はもちろん，関係者全員が落ち着いた中で考えることができる。関係する子どもに話を聞いたり，同僚や上司に相談することも大切である。

ただし，間を置きすぎると印象を悪くしたり，記憶があやふやになりかねないので，可能なかぎり早めに整理し，相手に連絡をする。

④好ましい感情・関係で終了し，次につなげる。

電話の相手に事実誤認があったとしても，その場ではあくまで事実関係の確認にとどめ，連絡してくれたことで課題が明らかになったことに対する「お礼」の気持ちを伝える。

> ⚠ 相手の姿を思い浮かべて，その場にいるように話す。

（甲斐田博高）

1章 コミュニケーションの基礎

▶コミュニケーションの手段

基礎 32 手紙

場面例とポイント

総合的な学習で子どもの職場体験学習を計画した。毎年協力してくれている事業所だが、どのように実習の依頼をするか。

❶誠意を尽くす

初めて依頼する相手、毎年依頼する相手で多少の内容の違いはあっても、誠意を尽くした依頼書とする。

❷手紙の基本形を守る

時候のあいさつも含め、前文を書く。職場体験学習など、依頼内容の目的がわかるようにする。日時や人数、連絡先や連絡方法を明示する。誤解が生まれないように、複数の教員で内容を確認する。

❸届け方・返事の受け方

封書で準備をし、職員や子どもが直接持参する。

考え方

手紙には、次のような特性がある。
・直接的な感情は表現しにくいが、客観的・理性的表現を伝えやすい。
・時や場所をこちらが選ばずに、相手の自由に任せられる。
・公的な書類として保管できる。

これらの特性は、感情的な行き違いが生じにくいフォーマルなコミュニケーションが必要なときに適している。

①誠意を尽くす

毎年依頼を受けてくれる事業所であっても電話で連絡をとった後、必ず文書で依頼する。書類を交わしていると、けがなど突発的な出来事があった場合、依頼書が相手先事業所、子どもを守ることもある。子どもが末尾に自筆で書き加えたり、別紙のお願い文を添えたりすることで、相手に誠意を伝える。

②手紙の基本形を守る

とくに依頼の場合では、相手を目上ととらえた対応が必要であり、封書としたい。また、宛名の会社名や名前は正しい字で省略せずに書く。

前文はていねいに書く。長すぎると話の主旨がぼやけてしまうので気をつける。

実習の依頼の場合、依頼の内容と目的をはっきり相手に伝え、相手が諾否を判断できるようにする。日時などは相手先の都合によっても変わるので、打ち合わせることを念頭においた内容とする。

③届け方・返事の受け方

例のように職場体験学習の場合、依頼書はできるだけ、該当する子どもが持っていく（依頼のための訪問についても相手先の都合を確認する）。当日返事がもらえるかどうかはわからないので、必ずその後の連絡先・連絡方法を明示する。

郵送する場合には、先に電話連絡をするほうがていねいである。突然依頼の文書が届けば、相手先に失礼になる。ただし、講演の依頼などまったく知らない相手の場合、突然の手紙で依頼することもある。その際は「突然のお手紙で失礼いたします」といった断りを入れる。

> ❗ 主観や感情はほどほどに、相手への配慮と客観性を中心に。

手紙の実際の例

株式会社　〇〇衣服　　　　　　　　　　　　　　　平成〇〇年〇月〇日
社長　　□□□□様
　　　　　　　　　　　　　　　　　　　　縦横市立左右中学校
　　　　　　　　　　　　　　　　　　　　　校長　縦山　横太郎

　　　　　　　　　　職場体験実習のお願い

　台風一過の暑い日が続くようになってまいりました。貴社におかれましては，ますますご隆昌のこととお喜び申し上げます。日頃は本校の教育活動にご協力をいただきありがとうございます。
　さて，本校では3年間を通しての「生き方」指導の一環としてさまざまな職種の体験活動をしております。その中で生徒が自分の職業適性を知り，目上の方との接し方を学習するとともに，働いていらっしゃる方のご苦労や喜びの一端でも感じることができればと思い計画しております。
　貴社におかれましては，日々のお忙しいお仕事の中で中学生がお邪魔いたしますのは大変ご迷惑かと存じますが，何卒趣旨をご理解の上ご協力願えれば幸いに存じます。
　下記の日時を予定しておりますが，実習の時刻は貴社のご都合に合わせるようにさせていただきます。失礼かと存じますが，学習の一環として，お願いにも生徒だけでうかがわせていただきます。ぜひ，ご指導をよろしくお願いいたします。

　　　　　　　　　　　　　　記
1　日　時　平成〇年〇月〇日（木），〇日（金）の2日間
　　　　　　およそ午前8時30分～午後4時30分
2　内　容　職場体験実習　貴社の事業内容で実習させていただけるもの
3　対　象　左右中学校2年生　2名
　　　　　　（1組　A山B子　・　3組　C田D子）
4　その他　お返事は同封の葉書でお願いいたします。
　　　　　　ご質問などがございましたら，何なりと担当までご連絡ください。

　　　　　　　　　　　　　　　　　　担　当　左右中学校　2年部
　　　　　　　　　　　　　　　　　　　　主任　縦横　斜子
　　　　　　　　　　　　　　　　　　　TEL　03-XXXX-XXXX
　　　　　　　　　　　　　　　　　　　FAX　03-XXXX-XXXX

わたしの決意（生徒からのお願いの言葉）

（大高千尋）

▶コミュニケーションの手段

基礎 33 Eメール

場面例とポイント

子どもの問題行動があったため、保護者にメールで来校を依頼したところ、気分を害した様子で来校し、話がうまく進まなかった。何がいけなかったか。

❶まずあいさつから

「こんにちは、○○小学校のAです。先日の学校公開日には参観いただき、大変ありがとうございました」

❷用件の説明

「実はBさんが関連しているかもしれないことで、ご相談したい件があります」

❸約束は候補をあげて都合を聞く

「火・木曜は4時から、金曜は5時からがよいのですが、ご都合はいかがでしょうか」

考え方

いまや私たちの生活において、Eメールという通信手段は大変なじみ深いものとなっている。学校でも家庭に対して、連絡帳やFAX、手紙などとともに、用いる場面が多くなってきている。しかし、メールにはいくつかの特性があり、それを考慮して使用しないと問題が生じる場合もある。

①まずあいさつから

どの場合も、コミュニケーションの基本は、「相手を尊重する」ということである。まずあいさつから始める。

②用件の説明

用件は「Bさんの気持ちを確かめ、今後の指導に生かしたい」ということが主旨となる。

なお、文章や表現の区切り、強調、間、脈絡などを構成する句読点の打ち方も、コミュニケーションの意味合いが左右されるので、十分注意をしたい。

またメールは、本来、相手が目の前にいたら、はばかられるようなことも、ストレートに伝えてしまう危険性があり、文章も残るので、ネガティブな言い回しについては、極力避けるように注意したい。

③約束は候補をあげて都合を聞く

面談の約束をする場合も、こちらの候補をいくつか示し、そこから選択してもらうなど、保護者の都合を十分考慮した対応をしたい。

Eメールの使い方としては、例示のように保護者に対する場合のほかに、不登校の子どもに連絡する手段として使われることがある。

人と面と向かって話すのは恥ずかしいが、Eメールでなら気持ちが伝えられるという子どもがいたり、人とのネットワークが広がることで、だれかとつながっているという安心感をもつ子どもがいたりして、学校復帰を容易にしているケースもあるとのことだ。

> ❗ メールは実際に対面するためのステップ。補助具として効果的な使い方を。

〈参考文献〉『現代のエスプリ「メールカウンセリング」』至文堂

メールの実際の例

●好ましくないメール

```
✉ 至急の面談のお願い                                    _ □ X
送信者：○○学校A
日時：20XX年 X 月 X 日
宛先：B様
件名：至急の面談のお願い

　　私はいま，悲しくてしかたありません。C君の靴が見当たらなくなり，そのときBさんが隠
　したという話を，ある子に聞いたのです。また，C君の教科書の悪口の落書きはBさんの筆跡
　とそっくりなのです。C君の心は傷ついていると思います。
　　「どうして靴を隠したり，落書きしたりしたのかな。教えてほしいんだけど」とお願いしま
　したが，Bさんはがんこで，なかなか素直に聞いてくれず，とても困ります。私には答えたく
　ない事情でもあるのでしょうか。Bさんの様子を見ていたら，私は無性に悲しくなり，担任と
　して，今後どのようにしたらよいかわからなくなりました。いろいろ相談したいと思いますの
　で，明日4時に相談室においでいただけますでしょうか。
```

→件名の至急の面談というのが，重大事項を想像させ，保護者の不安をあおりかねない。
　非があると決めてかかった口調は，問題の解決には向かいにくい。また，混乱する担任の
　心情が強調され，子どもをどう導くかという視点が弱いので，保護者も混乱させてしまう。

●好ましいメール

```
✉ ご相談したいことがあります                              _ □ X
送信者：○○学校A
日時：20XX年 X 月 X 日
宛先：B様
件名：ご相談したいことがあります

　　こんにちは，Aです。先日は学校公開日にお越しいただき，大変ありがとうございました。
　　あのときもご覧になっていただいたように，Bさんは詩の朗読がとても上達し，皆から「ポ
　エムリーダー」の称号を贈られました。このごろは，ほかの教科に対してもさらに意欲的にな
　り，ずいぶん伸びてきたなと感心しています。クラスのリーダーとしてどんどん活躍していっ
　てほしいと考えています。
　　実は，先日ある出来事（Bさんが関連しているかもしれないと思われる）がありました。
　　詳しくは，お目にかかった折にお伝えしたいと思いますが，きっと何か，Bさんなりの事情
　があったのではないかと思います。そこで，これからのことを，ご家庭と連携を取って進めて
　いきたいと考えています。
　　月末で何かとお忙しい中ほんとうに申し訳ありませんが，学校までご足労願えませんでしょ
　うか。私の方は，火・木曜でしたら4時から，金曜でしたら5時からがよい（来週でも）ので
　すが，ご都合はいかがでしょうか。
　　どうぞよろしくお願いいたします。
```

（原田友毛子）

▶コミュニケーションの手段

基礎 34 ビデオ

場面例とポイント

保護者に，子どもの生の様子を伝えたい。説明しても思ったように伝わらない。ビデオを使うとしたら，どう使うか。

❶活躍を伝える

校内音楽会をぜひ保護者に見てもらいたいが，諸般の事情でそれができない。そこで保護者会の折にビデオで鑑賞してもらうことにした。

❷問題点を伝える

発達障害のあるAさんには，個別相談や小集団指導の場が必要と思われる。

特別支援を保護者と共に考える手だてとして，生活科の授業風景をビデオに収録した。

❸メッセージを伝える

ビデオレターなどを作成し，子どもたちからのメッセージを保護者に伝える。

考え方

子どもたちの様子を保護者に伝えるとき，話だけでは，「教師の目を通した子どもの姿」になる。事実をそのまま伝えるには映像が有効である。

①活躍を伝える

子どもの一生懸命な姿は，教師や保護者にとって最高の感動である。わが子がけなげにがんばる様子を見て，保護者は教師への信頼を増す。そのためにも，ビデオに収録する際の留意点を考えてみたい。

まず，全員が公平に撮影されていることが大事である。

また一人一人の表情がわかるようなアップの場面もあることが望ましい。鑑賞後には，そのときのポジティブなトピックなども伝え，活躍した子どもたちを保護者と共に称賛したい。

②問題点を伝える

子どもの課題点を保護者に提示する場合，それをどう判断するかは保護者の問題となるので，判断するうえでの資料提供が教師の役目と考えられる。

ことさらに対象となる子どもに焦点をあてるよりも，全体の様子を撮影し，その中で子どもがどのようなかかわりをしているかが自然にわかるとよい。

そして，疑問点にはていねいに対応し，その場での子どもの行動の様子を伝える。その際，「教師が困っている」という立場で伝えるのではなく，「いま，この子どもにとってどんな支援が必要か」ということについて誠意をもって話し合いたいという立場で伝える。

③メッセージを伝える

そのほか，ビデオレターを送るという，意志の伝達をするための使い方なども，コミュニケーションの手段として有効である。

> ❗ ビデオは事実を伝えやすいが，それを媒介にシェアリングをすることが大切。

（原田友毛子）

▶コミュニケーションの諸問題

基礎 35 回避したくなる

場面例とポイント

不登校の子どもの自宅に電話しても出ない。無言で切られた。困った。

❶問題の解決・多様なコミュニケーションの確保

無理にコミュニケーションをとって関係をさらに悪くする可能性があるので時間をおく。はがきを出すなど，連絡方法を変え，忘れていないことを伝える。

どうしてもコミュニケーションをとる必要があるときは，同僚の先生に代わりをお願いしたり，複数の教師で対応する。

❷気持ちの整理

相手を責めたくなる気持ちを収めて，根気強く相手とかかわっていく。そのために，同僚などに話を聞いてもらい，気持ちを整理する。

考え方

コミュニケーションを拒絶されると，こちらもかかわりたくない，と思う。相手が関係を拒否する気持ちと同じ程度に，こちらもコミュニケーションを回避したいと感じる。相手の気持ちは，そういう形で伝わってくる。関係を絶てば，こちらの気持ちは収まるが，それでは指導がなりたたない。

①問題の解決・多様なコミュニケーションの確保

担任に対する関係拒否は，担任のせいだけではない。大人を拒否したい気持ちを担任にぶつけている場合もある（感情転移）。

そうした際に対応のガイドラインがあると，担任は気が楽になる。学年会でなくてもよい。ケース会議ができるとなおよい。クラブ顧問，養護教諭など，担任がだめなら組織内のだれかが対応するようにしておく。

ハガキ連絡は関係を絶っていないことが示されればよい。一般的な事務連絡なども有効。

②気持ちの整理

心配してわざわざ電話したのに切るとはなんだ，と相手を責めたい気持ちになったり，自分の対応が誤っていたかもしれないと不安になったりする。それが心理的なかかわりの始まりである。

その気持ちを自分なりに収めて，根気強く相手と関係をもっていくところにしか，解決の道はない。そのために同僚にその気持ちを聞いてもらうのは有効である。あの人に話してみよう，と思える人をふだんから探しておくとよい。スクールカウンセラーにはその役目を担ってほしい。

子どもはそうした気持ちをきちんと受け止めてくれる人がいない。それが拒否の電話を通して自分に回ってきたのである。ならば，自分のところでその気持ちを解消することは子どものためになる。そう考えるのがプロではないだろうか。

❗ 回避したくなったら，その気持ちを見つめよう。そこに解決のヒントがある。

（飯島修治）

▶コミュニケーションの諸問題

基礎 36 後悔する

場面例とポイント

授業中ものを食べる音がした。Ａ男だと思い注意したが，知らん顔をしている。終わってから呼び出して指導した。あくまでシラを切るので大声で叱責した。Ａ男はくやしそうな表情で頭を下げて行ってしまった。言いすぎたか。Ａ男でなかったかもしれない。

❶自分を責めない

だれにでも起こりうることであり，後悔は避けられない。そこで，自分を責めないことである。

❷修復するチャンスを生かす

後悔だけで終わらせない。非を認めて該当する子どもに謝罪し，関係を修復する勇気をもつ。

❸リレーションを築く

二度と同じ間違いを繰り返さないよう注意しながら，子どもとの間にリレーションを築くようにする。

考え方

①自分を責めない

後悔先に立たず，という。起きてしまったことは変えられない。それを今後にどう生かすか。後悔をきっかけに自分を振り返ることである。

まず反省してみる。反省とは，冷静な気持ちで自分の感情，行為，思考を点検することである。後悔は強い感情だから，それが治まるような反省が正しい反省である。

後悔という事態は，事実以上に自分の感情が動揺していることが多い。自責の念から思い詰めた行動をとりたくなったら，感情が落ち着くまで待つ。自分の感情を満足させる行為は，指導としては効果のないことが多い。自分の気持ちより子どもの行動が問題である。

②修復のチャンスを生かす

本事例では，食べていたのはＡ男ではなかったのかもしれない。その後，当の子どもと会話する機会などをとらえて謝罪し，アイメッセージで自分の思いを伝える。

「君を強く叱責したのは申し訳なかった。君の平常の授業態度が悪かったのは事実であり，それが私には残念だった。いずれ注意しようと思っていたために強い叱責をしてしまった」「君は欠時数も多いので，私は心配だ」

当の子どもが質問などをしに来たときなど，修復のチャンスを生かす。

③リレーションを築く

同じ間違いを繰り返さぬよう注意しながら，リレーションを築いていく。また，ユーメッセージで強く叱責してしまったら，すぐにアイメッセージでフォローできるよう日ごろから，心がける。

> ⚠ 起きた事実は変えられない。自分を反省するきっかけとして後悔の感情を利用する。今後の指導に生かす。

（飯島修治）

▶コミュニケーションの諸問題

基礎 37 遠慮してしまう

場面例とポイント

会議での発言や子どもの指導の際，どうしても遠慮がちになってしまう。また，言いたいことがよく伝わらないことがある。どうしたらよいか。

❶思い込み（ビリーフ）の修正

相手の気分を損ねてはいけない，自分の考えを言ってはいけない，などの思い込みをしていないだろうか。自問自答してみる。

もし，思い込みがあれば，その考えを修正していく必要がある。

❷自分の気持ちを伝える練習をする

まずは，自分の気持ちを言語化させていく練習をする。うまく言語化できない場合は書いてから言ってみる。その繰り返しの練習の中で，慣れること，自信をもつことが大事である。

❸自分を振り返る（フィードバック）

話せたときの自分の気持ちはどうだったか，を振り返る。はっきり自分の思いや考えを言えたときの気持ちよさを大事にしていく。

考え方

①思い込み（ビリーフ）の修正

相手が自分の言ったことで怒ったり，いやな気持ちにならないだろうかなど，相手の気持ちを先回りして考えてしまい，その結果，相手の気分を損ねてはいけない，自分の考えは言ってはいけない，などの思い込みをしてはいないだろうか。

また，言いたいことがよく伝わらない自分は，話し下手である，と思っていないだろうか。

そういう思い込み（イラショナルビリーフ）は，修正していく必要がある。

②自分の気持ちを伝える練習をする

自分の気持ちを伝えるトレーニングをすることが大切である。自分の考えや気持ちを伝えるためには，まず言葉で表現してみる。うまく表現できない場合は，書いてみる。

また，結論を述べてから，理由を言う。その際，話す順序がわからなくならないように，メモに書くなど工夫するとよい。

これを，繰り返し練習していくことで，話すことに慣れていく。そして，自信がもてるようになる。

③自分を振り返る（フィードバック）

自分の考えや気持ちを言語化させて練習した後，実際に練習したことを同僚に聞いてもらう。その結果どうだったかを，同僚にフィードバックしてもらう。

また，話せたときの自分の気持ちはどうだったかを振り返る。

はっきり自分の思いや考えを言えたときの気持ちよさの体験を大事にし，自信につなげていく。

❗ 自分の気持ちを表現できたときの気持ちよさの体験がかぎ。

（石川芳子）

▶コミュニケーションの諸問題

基礎 38 過剰にかかわる

場面例とポイント

保護者からの電話。「子どもが登校を渋って困っている」と苦情を延々と訴え続けて電話が終わらない。

❶関心をそらす
　「お子さんはいまどうしていますか」
❷こちらの事情を伝える
　「会議の時間ですので」
❸現実的判断を示す
　「ご事情はわかりました。今日は欠席扱いで連絡しておきます」
❹フォローする
　「放課後，こちらから電話してよろしいでしょうか」

考え方

　自分の感情に飲み込まれてしまい，相手の状況などに考えが及ばなくなってしまっている状態が，過剰なコミュニケーションである。過剰なコミュニケーションを受け止めて，どう次につなげるか。

　教育相談を学ぶと，まず受容（相手の気持ちをそのまま受け止めること）だと言われる。心理的な面接では流派を問わず基本的な態度であるが，教師がそのまま受け売りしていると問題が生じる。過剰なコミュニケーションの場合は，まず，現実的判断を示すことが必要である。

　保護者と教師は協力者でありたい。子どもの問題をお互いが相手のせいにするのがいちばんよくない。

①関心をそらす

　相手が気持ちを連綿と訴える場合には，まず注意をそらす。短い言葉が有効である。その内容には，お互いの関係を示すものを選ぶ。相手の関心が気持ちからそれたら，こちらの事情を伝える。

②こちらの事情を伝える

　こちらの事情を伝えるのは，相手が自分の感情に飲み込まれているとき効果がある。職員室の電話は保護者のカウンセリングのためだけにあるのではない。電話中にほかの連絡が入っているかもしれない。そういうことを考えながら相手の訴えを聞くことで，混乱に巻き込まれるのを防ぐことができる。

③現実的判断を示す

　次に現実的判断で対処する。気持ちのうえで混乱している保護者を相手に，その気持ちに焦点を当てないのは，親面接ではないからである。事実関係の処理が終われば，とりあえず当方の仕事は終わる。教師が教師の仕事をすれば，親は親の仕事をするであろう。そういうメッセージを込めたい。そのためには保護者会などでお互いを知り合っておくことが大切である。

④フォローする

　フォローの際は，協力者としてお互いを確認できるような伝え方が望ましい。他人行儀なぐらいのほうがその後の関係もいい。

> ❗ まず当面の話題をそらす。お互いの関係を再確認するような発言を考える。

（飯島修治）

▶コミュニケーションの諸問題

基礎 39 攻撃的になる

場面例とポイント

乱暴な言葉づかいをしたり，暴力を振るったりして，友達とよくトラブルになる子どもがいる。どうしたらよいか。

❶リレーションを深める

攻撃的になりそうなことを，教師に伝えることができるよう，ふだんからリレーションを深める。

❷相手の気持ちを考えさせる

「いま，どんな気持ち？（感情）」「何がしたいの（行動）？」「何を考えているの（思考）？」などの質問で自分を見つめさせ，自分の乱暴な言葉や行動で，相手がどんな気持ちになったか考えさせる。

❸感情のコントロールをしていく

自分の気持ちを言葉で表現させ，感情をコントロールさせていく。

考え方

攻撃的で友達とトラブルが多い子どもは，自分の気持ちを適切に表現することが苦手である。まず，自分の気持ちを見つめ，相手の気持ちを考えさせることである。そして，自分の気持ちを言語化させ，感情のコントロールをしていくことでかかわりを深めていく。

①リレーションを深める

攻撃的なコミュニケーションをする子どもは，不満や不安がうっ積している。

受身的技法で，「君がイライラしてしまうのはよほどの事情があると思うんだけど，よかったら話してくれる？」と質問したり，「いつも夕飯のときは1人で寂しかったんだね」と明確化したりすることで，攻撃的になってしまう気持ちを受容し，リレーションを深める。

②自分の気持ちを見つめ，相手の気持ちを考えさせる

自分の気持ちを見つめ，理解させていく。自分の気持ちがわからなければ相手に伝えられないからである。次に，相手の気持ちを考えさせていく。相手を思いやる気持ちを育てると同時に，他者を理解する力をつけていくことになる。

③気持ちを言語化し，感情のコントロールをしていく

どなったりせず，気持ちを相手に言語化して伝えさせていく。「ぼくは，いまの言葉を言われるのがとってもいやなんだ。だから二度と言わないでほしいんだ」などと，気持ちを落ち着かせて，ゆっくりはっきり言うようにさせる。

カッとなった子どもの感情を静めるには，そばに行って一緒に深呼吸をしたり，自分で落ち着く言葉を何回か言わせたりするのも1つの方法である。落ち着いたら，頭ごなしにしからずじっくり話を聞き，どうすればよかったのか自分で考えさせる。その経験を根気強く繰り返す。

また，自分の怒りを客観的に認知できるよう数値化させたり，自分の体の変化（例えば手に力が入るなど）に気づかせたりする。

> ❗ 自分の気持ちを言葉で表現させていくのがかぎ。

（石川芳子）

1章 コミュニケーションの基礎

▶新人教師のコミュニケーションＡＢＣ

基礎 40 あいさつの仕方

場面例とポイント

子どもより先にあいさつができない。自分からしようとすると，何か不自然なあいさつになってしまう。どうしたらよいか。

❶教師から笑顔で声かけ

朝，自分からあいさつをしない子どもに出会ったとき。

「おはよう。今日は暑いね」○

「おい，あいさつもできないのか」×

部活を終えて遅く帰宅する子どもたちに行き会ったとき。

「お疲れさま。気をつけて帰れよ」○

「ぐずぐずしてないで早く帰れ」×

❷あいさつの意味

「元気でやってるかい？」「はい」だけのやりとりでも教師と子どものコミュニケーションは成立する。

考え方

①教師から笑顔で声かけ

「あいさつは子どもが先に言うべきだ」という思い込み（ビリーフ）があると，子どもたちに対してぎこちない態度をとりやすい。「なぜ自分にあいさつしないのだろう。自分を馬鹿にしているのだろうか。近ごろの子どもは，しつけが悪くて困る。なんとかしなくては」などと考えだすと，いらいらしてしまう。

たしかにいま，日本には社会化されていない子ども，つまり常識のない子どもが増えている。しかし，この実態から出発して，そのような子どもたちに対応することが教師の仕事なのである。

「自分から『おはよう』とあいさつしたら，女子生徒にクスクス笑われてしまい，それ以来すれ違う子どもとは，なるべく目を合わさないようにしている」と言う教師がいる。「なぜ笑われたのだろう」と，仲間の教師に問いかけてみると，意外と解決は早いかもしれない。

②あいさつの意味

「意識しすぎると不自然なあいさつになってしまい，『あの先生，ちょっと変ね』と言われかねないので，あいさつはしない」と言う教師もいる。

しかし，自分からあいさつをするということは，自己開示の第一歩である。「I am O.K.」という自己開示である。また同時に「Are you O.K.?」という子どもへの問いかけでもある。したがって，あいさつを交わすことから，子どもとのふれあいが始まる。問いかけの意味が子どもに伝わらないときには「おはよう。どう，元気かい？」とはっきり問いかければよい。

子どもは教師から声をかけられるとうれしいものだ。道で，教師に「おはよう」とあいさつされるのがうれしいから，いつも早く家を出る子どももいる。

教師のひと声が，あいさつのできる子どもを育てる。声をかけられた子どもは，次には友達や他の教師に対し，自然に声をかけていくようになる。

❗ 教師のひと声が子どもの心を育てる。

（阿部美知子）

▶新人教師のコミュニケーションＡＢＣ

基礎 41 子どもへの基本的な態度

場面例とポイント

友達感覚で子どもと接しているうちに、「教師と子ども」という節度ある関係が保てなくなってきた。

❶親しくなりたい気持ちを受け止める

子どもが友達感覚で接近して関係を結ぼうとするときは、「よしわかった。一緒に遊びたいのはやまやまだけど10分間だけな。それでもいいかな」と応じる。

❷教師と子どもの一線は崩さない

子どもがなれなれしい口のきき方で、言葉を発してきたときに、「君の言いたいことはよくわかったよ。でもね、私はそのような言葉遣いで言われると、いい気持ちがしないよ」「〇〇と言ってもらえないかな」と教える。

❸現実原則を学ばせる

「大人と子ども」「教師と子ども」など、世の中には区別せざるを得ない関係があることをその場で語る。

考え方

教師と子どもがなれ合うという問題の根底には、お互いに接近したいという欲求がある。ただし接近欲が強すぎると、現実原則をさしおいてでもとなりかねない。これは戒める必要がある。

相手を受け入れ、関係性を深めることと、現実原則を知らしめ実践することの兼ね合いを図り、両立をめざす。

①親しくなりたい気持ちは受け止める

子どもが親近感をもって接近してきたとき、教師が子どもとどのような関係を築きたいと願っているのかが問われる。

フレンドリーで信頼される教師、愛情を注がれる子どもという関係はとても望ましい。教師と親しくなりたいという子どもの気持ちは受けとめ、必要に応じて一緒に童心に返って遊ぶこともあったほうがいい。

②教師と子どもの一線は崩さない

すべてを受け入れるが、不適切な表現や行動がある場合、その表現や行動の修正を求めること（教えること）は、よりよい関係を維持していくために必要である。

③現実原則を学ばせる

教師が「子どもと望ましい関係を築きたい」という強い思いを根底にもったうえで、具体的な言葉遣いや、振る舞い方を提示し学ばせる。

「子どもと親しくなりたい」という教師の願いは、日常的接触の積み重ねによって実現するものなので、このような指導によって損なわれるものではない。

子どもが親しき仲での礼儀を忘れたり、知らなかったりして、過剰な接近をすることはよくある。教師自身も接近した関係の心地よさに浸り、問題に気づかない場合があるので気をつけたい。

つまり、親しみやすさと厳しさのバランスをうまくとることが、子どもに接するときの基本である。

！ 親しき仲にも礼儀あり。

（甲斐田博高）

第1章 コミュニケーションの基礎

▶新人教師のコミュニケーションＡＢＣ

基礎 42 同僚との関係

場面例とポイント

飲み会に誘われて断ったら，「いつも断るようだけど，たまにはつき合ったほうがいいよ」と言われた。飲み会にプライベートな時間を使いたくないが。

❶一人では何もできない

授業や行事など，どれをとっても学年や学校全体の協力を得ないでできるものはない。学校の仕事は，同僚たちの力がなければ，成り立たない。自分一人では何もできないと考えることである。特に，学年の教師との連携は大切である。

❷飲み会は情報交換の重要な場である

飲み会は，学校の中だけでは得られない情報や，それぞれの先生の人生観，教育観などを語る場となっていることが多い。プライベートな時間を大切にしたい，社交の場があまり得意ではないなどのさまざまな理由があるだろうが，本音を聞ける大切な場である。仕事の一つと考えて，できるだけ参加してみることが大切である。

考え方

①一人では何もできない

自分のクラスのことはしっかり把握しているし，自分の仕事はしっかりこなしていると考えるかもしれない。しかし，クラス担任だからといって，子どものことをすべて把握できているわけではない。子どもはいろいろな場面でさまざまな様子を見せる。学年やその他の教師，養護教諭や事務職員など，担任の見ていない部分を見ている人は多いのである。

また，自分の力だけで自分のクラスが成り立っているのではない。学年や学校全体の協力があってこそ，担任としての取り組みが生きるのである。

職場の同僚たちとの関係を考えるとき，自分がいろいろな人とかかわっていることを忘れてはならない。

②飲み会は情報交換の重要な場である

飲み会をむだな時間と考える人もいるが，酒を飲めないのに大切にしている人もいる。本音を聞ける，教育観を語り合える学びの場であると考えることが大切である。

学校の中で話されることは，ごく一部のことである。最近は，教師も事務的な仕事が増え，また，事務的に仕事をすることも要求されている。しかし，教師の仕事は人を育てることである。教師自身の人生観や教育観がしっかりしていなければ人を育てることはできない。自分に与えられた仕事をこなすだけでは，教師とはいえない。

また，時間的にゆとりのなくなってきている学校の中で，教師同士が本音や教育観を語り合う時間もなくなってきている。教師は経験から学ぶことが多い。語り合うことで自分の教育観も高まっていくのである。

> ❗ 飲み会は，教師としての本音を語り合える，教師サポートグループの日常版である。

（茅野眞起子）

▶新人教師のコミュニケーションＡＢＣ

基礎 43 上司との関係

場面例とポイント

「最近クラスの様子はどう？」と校長に聞かれて「問題ありません」と答えてしまった。実は対応に困っている子どもがいるが、言わずに済ませたい。

❶日ごろから子どもの情報交換をする

どのクラスにも問題は発生する。自分のクラスだけに問題があるわけではない。問題が起きたことよりも、それにどう対処することが子どものためになるかを考える。

❷完璧でなくてもよい

失敗しないにこしたことはない。しかし、人間だから、失敗することもある。失敗したから自分がダメ教師であるわけではない。困ったことは、上司も含めてどんどん周りの教師に相談するようにする。

考え方

①日ごろの情報交換を大切にする

多くの学校では、学年会や情報交換会などが設けられている。全体で共通理解しておかなければならないことを、その場で伝えておくことは非常に重要である。

また、日々子どもは変化し、さまざまな事が起こる。正式な場以外でどれだけタイムリーに情報交換できるかも、とても重要である。

「騒がしいので、いま私の授業できつく注意したら、かなりむくれていた。反抗的な態度を取るかもしれないけど次の時間はそのつもりでいてね」など、ちょっとした情報交換をしておくだけで「頭に来る態度を取っても少し様子を見ておこう」と冷静な対応をとり、その結果、子どもの行動が落ち着いてくるということもある。ちょっとした情報交換を頻繁に行うことこそ、非常に役に立つのである。

また、特に子どもとの関係で問題が生じたときには、教師側も冷静さを失うこともある。その日に起きたいやな出来事はその日のうちにだれかに話しておくことが、自分の冷静さを保つ秘訣でもある。自分の本音を話せる人をたくさんつくることである。

②完璧でなくてもよい

教師という仕事は人を相手にする仕事である。大学で身につけた知識がそのまま通用するわけではない。教師としての仕事を経験しながら、教師としての力量を高めていくのである。失敗を通して失敗から学び取っていくといってもよい。「失敗してはいけない」「失敗するのは自分がダメだからである」というイラショナルビリーフを変える必要がある。

「新人教師なのだから、失敗してもよい。とにかくがんばるぞ」という意気込みで取り組むのがよい。上司はそのような姿勢を見ているのであり、周りの教師もきっと力を貸してくれるはずである。

> ⚠ 上司へは、ホウ（報告）・レン（連絡）・ソウ（相談）。

（茅野眞起子）

▶新人教師のコミュニケーションＡＢＣ

基礎 44 電話のかけ方・受け方

場面例とポイント

かかってきた電話に「もしもし」と出たら，同僚に「その受け答えはダメだよ」と注意された。どうすればよいか。

❶電話を受ける

「はい，○○学校××です」「△△にお電話ですね。お名前を伺ってよろしいでしょうか。□□様ですね。少々お待ちください」

❷電話をかける

「□□様のお宅でしょうか。○○学校の△△と申します。いつもお世話になっております。本日は▽▽の件でお電話いたしました。いま，お時間をいただいてもよろしいでしょうか」「私，△△と申しますが，□□様はいらっしゃいますか」「○○学校の△△です。お仕事中に失礼いたします」

考え方

電話はだれが受けているかわからないので，話したい相手にきちんと取り次がれるまでの対応を身につけておくことが必要である。見えない相手のことを想像して，電話を使いたい。

①電話を受ける

かかってきた電話に出るときは，必ず学校名と自分の名前を告げる。そのうえで，だれにかけたのかを聞き，先方の名前を確認して引き継ぐ。

(1)電話を引き継ぐとき

「△△先生，□□様からお電話です」「△△先生，先ほど，□□様から，▽▽とお電話がありました。折り返し連絡していただけますか」

(2)引き継げないとき

「大変申し訳ございませんが，△△は本日出張で不在にしております。お急ぎのご用でしょうか」「よろしければ伝言いたします」

かけてきた相手が不在で引き継げない場合は，用件をたずね，伝言することを伝える。また，緊急の用件の場合は，管理職の判断を仰ぐ。

②電話をかける

まず，電話先が正しいかどうかを確かめる。そのうえで，自分の所属と自分の氏名をはっきり言う。

次いで，話したい相手に電話に出てもらえるかどうか聞いて，出られる状態だったら出てもらう。ときには「○○のことで話したいのですが」と用件を簡単に言ってから，電話を取り次いでもらうと，電話に出る人も話す準備をすることができる。また，複雑な用件のときには，事前に話す内容を整理しておいたり，会って話すようにしたりすることも必要である。

いずれにしても姿の見えない相手の気持ちを想像して電話をかけたい。

> 見えない相手のことを想像して電話をかける。

（土屋秋雄）

▶新人教師のコミュニケーションＡＢＣ

基礎 45 服装で気をつけること

場面例とポイント

毎日スーツですごしていたら，先輩の教師にいやみを言われた。どんな服装が適切か。

❶ TPOに合わせて

基本的には学校に何を着ていってはいけないという服装はない。TPO（時，場所，場合）にあわせて，授業ではスーツ，掃除はジャージ，実験や実習では白衣，儀式では礼服などと，適切に使い分けることが大切である。

❷ 教師らしいおしゃれを心がける

だれが見ても教師らしくない服装は避ける。清潔感のある感じのよい服装，いざというときに動きやすい服装を心がける。

子どもに人気のある教師は，教師らしい身なりに気をつかいながらも，自分自身がおしゃれを楽しんでいる場合が多い。

考え方

「服装なんてどうでもよい。要は教育に対して情熱があるかどうかだ」と言う教師がいる。しかし，服装は非言語コミュニケーションの１つであり，服装から伝わるメッセージがあることを理解し，子どもたちや保護者，同僚に不快な思いをさせない努力をすることが必要である。

① TPOに合わせて

TPOに応じた服装は社会人としてのマナーだというだけでなく，子どもたちに「いまがどのような時間なのか」を意識させることができる。例えば，ふだんスーツ姿の教師がジャージで掃除に現れれば，教師が動きやすいというだけでなく，子どもに教師のやる気が伝わるだろう。このように，服装から伝わるメッセージを意図的に活用することもできる。

② 教師らしいおしゃれを心がける

下の二人の教師の服装を例にとってみよう。無精ひげにジャージの裾をめくったサンダル履きの教師。胸の開いた服にミニスカートでかかとの高い靴を履いている教師。これらは子どもたちが嫌う教師の典型的な服装である。

実は子どもたちは教師をよく見ている。「○○先生だって赤いマニキュアをしてるじゃない」「△△先生だってゴム草履履きだぜ」。教師らしくないと思えば，子どもは遠慮なく批判の対象にする。

教師は，生徒指導の中で，服装違反や化粧をして登校する子どもに注意をしなければならないことがある。

教師が教師らしい服装を心がけるということは，自分も責任のある行動をとることといえる。

> 服装は，コミュニケーションのひとつの手段。

（阿部美知子）

１章　コミュニケーションの基礎

▶新人教師のコミュニケーションＡＢＣ

基礎 46 同僚や上司の紹介で気をつけること

場面例とポイント

話し合いや仕事を円滑に進めるために、初対面の人に上司や同僚を上手に紹介するにはどうすればよいか。

❶わかりやすく役割・名前を伝える

自分の上司や同僚は、敬称などをつけずに、目上の人から順に肩書き（立場）や名前を紹介する。「校長の○○と教頭の○○です」。さらに、人柄なども紹介すると親しみがわく。例えば「われわれをやさしく指導してくださる○○校長です」。

❷にこやかな表情を心がける

紹介をする相手に目を向け、にこやかな表情で話す。

❸訪問の目的を簡潔に伝える

「お忙しいなか恐縮ですが、今日は、○月○日に本校で実施したいと考えています地域清掃活動にご協力をお願いしたく、校長の○○とうかがいました」。

考え方

紹介を通して相手によい印象をもってもらえれば、仕事はスムーズに進む。礼儀正しく、キビキビした印象を与えたい。

こうした何気ない配慮を積み重ねることで、地域の人やPTA、関係機関が学校に好印象をもつことにつながる。自分も学校の一員であることを忘れない対応が必要である。

①わかりやすく役割・名前を伝える

外部の人と上司や同僚が初対面で、自分が紹介する場合、身内にあたる方を先に紹介する。お互い立って向き合い、校長、教頭など、肩書きが上の人から順に、わかりやすく簡潔に紹介していく。その際、「〜先生」などとつけずに、「校長の○○です」などと姓名だけを言う。

その後に相手方の紹介をする。名刺の交換が終わったら座るように勧める。

年下や後輩を紹介する場合、人柄や活躍している分野をひとこと付け加えると、相手の印象がよくなり、話し合いをスムーズに進める雰囲気づくりにもなる。

②にこやかな表情を心がける

初対面の人にしかめっ面やいかつい顔で会ったら、うまくいくものもうまくいかなくなる。自分がどんなに忙しい場合でも、雰囲気づくりと相手に対する配慮が必要である。

③用件を簡潔に伝える

紹介された相手は、どんな用件で来たのか、気になるはず。はじめに用件を簡潔に伝えることで、安心感を与え、話し合いにスムーズに入っていける。

また、いつ、どこで、何を、どうしたいのかが明確に示された資料を用意して、話し合いを行う。特に地域の方やPTAの方には専門用語を使わず、わかりやすい説明が必要である。

> ❗ わかりやすさとよい雰囲気づくりがコミュニケーションの成否のかぎ。

（相馬良一）

第 2 章

子どもへの日常的な働きかけ

▶あいさつ・声かけ

子ども 1 あいさつ

場面例とポイント

子どもから「おはようございます」「こんにちは」とあいさつされた。どのように返すと子どもは元気になるか。

❶子どもの方を向く

子どもからあいさつをされたら，作業を一時中断する。そして子どもの方に体を向け，相手を見る。

❷子どもに合わせてあいさつをする

「おはようA君」「こんにちはBさん」と明るくあいさつを返す。そのとき，声の大きさは，子どものあいさつが大きければ大きな声で返す。逆に小さければ優しい声で返す。

❸おまけをつける

あいさつを返した後に，相手に応じて「今日の調子はどう？」と体を気遣ったり，「昨日のテレビ見た？」と最近の話題を声かけしたりするなどのひとことをつけ加えるとなおよい。

考え方

あいさつは子どもとの最初のコミュニケーションである。あいさつは教師と子どもの間に安心して本音を語れる信頼関係（リレーション）をつくり，保つためのコミュニケーションである。

①子どもの方を向く

子どもが元気になるあいさつに不可欠なのは言葉だけではない。例えばあいさつをしたが，相手が作業に夢中でこちらを向かないで「おはよう」と言葉だけは返してきて，何だかいやな気持ちになった経験はないだろうか。相手に体を向けず，相手を見ないという非言語的行動が「あなたのことはあまり関心がない」という非言語のコミュニケーションになっているからである。

その逆に，体を向け，相手を見るという非言語的行動は「あなたに関心がある」というコミュニケーションを伝えることができる。

②子どもに合わせる

あいさつは大きな声がよいというわけではない。大きな声で「先生，おはよう」とあいさつしてくる子どももいるし，「おはようございます」と小さい声で行儀よいあいさつをしてくる子どももいる。どのあいさつも子どもの自己表現だと考える。教師が子どものあいさつの仕方に応じてあいさつを返すことで，子どもは教師に親近感がわく。また子どもの自己表現を促し，「いっそうコミュニケーションを深めよう」というメッセージを伝えることができる。

③おまけをつける

あいさつに加えておまけをつける。雑談でもよい。その子どもの興味や関心のある事を話題にするのもよい。あいさつといった社会的な決まり事に加えて，雑談することで子どもとのリレーションを深めることができる。

> ❗ あいさつは，言葉以上に身体表現が重要である。

（小暮陽介）

▶あいさつ・声かけ

子ども 2 気にかかる子どもへのあいさつ

場面例とポイント

生活が乱れてきた子，体調が悪そうな子，前日しかった子など，気になる子どもと朝顔を合わせた。あいさつをどうするか。

❶教師側からあいさつをする

「おはよう。調子はどうだい？」と，まずは教師が子どもへ声をかける。そして，様子を手短に聞く。聞き方は，子どもの目を見て，さわやかに，短いフレーズで声をかける。

❷「大丈夫です。まあまあ」とプラス方向の返事の場合

「それはよかった。がんばれよ。期待しているよ」など，励ましの言葉をかける。前日しかったことが気になっても，気にしていない場合は，くどくど言わない。朝はさらりとした気分で対応したい。

❸返事がなかったり「別に」など，いっそう心配な場合

「大丈夫かい？ 心配しているよ。応援するよ」などのメッセージを，笑顔で，はっきり聞こえる声で言い，教師が支援することを伝える。朝から，その子の行動や態度を否定するような言動は慎む。

考え方

教師が気になることは，子どもも気にしている場合が多い。それを，マイナス方向で見るのではなく，共に考えていこう，応援しているよ，というメッセージが伝わるようにしたい。

①教師からあいさつ

朝から注意ばかりされると，反感しか残らない。前日しかられても，今日は気持ちを切り替えて新しく出発したいと思っている場合が多い。

また，体調が悪くても一生懸命がんばって登校してきたのに，「もっと元気を出せ，もっとがんばらないと」と言われると，元気が出るどころか，元気を吸い取られてしまう感じがする。

まず，教師から元気が出るようなあいさつをする。様子が気になるなら，「調子が悪そうだけれど，何かあったら，言いに来なさい」と声をかける。

②元気そうなとき

朝の声かけは，不安や心配を消し，元気がわき安心が生まれるものでありたい。元気に返事が返ってきたときは，「期待しているよ」などの声をかけ，前日と切り替えてさわやかに接し，子どもが「先生と会ってうれしい，がんばろう」と思えるような接し方を心がけたい。

③いっそう心配なとき

よいことはストレートに言ってもよいが，子どもにとって耳の痛いことは「もう大丈夫か？ がんばれよ」などで気持ちはほとんど通じる。それでも言いたいことがあれば，「先生は，君の服装が心配なので話をしたい。昼休みに相談室に来なさい」と率直に伝え，皮肉やいやみと取られないようにしたい。

> ❗ 会ってよかったと思えるように，さわやかな笑顔，短いフレーズで。

（明里康弘）

▶あいさつ・声かけ

子ども 3 面識のない子どもへのあいさつ

場面例とポイント

名前もよく知らない他学年の子どもから，突然あいさつをされた。その際，子どもがあいさつをしてよかったと思えるような対応や言葉は？

❶必ずあいさつを返す

子どもがしてきたあいさつをそのまま返す。「おはようございます」→「おはよう（ございます）」，「こんにちは」→「こんにちは」，「さようなら」→「さようなら」。

❷明るく笑顔で対応する

明るく，さわやかに，笑顔で返す。

❸言葉を添える

あいさつに加えて少しでも言葉を添えてみる。「元気だね」「元気でいいね」「朝練かい，がんばってね」「次は何の授業なの？」「今日はいい日だった？」。

考え方

あいさつはコミュニケーションの第一歩。されたら返すことが大切。気持ちのよいあいさつをされて喜ばない人はいない。逆に子どもにとっては，せっかくあいさつをしたのに，無視をされたり目を合わせただけで何も言われなかったりすると，「カチン」ときたり「もう二度としないぞ」と思ったりする。

なかには学年の先生方よりも，愛着や親近感をもってあいさつをしてくる子どももいる。社交的な子であればあまり気にしなくてよいが，生活面で心配な子であればこれを機会にさまざまな話をした

り，相談にのったりするきっかけになることもある。自分が勤務する学校の愛する子どもの一人だという意識で，親しみと誠意をもって対応したい。

①必ずあいさつを返す

子どもがしてきたあいさつをそのまま返す。忙しかったり考えごとをしていたりして，素早く通り過ぎたいときに声をかけられることもある。そんな際も単純にあいさつを返すだけで子どもは満足する。

②明るく笑顔で対応する

返すあいさつは，言葉だけでなく，その表情や声の響きが子どもたちにさまざまな影響を与える。だからこそ明るく，さわやかに，笑顔で対応したい。

③言葉を添える

あいさつが戻ってきただけで満足する子どもがほとんどだろう。そこでさらに，自分に対しての言葉がもらえたとしたら，子どもは大いに喜ぶ。次回からは「Aさん（くん），おはよう」と名前を呼んであげると，子どもはさらに親近感をもつはず。

声に出さなくても，目を合わせての会釈や目礼，手の動きを添えた軽い敬礼などを喜ぶ子どももいる。存在を認めて心を通わせたい。

> **あかるく対応**
> いろいろと考えずに
> さわやかなあいさつを返して
> つながりを大切にしよう

（飯田良）

▶あいさつ・声かけ

子ども 4 名前の呼び方

場面例とポイント

親しみを込めて愛称（あだ名）で呼んでいたら、いやな思いをしていると言われた。どのような呼び方がよいのか。

❶あだ名の意味を知る

子どもたちみんなが言っているからという安易な気持ちであだ名で呼ぶと、大変なことになる。あだ名にはいじめが隠されている場合もある。

❷平等に敬称をつけて呼ぶ

Aには「さん」づけ、Bにはあだ名、Cには呼び捨てでは、言われている子どもも、周りで聞いている子どもも、差別をしていると感じてしまう。

考え方

名前の呼び方一つで、先生は自分のことをどう思っているのか、子どもたちは敏感に推察する。

①あだ名の意味を知る

あだ名は、周りの子どもたち（家族）が決めたり、自分でこう呼んでほしいと本人が決めたりして、友達間（家族）で呼ばれることが多い。本人が気に入っているあだ名もあれば、本人がいやだと思っているあだ名もある。

気に入っているあだ名でも、親しくない人から言われるのは、「ちょっとあんたは何よ。なれなれしい」という気持ちになる。

また、仲間が決めたあだ名には、その子のマイナスイメージが込められていることがある。言われている子がにこにこ

としているからといって、その子が喜んでいるとは限らない。

あだ名の意味を知ることにより、いじめの芽を早いうちに摘むようにする。教師があだ名で呼ぶことによって、周りの子といっしょにその子をいじめるようなことは、あってはならない。

②平等に敬称をつけて呼ぶ

教師が子どもたちを呼び捨てにしている学級は、とても殺伐とした感じがする。それに対して、教師が子どもたちを「さん」づけで呼び、そして、子ども同士も「さん」づけで呼び合っている学級は、子どもたちの表情も穏やかで、あたたかい雰囲気がする。言語環境は、人間関係に大きくかかわる。

子どもたちは、教師を「D先生」と呼んでくれている。教師も同じ人間として子どもに「さん」をつけるのは当然ではないだろうか。

また、しかるときには、呼び捨てでなく「さん」づけをすると、感情的にならずにすむ。

名前の呼び方には、子どもの人権に対する教師の意識がこめられているのである。

> ⚠ あだ名には、いじめが隠れている場合がある。敬称をつけて呼ぶことが大切である。

（菊地章子）

2章　子どもへの日常的な働きかけ

▶あいさつ・声かけ

子ども 5 子どもへの声かけ

場面例とポイント

放課後の教室に、いつもつっぱっている女子生徒がいた。どんな態度をとってどう話しかけるか。

❶目（顔）を見て話しかける

「何をしているの」「どうしたの」などの言葉かけでいいが、大切なのはしっかりと向き合うこと。目を見て話しかける。

❷いつも気にかけていることを伝える

「部活動では、よく体を動かしているね」「髪型が変わったね」など日ごろから見ていることを話題にする。ほめることばかりを意識せずに、日常的な行動や様子などを見て感じていることを話しかける。大切なのは「いつも君のことを見ているよ」というメッセージを伝えることである。

❸一定の距離を保つ

近づきすぎることは禁物。何度も話すうちに信頼関係が生まれてくれば、自然と距離も近くなる。

考え方

1対1で話すことは、お互いの理解を深め、信頼関係を築くための絶好の機会である。一人一人の子どもと、できるだけ多くの機会をもつことを心がけたい。リラックスした雰囲気をつくり出すことが大切である。

①目（顔）を見て話しかける

話すときの基本は、相手の目を見て話すことである。「いま、私はあなたに話しかけているんだ」というメッセージを伝える。気楽な雰囲気・口調で話しかけ、相手への負担をかけない。

②いつも気にかけていることを伝える

どの子も自分を見てほしいという欲求をもっている。話しかけるきっかけの言葉はさりげなく、日ごろからその子に対して見ていること、思っていることなどを伝えることが有効である。「先生はいつもあなたのことを見ていますよ」というメッセージを伝えたい。そのことによって、先生は私のことを気にかけてくれるという安心感を抱く。

機会があれば何回でも話しかけ、返事がなくても強要しないことを心がければよい。回数を重ねることで自分の存在が受け止められていることを認識し、自分の居場所を見つけ、それが自己肯定感が高まることになるのである。

③一定の距離を保つ

話すときの距離は、お互いの心の距離を表している。親しくなれば近づいても特に問題はないが、信頼関係が築かれていない状態では、近づきすぎることは相手に嫌悪感を抱かせることになりかねない。あせらず、常に言葉かけを心がけることが、相手の心を和らげていく。そうすれば自然と子どもとの距離も近づいていく。

> ⚠ 日ごろからの観察により、「私はいつでもあなたを見ているよ」のメッセージを言葉に託す。

（広橋里志）

▶あいさつ・声かけ

子ども 6 小グループの子どもたちへの声かけ

場面例とポイント

昼休みに教室で宿題の点検をしていると、数人の子どもたちが集まっておしゃべりを始めた。担任としてどんな態度をとるか。

❶コミュニケーションの場ととらえる

しばらくの間、仕事をしながら子どもたちの会話を聞いている。タイミングをみて、会話の中に出てきた言葉を「ねぇ、○○って何？」とか「それっていま、流行っているの？」などと話しかけてみる。

子どもたちが担任の質問に答えたり、もっと詳しく話を始めた場合には、近くにあるいすを持って子どもたちの輪に加わり、その時間を共に過ごす。

❷情報収集の場ととらえる

気になる子どもがいるとき、直接本人から話を聞く前に、教室にいる子どもたちに話しかけて情報を得ることもできる。子どもたちの様子を見ながら、「ねぇ、最近Ａさん元気ないと思うんだけど何かあったのかな」などと話しかける。担任と子どもたちとの信頼関係ができていれば、気になることに関する有効な情報を得ることができる。

考え方

小グループの子どもたちに担任から意図的に話しかけることにより、子どもにとって担任が身近な存在となり、子どもとの良好な関係も深まる。「この先生になら話せる」という思いをもっていれば、子どもは困ったことがあったときに迷わず相談に来てくれる。また担任の言葉かけがきっかけとなって会話がはずみ、そのグループ内の人間関係も良好になっていくこともある。

①コミュニケーションの場ととらえる

休み時間の小グループの子どもたちとの何気ないおしゃべりの中で、個々の子どもの興味や関心事を知ったり、その子どもに対する新たな発見があったりするものである。それは教師の子ども理解を深めることにつながるとともに、子どもの側から見ると担任の人柄にふれる機会にもなる。

②情報収集の場ととらえる

情報収集のためには、個別に話を聞いたり、全員の前で聞いたりするよりも、小グループのほうが子どもたちの本音にふれられ、「そうなんだ。実は私もそう思っていたんだ」という気持ちの交流の場にもなる。

授業中はどうしても、「教える人と教わる人」という関係になるが、休み時間は子どもたちのペースで自由に活動できる時間である。したがって、子どもと教師という立場を超えて、教室という一つの空間の共有者としてかかわることができるというよさがある。そして、そのような時間だからこそ、子どもたちの本音を聞くことができるのである。

> ⚠ 休み時間は、授業中とは違う「担任の顔」を見せる。

（行木順子）

2章 子どもへの日常的な働きかけ

▶あいさつ・声かけ

子ども 7 気になる子どもへの声かけ

場面例とポイント

生活の乱れが気になる子と廊下で会った。どう声をかけるか。

❶威圧感を感じさせないように近づく

「なんだかいつもと違う感じがするね。少し心配だなあ。何かあったの？」

❷相手が構えないよう静かに話しかける

「いまの状態だと、君のいいところまで消してしまいそうに感じられて、先生は心配なんだ」

❸よい点をほめる

「先生は、あなたが○○をがんばったり、○○に努力していることを知っているよ」

❹努力するポイントを指導する

本人の納得を得ながら、指導をメインにした声かけだけにならないようにする。

❺今後の生活を支援する

「最近、どうしたの？ 心配でさあ、君のために先生が何かできることはないかな？」とやさしく話しかける。そして、相談にはいつでものるからと、本人を支援しようとする姿勢を示す。

考え方

①威圧感を感じさせないように近づく

日ごろから子どもとふれあい、よく声をかけることが大切である。「何でこの先生から、こんなことを言われなければいけないのか」と子どもが反発しないように、日々の学校生活で、しっかりと信頼関係を結んでおく。

②相手が構えないよう静かに話しかける

責められていると感じさせないよう、本人の正面よりは斜めの位置に立ち、心配な気持ちを語るようにして話しかける。

子どもの様子にかかわらず、ふだんから声をかけ、「いつも君のことを見守っているよ」という態度を示しておく。

③よい点をほめる

生活が乱れてきた子は、自分でも気づいていることが多く、悪い印象をもたれていることも気づいている場合が多い。子どもは注意されると、自分自身がすべて否定されたと感じてしまうことがある。そこで、その子どもが、がんばっていることなどのよい点をほめることで、信頼関係のきっかけをつかむことができる。

また、「先生は君のことが大切だから、放っておけないんだ」と子どもの目を見て話すことで、先生は君を認めているという実感をもたせることができる。

④努力するポイントを指導する

「子どもが納得できる声かけ」となるためには、親身になって相手のことを理解や心配し、まだだめなときはだめだとその場できちんと言う毅然とした態度で常に対応することである。

⑤今後の生活を支援する

この先生は信頼できる人・頼りになる人と子どもに思われていれば、ちょっとした声かけも、指導や励ましとなり得る。

> ❗ 父性原理と母性原理をバランスよく発揮し、声かけの延長に励ましと指導を。

（淡路亜津子）

▶話を聞く

子ども 8 話を聞く

場面例とポイント

放課後の教室で，いつもつっぱっている男子生徒が，「先生，おれさあ……」と語りかけてきた。どうする。

❶教師の受容的な態度を表明する

「話しかけてくれて，うれしいよ」というように，教師が受容的な態度で子どもを迎えようとしていることを短い言葉や態度で伝える。

❷話を聞く場所・時間などを決める

「ここでいいかな，もっと落ち着いて話せる場所もあるけど……」のように，1対1で話を聞く場所や時間などを，子どもと一緒に考え，決める。

❸共感的な態度に基づいた話し合い

「そうか，それは大変だったね」，「わかるわかる。私にもそういうことがあるよ」などのように，話し合いの中で受容的・共感的な言葉を用いるように努める。

考え方

子どもが話をしようと自分から近づいてきたときは，1対1で話を聞くチャンスである。この場合，極端に反社会的，または非社会的な問題行動にかかわっていなければ，終始，受容的・共感的な態度で接するほうがよい。

①教師の受容的な態度を表明する

どんなに親しまれている教師であっても，子どもにとっては「教師」である。子どもが安心して相談できる雰囲気を，できるだけ早くつくってやらなければならない。タイミングを逃すと，せっかくの面接のチャンスを失うことさえある。

②話を聞く場所・時間などの決定

話を聞く場所や話す時間などを素早く相談し，その子どもと合意のうえで決める。1対1で話を聞きたいのならば，2人だけになれる落ち着いた場所を用意する。時間については，結果的に長引いたとしても，最初に「〜分程度」と告げておいたほうが，子どもに安心感を与える。話を聞くときの位置取りは，向かい合って聞くよりは，L字型か横に並んで聞くほうがいいようである。

③共感的な態度に基づいた話し合い

子どもの話を聞くことが目的なので，まずは，聞き役に徹する。話していくうちに，子どもが指導を望んでいることがわかれば，その子が望んでいる内容にのみアドバイスを与えればよい。このとき，どうしても譲れない内容にふれることがあれば，アイメッセージを用いて語りたい。例えば，「たばこを友達にすすめられている」というようなときには，「私はたばこは自分から断ってほしい」とはっきり言う。

子どもから望んだ面接であっても，ほんとうに話したい内容にいたるまでには時間を要することが多い。雑談や世間話などから始め，あせらず，ゆっくりとほぐしていけばよい。

❗ 話すのではなく，聞く。子どものありのままを受け入れるつもりで。

（新保満夫）

▶話を聞く

子ども 9 小グループの子どもたちの話を聞く

場面例とポイント

「先生，昨日ね，みんなで遊んだんだよ」休み時間，教師の周りに集まってきて話し始める子どもたち。どのような気持ちで聞いたらよいか。

❶子どもと同じ目線で聞く

「そう，どんなことして遊んだの？」「リレー式にマンガを描いていったの」「それは楽しそうね。どんな順番でかいたの？」「ジャンケンで決めたんだよ」と聞く。

❷聞いてほしそうな感じのとき

「どうしたのかな，何か心配なことがある？」と聞く。

❸みんなで話し，聞く

なかなか自分から話せない子には，「A君は何をして遊んだの」と聞く。ほかの子が話そうとしても「A君の番だよ，みんなで聞こう」と話すチャンスをつくってあげるとよい。

考え方

①子どもと同じ目線で聞く

子どもたちは昨日の楽しかった出来事をもう一度思い出すかのように楽しそうにうれしそうに話す。そのときは，一緒に喜ぶように聞くことが大切である。にこやかにあいづちを打ち，同じ言葉を繰り返して言うと，自分の気持ちをわかってくれたと子どもは安心感を抱く。

子どもが教師の周りで話をするということは，教師と楽しかったことなどを分かち合いたいという気持ちの表れである。多少「えっ？」と思うことも，子ども

の楽しい気持ちにそうことが大切である。「よかったねえ」「楽しかったでしょう」とにこやかに話を聞く。一緒に喜んでくれる先生に子どもたちは心を開くだろう。その積み重ねが，話を聞いてくれる先生として，昨日あった楽しいことだけでなく，困ったことも相談に来るような関係をつくる。

②どうしても聞いてほしい感じのとき

特に，「ねえ，先生聞いて」と来るときは，何か満たされない気持ちをわかってほしいときである。腑に落ちないことや納得がいかないことがあり，教師に聞いてほしい，「そうだったの」「悲しかったね」「つらかったね」と気持ちをわかってほしいときなのである。

どんなことがあったのか，まずはよく聞くことである。そのうえで，子どもが間違っているときは，子どもの心に寄り添って，話して聞かせればよい。現実原則は教えなければならないことであるし，自分のことを心から心配してくれる教師に子どもは信頼を寄せるはずである。

③みんなで話し，聞く

自分からすすんで話せない子にも，みんなの中で話すチャンスをつくってやる。また，みんなが聞いてくれる態勢をつくってやるのも教師の仕事である。このようなかかわりの積み重ねから，自信をつけることができる。

> ❗ 子どもの心にそって，子どもの目線でおしゃべりを一緒に楽しむ。

（平田元子）

▶話を聞く

子ども 10 面識のない子に話しかけられたとき

場面例とポイント

廊下で知らない子どもにいろいろと話しかけられた。

❶受容的な姿勢で

教師は，その子どもに，自分に声をかけてくれて「うれしい」「ありがとう」という気持ちを言葉や表情，態度で示す。

❷伝えたいことをキャッチする

とりとめのない話をしに来た子どもには「そうなの」と子どもの言いたいことを受け止めて，あいづちを打つ。悩み事の相談であればじっくりと聞き，問題解決に向けての援助をする。

ゆっくりと話している時間がない場合は，「いまはゆっくりと話ができないけど，放課後には時間がとれるから，そのときに話しましょう」と具体的な約束をする。

考え方

①受容的な姿勢で

教師にとっては面識のない子どもであっても，その子どもにとってはときどき廊下などで見かけ，自分と波長が合うのではないかと感じてその教師に話しかけたのである。

そのような子どもの気持ちをくんで，声をかけてくれた子どもの話を，受容的なあたたかい姿勢で聞くことが何より大事なことである。

けげんそうな顔をして，一歩引いた態度をとると，せっかく声をかけようとした子どもの思いを萎縮させてしまうことにつながるので，気をつけたい。

②伝えたいことをキャッチする

学級での出来事などのとりとめのない話をする子どもには，「そうなの」とその子どもが言いたいことを受け止めてあいづちを打ったり，支持や質問をしたりする。

また，「最近よく眠れないんだ」などと悩み事を話してくる子どもには，個別に時間と場所を設定するなどしてじっくりと話を聞く。そして問題解決に向けての援助をし，その子どもが教師と話ができてよかったと思えるようにもっていきたい。

相談してくる子どもの中には，担任や部活動担当の教師には評価されていると感じ，自分を評価しない立場の教師と気軽に話をしたい，悩み事を相談をしたいと思っている子どももいる。

また，学級での不適応感を抱いているタイプの子どももいる。話の端々から，その子どもの現在の状態を把握することも大事である。

ゆっくりと話している時間がない場合は，素っ気ない態度をとらないようにしたい。いつならばゆっくりと話ができるという具体的な約束をすると，子どもも安心できる。

> ⚠ 受容的なあたたかな姿勢で対応し，「同じ学校の中に自分を支えてくれる人がいる」と伝えたい。

（阿部千春）

2章 子どもへの日常的な働きかけ

▶話を聞く

子ども
11 子どもの訴えや相談を聞く

場面例とポイント

泣きながら話をしていて、言っていることがわからない。どう話を聞けばいいか。

❶子どもの気持ちが落ち着くのを待つ

「大変そうだね。もう大丈夫。心配しなくていいよ。痛いところやけがはないかな？」。けがをしていないときは、手に触れたり額を冷やしたりしながら、子どもの気持ちが落ち着くのを待つ。

❷状況を把握する

静かな声で質問をする。「どこで」「だれと」「何があったの」のように答えやすい質問をして、事実を確認する。

❸子どもの気持ちに共感を示す

試合に負けた、けんかをした、失敗したときなどは、「くやしかったね」「悲しかったね」「よくがんばったね」の言葉をかける。

❹今後の対応について一緒に考える

「こうしたらいいと思うよ」

考え方

①子どもの気持ちが落ち着くのを待つ

泣いているときや興奮しているときは、まず気持ちが落ち着くように配慮する。けがや体調不良のために泣いている場合もあるので、様子を観察し、異常があった場合は手当てを最優先する。

身体にそっと触れることは年少の子どもには有効である。目の高さを合わせて見守るとしだいに気持ちが安定する。

②状況を把握する

気持ちが安定しても、話すことが苦手な子どもの場合、話の内容を上手に伝えられないことがある。特に「なぜ、どうして」の質問は自分の考えを言わなければならないので答えにくいこともある。

まず、事実だけを答えればいい質問をして、事件の概要を把握することが大切である。そして、子どもの気持ちを推理して、「A君にたたかれてくやしかったのか」とイエス・ノーで答えられる質問をすると、詳細なところまで明らかになってくる。事実を明らかにすることができると子どもの気持ちは安定する。

③子どもの気持ちに共感を示す

子どもの気持ちがほんとうに静まるのは、つらかった気持ちを理解されたときである。そのときのつらさや苦しさに共感して、慰めの言葉をかけられることにより、子どもは元気を取り戻す。

④今後の対応について一緒に考える

事例によっては、これからの対応を考えていかなければならないこともある。今後どうするかを共に相談することにより、子どもの不安な気持ちを軽減することができる。「これからどうしたい？」と声をかけたり、どうしていいか迷っている場合は、「そのことを、先生からお父さんに話そうか」と案を示すのもよい。関係者や保護者と連携を取り合いながら対応策を考えることが大切である。

> ❗ 落ち着くのを待つ。子どもの気持ちに共感して対応をする。

（櫻井利行）

▶話を聞く

子ども
12 子どもから聞き出す

場面例とポイント

いじめがあるようだ。しかし，聞いても子どもは何も言わない。どのように聞き出したり調査をするか。

❶個別面談をする

「このごろ，Aさんが元気がないように見え，先生は気になって心配しています。君は何か知りませんか」と，聞きたいことを聞く。そのときは，可能なかぎりなぜそのことを聞くのかを子どもに伝える。

❷アンケート調査をする

ねらいを書いてアンケート調査する。

考え方

①個別面談をする

個別に話し合うことで，情報を収集しようと思う場合，最初は，そのことに直接かかわっていない子どもから聞くのがよい。そのほうが，冷静で客観的な情報が入りやすい。まずは，できるだけ事実を収集し，具体像がわかるようにする。

次にある程度，具体的な情報が集まってから，関係者に聞くとよい。事実があれば，関係者も話す気になるが，あやふやであったり違っていたりすると，いい加減になりやすい。

面談は，基本は「個別」にする。友達と一緒に面談をすると，話したくても友達との関係で言えないことがある。したがって，情報を収集する場合は，個別面談がよい。

なぜこのようなことを聞くのかをできるかぎり伝えてから面談をする。「Aさ

んの，体操服が足跡でよごれていた。本人に何度も聞いても『何でもありません』というだけで，先生は心配でしょうがない。Aさんの問題を解決したいのだけれど」と，教師の願いやこれからのことなどを訴えると，聞かれた子どもも話しやすい。

そして，話してくれたことを秘密にする必要がある場合は，「そのことを必ず守る」と，安心感を与えると，子どもが話しやすい。

②調査をする

いじめ，被害調査などをする場合は，必ず調査の目的，調査をする教師の願いを書く。学校，学年全体で行うアンケートの目的は，「みんなの応援をしたい」等，大義名分でよい。それを読むことにより子どもは，協力しよう，応援しようという気持ちがわいてきて，知りたい情報が得られやすい。なぜ，このようなアンケートをするかわからないときは，いい加減にしか答えてくれない。

質問内容は，本質を端的に聞くのではなく，全体的なことから絞っていくとよい。例えば，「学校は楽しいですか→困ったことは→いじめは」という具合にするとよい。また，選択肢の質問から，記述式にしていくとよい。「その他，気になること，何でも」という欄があると，意外な情報を得る場合がある。

> 質問・調査する意図を伝える，誠意を見せる。

（高石ゆみ子）

▶話を聞く

子ども 13 発表・意見を聞く

場面例とポイント

いつも発表することの少ない子どもが意見を述べている。どう話を聞くか。

❶傾聴する

やさしく見つめ、うなずきながら聞き、発言の後、「あなたの言いたいことは、○○ということですね」と繰り返して受け止める。

❷その場でほめる

「あなたの意見の○○のところが個性があって、とってもよいと思います」と支持したり、ほめたりする。

❸また挑戦することを励ます

「よく発表してくれましたね。また今度あなたの意見を聞かせてくれたら、うれしいよ」と伝える。

考え方

「発言する」という行動を通して、達成感をもち、自信をもつということが子どもの成長にとって重要な課題である。

しかし、発言したがらない子には、次のような心の状態があるといわれている。

(1) 恥ずかしさ

間違えると批判されるなどと感じ、本音を出しにくい。

(2) しらけ

わかっているけれど発言しない。得にならないと思っている。

(3) 問いとのズレ

聞かれていることがわからない。むずかしすぎる。

これらに共通しているのは、「発言してよかった」という成功体験が乏しいことである。そこで、発言しない状況を打開するためには、次のような手を打って、成功体験を積み重ねさせることが大切である。

①傾聴する

日ごろ、発表することの少ない子どもが発言している場合、勇気を出して発言し、しかも緊張しているはずである。まず、やさしく見つめ、子どもの身になってうなずきながら聞き、意見を繰り返して要約（明確化）して、支持しながら聞くことが大切である。

②その場でほめる

その子のよさを見つけ、それを本人に伝え返す（ポジティブメッセージを送る）。具体的にほめたり、支持したりすることを心がけたい。

このとき、たとえ指導したいことがあってもあとまわしにして、まずはほめることに専念する。

③また挑戦することを励ます

ある期間は発言することに焦点を絞って励ます。つまり、強化対象を発言することに限定するのである。そうすることで、今後の発言意欲を高める。

何よりも教師が発表してくれたことを喜んでいる姿が、子どもの発言意欲を高めるのである。

!その場でほめるタイミングをのがさない。

（高畑晃）

子ども 14 ほめる

場面例とポイント

いつも掃除をさぼる子がまじめに掃除をしていた。黙々と自分の係の仕事をしていた。ほめたら甘やかしになりそうだがどうするか。

❶「現在の行動や態度」に注目する

過去を引きずらず，よさをほめる。

❷ほめる内容を明確にゆっくり伝える

「いま，掃除をしていること」「黙々と自分の係の仕事をしていること」のよさを認め，とてもうれしく思っていることを，ゆっくり端的にほめる。

❸事実に感情をひとことつけ加える

「A君，床がずいぶんきれいになって助かった」「本がきちんと整とんできて，ずいぶん使いやすくなったね。ありがとう」

❹次への期待感を伝える

最後に，今後の行動への期待や成長への信頼を伝え，成長の意欲化につなげる。

考え方

①「現在の行動や態度」に注目する

「いつも掃除をさぼる子をほめたら甘やかしになるのでは？」という思いのなかには，例えば「A君はまじめにやらない子」というレッテルや先入観がないだろうか。そんな思いをもって，その場をほめたとしても，相手にうまく伝わらないことが多い。過去がどうあれ，いまここでの行動や態度に注目して，子どもの伸びや成長を素直にはめたい。

②ほめる内容を明確にゆっくり伝える

子どもの行動や態度のよさを認め，うれしく思っていることをゆっくり端的にほめる。

日ごろ教師との関係が悪い子に対しては，さりげなく一緒に掃除をするなど，前置きの場を取り，相手の穏やかな状態を見きわめて，伝える配慮がいる。あまりほめられていない子にとっては，ほめられる言葉を素直に受け取れない抵抗感がある。「今日，何かいいことあったの」のように気持ちをやわらげたうえで伝えることも必要なのである。

③事実に感情をひとことつけ加える

「何をほめているか」の事実を明確に伝え，その成長を喜んでいる教師の気持ちや感謝の気持ちを伝える。

たとえ子どもに，はっきりとした反応がなくても，「現在の行動や態度」のよさを承認するメッセージをきちんと伝えることは，その子との心的距離を縮めることに役立つだけでなく，何をすることがよいことなのかの指標を与えることになる。

④次への期待感を伝える

「君は，もっとやれる力をもっている。頼りにしているよ」といった具合に，今後の行動への期待や，成長への信頼をもっていることを最後につけ加えることで，今後の成長への意欲化につなげる。

> ❗「いまここでの伸び・成長」を素直に受け止め，喜び，信頼を表現する。

（村田巳智子）

▶ほめる

2章 子どもへの日常的な働きかけ

▶ほめる

子ども 15 ほめるところの見つけ方

場面例とポイント

一人一人をみんなほめたいが，ほめるところが見つからない子どもがいる。どうしたらよいか。

❶子どもへの声かけを多くする

朝，教室で登校してくる子どもを迎えるなど，子どもとふれあう時間を増やす。そして目立たない子どもへの声かけを多くする。

❷見方を変えてほめる（リフレーミング）

目立たない行動の中にその子らしさを見つけたり，やろうとしている気持ちをほめるなど，子どもの行動の見方を変える（リフレーミング）。

❸子どもの具体をほめる

子どもの様子を観察し，「なわとびができてすごいな」のように，子どもの様子「なわとびができる」＋感情語「すごい」という，あたたかい言葉かけの基本形を使ってほめる。

考え方

目立たない子どもをほめるためには，授業中だけでなく，休憩時間や朝や放課後の様子をよく観察する。あたりまえのことでも，その姿を具体的につかむことでほめることができる。

①子どもへの声かけを多くする

あたりまえのことをしているといっても，一人一人の取り組み方の違いを見つけることが大切である。

ほめるところが見つけにくい子どもには，朝や休み時間，清掃時間，放課後などにふれあう時間を増やす。そして「朝から元気だね」「掃除ご苦労さま」「お疲れさま」「働きものだねぇ，えらいねぇ」など，声かけを多くする。

②見方を変えてほめる（リフレーミング）

「できた」ことや「がんばった」ことばかりほめていないか，教師自身の子どもの見方を振り返ってみる（リフレーミング）。現在の子どもの姿をとらえ直すことでほめるところが見つかる。

たとえば，口数の少ない子どもに「君は黙々と誠実な人だ」，動作の遅い子に「君は慎重な人だ」，おとなしい子に「君は敵をつくらない人物だ」など。

③子どもの具体をほめる

ほめるためには，子どもをよく観察し行動の具体を2つの観点からつかむ。①行動（例，笑顔がすてき），②思考（例，君はアイデアマンだ）である。

このようにして見つけた子どもの行動の具体に，感情語（すごい，うれしい，感心した，など）をつけて言葉をかけるようにする。これは，ソーシャルスキル「あたたかい言葉かけ」の基本である。子どもの行動の具体をつかむことが，ほめ上手につながるのである。

> ❗ プロセスや取り組もうとする気持ちにも目を向け，行動の具体でほめる。

（水上和夫）

▶ほめる

子ども 16 効果的なほめ方

場面例とポイント

散らかった教室を黙々と掃除していた子どもをみんなの前でほめたら，あまりうれしそうではなかった。そのうえ，ほかの子どもがひいきだと文句を言ってきた。

❶よい行動を素直にストレートにほめる

「やあ，ごくろうさま。教室がきれいだと気持ちがいいね」「すごい，掃除をしてくれてありがとう。先生はうれしいな」とその行為を素直にほめる。

❷学級への知らせ方

「放課後の散らかった教室をきれいに掃除をしてくれた人がいました。みんなが生活をする場を大切に考えてくれる人がいてうれしいな」。やってくれた事実と担任としてうれしかったことを伝える。

❸文句が出たとき

何に対しての文句かを見きわめ，人をほめるよりも行為や結果に対しての教師自身の感謝の気持ちを語る。

考え方

①よい行動を素直にほめる

子どもがよい行動をしているのを見た（見つけた）ときは，その場で素直にほめたい。そして行動の背景も考えたい。

この事例では，放課後の教室に残って黙々と掃除をしたのである。目立つような賞賛をされることは苦手かもしれない。きれいになった教室に自分自身が満足し，また，だれかが気づいてくれるだけで十分なのかもしれない。「ありがとう」という教師の感謝の気持ちを伝えたい。

②学級への知らせ方

例の場合は，名前を告げず，そのような人がいて教師自身が「うれしかった」と賞賛することで，その子どもは自分自身の存在を見いだす子であったのだろう。名前を出す，出さないは，クラスの実態やその子の状況に応じて判断する。ただし基本的に，子どものよいことに対しては，教師が堂々と子どもに伝える姿勢をもちたい。

③文句が出たとき

「あいつ，最初は遊んでいたんだよ」「掃除したのはA君だけではありません。A君だけをほめるなんて」など文句が出たときは，その子が何を言いたいのか，よく聞いてみる。

A君に反感をもっていて，A君自身がほめられることがいやな場合や，自分もほめられたい気持ちが裏返しとなってA君を批判する場合がある。

どちらにせよ，まずはよく聞き，そして，「君は，そう思ったんだ。しかし，A君が掃除をやったことは事実で，立派なことである」とA君を守る。

あくまでも平等にほめる。A君のときはみんなの前で言い，Bさんのときは本人をほめただけという差がないようにしたい。

> ⚠ 教師自身がその行為の価値を認め賞賛する。

（秋元典子）

▶注意する・しかる

子ども 17 注意する基本とコツ

場面例とポイント

廊下を走っている，掃除をサボっているなどに対して注意をするとき，どのようなことに気をつけて行動の修正を促すとよいか。

❶子どもの行動をよく見る

注意をするには，その子どものことをよく見ることが大切である。注意をする前にまず立ち止まり，周りの状況をしっかり見るゆとりが欲しい。子どもの行動を瞬間的に判断して大声で注意しても，子どもの心には響かない。

❷信頼していることを伝える

何がいけないのか，納得するように注意する。それには注意だけを言うのではなく，子どものことを信頼しているメッセージを込めることである。

❸行動変容の動機づけをする

「これからどうすればいいと思う？」「先生と一緒に考えてみよう」と語りかけ，子どもが解決方法を考えるようにする。

考え方

教師が感情的に「注意のための注意」をすることは，その子だけでなくほかの子どもの緊張感を高めるだけで，効果は少ない。子どもが注意を受け入れ，行動を変えていけるように注意することが必要である。

①子どもの行動をよく見る

掃除をサボっている子どもを見つけてもやみくもに注意しない。その子の表情や態度，周りの子どもの様子をよく見ることが大切である。

そして，例えばサボっている子に近づいて「何か気になることがあって掃除が手につかないの」と声をかけたり，掃除をきちんとしているほかの子どもをほめたりすることで注意を促すなど，どのような方法でメッセージを伝えることが効果的か考える。

②信頼していることを伝える

よく注意する子に対しては，「やる気がない」「何度言っても直さない」と思い込み，教師に反抗的な子どもだと考えがちである。

そんな子どもにこそ，「よくないと自分でもわかっているけどできないのか。困ったね」と共感的態度で話しかけ，本人と真剣に向き合い，「あなたが直せることを信じている」という態度で臨んだほうがよい。自分の責任で解決するということを子どもに自覚させることが大切である。

③行動変容の動機づけをする

「では，どうすればよいと思うかな」と，子どもと辛抱強くつき合いながら，自分で自分の行動を修正できるように働きかける方法を，一緒に考えていく。教師はその取り組みを支援する姿勢が大切である。

> ❗ 注意する前によく見る。注意しても，信頼していることを伝える。

（高畑晃）

▶注意する・しかる

子ども 18 熱心なあまりルール違反をしたときの注意

場面例とポイント

生徒会役員選挙に立候補した級友の選挙運動に取り組んでいたAさんは、熱心さのあまり、投票してくれたらジュースをおごる約束を友達にしてしまった。

❶黙認しないでやめさせる

「友達のためにがんばる気持ちは大切だが、ルールを破ってはいけない」といけないことを伝えてやめさせる。

❷善・正しい価値観・ルールを教える

「ルール違反は、先生は悲しいし残念だ」とアイメッセージで伝える。

❸いけない理由を具体的に教える

ダメだと言うだけなら不満が残る。何がそぐわないのかを具体的に教える。

考え方

子どもが目的に向かって一生懸命がんばるあまり、夢中になりすぎてTPO（時、場所、場合）にそぐわなかったり、ルールから逸脱したりすることがある。このようなとき、大人は大目に見て黙認しそうになる。

①黙認しないでやめさせる

あいまいにしないで、いけない行為をやめさせたり、悪いことをきちんと知らせる必要がある。「いくら勉強を一生懸命しても、掃除をさぼることはいけない。別な問題である」「部活動で後輩を熱心に指導するのはよいが、叩いてやらせるのはいけない。どんな理由があっても叩くことはいけない」などである。

②善・正しい価値観・ルールを教える

「私はこんな気持ちがする」とアイメッセージで、善、正しい価値観、ルールを伝える。

③いけない理由を具体的に教える

一生懸命でさえあればいいのではない。そのつどなぜいけないのかを具体的に教える必要がある。

例えば、グループエンカウンターを生かした学活で「自分の考えをワークシートに書く」という指示のとき、B君がわからないところをCさんに聞いて一生懸命取り組んでいた。

担任は「一生懸命やっているね。すごいね」とさらりと言ってから、「今は自分で考えて、自分でまとめて、自分でワークシートに書く時間です。聞いたり話し合ってはいけない時間です」と言った。

「わからなかったから聞いたんです。聞いてわかろうとしようとしたんです」「B君が聞いたので、相談にのってあげたのです。いけませんか」と言う2人に、「大事なことを繰り返します。いまは、自分一人で考える時間です。その後、みんなで話し合う時間があります。先生は、自分一人で考える時間を大切にしたいのです」と話した。

ほめることに一生懸命になりすぎると、いけない行為があやふやになってしまうことがある。

> いけない行為はきちんと指摘し、理由をていねいに伝える。

（明里康弘）

▶注意する・しかる

子ども 19 しかる

場面例とポイント

しかったことが，なかなか子どもの心にしみ入らない。

❶なぜしかられているのか理解させる

したことについてなぜいけないことなのかを，一緒に考えたり，具体的に教えたりする。子どもの顔を見て真剣に話す。

❷人格を否定しない

行動について注意・叱責をするが，その子や保護者の人格を否定することは絶対に言わない。

❸アフターケアを心がける

しかりっぱなしにせず，その後をしっかり見守り，直そうとしているよい行動はすぐにほめる。

考え方

子どもは，教師が感情的にしかっているのかどうかをよく見ている。しかるときには冷静でいたい。そのうえで，強く叱責するか，諭すように話すかなど，状況によってしかり方を変えるようにしたい。

①なぜしかられているのか理解させる

友達の靴を隠したことをしかる場合には，「自分の靴が隠されたらどんな気持ちがするかな？」「Aさんは，すごく困っていたよ。悲しがっていたよ」のように，自分が迷惑をかけた相手の気持ちに共感させるなど，しかられている理由に気づかせるようにしたい。

②人格を否定しない

自分や友達の命や人権を傷つけるような言動には，その場ですぐにやめさせる毅然とした態度が大切である。

その後で，「ほんとうの君は，とってもやさしい子だと思う。どうしてそんなことをやってしまったのかな，聞かせてくれないかな」と，子どもを肯定してから，問題行動を行ってしまったわけを考える。

子どもがわけを話してくれたら「言いにくいことを勇気を出してよく話してくれたね。ありがとう」「相手に対してこれからどうすればいいかな？」と自分で判断させる。本気で謝るまでしっかりサポートし，謝った後は「よく謝れたね」とほめる。

「家の人には正直に言えたらいいね」と，子どもが自分から話すようにする。保護者には，したことについては注意をしてもらうが，正直に言えたことはほめるようにしてもらう。

③アフターケアを心がける

どの子どもも，よくなりたい，ほめられたいという気持ちをもっている。しかった子どもに対しては，その後のよい行動を見逃さないように注意して見守る。よい行動が見られたときは，タイミングを逃さず，ほめる。しかった後には，教師がいつまでも怒っていると思わせるのではなく，よい行動をすればすぐに認めてもらえることがわかるようにすることが大切である。

> ❗ 問題行動をした背景を子どもと一緒に考える。罪を憎んで人を憎まず。アフターケアが重要。

（菊地章子）

▶注意する・しかる

子ども20 しかっても効果が見られないとき

場面例とポイント

何度かいじめを注意した子どもが，またいじめを繰り返した。しかったら，ふてくされて反省の様子もない。どうするか。

❶個別にじっくり話し合う

ふてくされた態度に反応してしかりつけたら，子どもと同じ立場になってしまう。まずは個別にじっくり話し合う。

❷ほかの子どもの指導を見直す

これまでの指導が心に響く指導であったかどうか振り返る。特にいじめの場合は，傍観している子どもへの働きかけを見直す。

❸毅然とした態度で接する

いじめを繰り返すことは許されないという，毅然とした態度を示す。いじめを見つけたら何度でも粘り強く注意する。

考え方

しかっても効果がないときは，教師とその子どもやほかの子どもとの関係がうまくいっていないことが多い。教師の注意が心に届くように関係を見直すことから始めよう。

①個別にじっくり話し合う

何度注意してもやめず，ふてくされた態度を見せられると教師も腹が立つ。このような気持ちを引きずって全体の前で注意しても，効果は少ない。

まずはその子と個別に話し合う。「どうして君の心の中のいじめ虫が収まらないのかな」「いじめてしまう気持ちを聞かせてくれないかな」など，その子の背景にあるものを知ろうとする姿勢で接する。心の中のいじめ虫を一緒に退治することを通して，自分を客観視させながらじっくり話し合う。子どもとの心的な距離を縮めるようにしたい。

②ほかの子どもの指導を見直す

授業中の態度や休み時間のけんかなどで，先生からよくしかられる子どもがいる。何度もしかっても効果がない場合，このような子どもだけでなく，学級のほかの子どもの規範意識も低下していることが多い。そのため，学級への指導を見直すことも効果がある。

「相手のいやがることはしない」など，互いに守らなくてはいけない学習や生活のルールが自覚されるように，朝の会で生活のめあてとして確認したり，帰りの会でそのことについて振り返る場をもったりするとよい。

③毅然とした態度で接する

「いじめはすぐにやめなくてはいけない」「いじめた相手に謝ろう」のように，教師の信念を話し，「いじめがなくなるまで先生は粘り強く取り組む」と子どもたちに宣言する。そして，生活ノートによるチェックや帰りの会でのうれしかった行動，いやだった行動の話し合いなどいろいろな取り組みを行う。現実原則を打ち出し，いじめをやめさせるという毅然とした態度で何度でも粘り強く接する。

❗ 個別に話し合う。ほかの子どもへも毅然と現実原則を打ち出す。

（社浦淳子）

2章 子どもへの日常的な働きかけ

▶注意する・しかる

子ども21 いまの子に通じにくい言葉・接し方

場面例とポイント

清掃をだらだらとふざけ半分でやっている。何度注意してもまじめにやろうとしないので「もうしなくていい」と言ったら清掃を終わりにしてしまった。

❶現在の様子を伝える

「清掃をだらだらやっていて，はかどっていない，時間がない」など。

❷気持ちをアイメッセージで伝える

「先生は，君たちはまじめにやる生徒だと思っていた。だから私はいまの君たちの姿を見てとても残念だ」など。

❸変えてほしい行動を具体的に伝える

「この棚をぞうきんでふき，ゴミを捨てたら清掃を終わりにしよう」など。

考え方

いまの子は，「勝手にしなさい」「教室から出て行け」「もうしなくていい」と言われたら，教師の意図する気持ちがわからないまま，その言葉どおりに動く。

授業中，何度注意しても私語をやめないので「教室から出て行け」と言ったら出てしまった。部活動で体力づくりを指示しておいたのにゲームをやっているので「勝手にしろ」と言ったら，そのままゲームを平気で続けた。

これらの言葉は，以前は，教師のひとことで，説明もせず短時間で教師の言うことをきかせたいときによく使った言葉である。子どもは先生の言うことを絶対聞く（だろう）という信頼関係が成り立っているという前提で使われている。強く言えば聞くという意味も入っている。

しかし，いまの子は，言葉の裏にある教師の願いや意図するところまで気が回らない。教師がほんとうに言いたいことの裏返しであることに気がつかない。自己主張や権利意識が強くなった社会で，いまの子どもたちには通用しなくなった感情や言葉である。

以前は，教師の気持ちをくんだり理解することができるリーダー的存在の子どもがいたから，その子どもから，どうすればよいかという雰囲気が学級全体に伝わった。しかし，最近はそのような雰囲気が伝わりにくくなっている。

学級でこれらの言葉のアンケート調査とロールプレイをやってみたところ，大半の子どもが教室を出る行動を選択し，教師が言うとおりに「教室から出た」という。「出て行け」と言われると，ほんとうに出て行くものだと思っている。出た後，考えて「ごめんなさい」とあやまる場合が多いようである。

なかには，「何もそこまで言わなくても」と，教師の指導の仕方や言葉遣いを批判する子どももいた。

いまの子どもには通用しない言葉ととらえ，伝えたい意味と同じ言葉で話すことが必要である。

> ❗ 伝えたい意味と同じ言葉で話す。教師の思いは言葉に表し，ていねいに伝える。

（明里康弘）

▶伝える

子ども 22 伝え方

場面例とポイント

朝の会・帰りの会で教師の話が長くていやだと言われた。

❶連絡事項はメモに基づき簡潔に話す

朝や帰りの会に連絡することは結構多い。これを順にだらだらと話していると、すぐに時間が経ってしまう。要点を簡潔に伝える工夫が必要である。

❷話すことは1つに絞る

スピーチは思いつきで話すのではなく、内容を1つに絞る。試験の前には「先生の苦手な教科の勉強法を教えます」と、自分の体験を語るのもよい。内容や話題にするタイミングを工夫する。

❸対話の生まれる話し方を工夫する

どんないい話でも、聞かされるだけでは子どもは飽きてしまう。手をあげて意思表示したり、意見を述べたりする場面をつくり、対話が生まれるようにする。

考え方

教師の話が長いと子どもが感じるのは、教師の話に魅力がないからである。朝の会・帰りの会での教師の話はその学級の雰囲気をつくる。学級づくりの重要な場なのである。担任の話がわかりやすく、話題が豊富で「おもしろくて、ためになる」と子どもが思うようにしたい。

①連絡事項はメモに基づき簡潔に話す

連絡事項は絞り込み、簡潔でわかりやすく話す。そのためには話す要点をあらかじめメモしておく。「今日は2つの連絡があります」と連絡事項の数を知らせてから話し始めると、むだがない。また時間の変更や連絡のポイントは黒板の隅に板書する。

②話すことは1つに絞る

スピーチの内容は1つに絞り込み、3分以内で話す。子どもの心に残るのは、詳しい内容だからではなく、いかに印象深い内容であったかで決まる。

朝の会・帰りの会では、短い時間であっても教師の本音を語る場面をつくる。教師が自分から自己開示するのである。毎日でなくてもよいが、子どもの様子を観察し、考えさせたいことややってほしいことを、教師の思いを込めて話すようにしたい。

③対話の生まれる話し方を工夫する

「いまの先生の話でわからないことないかな」「Aさん、どう思う。よかったら感想を聞かせてくれないかな」などと、子どもの反応を大切に受け止める教師の姿勢が大切である。

何日か同じ話題を続けて話したり、朝の会の話題を帰りの会で話し合うのもよい。教師が一方的に話して終わることのないようにすることが大切である。互いに話し合う雰囲気が、子どもの心にふれるスピーチをつくり出すのである。

> ⚠ 伝達事項は簡潔に、教師の話は1つに絞り込む。互いに話し合う雰囲気をつくる。

（小坂井邦雄）

2章 子どもへの日常的な働きかけ

▶伝える

23 子どもが動く指示のコツ

場面例とポイント

行事への取り組みについてやるべきことを話し，わかりやすく板書もした。けれども子どもがのってこない。

❶押しつけメッセージをやめる

「子どもが教師の指示に従うのはあたりまえだ」という意識はないだろうか。教師が一方的に押しつけメッセージで説明して，行事に参加させようとすると，子どもは「やらされている」という気持ちをもつ。

❷子どもの意見を取り入れる

「行事を成功させるためにみんなの知恵を出してほしい」。行事では大きな流れは決まっていても，必ず子どもの意見を取り入れる部分をつくる。

❸明るくポジティブに伝える

指示は簡潔にそして明るく話す。教師がその行事を楽しみにしていることを伝える。

考え方

教師の指示がわかりやすいと，子どもたちの動きが変わってくる。子どもに受け入れられる指示の仕方を工夫したい。

①押しつけメッセージをやめる

教師に「話せばわかる」「指示すれば従う」という気持ちがあると，一方的な説明で行事を進めようとする。このようにして進めた行事はうまくいったように見えても，子どもの心に残るのは受け身的な「やらされた」という感情であることが多い。

「合唱コンクールをめざして学級のみんなで盛り上がるのを見ていると，先生もワクワクするんだ」。教師の経験や気持ちをさりげなく語るようにする。なぜやるのかという理由や意味を伝えたい。

そして，「この学級のみんなの力を先生は信じている」ことを伝え，教師は黒子に徹すると，子どもは動きだすことが多い。

②子どもの意見を取り入れる

「前回はゲームがうまくいかなかったが，どうすればよいだろう」と問題を投げかける。

指示する場合，行事によって裁量の幅の差はあっても，子どもの意見を取り入れる部分をつくる。その際，一部の子どもにだけでなく，全部の子どもに問いかけることが大切である。

③明るくポジティブに伝える

教師の指示は明るく，簡潔にはっきり話すように心がけたい。話が単調にならないようにし，ユーモアも取り入れたい。

指示は学級全体か，グループか，個人に対して話すかで，声の大きさを変える。子どもには場に応じた声の大きさを求めているのに，教師で実践している人は少ない。教師のこのような努力が，受け入れられる指示となる。

> 一方的な指示ではなく，子どもの意見を取り入れ，対話のある指示を工夫する。

（稲葉悦子）

▶授業

子ども 24 授業ルールの定着

場面例とポイント

新年度最初の授業やその後の授業を通して，集中して意欲的に取り組む授業を確立していくには，授業でどのようなことを子どもに伝えていくか。

❶出席をフルネームでとる
あらかじめ子どもの名前の読み方を調べておき，最初の授業で読み上げる。

❷全員の学習を保障するルールを掲げる
「教室は間違えてもよいところだ」というルールを決める。それは，「間違うことで学べるからです」と説明する。

❸よい活動を紹介し，授業に取り入れる
ノートの取り方の工夫や，聞く姿勢や発表の仕方など，みんなでまねをしたほうがよいことを日々の授業の中から見つけて，みんなの前でほめて紹介する。

考え方

授業のルールといっても，言っただけでは定着しない。だからといって，細かなことを決めて一方的にしつける方法はできるだけ避けたい。それは，子どもにとっては，外から与えられたものであり，内からのものでないからである。子どもの活動の中からしつけやルールを設定していくことが好ましい。形も大切であるが心の変容を重視したい。

①出席をフルネームでとる
必ずしも出席をとる必要はないが，子どもの名前を間違いなく，読み上げることで，教師が一人一人を大切にしていることを伝えたい。普段の授業でもできるだけ，子どもの名前を呼ぶ場面をつくる。

一日学校にいても，どの先生からも名前を呼ばれずに帰宅する子もいることを，教師は心にとめておく必要がある。

②全員の学習を保障するルールを掲げる
「教室は間違えてもよいところだ」などと，教室の前面にはってある学級があるが，まさにそのことを強調したい。

また，他人の間違いや失敗を笑わないなどのマナーを確認して，授業が安心して学べる時間になるよう配慮する。勉強に苦手意識をもつ子どもの不安を取り除くようにする。

③よい活動を紹介し，授業に取り入れる
子どもの望ましい活動に対して，プラスのストロークを返していくことが，学習集団にいい影響をもたらす。紹介された子は自信をつけるし，ほかの子どもは友達から学習のよさを学ぶことになる。例えば，ノートのとり方についても，複数の子どもの工夫をそのつど取り上げて，ほかの子どもたちが自分の方法として，その中から選択したり，一部取り入れたりすることができるようにしたい。

子どもの学びが促進されるようなしつけやルールであるかどうかのメタ認知的活動（設定したしつけやルールがうまく機能しているかどうかを監視したり，修正したりするはたらき）も大切である。

> ⚠ 教師に対する「信頼」と「尊敬」を得るための日々の努力が不可欠。

（平江正実）

2章　子どもへの日常的な働きかけ

▶授業

子ども 25 チャイム着席の習慣化

場面例とポイント

どの授業も教師が着くまで大騒ぎ。遅れて教室に戻ってくる子どもも多い。どうするか。

❶教師主導の場合

教師がチャイム前に教室に行き「授業の準備をしよう」と声をかけ、チャイムと同時に「授業を始めるよ」と言う。

遅れてきた子には、「授業時間が始まっているよ。先生は君を待っていたよ。友達も待っていたよ。先生は残念に思いました」と伝えてから、「君はどうして遅れたの。これからはどうするの」と聞く。

継続すると、チャイム着席が習慣化してくる。それを、「できたね。すごいね」とほめる。

❷子ども主導の場合

係が、授業開始1分前にチャイム着席を呼びかける。

学活や帰りの会で反省する時間をつくり、対策を話し合う。

考え方

①教師主導の場合

チャイム着席が習慣化するまでは、教師がよきモデルとなることが大切である。モデルがあると、子どもの行動はパターン化しやすい。反対にモデルがないと、できないことをしかったり注意したりしても、教師にも子どもにも悪感情が残りやすい。

遅れて来た子への指導のポイントは、「先生は君を待っていたよ。残念だ」とアイメッセージで迎え、そのうえで遅れて来た理由を聞くことである。

これを繰り返し、学級全体がチャイム着席ができるようになったら、「みんなが協力するとできるね」等、できたことを学級の成果としてほめる。みんなの努力の成果であることを伝え、学級集団を育てる。

②子ども主導の場合

子ども主導の場合でも、学期始めは教師がついて指導するのが望ましい。

手順として、まず、チャイム着席の必要性・重要性を話し、子どもに認識させる。そして、その学級のルールをつくり、係の仕事を明確化して、子どもが主体的に活動できるようにする。

係が呼びかける場合でも、パターン化するまでは、教師の支援が大切である。例えば、何分前になったら、どのように呼びかけて、きかない子どもに対してはどのようにするか、などを係とともに確立する。

また、係の呼びかけに対して、ほかの子どもに協力するように教師が呼びかけたり、係の子どもを励ましたり、できたことをほめたりすることが大切である。

時々、そのでき具合を学級会で話し合い、検討する。

❗ 教師がよきモデルになり、習慣化させる。

（明里春美）

▶授業

子ども 26 指名の仕方

場面例とポイント

いつもはあまり発言しない子どもがノートに個性的な考えを書いていた。どうやって指名すればよいか。

❶挙手のルールをつくる
指名にもとづいて授業を進めるために,「授業中の発言は指名されてからする」ことを指導する。

❷子どもが喜ぶ指名を工夫する
指名を予告したり,発言パターンを決めておくなどして,指名される恐怖感を少なくし,授業で友達とかかわることの楽しさを実感できるようにする。

❸意図的指名を生かす
教師の意図的指名を効果的にすると,挙手した子どもに頼らない深まりのある学習を進めることができる。

考え方

指名は,発言する子どもを決めて授業を効率的に進めるために行う。学習の理解度を知ったり,子どもの注意を促すために有効である。

①挙手のルールをつくる

小学校低学年から挙手のルールを継続的に粘り強く指導する。指名されてから発言するルールは,授業で互いに聞き合い,深めるために必要不可欠である。

挙手のときにハンドサインで友達の意見に対する賛成や反対,発言回数を表現することもできる。賛成はパー,反対はグーなどの工夫をすることで,子ども同士のかかわりを深めることができる。

②子どもが喜ぶ指名を工夫する

子どもが挙手しないのは,答えがわからない,引っ込み思案の性格である,自信がない,友達関係がよくない,などの理由が考えられる。挙手していないのに指名され,答えられないと,子どもは学習意欲を失う。指名されることに恐怖を感じないようにするために,子どもが考える余裕のある発問をしたい。

また,発言の苦手な子どもには,指名を予告し,心の準備ができるようにする。「間違っているかもしれませんが……」のような発言のパターンを示すことも有効である。そして,「よくがんばって最後まで言えたね」など,発言に対する教師の「認める」「ほめる」「励ます」言葉かけを多くしたい。

③意図的指名を生かす

授業の山場では,子どもの考えに揺さぶりをかける発問を用意する。子どもの学習の状況を把握し,よく発言する子もだけでなく,ノートにきちんと考えを書いている子どもや活動の中で伸びた子どもを,「Aさんの考え,みんなに知っててほしいんだけど……」などと意図的に指名する。

意図的指名によって,いろいろな考えや意見にかかわらせたい。そして対話のある授業の楽しさを子どもが味わえるようにしたい。

> ❗ 指名を工夫して対話のある授業をめざす。

(水上和夫)

2章 子どもへの日常的な働きかけ

▶授業

27 発表・発言の活性化

場面例とポイント

学級の中で発表する子としない子が決まってきてしまった。どうしたらよいか。

❶学級の環境を整える

「教室は間違ってもよいところ」であることを宣言し、掲示物などで意識させる。

どの子どもに対しても平等に発言する機会を与えていく。自分なりに感じたこと考えたことを発言するように促し、どのような発言でも認め、励ます。

❷発言しやすい授業を展開する

学習課題に応じてパネルディスカッションやディベートなど、討論形式の授業を取り入れていく。グループで話し合ってから発表させるなど、発言までのプロセスも大事。

考え方

発言しない子に、教師が指名してやみくもに機会を設けるだけでは発表は増えない。発言しない子は発表できない環境の中にあると考えてもよいだろう。人的・物的環境を整えて、発言による成功体験を積み重ねさせていきたい。

①学級の環境を整える

発言しない子どもは、「自分の考えがまとまらない」「自分が言わなくてもだれかが言うだろう」「間違えると恥ずかしい」などの心理状態にある。教師の意図する反応を求めるような場面ではなく、多様な考えを必要とする場面での指名がポイントとなる。「君自身はここはどう思ったの」と部分的に聞いてみる。「よかった」と言ったら、「言えたね、言えるんだね。もう一度言ってごらん」と、言わせてみる。自分が考えたことならよいと認め、励ます。発言することによって達成感を味わい、自分に自信をもっていくことがねらいだからである。

その教師の姿は、聞き手である学級集団にも影響を与えていく。お互いを認め合える学級の風土をつくるためにも、「失敗は成功のもと」などの合言葉を常に意識づけられるよう、教室掲示に生かすとよいだろう。

②発言しやすい授業を展開する

大勢の前では発言できない子にとって、グループでの活動はよい練習の場になる。グループで話し合ったことを学級全体に報告するという形をとれば、発表への抵抗を取り除くきっかけになる。

高学年になると発表への抵抗感がさらに強くなるので、ディベートなど話し合う形式を工夫するとよい。勝つためにチーム一丸となって考えを練り、応援する姿勢が発言する起爆剤となる。また、「もしも○○だったら……」などのシミュレーションも、自分を表出することへの抵抗をやわらげる（「もしも私がお父さんだったら」「もしも私がライオンだったら」）。子ども個々のよさが表れる場面を設定できるような授業を心がけたい。

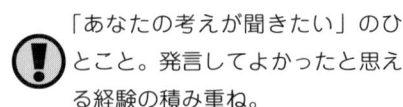

> ❗「あなたの考えが聞きたい」のひとこと。発言してよかったと思える経験の積み重ね。

（平林かおる）

▶授業

子ども 28 学びを深める発問

場面例とポイント

発問に対して発言する子が限られてきた。指名してもすぐ「わかりません」と考えようとせず，学びが深まらない。どうしたら，どの子も発表を好み学びが深まるか。

❶少人数で話し合うチャンス

質問を板書し，「この質問について，全員が答えられるように考えてください。全員が必ず答えてください。資料を見てもいいです。友達と相談してもいいです。1分後に発表してもらいます」

❷同じ内容でも発表させる

「この辺で，A君発表してください。わかりませんはなしです。わからなかったら隣の人に相談すればいいのです」「このあたりで，Bさん発表してください。A君と同じならば同じように言ってください」

考え方

本来ならば，学級全体で，どんどん発表し，その意見に対しての考えや反対意見を言ったりするのが望ましい。

しかし，「ほんとうにわからない」「間違っていたら恥ずかしい」「むずかしくてめんどうくさい」など，だんだんと学習内容がむずかしくなるにつれ，また学年が上がるにつれて発表しなくなる。学級のムードにも影響している。

①少人数で話し合うチャンス

そこで，座席の周りの友達と話し合うチャンスを与え，また考えるヒントとなる資料を見てもよいとする。全体では発言しにくい子も少人数だと話しやすい。また自分たちの発言が全体に波及すると，問題意識が高まる。

グループエンカウンターのシェアリング方式で，自由に考えさせる。どんな答えでも，「よく言えたね。すごいね。答えようと努力したんだね。合っているかどうかは次の問題です」と，発表したことをほめる。間違っていても，自分だけの意見ではないので，恥ずかしいという気持ちが半減している場合が多い。

②同じ内容でも発表させる

「同じです」で終わらせようとする子どももいるが，そのときは「同じなら同じように言いなさい」と，必ず発表させる。「僕の意見ではないけれど〜」といった場合は，「だれの意見かな？　A君すごいね。もう少し説明してくれる？」と，補足説明や発表をさせる。

自由に考え，自由に発表し，間違ってもよい，そして，みんなが発表することにより，学習内容がより深まっていくという体験をさせるとよい。

教師の考えを前面に出さず，教師が子どもの発言を整理し，うまく言えない子の考えを補足して，一つのまとまった意見にしてやると，本人もだんだんと自信をもって発表するようになる。

> ❗ 少人数で話し合い，教えてもらい，調べるチャンスをつくる。教師がうまく言えない子の補足をする。

（吉田茂）

2章　子どもへの日常的な働きかけ

▶授業

子ども 29 間違えた発言の受け止め方

場面例とポイント

おとなしく、めったに発言しない子どもが発表した。しかし、発言内容が質問と食い違っていた。どう声をかけるか。

❶発表した事実をほめる

「思い切って発表したんだね。立派だよ」と、まずほめる。そして「どういう理由からそう思ったのですか？」と問う。

❷協力しながら発言を導き出す

発表を聞いている子どもが、批判的な発言をしないように配慮をする。「いろいろな考えがあると思います。みんなはA君の発言に、つけ加えるならどういうことをつけ加えますか？」と、切り返し考えさせる。

❸クラスの雰囲気づくり

学級内では、どんなことでも発言できる雰囲気づくりに心がける。

考え方

質問と食い違った発言をしたことを、否定するのではなく、子どもの勇気をほめることが肝心である。子どもの気持ちを尊重し、個を大切にしていることを、メッセージとして伝える。教師の姿勢や、率直な気持ちをアイメッセージとして伝えることが大切である。

それだけでは、発表者の気持ちや行動を受け止めたことにはならないので、その後、具体的に発言内容を取り上げる。発言を聞き流すのではなく、しっかり受け止めていることを伝えるためにも、発言の背後にある理由をひとことでも発言させる。ここでは、発表者を追い込まないようにする。ほめてからなら理由を聞いてもよいが、反対だと疑っているようにとらえられてしまうので、教師の発言や態度に注意する必要がある。

①発言したという事実を受け止める

日ごろ発表しない子どもが発表するのだから、心情としては緊張と不安を抱いた状況である。そこでまず、発言したことに対して「発表できて、すごいね」「自分の意見が言えてよかったね」の言葉かけ（ほめる）を行い、次に発言内容を取り上げる。また、周囲の子どもも、教師の対応をみているので、一人一人を大切にしているのだということをアピールする。そのためには、「そう。はい、次の人」などと先を急がず、ていねいに子どもの気持ちや考えをくみ取る。

②協力しながら発言を導き出す

クラスの全員に、「A君の発言につけ加えるとしたら？」と投げかける。そして、子どものさまざまな発言を引き出しながら、発問に対する答えを導き出す。

③クラスの雰囲気づくり

思い切って発表したら、批判ではなく応援した意見が出たという体験をすると「また発表してみようかな」と、発表した子もそのほかの子も勇気がわいてくる。そんな学級の雰囲気づくりに心がけていくことが大切である。

> 勇気をほめ、みんなで発問に対する内容を考えていく。

（髙橋百合子）

▶授業

子ども 30 机間指導

場面例とポイント

子どもが書く活動や作業をしたり，グループで話し合ったりしているとき，活動にばらつきが出る。どのように机間指導をすればよいか。

❶実態をつかむ

机間指導で作業の様子や話し合いの内容を確認し，一人一人に合った指導を充実させる。

❷つまずきを生かす

遅れがちな子どもやつまずきやすい子どもに的確な指導を行ったり，出番をつくったりすることで自信をもたせる。

❸ふれあいを深める

一人一人の考え方ややり方を認め励ますことで，教師と子どもとの心のふれあいを図る。

考え方

机間指導は，子どもの実態をつかみ，能力差や進度差に応じた指導を行うために行う。机間指導を目的を明確にして行うと，一人一人に応じた指導・助言を充実させることができる。

①実態をつかむ

学級全体が「わかりました」と手をあげていても，実際にはわかっていない子どもがいる。一斉指導では子どもの進度や理解度をつかむことはむずかしい。

実態をつかむためには，書く活動や作業をしているときにいろいろな解き方や考え方を名簿や座席表にチェックする。支援の必要な子どもの様子を重点的に把握することもできる。そして指導がどの程度定着しているかを把握し，その後の指導を見直すことができる。

②つまずきを生かす

机間指導では遅れがちな子どもやつまずきやすい子どもに配慮する。学習に飽きた子どもや興味を示さない子どもに注意を与えるようにしたい。

いい答えやできている子どもを探すのではなく，できない子どもや自信のない子どもに出番を与えるきっかけを探すのである。それをもとに意図的に指名することで学習を深めることができるのである。

③ふれあいを深める

一斉指導の中に机間指導をうまく取り入れることで，子どもとのふれあいを深めるようにしたい。見て回るときは，いつも同じ所から同じ方向にするのではなく，授業のねらいに応じて，つまずいている子どもを先に回るなど，回り方を工夫する。同じ子どもばかり指導するのではなく，全体も見る。

実際に指導するときは，子どもの近くから声をかける。教師がしゃがんで子どもと目線を合わせるとよい。ノートに赤ペンで○印を入れて歩くこともある。教え込むだけでなく，励ましたりほめたりするのである。そのような教師のあたたかさが子どもに伝わるようにしたい。

> ⚠ 子どもに自信を与え，ふれあいを深める机間指導に。

（水上和夫）

▶授業

子ども 31 ノート指導とコメント

場面例とポイント

ノート指導を生かして、学習習慣を身につけさせたい。指導内容のポイントと継続させるためのコメントは何か。

❶ノートのよさを繰り返しほめる

子どものノートのよさを見つけ、伝える。「A君は、○○のことがわかったんだね」「○○が完ぺきにできるようになったね」。繰り返すことで、子どもは自分の書いたノートのよさを再確認することができる。

❷育てるコメント

「線分図を書いて考えてごらん」などと学習が深まるヒントを与え、考えさせる。
学習への興味・関心が深まるコメントによって、自ら学習しようとする意欲をもたせることができる。

考え方

ノートの役目には次のようなものがある。
(1)記録（備忘録の役目）
体育科でタイムを記録する。板書を写す。
(2)練習（技能の習得）
漢字、計算練習。
(3)思考（考えをつくりだす）
作文のメモ。図工科の設計図。

ほめ方によってノートの書き方の方向性が決まってくる。「美しさ」をほめるのか、「たくさん書いたこと」をほめるのか、「個性」をほめるのか、指導の目的と照らして教師のコメントのポイントをしっかり決めておくようにする。

①ノートのよさを繰り返しほめる

「ノートを先生に見てもらうのが楽しみだ」と、子どもが思うような指導の仕方を工夫したい。それには、「いいところを見つけてほめる」ことが大切である。

いいところを見つけるポイントには、次のような点があげられる。
・自分の言葉でノートが書けているか
・自分の考え方が出ているか
・内容を理解して書いたものか
・子どもの成長が見られるか

子どもができたことを教師の言葉に言いかえてほめることは、子どもの書いたものを、認めることになる。

また、何ができたかをしっかり見ることになるので教師自身も子どもを理解することになる。よい例と悪い例を次ページに示す。

②育てるノート指導

ノートの内容をよく読んで、なぜ子どもがそう書いたか十分理解したのち、子どもが学習内容を理解して自分の書き方をさらによくできるようなアドバイスをする。

学習への興味・関心が深まるようなコメントを工夫することが、子どもの書く意欲を高めるのである。

> ❗ ノートのよさを繰り返し、学習が深まるヒントを与え、考えさせる、育てるノート指導。

ノートへのコメントの例

(1)悪いコメントの例

× 「もっと，自分の感想も書きましょう」

一見，教師のアドバイスのように見える。しかし，このコメントは，子どもの書いたものを認めておらず，教師の願いをストレートに書いただけである。例えば，自分の感想が書けない子どもは，感想が思い浮かばないから書けないのである。「主人公の行動のどこがすごいのかな？」のように感想のもち方のポイントを具体的に教える必要がある。

△「よかったね。がんばったね」

隣の子のノートもその隣も同じ言葉が書かれているのでは，コメントを書いても書かなくても同じということになる。

(2)ノートのよさをほめるコメントの例

- 短くまとめて書いているね。
- 君の考えがよく出ていていいね。
- いい言葉を使っているね。
- 意味を考えながらちゃんと漢字を選んで使えたね。言葉の知識がどんどん広がっているね。
- 説明文の読み取りがしっかりできたね。
- 筆者の気持ちの変化を読みとれたね。
- 問題をしっかり読んで式が立てられたね。文章題を解く力がついているぞ。
- 長さも角度も正確に書くことができたね。分度器の使い方がうまい！
- 複雑な図形の面積を求めるときに，簡単な図形に分けて考えるやり方は，中学の学習にも使えるすばらしい力だよ。

(3)育てるコメントの例

- （漢字の間違い）画数が多いから，細かいところまで気をつけよう。
- 書けた漢字の意味を確かめておこう。
- これと同じ部首のつく漢字をいくつ書けるかな？
- この文章では，「～と考えられます」「～と思います」などの文末表現を使って，筆者は，自分の考えを述べているね。
- 文章中に何度も出てくる言葉が，内容を正しくつかむための大切な手がかりになっているんだね。
- 位をそろえることがポイントだ！
- 答えが面積のときは，cmにつける「2」を忘れないでね。
- 面積の公式を利用してみよう。覚えているかな。
- 「～の何倍」の前にあるのが「もとにする大きさ」だよ。
- 自分の周りで，作った人の心がこもっていると感じるものをさがしてみよう。
- みんなで地球の環境を守っていかなくてはならないね。あなただったらどんなことを実行するかな。

教師独自のほめ言葉・キャラなどがあれば，さらによい。

やるジャーン

（髙島英公子）

▶授業

子ども 32 作品へのコメント

場面例とポイント

前回は作品を捨ててしまった子どもに、今回どんなコメントをつけると、自分のがんばりを大切にするだろうか。

❶作品自体をほめる

作品のよいところを具体的にほめたコメントをつける。「ぬい目がそろっていて、美しい仕上がりです」「色の組み合わせを工夫したので、ぱっと目をひく作品になりました」

❷課程をほめる

作品が出来上がるまでの過程でがんばったことを入れてコメントをつける。「電動糸のこを使って、複雑な切り方に挑戦しましたね」「細かい作業でしたが、途中であきらめず最後までがんばりました」

考え方

作品にコメントをつけることは、作品に優劣をつけることが目的ではない。子どもを励まし自分の作品を大切に思う気持ちを育てたり、工夫したり苦労したりしてがんばった自分を肯定する気持ちを育てたりすることが大切である。

できあがった作品へコメントするだけではなく、子どもが作品を作っている途中にコメントしたり子どもとかかわることで、完成した作品へのコメントが味のあるものになるし、そのコメントは子どもの心へ響くものになる。

①作品自体をほめる

子どもは、自分の作品を教師に見せるとき、「先生はどう思うだろう」「ほめてくれるかな」と、どきどきしている。その子どもの気持ちにこたえて、作品のよいところを見つけてコメントを書く。前回、作品をなぜ捨ててしまったのか、その子が作品作りを苦手としているかどうかなどに配慮する必要がある。作品によさを見つける重要性がいっそう増していることがわかる。

②課程をほめる

作品につけるコメントは、作品だけを見てつけるわけではない。作品ができあがるまでの過程における子どもの工夫や苦労など、子どもの思いをしっかりくみとってコメントを書くことが大切である。近寄って作品を目で見て、物によっては手で触って、評価の言葉をあげたい。

例のように作品を捨ててしまった子どもは、苦手意識が強かったりていねいに仕上げることができなかったりすると考えられる。作品を作っていく過程において、教師の適切なアドバイスや助言、励ましやほめ言葉が多く必要である。

これらのことをふまえて、がんばったことやよくできたことをコメントに書いてあげると、子どもは、自分の作品に自信をもち、自発的に取り組む姿勢が育ってくるだろう。

> ❗ 子どもの思いをくみとってコメントを書く。完成までの過程を認める。

コメント例

工作の作品
　電動糸のこを上手に使って，複雑な切り方にも挑戦したので，すてきな作品になりましたね。途中であきらめずに最後までがんばったこともすばらしいです。

家庭科の作品
　一針一針ていねいに周りをかがっていったので，ぬい目がきれいにそろい美しい仕上がりです。

書写の作品
　背筋を伸ばしたよい姿勢で文字を書くことができました。とめやはね，はらいに気をつけて，ていねいに書いています。心がこもった美しい字です。

絵画の作品
　絵の具で肌の色を作るのに苦労していましたね。そのかいあって，柔らかな変化のある色で顔や手に色をつけることができました。すてきな作品になりました。

作文
　○○さんのうれしかった気持ちがよく伝わってきます。会話文を書いたり，気持ちの変化をていねいに書いたりした工夫が生きています。

理科の磁石を使ったおもちゃの作品
　ちょうちょの羽が，磁石で開いたり閉じたりするなんて，びっくりしました。あなたのアイデアはすばらしいですね。

　コメントがワンパターンにならないためには，子どもの作品作りに教師がいかにかかわっていったかがカギである。
　作品の中にその子らしさや工夫・苦労がつまっている。
　いかにそのことを教師が見つけ具体的にコメントとして表現するかである。
　子どもの作品に対する思いに共感しながら作品を見て，作品に対するコメントをあたたかい言葉で書くことが大切である。あたたかいコメントによって，子どもたちは互いによさを認め合う気持ちが育つであろう。また，次の作品作りにも意欲的に取り組むであろう。

（水田美智子）

▶授業

子ども 33 ティームティーチング

場面例とポイント

ティームティーチング（TT）で指導するとき，教師は，普通の授業と違い，どんなことに気をつければよいか。

❶ TTのねらい，教師の役割を伝える

「算数が楽しい！　算数がわかるようになった！　となるために，2人の先生で教えます。どんどん進めるのはA先生です。途中でわからなくなった人はB先生に聞いてください」

❷つまずいている子を見つけ支援する

だれが何を理解していないのかを把握し，子どものプライドを傷つけないように支援する。

❸教師間の連携

授業の前後で互いに子どものことで気づいたことを交換し，次に生かす。

考え方

いままでの授業は，1人の教師で1学級を教えていた。しかし，理解の早い子・遅い子，またLDやAD/HDの子，落ち着きのない子など，いろいろな子どもがいる中で，一斉授業では，なかなか効果の上がらない教科や分野がある。子どもにとって楽しく理解できる授業にするために，TTが導入されている。

① TTのねらいと教師の役割を伝える

「君たちが授業をよりわかりやすくするために2人の先生で教えます」と2人の教師で授業を進める理由を知らせる。

そして，教師の役割も明確に伝えておく。そうしないと，中心で進めている教師に，個人的にわからないことを聞いて，授業の進行がストップしてしまうことがある。そのときは，「そこは，B先生に聞いてごらん」と，役割を明確に分けて進めるとよい。

進行中心の教師とわからない子を指導する教師という分け方もあるし，内容によっては，学級を半分ずつという場合もある。事前に，教師間で授業の方法を打ち合わせておく必要がある。

②つまずいている子を見つけ支援する

子どもは，関係が悪い教師には，わからないところを聞きにくい。ふだんから教師と子どもとの関係を良好にしておく。また，わからないこと・遅れていることが理由で，クラスメートの前で恥ずかしい思いをしない配慮も必要である。「授業はまちがってもいいところ」と教師が定め，自由にわからないことを質問できる雰囲気づくりが必要である。

③教師間の連携

事前の打ち合わせだけでなく，終了後に，気になる子どもに対して，また全体の理解度や雰囲気についても，教師同士で伝えたり話し合っておくとよい。教室から職員室までの歩きながらの短時間でもよい。その積み重ねがつまずいている子への着実な支援となり，TTの効果が上がる。

> ❗ 教師の役割を明確にする。教師間の連携を高める。

（山口励介）

▶授業

子ども 34 個別指導

場面例とポイント

学習の成果がなかなか現れない子どもを，放課後に残して学習させたい。どう声をかけ，どう進めていくか。

❶さりげなく声をかける

「授業中いつもよく取り組んでるね」「漢字の練習，ずいぶん進んでるね」などと声をかけ，注目していることを伝える。

❷教師の思いを伝える

「放課後一緒に勉強してみようか。せっかくがんばってるのに，結果に現れないと残念だから」と具体的に誘う。

❸自発的な気持ちを大切に

もし，「自分だけ？」と戸惑いを見せるようだったら，場合によっては「友達誘ってもいいよ」と気軽な雰囲気を伝え，自発的な気持ちで残れるようにしたい。

考え方

こつこつ取り組んでいるのに，学習の成果がなかなか現れなくて自信をなくしている子どもは，そのままだとやる気までもなくしてしまいかねない。そうなる前に，努力を認め学習方法を改善したり，つまずきを見つけ，自信をもたせたい。

①さりげなく声をかける

授業中も発表したり，ノートもきちんと書いているのになかなか成果が上がらない場合，一生懸命やっているのに，と本人は自分の問題点に気づかないことがある。まず，努力していることを認めてやり，「先生は応援したいんだ」と教師の気持ちを伝え，関係をつくる。

②思いを伝える

放課後残って勉強するというと，どうしてもマイナスイメージで受け止められがちなので，「先生としても惜しいなぁと思っている」という応援メッセージとして伝えたい。

そして，作戦会議のようにして日ごろの観察から具体的な改善点を一緒に考えていく。例えば，授業の前に疑問点を見つけておく，その日のうちにノートを見直すなど，本人ががんばってみようと思えるようなアイデアを3つ程度示す。そのうえで，苦手としているところや，やり残していることなど学習を進めていく。

その際，いまわかっていること，できることについては「しっかり勉強しているね」と本人の努力を具体的に認める。やる気を損なわず，いままでのがんばりが新しい課題を解決していくことを確認して進めるとよい。

③自発的な気持ちを大切に

遅れているのだから，一緒に勉強するのはよいことであると，まず教師がとらえ，子どもたちにもわからせたい。そして，放課後残って学習したときは，必ず一つはできた喜びを味わわせたい。

どうしてもいやがる場合は，無理に残すのではなく，違う形で，今後できないところ・できなかったところをどうしようかと話し合う時間をとる。

⚠️ 「応援したいんだよ」という思いを伝える。

（馬場睦子）

2章 子どもへの日常的な働きかけ

▶授業

子ども 35 離席への対応

場面例とポイント

チャイムが鳴って教室へ行ったところ，席を移動したまま私語をしていて，授業が始められない。

❶落ち着いた態度で子どもの前に立つ

「みんなはがんばる力をもっているので，すぐに全員着席しましょう」と無言で板書する。

❷アイメッセージで語る

全員が着席し，授業が開始できる状態になったところで話し始める。「チャイムとともに授業が始まらないと，勉強したいと思っている人もできません。私もチャイムが鳴る前に教室にいるようにしますので，いまのようないい状態で聞いてくれると私もうれしいです。今後も今日のようにがんばっていきましょう」

大きな声やユーメッセージで注意して着席させた場合には，静かにさせたあとに，ルールの意味や教師の気持ちを語る。

考え方

①子どもの成長の芽を信じて，落ち着いた態度で対応する

頭ごなしに大きな声で注意すると，反省して行動を改めようとするより，子どもたちには注意されたという気持ちだけが残ってしまう。また，そのような強い指導で，心理的不安が高くなってしまう子どももいる。

そこで，着席するように黒板に書いたら，落ち着いた態度で待つ。

待っていてもなかなか着席しようとしない子どもがいる場合には，能動的な聞き方でかかわる。「Aさんが着席しないのはどうしてだろう？　話してごらん」と子どもが話しやすいように語りかける。

②「アイメッセージ」で教師の気持ちを明確に伝える

アイメッセージは，(1)子どもの行動，(2)行動の影響，(3)教師の感情の三部構成で表現する。

例えば「みんなが素早く着席すると，（子どもの行動）」「授業にけじめが生まれ，学習時間が確保できます。また，私も授業を気持ちよく進めることができます（行動の影響）」「私はみんなの努力する姿勢がうれしいです（教師の感情）」と肯定的な感情を伝える。

緊急の場合には「早く座りなさい」「静かにしなさい」など注意の言葉を与えたほうが効果的な場合もある。

その場合には，注意をした後で「ルールを守るとけじめよく，気持ちを引き締めて生活できます」「ルールを守らないと周囲に迷惑をかけてしまう。ルールはお互いに気持ちよく過ごすために必要なことです」と，ルールが存在する意味について理解させることが大事である。

> ❗ 子どもたちのよりよい成長を願っているという熱い思いと気迫が大事である。

（阿部千春）

▶授業

子ども 36 不規則発言への対応

場面例とポイント

子どもの発表や教師の説明に茶々を入れる子がいる。教室が騒然とし始めた。

❶目をこちらに向けさせる

茶々を入れる子の方を見て、「いまなんて言ったのですか」と尋ねる。

❷教師の思いを伝える

全員の前に立ち、全員が注目していることを確認してから話し始める。

「楽しい授業ができればいいなあと思っています。でも、楽しい雰囲気はここにいる学級の人全員が認められて初めて感じられるものです。いま、茶々を入れられた人がどんな気持ちになったか考えてみてください。そして、安心して発表のできる、楽しい授業をみんなでつくりませんか」

考え方

①目をこちらに向けさせる

授業中の「楽しさ」の意味を考えさせる好機である。雑然とした雰囲気の中で教師の一方的な話が宙を舞うのではなく、これからも続く「授業のルール」を学級全体に徹底させたい。

そのためにも全員が教師をじっと注目し、いつもと違った厳粛な気持ちになることが大切である。

②何を言ったのか自覚させる

教師に向けられる茶々は反発であることが多い。授業に対する不満や教師自身に対する不満である。この場合一方的にしかりつけても逆効果である。

個人の反発か、ある程度の集団の反発かを観察する必要がある。個人の場合は、場所を変えて教師自身の思いを個別相談の形で伝える方が得策である。

ある程度の集団からの茶々は教師自身に原因があることが多い。「どうしてじゃまをするんだろう」と一人ずつから個別に話を聞き、互いの理解を深める。

いっぽう子どもに向けられた茶々は、テレビなどの影響で「受け」をねらっての発言が多い。せっかくの発言が「笑い」になってしまうことで発言者が傷つく場合があることや、そのために発言者が減り「楽しい授業」が遠くなることに気づかせる。

初期の段階であれば、茶々をいなすことも有効である。例えば、わざと間違えた子に、教師がいったんは「ほうほう」と真に受けてから、「そんなことあるかいな」とつっこんで、さらりと終わりにする。笑いを通じて自然に教師に注目させ、授業のペースを守ることになる。

特定の子の発言に対して茶々が入る場合は「いじめ」であることが多い。好きな異性に対する感情表現の場合もあるが、しっかり見きわめる必要がある。自分の入れた茶々がいじめであることを本人や周囲の子にしっかり伝えなくてはいけない。

> ⚠ 楽しい授業をつくりたいという教師自身の理念を語る。

（柘植和洋）

2章　子どもへの日常的な働きかけ

▶授業

子ども 37 話を聞けない子への対応

場面例とポイント

教師が子どもたちに話をしているときや，友達が発表しているときに，手いたずらをしたり，友達に話しかけたりする子どもにどのように対応するか。

❶手いたずらをする子どもへの対応

「Aさん，どうしたのかな？ いまは，手を膝に置いてBさんの話を聞きましょう」。何かをさわっている場合は，「いまは書く必要がないので，筆箱と教科書を片づけましょう」。

❷私語をやめない子どもへの対応

「先生に気づいてほしい。先生は待っている」という気持ちを込めて，私語をしている子どもを見つめる。それでも私語が止まらない場合は，子どもへ近寄り，「何か楽しい話があるのかな。でもいまは先生の話を聞いてほしい。先生の方を見てください」と，指示したいことをアイメッセージで伝える。

考え方

話の聞き方を，小学校低学年で徹底して教えられた子どもならば，中高学年になってできなくなっても，「よく聞いていますか？」「どうですか」と質問して聞いてみると，だいたいできるようになる。しかし，低学年でできていなかった場合は，基本から教えなくてはならない。

①手いたずらをする子どもへの対応

できることなら，手いたずらができないように，机の上に必要なもの以外は置かないようにするとよい。また，手の置き場所を子どもと決めておくと，自然と手いたずらをしなくなってくる。

それでもする子は，あとで呼んで「どうしたのかな？」と様子を聞いてみる。その日だけの場合もあるが，そうでない場合は，気がついたら注意して，手いたずらをしない時間が長続きするように指導していく。

②私語をやめない子どもへの対応

指導は，学級全体より個に焦点を当てる。子どもが私語をしてるときに，話の聞き方を教えることに重点をおいて指導する場合，たとえ小学校中高学年であっても，その子個人を見つめて語りかけるようにすると効果的である。

子どもが気づいて私語をやめ，こちらを見たら，「ああよかった」「気づいてくれてうれしい」と伝えてから話し始める。「話を続けます。先生が話をするとき，みんなは話す人の方へ顔を向けてよく聞いてくれるのでとてもうれしくなります」。このように，真面目に聞くことは，自分が話の内容をよく理解できるだけでなく，話し手の立場からも，話しやすい雰囲気の中で気持ちよく話ができるのだということを教えたい。

> ❗ 「話を聞く準備ができたかな」と問いかける。「話を聞く習慣」を根気強くつける。

（行木順子）

▶学級経営

子ども 38 学級経営方針の説明

場面例とポイント

入学式後、クラスがえ後、初めての学級活動（学級開き）で学級経営方針をどのように語ればよいか。

❶「人と人との出会い」を大切に

最初の出会いは、笑顔で「ようこそ○○学級へ」の姿勢でのぞみたい。

❷子ども一人一人に対する願い

「このクラスでは、一人一人の個性や特徴を大いに伸ばしてほしい」

❸学級全体に対する願い

「このクラスでは互いの個性を認め、助け合い、一人一人が生かされる集団をめざしてほしい」

考え方

学級経営方針の説明は、教師がどんなクラスにしたいかを伝える重要な場面である。また、子どもたちにとってはどんな教師なのかを知る場面でもある。教師として、一人の人間としての思いや願いを伝えられる場としたい。

たしかに学校では共通の決まりや守らなければならないことがたくさんある。しかし、初めての学活で、決まりや規則の重要性を長々と説明することは避けたい。なぜなら、第一に一つ一つの決まりや規則はあとからでも十分に間に合う事柄だからである。第二に決まりや規則の話題から入れば、子どもたちの自由度がかなり狭まる可能性があるからである。

担任教師は、教師である前に一人の人間としての思いを語りたい。

①「人と人との出会い」を大切に

出会いが何よりも重要である。担任教師は、子どもたちを笑顔で迎え、「ようこそ○○学級へ」とまず伝えたい。そして「今日から皆さんは○○学級の一員です」「先生と皆さんでこのクラスをつくっていきましょう」という姿勢でのぞみ、教師である前に一人の人間としての出会いを大切にしたい。

②子ども一人一人に対する願い

学級経営方針の内容はそれぞれの教師によって違う。しかし、最初の段階では、個人に対して「一人一人の個性や特徴を伸ばしてほしい、そのために先生も応援する」など、どんな人に成長していってほしいのかを示したい。

③学級全体に対する願い

学級全体として、「互いの個性を認め合い、一人一人が生かされるクラスをめざしたい」など、どんなクラスに成長していってほしいのかを語りたい。

どんなクラスになるのか、クラスのムードをつくる最初の学活である。担任教師のムードが学級の雰囲気を決める。担任の思いを大いに語り、子どもたちのやる気を引き出させる最初の機会としたい。

> ❗ 教師である前に一人の人間として自分の思いを語る。子どもが伸び伸びと自分の事を語れる雰囲気をつくる。

（植草伸之）

2章 子どもへの日常的な働きかけ

▶学級経営

子ども 39 教師の立ち方・座り方

場面例とポイント

新しく担任する子どもたちと，これから教室で初めて顔を合わせる。

❶子どもたち全員が見えるところに立つ

教卓前（教室前方中央）または入り口扉付近に立つ。

❷教師は基本的に立つ

基本的に立つのがよい。座るのは，子どもたちの活動が中心のときにする。

考え方

新年度，子どもたちが教室で担任を初めて迎えるときは，恐いか・優しいか・面白いかなど，興味津々と教師の一挙手一投足に集中している。子どもたちにとっても教師にとっても期待と不安の入り混じった瞬間であり，教師は全員が見渡せる位置に立つのが基本である。

初めて顔を合わせる子どもたちとの間では，立ち方・座り方などの立ち居振舞いからも，教師の人柄・人間性が子どもたちに瞬時にキャッチされる。無理をせず，自然体で教師自身の姿を子どもたちの前に現すと同時に，子どもたちの動きを素直に受け止めてスタートを切りたい。

①子どもたち全員が見えるところに立つ

子どもたちに語りかけるときは教卓前，教室の前方中央に位置する。特に聞いてもらいたいとき，教師をしっかり見てほしいときに有効である。

子どもたちを中心に活動するときは，教師は教室の入口扉付近に位置するとよい。柔らかく子どもたちと接したいとき，また一歩引いた位置で子どもたちが主役なんだよという姿勢を示すときに有効である。

②教師は基本的に立つ

子どもたちは，教師の姿を身体全体からとらえよう，イメージをもとうとしている。教師が子ども全体の前に立つと，子どもたちの目には，大きくて安心する存在に見える。座っていると，リーダーというより，いい加減，やる気がない，補助的な役割などに見られがちである。

話すときは，全体を見ながら話す。そして大切なことは，真剣な顔で，ていねいな言葉ではっきり話すなどメリハリをつけることである。笑顔が基本だが，話す内容に合った表情・姿勢が大切である。

自己紹介のときなど，子どもたちの活動場面では，教師は目立たない場に立ったり，一緒に座るのもよいだろう。正面に立ったときと違った子どもの姿が見えてくる。最初は，子どものことをチェックしているように見られやすいので，メモは控える。

間合いを大切にし，適度な緊張感のある雰囲気と共に，新学期を迎えた喜びを味わわせるように心がける。

❗ 子どもたちと共に学級づくりをしていこうとする教師の姿勢を伝える。

（大泉勉）

▶学級経営

子ども 40 学級を育てる担任の態度

場面例とポイント

子どもたちが自分らしさを発揮でき，居場所を感じる学級にするために，教師には日々どんな姿勢が必要か。

❶ふれあいのある人間関係づくり

教師の自己開示，継続的な構成的グループエンカウンターの実践，班ノート・個人生活ノートの活用，休み時間・放課後のおしゃべりの時間の確保など。

❷ルールの確立

朝の会・帰りの会での「先生の話」や学級通信などを活用して，「こんな学級にしたい」という願いをアイメッセージで伝え続けていく。

考え方

①ふれあいのある人間関係づくり

教師も子どもも本音でかかわることができれば，学級生活が楽しい場となる。

教師は悩み，つまずき，迷いながら生きてきた生活体験をもとに，価値観や感情の自己開示を行うとよい。「先生も，期末テストで学年50位も下がったことがあるんだ。反対に次のテストはものすごくがんばって70位もあがって，担任の先生もものすごく喜んでくれたよ」「バレンタインデーで娘からチョコをもらってとてもうれしかったよ。君たちは，あげたりもらったりしますか」などである。教師の自己開示をモデルとして，子どももまた自己開示を行うようになる。

自己開示や他者理解をねらいとした構成的グループエンカウンターや班ノート・個人生活ノート（日記）を取り入れることにより，よりいっそう教師と子ども，子ども同士の関係が深められる。ノートは読みっぱなしではなく「それを聞いて先生もうれしいよ」「すごいね」など，教師の感情や思いのコメントを書く。

休み時間や放課後の自由なおしゃべりの時間を確保し，子ども同士の本音の交流を促進させたり，教師もその中に加わり，交流を深める。

気をつけたいのは，学級一人一人の子どもに常に関心をはらい，声をかけ，アイコンタクトして「気にしているよ」というサインを送ることである。

②ルールの確立

集団生活にルールがあることはメンバーのかかわりをスムーズにする。そのルールは管理的な規制でなく，集団生活を送るうえでのマナーである。

年度始めに担任が「こんな学級にしたい」「こんな子どもになってほしい」という思いを理由も含めて説明し，そのための必要最小限のルールを提示する。

「朝，会ったら男女関係なくあいさつをしよう」「人も，物もけらない」などと，文章化し提示するとよい。

対人関係や集団のルールが定着すると，子どもは安心して本音で仲間とつきあい，支えることができる。

❗ 教師の自己開示と子どもとのおしゃべり。アイメッセージを生かしたルールの確立。

2章 子どもへの日常的な働きかけ

〈参考文献〉國分康孝　河村茂雄編著『学級の育て方・生かし方』金子書房　　　　（静間慎一）

▶学級経営

41 学級マナーの育て方

場面例とポイント

学級の時間に私語ばかりしている子がいる。教師の話が聞こえず，周りが迷惑をしている。

❶アイメッセージを明確に伝える

「先生は，いまいやな気持ちです。話をしたくなくなってきました。先生の話を聞かないでおしゃべりばかりする人がいるからです」と，私語を続けている子に教師の気持ちを伝える。

❷相手の立場を体験的に理解させる

「話す役と聞き役になって，実際にやってみましょう。最初に聞く人は，いっさい反応しないで横を向いてください」「今度は，話す人の正面を向いて，ときどき目を見ながら，うんうんとうなずいて，笑顔で聞いてください」

考え方

学級マナーは，互いを思いやることからつくられる。相手に不愉快な思いをさせないよう，互いを思いやることが，マナーを守ることにつながるのである。したがって，人の話を聞くことができる学級は，総じて人間関係もよい。

①アイメッセージを明確に伝える

「A君やBさんがおしゃべりをしているので，まじめに勉強している人たちが迷惑しています。先生は気になって授業が進めにくく困っています」と，教師の気持ちを素直に伝える。

どなったり，大声でしかる必要はないが，「話を聞いてもらえないといやな気持ちだ」と伝え，単に私語をやめさせるだけでなく，周囲の人がどのように感じ，どんな影響を受けるかを意識させる。

②相手の立場を体験的に理解させる

相手の立場を体験的に理解する方法の一つとして，ロールプレイが有効である。指示は細かく出す。実践例を次に示す。

(1) 1対1でいすに座る。
(2)「話す役」と「聞く役」を決める。
(3)話す内容を決める。
　例「私の好きな遊びとその理由」
(4)悪い聞き方の指示を出す
　・目を合わせない。
　・うなずかない。
　・体と顔を話す人と違う方向に向ける。
　・つまらなそうな顔をする。
(5) 1分間実施。
(6)役を交代する。
(7)話し役の人の気持ちを伝える。
(8)よい聞き方の指示を出す
(9)(5)～(7)と同様に行う。

いやな体験で終えるのではなく，必ずよい感情がもてる体験をさせる。ロールプレイで大切なことは，プレイ後の感情をていねいに発表させることである。「ああ，何となく感じた」で終わるのではなく，目が合ったら，うんうんとうなずいてくれたら，こっちを向いて聞いてくれたら，と細かく区切って確認させる。

> ❗ 体験から学ぶ，感じたことを言語化させる。

（高石ゆみ子）

▶学級経営

子ども 42 聞く力の育て方

場面例とポイント

集団行動に慣れていない小学校1，2年生はあちこちで勝手にしゃべりだす。話をどのように上手に聞かせればよいのだろう。

❶先生の話はみんなに聞いてほしいことを体全体で伝える

「学校生活の大事な話をするので，先生はクラスのみんなにしっかり話を聞いてほしいのです」

❷しっかり話を聞いている子をほめる

「Aさんは話の聞き方が上手ね」「前を向いていますよ」

また周りに「静かにして」と呼びかけている子を取り上げる。「話をしている人をBさんが注意してくれたので，先生は助かりました」

考え方

①先生の話はみんなに聞いてほしいことを体全体で伝える

低学年では，「先生の話を聞きなさい」と怒った顔で言えば，ほとんどの子どもは教師の方を向き話を聞く。しかし，いつも怒った顔では，怖いから静かに話を聞くという行動になってしまう。

「クラスのみんなのことが大好きなので，みんなに話を聞いてほしいのだ」ということを，教師の真剣な表情と愛情あふれる言い方で伝えれば，その気持ちは伝わるものである。

話す際は，口で言うだけでなく，必要に応じて，図で示したりカードを用いたりして，興味を持続させるよう工夫するとよい。

それでも話が理解できず，おしゃべりがやまないときは，しゃべってよいかそうでないかの区別がつかない状態のときである。そのようなときは，話を一時中断し，「先生が話したことを言える人」と挙手をさせたり，「ここまでの話で質問はありませんか」「Cさん，ここまでの話をもう一度みんなに話してあげてください」と，子どもたちに意識して聞かせる方法をとるとよい。

②しっかり話を聞いている子をほめる

低学年の子どもの中にも，きちんと教師の話を聞くことができる子はたくさんいる。そして，教師の方を向きしっかりと聞ける。そういうしっかり話の聞ける子をほめ，よいモデルとしてクラスに投げかけていくとよい。

子どもの気持ちとしては，ほめられたいから静かに話を聞くというところから出発するが，最終的には，「静かに話を聞いてくれてうれしい」という教師の気持ちを理解し，先生が喜んでくれるのは自分もうれしいという気持ちにつなげていくとよい。そのためには，学級の中のさまざまな場面で，子どもの気持ちに寄り添った教師の子どもへの配慮や肯定的な見方が大切なことになる。

❗ 子どもを大切に思う教師の思い。

（平田元子）

2章 子どもへの日常的な働きかけ

▶学級経営

43 返事のさせ方
（子ども）

場面例とポイント

思春期ともなると教師に対していい加減な返事の仕方をする子どもが多い。

❶子どもが返事をする場面を意図的かつ積極的に設定する

授業における点呼は、ていねいに行うとともに、学級活動や授業などの要所で「○○についてわかりましたか」と子どもに積極的に問いかける。

❷教師の質問や点呼などに対して正しい返事の仕方を指導する

「ハイ」という返事をさせる。子どもが返事をする際、その視線と姿勢が教師に向いているか確認する。

考え方

いい加減な返事しかしない子どもに威圧的に指導しても、その場だけの指導で終わってしまい、肝心の心が育たない。その背景には、教師の話が理解できていない、話をまともに聞いていない、その話が本人にとってどうでもいいことに感じていることなども考えられる。

①子どもが返事をする場面を意図的かつ積極的に設定する

点呼は教師と子どもとのリレーションを築くきっかけの場である。子ども一人一人の返事を意識して点呼をとれば、子どもを大切にする教師の姿勢が子どもに伝わるものであり、子どものやる気を促すきっかけにもなる。毎時間、1日6回点呼をとれば、1年間で約1200回は子どもが返事をしていることになる。それだけ円滑なリレーションができるチャンスの場ができる。

また返事には点呼のように個々の子どもが応えるものもあれば、集団で応えるものもある。集団での約束事や注意事項などについて皆で返事をすることは、集団の中の一人としての責任などを自覚させる。

②教師の質問や点呼などに対して正しい返事の仕方を指導する

その場に応じた正しい返事ができるということは、円滑で良好な人間関係を築くチャンスに恵まれるということである。このことを指導のポイントとして押さえておきたい。

「ハ～イ」と悪ふざけをした返事に対して、そのままにするのではなく、「いまの返事は、あなたの気持ちが伝わってこない」「先生はいやな感じがした」「真剣に返事をしたら、返事に力があるものだよ」と指導する。さらに、「返事は心からのメッセージなんだ」「とても大切であり、先生も心で受け止めているんだ」と指導する。

このような指導には、日々の教育活動などに誠実に取り組む教師の姿勢が大切である。返事が正しくできないときや真剣さが感じられないときは、何度も繰り返して行わせるなどの粘り強い指導も有効である。

> 良好な人間関係を築くには、相手に顔や体を向けて返事をする。

（若宮智）

▶学級経営

44 学校の規則の指導

場面例とポイント

修学旅行の決まりの説明をしたら，不満や要望が噴出した。

❶子どもが決める規則かどうかの確認

「移動中の服装は，学校側で決めてあります。変えることができません。私たちが決めることができるのは，ホテル内の服装や持ち物です」

❷子どもの出した意見の意図を確認する

「いま，みんなで話し合って決めている決まりは持ち物です。君は，このルールが必要ないと考えるのですね。その理由と新しい案の2点を発表してください」「みんなは，どう思いますか。意見を出してください」

❸規則の目的の再確認

話し合いをして決定したあと，「決まりについて理解できましたか。修学旅行を成功させよう，楽しいものにしようと話し合って決めたみんなのルールです」と，決まりを守る意識を高める。

考え方

最初に，何のための決まりやルールかを説明する必要がある。つまり，楽しい修学旅行にする，楽しい学級生活をするためなどである。ここを最初にきちんと伝えないと，わがままや勝手な意見が出てきやすい。

①子どもが決める規則かどうかの確認

そのうえで，子どもが決めることができるルールかどうかを確認する。学校が決めた規則は，一人の子どもの意見では変わらない。教師がきちんと「学校の方針です」と，伝えることが大切である。

その規則が時代に合っていなかったり，変更の余地がある場合は，変更する手順を教える。例えば，児童総会，生徒総会に提案するなどの方法である。

②子どもの出した意見の意図を確認する

ともすれば，子どもは自分勝手と思える意見を出すことがあるが，すぐ「それはダメだ」と言うのではなく，まずは意見を聞き，「修学旅行をよくしよう，楽しくしよう」と互いに考えていける方向にもって行く。

主張された決まりが目的に合致しているか，集団活動に支障をきたすことはないか，社会通念から逸脱したものではないかなど，子どもと共に吟味して判断を下す。

また，一度みんなで決めた決まりは，「この決まりは，前回の会議で決まった決まりです。すでに決定しているルールです」とさらりと終わりにする。

③規則の目的の再確認

合意が図れたら，規則の目的を再確認する。規則を通して教師と子どもが対立するのではなく，一つの目的に向けてみんなが話し合ったという共通認識をもち，話し合いを終わりにする。

> ⚠ 規則は対立の原因ではない。共通する目的遂行のための手段である。

（浅井好）

▶学級経営

子ども 45 遊びの育て方

場面例とポイント

いまひとつうち解けない学級。休み時間はみんなで遊ぶようにしたい。担任がどう音頭をとるか。

❶提案する

「みんなで楽しく思い切って遊べるようにレク係を作ろう」と提案する。できれば学年や学期始めの係決めで決める。

❷誘う

「今日はよい天気だね。外に出て一緒に遊ぼう」と誘う。

考え方

子どもたちは、本来遊ぶことが好きである。体中を動かし友達とふれあいながら遊ぶのが大好きである。

友達と一緒に遊ぶことは、「楽しい時間を共有する」「互いに助け合う体験をする」「ルールを守る大切さを学ぶ」「体を動かすことによりストレス解消する」などの効果があり、特に低学年には必要な活動である。遊ぶ際の留意点は、「安全であること」「だれもが参加できること」「教師は、子どもと子どもが仲よくなる仲立ちをすること」などである。

①提案する

学年始めや学期始めに、みんなで楽しく遊ぶためのレク係をつくることを提案し、1週間に1回程度みんなで遊ぶ日を決める。遊びの内容は、レク係を中心にみんなにアンケートをとって決めてもよいし、レク係で決めてもよい。いまひとつ遊びに意欲的に加われない子どもには、担任が声をかけ、楽しく遊べるように支援していく。手つなぎ鬼ごっこをして遊ぶときなどは、「○○君、つかまえるぞ！」と、教師がかかわり、楽しく参加できるように配慮していく。

ある学級ではいじめがあり、学級の中はけんかがたえなかった。子どもたちが仲良く遊び、笑いのたえない学級にしたいと考えて、手つなぎ鬼ごっこを教師が提案した。

毎日のように、休み時間に鬼ごっこをし、子どもたちは、汗まみれになって走り回った。そのうちいじめた子といじめられた子が、仲よく手をつないで鬼になり友達を追いかける姿が見られるようになった。このようになるまで教師は一緒に遊びながら様子を見た（参加的観察）。子どもにとって、一緒に遊べる友達や先生は味方であり、かけがえのない存在である。

②先生が誘う

遊びは学級の子どもたちの気持ちがひとつになる瞬間であり、喜びを共有することは大切なことである。子どもたちが、和気あいあいと楽しい遊びを企画したり運営する力をつけるまで、担任が先頭に立って音頭をとることはよいモデルを示すことになり、大切なことである。

!) 教師が率先垂範する。

（山口励介）

▶学級経営

子ども 46 掲示物・作品展示のあり方

場面例とポイント

学級の特色があらわれた掲示環境をつくりたい。どうすればよいか。

❶子どもと共に作る掲示

子どもたちと共に考えた学級目標や一人一人の目標が、いつでも意識できるようにする。子どもの心に響くフレーズ、象徴的な絵や文字、大きさにもこだわり、一年間色あせない掲示物をつくりたい。

❷子どもが作る掲示

「自分たちの部屋だと感じるようにいろいろ作っていいよ」と投げかける。季節の絵や好きなキャラクターなどアイデアを子どもたちから募集する。

❸全員の存在を確認できる掲示

一人一人に色画用紙大のスペースを確保し、子どもの個々のよさが表れるような掲示を行う。自己紹介カード、めあて、いいところさがしカード、絵、習字、感想文などを貼っていく。行事、班編制、季節の変わり目など、節目を大切にする。

考え方

教室は勉強する所である。すっきり落ち着いていることは大前提ではあるが、それだけでは物足りない。子どもたちが確かに「そこにいる！！」と感じられる活気ある教室環境をつくりたい。

①子どもと共に作る掲示

初めの一歩は、学級目標である。どのようなクラスをつくるのか、子どもたち一人一人がどのようになっていくのかが明確になるまで時間をかけて話し合い、ていねいに掲示物を作り上げる。学級目標は、子どもだけでなく教師の熱意も感じられるようフレーズや字体・配色にも工夫を凝らし、似顔絵など子どもたち自身の絵を加えて大きく作る。協力して作り上げた学級目標には学級のカラーがおのずと表れるうえ、そのときの願いを思い起こさせるきっかけとなるだろう。

②子どもが作る掲示

自分の部屋に好きな物を飾るように、教室にも子どもたちの好きな絵が飾られているだけで気持ちが明るくなる。係を中心に子どもたちに飾り作りを頼むと、いつのまにか有志が集い、次々とできあがる。教室を自分たちの居心地のよい空間につくりあげていくことで、あたたかい教室が生まれる。

③全員の存在を確認できる掲示

授業中目立たない子の作品に表れるよさを伝えることができる。掲示によって、字がうまい、文章がうまいなどいろいろなよさが広く浸透する。さらに教師のひとことコメントによって、その存在感はぐんとアップする。

一人一人にコーナーを設け、新年度の自己紹介カードから、どんどん重ねていくことで、自分の一年間の足跡もわかる。作品掲示で自分の存在をいつでも確認でき、自信がもてるような場としたい。

> 教室環境は「目標」と「存在」を大切に。

（平林かおる）

2章 子どもへの日常的な働きかけ

▶学級経営

子ども 47 教室の美化と改善

場面例とポイント

教室内の掲示物が破れていたり，子どもの持ち物が雑然としている。教室の美化についてどうしたらよいか。

❶全体に問題提起をする

「私は学級の環境が雑然としていると思うが，みんなはどう思いますか。少し考えてみてくれませんか」

❷クラス委員や美化委員と話し合う

「A君は私の言っていることは違うと思うか」「どうすればいまの状況がよい方向へ向かうか，話し合いのリーダーになってほしい」

❸クラス全体で話し合いをもつ

クラス全体もしくは，グループで討議させる。出てきた意見をまとめさせ，教師が，明日からの具体的な行動を指示する。例えば，「一日一つはゴミを拾う」という目標を提案する。

考え方

この問題の根底には，教室が乱れる要因となる学級経営の問題がある。要因を意識させ，ほんとうの問題に気づかせるコミュニケーションが大切である。

つまり，現象だけをとらえて対処療法的に対応せず，子どもの根底にある願いや不満や要求などの本音を，聞き入れようとする姿勢が必要である。

①全体への問題提起をする

子どもは問題を意識化できていないことが多い。よって，クラス全体に向けて「教室が雑然としているがこのままでいのか」と投げかける。

②クラス委員や美化委員と話し合う

この面談では，原因を子どもと共に考えるという姿勢が必要である。対応例として，(1)整理整頓ができている他のクラスをモデルとして見せる，(2)放課後教師が教室の荒れたところを直し，朝来たときそれを見てどう思ったかを聞く，などの方法が考えられる。

③クラス全体で話し合いをもつ

クラスの代表が司会をし，クラス全体もしくは，グループで討議させる。意見をまとめさせ，教師が気づきを促す。

「昨日放課後にクラス代表の生徒と先生は，5分で教室を少しかたづけたよ。ほんのちょっと気をつければいいから，気づいたときやってほしい」と伝える。

子どもが「汚いとは思うがきれいにしようとは思わない」と言う場合，思っていても実行できない抵抗，阻害要因を考える。例えば「いいかっこしいと思われる」「だれかがやるんじゃないか」と言うとき，そういう雰囲気がクラスにあることを理解する。ただしここでは根底にはふれず，輪番制など役割を明確にし，やり方を決める。そもそも役割がないから環境が乱れる。ある場合はだれがその役割を遂行するのかを確認する。

! 現象にとらわれない。リーダー集団から意識化を図る。

（大谷哲弘）

▶学級経営

子ども 48 宿題や提出物の期限の守らせ方

場面例とポイント

提出物の期限を守れるようにするには，どんな指導を繰り返せばよいか。

❶提出の目的や期限の再確認

「この提出物は何のために提出するのですか」「Aさん，提出期限はいつですか」などというように，全体や個人に問いかけ，再確認する。

❷アイメッセージによる働きかけ

「提出されないので，君たちのための私の仕事が進まなくて困っています。すぐに出してくれると助かるのだけれど……」というように，アイメッセージで働きかける。

❸提出できたときのフォロー

「ちゃんと提出できたね」「立派に責任をひとつ果たしたね」など，達成感や成就感を味わわせる声かけをする。

考え方

提出期限を守れなかったり，提出物をきちんと出せない子どもは，何かをやり遂げた達成感や成就感を味わった経験の少ない子どもが多い。ゆえに，達成感や成就感をどのように感じさせるかが指導のポイントとなる。

①提出の目的や期限の再確認

提出期限前や，提出期限後すぐの段階では，提出の目的や期限を子どもに質問して再確認することが有効である。

このとき，「私も提出する書類ができなかったとき，ほかの先生に迷惑をかけてしまった」など，提出期限を守ることのメリットや守らないことによるデメリット，社会的な責任などを，教師の体験例などをもとに語るようにする。

②アイメッセージによる働きかけ

期日を過ぎて出さない場合でも，「早く提出しなさい」という働きかけだけで十分な子どもは多い。伝え方はアイメッセージをフル活用する。提出期限を守らなかったり，提出しないことが，周りにどのような影響を与えるのかを，教師の実感として伝わるようにするのである。

③提出できたときのフォロー

それでも提出できない子どもとは，一人一人と個人的な約束を結ぶ。そして，遅れても約束通りにきちんと提出できたら，大げさにほめる。「Aさんはやる気になればできるんだね。先生はとてもうれしい」などほめ言葉をいくつか用意しておくとよい。次回に裏切られることもあるが，この指導は愛情をもって粘り強く行うようにしたい。

教師は，子どもに対して「提出するのがあたりまえ」という言動をしがちであるが，そういった言動は子どもの心には届かない。教育のプロとして，一人一人の実態に合わせた柔軟な指導を心がけたいものである。

> ⚠ 「提出してあたりまえ」という考えは捨ててかかわる。

（新保満夫）

▶学級経営

49 班活動の改善 (子ども)

場面例とポイント

何をやってもうまくいかず、いざこざがたえない班がある。どのように話しかけたらよいか。

❶班の実態を把握する（情報収集）

担任がその班の活動を見て、問題を把握する。

「A君が言うことをきかないのか。困ったね。それを具体的に話してごらん」「悪口を言ったというけれど、君が何と言ったら、だれが何と悪口を言ったの」など、いざこざを訴える子どもと班長（リーダー）から、班の様子を聞く。

❷班活動のねらいや願いを確認する

「要するにみんなはどうしたいのかな？みんなで仲よく楽しい班にしたいんだよね。そのためにはどうしたらいいのかな」と困ったら原点に返って考えさせる。

❸軌道にのるまでは、細かい指示を出す

班の話し合い活動がスムーズにいくまでは、担任はそばにいて指示を出す。

❹よいことをほめる

小さなことでもよいことは、「A君がそう言ってくれたから助かったね」など具体的にほめる。

考え方

いざこざがたえず、班活動がうまくいかない理由は、大きく2つある。1つは、リーダーがうまく指示を出したり班をまとめたりできないとき。2つは、自己中心的な子ども、つまりわがままな子どもがいる場合である。

①班の実態を把握する

まずは、学級担任の目で班の活動の様子を確認する。それと同時に、班長といざこざを訴える子どもから様子を聞く。

5W1H（what, where, who, when, why, how）の方法で質問すると、事実を具体的に把握できると同時に、子どもの気持ちも聞くことができる。

②困ったら原点にもどる

班活動のねらいや班員の願いを確認する。それでもわがままが出てぶつかることがある。そのときには「みんなが楽しく仲よくするには、今日は自分が我慢したり譲ったりして、おたがいさまと考えないとだめだよ」と、ときには我慢させて、それをほめることも大切である。

③軌道にのるまでは、細かい指示を出す

班で活動するときは、班長をしっかり立てて、話し合いのルールを徹底させるとよい。教師が班長のそばにつき、「班長さん、Bさんの意見を聞いてみたら」「次は、多数決を取ってみたら」と指示を出して、班長が具体的に動けるようにする。わがままな子どもには、「それでいいのかな、君だけよければいいのかな」と質問技法で考えさせる。

④できたことをほめる

小さなことでもできたことをほめる。なかなかできない班であればあるほど声をかけて行きたい。

> ❗ 一人一人に「君がいて班が助かっている」との気持ちを伝える。

（安塚郁子）

▶学級経営

子ども 50 係活動の支援

場面例とポイント

クラスをよくするために、みんながすすんで取り組める係活動をどう支援していくか。

❶活動に目を向けさせる
子どもたちに自分の係活動を振り返らせる。

❷新しい視点を与える
いままでの活動をほめ、認めて、さらに新しい活動を紹介することで活動の幅を広げていく。

❸全体に広める
最後に活動をクラス全体に広める工夫をする。一つの係だけで考えていたことがクラス全体に広がっていき、クラスの係活動がさらに活発化していく。

考え方

がんばりなさい、しっかりやりなさいと言っても、子どもたちはなかなか係活動をやろうとしない。実際に活動を行っている場面で、その係やその子にあった言葉かけをする必要がある。

①活動に目を向けさせる

はじめはやる気のある係活動も、マンネリ化したり、きちんとやる子（係）とそうでない子（係）が出てくる。そこにはやりたいことがうまくいかないもどかしさや、一緒に取り組んだ子どもたちの人間関係の問題が多くかかわってくる。

いままでどおりやっている子には「毎日やっていてえらいね。これからもがんばってね。みんなも喜んでいるよ」「みんなやる気があるね」など、全体に広がる言葉かけや、やっていることを肯定する言葉かけが必要になる。

また停滞したり、同じ子しか活動しない係には「どの活動がいちばんやりやすかった？」「係のみんなで一度話し合ってみよう」などの言葉かけをして、自分たちの活動を振り返らせる必要がある。

②新しい視点を与える

活動の反省ができたら、「今度はこんなことができそうだね」「○○をしてくれると先生はうれしいなあ」「こうやるともっとみんなが喜ぶよ」「こんな活動もあるんじゃないかな」など、子どもに対する教師の信頼感を背景にして、新しい取り組みを紹介する。

③全体に広める

さらに活動が活発になってきたら、係の活動をクラスのみんなに紹介する。「活動を紹介して、みんなに協力してもらおう」と投げかけ、係活動がクラスの支えになっていることや、さらによくなっていくためにはクラスの協力が必要であることが感じられる活動を仕組んだりしたい。

お互いの係活動を認めることにより、学校への存在感を認識させる。そうすることにより、お互いを認め合うようになる。

> 活動を認め、さらにそれを伸ばしていくあたたかい教師の姿勢。

（矢島基一）

▶学級経営

子ども 51 席がえの仕方

場面例とポイント

席がえをしたら、「○○さんの隣はいやだ」「周りに友達がいなくなってしまった」と不満が噴出した。

❶ **子どもの話をていねいに聞く**

「この前の席がえをどう思った」と子どもの気持ちや不満をていねいに聞く。また、席がえについて子どもがどう考えているかを聞く。

❷ **ねらいを説明し、解決策を探す**

「たくさんの友達をつくるために」「一人でも多くの人と知り合うために」と席がえの意図やねらいを説明する。また、「こんな学級になってほしい」という教師の学級づくりの思いを伝え、席がえに対する抵抗感を除く。

❸ **新たな人間関係を作る配慮をする**

子どもたちの新しい人間関係が早くつくれるようなグループワークやグループエンカウンターを取り入れる。

考え方

席がえのときに出る子どもの不満は、学級の人間関係のバロメーターである。この機会を上手に使って、子どもたちの人間関係にていねいにかかわりながら、学級づくりに生かすことが大切である。

①子どもの話をていねいに聞く

席がえで子どもが何を感じたのか、何を思ったのか、ていねいに聞くことは大切である。クラスが抱えている問題が見えてくることが多い。

席がえの不満は、子どものそれまでの安定した友人関係から新たな関係への不安の現れでもある。子どもの状態や人間関係を知ることで、支援の必要な子どもを把握することができる。納得したうえでの席がえは、学級の中に子どもの生活空間（居場所）を保障することになる。

②ねらいを説明し、解決策を探す

ここで大切なことは、担任が席がえのねらいや目的を説明する過程で、学級づくりへの思いを語り、伝えることである。教師の主体性が試されるときである。「みんなの言いたいことはわかった」と子どもの話を聞き、「一部の人のわがままは、絶対に許さない。公平に決めましょう。これまで接する機会が少なかった人と隣になっても、がんばってみましょう。よい面を見つけるチャンスだと思いましょう」と説明する。そのうえで、席がえの方法を考えることが大切である。

③新たな人間関係をつくる配慮をする

子どもに「この席でやっていけそうだ」という安心感をもたせることが大切である。そのためには、関係がスムーズにできるように、あるいはだれにでもいいところがあることを発見するために、「友達のいいところさがし」などのエクササイズを意図的に取り入れることである。万一不満が出た場合も、事前に子どもとの対話があれば、課題解決にグループエンカウンターを取り入れやすくなる。

❗ 子どもの声に耳を傾けながらも、教師のかじ取りが大切。

（小柴孝子）

▶学級経営

子ども 52 朝の会でのコミュニケーション

場面例とポイント

朝の会が健康観察と連絡だけの場となっている。やる気がわいてくる朝の会にしたい。

❶スピーチを取り入れる

子どもが自分の心に残ったことや楽しかったことをのびのび話し、認め合う場をつくる。

❷健康観察のやり方を工夫する

健康観察は教師が名前を呼んで子どもの状態を確認することが多い。これを子どもから子どもへリレーして名前を呼んで、自分の健康状態を告げるようにする。

❸教師が感動したことを話す

連絡事項だけではなく、自然の営みのすばらしさや子どものすてきな姿を見つけ、紹介する。

考え方

朝の会は一日の始まりである。ずっと同じように見える子どもや自然も毎日少しずつ変化している。短い時間であってもコミュニケーションを活発にし、子どもの成長を認め合って「今日もがんばるぞ」とやる気が高まるようにしたい。

また連絡事項は、学年に応じて意図やねらいをわかりやすく伝えるようにし、子どもが集中して聞くようにする。

①スピーチを取り入れる

スピーチの目的は、2つある。1つはわかりやすく話すということである。もう1つは、友達の話を聞き合い、認め合うあたたかいクラスであることを確認し、みんなで助け合って伸びていこうという気持ちをもたせることである。

「きのう、楽しかったことは、お父さんと釣りをしたことです。うぐいが2ひきつれました」「どこへ行ったんですか」などと、聞く側の工夫もする。そのためには、話す子どもだけでなく「話す人の方を見て聞く」「感想やよい点を見つけながら聞く」「スピーチに対して必ず感想や質問をする」など、聞く子どもの態度をきちんと指導することがポイントである。

②健康観察のやり方を工夫する

友達の名前をリレーして呼び、自分の健康状態を伝えていく方法がある。Aさん、「はい、元気です」、Bさん、「はい、かぜをひいてます」と、友達の名前を順に呼ぶことにより、みんな大切な存在であること、みんなが一つにつながっていることを確かめ合うことができる。

③教師が感動したことを話す

教師が感動したこと、子どものがんばりや生き物の育ち、自然のすばらしさなどを事例をあげて話す。「先生は今日とてもうれしかったことがあるんだ」というような教師自身の自己開示が、子どもの本音と本音の話し合いを活発にし、さわやかで意欲に満ちた朝の会となる。

> ⚠ スピーチを取り入れ、互いに認め合う場とする。教師自身が感動を伝える。

（水上克美）

2章 子どもへの日常的な働きかけ

▶学級経営

子ども 53 帰りの会でのコミュニケーション

場面例とポイント

一日を楽しく振り返り，どの子どもも明日に期待をもつことができる帰りの会にしたい。

❶一日を振り返り，認め合う

「なかよしタイム」や「今日のがんばるマン」などのプログラムを設定し，今日一日を振り返り，ほめてあげたい友達を見つけ，紹介し合う。

❷簡単なゲームやクイズをする

「お楽しみタイム」として，先生とじゃんけん，歌に合わせた手遊びゲーム，落ちた落ちたゲームなど，その場ですぐにできる楽しいゲームやクイズなど取り入れ，仲間と共に活動する楽しさを味わわせる。

❸「先生の話」でほめる

連絡事項は，単に伝達するのではなく，その日の子どものよさを具体的に賞賛して，明日への希望や期待がもてるようにする。

考え方

帰りの会は，一日のしめくくりとして今日を反省するとともに，明日もまたこの仲間と共に活動したいと感じ合えるようにしたい。

①一日を振り返り，認め合う

一日を振り返り，友達のがんばりや優れた点，親切などをみんなに紹介し，拍手して互いのよさを認め合う。あるいは，カードに友達のいいところを書いて掲示して認め合う。このような活動を設定する。

子どもにとって，友達に認められるということは，非常にうれしいことである。次の活動の大きな自信となる。認められた子どもは，「さらに自分を高めよう」「友達も認めてあげたい」と思い，互いのよいところを見つけようとする。

②簡単なゲームやクイズをする

ゲームは，子どもたちの心をときほぐし，子ども同士の心をふれあわせることができる。いろいろなゲームの中から選んだり，ゲーム係からの提案として行ったりして，学年に応じて内容を工夫する。

クラスのみんなと活動して楽しかった，うれしかったという体験は明日の活動の大きな原動力となる。

③「先生の話」でほめる

みんなの前で教師からほめられることは，子どもにとって大きな喜びである。「Aさん，掃除の後片づけ最後までやっていました」と具体的にほめることで，子どもが自分のことをよく見ていてくれていると実感できるようにしたい。

ほめるためには，いろいろな場面で子どものよさを見つける教師の目が必要である。同じ子どもばかりほめていることのないようにするためには，今日はだれをほめるのか決めて，朝からよくその子を観察しておくような工夫が大切である。

❗「うれしかったよ」「楽しかったよ」「このクラスでよかったな」という思いがもてるようにする。

（水上克美）

▶学級経営

子ども 54 昼食でのふれあい

場面例とポイント

子ども同士，教師と子どものふれあいを促進する給食の時間を工夫したい。

❶和やかな食事をするための環境づくりへの意識をもたせる

「みんなが日々の学校生活の中で，とても楽しみにしている時間です。お互いに大切な時間を共有するのだから，より楽しい時間をみんなでつくりましょう」と，年度始めにルールを徹底させる指導の前に，意識をもたせる。

❷楽しい会食のための座席

和やかな会話をしやすいよう向かい合わせの席を工夫する。時期を決めて教師も子どもと同じ席で食事をする。教師は巡回するとよい。

考え方

一般に，人との食行動は，緊張を緩和させる作用があるとともに，互いにある程度気を許しているサインととることができる。あまりにも強く緊張している人は，他人とともに食卓を囲むことができないが，対人関係や環境の改善により緊張がほどけてくると，人と共に食事をすることができるようになる。

人と一緒に食卓を囲むということは，それだけでコミュニケーションの促進が期待される行為であると考えることができる。

①和やかな食事をするための環境づくりへの意識をもたせる

食べるということは，人間が生命を維持していくための生理的欲求のひとつである飲食の欲求を満たす。それゆえ，だれもが安心して欲求を満たせるような場づくりがとても大切である。押しつけのルールの徹底によらず，食事の時間がいかに大切かということ，そのためにルールが存在していることを十分理解させ，守らせることが大切である。

②楽しい会食のための座席

机を向かい合わせて小グループで食べるとよい。互いに手を伸ばせば届く距離が心が通い合う距離でもある。

食事をしながら，教師は，日常生活のこと，その子自身のことを聞く。「先生は私のことを思ってくれている」と子どもに感じられるとよい。

また，ふだん，あまりしゃべらない子どもにも質問したり友達との仲立ちもしたりするとよい。授業や成績のことよりも私的な楽しい話題で話をすると，教師も子どもも，互いに新しい一面を見ることができる。

食べ物を粗末にする行動をとる子どもは，うっ積したエネルギーを破壊的行動で示している場合もあるので，何かのメッセージであるととらえ，注意することはもちろん，様子を気にかけておくことが大切である。

> ⚠ 子どもと同じ目線で食事をし，子どものいろいろな顔を発見する。

（関川昭子）

▶学級経営

子ども 55 日記・連絡帳でのコミュニケーション

場面例とポイント

自分をみつめるための日記指導をしているが、毎日のできごとばかり子どもたちが書いてくる。

❶テーマの工夫

行事や総合的な学習で継続的に取り組んでいる活動に魅力的なタイトルをつけ、その活動によって自分がどのように感じたり思ったかを日記に書いていく。

❷コメントの工夫

教師が、アイメッセージで書きやすいように教師特有のキャラクターを作り、それに言わせる形でコメントを書く。

❸やりとりの工夫

双方向のコミュニケーションをとるため、教師のコメントに対するお返事コーナーをつくる。

考え方

①テーマの工夫

休日の前など、教師はよく日記を宿題に出す。子どもが書いてくる日記は、家族と買い物に行ったことや、スポーツクラブの試合の様子が多い。さらに何度も宿題に出すと、「書くことがない」と言ってくる子どもや、「日記の宿題が出るたびにどこかに連れて行かなければいけない」と言う保護者も出てくる。

しかし、日記の目的は、書くことで自分自身を振り返り、新しい自己の発見や自己肯定感を高めることにある。そこで、ただ単に「日記」を宿題にする前に、ある程度の枠（題）を与えて、より深く自分自身を振り返ることができるようにする。

例えば、「シリーズ日記」として、朝トレ日記（早朝体力トレーニング日記）、げき練日記（学習発表会の劇練習日記）などを書かせてみる。

日記に書くことは、自分のがんばり、友達のよいところ、今日の気づき、明日からの課題、なんとなく不思議だと思ったことなどとする。

どんなことでも日記に書いてもいいんだと思うように、認め励ますようにする。

②コメントの工夫

ただ末尾に感想を書くのではなく、子どもに受け入れられやすい形を考えコメントすると、効果を高めることができる。例えば、教師独自のキャラクターをつくり、それにコメントさせる「キャラメッセージ」などの方法である。また子どもに、自分の気持ちを自分がつくったキャラクターに言わせる方法もある。

③やりとりの工夫

双方向性を強めるため、教師のコメントについてさらに子どもとやりとりができるような方法があると、子どもとのコミュニケーションがいっそう深まる。

例えば、日記の片隅を点線で切り取れるようにしてお返事コーナーをつくる。教師のコメントに子どもが返事が書けるようにするのである。

! シリーズ日記にキャラメッセージでコメントし、三角コーナーの返事で双方向のコミュニケーション。

日記のコメントの実際

子どもの書いた日記の例（げき練日記より）

9月9日　火曜日
　せりふはほとんど覚えた。声はもう少し大きくしたらいいと思う。あとは、体の動きを大げさにする練習をしようと思う。そろえて言うときは、私がみんなを引っ張っていけるようにガンバロウ。

> 今からどんな劇になるか楽しみだなぁ

9月29日　月曜日
　今日は5限目に体育館で先生に見ていただきました。今日、アドバイスをしていただいたところは、せりふとせりふの間に間を空けないことと、私のせりふ「はて……」のときはのんびり話さないで、リズミカルに話すことです。メリハリをつけるように注意してやりたいです。

> せりふをリズミカルに言うことで、お客さんをひきつける効果も出るョ

10月15日　火曜日
　全部通しで劇をすると、舞台裏がさわがしくなってしまいます。私もついひとこと、ふたことしゃべることもあり、「あっ！しゃべってしまった。注意しなくちゃ。」と思い少し落ち込みます。

> みんながんばっていますね。T子さんが友達と協力してるな、と感じるのはどんなときですか？

　友達との協力を感じるときは、アドバイスをしあっているときや、注意しあっているとき、道具を運んでいるときです。

10月20日　月曜日
　劇は、着替えのとき、気合いを入れるため、はかまの帯をきつくしめてもらい少し苦しかったけれども、始まるとぜんぜん苦しくなくなりました。途中からきんちょうしなくなり、楽しんでやろうという気持ちになりました。ほんとうに楽しかったです。お客さんの笑いを聞きながら、自分だけど自分じゃないような感じでした。

> すばらしい劇になったネ　みんながこれだけ集中してだーっとーつになれてうれしいョ　先生にとってもうれしいョ　ありがとう♥

2章　子どもへの日常的な働きかけ

（髙島英公子）

▶学級経営

子ども 56 手紙でのコミュニケーション

場面例とポイント

欠席気味で気になる子どもに、手紙を書きたい。

❶手紙が効果的か判断する
　基本は会って話す。手紙のほうが効果があると考えられるときに書く。

❷手紙の書き方
　子どもが教師のあたたかみを感じられる手紙であること。また、本人だけでなく、他人が見ること、いつまでも残ることを前提に書く。注意や催促は、簡潔明快に。ちょっとした感情を伝える方法として手紙は効果的。

考え方

①手紙が効果的か判断する

　基本は、会って顔を見ながら話をする。長く欠席を続けているときや、非常に元気のないときなど、会わないほうが効果があると思われるときに手紙を書く。子どもの様子を思い浮かべ、養護教諭や相談係と相談しながら判断する。

②手紙の書き方

　「もらってうれしい」と子どもが思う手紙にする。学年便りやお知らせのプリントだけを届ける場合でも、子どもの名前をきちんと書き、「君のことを忘れていませんよ、君のことを心配していますよ」の内容を書く。それだけでよい。同じように手紙を渡していても、教師に会えるようになったり登校するようになるかどうかの分かれ目は、ここにある。

　教師からの手紙は友達に見せる子もいる。大半の保護者は、手紙に何と書いてあったか知りたがるし、見たがる。だれかを批判したり、あまりにも私的な内容は避けたほうがよい。また会話で冗談交じりに「バカみたい」と言うのと、文字として残るのでは大きく違う。子どもとの人間関係では通じても、保護者の感覚は違う。子どもの年齢が低くなればなるほど配慮する必要がある。不登校の子もは、先生や友達から来た絵はがきをいつまでもはって、自分が忘れられていないことを確かめたりしている。

　どうしても注意や催促を書かなくてはならないことがある。そのようなことは、簡潔明快に書く。手紙では、注意をどのように受け取り感じているか、その場で知ることができない。むだな誤解はできるだけ避ける。

　はがきや手紙、メモは、ちょっとした感情を伝えるときに効果がある。年賀状、暑中見舞い、旅行先からの手紙などは、「私はあなたを大切に思っていますよ」が伝わればよい。子どもから手紙や年賀状が来たらできるかぎり返事を出す。子どもが手紙を出すということは「返事をください」ということである。

　また、翌日学校で会う場合でも「今日の活躍、おめでとう。よかったね」などメモでもらうとうれしいものである。

> ❗ 「いつも気にかけているよ」というあたたかい感情を伝える。

以下は，中学1年生の長欠気味の子どもに宛てた手紙である。夏休み直後にある職場見学先の決定について，電話も通じず，家庭訪問しても会えなかったため，手紙を書いた例である。下線部は削除が望ましいことを示す。

　①山田太郎君へ
　　お元気ですか。暑い日が続いていますが夏バテしていませんか。②ヘソを出して寝て夏風邪ひいてバカにならないように，ハハハ。
　　③先日8月18日電話をしましたが留守でした。本日20日おじゃましましたが，留守でした。④お父さんの田舎に家族で行っていたのかな？　先生も，実家に帰り海水浴と山登りを楽しみました。
　　夏休みも残り少なくなってきました。そこで，9月に入ってからのことを，一緒にいろいろ話し合っていきたいと思います。
　　⑤封筒に入れた「職場見学」のプリントを見てください。太郎君は，どの職場見学を希望しますか。将来の進路にかかわる大事なことです。夏休みが終わる前に決めておけば，9月からスムーズにいくと思います。この夏休み中に会って，一緒に考えていきましょう。夏休み中なので教室にほかの生徒はだれもいません。
　　⑥友達は，夏休み前にとっくに決めてしまいました。決めていないのは君だけです。君の訪問先が決まらないので困っています。
　　⑦先生は，8月23～28日は学校にいるので，朝，電話で学校に連絡をしてから登校してください。先生からも電話するよう心がけます。
　　⑧夏休みの宿題が残っていませんか。9月からのことで心配なことはありませんか。相談にのります。会えるのを楽しみにしています。
　　　　　　　　　　　　　　　　③平成16年8月20日　担任の明里康弘より

2章　子どもへの日常的な働きかけ

ここが Point！
①宛名を明確に書く。一目見てだれに宛てたものかわかるようにする。
②削除が望ましい。ユーモアや冗談は，その子との関係を考慮して書く。また手紙は保護者も読むことを意識する。
③なかなか会えない子には，いつ連絡したかがわかるように。
④子ども個人のことや教師の自己開示が入ると親密度が増す。
⑤用件は具体的に書く。
⑥削除が望ましい。友達と比較する必要はない。先生が困るから早く決めなさいではなく，子ども本人のためであるという内容にする。
⑦これからどうしたらよいかをわかりやすく。ある程度の選択範囲があると子どもは決めやすい。
⑧先生は，いつでも君を応援するというメッセージを。

（明里康弘）

▶学級経営

57 部活動を通じた担任のコミュニケーション

場面例とポイント

部活動には熱心に取り組むが，授業や学級生活に対してはやる気がない子ども。担任としてどう声をかけたらよいか。

❶部活動でのがんばりを認める

「A君は部活動に一生懸命に取り組んでいるね。顧問の先生からA君が練習試合でがんばっていることを聞いて，先生はとてもうれしいよ」

❷部活顧問との連携

部活顧問と日常的に情報交換をして，子どもに対して学級生活や学習についてもアドバイスしてもらう。

❸担任として気持ちを語る

「A君は部活動でがんばっているね。すごいね。授業や学級のこともがんばろうよ」

考え方

部活動は，子どもが，授業や学級生活以外で力を発揮する絶好の場である。多様な尺度で生徒のがんばりを認めることで，自ら向上する意欲を高めたい。

学級担任・教科担任は，学習や学級生活での成長を促したいとき，部活動での活躍を認めることを通して，教師と子どものコミュニケーションを深めていくようにしたい。

①部活動でのがんばりを認める

子どもが部活動でがんばっている姿を具体的に認め，それに対する気持ちを伝える。「体育館を通ったら，君の大きな張りのある声が聞こえてきて，先生はうれしかったよ」などの声かけをするのである。

担任が部活動での様子を認め，励ますことは，子どもの自尊感情を高めることになる。

②部活動顧問との連携

担任教師よりも部活動顧問の言うことを聞く子どもは多い。子どもに対して，部活動顧問が「勉強や学級での活動もがんばれよ」と声をかけてくれると，効果は大きい。

さらに「授業や学校生活でのいい加減さは，部活や試合での弱さとなって現れる。授業や学校生活をきちんとすることが大切である」と部活動顧問が生徒に指導していくようにしたい。担任と部活動顧問が，連携をとったり，情報交換をしながら子どもに接することはとても大切である。

③担任として気持ちを語る

担任が，授業や学級活動でもがんばりを見せてくれるよう期待している気持ちを子どもに伝えることが有効である。

コミュニケーションが深まるなかで，「授業中私語はしない」「家庭学習に少なくてもいいから取り組む」など，実現可能で具体的な目標を一緒に考え，設定できるとよい。

! 部活動でのがんばりを認め，そのうえで教師の願いを語る。

（大関健道）

▶生徒指導

子ども58 整列のさせ方

場面例とポイント

廊下や集会などで並ぶとき，だらだらしてなかなか並ばない。どうしたらよいか。

❶号令をかけたら，具体的な言葉で短く指示を出す

「気をつけ。足は？（かかとを閉じる）。手は？（体の横）。頭は？（前の人の頭を見る）」

（　）内は，慣れてきたら言わなくても子どもはわかってくるので，目で合図するだけにする。

❷一つずつ積み上げていく

「60％ができてきました。90％になってきました。列が美しく整ってきたね。すばらしい整列隊形です。そのまま次の行動に移りましょう」

列の中に入らない子どもへは，個別に働きかける。全体に指示を出す役割と，個別に指導する役割に分け，複数の教師で指導に当たると効果的である。

❸リーダーを子どもへと移す

リーダーがきちんと号令できたら，「号令うまいね」「君がやるとぴしっとなるよ」などと認める言葉をかける。

考え方

どなる必要は無いが，号令はある程度大きな声，ピリッとメリハリのある声でかけなければ全体に通じない。簡単でしかもだれでもすぐに反応できる言葉を選んで指示を出す。

①指示を出す人に注目させる

人は大勢の人の中にいると，責任が分散し，無責任な行動をしてもだれと特定できない状況と感じやすい。そのような状況の中では大きな声のひとことがきく。まずは「気をつけ」「注目」など，はっきりと一瞬で反応できる言葉かけをし，注目させる。

メッセージを伝えたいときは，理解しやすく，すぐに反応できる短い言葉で，たたみかけると効果的。「頭」「手」「足」などである。

②一つずつ積み上げていく

集団を形成している子ども一人一人が互いに影響し合って，正しい行動の仕方に向かって同調し合えるよう働きかける。そのために，整列するのに必要な動きを繰り返し伝える。

形が整ってきたら，ほめることによって，今度は個々の子どもが自分なりのよい姿勢をつくろうとするようになり，集団として整列ができてくる。

③リーダーを子どもへと移す

整列指導に時間がかからなくなってきたら，リーダーを子どもに移していく。ただし，その場合でも教師のバックアップは大切であり必要である。リーダーのそばにいる，集団の後ろにつくなど，しばらくは近くにいること。子どもによる指示では，言葉だけでなく，簡単な合図（集団で共通理解したホイッスルの音など）を送る方法もある。

> ⚠ 集団の前に立つ場合は，毅然とした態度で自信をもって。

（関川昭子）

▶生徒指導

子ども 59 注目のさせ方

場面例とポイント

児童生徒集会の開始時，子どもを短時間で集中させ，注目させたい。どうしたらよいか。

❶整列隊形を工夫する

学年ごと，学級ごとにきちんと整列をさせる。事前に教師が整列隊形とはどういうものかについて，位置や前の人との距離などを子どもに十分説明しておく。

❷開始の礼を大切にする

全員が整列できたことを確認してから，「これから集会を始めます。一同礼」などと，力強く，ゆっくりと声をかける。

❸しゃべり始めるタイミングを計る

壇上に立つ者は，まずゆったりとした視線で全体を見渡す。注目ができていない子どもへは，体を向け黙ったまま見つめる。

考え方

児童生徒集会は，日常の教室での授業と異なる場所で行われることが多い。子どもは，自由な雰囲気からついつい整列をしなかったり，ふざけて集会が始めにくい場合がある。

①整列隊形を工夫する

集会を始める前に整列させることは，きわめて重要である。子どもは，バラバラの状態では私語を許されると感じる傾向が強く，注目できる状態がつくりにくい。日ごろから自然に整列する習慣をつくっておくとともに，整列を指導する教師の配置など工夫する。

②開始の礼を大切にする

集会開始時の礼は，これから始まる集会において，話をする者（教師・子ども）と聞き手である者（おもに子ども）が，互いを大切にするという重要なコミュニケーションである。また，集会開始時の礼の前に，約20秒間，目を閉じて集中するなどの定型行動（リチュアル）を取り入れるのも効果がある。

③語り始めのタイミング

話し手は，一度全体を見渡し，静粛になるのを待つ。注目していない子どもがいる場合は，けっして話し始めない。注目していない子どもには，体を向け黙ったまま見つめ，静粛さを求める姿勢を示す。

それでも注目ができない場合は，「これから，私が話をします。一人一人すべての生徒に聞いてほしいので，静かにして注目してもらえるまで待ちます。皆さんそれまで目を閉じてください」などと待つ。

集会などの始まりにかかわる子どもの行動パターンは習慣的な要素が強く，子どもが短時間に集中できるようにするには，ひとつひとつの「集会の始まり」を大切にする必要がある。注目できない子どもがいるまま会を始めてと，大切さを実感できない会になってしまう。

> ❗ 定型行動，無言のメッセージを活用する。静粛になってからしゃべり始める。

（安原敏光）

▶生徒指導

子ども 60 朝礼でのルール指導

場面例とポイント

生徒朝礼において，全校生徒の心に響くルールの指導をしたい。

❶生徒朝礼における態度の指導

「基準のクラスに，縦横をそろえて並びなさい」「あいさつは，全員が正しく行うまで繰り返します」と指導する。

❷生徒朝礼での指導内容

初めに，「本日は，○○について話します」と，指導内容と結論を述べ，「ルールを守らないと仲間がつらい思いをする」と，ルールを守る理由を指導する。さらに，心に響かせるために，教師が自らの信念を自己開示，自己主張する。「私は自分の生き方から，ルールを守ることは，人を大切にすることだと考えている」

❸生徒朝礼を徹底する指導

各クラスで，その日の生徒朝礼の内容について，話し合いをさせる。

考え方

心に響く指導とは，子どもが納得する指導である。子ども一人一人の思考・感情・行動を揺さぶり，自らが行動を選択する場合の心の基準をつくることである。

①生徒朝礼における態度の指導

生徒朝礼における態度の指導は，型を育て心を育てる指導である。礼を徹底させることで，気持ちを切り替え，聞く姿勢つまり耐性を育成し，型から心への指導をする。また，なぜ礼が必要なのかを気づかせる。

さらに，全校生徒を指導者に注目させることが大切である。一人一人に語りかけている印象を与えるためである。

②生徒朝礼での指導内容

まず，指導したいルールをはっきりと子どもに提示する。そのうえで，ルールを守る理由を指導する。

例えば，「いじめはけっして許さない」と提示し，宣言する。ルールを守らないことによって，つらい思いをする子どもや不安に思う子どもがいることを，プライバシーに配慮しながら，いじめられた子の立場に立って指導する。

そして，なぜ問題行動を許さないのか，教師の信念を自己開示，自己主張する。例えば「いじめを受けた生徒は必ず申し出てほしい。責任をもって守る。なぜ私がいじめを許さないのかというと，教師になったばかりのころ，いじめを受けた生徒が救いを求めてきたが，相手を指導できず，つらい思いをしたことがあるからだ。そのときから，どのような場面でも逃げることなく，いけないことはいけないと言える教師になろうとがんばってきた。二度と生徒につらく悲しい思いをさせたくない」と信念を語る。

③生徒朝礼を徹底する指導

各クラスで，「今日指導のあったことについて，どう考えるか」と担任から投げかけ，話し合いをさせる。

> ❕ 教師が勇気をもって信念を語る。その信念とは，子どもの可能性を信じ，かかわりきる気迫である。

（朝倉一隆）

2章 子どもへの日常的な働きかけ

▶生徒指導

子ども61 新入生オリエンテーションでのルール指導

場面例とポイント

前年の1年生は学校生活のルールが守れず、いわゆる荒れた状態であった。今年の1年生は、悪い影響を断って、さわやかなスタートを切らせたい。

❶オリエンテーションの目的を話す

「これからの学校生活で、みなさんに守っていただくルールについて説明します。保護者の方にも十分にご理解いただき、指導ならびにご協力をお願いします」

❷ルールの意義の説明

「ルールは、人々が集団で生活する場で、互いが安全に安心して生活していくために必要なものです」

❸ルールを定着させる指導

「ルールを守ることは、人と約束することです。ルールと約束するのではなく、みんなを支えている人と約束するのです」

考え方

①オリエンテーションの目的を話す

場の雰囲気をつくり、はじめにオリエンテーションとはどんなものかを伝える。

学年の教師全員が、子どもよりも早く会場に行って整列する。整列は、前方および横に一列に並ぶことが望ましい。子どもの整列指導を行い、私語がなくなってから会を始める。号令によるあいさつのあと、オリエンテーションの目的をていねいに説明する。

②ルールの意義の説明

学校におけるルールは、学校生活を共にする者が安全に安心して生活していくために必要なものである。よって、ルールの指導では、心に定着させることが大切である。

説明するときには、ルールとして設定されている項目を具体的に知らせ、それを守る意義を理解させ、守ろうとする心を育てる必要がある。

そのために、まず、「学校にとって、子ども一人一人は大切なかけがえのない存在です。そのかけがえのない大切な存在を守るために、ルールがあります」と、ルールを守る意義を明確にする。

③ルールを定着させる指導

ルール指導のポイントは、子ども一人一人の心にルールを定着させることである。そのためには、「ルールとは、人との約束です。ルールを守らないということは、約束を破って君たちを支えている人を悲しませることになります。私は、君たちに互いを大切にする人間になってほしいと思っています。だから、ルールを守って学校生活を送ってほしい」など、なぜルールを守ってほしいのかという教師の思いを伝える。

このように、なぜルールを守るのか十分に理解したうえで、最終的に約束あるいは契約するという姿勢を求めることである。

> ❗ ルールの意義を理解し、定着を図る。

（苅間澤勇人）

▶生徒指導

子ども62 遅刻指導

場面例とポイント

何度遅刻を指導しても遅刻を繰り返す子どもや，クラス全体に遅刻をしないように指導する場合，どのように指導すれば，自主的に時間を守ることができるか。

❶遅刻をした理由を聞く

「遅刻が続くようだが，それは君のためにはならないのではと心配だ。理由を教えてほしい。そして，遅刻をしない具体的な行動を一緒に考えよう」

❷遅刻はなぜいけないのかを考えさせる

「遅刻は，自分自身への信用をなくすだけでなく，人を大切にしていない行為なんだよ」

❸教師が時間を守ることの意味を自己開示する

「私は，『時間を守ることは，人を大切にする思いやりの行為』だと思う」

❹今後，遅刻をしないための指導

遅刻しないための具体的な方策を，一緒に考える。

考え方

①遅刻をした理由を聞く

遅刻した理由をていねいに聞き，理由を自覚させるために紙に書かせる。

②遅刻はなぜいけないのかを考えさせる

子どもに，遅刻はなぜいけないのかを聞くと，「時間を大切にしていない」「一日のリズムが乱れるから」などの理由が多く返ってくる。これらの理由は，自分中心のものである。さらに，人を大切にしていないという理由があることに気づかせる。

③教師が時間を守ることの意味を自己開示する

遅刻がなぜいけないのかを他者との関係で考えさせる。時間を守ることは他者を大切にすることであることを，教師の生き方を通して自己開示する。例えば，次のように自己開示する。

「私は，人と10時に待ち合わせをしたら，10分前にその場所に行く。時間と約束しているのであれば，10時にその場所に行けばよい。しかし私は，時間と約束しているのではなく，10時という時間の後ろにいる人と約束していると思っている。だからこそ，その人を待たせないように，10分前に行って，待とうとする。遅刻も同じで，始業時間と約束しているのではなく，その時間の後ろにいる，今日も遅刻をせずにがんばって登校してほしいと願っている担任や，保護者と約束しているのだ」

時間を守らないことは，思いやりのない行為であることを教師の自己開示を通して指導する。

④今後，遅刻をしないための指導

遅刻しないために，何時に起き，何時に寝るかなどを共に考える。また，クラスで，遅刻はなぜいけないのかを話し合わせる。

! 他者との関係を考えさせるように，教師が自己開示することが大切。

(朝倉一隆)

▶生徒指導

子ども 63 頭髪・服装指導

場面例とポイント

頭髪や服装は本人の自由ではないか，とやかく言われる筋合いはないとする子どもたちにどう指導するか。

❶頭髪や服装を整える意義を伝える

「校則で決められた頭髪や服装は，学校の教育目標を達成するためなんだよ」「学校も社会の一部で，きちんとした身なりを求められているんだよ」「きちんとした身なりをすることは，君たちが出会う相手の人を大切にすることなんだよ」など社会的な視点から説明する。

❷頭髪や服装と心のつながりを伝える

「心の様子は頭髪や服装など形に現れやすく，また，心も形に影響されるんだよ」などと心の表現になっていることを理解させる。

❸子どもに自己決定させる

「いつまでに直せるか先生と約束しようか」などルールを守ることについて子どもが自己決定できる場をつくる。

考え方

①頭髪や服装を整える意義を伝える

社会では，頭髪や服装は，基本的人権の「表現の自由」などとの関係から個人の好みに任せられている。いっぽう，学校生活では，教育上の目標を達成させる手段として校則に定め，一定の制限を設けることが許されている。

頭髪や服装は，所属する集団の特徴や考え方を表すことが多く，社会でも状況や場に応じた身なりを求められる。

このことからも，公的な場である学校で行う頭髪・服装の指導は，意義がある。また，服装・頭髪は，その視認性ゆえ他者からもわかりやすく，子どもの社会性の指標となり得る。

頭髪や服装は，保護者や家庭の考え方に大きく影響を受けるので，保護者へも十分な説明を行い，理解を求めておくことが大切である。

頭髪・服装の指導を行うときは，当然，教師にも相応の身なりが求められる。子どもの頭髪や服装には厳しくする教師が，Tシャツ，ジーンズでは指導にならない。

②頭髪や服装と心のつながりを伝える

「みんなの前に立つとき，スーツを着ると身も引き締まるよ」など，教師の心の様子をわかりやすく子どもに伝える。

また，頭髪や服装など状況に応じて身なりを整えることは，気持ちのよいことであると気づかせる。

③子どもに自己決定させる

頭髪や服装の指導には，子どもの理解と自主的に改善する意志をもたせることが必要である。そのため，子どもが改善について自己決定することが望ましい。その際，子どもに無制限の自由をもたせるのではなく，教師が改善の時期や方法についてある程度の目安を提示し，自己選択・自己決定させることが有効である。

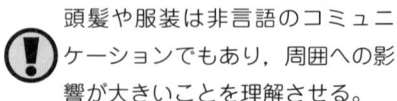

> ⚠ 頭髪や服装は非言語のコミュニケーションでもあり，周囲への影響が大きいことを理解させる。

（安原敏光）

▶生徒指導

子ども 64 非行（触法行為）の予防

場面例とポイント

校内での窃盗，万引き，暴力行為などが頻発する学校で，問題行動を未然に防止するために，教師はふだんから子どもにどういう姿勢を示せばよいか。

❶問題行動への緊急・予防的メッセージ

校内で起きた窃盗などの問題行動については，緊急に生徒集会を実施する。万引き，暴力行為などを防止するためには，定期的に教師や警察など外部講師による犯罪防止教室を実施する。

❷被害者への思いやり

生徒集会や犯罪防止教室の指導のポイントは，「大切なものをとられた人はどんな気持ちかな」「被害者を大切に思っている人はどんな気持ちかな」など，被害者の心情に迫る指導を行うことである。

❸ルールを守る価値観の育成

学校は，生活上のさまざまなルールに満ちあふれている。時間や服装や授業規律など，およそルールのない活動はない。学校は集団で教育をする場であるから，お互いがルールを守れば気持ちよい学校生活が送ることができることを理解させる。

考え方

今日の中・高校生は，窃盗や暴力行為に対する心のハードルが低くなっているといわれる。また，集団になったりいったん激情に駆られると，抑えがきかなくなる傾向も指摘されている。

教師側にも指導の困難性から問題行動に対して毅然と指導できない傾向もある。

①問題行動への緊急・予防的メッセージ

犯罪行為などの深刻な事態を回避する方策のひとつに，事件が起きたその日に緊急の生徒集会を開き，絶対に許されないことを学校が一丸となって強くメッセージを打ち出す方法がある。

②被害者への思いやり

次に，子どもに被害者を思いやる心を育て，防止する方法がある。

例えば，特別活動の学級活動などで実際に事例を示し，小グループに分かれて「被害者の気持ちは，どうだったかな」などを考えさせ，子どもに意識化させる指導を行うことが有効である。

③ルールを守る価値観の育成

もう一つは，学校において日常の細かなルールを守らせる価値観を育成して，防止する方法がある。つまり，犯罪行為以前の不良行為で止める，不良行為以前の校則違反で止める，校則違反以前のマナー違反で止める指導が望まれているのである。逆説的にいえば，いま最も大切な指導は，ひとつのマナー違反をも放置しないことであり，それが基本的な指導である。

この基本的な指導をする際の教師の姿勢は，明確なルールに基づいた介入である。

! 日常の細かなルールを守らせることが規範意識の向上につながり，未然防止になる。

（安原敏光）

▶生徒指導

子ども65 問題行動を指導するときの話し方

場面例とポイント

ルールを守ることに抵抗がある反抗的なグループを指導する場合，どのような態度で話をするのがよいか。

❶わけへだてなく接する

日ごろから，子どもの名前を覚えておき，子どもを指導する場合には，かならず，「A君（さん）」から始める。

❷自己開示しつつ指導する

子どもを指導する際は，自己開示をしながら，子どもの人間的成長をうながす。

❸話を聞く・指導する位置を工夫する

全体を指導する場合は，講義形式とならざるを得ないが，小グループや個人的な指導をする場合には，相手の目をしっかり見て指導するのが基本である。

考え方

子どもは教師の日常の態度，振る舞い，何気ないひとことから教師の信念を見抜く力をもっている。教師に反抗的なグループほど，その感覚は鋭敏である。教師のよそよそしい指導態度や建前だけの言葉かけは，かえって反発を招く。どの子どもに対しても，「君を大切に思っているよ」という姿勢で，わけへだてなく接する。

①わけへだてなく接する

生徒指導は，子どもの名前を覚えて対応することが基本である。制服のシャツを出してだらしなくしている子どもを指導する際にも，「おい，お前，シャツを入れろよ」と指導するよりも，「A君，シャツが出ているじゃないか」と切り出すほうが教師と子どもの関係性が強まる。

また，教師に反抗するグループは，教師の指導に従いたくないという感情と教師に存在を認められたいという感情が交錯していることが多い。このため，反抗的なグループの子どもにも，個々の行動についてほかの子どもとわけへだてなく，同じように指導を行うことが必要である。この指導態度は，当該の子どもに自己存在感を抱かせることにつながる。

②自己開示しつつ指導する

子どもを指導する際，例えば，「私も先輩の先生からいろいろ言われると『ムッ』とするときもあるよ。でも言われた言葉の意味を考えるようにしているんだ」など教師が自己開示をしつつ，心から子どもの人間的成長を願い指導することである。

③話を聞く・指導する位置を工夫する

反抗的なグループを指導する際の，子どもとの位置にも工夫することが必要である。教師がよく使う，子どもと正対する講義形式の位置関係のほかに，「ハ」の字に向かい合ったり，ベンチシートに隣り合って腰かける形にしたりするなど，状況に応じた位置で指導することが大切である。

> ❗ どの子どもたちも大切にする教師の基本的姿勢を，態度や位置で表す。

（安原敏光）

▶生徒指導

子ども 66 問題行動の事実確認の方法

場面例とポイント

問題行動が発生した場合，どのような事実確認を行えば，効果的な反省を導けるか。

❶被害者の安全確保と，事態の収拾

状況を確認し，被害者の安全を確保する。組織的対応が重要である。

❷説明と情報収集

加害者と被害者双方の保護者に，事件概要や今後の対応などを説明する。

❸事実確認

教師が把握した事実を「あなたが行ったことは，このように把握している」と伝えたうえで，子どもから事情を聞き，事実を自分で書かせる。さらに事実確認の内容を子どもと保護者に伝える。

また，子どもと保護者に「説明した内容に，違いや発言したいことがあれば言ってください」と弁明の機会（期間）を与える。

❹効果的な反省を導き出す指導

問題行動によってだれがどのような悲しい思いをしているのかを気づかせる。

考え方

効果的な反省は，事実確認のあり方で決まる。事実確認とは，子どもが問題行動を自己開示することである。自己開示をする勇気こそ，反省の入り口である。

①被害者の安全確保と，事態の収拾

問題行動が発生した場合は，複数で，現場に駆けつけ，状況を確認し，事態を収拾する。さらに，被害者の完全なる味方となり，被害者に対し，絶対に守ることを約束する。また，教師は，把握した状況をその場で子どもに確認する。

さらに管理職や生徒指導主事，担任など関係者と連携して，組織的な対応を行う。保護者との連携や事実確認，被害者へのケアなど，役割と担当を明確にする。

②説明と情報収集

被害者と加害者の保護者に対して事件概要・今後の対応などについて別々に説明する。また，関係機関などと連携し，情報を収集する。

③事実確認

子どもから，複数の教師で事情をていねいに聞く。集団の場合は，加害者一人一人に担当者（複数名）を決め事情を聞く。事実確認は，「だれが（と）」「何をしたのか」「いつ」「なぜ」「どこで」「どのように」といった5W1Hをていねいに聞き取る。聞き取った内容は，個人カードなどに記録として残す。事実を自分で書かせたものと個人カードをもとに，事実確認書を作成し，事実確認にかかわったすべての教師が立ち会い，子どもと保護者に確認を行う。

④効果的な反省を導き出す指導

子どもが，問題行動によって，悲しい思いをしている被害者や保護者の感情に気づくように指導し，各学校の規定に従って責任をとらせる。

> ⚠ 事実の確認だけでなく，自己実現に向けた意欲や態度を導き出す。

（朝倉一隆）

▶生徒指導

子ども67 指導を受け入れない子との人間関係づくり

場面例とポイント

子どもがなかなか指導を受け入れてくれない。教師と子どもの信頼関係をベースとした指導を行うためにはどうすればよいか。

❶ワンネスの発揮

子どもが指導を受け入れない気持ちを受容する。「指導を聞かない理由を話してくれるかな」

❷ウィネスの発揮

教師が子どもを守り，ためになることをしてあげる。

❸アイネスの発揮

教師が自己主張，自己開示を行う。「私は，あなたが行った行為は間違っていると思う。私は，○○のような経験があり，そのときに○○のように感じた。だから，あなたにも考えてほしい」。

考え方

教師が，國分康孝の言うワンネス（oneness：相手の視点に立つ），ウィネス（weness：相手のためになる），アイネス（I-ness：自分の考えを打ち出す）を指導の中に生かすことで，子どもとのきずなが深まり，信頼関係をベースとした指導を行うことができる。

①ワンネスの発揮

子どもが指導を受け入れない気持ちを，子どもの立場に立って察することが大切である。ただしワンネスは，「受け入れられない気持ちはわかるけど，あなたがした行為は，間違っているよ」と，気持ちを受容するが，間違った行為まで受容するものではない。

②ウィネスの発揮

教師が子どもを守り，子どものためになることをしようとするかかわりである。

教師は，日々の教育活動の中で，自らの信念に従って，子どもをいじめから守ったり，その子どものために，共に悩んだりする。その姿を見て，子どもが教師の心を感じ取り，きずなが深まる。

③アイネスの発揮

問題行動は間違った行為であることを自己主張し，自らの信念を自己開示する。例えば，指導を受け入れない子どもに次のように自己開示する。

「私も高校生のころ，父に反発していた。そのころ，受験に父が同行した。その日は雨だったが，傘がなく，濡れながら会場へ向かった。途中で父に『傘に入りませんか』と言ってくれた人がいたが，父は『息子が受験なので，代わりに入れてやってください』と言い，私が傘に入れてもらった。私はこのとき，『父は，いつも私のために犠牲になり，支えてくれていたのに，なぜ反発していたのか』と反省した。いまの君はそのころの私と同じような反発を感じていないか。君の反発する気持ちはわかるが，していることは間違っていると思う。考えてみてほしい」。

! 指導がぶれない一貫性。そのための信念。

（朝倉一隆）

▶生徒指導

子ども 68 あきらめやすい子の耐性の育て方

場面例とポイント

すぐあきらめてしまう子に，困難を乗り越えていく力（耐性）を育てるために，教師は，何をどう行うか。

❶聞く姿勢を指導する

「いまからあなたにわかってほしいことを話すので，こちらを見てください。人の話は，心で聞くんだよ」

❷困難を乗り越えることの価値を示す

「困難を乗り越えることは，一時的にはつらいかも知れないが，その経験が大切なんだよ」

❸意味ある待たせる指導を行う

小さな積み重ねから，耐性をはぐくむ。

❹教師がモデルを示す

教師自身が困難を乗り越える様子を，子どもたちに見せていく。

考え方

ルールを守る，人の話を聞くなどの小さな我慢を積み重ねることで，問題行動を起こす子どもにより大きな困難を乗り越える耐性を身につけさせることができる。

①聞く姿勢を指導する

聞く姿勢とは，話す人の方向に注目させ，心で話を聞くことである。人の話を聞く姿勢をあらゆる機会で指導することも，耐性の育成につながる。

②困難を乗り越えることの価値を示す

困難を乗り越えることに価値があると認知しなければ，困難に立ち向かうことはできない。困難を乗り越えるための動機づけである。自己実現を図るためには，我慢してがんばるべきときがあると，教師が自己開示や事例で示す。

例えば「以前，生徒会長のA君が，毎朝，校門に立ってあいさつ運動をすることを発案し，生徒会で取り組んだ。そのためには，朝早く登校しなければならない。当初，A君だけだったが，しだいに参加者が増え，20名近い子どもが自主的に校門に立ってあいさつ運動を行うようになり，あいさつ運動は大成功した。つらい日もあったと思うが，A君のあきらめない姿勢がみんなの心を動かし，あいさつ運動を成功させたんだ」。

③意味ある待たせる指導を行う

意味ある待たせる指導とは，「チャイム着席後，私語をすることなく授業の始まりを静かに待つ」「頭髪服装指導などが行われているときに，自分の順番が来るまで静かに待つ」といった，その場に応じた姿勢を指導することである。この小さな積み重ねが，困難を乗り越える強い意志を育むのである。

④教師がモデルを示す

子どもに経験をさせるとともに，教師が，困難を乗り越えて，がんばっている姿を子どもに示すことが重要である。

> ❗ 教師の支援とともに厳しさも必要。ここぞと思うときには，自らの考えを示す。

（朝倉一隆）

2章　子どもへの日常的な働きかけ

▶生徒指導

子ども 69 反省文の書かせ方

場面例とポイント

問題行動を起こし反省文を書いているが、事象のことばかりで心からの反省を導き出すことができない場合、どうするか。

❶事実関係を明らかにさせる

「何が起こったのか整理してみよう」と箇条書きで時系列に整理する。

❷自分の心の動きを明らかにさせる

箇条書きの個々の場面での本人の気持ちを書かせる。

❸他者の心の動きを考えさせる

問題行動の周囲に立ち会った人や被害者、家族や保護者、本人の関係者の気持ちを考えさせる。

❹よりよい反省を促す教師の言葉がけ

反省ではなく内省という視点での気持ちを育てる。どのような姿勢で事実に対応してゆかなければならないかメッセージを送り、作文させる。

考え方

反省文にまとめる作業は、子どもの心に残っている問題行動の事実やそのときの心の動きばかりではなく、心の奥底にある善の心と人とのきずなを呼び起こすことができる。教師は反省文が子どもの人生再出発の起点となるよう、手間がかかっても子ども自身の手で書き上げられるよう働きかけをしなければならない。

①事実関係を明らかにさせる

紙を用意して問題行動の起こる以前からの事実を聞き取りながら、時系列で箇条書きで書かせる。問題行動の中身だけでなく、子どもの朝の生活など、書きやすい内容から思い出させていく。多くの事実が明らかになれば、子どもを取り巻く人間関係について話すきっかけになり、子どもは気づきやすくなる。

②自分の心の動きを明らかにさせる

箇条書きの事象をたよりに、子どもの気持ちを明らかにしてゆく。「そのときは、どう思っていたのか」「どう感じていたのか」を聞き、特に怒りや悲しみといった感情を、自分の言葉ではっきりと示させ内省させるきっかけにする。

③他者の心の動きを考えさせる

一日の行動の中で子どもにかかわりをもった人の気持ちになって考えさせる。

例：母の「いってらっしゃい」という言葉→どんな思いでお母さんは言ったんだろうか？→問題行動の事実についてどうお母さんは思うだろうか？

④よりよい反省を促す教師の言葉がけ

「先生は、問題行動そのものが許せないのであって、人として否定しているのではない。君の心の中で、この行動をする意味があったのかを見つめてほしいと思っている」。事象を省みるだけの「反省」ではなく、心の中を省みる「内省」をしてゆくきっかけとして反省文を書き上げてもらいたいと説明する。反省文には自分の気持ちや自分自身の生き方、あり方をしっかり示すように明示する。

> ❗ 1つの問題行動が多くの人の悲しみになる事実を熱心に語る。

（神田浩二）

▶生徒指導

子ども 70 非行を思いとどまらせる「心のブレーキ」

場面例とポイント

非行へと走る子どもを思いとどまらせる心のブレーキをどのようにつくるか。

❶子どもとリレーションをつくる
日ごろから，間違った行為には，「迷惑をかける行為は許せない」と毅然とした態度で自己主張する。

❷問題行動の背景を理解する
問題行動を指導するとともに，その行為に至った背景を理解するように努める。

❸小さな心のルールをつくる
「あなたには，何か心の中で守っている小さなルールはないか」

考え方

リレーション（心の絆）をベースとした指導の中で，子どもに小さな心のルールをもたせることが，非行に走ることを思いとどまらせる「心のブレーキ」をつくる指導の重要なポイントである。

①子どもとリレーションをつくる
問題行動を指導する場合に大切なことは，指導の一貫性である。日ごろから，毅然とした態度で「いけないことはいけない」と自己主張することによって，教師の姿勢や考え方を子どもが認知する。さらに，指導を継続して行うことによって，その教師の指導に一貫性を感じ信頼するのである。

②問題行動の背景を理解する
國分康孝は，「治そうとするな，わかろうとせよ」と述べている。問題行動が発生した場合には，その行為を指導しなければならない。それは，問題行動には，被害者がおり，毅然と指導することは，被害者を守ることになるからである。

そのうえで，問題行動を起こさせない指導を行うためには，子どもが問題行動にいたった背景を理解しようとする姿勢が大切であり，その姿勢がリレーションを深める。

③小さな心のルールをつくる
問題行動を行った子どもが，その行為を反省し，自律心を身につけていく過程に共通点がある。それは，心の中に自分なりの小さな心のルールをもっていることであり，このルールをもっている子どもは，非行から立ち直るケースが多い。問題行動を繰り返している子どもでも，「自分は，いじめだけは許せない」といった自分なりの小さな心のルールをもっていたりする。

多くの子どもは，本来この小さな心のルールをもっている。しかし，問題行動を起こす子どもは，そのルールに気づいていないことが多い。したがって，教師は，子どもに心のルールを気づかせるために，自ら心のルールを自己開示し，モデルを示す。さらに，その自己開示をもとに，自ら考えさせるとともに，グループなどで心のルールについて話し合わせる。

> ❗「心のルール」は，他者との関係に結びつけられていることが大切である。

（朝倉一隆）

第3章 一人一人の子どもへのかかわり

▶ほめる・はげます

子ども 1 がんばっている子

場面例とポイント

「やっとプールで50メートル泳げたよ」と言ってきた子どもにどう言うか。

❶子どもの気持ちを理解する

「すごいね」「50メートル泳げるようになったんだね」と耳を傾け，話を聞いてもらいたい子どもの気持ちを理解する。

❷自己理解を促進させる

「努力したんだね」「なにか特別なことをしたの」と，がんばった部分や努力した部分に着目させ，自己理解を促進させる。

❸自信をもたせる

教師が共に喜ぶことで，子どもに自信をもたせる。

考え方

「あなたの話に関心をもっていますよ」という態度で臨み，耳を傾け，話を聞いてもらいたい子どもの気持ちを理解する。また，「あなたのことはいつも関心をもって見ていますよ」という態度で接することも大切である。

①子どもの気持ちを理解する

子どもは，いままでできなかったことができるようになり，そのうれしさや喜びを聞いてほしいのである。ほめてもらいたい，認めてもらいたい，評価してもらいたいという気持ちを受け止めてくれる相手として選ばれたのである。したがって，この人ならほめてくれるだろう，認めてくれるだろう，評価してくれるだろうという期待が含まれているので，その期待にこたえてあげたい。この人は話を聞いてくれているという実感を子どもがもてるよう，傾聴的態度で臨みたい。

時間がない場合や忙しくてとり合うことができない場合でも，「ゆっくり話を聞きたいから，放課後時間を取りますよ」というように，いつもあなたには関心をもっていますという態度で接したい。

②自己理解を促進させる

どうして泳げるようになったのか，何がそれまでとは違ったのかなど，泳げるようになった要因を明確にさせる。明確化する過程を通して，子ども自身に努力した部分やがんばった部分に着目させ，自己理解を促進させる。

自己理解の促進とともに，子ども自らの努力で「できた」ことに自信をもたせる。子どもが自ら努力する術を身につければ，同じような困難に直面したときにも，自らの努力で乗りこえようとする。

③自信をもたせる

「あなたが，努力しがんばったことが，先生にはとてもうれしい」と自分のことのように共に喜ぶことで，支えていてくれる人がいることを知り，次への意欲が出てくる。

さらに，教師は保護者と連携し，子どもが影で努力していることを把握し，さりげなくほめることも有効である。

> ❗ 子どもが「できた」ときは，自信をもたせる絶好のチャンス。

（山本葉子）

▶ほめる・はげます

子ども2 努力が成果として現れた子

場面例とポイント

定期テストでいつも平均点以下だった子どもが平均点を上回った。どうがんばりを評価し、意欲を持続させるか。

❶これまで実力を十分発揮できていなかった子どもへのかかわり方

「がんばったね！ 今回は気合いを入れてテスト勉強できたようだね」と言葉をかけたあと、まずは子どもの話に耳を傾け、気持ちを共感的に受け止める。

次に「これが本来の君の力だよ。よくがんばったね。君なら努力すればもっと伸びるはずだよ。この調子」と話す。そして子どもの目を見ながら、喜びと満足感を握手、肩をたたくなどの形で共感する。

❷大きな努力で飛躍的な結果を残した子どもへのかかわり方

「よくがんばったね！ 普段の授業でもがんばっていたし、きっと成果が現れてくると思っていたよ」と言葉をかけたあと、子どもの話を共感的に受け止める。

次に「日々の努力の積み重ねが今回の結果につながったんだね」と話す。そして子どもの努力に対する賞賛と喜びを握手という形で共感する。

考え方

①これまで実力を発揮できていなかった子どもへのかかわり方

かかわりの第一の目的は、子どものがんばりを認め、賞賛することにある。これまで努力不足で実力を発揮できなかった子どもが今回はがんばった、その喜びを素直に共感してやることが大切である。「教師も自分のことのように喜んでくれている。また次回もがんばろう」という気持ちをもたせたい。

次に子どもに自らのがんばりを語らせることで、「偶然ではなく自分の努力の成果で平均点を超えることができたんだ」という認識をしっかりもたせたい。この認識が次回の取り組みにつながるものとなる。教師の最終的なかかわりの目的は、子どものがんばろうという気持ちを継続、あるいはさらに高めてやることにある。そこで「君ならもっと伸びる」という助言が必要となってくる。

②飛躍的な結果を残した子どもへのかかわり方

この場合の第一の目的は、子どもの大きな努力を賞賛することにある。日ごろからほんとうによくがんばっていることを心から賞賛し、「教師が自分の努力を認め、ほめてくれた、一緒に喜んでくれた、これからもがんばろう」という気持ちをもたせたい。

次に努力を積み重ねれば必ず成果が上がるんだという自信をもたせてやることが大切である。このことがその子どもの学習意欲をさらに高めることにつながる。

> 自分のことのように喜びを共感し、子どもとの絆を深める。その子どものさらなるがんばりを期待する思いを伝える。

（鈴木稔）

3章 一人一人の子どもへのかかわり

▶ほめる・はげます

子ども3　結果は出ないが努力している子

場面例とポイント

定期テストを返したら「いつも努力しているのに，何でできないのかわからない」と訴えてきた。どう対応すればよいか。

❶訴えを受け止める

「勉強してきたのに思うような点でなかったんだ。それは残念だね」

❷なぜ結果が出ないのか整理する

「もう少し，様子を教えてくれるかな？」と，細かく質問してみる。

❸がんばることのすばらしさを話す

「よくがんばっているね。次にはきっとよい結果が出ると思うよ」と励ますと同時に，努力することの大切さ，結果も大切だが，がんばり続けることのすばらしさををほめる。

❹学習が大きく遅れている場合

「習熟」をさせて，小さな成果に結びつく体験を重ねる。

考え方

①訴えを受け止める

こつこつと努力を続けているのに，なかなか成績が伸びない子どもがいる。訴えてくるのは，「何とかしたい。よくなりたい」との気持ちがあるからで，その気持ちを大切にする。まずは，「がんばったのに残念だったね」と，悔しい気持ちを受け止める。けっして，「もっとがんばっている人がいる」「がんばり方が足りない」など他人と比較したり，訴えを否定するような言い方はしない。

テストを返したとき，授業の終わりなどに何気なく言ってくることが多いので，それを見逃さず，時間をつくって，「放課後，時間を取って話そうか」とするとよい。

②なぜ結果が出ないのか整理する

結果が出ない原因を子ども自身に見つけさせたい。いろいろ質問することにより，何に困り，つまずいているかを明確にしていく。「勉強時間は，1週間何時間くらい？　1日にすると？　何時から何時まで？　自分の部屋で，それともリビングで？　テレビを見ながら，ラジオを聞きながら？　英単語は書いて覚えるの？　声を出している？」など，細かくチェックすることにより，原因に気づかせる。

③がんばることのすばらしさを話す

結果ももちろん大切であるが，「がんばり続ける」姿勢が大切であり，すばらしいことを伝えたい。教師の自己開示や，オリンピック選手でなかなか才能が開かなかったけれど，続けていたら開いた人のエピソードなどを話す。

④学習が大きく遅れている場合

例えば確実に点が取れるところから教える。国語なら漢字練習，数学なら計算問題，英語なら単語を覚えるなど「習熟」の大切さを教えると，できる喜びにつながり，学ぶ喜びにつながる。

> ❗「わかりたい気持ち」を受け止める。話し合う中で「原因に自ら気づく」。

（藤浪聡）

> ▶ほめる・はげます

子ども 4　生活態度に成長が見られた子

場面例とポイント

遅刻や宿題忘れが多く，だらしなかった子どもに，成長のあとが見られた。どのように認め，さらに伸ばすためにはどうすればよいか。

❶子どもを認める言葉をかける

「いろいろと心配していたけれど，最近はとてもいい状態で生活できているね。がんばっているね」と伝える。そして，教師は「私もうれしいよ」とアイメッセージで伝える。

❷成長できた要因を明確化する

「どうして変えられたのだろうね？」と子どもに尋ねることにより，内省する力を育成する。

考え方

ここで気をつけたいのは，子どものがんばっている気持ちをくじかないということである。

「いまはがんばっているけれど，いつまで続くかな？」「がんばれているのはいまのうちだけだろうね」「どうせ長くは続かないだろう」などといった言葉かけ（交流分析のディスカウント）で子どもの気持ちをくじかないよう気をつける。

肯定的な自己概念を育成するためにも，教師は，機会を見つけて，繰り返し，プラスのストロークを伝えることが大事である。

①子どもを認める言葉をかける

「その人の存在や価値を認めるあらゆる働きかけ」を交流分析では，ストロークという。教師からのあたたかい，理解に満ちた働きかけ，すなわちプラスのストロークが，子どもにとっての心の栄養になる。

成長のあとが見られる子どもに，「よくがんばっているね」「時間を守って行動できたね」などと言葉をかけたり，あるいは，言葉だけではなく，あたたかいまなざしを送ったり，肩をたたいたりして，プラスのストロークを伝える。

子どもにとって，自分もやればできるのだという思いは，自己効力感を高めることにつながる。

②成長できた要因を明確化する

どうして生活態度を改善できたのかを子どもに語らせることにより，子どもは内省したり，自己洞察する力を育成することになる。また，いままで何となくそうしていた行動や考え方について明確にし，その子どもが成長できた要因を意識化させることが大事である。

そうすることにより，子どもは，着実に成長している自分に対して肯定的な感情をもつことができる。それは，自分自身に対する自信へとつながっていく。そして，さらに成長していこうとする原動力にもなるのである。

> ⚠ 生活態度を改善できた子どもに対する適切なフィードバックをする。

（阿部千春）

▶ほめる・はげます

子ども5 まじめな子への配慮

場面例とポイント

成績がよく運動も得意で学級や委員会の仕事を率先して行っていた子どもが急に元気がなくなった。どうしたらよいか。

❶情報を収集する

まず、家庭での様子を聞く。「先生は、君の最近の元気のなさが気になり、心配しているよ」「いちばん気になることが言えるかな」。次に学校での情報を収集する。そして、本人から事情を聞く。

❷対応する

きっかけがわかれば、それについての対応を考える。例えば「一生懸命やっているのに、友達が協力してくれない」のなら、その気持ちをくむ言葉をかける。「友達が協力してくれなくて、いやになってしまったんだね」。きっかけがわからなければ、「何と表現してよいか、言葉が見つからないんだね」と、本人もわからないことに理解を示す。

考え方

まじめで、優等生タイプの子どもは、周りの期待にこたえようと、無理をしていることが多い。周りの大人も「申し分ない子」ととらえてしまい、子どもの葛藤に気づかず、見すごしてしまいやすい。

①情報収集

元気がないなと感じたり、2日も欠席が続いたら、家庭と密に連絡をとり、様子を聞く。「欠席が2日続いているので心配しています。担任として応援したいのですが」。たとえ病気でも、それをきっかけに不登校状態になることもあるので、連絡を続ける。

家庭にきっかけが見つからなければ、学校で情報収集する。子どもにかかわる教師やその子のグループの外にいる子どもから情報を集める。仲のよいグループが問題となっている場合があるので気をつけたい。きまじめな子へは、「無理しなくていい」「あなたの力になりたい」ことを言葉で伝えることが大切である。

②対応する

きっかけとして、友達からのひとことが気になっていることが多い。例えば「かっこつけるんじゃねーよ」「一人だけ、イイ子になるなよ」などは、教師には言いにくい言葉である。きっかけがわかれば、その解決に取り組むとともに、本人の気持ちをくむ言葉を添える。

きっかけがわからない場合は、本人のつらい気持ちを受け入れ、ストレスを軽減する対処法を教える。考え方を変える方法（論理療法）や、リラックスする方法（行動療法のリラクゼーション）、うまく自己主張する方法（アサーションスキル）などである。

このようなタイプの子どもは、強い思い込みをもっていたり、周りに合わせることによるストレスを抱えていたり、自分の気持ちをうまく表現できずに過度に対応していることが多いので有効である。

❗「よい子」すぎる子に目を向ける。教師が多様な価値観をもつ。

〈参考文献〉 小澤美代子『上手な登校刺激の与え方』ほんの森出版
諸富祥彦編集代表『不登校とその親へのカウンセリング』ぎょうせい

（静間慎一）

▶注意する（礼儀）

子ども6 あいさつをしない子

場面例とポイント

「おはよう！」と声をかけてもあいさつをしない子どもに対して、どう指導するか。

❶あいさつの大切さを教える

「おはようと声をかけられるとうれしい気持ちにならないかな？」と、あいさつによって受ける感情に気づかせる。

❷定着のための指導

教師は明るく・元気に・さわやかにを心がけて登校指導する。

(1)教師があいさつしても、あいさつを返さない子：「おはよう、A君」と名前を言って声をかける。

(2)教師があいさつしてからあいさつする子：「おはよう、Bさん、いつも元気だなあ、きのうの大会はどうだった？」など、その子どもが返事をしたくなるようなパーソナルな話題を入れる。

(3)あいさつがうまくできない子：「おはよう、C君、明日からは、君も先生におはようございますと元気にあいさつを返してくれないかなあ。頼んだよ！」と肩にそっと手をやる。もしこちらにあいさつを返すことができたらほめる。

❸社会人として必要なあいさつ

ただ「おはよう」で済ませるのではなく、時候のあいさつなどを加えさせる。

考え方

あいさつができない背景には、あいさつがもたらす感情や、あいさつをしないときに相手が感じる気持ちに気づいていない場合があるかもしれない。改善するには、「あいさつすると、うれしくなる・気持ちがいい」という感情体験を積ませるのがいちばんである。

①あいさつがなぜ大切なのか

あいさつは、新しい人間関係をつくるときの第一歩であり、また現在の人間関係を維持したり、地域社会の一員であることを自覚したりすることにつながる。

②定着のための登校指導

小中学校では、「あいさつは、お互いが心を通わせるためのいちばん短い言葉である」ことを説明し心に定着させる。そして、教師はできるだけその子どもの名前を呼んだり、パーソナルな話題を入れたりしてモデルを示す。また、自分を見ていてくれる人がいることを感じさせて、自尊感情を高め、良好な人間関係の構築につなげる。

③社会人として必要なあいさつ

社会が目前に迫る高校では、②の指導とともに、大人のあいさつを教える。例えば「おはようございます。今日は少し暑くなりそうですね」「こんにちは、今日は暑かったですね」など、具体的に教える。これは社会人として必要なスキルであり、専門家を招いて指導するのも効果がある。なぜ必要かを納得すれば、子どもたちは行動してくれるのである。

> ❗ 教師のあいさつの返し方が、かぎである。なぜあいさつが必要かを理解させるのが、最も重要である。

（淡路亜津子）

3章　一人一人の子どもへのかかわり

▶注意する（礼儀）

子ども7　ポケットに手を入れたままあいさつをする子

場面例とポイント

朝会ったときに子どもが、ポケットに手を入れたままあいさつをした。どのように指導するか。

❶あいさつを返し、ポジティブなフィードバックをする

「おはよう。今日も元気なあいさつだなあ」

❷アイメッセージで、あいさつのスキルを教示する

「先生は君のあいさつを聞けてとてもうれしいよ。人にあいさつするときはポケットから手を出してからすると、もっと君の気持ちが伝わると思うよ。君だったらできると思うよ」

考え方

頭ごなしにポケットから手を出してあいさつするよう指導しても、子どもはその教師に対して否定的な気持ちをもつ場合が多い。子どもが教師にあいさつをしたことは事実である。あいさつをするスキルを、その子どもが獲得していないと考え、獲得できるよう援助する。

①あいさつを返し、ポジティブなフィードバックをする。

子どものあいさつに教師はしっかりとこたえたい。そこには互いの存在の認め合いがあるからである。そして、さらにポジティブな声かけをするのが望ましい。「先生は自分を肯定的に見てくれている」と子どもは考えるはずである。たとえ短い言葉でも、子どもとのリレーションをつけようとする教師の姿勢は子どもに伝わるものである。

②アイメッセージで、あいさつのスキルを教示する

さらに適切な行動ができるようにあいさつのスキルを教示したい。ポケットに手を入れたままのあいさつは、心がこもっていないように見られてしまう。社会に出たときに、あいさつもできないと周りから誤解されてしまう。

しかし、子どもにそれをストレートに指導しても、その効果は薄いと考える。それは、教師が子どもにユーメッセージで伝えているからである。心から指導を行うときは、アイメッセージで現実原則を示すとよい。例えば、「ポケットに手を入れてあいさつすると、私には心を閉じているように感じる。あいさつにはのぞましい態度があるよ」など、子どもが抵抗を起こさず、教師の教示に耳を傾ける言葉を選択し、子どもの目を見て、真剣に語りかけることが大切である。

子どものあいさつを十分に認めたうえで、さらに改善のためのスキルを伝える必要がある。短い言葉、短い時間でも、その積み重ねこそが大切であり、習慣化させることに心がける。

> ❗ あいさつのやりとりで互いの存在を認める。その後に、スキルの教示をアイメッセージで行う。

（中山光一）

▶注意する（礼儀）

子ども 8　靴のかかとを踏んでいる子

場面例とポイント

いつも靴のかかとを踏んで歩いている子どもを見かけた。どうするか。

❶できるだけポジティブな声かけをする
「今日も暑いな。体調崩してないか」
❷きちんと靴をはくよう指示する
「靴のかかとを踏んでいるとだらしなく見えるなあ。普段からしっかり授業を受けているだけにもったいないんじゃないか？　靴のかかとを直して生活しようよ」

考え方

その子どもとの普段のリレーションによってコミュニケーションの効果は大きく違ってくる。教師との関係が良好であればあるほど、指示だけで子どもは素直に教師の指導に従う。したがって、普段から子どもに声かけをし、関係を深めておくことが必要である。

①ポジティブな声かけをする

開口一番に靴のかかとを直すよう指示しても、子どもは抵抗をもつことが考えられる。プライドが高い子どもはなおさらである。したがって、コミュニケーションの疎通を図り、指導をしやすくするためにも、ポジティブな声かけをしたい。「君の存在を肯定的にとらえているよ」という教師のメッセージを表す言葉である。

ここで大切なことは、思ってもいないことを口に出さないことである。そんなことをすれば、「この先生は俺を操作するためにご機嫌を取ろうとしている」と子どもは思うものである。

②きちんと靴をはくよう指示する

教師との関係が良好な状態の子どもに関しては、禁止・命令の指示が効果的である。「注意されたときだけ直して、繰り返し靴のかかとを踏んでいることは君にとってどんな意味があるのか」と迫り、自分自身の行動を振り返る契機をつくることができよう。

しかし、そのような指導が逆効果になってしまうケースもある。そのような場合は、禁止・命令の指示よりもかかとを踏んでいる様子が他の人にはどのように見えるかを教師の言葉で子どもに伝達することが大切であると考える。そのうえで、社会的に望ましくない行動（ここでは靴のかかとを踏むこと）を望ましい行動に変えれば、さらにその子どものよさが光る、というメッセージを教師が投げかけるのである。

どの子どもにどの方法かは、子どものアセスメント（例：Q-U、援助シート、日常行動の観察）にかかっている。最後に、守らせるべきことに関しては何度でも粘り強く指導することを肝に銘じたい。

> ❗ 大切なことは何度でもあきらめずに指導する情熱と、普段のリレーションの形成。

（中山光一）

▶注意する（礼儀）

子ども 9 教師にタメ口をきく子

場面例とポイント

教師と子どもの見境なくタメ口をきく子ども。悪気はないが敬語を知らない子ども。どう指導すればよいか。

❶タメ口をきいていることに気づかせる

教師自身がタメ口のレベルに陥らないように注意して「言い方がおかしいですよ」と繰り返して言う。本人にタメ口をきいていることを気づかせる。

❷教師のアイメッセージ

「君がタメ口をきくと，先生と生徒という感じがしなくて，私は落ち着かなくなります」と，まじめに，はっきりと告げる。

❸あたたかい関係をつくる

子どもが話しているときは，「うんうん」とうなずき「うれしいね」など，共感や支持の言葉で返す。そして，ていねいな言葉で返す。

考え方

タメ口（教師と対等なものの言い方）をきいたことを叱責し，敬語を使うことを強制するだけでは，反感をかうだけである。タメ口を使う場面でないことに気づき，相手と適正な心理的距離をとることができるように，根気強く指導していく必要がある。

①タメ口に気づかせる

子どもが言ったタメ口と同じように言ったり，「レストランに入って，店員に『あんた，何食べる』とタメ口で言われたら，どんな気持ち？」と具体的な例を示し，感想を聞く。タメ口で話していることに気づかせる。

②教師のアイメッセージ

「君の言葉遣いは，相手を不愉快にさせる場合がありますよ」「目上の人にタメ口をきいている君を見ていると，私は不安になります」とアイメッセージを送る。そして，その子がタメ口をきくたびに，それはいけないという言葉や態度を示す。また，タメ口に対して，反対に教師がていねいな言葉でモデルを示すのもよい。

③子どもとあたたかい関係をつくる

見境なくタメ口をきくのは，相手との適正な心理的距離がとれないからである。相手に拒絶されると，相手が一気に離れてしまうと思っているからである。タメ口であってもその内容は，傾聴することが肝要である。そうすると子どもは安心して教師との心理的距離をとれるようになるだろう。教師が自分の存在を喜び，受け入れてくれているということを実感できれば，いつも至近距離にいなくてもよくなり，タメ口をきいて近づく必要がなくなるのである。

タメ口をすぐやめなくても，教師が態度を一貫させながら，子どもの成長を待つ根気強さが必要である。

! 教師自身が，相手と心理的距離をどうとっているかを内省しつつ行うこと。

（門永由美）

▶注意する（礼儀）

子ども 10 言葉遣いが乱暴な子

場面例とポイント

教師やクラスの仲間に乱暴な言葉（テメー，ブッコロス，ザケンナヨ……）を使い，不快な気持ちを与えている子どもにどう指導するか。

❶背景を探る

「ついつい乱暴な言い方をしてしまうことあるよね」「乱暴な言葉を使ってしまうのはどうしてなんだろうね」と，子どもが乱暴な言葉を使わざるをえない状況にある背景を探る。

❷解決の方向性を探る

「乱暴な言い方をしてしまいそうなときって，みんなどうしてるんだろうね」「イライラしたときはどうしたらいいのかなあ」と解決する方法に着目させる。

考え方

「乱暴な言葉を使うことはよくない」「乱暴な言葉はやめなさい」という表面的な指導から入ると，子どもの本心は聞き出せない。乱暴な言葉を使わざるをえない状況にある子どもの本心を探り，解決の方向性を見いだしていく。

①背景を探る

どうして乱暴な言葉を使うのか，使わざるをえないのか，子どもの本心に寄り添う必要がある。

したがって，「乱暴な言い方をついしてしまう，乱暴な言葉を使わざるをえない状況にあるあなたのことを心配しています」「一緒に話してみませんか」というスタンスで接する。

本人が自分のいらだつ感情に気づいていない場合もあるので，「私もイライラしているとき，気づいたら乱暴な言葉を使っていることがあります」と自己開示し，子どもが話しやすい環境をつくることも必要である。

②解決の方向性を探る

テメー，ブッコロス，ザケンナヨ……，などの乱暴な言葉は，言われた人を不快にする言葉であるということに気づかせる。例えば，「自分が言われたらどう思う？」と問いかけて，言われた人のつらさを気づかせる。そのとき，乱暴な言葉を使うクラスの仲間を想定させるとよい。

また，「いらだつ感情や釈然としない感覚をもつことはだれにでもあることだけれど，みんなそのいらだちを乱暴な言葉を使うのではなく，何らかの方法で表出しています。表出させるにはどうしたらよいのか，その方法を一緒に考えてみませんか」という姿勢で接する。

この子どもは，自身の感情を言語化したり，うまく表出したりできないがゆえに，乱暴な言葉に本心を託していると考えられる。感情を押し込めるのではなく，相手も自分も気持ちのよい表現方法を身につけさせる（アサーションスキル）なかで，コミュニケーションの大切さを学ばせたい。

!) 乱暴な言葉に託された子どもの本心を理解する。

（山本葉子）

3章　一人一人の子どもへのかかわり

▶注意する（規範）

子ども 11 遅刻した子

場面例とポイント

ほとんど毎日，ちょっとだけ遅れてくる子どもと，かなりの時間遅れてくる子どもに，それぞれどう対応するか。

❶**毎日ちょっとだけの場合は，2〜3回続いたところで声をかける**

「おはよう，元気だね」などの声かけをしてから，「Aさん，このごろちょっと遅れ気味だね。どうしたの？」と単刀直入に心配していることを伝える。そしてさらっと喚起を促す。

❷**かなり遅れてくる場合は，初回でも，呼んで話を聞く**

「B君，よく来たね。心配したよ。今日は何かあったのかな？」と，本人が話しやすいように，きっかけをつくる。

考え方

「ちょっとの遅刻はもったいない！」という意識と「心配してくれている」という思いが，がんばってみようという気持ちを生み出す。

①2〜3回続いたら声をかける

5分〜10分以内という遅刻が毎日のように続く場合，夜更かしなど生活のリズムが乱れていることが多い。場合によっては厳しく指導することも必要である。多くの場合，本人はまずいと思っているので，少しの改善でも認めてほめるなど，継続して指導する。

子ども中心に生活のリズムが回らず，家族全体が遅く起きるという家庭もあるが，中学生ぐらいになると必要に応じて起床できる。多くの場合，ゲームなどで夜更かしをし，寝坊している。先生も気にしているよ，というメッセージを受けるだけで直る子もいる。場合によっては，家族に協力をお願いするという方法もある。

②初回でも呼んで話を聞く

長時間遅れてくる場合は，子どもの表情など，登校後の様子をよく観察し，時間をかけて話を聞く。「あなたと一度ゆっくりお話がしたかったの」と思いを伝える。話したがらないときは，普段とその日の様子・表情を比べ，全体から指導の糸口をつかむ。

人間関係のトラブルなどで気が重い，あるいは学習や進路，家族のことで何か心配事があるなど，問題を抱えている場合が多い。朝おなかが痛くなったり，熱はなくても体がだるくなったりして，休もうかと迷いながら登校してくる。特に友人関係の悩みは，不登校につながることが少なくない。早めに解決できるよう具体的にアドバイスする。

はっきりした理由がないかぎり，「きっと言いにくい（言いたくない）何かがあるに違いない」と，考える。

即日解決しなくても，話すだけで気持ちが軽くなって自分で解決しようという力が出ることも多い。

❗ 相手の身になって話を聞き，しかるより，生活リズムの見直しを図ることの大切さを伝える。

（馬場睦子）

▶注意する（規範）

子ども 12 私語をする子

場面例とポイント

授業中，何度注意しても私語をやめない子どもがいた。どうしたらよいか。

❶クラス全体に注意をする

「私語をやめなさい」と注意し，授業のルールを確認する。

❷私語をやめない子どもに近づく

私語をしている子どもに近づき，教師の本気さと気迫，そして，自分が注意されていることに気づかせる。

❸アイメッセージで注意をする

「私は，私語をやめないあなたの態度を見て，残念に思う」

❹なぜ注意をするのかを説明する

間違った行為であることを自己主張し，理由を自己開示する。

❺組織で対応する

注意を受け入れない場合は，複数の教師で「私語をやめなさい」と注意を繰り返し，「受け入れない場合は責任を取らなければならないよ」と伝える。

考え方

①クラス全体に注意をする

ふだんから，授業中の態度などクラスの約束を子どもたちに話し合わせ，教室に掲示し，あらゆる機会を通じて徹底する。子どもが，ルールを守らず，私語をしている場合は，クラス全体に，「みんなで決めたルールを守りましょう」と注意する。

②私語をやめない子どもに近づく

それでも注意を聞かない場合には，子どもを見る。そして，私語を許さないという姿勢を示し，子どもの席に近づく。そのとき，子どものパーソナルスペース（約１m）以内には踏み込まないように注意をする。教師が心理的距離に踏み込むと，注意が威圧になり，反発心が生じるからである。

③アイメッセージで注意をする

教師はアイメッセージで，「私は私語をやめないあなたの態度を見て，残念に思う」と自己開示する。

④なぜ注意をするのかを説明する

教師は，気持ちとともに，なぜ注意するのかを自己開示する。例えば，「君の私語で迷惑を被っている人がいる。その人たちは，迷惑だと感じても我慢している。私は，迷惑を被って我慢している人をそのままにはできない」と伝える。後ほど，別室で個別に事情を聞き取る。

⑤組織で対応する

以上の指導を何度繰り返しても授業中の私語をやめない場合は，組織で対応する。生徒指導部などと連携を取り，複数で，私語をやめるように指導を行う。

そのうえで，教師の指導を受け入れない場合は，指導を受け入れないことを自己決定した子どもにも，その責任が伴うことを伝える。

> ⚠ 指導を必ず受け入れてくれると信じる気迫が大切である。

（朝倉一隆）

3章 一人一人の子どもへのかかわり

▶注意する（規範）

子ども 13 忘れ物をする子

場面例とポイント

再三注意をしたり連絡ノートに記入させたりしても忘れ物を繰り返す子どもに対して，どのような指導をするか。

❶原因と対策を考えさせる
しかるよりも，その子なりの原因と対策を考えさせ，問題解決につなげる。

❷困る体験で自己責任の意識をはぐくむ
「友達から借りてどんな気持ちかな」などと声かけをする。

❸確認の「儀式」で意識を強化する
対応策をより意識できるために，確認を動作化する「儀式」を設ける。

❹取り組みのよさをほめる
忘れ物の数が減らなくても，取り組む意識や継続している姿勢をほめ，さらに続ける意欲を高め習慣化を図る。

考え方

①原因と対策を考えさせる

忘れ物が続くとしかりたくなる。しかし，忘れるには，その子なりの理由や原因があり，それを共に見つけ，対応を考えさせるほうが，その子の成長につながる。例えば「朝起きるのが遅くて，ちゃんと確認ができなかった」というのであれば，「自分で夜寝る前に確認する」などの対策を考えることに導く。教師も共に考え，連絡帳でチェックするなど具体的な方法を提示し，取り組みやすいものを選ばせることも有効である。

②困る体験で自己責任の意識をはぐくむ
「友達から借りてどんな気持ちかな」など忘れ物をして困る場面での声かけを大切にする。「自分で忘れ物に気をつけないと困る」という実感は「自分で何とかしなければ……」という自己責任の意識をはぐくむことにつながる。例えば，学習用具を忘れても，簡単に友達から借りてすませられる状況では困らない。「友達の迷惑になることに気づかせる場」「忘れ物をしたときは報告する場」などを設け，「忘れ物をしたことの責任」を意識させる工夫も重要になる。

③確認の「儀式」を設けさせる

対策を確認するために，例えば「確かめたらカレンダーに丸をつける」「持ち物をメモした連絡帳に丸をつけながらチェックする」など，確認を動作化・意識化させる「儀式」（リチュアル）を設ける。消防士が，声を出して「火の元」の確認をするのとよく似た効果があり，行動の意識化や習慣化につながりやすい。

④取り組みのよさをほめる

「確認すること」さえも忘れてしまう子は，自分ひとりの力だけでは行動がなかなか習慣化できない。教師が定期的に取り組みの過程を認め，ほめることが大切である。効果が上がらないときは，ともにその子に合った取り組み方を再検討し，継続化につなげることが大切である。

❗ まずは困る体験から反省を，儀式で強化。

（村田巳智子）

▶注意する（規範）

子ども 14 宿題を提出しない子

場面例とポイント

期日に宿題を提出しないことがよくある。何度注意しても直らない。どうしたらよいか。

❶忘れた理由を確かめる

「宿題ができなかったわけがあるのなら，言ってください」とわけを話す時間を与える。

❷どのようにしたら提出できるようになるか考えさせる

「今日の宿題をどのようにしてするか考えよう」と，明日，宿題が提出できるようにするための方法を考えさせる。自己決定させることがポイントである。

❸宿題の量や内容を自分で決める

宿題の内容や量がその子にとって無理がある場合，無理なくできる量に減らす。宿題の内容を確認し，調べ方やまとめ方をアドバイスする。

考え方

授業中には，宿題を提出しない子どもへの注意はしない。宿題をやってきた子どもを大切にして授業を進める。そして宿題を提出しない子どもの指導は，休み時間や放課後にグループや個別で行う。

①忘れた理由を確かめる

頭ごなしにしかるのではなく，宿題をやらない，宿題を提出しない子どもの言い訳を聞く。そして「あなたが宿題を出せなかったわけはわかりました。でも何度も出せないのはどうしてかな」と語りかけ，出せない理由を教師と一緒に考え

るようにする。大切なのは子どもが自分を振り返り，宿題をやろうという意欲をもつことである。

②どのようにしたら提出できるようになるか考えさせる

「これまでよりもこれからを大切にしよう」と話しかける。そして今日，出された宿題をどうするかを考えさせる。学校から帰ったらすぐに済ませる，時間を決めて宿題をするなど，自分にあったやり方を具体的に決めさせる。

「テレビを見ていたら，宿題をやる時間になった。どうするかな」など，宿題を始めるときや仕上がったときの気持ちをイメージトレーニングするのもよい。そして自分にもできるという気持ちをもたせるようにしたい。

③宿題の量や内容を自分で決める

それでも提出できない場合は，その日，自分ができる宿題の量や内容を話し合って決めるようにする。

そのうえで教師は，「こんなふうに仕上げるのだよ」と実際の作品を見せ，「それなら自分にもできるぞ」という思いをもたせる。意欲を喚起し，宿題をやり遂げた気持ちよさを毎日味わわせるようにすることが大切である。

> ❗ 宿題をやりこなせた快感をもたせ，やる気を育てることが大切。

（稲葉悦子）

3章 一人一人の子どもへのかかわり

▶注意する（規範）

子ども 15 食事のマナーが悪い子

場面例とポイント

給食時，立ち歩きながらものを食べたり，人にものをねだったりしている。どう対応するか。

❶そばに呼んで静かに理由を聞く

立ち歩く子どもには「何か緊急の用事や話したいことがあったのかい？」「いまは自分の席で食事をしようね」と話す。

人にものをねだっている子どもには「今日の献立は君の大好きなものなのかい？」「でもみんなに平等に配膳しているので，人にねだるのはやめようね」と話す。

❷食事のマナーについて考えさせる

「なぜ食事にマナーが必要なのか考えてみましょう。口にものを入れる行為，つまり，食欲を満たすことは人間にとって大切なことです。落ち着いて食べ物の味を楽しみながら食事をしたいものです。食事のマナーの意味をみんなで考えましょう」

「食べたいものを好きなだけ食べられたら満足ですね。でも，給食はみんなが同じ料金で同じ量を配膳することが基本になっています。もし余ったり，食べない人や欠席者がいたら，欲しい人たちで公平に分けませんか。生きていくために最も大切な食べ物で不愉快な思いはしたくありませんよね」

考え方

①そばに呼んで静かに理由を聞く

子どもがわざわざ立ち歩くには理由があるはずである。まず，その子なりの言い分を聞いてから，教師の願いを話す。食べたいものなら人のものももらってしまおうとする行為は，やがて子ども同士の力関係により，不公平な関係を生むことにつながりかねない。これは「食べ物の交換」という行為についても同様である。「食べたい」という気持ちには理解を示しても，その行為は改めるように促していかなくてはならない。

②食事のマナーについて考えさせる

給食は，午前の授業を終えた子どもには，楽しみであり，待ち遠しいものである。みんなが不愉快な思いをしないようにするために食事のマナーが必要なことを，子ども自身で気がつくようにさせたい。そのために，クラスで給食時のマナーについて，再度，見直してみるための話し合いをさせる。

ルールが必要であれば，みんなの合意を形成した形でつくることが大切である。テーブルマナー講習をしながら，食事について考えさせてもよい。アイメッセージで教師の願いを子どもに伝えるとともに，子ども自身に考えさせることが必要である。

教師の思い，伝えたいことや指導は，その日の帰りの会で話すなど，クラス全員が落ち着いて話を聞くことのできる状況下で話をする。

❗ みんなが気持ちよく食事ができるように，周りに気配りをすることを伝える。

（日高貞雄）

▶注意する（規範）

子ども16 マンガなど不要物を持ってきた子

場面例とポイント

マンガや不要物を持ってくるなど、決まりを守らない子どもをどうしたらよいか。

❶決まりを守らなかった行動について是非を示し、社会化を促す

その場面を見つけたら、何が守られていないか端的に注意をし、どうしたらよいか指示をする。「マンガを持ってきてはいけないことは知っているね。すぐに片づけようね（預かっていいかな）」

❷決まりを守っていこうとする気持ちが生まれるように言葉をかける

「どうして持ってきたの」「持ってきてどうだった」と決まりを守らない背景に、子どもが気づくようにする。「友達をつくりたかったんだね。決まりを守って友達をつくる方法を一緒に考えよう」と、共に考える。

考え方

決まりを守らないことが続いている子どもには、「またか」「いつも決まりを破ってばかり」と、行為よりも子どもの人格を否定するような言葉かけになりがちである。子どもが自分の行動を素直に振り返り、改善していこうとする言葉かけが必要である。

①決まりを守らなかった行動について是非を示し、社会化を促す

その子どもの決まりを守らない行動がエスカレートしないためにも、学級のルールの維持のためにも、ルール違反があった場面では、見逃さずに指導をすることが大切である。そのときに、守られていない行動をわかりやすい言葉で指摘し、すぐに正せるような言葉かけをする。

子ども自身は決まりを守っていないことをいいこととは思っておらず、見つかってしかられたらどうしようかと不安になっている場合が多い。そのときに、教師から感情的にしかられたり、人格を否定されるような言葉をかけられたりすると、自分から直していこうとする気持ちを失わせることになりやすい。

②決まりを守っていこうとする気持ちが生まれるように言葉をかける

決まりを守らないことにはそれなりの原因や背景がある。子ども自身もそのことを聞いてもらいたいと思っている。子どもへの言葉かけのなかで、そのことにふれ、言い分を聞き、整理をしてあげる。子どもが自ら生活を改善していこうとするように、共に考えることが必要である。

なかには決まりを守らなかった理由を表現できない子どももいる。小学校低学年の場合は、「持ってきてはいけないと知っていたけれどちょっとくらいならいいと思ってしまったんだよね」などと、そのときの気持ちやどんな感じがしたのかを手がかりに、原因や背景を探ることも有効である。

> ❗ 感情的にならず、守られていないことについて端的に言葉をかけ、子どもの反応から背景を探る。

（寺内真）

3章　一人一人の子どもへのかかわり

▶注意する（規範）

子ども 17 服装が乱れ始めた子

場面例とポイント

服装が乱れ始めた子どもと，朝，昇降口で会ったとき，どう指導するか。

❶ルール違反であることを伝える

「A君，その服装おかしいよ」と事実を伝え，「服装を整えよう！」などと声をかける。

❷子どもの心に焦点をあてる

「Bさん，どうしたの？」と理由を聞いてみる。その場で話を聞くことがむずかしければ「あとで，話を聞かせてくれる？」などと声をかけておく。

考え方

服装のルールの守れない子どもに対して，登校時にその場で直すように注意しても，その場かぎりで自覚の見られない行動をする場合や，直す意思が見られない場合もある。素直に聞き入れない場合には，あとでじっくり理由を聞くのがよい（授業に参加させるため）。教師からの一方的な指導に終始しては，子どもによい変化は望めない。

声かけをしても，子どもの反応によってはユーメッセージで強い指導をすることもある。その場合には，そこでの反応を含めて子どもの気持ちを十分に聞く時間をとるように心がけたい。

①ルール違反であることを伝える

端的に「服装違反だよ，直しなさい」とはっきりと伝える。子どもは，ルール違反に対する教師の対応を鋭い観察の目で見ているから，「先生はきちんと注意している」という姿勢を見せることが大切である。人によって注意したりしなかったりというのでは，子どもからの信頼を失う。また，その場で直させるところまで指導できなくても，声かけによる教師のメッセージを，子どもの心に意識させるだけでも効果はある。ときには，声をかけてもらいたくて異装行為をしてくる子どももいる。

②子どもの心に焦点をあてる

子どもにルールを守らせることだけでなく，「違反せざるをえない子どもが，いま，ここにいる」というところから，その子どもの理解に努めることが必要である。心の乱れを服装に表している子どもに，表面的な形だけの変容を求めても，ほんとうの解決にはつながらない。「どうして，違う服装をするのかな」「違う服装をしてみて，どんな気持ち？」などと聞いてみるとよい。服装に表れていることを「心の叫び」と見て話を聞き，解決の筋道を共に考えることが必要である。

しかし，共感的人間関係を念頭におき，子どもを受容しつつも，服装違反がプラスにならないことを伝え，その子どもに再考を求め，対決することが有効である場合もある。

❗ 君のことが大切だから注意しているんだという気持ちで対応する。

（平江正実）

▶注意する（規範）

子ども 18 携帯電話を持ってきた子

場面例とポイント

校則で「持ち込み」を禁止されている携帯電話を，校内で使用している子どもを発見した。そのときどう対応するか。

❶事実を認識する

「あなたその携帯電話どうしたの」「携帯電話を使っていたね」などと事実を冷静に指摘する。

❷子どもの言い分を聞く

「どうして，禁止されている携帯電話を持っているの？」「なにか緊急なことでもあったの」などと，子どもなりの言い分を聞き取ろうとする姿勢を示す。

❸教師の考えを伝える

「携帯電話の持ち込みは禁止されてますよね。いけないと思うよ」と教師自身の考え方を伝え，「あなたの行動はどこに問題がありますか」などと子ども自身に考えさせる指導を行う。

考え方

ある調査では，高校生の9割が携帯電話を所持しているというデータがある。

携帯電話の持ち込みを禁止する校則の是非はともかく，この場合禁止されている携帯電話の使用について，教師が子どもにどう声をかけ，どう子どもの事情を引き出し，どういう問題解決を図るかに焦点を当てて考える必要がある。

①事実を認識する

教師は，このような問題行動を目の当たりにした際に，子どもの事情を度外視していきなり激しく叱責しがちである。このような対応は，教師と子どもおよび保護者の感情的対立を招きやすく，問題解決を複雑にしてしまうことがある。まずは，冷静に事実を指摘する。

②子どもの言い分を聞く

冷静に事実を指摘した後，事情を聞き取ろうとする姿勢をもつことが必要である。事情が複雑な場合には，場所を変え十分な時間をとりながら，根気よく聞き取ることが大切である。

その後，校則で禁止されていることなど，教師の考えや学校の指導方針を説明し，子どもにはどう行動すればよかったのかを自分自身で考えさせる。

多くの子どもは，校則をよく承知しており，禁止されている携帯電話を校内で使用しているからには，何らかの理由・事情があるはずである。

③教師の考えを伝える

その理由・事情が，緊急かつ避けられないものなのか，個人のわがままなのかを見きわめるためのアプローチが重要なのである。

事実を指摘したり，事情を聞き取ったりする際の感情的対立が問題解決を困難にしないように指導する。けっして及び腰になる必要はないが，教師が陥りやすい頭ごなしの指導は避けたい。

❗ 子どもの言い分を冷静に聞く。感情的なしかり方は，厳禁である。

（安原敏光）

3章　一人一人の子どもへのかかわり

▶注意する（規範）

子ども 19 茶髪に染めた子

場面例とポイント

ふだんから問題行動のあった子どもが，突然髪を染めて登校してきた。どう対応するか。

❶髪を染めた行為の理由を聞く

生徒指導担当者，または担任が「今朝の君を見て，先生，驚いたよ。何かあったのかな」と冷静に問いかける。

❷存在を認め，信頼関係を築く

この事例のような場合，「どうせ認められてないじゃないか」などと訴える場合が多い。「いままで認められていないと感じることが多くて，悲しい思いをさせていたんだね」と，心に寄り添う。

❸今後の行動について約束をする

「お互いどうしたらいいか一緒に考えていこう」と，寄り添っていく誠意ある姿勢を子どもに感じさせる。十分な時間をかけ，けっしてあきらめないことである。

考え方

髪を染める，化粧をするといった，外見で自分の存在感を示す行動に走る子どもは，情緒が不安定で，気分が変わりやすく，やることが突発的・衝動的である場合が多い。頭髪指導などを厳しく行っても意志を変えないように思われがちであるが，実はとても自己否定が強く，自己存在感を感じていない傾向がある。自分に自信がないがゆえの行為なのである。

①染めた行為の理由を聞く

複数の教師で対応し，別室で指導する。この段階の指導では，けっして，髪を染めた行為とこれまでの問題行動を関連させて，きつい口調でしかりつけてはいけない。例えば「1週間前には教室の窓ガラスを割った。英語の先生に服装を注意されたら，教室を出てしまった。そのうえ，茶髪にするとは何ごとだ」など。

②存在感を認め，信頼関係を築く

反社会的問題行動を繰り返してきた子どもは，「自分勝手な行動をするな」「協調性がない」等，周囲から否定され，人格と存在（居場所）まで否定されていると思い込んでいる場合が多い。彼らが望んでいることは，周囲に受け入れられ，評価され，認められることである。

子どもの内面に着目し，発した言葉に対して教師は即意見を返さず，まず受容し，子どもの心の理解に努める。

③今後の行動について約束をする

教師はその子どもとじっくり話し合い，できる約束事を決め，小さな努力や改善が現れ始めたら，多くの賞賛の言葉をかける。お互いの信頼関係が築かれれば，外見にこだわる必要がないことや，その労力が無意味であることが自然と理解できるようになる。

即効性を求めるのでなく，じっくり時間をかけてリレーションを深めていくことが最も大切である。

> 内面に迫る教師の言葉かけ。多くの存在感を与え評価する。

（齋藤美由紀）

▶注意する（規範）

子ども20 ルール違反の服装をしている子

場面例とポイント

だらしなく服装が整わない子どもや，わざと服装をくずしている子どもへどう対応するか。

❶誤った服装であることを指摘する

「その服装は違うのではないかな」「服装を整えよう」

❷子どもの言い分をよく聞く

服装が整っていないことに対する本人の認識が不足していることを，話を聞きながら確認する。「さて，どこをどうすると服装がよくなるかな？」と質問をしながら気づかせていく。

違反している子どもから話を聞くときは，途中で口をはさみ注意を与えることはしない。「違反するには理由があるんだね」と子どもの感情を理解するように聞く。

❸教師の自己開示で行動変容を導く

「服装を整えることは，周囲の人たちによい印象を与えます。君にはクラスの一員としてみんなによい雰囲気を与えてほしいんだ」と話す。違反を繰り返す子には「理由は理解できるが，その場にあったふさわしい服装があります。それを判断し実行する力が必要です。直すことはできるよね」と話し，改善を促す。

考え方

①誤った服装であることを指摘する

発達段階だし，他人に迷惑をかけるわけではないからしかたないなどと理解を示してはいけない。その子の人間関係や生活環境を理解しながら対応する。まず，適切でない服装であることを認めさせてから，アイメッセージで話す。

②子どもの言い分をよく聞く

身だしなみに気をつかわず生活している子どもに対して，きちんとした服装を身につけさせることはむずかしい。まず，その子の言い分を聞きながら，自分の服装が整っていないことを認識させたい。違反をしている子どもに対しては，最初からよくないことと決めつけず，「何かを求めている」ととらえ，その子の「認められたいこと」や「理解してほしいこと」を大切にして，じっくり話を聞きながらよい方向へ導くようにする。

③教師の自己開示で行動変容を導く

子どもには「その場にふさわしい服装を自分で判断し，実行できる力」を身につけさせたい。そのためにも教師自身が手本を示しながら，学校という社会でのマナーとして，周りに気配りをした服装を身につけさせるようにしたい。子どもの考えを理解することは必要ではあるが，「いけないことは，いけない」としっかりと教えていくことが大切である。

違反している子どもには，すぐに対応する。また，日ごろからクラスの規範意識を高め，育てていく手だてを考え，子どもの活動を工夫して，違反をなくしていく体制をつくることも考えたい。

⚠ 共感的な態度で対話をする。無理に学校のルールに従わせようとしない。見逃さない。

（日高貞雄）

3章 一人一人の子どもへのかかわり

▶注意する（規範）

子ども 21 落書きをする子

場面例とポイント

授業中，机に落書きをする子がいる。見つけたらどのように対応すればよいか。

❶冷静に，事実を指摘する

さりげなく「何をしているの」と声をかける。謝ったり，「やめます」と言ったりしたら，教師は「わかっているじゃないか，えらいね」と言って授業を続ける。

❷子どもが反省していない場合

「先生は，残念だな。いまは，何をする時間かな？　それは，やめよう」

❸授業終了後，別室で話を聞く

「どういう気持ちで落書きをしたの」とそのときの気持ちを聞く。

❹責任を取ることを学ばせる

本人の気持ちを確認し元どおりに消させる。場合によっては，教師も子どもと一緒に消す。

❺全体へ指導する必要がある場合

だれがやったかわからない場合は，全体へ指導する。

考え方

①冷静に，事実を指摘する

その場で「何をしているの？」と声をかける。子どもは，落書きが悪いことであることを十分わかっている場合が多い。

②子どもが反省していない場合

アイメッセージで教師の気持ちを語り，落書をやめさせて，授業を続ける。

③授業終了後，別室で話を聞く

まずは，その行為をとがめることより，「どうして落書きしたの」と理由を中心に聞く。落書きする子には，落書きするだけの理由がある。自分の気持ちを聞いてもらったことで教師への信頼と同時に，反省の気持ちをより強くもつことになる。また，全体の場で，取りあげなかったことで，その子の自尊心が傷つけられることも避けられる。

④責任を取ることを学ばせる

本人の反省を確認し，きちんと元どおりに消させる。マジックなど，その場で消せないものは，休み時間や放課後，子どもと一緒に消す。そのときに，「この机はみんなの物であり，借りている物であるから，大切に使おうね」と声をかける。「これからは，絶対落書きしないことを自分と先生に約束しよう」と話す。

⑤全体へ指導する必要がある場合

だれがやったかわからなかったり，同時に複数の子どもがやった場合は，「やってしまった人は正直に知らせてほしい。そして，やったことには責任があるよ。きちんと消そう」などと話す。この声かけで申し出た場合，正直に申し出た勇気については，きちんと評価をする。しつこく続く場合，「先生は，絶対見逃すわけにはいかない」と一貫して毅然とした態度をとり続ける。同時に，落書きした子を早く見つける手だてを工夫する。

> ⚠ 落書きをしているところを見逃さない，必ず元どおりに消させる。

（吉田茂）

▶注意する（規範）

子ども22 学校の物をすぐ壊す子

場面例とポイント

自分の感情や欲望を抑えきれず，近くの窓ガラスを割ってしまう子ども。学級の本や掃除道具を粗末にしたり，壊している場面に遭遇したとき，どう対応するか。

❶現場に行き，行動を制止する

子どもに，「どうしたの」と声をかける。「落ち着きなさい。けがはないのか」

❷その場にいる子どもへの指導

「自分の席に着きなさい。まず，みんなが落ち着きましょう」

❸事実の確認

「どんなことがあったのか，どうしてかを考えてみよう」

❹自らの行動に対して責任をとらせる

「片づけをして，みんなに謝ろう」

❺ルールや望ましい行動様式の指導

「あなたが同じことをされたら，どう感じるかな」と声をかけ，迷惑をかけられた人の気持ちに気づかせる。

考え方

器物破損などの感情的な行動に対して，教師が感情的な指導を行うことは避けなければならない。しかし，その行為を見逃したり，なだめるだけの指導ではエスカレートしてしまう。

①現場に行き，行動を制止する

必ずその場で子どもに声をかけることが，問題行動への指導の重要なポイントの一つである。「いけないことなんだ」というメッセージを教師が直接子どもに伝えることにより，「間違った行為」であることを認識させる意味がある。

また，子どもは冷静さを失っていることがある。複数の教師で対応するなどして，行動を制止し，本人および周りの人の安全を確保することが大切である。

②その場にいる子どもへの指導

教室など，周囲に子どもがいるような場面では，「その場から離れさせる」「自分の席に着かせる」ことが重要である。周囲が落ち着くことによって，当の子どもは冷静になることができる。

③事実の確認

問題行動をした子どもを別の場所に移動させ，個別に指導を行うことが大切である。「何かあったのかな」「先生に話してみないか」と内省を促すように声をかける。行動を振り返り事実を明らかにする過程で，子どもは自らの思考や感情に気づくことができる。

④行動に対して責任をとらせる

自分の行動で，物が壊れたり人に迷惑をかけたりしたときは，「現場の片づけ」や「謝罪」など，発達段階に応じて責任をとらせることが大切である。

⑤ルールや望ましい行動様式の指導

「大切にしているものが壊された」などの場面設定で，自分の思考や感情に気づかせる。人を傷つける言動や公共物を壊すなどの「行動の限界」を理解させ，ルールを守ることの大切さに気づかせる。

> ⚠ 見逃さないタイムリーな指導が，子どもの心に響く。

（山垣内雅彦）

3章 一人一人の子どもへのかかわり

▶注意する（対人関係）

子ども 23 思いどおりにならないと暴力をふるう子

場面例とポイント

思いどおりにならないことがあるとカッとなり，暴力をふるう子どもに対し，どう対応するか。

❶「思いどおりにならない」事柄を確認

実際に何かをされて怒っているだけではなく，何もされていないのに「いやなことをされた」と思い込んでいる場合もある。教師は，「どうして暴力をふるうの。何か面白くないことでもあるの」と行動の背景を探る必要がある。

❷アイメッセージで長所と短所を伝える

「私は，あなたの思いやりある行動を見たときに，人を助けようとする気持ちがとてもうれしかった。でも，暴力をふるうところは好きになれない」

考え方

暴力的になるのは，おもに親の望ましくない養育態度（厳格な態度や逆に過保護な態度）やモデリングの影響，友達からの排斥経験のような，外部からのネガティブな刺激や経験の蓄積の結果であることが多い。暴力的な子どもとのコミュニケーションは，ネガティブな経験を想起させて火に油を注ぐ形にならないよう，慎重に行わなければならない。

また，暴力をふるう子どもは，自分の思いを表現することが苦手なことが多く，そのもどかしさが暴力となって出てしまう場合が多い。

①「思いどおりにならない」事柄を確認する

行動には，必ず意味がある。よって暴力をふるっている意味を探る必要がある。実際に何かいやなことをされたために暴力をふるっているのか，それとも思い込みが強いのかを，教師が理解しようと近づくことで，本人が心を開き始める。

教師は，受容的態度で子どもの話に耳を傾け，何も言わないときは質問技法に切り替えるなど，認知の歪みに気づかせていくのである。

②アイメッセージで長所と短所を伝える

教師は，暴力をふるう子に対して，「暴力は，私の許せない行為である」というメッセージを送る必要がある。ただ，「許せない」ことだけを伝えると，敵意の強い子どもの場合，アイメッセージでもユーメッセージにとらえる可能性がある。

そこで，次のように長所・短所の双方をアイメッセージで伝えるのである。「暴力にいたった理由は，よくわかりました。とてもつらかったと思うよ。しかし，その気持ちを暴力という形で表現することは，いけないことだと思うよ」「あなたは，ほんとうは，優しくて思いやりのある子だと知っているから，先生は，とても悲しいな」。

相手を尊重しながらも「暴力は許せない」というメッセージを送ることによって，暴力をふるう子どもの心に響く指導ができると考えられる。

! 長所・短所の双方をアイメッセージで伝える。

（中田尚吾）

▶注意する（対人関係）

子ども24 キレやすい子

場面例とポイント

友人のからかいにすぐキレ，教室で暴れ回る子どもに対してどう指導するか。

❶心配していることをアイメッセージで伝え，キレる自分を冷静に見つめさせる

「君がキレて暴れることが先生はとても心配なんだよ。君は自分がカッとなってしまうとキレるようだけれど，それは君にとってどんな意味があるんだろう」

❷キレるかわりに自己主張するスキルを一緒に考える

「キレて暴れなくても自分の気持ちを友達に伝えられる方法があるとしたら，どう？　先生と一緒に考えてみないか」

考え方

キレて暴れる行動は許せないが，子どもの人格は尊重する。それを根底において指導に当たる必要がある。

そのうえで行動変容のスキルを一緒に考えたり，教えたりするのである。

①心配していることをアイメッセージで伝え，キレる自分を冷静に見つめさせる。

心から心配してくれる人が自分の周りに存在することを，子どもに実感させたい。その実感こそが子どもの行動変容の意欲となる。そのためにはアイメッセージで教師の気持ちを伝えることである。

そのうえで，キレることによってしか自己を表現できない自分に直面させる。

その留意点は，次のとおりである。

・自分の言葉で自分を語らせる
・その言葉に対して教師がネガティブなフィードバックをしない
・キレてしまう原因を共に考える

②キレるかわりに自己主張するスキルを一緒に考える

いきなりキレるのではなく，キレる過程には思考，感情のパターンがある。それらを自覚させるよう，子どもにキレたときの典型的なパターンを振り返らせることが必要である。例えば，友人のからかいにどう対処していいかわからず頭が真っ白になって（思考），ムカムカした気持ちを自分で処理できず（感情），暴れ回る，というパターンである。

振り返りをさせた後，再発防止のためのスキルを一緒に考える。「からかいを受けていやな気持ちがしたら，それをどう相手に伝えるといいと思う？」「頭が真っ白になりそうだと自覚したらその場を離れることはできそう？」「ムカムカした気持ちは違うやり方で解消できないかな」。

また同時に，教師が能動的にスキルを教えることも重要である。「いやなことは相手の目をしっかり見ながら低い声で，はっきりノーと言えば相手はひく場合が多いよ」「それでもキレそうになったら，とにかくその場から逃げるんだよ。職員室に来てもいいんだよ」。

> ❗ キレる自分に直面させ，キレないスキルを共に考え，教示する。

（中山光一）

▶注意する（対人関係）

子ども 25 思い込みの強い子

場面例とポイント

自分は「クラスのみんなから悪口を言われているからつらくて教室に入れない」と子どもが言ってきた。どう対応するか。

❶その子どもの話に十分に耳を傾ける

傾聴によってリレーションをつくるとともに、話の内容に一般化のしすぎがないか、論理性があるかを同時に考える。

❷話の内容が事実かどうか確認する

「どうして悪口を言っているってわかるの」「みんなって何人のこと？」

❸思い込みを粉砕する

「みんなが悪口を言っていると君が感じるとき、心の中の自分はどんなことを君に言い聞かせているの？」「悪口を言っていること（事実）と、悪口を言っているような気がする（推論）とでは全然違うよね」

考え方

國分康孝の提唱するコーヒーカップ方式で問題解決の援助をしたい。すなわち、(1)リレーションをつくり、(2)問題が何であるかを把握し、(3)処置するのである。

①その子どもの話に十分に耳を傾ける

まず感情（つらい、悲しいなど）を聞くことによってリレーションを深める。

同時に、その子どもの思い込みの原因はどこにあるのかを教師が推測し、子どもに気づかせることが大きなポイントである。

②話の内容が事実かどうか確認する

思い込みの激しい子どもは、事実と推論を混同しすぎている場合が多い。したがって、あたたかなリレーションのもと、教師の質問によって、その絡まった糸をほぐしていく手伝いをする。

ここでは、クラス全員がその子どもの悪口を言っているのではなく、2～3人が言っているのを一般化してしまったことに気づかせたい。

③思い込みを粉砕する

事実に基かない論理性がない考えを、論理療法ではイラショナルビリーフという。その考えは人を不幸にする。

例えば、「私はクラス全員から好かれなければならない。したがって悪口を1人でも言う人があってはならない」「悪口を言っている人がいればそれはきっとクラス全員が言っていることにつながる」などである。したがってその間違ったとらえ方を改善する手助けをするのである。そのためには、教師の自己開示もためらわないほうがよい。

「2～3人が悪口を言っているのにクラス全員が言っていると感じるのは事実に基づいていない。それが君の悩みのもとだ」「クラスのだれからも好かれるということはあり得ないと先生は思うけどなあ。完全な人間なんてあり得ないよ」。詳しくはアルバート・エリスの論理療法を参照されたい。

> ❗ 子どものイラショナルビリーフを粉砕する。

〈参考文献〉 國分康孝『自己発見の心理学』講談社現代新書

（中山光一）

▶注意する（対人関係）

子ども26 相手の話を聞かない子

場面例とポイント

給食時のルールを話し合ったが，自分の希望ばかり話して，人の意見を聞こうとしない。1対1でどう話して聞かせるか。

❶話を受け止める態勢を整えてから

「今日の話し合いでも，しっかりと自分の意見が言えていたね。いつも自分の意見を堂々と発表できることは，とてもすばらしいことだと思うよ」と自分の意見を表明できていたことを認める。

❷自分を振り返らせる

「A君やBさんたちの意見については，どう思いましたか？」と質問技法を用いて学級会の自分の姿を振り返らせる。「わからない。聞いていなかった」などの反応が予想される。このときは「それは残念だなあ。みんなは君の意見を聞いて一生懸命考えて意見を言ってくれていたよ」と教師の気持ちを投げかける。

❸注意ではなく，成長を願って

「みんな君の意見をきちんと聞いてくれているんだから，君もみんなの意見をきちんと聞いてあげられるようにがんばれるかな？」と心情に訴える。同時に望ましい話し合い活動のあり方にふれる。

考え方

①話を受け止める態勢を整えてから

子どもと相対して話すときには，互いが心を開いて話し合える態勢，「先生と1対1で話をするから，先生の話もよく聞いてね（聞いてください）」などと言って，雰囲気を整えることが大切である。そのうえで相手を受容しながらコミュニケーションを図り，心を開かせていく必要がある。「先生は，しかるために自分を呼び出しているのではない」という認識をまずもたせ，素直な気持ちで教師の話を受け止めさせたい。

②自分を振り返らせる

ほかの子どもの話を聞こうとしない本人の姿を見つめさせる方法として，教師からの指摘は，あまり有効ではない。

指摘や注意は本人の反感を生みやすい。むしろ質問技法を用いて本人に気づかせる手法が有効である。さらにその姿を批判するよりも，先生は残念に思うというアイメッセージを伝えることが本人の素直な反省につながるものと思われる。

③注意ではなく，成長を願って

相手の話を聞かないことについては，これまでも注意を受けてきたに違いない。視点を変え，望ましい話し合いのルールを身につけることが，級友に認められたり，本人の大きな成長につながることを認識させたい。また本人の成長を教師が心から願っていることを知らせ，同時に，愛され，大切にされている自分を実感させたい。そして成長を願う教師の期待にこたえよう，がんばろうという気持ちをもたせるようにしたい。

> ⚠ 受容しながら質問技法とアイメッセージで自分の行動のパターンに気づかせる。

（鈴木稔）

▶注意する（対人関係）

子ども27 ちょっかいを出す子

場面例とポイント

先生の話のとき，隣の子どもにちょっかいを出しているのを見つけた。どうするか。

❶子どもの行動を制止する

話をやめ，その子がやめるまで待つ。気づかない場合は，そばに行って，やめるように話す。

「先生，話しにくいなあ」「隣のAさんが困っていますよ。ちょっかいを出すのをやめましょう」

❷相手の気持ちに気づかせる

「隣のAさんは，先生の話を聞きたいと思っているでしょう。でも，君がちょっかいを出すと，先生の話を聞くことができませんね。困っていると思いますよ」

❸教師のアイメッセージ

「いまのように話を聞いてくれると，先生もとてもうれしいです」

考え方

①子どもの行動を制止する

ちょっかいを出す子どもは，相手が迷惑に思っている気持ちがわからず，面白いとか楽しいという気持ちだけで行動している場合が多い。また，相手が困っている気持ちがわかっていても，なかなか自分からやめられないことが多い。

そこで，初めは，子ども自身から気がついてちょっかいをやめて話を聞くようにはたらきかける。ちょっかいを出している隣の子のそばに行き，「Aさん，先生の話がきちんとわかりましたか」と聞いたりして気づかせる。ちょっかいをやめる機会をつくり，自分から話を聞こうとする気持ちにすることが大切である。

②相手の気持ちに気づかせる

隣の子どもが迷惑に思っていることに気づかせる。

1つの方法は，教師が隣の子の気持ちを代弁する方法である。隣の子どもが自分で言うのが望ましいが，低学年だと思っていることを言語化して伝えるのがむずかしい。高学年になると相手のことを気遣いなかなか本音が言えない。

③教師のアイメッセージ

教師が強く「ちょっかいをやめなさい」と注意するのではなく，「君が先生の話を聞いていないと，授業がわかっていないのではないかと思って，心配だ」などと，ちょっかいを出してはいけない理由をアイメッセージで子どもに考えさせることが大切である。

強く制止する指導だとそのときだけはちょっかいをやめるが，また，同じことを繰り返すことになってしまうからである。また，隣の子どもとのトラブルの原因になったり，人間関係が悪くなったりすることも考えられる。

ちょっかいを出す子の指導は，相手の気持ちを考えて行動することの大切さに気づかせるよい機会となる。また，「話を聞いてくれるとうれしい」という教師の気持ちを伝えることによって，教師とのかかわりも深めるとよい。

> ❗ 相手の気持ちを考えて行動することの大切さを指導するよい機会。

（水田美智子）

▶注意する（対人関係）

子ども 28 じっとしていられない子

場面例とポイント

教師の話のとき，じっとして聞けない子ども。こっそり呼んでどう話すか。さらに学級の中でどう注意するか。

❶問題を外在化させる

「君のなかにどんな鬼がいてじっとしていられないのかな」と，鬼にたとえて行動の理由を聞く。本人とじっとしていられない行動を分けることで，自分のじっとしていられない行動と向き合うようにする。

❷取り組むことを約束する

鬼を退治するにはどうするかを自分で考えさせ，「話を聞くときはしゃべらない」など，具体的な行動を決める。

❸みんなの学習態度をよくする

聞く態度や発言の方法など，学習ルールを指導し，学級のみんなで学習態度をよくする。そしてよくなったことを互いに認め合うようにする。

考え方

じっとしていられない子ども，落ち着きのない子どもは増えている。このような子どもには，具体的なめあてをもたせるとともに，学級全体の学習態度の指導をする。

①問題を外在化させる

「どうしてじっとできないの」と聞いても，子どもは答えることができない。それは問題行動が本人と結びつき，自分の人格すべてが否定されることにつながると感じるからである。

そこで鬼にたとえて行動の理由を聞くことで，問題を外在化させる。このようにすると「自分の中にむずむず鬼がいて，授業中に動きたくなる」と自分の問題行動と向き合うようになる。

②取り組むことを約束する

「むずむず鬼をどうやって退治するの」と授業中にちょろちょろしない方法を一緒に考える。「話す人の方を向いて聞く」「聞いているときは手いたずらをしない」「黒板をすぐに写す」など，自分が取り組むことを決めさせる。ただ静かにじっと我慢させるのではなく，自分で決めたことを1つずつできるようにしていくことがポイントである。

③みんなの学習態度をよくする

一斉指導においてじっとしていられないのは，「聞く」ことができないからである。そこで「先生や友達の話をしっかり聞くにはどうすればいいかな」と子どもたちに投げかけ，「話す人の方を向く」など，学級のみんなで授業中に守ることを1つ決める。

授業の終わりや帰りの会に決めたことを，互いにほめ合うようにする。もし授業中にじっとしていられなくなり集中力が途切れても，子ども同士で互いに注意し合うことができるようにする。

> ❗ 鬼にたとえて取り組むことをグループで考え，みんなで学習態度をよくする。

（水上和夫）

3章　一人一人の子どもへのかかわり

▶注意する（対人関係）

子ども 29 すぐ教師のところに来る子

場面例とポイント

何かあるたびに、かかわりたくて教師のところにやってくる子どもがいる。いつも相手はできない。どうしたらよいか。

❶受け止める

子どもの行為そのものをまずはまるごと受け止める。「人とかかわることが好きなんだね」「だれかと一緒にいると楽しい気持ちは増えるものね」と声かけをする。

❷教師がつなぐ

周りにいる他の子どもたちとつながるように、橋渡し的な会話を展開する。「Aさん、ノートまとめをていねいにやっているね！　すごいなぁ。ほらBさんも見せてもらおう。（一緒にのぞきながら）すごいよね。Bさんのも工夫が光っているから今度はAさんに見せてあげようか」と、同年代の仲間への入り方のモデルをしてみせる。

考え方

子どもが繰り返し教師のもとにやってくる理由は2つ考えられる。1つは教師なら何でも聞いてくれると、信頼の対象として見てくれている証拠である。2つめは、同年代との交わり方、仲間への入り方などソーシャルスキル不足による。よって、2つの方向から対応を考える。

①受け止める

教師だけにかかわってくることは問題であることが多いが、人とのかかわりを求める気持ちがあってこそ、次の段階につながる。同年代同士につないでいくための大事なチャンスを共に歩んでいる、との思いでかかわることが大事である。

②教師がつなぐ

仲間への入り方がわからないから、スキルがなくてもかかわることのできる身近な教師に寄ってくる。よって、「毎回先生のところばかりに来ていてはいけないよ」だけでは行動の変容は期待できない。教師とのきずなを切ってしまうばかりでなく、だれかとかかわりたいという感情まで失わせてしまうことになりかねない。友達との対人関係のつくりかたを教師がモデルとなって示したり、ほかの子どもと会話ができるようにつなぐ働きかけをすることが重要になる。

そのうえで仲間の入り方のモデルを示す、実際場面でさせてみる、フィードバックする、繰り返しさせることの積み重ねが大事である。例えば、バレーボールをしている仲間に入る方法のモデルを示す。「私も仲間に入れてくれない」と声をかけてみせ、それを子どもにやらせ、フィードバックをして、繰り返させる。新しい行動の獲得には、やってみたらやれた、心地よかったという快体験が重要である。

このようなトレーニングをしながら同年代と、そして学校だからこその異年齢交流ができるように援助する。

❗いますでにできていることは、ほめる。「資源」を生かす。

（髙橋さゆり）

▶注意する（対人関係）

子ども 30 わがままな子

場面例とポイント

学級活動や短学活において，自分のやりたい役割や，入りたいグループに固執してしまい譲らない。どうしたらよいか。

❶子どもの言い分を聞く

初めてであれば「そうしたいわけを話してくれるかな？」と，子どもの言い分を聞く機会をつくり，子どもの気持ちを静める。子どもの言い分を聞くなかで，子どもの主張を整理する。

❷教師の思いを語る

そのうえで「先生は，君に学級の中でいろいろな人とグループになってほしい」と教師の思いを語る。また，「友達はどう思っているだろうか，友達のことを考えたことがありますか」と他者や学級全体に目を向けさせる。

❸2回目以降の対応

再びこのようなことが起きた場合は，「この間決めたルールはどのようでしたか」と，決めたとおりにし，終わってから，その子を呼んで様子を聞く。

考え方

学級開きの時期，長い休み後，大きな行事後は，このようなわがままな子が出たり，それがうやむやに通ってしまいがちである。

学級集団の中では，現実原則が基本となり，わがままや自分の言い分だけが通る社会ではない，お互いさまであることをきちんと教える必要がある。

①子どもの言い分を聞く

まず子どもの言い分を聞き，整理をする。そして，「要するに君の言いたいことは，A君と一緒のグループでないとだめ，ということなんだね」と明確化する。

②教師の思いを語る

そのうえでルールにのっとり，ダメなものはダメを通す。そのときにダメだけで終わるのではなく「ほかの友達は迷惑を被らなかっただろうか。自分だけよければいいのですか？ ほかの人は我慢していないのですか」と問い，学級という集団で生活しているのだから，ときには我慢したり，お互いさまという姿勢が必要であることを示す。大切なのは，うやむやにしないことである。

③2回目以降の対応

また同様なことが起きたら，基本的には先般のルールを確認し，「ルールどおりです」と，あっさり終わりにするとよい。その子を非難したり攻撃したりしない。くどくどやると，ほかの感情が生じ，別なことでもつれやすくなるし，しこりが残りやすい。聞けば同情することもあるが，集団生活では現実原則を教えることが大切である。

それでも気になれば，あとで呼んで話を聞き，「先生は，君の気持ちはわかった」と伝えたあと「しかし，世の中は君のためだけにあるわけではないので困るよねぇ」とつけ加えるとよい。

❗ 子どもの気持ちを受け止める。現実原則を通す。

（小澤典夫）

3章　一人一人の子どもへのかかわり

▶注意する（対人関係）

子ども31 人を冷やかす子

場面例とポイント

授業中の級友の発言を冷やかして傷つけたり，発言しにくい雰囲気にしてしまう子どもに対して，個別にどう対応するか。

❶冷やかした子どもを注意する

その子どものそばに行き，発言を注意する。人を傷つける行為を許さない教師の姿をしっかり示す。

❷冷やかされた子どもを守る

冷やかされた子どもをその場でしっかり守る。「発表してくれてありがとう。あなたの発表はとても意味ある発言でしたね。助かりましたよ」と声をかける。

❸アイメッセージで迫る

「A君，私はいまの発言がすごく残念です。なぜならあなたから人を傷つける言葉を聞いたから。授業はA君を含んだみんなのものだと私は思う。みんなでつくる大事な授業だから，A君にも協力してもらえたら私はうれしいのです」

考え方

①冷やかした子どもを注意する

その子どもに体をしっかり向け，「A君，いまの言葉（行為）は相手を傷つけるとても悲しい言葉です。ですから，その言葉は許されません」と気迫をもって注意する。注意する際，子どもの人格を否定するのではなく，間違った行動について注意をするという点に気をつけたい。

②冷やかされた子どもを守る

冷やかす行為には，必ず冷やかされる体験をしている子どもがいる。「いやな思いをしただろうが，あなたの声はとても大事だった，ありがとう」の思いと，「がんばっている子どもたちを私は教師として全力で守る」という姿勢を示す。授業や学校生活はこれから先も続いていく大事なものである。いまを守ることは将来を守ることにもつながる。また，この「守る」姿勢は同時に冷やかした子どもへのメッセージでもある。

③アイメッセージで迫る

思春期は他者と自分を比較した結果，「どうせ私は」という低い自己肯定感を抱きがちで，「引き下げの心理」が表れやすい。相手を引き下げて自分と並べることで心理的な安定を得るのである。だが，思春期の特徴だからといって他者を傷つけることは許されない。どの子どもに対しても，同じ対応をみんなの前で見せることは大切である。

その後の個別対応では，「人を冷やかし，傷つけることは，許さない」「私は人を大切にしたい。人の心を傷つける姿を見るのは悲しいよ」と，内容が伝わるように迫力のあるトーンで話す。真剣な思いをこめた言葉には力がある。

ルールに例外はないという迫力のある姿勢と，問題行動がその子どもすべてを語るものではないというあたたかな姿勢が，対応の大きなポイントとなる。

> ルールに例外はない。問題行動と子ども自身は分けて考える。

（高橋さゆり）

▶注意する（対人関係）

子ども 32 陰口を言う子

場面例とポイント

友達の悪口を学級の数人に陰で広める核になっている子どもに対して，1対1でどう対応するか。

❶陰口を言う子どものつらさを理解する

子どもの中には，自分はしていないと事実を認めないことも多い。陰口を言われている子どもの気持ちや状況を話し，「ほかの人が陰口を言っていたらやめるように注意してほしい」と頼む。疑って追及するのではなく，まずは信頼し見守る姿勢を示すことが大切である。

❷陰口のおそろしさを伝える

陰口は内容が誇張され変化し，真実でなくなる場合が多いこと，また相手の人権を侵害している場合には，責任をとらなくてはいけないことを理解させる。

❸陰口を言った子どもの理解を深める

子どもを責めず，なぜ陰口を言わざるをえなかったのか理解しようとする。

子どもが寂しかったり，悲しかったりした気持ちに気づき，共感しながら聞くようにする。

考え方

①陰口を言う子どものつらさを理解する

陰口は，言ったという証拠があることは少ない。情報としてはほかの子どもが話してくれたことしかないことも多い。

人に弱みを見せまいとしている子どもや，保護者にいい子でいることを強要されている子どもなどの場合は，自分はそんなことはしていないとつっぱねることもある。そのようなときに逃げ場をなくすような追求の仕方は避けたい。

子どもは，教師が知っていることに気づくと一時的に陰口をやめる場合が多い。そのときに，クラスがよい雰囲気になってきたことをほめるようにしたい。

②陰口のおそろしさを伝える

言いたいことははっきりその人に言うものだということを話す。陰口やうわさは人から人へ伝わっていくうちにどんどん内容が誇張され変化し，真実ではなくなる場合が多いことを理解させる。また陰口が相手の人権を侵害している場合には，責任をとらなくてはいけないことや教師としても毅然と注意することを話す。

③陰口を言った子どもの理解を深める

子どもがなぜ陰口を言わざるをえなかったのか，日常の観察や面接，保護者との面談などを通して理解し，継続的にサポートしていく。

1回だけの面接で終わらず，機会を見つけて声をかけ，教師と子ども，子ども同士の人間関係を改善していく。必要な場合は，保護者とも面談し，寂しさや悲しさの原因を話し合うようにする。そして自分がしたことが，相手を傷つけたことに気づいていくようにしたい。

> ❗ しかるだけでは陰口がより陰湿になる。陰口を言っている子どものSOSを読み取る。

（社浦淳子）

▶注意する（対人関係）

子ども 33 仲間はずれにする子

場面例とポイント

「汚い」「臭い」と言って何かと仲間はずれにする子どもを面談に呼び出した。1対1でどうかかわっていくか。

❶冷静に事実確認をする

「Aさんにどんな言葉を言ったり，態度をとったりしたのか，教えてくれるかな」と具体的な言葉や態度を把握する。

❷気持ちや思いを聞く

「仲間はずれをしたとき，あなたはどんな気持ちでしたか」と聞く。さらに，「仲間はずれはいけないとわかっていながら，そういうことをするのは，よほどの理由があるんだよね」と受容的に聞く。

❸現実原則の提示

子ども自身がどう思っているのかを教師が確認したうえで話し始める。「どういう理由があったとしても，私は仲間はずれはいけないことだと思います。あなたのつらい気持ちと仲間はずれにされた人のつらさは同じだと思うのです。いまのあなたなら，きっとわかってくれると思うよ。応援しているからね」

考え方

①冷静に事実確認をする

事実を突きつけ，いきなり厳しく指導したところで，子どもと教師との関係は悪化してしまう。しかし，正確な事実を教師と仲間はずれにした子どもで確認し，実際にやったという確認をすることは，自分の行動を意識させることになる。子どもの心に寄り添い，受容しながらアイメッセージで譲れない現実を語る。

②気持ちや思いを聞く

子どもとの信頼関係を築くことが大切である。そのためには，言動のみに注目せず，心の動きに配慮したい。自分に自信がなかったり，自分を好きになれないといった不安や欲求が満たされていない心理的背景を教師は理解する。悪口や仲間はずれにしたくなる心情を十分に聞くことで，心の中にある寂しい思いを受容することが必要である。

③現実原則の提示

気持ちや思いを受容した後は，自分自身を見つめることができるように導く。日常観察の中からその子のよさを取り上げ，ていねいな言葉かけをする。そのうえで，現実原則を粘り強く教えていく。「でも，私は自分がつらいから人にもつらい思いをさせるのは，間違っていると思うよ」「つらい思いをした人は，人に優しくなれるはずだよ」と声をかける。

行動そのものは悪いが，人間性は否定しないというスタンスでかかわることが必要である。教師がアイメッセージで気持ちを問うように聞き，行動の背景にある不満の原因を取り除いたり，自分なりの対処法を身につけさせていく。

そして，教師が立ち会って仲間はずれにされた子に謝罪ができるように，粘り強く指導することが大切である。

> まず子どもを受け入れ，現実原則を指導する。

（古井美恵子）

▶注意する（対人関係）

子ども 34 いじめたことを認めない子

場面例とポイント

いじめの事実があるにもかかわらず，認めようとしない子どもに，1対1でどうかかわっていくか。

❶事実を確認する

落ち着いてじっくりと話のできる場所に連れて行き，中立の立場で話を聞く。いじめの事実に対して，どういう言動・行為をしたか，また，その理由をうまく引き出せるように，できるだけ感情を出さずに淡々と状況把握の作業をする。

❷相手の立場になって考えさせる

「もし，君が○○と言われたら……」「君が，○○のようにされたら……」と問う。もし，答えが返ってこなければ「それは生きる力，命を奪われてしまう言動なんだよ！」と，教師が相手の心の痛みを代弁する。

❸共に解決していく教師の姿勢

「いかなる理由があっても相手の心を傷つける行為は絶対に許せない」と教師の信念をはっきりと自己主張する。そして一緒に解決する手だてを考えていく。

考え方

いじめの指導のむずかしさは，いじめを受けた側が「いじめられた」と受け止めても，いじめた側がまったく気づかないことがあることだ。

したがって，いじめの指導では，自分の言動が，どれだけ相手の心を痛め苦しめたかを知らせ，真に謝罪する心に変容するよう導いていくことが最も重要なポイントになる。

①事実を確認する

まず教師がすべきことは，いじめの原因といじめた側の心の内面を慎重に理解していく作業である。そのためには，その子どもの心に近づこうとする（ワンネス）教師の姿勢が大切である。落ち着いて冷静に話のできる場を設定し，家庭の事情，人間関係，学習能力に対するコンプレックスなど，いじめの言動につながる原因・背景を把握することである。事実を整理し，気づかせていくためにもていねいな事実確認が重要となる。

②相手の立場になって考えさせる

次に，教師はいじめられた子の耐えがたい苦痛を，いじめた側の心に訴えていく。「もし自分が○○されたら……」と具体的に考えさせる。けっして一方的にいじめた側を責めるのではなく，その子どものことを真剣に考え，すべての子どもを守る（ウィネス）姿勢で臨むことが，やがて教師に心を開いていくことにつながっていく。

③共に解決していく教師の姿勢

「私はいじめをけっして許さない（アイネス）」と教師ははっきりと自己主張する。そして，その子どもと寄り添い，本音で語り合いながら，解決の手だてへと導いていく。

> ❗ 相手の心の痛みを知る。教師の信念（ビリーフ）をわかってもらう。

（齋藤美由紀）

3章　一人一人の子どもへのかかわり

▶注意する（対人関係）

子ども 35 ほかの教師の悪口を言う子

場面例とポイント

子どもが話しかけてきた内容が，ほかの教師の指導に対する不満や悪口であった。どう対応したらいいか。

❶まず，しっかり話を聞く

その子どもの気持ちを否定する言葉は控えて，まずしっかり話を聞く。

❷気持ちを受け止める・整理する

「まとめると，A先生に，すぐしかったりしないで，遅刻した理由を聞いてほしかったということかな」など，その子の気持ちを整理する。

❸具体策を一緒に考える

その子どもがどうしたのか，一緒に考える。

考え方

学校生活のいろいろな場面で，教師が子どもに対して叱咤激励したり，次から次へと指導したりすることは多い。その指導の口調が厳しかったり，子どもに何も聞かずに一方的に進めたりすると，子どもが自分のした悪いことより，指導方法や教師の態度に不満を抱くことがある。

そんなとき，そのことを「悪口」の形で，ほかの教師に話すことがある。それは，「何とかしたい気持ち」を知ってほしいからだろう。また，厳しく自分の悪いところを指摘されると，自分を守ろうと防御の姿勢に入り，反対に教師を攻撃してしまうことがある。

①しっかり話を聞く

教師は，子どもから同僚の教師の悪口を聞かされると，ついあわててその話を否定したり，かわりに弁解したりしがちである。まずは，「あなたは，そう思ったり感じたんだね」と子どもが「受け止めてほしかった気持ち」「伝えたかった事実」をしっかり聞くことである。

②気持ちを受け止める・整理する

子どもの話を聞き，「あなたのしてほしかったことはこういうことかな」と明確化する。

そのうえで，根も葉もないうわさや悪口なら「先生はそう思っていないし，それは事実かどうかわからない」と，迎合しない。「『みんな』と君は言うけれど，だれとだれですか」など，事実と違うことをはっきりさせる。そして最後に「ほんとうかどうかわからないことを，うわさしたり悪口言ったりするのを先生は好きじゃない」とビシッと言うことも大切である。

③具体的な対応を一緒に考える

ほかの教師のことを訴えるのは，「何とかしたい」気持ちや，「もう一度その教師に理解してほしい，誤解されたままではいや」などのメッセージがある場合が多い。一緒にどうしたらよいか考え，寄り添ってあげたいものである。ときには，「その先生のところへ一緒に行ってあげようか」という橋渡しも必要である。

> ⚠ ほかの教師の悪口だけに目を奪われず，訴えている子どもの気持ちを，しっかり受け止める。

（田中和子）

▶注意する（対人関係）

子ども 36 注意されてふてくされる子

場面例とポイント

人に迷惑をかけたことや問題行動を教師から注意され，ふてくされている。どうしたらよいか。

❶チームで対応する

はじめに注意した教師とは違う信頼関係のある教師からの対応が効果的である。「A先生とどうしたんだ，言ってごらんよ。なんだか心配で来てみたよ」と子どもを気遣いながら話しかける。

❷共に考える姿勢を示す

本人が少し落ち着いてきたら，「何で注意されたのか，この問題を私と一緒に，もう１回きちんと整理してみないか」と紙を取り出し，図示しながら，問題となる行動・言動・関係を浮き彫りにする。

❸行動を改めさせて，責任の取り方を教える

説諭しながら，先ほどの態度を改めさせ，反省させる。そのとき，ふてくされた態度をとってしまった教師に対して，謝らせる。

考え方

ふてくされているという状態は，「何で自分がしかられなければいけないのか，しかられて面白くない」という感情と同時に，自己防衛をしている場合が多い。

①チームで対応する

本人と信頼関係のある教師が，「ふてくされなければならない理由があるんだよね」「よく我慢したね。耐えていたんだね」と本人の緊張を解くように気持ちを聞くことが大切である。

②共に考える姿勢を示す

「さっきの行動をもう一度聞かせてほしいな」「なにが悪かったのか，一緒に考えよう」と用紙に書いて，体験を思い出させる。そのときの観点は，次の３つである。

(1)事実に合っているか
(2)筋の通るものか
(3)だれに迷惑をかけたか

この観点で，本人に一つ一つ納得させながら，本人の考えのどこが間違っているのかという焦点化をする。

③行動を改めさせて，責任の取り方を教える

「注意をした先生は，なぜ注意したんだろう。嫌われるとわかっているのに注意するのは，君にわかってほしいことがあると思うよ」と諭す。その子どもの心にぐっと落ちる話題（パーソナルなもの）を入れながら，問題の核心に迫り，心からの反省を引き出す。そして，「君が大事だから先生みんなが心配しているんだ，注意してくれた先生にはさっきの態度を謝ろうね」と諭して帰すと，はじめに注意した教師と子どもとの亀裂も修復して終わらせることができる。

> ❗ 指導はふてくされている気持ちを理解することから始まる。

（淡路亜津子）

3章 一人一人の子どもへのかかわり

▶注意する（対人関係）

子ども 37 注意されてカッとなる子

場面例とポイント

注意されているうちに子どもがカッとなって話どころではなくなった。

❶落ちつかせる

大勢の中にいるときは，少し落ちついたら，個別に対応できる静かな場所へ移動させる。こちらの声が耳に入るようであれば，ゆっくり深呼吸させ，落ち着かせる。

❷ものにあたり，蹴ったり投げたりする場合

教師も子どももけがをしないように気をつける。収まらないときは，ほかの教師の応援を頼む。

❸今後の対処法を共に考える

子どもがカッとなったとき，自分で対応できるよう，方法を一緒に考えていく。

考え方

①落ちつかせる

子どもがカッとなったのは，子どもの気質によるところが大きいのか，教師自身の対応の仕方に問題があったのか，冷静に見きわめる。

教師が子どもの心を傷つける発言をしてカッとさせたと思ったときは，すぐに謝る。教師も子どもに負けてはならないと思い，子どもの心境を思いやるゆとりをなくしてしまうことが多い。

「強く言いすぎたかな，ゴメンね」と謝って，傷ついた子どもの心の痛みに寄り添うと，つらかった気持ちが表出して，泣きだす場合もある。カッとなったのはどうしてか冷静に考えることが，子どもにも教師にも必要である。

②ものにあたったり，蹴ったり投げたりする場合

周りの子どもや教師自身がけがをしないようにし，興奮している子どもを加害者にしないようにする。すばやくほかの教師の応援を頼み，数人で別室に連れていき，落ち着いたところで話を聞くようにする。

保護者とも面談し，いままで家庭や学校で暴力を受けた経験がないか，ありのままの子どもが受け入れられているのかなどに注意して，話を聞くようにする。保護者と共に子どもへの対応を考えていくことが大切である。

③今後の対処法を共に考える

子どもの話をじっくり聞くようにして，慎重に対応していても，カッと興奮してしまうことがある。

そのような子どもは，落ち着いているときに改めて面接をし，「カッとなったのはどうしてかな」「今度からどうするの」などと声をかける。子どもが自分の言動を自覚し，その対応方法（ゆっくり深呼吸する，静かな別室へ行くなど）に取り組むようにしたい。その後，カッとなるような場面で少しでも押さえようとしている様子があれば，大いにほめるようにしたい。

❗ なぜカッとなったのかを見きわめる。

（杜浦淳子）

▶注意する（対人関係）

子ども38 注意されて泣いてしまう子

場面例とポイント

呼び出して注意したら泣きだしてしまった。どうしたらよいか。

❶問題に焦点をあて，話すことができる態勢をつくる

「泣いていることは，お話ししているのと同じくらい大切なことだけれど，ずっと泣いているのは楽じゃないよね。待っているから，泣きやんでからお話ししてくれるかい？」。このとき，子どもが「うん」と納得することが大切である。

❷教師の思いを伝える

「あなたのことを，大切に思っているよ。だからこそ，このままではあなたにとってよくないと思ったので，言うんだよ」と，教師は子どもを大切に思うからこそ注意をするのだということを，ゆっくり，はっきり，落ち着いた言葉で話す。

考え方

①問題に焦点をあて，話すことができる態勢をつくる

本人が泣いていることには，何かしらの意味があるはずである。しかし，それを尋ねてみたところで，「泣く」ということでしか表現ができないのだ。本人の表現力の未熟さと，泣くことによって問題を回避することを学習してきたことが考えられる。

子どもが泣いたとき，「泣く」という表現ばかりに教師が目を向けると，子どもが本来向き合わなければならない問題から，焦点がずれてしまう結果となる。

教師は，問題に向き合えない子どもの自我の弱さを支えながら，直面する問題に少しずつ向き合えるように支援していくことが重要である。

②教師の気持ちを伝える

子どものことが嫌いで注意したのではなく，子どものことを大切に思っているから注意したことを，ゆっくり，落ち着いた言葉で伝える。

待ってもなかなか泣きやまない場合，あるいは泣きやんだので話し始めると，また泣きだしてしまった場合でも，教師の思いをていねいに伝える。泣いているから「もう，いい」と切り上げてしまうのではなく，注意の内容と教師の思いを明確に伝える。

教師と子どものこれらのやりとりは子どもの大切な成長の一過程ととらえ，小学校低学年であれば場合によって家庭訪問をし，高学年～中学生でも注意をした内容と泣いてしまったことを家庭に伝える等，家庭との信頼関係の中で見守る必要性があるだろう。

その後，日を改めて呼び出し，落ち着いていることを確認したうえで，子どもの口から，注意されたこと，これからどのようにしていけばよいかを明確に言えるようにさせたい。

> ⚠ 「泣く」という表現に惑わされず，冷静に，注意の内容と教師の思いを伝える。

（大野雄子）

3章 一人一人の子どもへのかかわり

▶注意する（対人関係）

子ども 39 注意されて人のせいにする子

場面例とポイント

自分の非を認めず，人のせいにする。どうするか。

❶気持ちを理解したうえで，事実を自己開示させる

「あなたは自分の非を認めたくない理由があるんだね」などと言葉かけをする。

そのうえで「悪いのはあなたじゃないんだね，先生が間違っているんだ。じゃあ，先生がどう間違っているか，教えて」と逆に子どもに尋ねる。そして，つじつまが合わないところや，考え方が間違っているところに教師が介入し，一つ一つを納得させていく。

❷自己中心的な考えに気づかせる

自分よりも，ほかの人のほうがもっとやっていると言い張る。また，自分は仕方なく巻き込まれているだけだと主張する。このように言い訳の多い子どもには，「先生が，いまいちばん直してほしいと思っているのが，君なんだよ」と言い聞かせ，自分を守るために人の責任にすることは，自己中心的な考えであることに気づかせる。

考え方

人のせいにするというのは，責任転嫁であり，この場から自分を守ろう，早く逃れたいという気持ちでしかない。ほんとうの反省までもっていくには，自分の非はどこにあるのかを考えさせ，また間違った思い込みなどを，学校や社会のルールに照らし合わせ，納得させる必要がある。そして自己責任を理解させ，注意されたらまず素直に非を認め，謝る，改善するという姿勢を育てていく。

①気持ちを理解したうえで，自己開示させる

行動を変えようとせず，わかろうとすることから始める。そのために本人の言い分を十分に聞く。子どもが落ち着いてきたと感じた時点で，「人のせいにしなければならない理由があったんだね」と共感することが大切である。

②自己中心的な考えに気づかせる

人のせいにする子どもたちの多くが，「ほかの人はもっとやっている，あの人やこの人はどうなんだ！　私だけ注意されるのはおかしい！」と教師を責め立てる。

言い訳の多い子どもには，自分のやっていることに責任をもたせ，他者のために何かをする喜びを体験させるのがポイントである。日ごろから，日直や係といった役割の遂行や，清掃などをしっかりやらせることが大切である。また，「やらなければいけないことをやらない人の言い訳は認めない」という担任の毅然とした態度でどの子どもにも普段から接することも，こうした場面において早く納得させることができるコツである。

> ⚠ 子どものの主張を聞き入れながらも，普段の生活の中で，自分で責任を取る姿勢を育てる。

（淡路亜津子）

▶注意する（非行）

子ども40 深夜徘徊をする子

場面例とポイント

深夜徘徊が続いていると，保護者から相談があった。子どもに，どう対応するか。

❶事実の再帰を促す

「○時に○○に行って，○時まで××をしていたのですね」と子どもに確認し，事実を把握する。

❷深夜徘徊の背景を理解する

「よほどの理由があるのだろう」と寄り添うように聞く。

❸行動変容を導き出す

深夜徘徊は，暴走族などに勧誘されやすく，犯罪などに巻き込まれる危険性が高いことを説明する。また，深夜徘徊をすることによって，悲しむ人がいることに気づかせる。

❹問題の解決を図る

問題の解決に向けて「あなたも先生も共に努力して，困難を乗り越えていこう」という姿勢を示す。指導に当たっては，保護者および関係機関と連携することが大切である。

考え方

非行カウンセリングのめざすものは，「第三者の立場に立って自己を見つめさせる」ことである。

①事実の再帰を促す

5W1Hにそって事実を聞き取り，「○時に○○に行って，○時まで××をしていたのですね」と子どもの言葉を繰り返すことで明確化し，正確な事実を把握する。

②深夜徘徊の背景を理解する

問題行動を治そうとするのではなく，その行動の意味をわかろうとすることが大切である。よって，「深夜徘徊をするのは，よほどの理由があると思うが」と理解する姿勢を示し，深夜徘徊をしてしまう心情を聞く。

③行動変容を導き出す

行動変容を導き出すためには，本人に問題を意識させ，深夜徘徊によって，だれがどのように悲しんでいるかを考えさせる。例えば，「あなたが深夜徘徊をしているとき，家族は，寒いなかずっと外で待っていたのをあなたは知っていますか？ 悲しんでいる人がいるよ」などと具体的に伝える。さらに，「自己中心的な行動である」と迫ることも有効である。

④問題の解決を図る

深夜徘徊をさせないようにするためには，学校に目を向けさせることである。よって，本人と教師が共に努力し，深夜徘徊の原因を解消するための，具体的な目標を一緒に考える。例えば，成績不良の悩みで深夜徘徊をする子どもなら，「放課後1時間学習をする」などである。教師は，その子どもを必ず信じることが大切であり，信じる気迫が相手に伝わり，がんばる意欲につながる。

> !悲しんでいる人がいることを教師の自己開示によって気づかせる。

〈参考文献〉 生島浩『非行臨床の焦点』金剛出版

（朝倉一隆）

3章 一人一人の子どもへのかかわり

▶注意する（非行）

子ども 41 万引きをした子

場面例とポイント

迎えに行って初めに何と声をかけるか。また，店への謝罪が済んで，一段落してから何と声をかけるか。

❶共感的に接する

教師は本人の横や後ろから「どうしたんだい？」「大変だったね」と声をかけながら近寄る。

❷悪いことだとわからせる

謝罪が済み，一段落して別な場所で「何があったんだい？」など「いつ，どこで，だれと，何を，とわかりやすく話してごらん」と万引きの事実を本人から聞く。十分に話を聞き出してから，しっかりと本人の目を見て，「どんな事情があっても万引きはよくないことだよ」と強い口調で語りかける。

考え方

①共感的に接する

万引きを見つけられた直後の子どもは，不安な気持ちでいる。子どもは万引きが犯罪であり，悪いことであることを知識として知っていながらやってしまった場合が多い。万引きをしてしまったことで，孤独感も強め，場合によっては自分を守るために反抗的な態度を示すこともある。反抗的であっても，ひるまず毅然とした態度で接する。

第三者（警備員など）の前で内面に迫る指導はむずかしい。迎えに行く場面では，子どものそばに立ち，声かけしたり肩を抱えたりして安心感をもたせる。

②悪いことだとわからせる

本人を引き取り，場所を変えて落ち着いた雰囲気であらためて話し合う。本人に事実を語らせる中で，悪いことだとわからせ，反省させることが大切である。

(1)突発的な万引きの場合

「欲しかったから」「何となく」など本人自身にかかわる理由の場合は，客観的に自分を見つめ直させることで反省が期待できる。うまく話せない場合は作文などに書かせてもよい。

(2)常習的な場合

経済的な理由，仲間関係や非行的な理由で常習化している場合やグループ化しているときは生徒指導部会で対応する。とくに慢性化しているときは，スクールカウンセラー等への相談も必要である。

(3)第三者が関係している場合

いじめや級友からの強要である場合，表面に出てきた万引きよりも人間関係の改善の指導が優先される。関係教師との連携も必要となる。

いずれの場合も「万引きはやめる」という本人の強い決意を導く。けじめとして，後日保護者と本人で，店へ謝罪に行かせ，代金を支払わせ，終結させるのがよい。家庭と連携を取り，協力を得ることが肝要である。同時に教師自身が「一緒にがんばろう」という姿を見せ，前向きの心情を育てる。

❗ 万引きはその子の内面にふれられる絶好の機会である。

（柘植和洋）

▶注意する（非行）

子ども 42 喫煙をする子

場面例とポイント

子どもが喫煙している場面に遭遇した。どう声をかけるか。

❶まず注意をし，喫煙をやめさせる

「タバコを吸うのをやめなさい」

❷どこが悪いのか考えさせる

「子どもが喫煙することの何が悪いのか君は考えたことがあるか？」。もし開き直っている場合には現実原則をはっきりと示し強調する。

❸だれに迷惑をかけているか考えさせる

「君が喫煙したという行為は，だれに迷惑をかけていると思う？」

❹責任を取らせる

「喫煙行為に対して，君には○○の責任を取ってもらう」

考え方

喫煙行為に対して，何が悪いか，だれに迷惑をかけているかを考えさせたうえで，それに対してしっかりと責任を取らせることが重要である。

①まず注意をし，喫煙をやめさせる

見て見ぬ振りをするのがいちばんよくない。しっかりと注意をし，まずは喫煙をやめさせる気概を教師がもつ。

②どこが悪いのか考えさせる

教師が一方的に指導するのではなく，喫煙行為のどこが悪いかを子どもに考えさせ，子どもに語らせることが必要である。それによって，喫煙がほかのだれでもない，自分の行為であることを再認識させるためである。そのうえで，未成年の喫煙は明らかに法にふれる行為であるから，絶対に許せない行為である，という旨を，教師は補足・強調する必要がある。

③だれに迷惑をかけているか考えさせる

子どもがあげる人物に対して，なぜ迷惑をかけたのか，教師が子どもに理解させなければならない。例えば「今回のことで君の両親には学校に来てもらう。学校で一生懸命に君が勉強していると思い，そのために働いている両親を君は裏切ってしまった」「ほかの生徒にも君は迷惑をかけているのがわかるか？ 君の行為は熱心に学校生活を送り，少しでも学校をよくしようと努力しているみんなの心を踏みにじったことにならないか」「これだけの人に迷惑をかけているんだ」と気迫をもって話す。

④子どもに責任を取らせる

①～③までの指導で終わらせてはならない。法律に違反した行為に対してきちんと責任を取る，ということをその子どもに学習させなければならないからである。責任の取らせ方に関しては，校内の生徒指導体制によっても相違はあるが，最低限，学校や保護者に謝罪させることが必要である。

! まず注意，そして何が悪くてだれに迷惑をかけたか，子どもに考えさせること。

（中山光一）

▶注意する（非行）

子ども 43 援助交際をする子

場面例とポイント

警察に補導され，出会い系サイトで知り合った異性との援助交際が発覚した。どう対処するか。

❶保護者・警察への対応

警察から連絡後，速やかに管理職および保護者に連絡し警察署へ一緒に出向く。

警察主体で事情聴取などが行われるので，学校が連携する姿勢を示す。

❷校内指導体制を整える

警察連携は，学校組織として対応し，今後の指導内容について，校内で十分に共通理解をしておく。また，早急に校長，生徒指導主事を中心に守秘義務を前提としたプロジェクトチームを組織する。

❸つらさを共有し，立ち直りを支える

個別の指導では，多くの場合，最初は自暴自棄の言葉が返ってくるが，子どもの真意は違う。本人と接見したら，「つらかったね」と声をかけることが重要なポイントである。

考え方

援助交際は，自己破壊に値する軽率な行為だが，ここにいたるまで教師が指導のタイミングを逸した結果でもある。だからこそ，教師が心からかかわる姿勢を示さなければ解決されない。

①保護者・警察への対応

学校（教師）は，補導された子どもと保護者に配慮することが重要である。補導されても，子どもをけっして見放さないという姿勢で寄り添う。

②校内指導体制を整える

援助交際が発覚した時点で，ほかの子どももこの件に関連していることが考えられる。そこで役割分担を行い，本件の対応と同時に，生徒指導部で慎重に情報収集・事実確認を行い，再発防止に向けての対策に全力を注いでいく。

③つらさを共有し，立ち直りを支える

援助交際という行為への指導も重要だが，心からの変容を促すためには，ぜひとも教師が心配する姿を見せたい。性非行の指導では「生きる」ことの意味，すなわち自分自身を振り返らせることが重要である。「私は最高に価値ある人間なんだ」，だから「自分の身体は自分で守るんだ」という思いを伝え，軽率に他人にゆだねてはいけないことを理解させる。

そのためには「人は皆，自分を心の底から愛してくれる人との出会いを求めている。『愛している』とは『あなたを心から大切にしてくれる』ことだよ」と，援助交際は大切にされた行為ではないと気づかせる声かけをする。そして，複数の異性と関係した心境を本人が語り始めたら，「どんなにつらかったことか……」「よく話してくれたね」と寄り添い，心の内を共有することで，子どもが自分と向き合うきっかけをつくるのである。

❗ 学校内での子どもの居場所の確保。その子どもが自分と向き合えるような教師の言葉かけ。

（齋藤美由紀）

▶注意する（非行）

子ども 44 非行グループと接触している子

場面例とポイント

服装違反や授業エスケープが目立ちはじめた子ども。その背景には他校の非行グループとの接触があることが判明した。1対1の対応をどうするか。

❶事実を聞き出し、非行グループとの接触を認めさせる

「君がA校のグループとつながりがあるということは事実か？」

他校とのつながりに関してはそれを認めなかったり、つながりの程度をごまかしたりする子どもも少なくない。そこで、「A校の先生に頼んでグループと君とのつながりを聞いてみようと思うが、君の言っている内容と違っていてはおかしいので、再度確認したい」

❷非行グループと接触を切るとともに、接触に代わる昇華の方法を考えさせる

「今後も接触を続けるとすれば、君はどのようになっていくと思う？」「関係を切るのはいましかないよ」

考え方

呼び出し相談など、1対1で話し合う時間と空間を確保する。毅然とした態度で事実を確認しながら、接触を切る。

①事実を聞き出し、非行グループとの接触を認めさせる

まずは非行グループと接触するようになった契機、時期、頻度などを聞くとともに、非行グループと一緒に問題行動を行っているのか確認する。生徒指導主事や学年主任、複数の教師で指導にあたることが大切である。同時にA校の生徒指導主事と連携し、そのグループにも指導を行ってもらう。ここでの留意点は、せっかく話をしてくれた子どもの立場が悪くならないよう、A校の生徒指導主事に配慮を依頼することである。

②非行グループと接触を切るとともに、接触に代わる昇華の方法を考えさせる

非行グループとの接触を切らなければならない。接触し続ければ、問題行動を起こす可能性が高く、その子どもの将来を左右しかねないからである。そのためには、毅然としたなかにも、その子どもの将来を真剣に考え、心配しているという教師の姿勢が必要である。「関係をもち続ければ、今後も問題行動に誘惑され、周囲に多大な迷惑をかけるよ」「いま君が学校でがんばれることが1つだけあるとすればそれは何だろう？」などの声かけをする。

関係を切らせるためには、まず保護者やA校の教師に協力を依頼することが大切である。そしてその子どもに、関係を切る必要性と、非行グループとの接触がなくても、自分なりの健全な目標を再設定することができることを理解させることが必要である。

⚠️ 毅然と対応するなかにも愛情ある聞き方。

（中山光一）

▶注意する（非行）

子ども45 暴走族に勧誘されている子

場面例とポイント

暴走族に勧誘されていると子どもが相談をもちかけてきた。どう対応するか。

❶現在の状況と背景を知る

相談の趣旨の多くに「入りたくない。断るにはどうしたらいいか」と「断ると自分にどんな事態が起きるのだろうか」の２つがある。いずれにしても、これまでのいきさつと人間関係（組織）を聞く。

❷加入したらどうなるか

暴走族に加入すると、暴力団との絡み、上納金を収めることから関連する犯罪行為、脱会にいたってはリンチが伴うことを話し聞かせる。

❸断る勇気を教える

「君を、こんな目にあわせるわけにはいかない」「先生が君を守る」と強く語る。そして、断ることによって多少のリスクを背負うかもしれないが、暴走族に加入することは、多くの人々を悲しませ、自己破壊につながることを理解させ、断る勇気と行動を導き出していく。

考え方

①現在の状況と背景を知る

教師に相談したいという子どもの心情からは、いまの状況を打破したいという、子どもの強い願いが込められていることが察せられる。まず、本人からよく状況や気持ちを聞き、これまでのプロセスや人間関係などを十分に把握し、本人の切なる願いを聞き入れ、真剣に受け止めることである。

②加入したらどうなるか

暴走族は集団非行であり、本人の自己実現を妨げるばかりではなく、多くの人に多大な迷惑をかける反社会的行動であることを教える。

また、凶悪な犯罪行為に発展する可能性がきわめて高いことや、いったん加入してしまえば、脱会を試みても、組織の脅威で集団暴行（リンチ）が必ずあることなど、組織のおきてに従わなければならない恐るべき集団であることを、この時点でしっかり認識させたい。

③断る勇気を教える

教師が真剣に自分のことを考え、味方になってくれるという信頼感をはぐくむことが、初期の段階において、最も重要なポイントになる。今回の事態が、これまでの生活態度や問題行動の結果であるとしかったり、いたずらに規制を強めたりしても、かえって逆効果になってしまうので注意すること。

このような子どもは、「全力で守る」という人間的なかかわりを開示してくれた教師のあたたかさを感じた瞬間から、心を開き、「この先生のために……」と行動変容の意欲をもちはじめていく。まさしく教師は、自分を打ち出す（アイネス）ことが強く要求されるのである。

> ❗ 子どもの真意をつかむ。自己決定への勇気を導く教師のかかわりきる姿勢・熱意。

（齋藤美由紀）

▶注意する（非行）

子ども46 暴走族からの離脱を考えている子

場面例とポイント

暴走族から抜けたいと，子どもが訴えてきた。どう対応するか。

❶離脱の真意を受け止める

深刻な状況に直面しているのか，早急に何らかの措置をとらねばならない危険な事態が本人に迫っているのかを，先に聞き出す。一時的な仲間内の感情のもつれから生じる，ささいなトラブルからの発言も考えられるが，いまこのときが指導のチャンスととらえ，親身になって受容する。

❷離脱の手順を確認する

離脱にともなって，これから起こりうる事象を想起させながら，自己決定する勇気を導く。そして，さまざまな不安を取り除くための手だてや方法を，最後まで一緒に考えていくことを約束する。

考え方

このように訴えてきた背景にはグループ内の何らかのトラブルに巻き込まれ，自分では解決できない事態（上納金，対立グループとの権力闘争，リンチなど）に追い込まれていることが予想される。

したがって，慎重に事細かくメモを取りながら，複数の教師，また学校体制で対応していかなければならない。

①訴えてきた勇気を全力で受け止める

彼らにとって，「暴走族から離脱したい」と少しでも口にすることは，メンバーのおきてに最も反した言動であることは重々承知している。このことが仲間内に知られたら，ただでは済まない重罰に値するにもかかわらず，訴えてきたわけである。必死の訴えを受けた教師は，「私は，あなたを全力で守る。一緒に離脱の方法を考えよう」と全力で対応することを約束する。

②離脱の手順を確認し，脱会する勇気と行動を導く

暴走族から離脱することは，容易なことではない。組織力は絶対の権威につながり，脱会者はけっして許されない。離脱の素振りを少しでも見せたら，その時点で上から清算の指令（リンチ等）を浴びせられることになる。したがって，外部に漏れることなく慎重に事を進めていかなければならない。相談を受けた教師は，次の手順で進めていく。

(1)ただちに生徒指導主事，学校長に報告する。

(2)保護者に状況を報告，今後の取り組みを確認し，理解・協力を得る。

(3)関係諸機関との連携を図り，本人の身柄の安全保障を第一に考慮する。

本人への指導の決め手は，教師とのきずなである。子どもが「自分のために先生はここまで守ろうとしてくれている」と感じた瞬間から，心を解放し，脱会の勇気と行動力を生む。教師のゆるぎない熱意が自己決定へと導く。

> ❗ 教師と子どもとの信頼関係ときずな。かけがえのない子どもを救う思い。

（齋藤美由紀）

3章　一人一人の子どもへのかかわり

▶注意する（非行）

子ども47 非行グループからの連れ戻し

場面例とポイント

暴走族グループのたまり場に男女入り交じって寝入っていた。その場所に来合わせたとき、どう指導するか。

❶当の子どもにのみかかわる

情報をキャッチし、強行して部屋に踏み込む場合、複数で対応すること。教師は当の子どもに「迎えにきたから……」と冷静に話しかける。

❷強行姿勢で対応する

指示が通らなかったり、反抗的態度を示したりしても①の姿勢で粘り強くかかわるが、たったひとこと、厳しい口調で「私は、あなたを放っておけないから！」と教師の気迫をもって伝える。

❸落ち着く場所で時間をかけ心をほぐす

自宅に連れて帰り、状況を見て食事・睡眠を取らせる。精神的に落ち着いた状況でゆっくり時間をかけて、本人の気持ちを受け止めていく作業をする。さらに、「あなた自身を大切にしてほしい」と行動変容を促す。

考え方

粘り強い傾聴的態度が教師に必要となる。いきなり「こんなグループから早く抜けなさい」などと、こちらの価値観を押しつけない。なぜなら、悪いとわかっていても、このグループは子どもにとって大切な居場所だからだ。

①当の子どもにのみかかわる

暴走族グループのような一定の組織に働きかけをしていくとき、単独での指導や介入はできるだけ避ける。このようなケースでは、複数で冷静な対応をするために他校、警察と連携して行動することが望ましい。

本人と信頼関係ができていても、集団心理が作用して、異常とも思える抵抗をする危険性があるからである。

②強行姿勢で対応する

大人や家庭、社会に対して完全に背を向け、何も信じられなくなっている子どもに、言葉だけの規範意識を促しても効果はない。「この人は、自分の生活や時間を省みず、自分のために本気で身体を張った行動をしてくれている」「わかろうとしてくれる」と感じさせなければ、このような子どもは救えない。

教師の必死の行為が「先生だけは絶対に裏切れない」と子どもを変容させ、お互いに固いきずなが生まれる。

③落ち着く場所で時間をかけ心をほぐす

性非行に及ぶ子は、生育歴や発達段階において親の愛情欠如など、ひとことでは解決できない要因を抱えていることが多い。したがって、解きほぐしていくには、かなりの時間を要する。内容によっては本人や家族に専門機関のカウンセリングを続けていきながら、治療に視点に置いた「育て直し」の段階から取り組んでいかなければならない。

> ❗ 受容するが迎合しないこと。長いスパンで本物の愛情で接し、心をほぐす。

（齋藤美由紀）

▶注意する（非行）

子ども 48 反省の色が見えない子

場面例とポイント

問題行動（喫煙）の事実は認めているが，たまたま見つかった自分は運が悪いなどと考えており，反省が十分深まらない。反省指導室で，どう対応するか。

❶子どもの気持ちを聞く

「どうして吸い始めたの？」「吸っているのを見つかってどう思った？」

❷教師の考え・体験を伝える

「私も，母には心配をかけた経験があってね」などと，教師自身がいちばん身近な人に迷惑をかけた経験を自己開示する。

❸心配している人がいることを伝える

当の子どものいちばん身近な人に対して「どういうお世話になったかな」「どんなことをして返したかな」と問いかける。その身近な人が，たばこを吸って反省していることを聞いてどう感じるか考えさせ，記述させる。

❹素直に反省する気になったときの対応

「いまの気持ちが大切なんだよ」「いまの表情はとてもいいよ」などの声かけをし，これからどういう考えで生活することが大切か考えさせる。

考え方

問題行動を起こした子どもが別室で反省をすることは，自分の問題行動，生活習慣および周囲の者との関係などを見つめ，整理するよい機会である。

反省を効果あるものにするためには，教師の面接による援助が必要である。

①子どもの気持ちを聞く

まず，子どもの気持ちを引き出すために問題行動そのものを振り返らせる。教師に気持ちを語り，それを教師が受け止めることで子どもが心を開くきっかけにする。このとき，教師が一方的に話し続けたり，教師の求める答えを押しつけることのないよう十分注意する。

②教師の考え・体験を伝える

教師が自らの考えや経験を自己開示することで，迷惑をかけた人がいることに自ら気づき，反省を促すことがねらいである。

③心配している人がいることを伝える

子どもの周囲には，心配してくれる人がいることに気づかせたいが，本人の家庭での環境や人間関係に十分配慮したアプローチが必要である。自分の周りに，心配して支えてくれる人がいることが実感できれば，これまで生きてきた意味や生かされてきたことに気づき，反省をよい機会としてとらえることができる。そのことを引き出すためにも，教師は子どもの心を揺さぶる自己開示ができることが望ましい。

④素直に反省する気になったときの対応

子どもが，将来にわたり展望をもてるよう，子どものよい価値観を増幅させてやればよい。

> ⚠ 過ちですべてが否定されるわけではない。よりよい生き方をするためのきっかけにすることが大切なことをわからせる。

（安原敏光）

3章 一人一人の子どもへのかかわり

▶自信をつける

子ども 49 静かで目立たない子

場面例とポイント

授業や学級の活動に積極的にかかわることのできない子どもへの対応はどうすればよいか。

❶かかわれない気持ちを知る

かかわりたいと思っているがかかわれない子どももいれば，意図的にかかわりたくないと思っている子どももいる。このような子どもの気持ちに教師が気づくことが大切である。

❷安心して活動できる場を保障する

この先生のもとでなら，話すことができる，行動できるという安心感をもたせる。自分を受け止めてくれると感じられるあたたかい学級集団をつくる。

❸子どものよさを自覚させる

積極的に子どものよさを見つけ，まず教師が認め，子どもに自覚させる。

考え方

静かで目立たない子どものよさを認めてあげるとともに，友達とかかわる力を育てるようにする。

①かかわれない理由を知る

かかわれない理由としては，(1)活動の仕方やルールがわからない，(2)間違えるのが恥ずかしいなどがある。また，かかわりたくない理由としては，(1)かかわりたくない人がいる，(2)とてもいやな思いをさせられた，(3)心配事や悩みがある，などがある。

なぜ子どもがかかわれないのかを理解し，その子の抱えている重荷を軽くするようにしたい。そのために学級で構成的グループエンカウンターを行ったり，意図的にその子が活躍できる場を設定したりして，かかわれない気持ちを克服し，かかわる楽しさを味わえるようにする。

②安心して活動できる場を保障する

どの子も教師から見守られていると感じることができたら安心して活動するようになる。「あなたは，○○のところがすごいね。感心したよ」とよさを教師が心から認めると，子どもが自信をもつきっかけになる。

また，Q-Uなどのテストでその子が学級生活に不満足を感じていることがわかった場合は，「何かいやなことがあったら聞かせてね」と話しかける。そして学級の実態に応じたエクササイズを行うなどして，友達との人間関係が安心したものになるようにする。

③子どものよさを自覚させる

おとなしい子どもほど物事をじっくり考えている場合が多い。思いつくまま話す子どものにぎやかさに惑わされず，おとなしい子どもの発言をみんなに聞かせるようにしたい。その方法としては，全員発言の場を設定したり，教師が代わりにノートに書いてあることを紹介するなど，その子の表現の手助けをすることが大事である。

> ❗ あたたかい，いごこちのよい学級をつくり，子どもの自己肯定感を高める。

〈参考文献〉 河村茂雄「Q-U：楽しい学校生活を送るためのアンケート」 (菊地章子)
図書文化

▶自信をつける

子ども 50 人目を気にする子

場面例とポイント

いつも周りの目を気にして，なかなか行動をおこせないでいる子どもがいる。どのように対応するか。

❶悩みの一般化から具現化へ

「みんなが自分の失敗を見て笑うのではないか？」と最初から失敗する自分をイメージするために，視線を感じ，躊躇してしまう。「みんな」という概念は悩みを大きく広げる。「みんなに見られているとすればそれはさぞ緊張してしまうだろうなぁ。でも『みんな』って具体的にはだれなんだろう」と問いかける。

❷リフレーミングで見方を変える

「人目が気になるというのは見方を変えると，周りの状況をしっかり見ることができるということだね。そんなあなただからこそ，一人一人の違うよさに気づきやすいし，いいところをまねしやすい力に恵まれている。何よりも，自分の力が見えてくるよ。ラッキーだね」

考え方

人目を気にする背景には，自信のなさがある。

①悩みの一般化から具現化へ

不安だし，周りの目が気になる。本人にとってこの感覚は事実なのである。よって，その気持ちを否定することなく受け止めることが大切である。しかし，実際はみんなが1人だけを集中して見ているわけではない。よって，本人がそこに気づくことができる言葉かけが必要である。

人の目を気にする背景には，自信のなさによる強い予期不安がある。「みんなが私の失敗を笑った。今度もきっと笑われる」という不安である。特に「みんな」という受け止め方は，事実をゆがめ不安を大きくする。「ほんとうに『みんな』だろうか」と事実を一緒に確認し，問題の焦点を小さく絞る。悩みを一般化せず具現化することで乗り越えるのである。

②リフレーミングで見方を変える

人目が気になるのは，これまでの自己と他者との比較により，自信のなさを強化してきた結果である。そこで，見方を変えて事実のとらえなおしをすること（リフレーミング）を援助する。いまできていることは，新たな行動変容のエネルギーになる。リフレーミングによるかかわりは，子どもの資源を引き出し，援助することになる。

得意な力を生かして周りを観察してみたら，みんなそれぞれ違うよさを出していた。そして自分にも，みんなと違うよさがあった——このような，体験を伴わせながら，子どもが自分のよさに気づくことが大事である。それが行動変容のかぎを握る。それをリフレーミングの視点で見守り，支えていくのが，教師の力である。

> ❗ 小さく悩むコツを教える。リフレーミングの視点で，共に気づきあう関係。

（髙橋さゆ里）

3章 一人一人の子どもへのかかわり

▶自信をつける

子ども 51 仲間に入れない子

場面例とポイント

休み時間にみんなが一緒に校庭で遊んでいるのに，少し離れたところで1人ぽつんと立ってみんなを見ている。どう対応するか。

❶子どもに寄り添う

子どものそばに行き，みんなの遊んでいる様子を一緒に見る。

❷子どもの気持ちを確認する

「みんな楽しそうに遊んでいるね」「一緒に遊ぶと楽しいだろうね」などと語りかける。

❸遊びに加わることを提案する

「先生と一緒にみんなと遊ばない？」などと，遊びの中に入るように誘う。

❹仲間の入り方のモデルを示す

遊んでいる子どもたちに近づき，「いーれて」と大きな声で言い，一緒に遊びの中に入る。

❺仲間に入れたことを賞賛する

「ちゃんと仲間に入れたね」と子どもをほめる。

❻遊んだときの気持ちを振り返る

「みんなと遊んでどうだった？」などと語りかける。

考え方

①子どもに寄り添う

「どうしたの？」「みんなと遊ばないの？」などといった直接的な声かけは，引っ込み思案な子どもにとってはつらい場合も少なくない。まずは，子どもに寄り添い，その気持ちを感じてみる。

②子どもの気持ちを確認する

「楽しそうだな」「みんなと遊びたいな」といった気持ちを，教師の言葉で表現してみる。その際の子どもの反応（言語・非言語）から，ほんとうは一緒に遊びたい気持ちを確認する。

③遊びに加わることを提案する

1人で仲間に入るのはとても勇気がいるもの。一緒に遊びたい気持ちが確認できたら，教師のほうから遊びの仲間に入ることを提案する。

④仲間の入り方のモデルを示す

「仲間に入りたいのにうまく言えない」子どもに対して，仲間への入り方（ソーシャルスキル）を教師が具体的な言葉や行動で手本を示す。それを観察させ，模倣させる。まずは，教師が子どもといっしょに仲間に入ってみせるのである。必要に応じて，一緒に反復練習する。

⑤仲間に入れたことを賞賛する

仲間に入ったり，いっしょに遊んだりしたことに焦点を当てて，それを認め，ほめる。子どもの行動を肯定的にとらえ，フィードバックすることで，行動化への意欲が高まる。

⑥遊んだときの気持ちを振り返る

「みんなと遊ぶと楽しかった」という子どもの気持ちを明確にする。これも行動化への意欲づけとなる。

> 対人関係にはコツがある。経験不足の子どもには，まず，他者とのつき合い方を教える。

（小暮陽介）

▶自信をつける

子ども 52 すぐに「どうせできないから」と言う子

場面例とポイント

休み時間に子どもたちがなわとびを練習している。「あなたもやってみれば」と言ったら,「どうせできないから」と言われた。どう対応するか。

❶子どものできそうなところを整理し,やってみるように励ます

「あなたにもできそうなところ,ないかな」と言葉をかけ,できそうなところ,やってみてもよいところを整理する。「じゃそこから少しずつやってみようよ」と励まし,やる気を引き出す。

❷取り組んでできたことがあったら,小さなことでもほめる

成就感や自信をもたせるために,「よくできるようになったね。えらいよ。きっとがんばったからだよ」と言葉をかける。取り組んで失敗するときもあるので,子どもの様子を確かめながら言葉かけをする。

考え方

自分はできないと決めつけたり,無気力になっていたりする子どもは,自分に対するマイナスのイメージをもっている。自信や達成感の体験を積み重ねていくことによって,プラスの自己イメージを与えていくことが大切である。

①子どものできそうなところを整理し,やってみるように励ます

やる気のなさを叱責したり,強制的にやらせようとしたりした場合,もしもできなかったらその心理的ダメージは大きい。最初からすべてに取り組ませるのではなく,その子どもができそうなことはないか,少しがんばったら達成できそうなことはないか,子どもと話をする。少し努力すればできそうなことに取り組んでみることが,動機づけを高くする。

マイナスの自己イメージをもっている子どもは,自分は何もできないと思い込み,できることは何なのかを考えることができないことが多いので,整理をしてあげることが必要になる。取り組んでみたいことが子どもの口から出てきたら,励まし,ときには見守ってあげるよと言葉をかけ,不安感を除くようにする。

②取り組んでできたことがあったら,小さなことでもほめる

できたことに対しては,ほめて自信と成就感をもたせる。すべてができていなくても,できた部分についてほめることが大切である。もしどのような行動(努力)がよかったのかが明確なときには,それについて子どもと話をすると,自己理解が深まる。

取り組んでみて失敗することもある。「できなかったけど,一生懸命だったね」と,失敗のなかでも努力したことや,できるようになったことを認めてあげると,自信につながっていく。

> ❗ マイナスイメージをもつ子どものできそうなところを整理する,あたたかい言葉がけ。

(寺内真)

3章 一人一人の子どもへのかかわり

▶いやす・たすける

子ども 53 元気がない子

場面例とポイント

あいさつしてもいつもと違って元気がない。どう言葉をかけるか。

❶子どもの現在の状態をつかむ

「どうした？　元気がないね。家の人とけんかでもした？」などと尋ねてみることで、子どもの様子を知る手だてとする。

「また友達とけんかしたんでしょ」などと決めつけた言い方をせず、子どもの様子をよく観察しながら対応する。

❷信頼・安心できる関係をつくる

あなたのことを心配しているよというメッセージを子どもに送る。子どもがまだ話せるような状態でなければ、その場ではそっとしておき、「あとで話をしにおいで」などと伝える。また、そのときに悩みなどを打ち明けたら、じっくりと耳を傾けて聞く。

考え方

①子どもの現在の状態をつかむ

元気がないのは、家族とけんかしてしまったなどの家庭的なことか、仲のよかった友達とけんかしてしまったことなどか、原因を探るようにする。

傾聴的姿勢で、子どもの気持ちをよく聞き、様子をよく観察しながら、焦らずに対応していくことが重要である。

気をつけたいのが、教師の一方的な対応にならないようにすることである。「また友達とけんかしたんでしょう」といった決めつけた言い方や、「ちゃんと話さないとわからないでしょう」などと無理に気持ちを引き出そうとすると、かえって子どもの心を閉ざしてしまうことにつながる。

そのように話してしまった場合には、教師は素直に自分の言い方のまずさを認め、あなたのことが心配で言い過ぎてしまったのだと伝えることが大事である。

②信頼・安心できる関係をつくる

子どもは、教師からあたたかい言葉をかけられたり、話をよく聞いてもらったり、適度に励ましの言葉をもらったりすると、自分にとって不快な体験を乗り切ったり、心に負った傷を回復したりする心のエネルギーを得ることができる。

子どもがまだ何があったのか、話せるような状態でなければ、その場ではそっとしておくことにするが、あなたのことは心配しているよ、気にかけているのだよという教師の思いをきちんと言葉で伝えることが重要である。

さらに、ほかの教師（担当や養護教諭など）に相談し、さりげなく声をかけてもらうなども有効である。教師が本気で心くばりをすることが大切である。また、子ども自身も、それを待っていることが多い。

> ❗ 真剣に自分と向き合ってくれる教師とのつながりを、子どもが確実に感じるような伝え方をする。

（阿部千春）

▶いやす・たすける

子ども 54 悩みがありそうな子

場面例とポイント

自分の気持ちが訴えられず，気づいてほしいと思っているような子どもに，どうやって声をかけるか。

❶サインを読み取る

表情が暗かったり，いつもと様子が違ったりするのがサインである。

❷あたたかい声かけをする

「おはよう」「こんにちは」「今日は調子はどう？」など，ちょっとした日々の様子や心身の変化をとらえて声をかける。

❸問いつめるのではなく共感し，受容する形で問いかける

こちらが受け入れる姿勢であれば，何か話してくれるはずである。「最近，元気がないように見えるけど，体調はどう？心配事でもあるの？」「つらそうな感じがするけど，何か気になることでもあるの？」「心配なことや気になるようなことがあったら，話を聞かせてね」

考え方

①サインに気づく

自分の気持ちに気づいてほしい子どもが，自ら心の痛みなどを訴えてくることは少ない。よって，教師は，自分の気持ちに気づいてほしいと願っている子どものサインを読み取る感受性が必要である。そのサインはとても小さい場合が多いが，本人は全力で教師にサインを送っているのである。例えば，表情が暗かったり，視線を合わせない，いつも1人でいるなど，日ごろの様子と違って見えることがサインの場合が多い。

②あたたかい声かけをする

自分の気持ちが訴えられずに気づいてほしいと思っている場合は，受け身的な志向が強いので，教師や身近な大人からの声かけや働きかけを待っていることが多い。まずは，優しく気持ちを込めてあいさつや声かけをしながら，日ごろから子どもとのコミュニケーションを図り，心の揺れを感じ取っていく。

日ごろからのあたたかい声かけがあると，気にかけてもらえていることを実感し，支えられている，理解されていると感じることができる。子ども自身が支えられ，理解されている，大切に尊重されていると実感できることが大切な要素である。よって，日ごろからあたたかい声かけをすることによって，リレーションを深めることが大切である。

③問いつめるのではなく共感し，受容する形で問いかける

まずは，あいさつから始まり，子どもが醸し出している様子をとらえて，本人に伝える。さらに，子どもの思いに共感し，訴えられない気持ちに傾聴する。聞いてもらうだけで心が安定し，自分で問題解決できる場合もある。教師は，子どもの心を受容し，自己肯定感を高められるように促していく必要がある。

> ❗ 子どもの心を教師が傾聴する姿勢や態度が，子どもの心を開くのである。

（寺村路代）

3章 一人一人の子どもへのかかわり

▶いやす・たすける

子ども 55 保健室によく行く子

場面例とポイント

保健室へよく行く子に、「体調が悪いの？」と聞いたら、「朝起きたときは元気なんだけど、学校に来ると、気持ちが悪くなる」と返ってきた。どう対応するか。

❶受け止める

「そうか、気持ちが悪くなっちゃうのか」と、その子の言葉を受け止める。

❷具体的に身体症状も聞く

「気持ちが悪いってどんな感じかな？ もう少し話してくれるかな」

❸最近の様子も聞く

「何か気になることはないかな」「困っていることはない？」

❹あたたかく迎える

「どうだった？ だいじょうぶだった？」と、保健室から教室に戻ってきたとき、あたたかく迎える。

考え方

①訴えを受け止める

たとえ「え？ また？ たいしたことないんじゃないの？」と思うことがあっても、この教師の思い込みを前面に出してしまうのはよくない。「受け入れてもらえなかった、信じてもらえなかった」と思ってしまう子どももいるかもしれない。「レベルに差はあれ、気持ちが悪いんだな」と、まずわかってあげることからスタートしたい。

②具体的に聞く

「いつごろから？ どのへんが？ どんなふうに？」と、身体症状をわかろうとする姿勢から「あなたのことをわかりたい」というメッセージを伝えたい。気持ちや気分は言葉に表しにくいが、体のことなら話しやすい。自分のことをわかってほしくて、体調不良を訴えているのだから、子どもが話しやすいことで聞いてあげたい。

③最近の様子も聞く

不定愁訴の陰に隠れた心の不調に、子ども自身が気づいているときと、気づいていないときがある。身体症状にじっくりと耳を傾けることから、心の声に気づくことがあるが、少し時間がかかる。時間の確保や、話しやすい環境を整えるために、担任一人で背負い込まないで、保健室（養護教諭）を利用するのも一つの手である。

④あたたかく迎える

身体症状がそれほど重くなく、心のエネルギーもあると判断したとき、「教室で学習をしよう」と働きかけることも大切である。教室では、やる気になって保健室から戻ってきた子どもをあたたかく迎える。「よく戻って来たね」「がんばれそう？ えらいね」と心がぽかぽかする言葉をかけてあげたい。「しんどかったけどがんばれた！」という経験が子どもの成長につながっていく。

> まずは受け止める。「お休みしないといけないレベルかな」と、子どもが心と体に問いかけながら強さを育てていきたい。

（中山志保子）

▶いやす・たすける

子ども56 リストカットをする子

場面例とポイント

昨日まで何もなかったのに，朝，手首に包帯をしてきた子どもが，保健室に来室して泣きだした。養護教諭としてどう対応するか。

❶子どもの隣に座る

「どうしたの？　大丈夫」「よく来たね。隣に座るよ」と隣に座る。包帯をしている手を取ったり，子どもの肩に手を置いたりする。

❷共感する

「つらかったんだね。心が苦しくて，痛いんだよね。精いっぱいがんばったんだよね」と共感といたわりの言動を示しながら，寄り添う。

❸感情を聞き取る

「ゆっくりでいいから話してごらん」

考え方

リストカットには，傷が深い場合，傷を周囲に見せびらかしている場合，人前で傷つける場合などがあり，それぞれの場合に特有の意味が含まれている。しかしどのケースでも，周囲へのSOSのメッセージが含まれていると理解し，まずはそばにいることが大切である。

①子どもの隣に座る

「あなたのつらい気持ち」を理解しようとしているよ，心配しているよ，というメッセージを届け，「先生はあなたと共にいるよ」という姿勢を示し，安心感を与えるために，子どもの隣に座る。

②共感を示す

次に子どものつらい感情に共感を示す。リストカットという行動によるメッセージを受け止め，リストカットがよくない行為とわかっていても，リストカットをせずにはいられなかったつらい思いに共感を示すのである。手首の傷ではなく，子どもの心の傷に目を向ける。「つらかったんだよね。心が苦しくて，痛いんだよね」という言葉かけで，「わかろうとしているよ」ということを伝える。

③感情を聞き取る

続いて，リストカットしたときの感情を聞き取る。リストカットしても，つらいという感情は十分には消えていないからである。

また，包帯をしても学校に来るのは，だれかにつらさをわかってほしいと思っている場合がある。そういった子どもにかける言葉が「聞いてあげるよ，ゆっくりでいいから話してごらん」である。

「わかろうとしているよ」ということを伝えるためには，言葉に加えて，寄り添ってそっと肩に手を当てるなどの非言語的なかかわりが有効である。

ときどき，自分の気持ちを十分に表現できないために，机をたたいたり，泣き続けたりする子どもがいる。どんな方法で表現しても，寄り添って受容することによって，共に困難を乗り越えていく勇気がわいてくる。

⚠ 表現できるまで，ゆっくりと待つ姿勢！

（折舘美由紀）

3章　一人一人の子どもへのかかわり

▶いやす・たすける

子ども 57 前の日にしかった子

場面例とポイント

前日，授業中におしゃべりしていた子どもを強くしかった。しかりすぎたかと少し心配であるが，どう対処したらよいか。

❶自己分析する

しかったときの自分の状態や，問題の原因は子どものほうだったのか教師のほうだったのかを振り返る。

❷リレーションづくり

翌朝，子どもの様子が反発的・防衛的・受容的のどれであるか見きわめる。そして，「休み時間に実験器具を運んでくれないか」など，簡単にできる仕事を頼むようにする。

❸能動的にかかわる

手伝ってくれたときに「昨日のことだけど……」と尋ね，「何でもない」と答えが返ってきたらとりあえずよしとする。また，納得していないときは，その気持ちを受け止めたうえで，教師の考えを伝える。

考え方

教師の感情が出てしかりすぎた場合，その注意は子どもにとって効果的でないことが多い。そこで受容を中心にして，子どもの感情が収まるまで能動的に聞き，子どもにかかわる姿勢が大切になる。

①自己分析する

子どものおしゃべりをやめさせるための注意であったかを振り返る。教師が「授業中に勝手に話をするべきではない」というビリーフにとらわれすぎている場合，怒りからしかってしまう場合がある。

次に，おしゃべりの原因を子どもと教師に分けて考える。家庭生活の乱れなどから，子どもが心理的に落ち着かないことが原因の場合もある。また，教師が一方的に話して，子どもの意見を取り入れないのが原因の場合もある。問題の所在を明らかにすることが大切である。

②リレーションづくり

しかられた子どもは教師から嫌われたと思いがちである。子どもは教師から見放されたくない気持ちを強くもっている。

こうしたとき，簡単な仕事を頼むことで教師のほうから嫌っていないというメッセージを送るようにする。昨日の緊張をやわらげ，教師とのつながりが切れていないことを感じさせるのである。

③能動的にかかわる

子どもがしかられたことに納得していないときは，その気持ちをそのまま受け止めるようにする。しかし教師がしかったときの理由や気持ちを「昨日は2回注意しても直してくれなかったのでしかったんだ」と伝える。「君のいまの気持ちを聞かせてくれないか」と聞いてみるのもよい。子どもの気持ちに配慮しながら，少しいやな顔をされても，教師のほうから話しかけることが大切である。

⚠ しかった子との関係を切らないアフターケアが必要。**教師の能動的なかかわりが信頼関係のもとになる。**

（小坂井邦雄）

▶いやす・たすける

子ども58 ほかの教師に強くしかられた子

場面例とポイント

音楽の時間に騒いでいたAさんは、専科教師に強くしかられた。学級に戻ってもふてくされた様子で不満をこぼしている。

❶中立の立場で状況を聞く

まず、子どもの話を聞く姿勢を大切にしたい。「私はあなたの担任として話を聞きたいので、そのときの様子はどうだったのかやあなたの考えを詳しく聞かせてほしい」と聞く。

❷その教師の意図する気持ちを考える

「先生は、あなたのことを考えて言われたのではないかな」「先生が強く言われたのは、あなたに○○できるようになってほしいという気持ちからではないかと思うのだけれど……」と聞いてみる。

考え方

①中立の立場で状況を聞く

教師にしかられて気持ちのよい子どもがいるはずもない。そんなとき、担任からまた同じようにしかられたり、一方的に説教をされたりしても、子どもには2度もしかられたといういやな思いだけが残る。それでは、子どもの気持ちが動くことは期待できない。また、特定の教師とうまくいかない子どもがいることも頭に入れておいたほうがよい。

反対に、担任が子どもの側について、子どもに話を合わせてしかった教師を批判しても、その場はよいかもしれないが、結局、何の解決にもならない。

ここでは、まず子どもの話を聞くことが第一である。そこで、まず「私はあなたの担任として話を聞く」という姿勢を示し、子どもの話を聞くようにすることが大切である。さらに、担任として君を支援していくぞという姿勢を示すことを意識したい。

落ち着いて話をすることによって、子どもが「自分はなぜしかられたのか」と、客観的に自分を見つめていくことができるようにする。

②違う見方ができる援助をする

子どもが十分に話してすっきりすると、人の話が受け入れられる状態になる。そこで、少し違う見方ができるような援助を行いたい。

例えば、「音楽の先生は、あなたのことを考えて言われたのではないだろうか」「あなたに○○できるようになってほしいという気持ちからだと思うのだけど」などと、人の話が受け入れられる土台が見えてきたときに聞いてみるのである。

そう伝えることで、「みんなで、君のことを見ているよ」ということを意識させたい。

もし理不尽なことでしかられたようであれば、その理由を聞いて、しかった教師に伝えることも考えたい。

> ❗ 中立の立場で話を聞く姿勢を子どもに伝える。

(高畑晃)

3章 一人一人の子どもへのかかわり

▶いやす・たすける

子ども 59 昨日休んだ子

場面例とポイント

昨日休んだ子が登校してきた。ときどき休む子だ。考えてみると週1～2日欠席している。どう声をかけるか。

❶登校できたことを喜ぶ声かけを

「おはよう。今日は君の顔が見られてよかった。調子はどうかな？ 昨日はどうして休んだのかな？」

❷欠席理由を聞く意味

答えたら、「そうだったのか」とまずは受け止める。

答えない場合は、「自分でもよくわからないのかな。うまく表現しにくいのかな？ でも、今日登校できてよかったね」程度で終わりにする。

❸アフターケアは時間をとる

理由などを、どうしても話させなくてはならない場合は、別途時間をとる。

考え方

①登校できたことを喜ぶ声かけを

まずは、登校できたことを喜びたい。

昨日休んだ本人は、先生は何と思っているだろうか、友達はずる休みと思っていないだろうかと、心配していることが多い。第一にすることは、そんなもやもやした気持ちを吹き飛ばすことである。そのためには、最初に原因を聞くのではなく、登校でき、会えた喜びを伝えたい。

そして、「君はひとりぼっちではない。先生は君を見ているよ。案じているよ」というメッセージを伝える。なぜなら不登校気味であろうとなかろうと、ほとんどの子どもが「みんなと同じ」でいたがっている。不登校になることは、「みんなと同じ」ではなくなってしまう。そのことを、本人は漠然とだが感じている。だから今日会えたことを喜ぶことは、「君は不登校じゃないよ。元気な子だよ」と、言っていることと同じになる。

②欠席理由を聞く意味

理由を聞くことは、本人が「私は、ずる休みじゃない。怠け者ではない」と言い、教師が「わかっているよ」というやりとりである。仮に、少しずる休みの気持ちがあったにせよ、「これからはがんばれるね。君を信じているよ」と、教師が前向きにとらえていることを伝えたい。そして、休みが増えないように、何らかのアドバイスができればよい。

また、心身の事情で休みながら登校しているにしても、これ以上悪化させず、休みながらでも登校し続けることができるように、ねぎらいの言葉をかけ、教師が応援することを伝える。「途中からでも学校においで」と声をかけられると子どもは気が楽になる。

③アフターケアは時間をとる

理由を詳しく聞いたり、対応策を考えなくてはならないときは、朝、会ったときではなく、昼休みや放課後など、安心して話せる時間と場所をとって対応するとよい。

(!) 「会えてよかった」を言葉にする。

(明里康弘)

▶いやす・たすける

子ども 60 久しぶりに登校してきた子

場面例とポイント

休みがちな子どもが久しぶりに登校してきた。そんなとき，どう接したらよいか。

❶名前を呼ぶ＋声かけをする

一日を通して目をかけ，言葉をかけるが，その際の会話に子どもの名前を入れる。「Ａさん，おはよう！ 今日は朝にＡさんの笑顔に会えてさわやかな一日になりそう。ありがとう」。せっかくの思いが重くならないように，子どもに合わせて言葉の量を考える。よく来たね，の思いを込めてアイメッセージを送る。

❷情緒的サポートを行う

学校にも頼れる，語れる人がたくさんいるという安心感を与える。「体調はどう？」など体調を気遣う言葉をかけたり，視線を送ったり，ほほえみやうなずきなどの非言語の要素も効果的に使う。廊下など個別に声をかけられるチャンスを積極的に生かす。

考え方

①名前を呼ぶ＋声かけをする

声をかけられるということはうれしいことであり効果的だが，さらに効果を高めるために次の２つを行う。それは，子どもの名前をしっかり呼んであげることである。２つめは，伝える言葉の量の調整である。みんなの前で過度の反応を示すと，逆にストレスに感じる場合が多い。教師として伝えたい思い，語りたい気持ちはたくさんあるが，それを一気に注いでしまってはあとに続かなくなることがある。「Ａさん，おはよう」「Ｂさん，顔を見せてくれてうれしかったよ」のように声をかけることによって，先生はずっと忘れていないよというメッセージを送る。また，「がんばって来てくれた今日一日をしっかり見守っているよ，だから大丈夫」の気持ちを届ける。これらのかかわりが１対１の相談のチャンスをつくりだすこともある。

②情緒的サポートを行う

学校での対人関係の不安が不登校につながっていることも多い。学校場面でも他者とかかわりたいと思うようになるのは，学校にも情緒的なサポートが十分感じられるときである。明日も学校に来てみようかな，その思いをもてるきっかけづくりのためのかぎにもなる。

そのためには，勇気づける声かけやアイメッセージが効果的である。「あなたがいなかったから私はさびしかったよ」「ありがとう」「うれしいよ」「心配だなぁ」などである。これらは子どもそのものを丸ごと信じる言葉であり，子どもの心に響きやすい。

欠席が続いた後の登校は勇気が必要である。久しぶりの登校は，そんな気持ちに打ちかって一歩前へ出た結果である。体と心を気遣う言葉をかけたい。

> ❗ 反応が即見えなくてもあきらめない。見えない反応を待てる心のゆとり。

（髙橋さゆ里）

3章 一人一人の子どもへのかかわり

▶いやす・たすける

子ども 61 学習につまずいている子

場面例とポイント

一生懸命がんばっているのに成績がふるわず，どうしたらよいかわからないまま意気消沈している子どもに，どう話をするか。

❶アイメッセージで声をかける

「最近元気がないけれどどうしたのかな？」と，心配していることを伝える。

❷話しやすい時間と場所を確保する

「今日の放課後，20分ほど話を聞いてもいいかな」と安心して話ができる部屋と時間を確保する。

❸がんばっていることを認める

「君はがんばっている。毎日２時間も家庭学習している。ノートに３ページも勉強している。授業では発表している」と具体的にほめる。

❹具体的な学習方法を一緒に考える

学習の何につまずいているか，一緒に考えさせる。「学習方法かな？　学習内容かな？」と質問法で具体化させる。

❺子どものやる気を取りもどす

「先生も応援するから」「君がきちんとやるか見ているぞ」「そうできるといいね」など励ましの言葉をかける。

考え方

①教師からアイメッセージで声をかける

子どもに，教師側から声をかけるようにしたい。最初にかける言葉は，「どうしたの？　私は心配している」とアイメッセージにするとよい。「君は元気がないからダメ」「そんなことでくよくよするな」などのユーメッセージは避ける。

②話しやすい時間と場所を確保する

どうしたらよいかわからない状態になっているので，ほかの刺激があまりない状態で聞いてあげるとよい。

子どもは意気消沈しているのだから「ちょっと，話す時間をつくってくれるかな」と教師側がお願いするニュアンスで話すと，子どもは安心して動きやすい。

③がんばっていることを認める

学習のいろいろな面から具体的にほめていく。そのような話の中から実態がわかってくる。子どもの様子がわかると，何に力を入れなくてはならないかがわかってくる場合が多い。

④具体的な学習方法を一緒に考える

学習の何につまずいているか考えさせる。学習方法なのか，学習内容なのかを具体的な話を進める中で見きわめる。

学習方法ならば，「テレビを見ながら勉強しているの？　見ないでやるのとどっちがたくさんできるだろう？」と質問技法で考えさせたり気づかせるとよい。学習内容ならば，教科担任の教師に相談に行かせる方法もある。

⑤子どものやる気を取りもどす

強制，強迫的な言葉ではなく，「一緒にがんばっていこう」という気持ちで接するのがいい。教師自身の体験談を語ることもやる気にさせる。「先生は君を応援する」ということを伝える。

❗ ねぎらいと励まし，教師の自己開示。

（櫻井利行）

▶いやす・たすける

子ども 62 学校を辞めようとしている子

場面例とポイント

高校入学後，学級での人間関係がうまくいかず，学校を辞めたいと相談を受けた。担任としてどうするか。

❶気持ちを聞く

「学級の人間関係に悩んでいるんだね」子どもの心を理解しようとする姿勢で聞く。

❷人間関係をつくる準備をさせる

「今度，学級で仲間づくりのレクリエーションをやろうと思うんだけど，そのとき，元気を出して参加してくれるかな」など，活動に対する心の準備をさせる。

❸進路の目標を再認識させる

「どうしてこの高校に入学したのかな」「何をしようと思っていたのかな」など積極的な気持ちに気づかせ意欲を出させる。

❹日ごろから心がけること

学級の人間関係を把握する。さらにアンケートなどを実施して学級の子ども一人一人の満足度を客観的に把握する。

考え方

①気持ちを聞く

中学校から高校へ入学して間もないころは，新しい環境や人間関係の中へ放り込まれ，多くの子どもが不安や悩みを抱えており，適応しにくい状況がある。とくに，入学後1か月を経過した5月の連休明けに問題が発生しやすく，教師はこの時期の子どもについては，意識的に気持ちを聞くなど，ていねいに状況を把握する必要がある。

②人間関係をつくる準備をさせる

心配な子どもには，意図的にクラス内での人間関係の橋渡しをしてやる。人間関係の構築には，ほかの子どもからの理解を促進する必要があり，そのためには心配な子どもの自己開示が有効である。

③進路の目標を再認識させる

人間関係をつくらせるとともに，自ら意欲をもって学校生活を続けるためには，目標が必要である。子どもは入学時には必ず夢をもって新たな気持ちで入学している。その気持ちを思い出させ，生きる力とすることが大切である。

④日ごろから心がけること

中途退学しようとしている子どもは，教師に相談できない場合が多い。相談に来た場合も，相談を継続するなど，子どもと学校のつながりを少しでも太くする配慮が必要である。また，教師が，この子どもの人間関係を注意深く観察し，その後の支援に生かす必要がある。

このような事態を未然に防止するためには，悩んでいる子どもをクラスの仲間の力を借りて集団でカウンセリングしていく構成的グループエンカウンター（SGE）などが最も有効であり，計画的に実施するとよい。

> 支援する姿勢で聞く。相談を継続する。子ども間のコミュニケーションを活発にするために，体験的な活動やSGEを導入する。

（安原敏光）

3章 一人一人の子どもへのかかわり

▶いやす・たすける

子ども 63 友達のいいなりになる子

場面例とポイント

授業を怠けたり，喫煙の見張りをしたりと，友達の言いなりになっている子どもと面接している。どう対応するか。

❶信頼関係をつくる

学校や家庭での様子，日々の生活や友人関係など，身近な話題を取り上げ，子どもの自己開示が促進されるような環境をつくる。傾聴的な態度で臨み，子どもとの信頼関係をつくるよう試みる。

❷現状の打開を試みる

自己開示が進んでくると，子どもの本心と現状との間に矛盾がみられることが想定される。その矛盾を示してやることで，現在のやむをえない状況から抜け出す努力を一緒にしてみようと働きかける。

考え方

①信頼関係をつくる

友達の言いなりになる子どもには「弱さ」がある。その弱さに私も一緒につきあうよという気持ちで，「ここでは安心して話していいんですよ」「先生は，あなたを見ていて少し心配でいたんだけど」と，子どもを受け入れる態度が必要である。

子どもが安心して話せる環境をつくり，何でも話せる間柄（信頼関係）を築くことがポイントである。ベンチシートに並んで座ったり，ハの字に座ると話しやすい。個室もいいが，海岸など，学校外のリラックスできる場所で話すのも効果的である。その過程で，子どものおかれている状況，友達との関係の程度，その関係についての本人の考えなどを素直に自己開示した場合は，自己開示した勇気をほめる。「関係ないよ」「べつに」などと強がったり，黙っているときは，自分でも心に矛盾を感じていると考えられる。

②現状の打開を試みる

信頼関係が築けたら，子どもの本心を確認し，現在おかれている状況から生ずる矛盾に着目させる。できるだけ子どもの言葉で言語化し，矛盾点を明確にするために「授業を怠けたり，喫煙の見張りをすることは好ましくないし，同時に友達のためにも，自身のためにもなっていないよ」と伝える必要がある。

そして「現状から抜け出す努力を一緒にしてみよう」と働きかけ，その手だてを考える。「ほんとうの友達は，お互いを大切にすると思うよ。見張りなどさせないよ」「先生と一緒にほんとうの友達を見つけよう」「そのためには，いやなことはいやだと断る勇気も必要だよ」「先生は，ずっと応援しているよ」など。場合によっては，ほかの子どもに，仲間に入れてあげてほしいと頼むなど，第三者の協力を得ることも想定されるであろう。いずれにしても子ども自身が自ら行動の修正を行い，現状の打開ができるように援助したい。

> ❗ 「弱さ」がみられたときには，まず安心できる環境をつくる。

（山本葉子）

▶いやす・たすける

子ども64 友達に貸したお金が返ってこない子

場面例とポイント

友達にお金を貸したが、なかなか返してもらえないと子どもが訴えてきたとき、どうしたらよいか。

❶事実を確認する

「君がお金を貸した友達の名前は？ どういう関係？ 金額は、回数は？ その人はなぜお金が必要だったの？ 返してと言ったの、返事は？」と、具体的に細かく聞く。そして、「君はどうしてほしいの」と、本人が何を望んでいるかを確認する。

❷具体的対応を決める

教師自身が動くのか、子どもが動き、教師はサポートするのか、方法と共に考える。

考え方

①事実の確認

お金を貸したことについて、ていねいに聞く。そのとき「ばかだなあ、それじゃ返ってこないよ」などとその子どもを攻撃するような言葉は避ける。仲のよい友達に貸した場合、「返してほしい」と言いづらくて困っているかもしれない。同級生などに強要されてお金を貸したのだとしたら、教師による速やかな介入が必要となる。また、貸した金額や、同じようなことが以前にもあったのかどうかも、きちんと聞かねばならない。

大切なことは、事実を確認する過程で、教師は子どもが何に対して困っているのかを把握し、子どもも、自分が何に困っているのかを確認することである。

②具体的な対応

(1)教師が動く場合

本人が直接言うのが基本だが、自分からなかなか言えない子どもの場合、教師がそばにいて「どうしても買わないといけない参考書があって返してほしいんだよね。自分の言葉で言ってごらん」などと補助自我になってやるとよい。最後の方法として、「借りたお金は返しなさい」と直接指導する。教師が代わりに言うことがけっしてよいことではない。

ふだんからお金の貸し借りの悪い点などを話しておくことが大切である。

(2)子どもが動く場合

「貸したお金をトラブルなくスムーズに」返してもらえるような言い方をアドバイスする。「いまお金に困ってるんだ、○○円でもいいから返してくれると助かるんだけど」など。

留意すべきこととして、教師は、子どもが何を望んでいるのかきちんと確認することが大切である。「相手に直接言ってほしい」のか、「さりげなく、間接的に働きかけてほしい」のか、子どもが望んでいる形を確認する必要がある。お金がもどってきたあとも、子ども同士でもめそうであったり、いじめに発展しそうな場合は、細心の配慮をしなくてはならない。「その後、2人の関係はどう？」などと聞き、アフターケアが必要と感じたら、即、手を打つことである。

> ❗ 教師は、子どもが、「どうしてほしいと思っているか」を確認する。

(地井賢一)

3章　一人一人の子どもへのかかわり

▶いやす・たすける

子ども 65 いじめを訴える子

場面例とポイント

「みんなが無視する。学校に行きたくない」と訴えてきた子どもに，どのようなかかわりをしていくか。

❶いじめの経緯を聞く

「これまで，とてもつらい思いをしていたんだね」「よく話してくれたね」と，あたたかい言葉を返し，じっくりと話を聞いていく。

❷内容の分析をする

「みんなが無視をする」という発言から，中心になっていじめている者，観衆（傍観者）の様子を詳しく聞く。また，無視する行為と同時に，どんないじめが発生しているのか聞き出す。

❸安心感を与える

「全力であなたを守るから」と，安心感がもてるような言葉を返していく。個人・学級・家庭訪問などの支援をすることを約束する。

考え方

「訴えてきた」行為に着目すると，これまでの蓄積があって，追いつめられている事態であると認識し，迅速かつ的確な対応をしなければならない。

①正確な情報をつかむ

まず，いじめられている子どものつらい心情を十分に聞き，共感することである。何よりも大切なことは，学校（教師）が味方であるという安心感を与えることである。

②内容の分析をする

ひとくちに「いじめられている」といっても，その動機や背景，構造，形態（種）などさまざまである。また，「無視」の行為に付随して傍観者からの仲間はずれ，からかい，持ち物を隠すなどの行為が並行して発生していることも多い。したがって，学年全体の問題として真剣に取り組み，必要に応じて生徒指導部と連携し，教師がチームを組んで見守っていく姿勢を整えることである。

③安心感を与える

「どんなことがあっても全力で守るから」と宣言し，何よりも心のケアと安心感を与えたい。また，訴えてきた子どもは，新たないじめに発展しないか不安を抱えている。この不安な気持ちと安全を最優先に考えることが最も重要である。

対応としては，行動観察，担任との交換ノート，日々の面接，保護者連携を定期的に行う。その取り組みのなかで，「私はとてもつらかった」「無視しないで言葉で伝えて！」と自分の気持ち，考え，要求を伝えることは，当然の権利であることを知らせ，徐々に行動化できるように励ましていく。

また，いじめの行為を黙認したり，面白がったりしている学級の雰囲気を打破するために，ソーシャルスキルトレーニングを学級活動・道徳に取り入れ，望ましい人間関係を学習させる。

! 安心感を与えること。かかわりきる学校の体制づくり。

（齋藤美由紀）

▶いやす・たすける

子ども 66 迷惑を被っている子

場面例とポイント

「授業が騒がしく集中できなかったり，教室内で喫煙などがあり，いやな思いをしている」と子どもが相談に来た。

❶相談に来た子どもを絶対に守る

「勇気を出して相談に来てくれた」「あなたを全力で守る」と約束する。

❷迷惑行為について指導する

「問題行動によって，迷惑を被っている子どもがいる。いやな思いをしている子どもを守り，思いやりのある学級にする」と教師が宣言する。

❸仲間を思いやる行動を育てる

学級の一人一人がお互いを助け合う雰囲気づくりを行う。

考え方

①相談に来た子どもを絶対に守る

子どものつらい思いを共感的に聞き，改善に向けて取り組むことを約束する。さらに，行動観察やアンケート，個人面接を行うなど，ほかの子どものサインを読みとる。被害を被っている子どもが発するサインは小さい場合が多く，細心の注意が必要となる。例えば，授業の初めに行われる「礼」が終わり，すぐに着席させるのではなく，教師が全員の顔を見た後に着席させる。そのときに，一人一人の顔を見る。普段は教師に注目している子どもが注目していないことなどもサインである。

②迷惑を被っている子どもを守ることを約束し，迷惑行為について指導する

学級全体に，迷惑を被っている子どもを守る約束をするとともに，迷惑行為とは何かを指導する。迷惑行為には，「物理的迷惑」と「心情的迷惑」があることに気づかせる。物理的迷惑とは，けがをさせる，金銭を奪うなど物理的に被る迷惑で，この物理的迷惑だけを迷惑行為であると認識している場合が多い。しかし迷惑行為には，物理的迷惑だけでなく，心情的迷惑がある。これは，相手に不安を与える，だれかに心配をかけるなど，他者の心や感情が乱される迷惑行為である。

例えば，教室で喫煙した子どもが「自分の害にはなるが，だれにも迷惑をかけていない」と答える場合があるが，学級の人は，副流煙による健康被害といった物理的迷惑のほかに，ルールを無視した行動に不安を感じ，いやな思いをしている。自分たちの行為が，物理的迷惑に加え，心情的迷惑をかけていることをはっきりと気づかせ，規範意識のレベルを上げることが重要である。

③仲間を思いやる行動を育てる

問題行動の傍観者は，その行動を容認していることと同じであることを指導し，「問題行動を見たら，『いけないよ』と注意し合えるようなクラスにしよう」と指導する。そのためには，教師がモデルとなり，物事の是非を示すことである。

> 教師の指導に一貫性をもたせ，信念を貫くことが大切である。

（朝倉一隆）

3章 一人一人の子どもへのかかわり

▶いやす・たすける

子ども 67 児童虐待を受けている恐れがある子

場面例とポイント

欠席しがちな子ども。顔にあざがあるが，理由を語ろうとしない。児童虐待かもしれない。どうしたらよいか。

❶本人の理解と「守られた場所」づくり

「何があっても，あなたの味方だよ。あなたの身を必ず守るから話してごらん」と伝え，本人が安心できる「守られた場所」を確保する。

❷事実確認と校内・関係機関との連携

「いつ，だれに，どのようにされたのか，つらいかもしれないけど，あなたを守るために大切なことだから教えてほしい」と，できるだけ詳細に，時系列にそって状況を把握する。児童相談所への通告を念頭に校内チームを編制する。

考え方

「おや？」と思ったことを，見逃さない。すぐ本人をめぐる教師，前担任や学年主任，養護教諭，部活動顧問から情報収集をする。「そのあざのことを話して！」と言うのは，外傷を見つけた人よりも，信頼関係のある人が基本である。

①本人の理解と「守られた場所」づくり

虐待を受けた子どもの気持ちは複雑である。自分が悪いからこんなことになったのか？　自分が我慢すればよかったのか？　助けを求めてよかったのか？

虐待をする保護者のことを話さざるをえない子どもの揺れる気持ちを考慮し，ていねいに話を聞く。その子の心を落ち着かせるために，ときには食事や飲み物を与えることも必要な場合がある。「たとえ大切な家族でも，あなたが痛い思いをしたり，困ったりするのはよくないんだよ。あなたを絶対に守る」ということを強く伝えていかなければならない。

また，なかには，接触性の悪さを示す子どももいる。簡単に人を信用できず，人から嫌われることで自分の身を守ってきた子どもは，教師に対しても同様な態度を示す可能性がある。それに教師が振り回されないよう心がけたい。

②事実確認と校内・関係機関との連携

兄弟姉妹のいる場合は，担任同士あるいは，小学校，中学校間の情報交換から，様子が浮き彫りとなる場合がある。

事実の確認が重要なのは，児童相談所をはじめ，さまざまな機関がかかわるうえで，歪められない事実が人をつなげ，動かすからである。校内で情報を一本化し，児童相談所やその他機関に対する校内の窓口を決めておくとよい。上述した「あざ」は，身体的虐待であり，そのほか，性的虐待，ネグレクト（養育放棄），心理的虐待などがある。どの虐待も，第一に身体生命の安全を保障する言葉かけが大切である。子ども自身の安全が第一であるが，虐待をした家族への援助も必要となる。虐待行為にいたる原因は複雑で，加害者と被害者といった視点ではとうてい解決されるものではない。

⚠ 何があっても，あなたの味方だよ。

（大野雄子）

▶教師との関係

子ども 68 教師となんとなくうまくいかない子

場面例とポイント

あからさまに逆らうわけではないが、なんとなくうまくいかないA子。そのような子どもには、どう対応したらよいか。

❶伝えたいことだけを誠実に伝える

指導したいことや指示したいことは、「〜だから、〜しなさい（してください）」、「〜だから〜でなければならないよね」などのように、伝えたいことだけをはっきり、すっきりと。しかも、誠実に。

❷一緒に身体を動かしながら話す

「暑くなってきたね」、「これ、むずかしいね」、「ちょっと、それ取ってくれるかな」というような声かけをするように心がける。

❸臆せずアイメッセージを

譲れないことを指導したいときは、ほかの子どもと同じように、アイメッセージを用いて語りかける。

考え方

なんとなくうまくいかない子どもには、積極的にアプローチしようと気負わず、余計な修飾語を加えないで、伝えたいことだけを正しく伝えることから始める。

①伝えたいことだけを誠実に伝える

伝えたいことが指導や指示ならば、まず、それが必要になった理由や事実などをはっきりと話す。けっして、憶測で判断したことを会話に用いない。そして、次に、その理由や事実に基づいた指導や指示の内容を端的に話す。

このとき、気をつけなければならないのは、教師の表情や口調である。うまくいかない子どもには、ついつい遠慮がちに話してしまったり、逆に厳しい口調になってしまったりするが、そのどちらにも偏らないように心がけたい。

②一緒に身体を動かしながら話す

学校生活の中で、子どもと一緒に作業をするときは、リレーションを深めるチャンスである。世間話や雑談などで、なにげなくアプローチする。馬が合わないと感じているのだから、よい反応を期待しなくてもよい。反応が悪くても、教師が誠実にかかわろうとしていれば、信頼関係は必ず深まっていく。

③臆せずアイメッセージを

掃除をサボっているなど、譲らず指導しなければならないことはある。そのようなときは、「掃除はおしゃべりの時間ではありません。早くきれいにして、みんなで遊びたいね」と、臆せずに語りかける。前述したステップを踏んできたならば、きっと思いが伝わるはずである。そして、そのようなときは、もはや、うまくいかない状態を脱しているかもしれない。

すべての子どもとうまくいかなくてはならないと思わないこと。合わない子どももいても、それは教師の責任でもないし、子どもが悪いわけでもない。誠実に対応していくことである。

> ❗ 事実を中心に、誠実に伝える。
> 一緒に作業しながら話す。

（新保満夫）

3章 一人一人の子どもへのかかわり

▶教師との関係

子ども 69 教師に反発し口答えをする子

場面例とポイント

教師の注意を素直に聞かず口答えをする子が中心になって，また騒いでいる。どうやって注意するか。

❶注意することに躊躇しない

「周りの人が迷惑しています。静かにしなさい」など，タイミングを逃さず，周りはもちろん，教師自身も真剣に怒っている，迷惑していることを伝える。

❷毅然とした態度で

「あなたがどう思おうが，だめなことはだめと何回でも言います」など子どもの正面に立ち，目を見て語りかける。子どもにも教師の目を見るようにさせる。

❸同じ態度，同じ口調，同じ言葉で

注意の言葉は全員に対して発する。とくに，中心になって騒いでいる子だけを注意することがないように気をつける。

考え方

教師が感情的にしかっても，子どもも感情的になるだけでよい効果は期待できない。さらに「またか」という教師の思いを直接言葉で表すならば，反発心をエスカレートさせるだけである。

①注意することに躊躇しない

「言っても聞かない」「いつものことだ」と思うと，注意の言葉が遅れたり，あいまいなものになったりする。それは，その子自身が「こんなことをしていてはいけない」という気づきのタイミングを遅らせるばかりか，周りの子に対しても「あの子は特別だ」「なぜあの子だけが許されるの」という不公平感をもたせることになる。ひいては集団が収拾のつかない状況に陥ってしまうことがある。繰り返しになっても，その場その場で注意していかなければならない。

②毅然とした態度で言う

子どもは自分の言動が間違っているとか変であることに気づいている場合が多い。ただそれを素直に認め改めることがなかなかできないのである。「あなたの行動はこの場にはふさわしくないものですよ」というメッセージを粘り強く発していかなければならない。子どもの中に眠っている正しい価値観を掘り起こし，育てていくという心をもって接することが大切である。

③同じ態度，口調，言葉で

子どもは教師の態度を見ている。特別視は子どもが最もいやがることである。教師は注意する際には自分の中に普遍的な基準をもち，それにそって対応するようにしたい。さらにその基準は子どもに対して明確にしておく。そうすれば子ども同士が注意し合う場面も生まれてくることが期待できる。普遍的な基準は，子どもの成長とともに1年ごとに変わることも当然ありうる。その際にも変わったことを子どもに示すことが，教師と子どもの信頼関係を深めることになる。

> どの子にも同じ言動で。タイミングを逃がさず，毅然とした態度で。

(広橋里志)

▶教師との関係

子ども
70 教師に対して横柄な態度の子

場面例とポイント

教師に対して横柄な態度の子ども。1対1で話しているときの言葉や姿勢が気になる。どうするか。

❶子どもの話を積極的に傾聴する

衝動性を含めて受容する。「あなたの考えていること感じていることを，思うように話してごらん」

❷子どもの言動に対し，どのように感じるか伝える

「あなたに○○と言われて，私は不愉快な気持ちがした」

❸言葉遣い，態度を指導する

「笑顔であいさつされたら，どんな気持ちになるかな」

考え方

子どもの反抗や横柄な態度に直面すると，教師は動揺してしまいがちである。自分の指導が子どもに届かないもどかしさや，焦り，虚しさや怒りさえおぼえてしまうことがある。

しかし，そのような子どもはクラスの中での自分の立場を確保するために，強く見せたり，傷つきたくないために周りと距離をとり，自己防衛していることも考えられる。よって，態度を指導する前に，その行動の意味を理解することが大切である。

また，授業が理解できなかったり，評価されていなかったり，達成感・成就感がもてないことで，そういう行動にいたるなどさまざまな要因が考えられる。

①子どもの話を積極的に傾聴する

子どもがとる態度の背景にあるものは，家庭の問題や社会的未成熟，教師の指導への反発など多様である。現象面では似ている反抗であっても，その理由は教師との二者関係を求めていたり，心の救いを求めていることがある。

「憎しみ」や「敵意」などの衝動性を含めて，子どもの発言を積極的に傾聴することが重要である。

②子どもの言動に対し，どのように感じるかアイメッセージで伝える

教師自身が子どもの言動に対し，「いやだな」などと感じる自分の感情を，伝える。「私は自分が話すときは，相手に自分のほうを向いて聞いてほしい。私は，あなたの態度に不愉快な気持ちがした」などと伝える。

③言葉遣いや態度を指導する

コミュニケーションの基本である「あいさつの仕方」「礼の仕方」などの基本的な行動様式からスタートし，コミュニケーションスキルを身につけさせる。目上の人に対する言葉遣いや態度のモデルを実際に教師が示す。横柄な態度の背景には，意図的なものがある場合もあれば，本人は無自覚であるが他人を不愉快にする場合もあることを指導する。

> ⚠ 子どもの発するサインを見逃さない。積極的に傾聴する教師の姿は，子どもの心を揺さぶる。

（山垣内雅彦）

3章　一人一人の子どもへのかかわり

▶教師との関係

子ども 71 ほめても素直に受け取らない子

場面例とポイント

図工の作品などを見て「とてもうまくできたね」とほめても，素直に受け止めないで，しらけている子どもにどうかかわるか。

❶ほめている観点を具体的に表現する

「背景の塗り方がていねいできれいだね」

❷気持ち，考えをアイメッセージで

「あなたの絵は，（私は）筆の線で髪の流れをよく表せていると感じたよ」

❸非言語の反応を読み取る

視線，姿勢，反応のタイミングなどの非言語の反応を敏感に受け止める。

❹期待している思いを伝える

「本物の気持ちで」「本気で」「本音で」繰り返し伝える。

考え方

その子どもをよく観察し，その子どもなりの具体的なよさを見つける目を教師がもつようにしたい。

①ほめている観点を客観的に具体的に表現する

「しらけた反応」の背景には，教師との人間関係がうまくいっていなかったり，自分で出来ばえに納得していなかったりするため，ほめられてもうれしくないと感じていることが考えられる。

教師との関係がうまくいっていない場合ほど，ほめている観点，事実を客観的に具体的に，端的に表現することが必要になる。

「すごいね」「がんばったね」だけを繰り返しても子どもは納得しない。その子がほんとうに努力したことを見つけ，具体的な事実に基づいてほめることが大切である。

②気持ち，考えをアイメッセージで

教師がアイメッセージで自分の考えとして表明する。たとえ，そのほめた観点が，その子の思いと違っていても，認めているという思いは伝わるからである。

③非言語の反応を読み取る

認めてほしいところを的確に指摘されたとき，ほんとうにうれしいと強く感じるものである。しかし，それでもしらけた反応をする場合がある。そんなときは，ほめるのをやめてしまうのではなく，その子どもの視線，姿勢，反応のタイミングなど，非言語の反応を敏感に受け止め，ゆとりをもって声かけをするようにしたい。

④期待している思いを伝える

承認のメッセージが素直に相手に伝わらなくても，ほんとうに「よさ」と感じていることを，「本物の気持ちで」「本気で」「本音で」，繰り返し伝えることが大切である。自分を認めてくれる相手には，少しずつでも心を許し，時間がかかっても人間関係は紡がれ改善されていくからである。

❗ よさを具体的に見とり，本物の，本気の，本音の承認メッセージを繰り返す。

（村田巳智子）

▶教師との関係

子ども 72 教師と疎遠な子

場面例とポイント

休み時間，皆が教師の周りにきておしゃべりしているのに，近寄ろうとしない子どもがいる。どうするか。

「Aさんも，こっちで一緒に話をしようよ」「A君，先生とみんなでそっちへ行っていいかな？」と，教師から子どもに近づけばよい。その際に，大きく分けて2つのタイプの子どもへの対応がある。

❶もじもじタイプの子ども

いつも少し離れたところからニコニコしてこちらを見ている子の視線に気づいたら，まず「いま，昨日のテレビの話をしているんだけど，B君，こっちへ来て話をしようよ」と誘ったり，その子のそばに行ったりする。

❷マイペースな子ども

友達とのかかわりはあるが，教師に関心が薄い子どもには，「私はあなたに関心があるよ。あなたを見ているよ」というメッセージを①と同様に伝える。近くへ来なくても声をかける。

また，その子のそばへ行こうとして「いいです」と断られた場合は，「そう，じゃまた次のときにね」と無理に近づこうとしない。

考え方

①もじもじタイプの子ども

教師とのかかわりが少ない子どもの中には「恥ずかしい」「何を話したらいいかわからない」といったように，かかわりたいけどかかわれない子どもがいる。

そのような子どもをできるだけ意識し，休み時間などに話しかけて，教師と話をすることに「慣れる」ようにしていく。教師に話しかけられたことがきっかけとなり，子どものほうが話しだしたり，ほかの子どもが加わってきて話題が広がったりすることもある。

②マイペースな子ども

教師とは必要なこと以外は話をしない子どももいる。この場合，こちらから話しかけなければ，一日の学校生活の中でまったくかかわりをもたないことになってしまう。教師に近づいてこない子どもには，こちらが話題を見つけて意識的にかかわっていくとよい。

例えば，「今日の服よく似合っているね」「いま，どんな曲を聞いているのか」「昨日，○○のテレビ見た？」などである。昼休みや休み時間など，たまには放課後，1対1でも小グループでも，その子と一緒に話をしたり，活動できる時間をとることも大切である。小学校低学年でできるかぎり教師としっかりかかわり，年齢が上がるにしたがって，「先生より友達」を大切にしていくようになっていくとよい。

そして，「この先生は私のことを認めているんだ」という信頼感をもってもらえるよう，かかわっていくとよい。

> ⚠ 教師が意識的に話しかける。関係づくりは，目で，笑顔で，かけ声で，行動で。

（行木順子）

3章 一人一人の子どもへのかかわり

子ども集団への対応

第4章

▶ほめる

子ども1 クラス全員の協力や努力をほめる

場面例とポイント

合唱コンクールに優勝した。学級全体に対してどうするか。

❶ます祝福する
はつらつと「おめでとう」と言う。

❷努力をほめる
教師の感想を「先生は……」とアイメッセージで贈る。できるだけたくさんの子どもの努力をみんなの前でほめる。

❸形に残す
みんなの喜びや苦労をねぎらい、写真などに収める。

❹振り返る
「行事振り返り表」などで、よかった点、がんばった点を書く。

❺意欲をつなぐ
次の目標を明確に示し、意欲をつなぐ。

考え方

①祝福する

ほめる、認めるにもタイミングがある。いくら優勝しても、時間が経過してからほめるのでは効果が薄れてしまう。そして、勢いよく言葉にすることが大切である。「君たちはすごいね、感動したよ。君たちの真剣な顔にはびっくりしたよ」と、声で、顔で、ジェスチャーで「うれしい」ということを伝えたい。

②子どもの努力をほめる

よかったところを具体的にほめる。できるだけたくさんの子どもをほめたい。

また、合唱コンクールが嫌いな子どももいる。体育祭なら、運動の嫌いな子どももいる。そのような状況の中で参加し、がんばったことを認め、学級全体で喜びを「共有」できる配慮をしたい。「ソプラノの人、立ってください。きれいな声だったよ。拍手！」「音楽係の人、今日まで練習の準備などごくろうさま。拍手」と、全員に拍手がいきわたるようにする方法もある。

③何らかの形に残す

全体で喜びを共有できるように、色紙に署名をする、記念撮影をする、歌った曲をCDにするなど、形に残す。4月に決めた学級目標を入れたりすると、積み重ねの努力が見える。

④振り返る

これらのことをスムーズに進めるため構成的グループエンカウンターを利用したり、「行事振り返り表」を活用するとよい。自分だけでなく、他者の活躍を認めねぎらい、称賛する心を養いたい。

⑤意欲をつなぐ

皆でがんばったという喜びを、次の目標を明確にすることで意欲につなげたい。

またほめることはよいが、見返りを与えるようなほめ方は避けたい。例えば、優勝したから物を与える、掃除をなしにするなどは避ける。皆でがんばったことそのものをじっくりと味わう。

> ❗ 子どもたちががんばったことと、教師が担任としてうれしかったことを最大限にほめる。

(明里春美)

▶ほめる

子ども 2　全員の前で子どもをほめる

■場面例とポイント

毎朝，花の水をかえてくれる子どもがいるのがわかった。朝の会で全体の前でほめるにはどうするか。

❶子ども同士の気づきを促す

「花があると，教室がとてもきれいに見えるね。だれかが，毎朝水をかえてくれるおかげだね」と投げかけ，子どもから「Aさんが，水をかえていた」と名前があがるようにする。名前があがらないときは，「だれかが水をかえているところを，見たことがある人はいますか」と聞く。

❷よいことをした子どもと，それに気づいた子どもの両方をほめる

水をかえていた子には「あなたのおかげで，教室がきれいに見えます。ありがとう」と，学級全体で感謝の気持ちを伝える。それに気づいた子には「よいことに気づく，とてもいい心をもっていますね」と言い，学級全体で拍手する。

■考え方

教師が，子ども一人一人のよい行為に気づくのには，限りがある。また，教師から認められる（ほめられる）だけでは，子ども同士のリレーションは深まらない。子ども同士で気づき合い，認め合えることにより，自己肯定感だけでなく，他者肯定感も深まる。

①子ども同士の気づきを促す

教師は，子ども同士がリレーションをつくっていくための支援者である。リレーションをつくるには，他者への興味，気づきが必要である。そのためには，何気なく見ていた（していた）ことを振り返り，意識できるようなきっかけをつくってあげなくてはならない。発問は，このことを意図することが重要である。

②よいことをした子どもと，それに気づいた子どもの両方をほめる

2人（気づいた子が複数いれば，その人数）を学級全体の前でほめることは，その子どもたちの自己肯定感や他者肯定感を高めるばかりでなく，学級の全員に，よい行為をすることと同様に，よい行為に気づくことも評価されるということを知らせることになる。

また，感情と行為（ここでは，感謝の気持ちや拍手など）を学級全体で共有することは，子ども同士のリレーションづくりにも効果がある。教師がどれだけ感動的に演出できるかが大きなポイントである。聞き手が話し手を評価する要素には，「話し方や態度」が9割を超えると言われている。表情，声の張り，ジェスチャーなど，体全体で表現したい。

日常的に，帰りの会や学活の時間などを利用して，認め合える場を設けることが望ましい。目立たない子に対しては，教師がその子のよさを伝えるなどの配慮も忘れてはならない。

> ❗ 教師は，子どもが気づき合い，認め合えるように仕組むコーディネーター。

4章　子ども集団への対応

（勝田真至）

▶ほめる

子ども3 学級のいい雰囲気をほめる

場面例とポイント

教室に入ると子どもたちが落ち着いて席に着いている。教師の話も素直に聞こうとしている。そんなときどう応じるか。

❶その雰囲気を共有する

その雰囲気に浸り,「いい感じだね」と教師のありのままの気持ちを子どもたちに伝える。

❷子ども同士「いまの感じ」を聞き合う

「いまの感じはどうですか」と呼びかけ,この雰囲気について感じることを出し合うことにより,子どもたちにいつもとの違いに気づかせる。

❸「話し合い」または,「聞く」体験を深める

子どもたち同士の話し合い,または,教師の語りを聞く機会へとつなぐこともできる。

考え方

子どもたちが集中しやすい場面なので,それを生かして学級の一体感を得,学級の輪を高める機会とする。

①その雰囲気を共有する

いつもよりいい感じのするこの雰囲気を大切にしたい思いを伝える。

「いまの学級の感じ,とてもいい感じがする。先生は,何か落ち着いて安心できた感じがしたよ」と教師自らが自己開示をする。

②子ども同士「いまの感じ」を聞き合う

「いまの感じはどうですか。班で1人ずつ発表してください」または「感じたことを紙に書いてみましょう」とよさを実感させたい。しかし,「いつもと同じ」と答える子どもも少なくない。そんなときは,「みんな席に着いていたね」「みんな前を向いていたね」「1回で,きちんとあいさつができたね」と教師が具体的によい例をあげ,「こういう感じがいいんだよ」と子どもに知らせる。そのような継続が,「クラスの雰囲気のよさ」につながる。

③「話し合い」または,「聞く」体験を深める

よい雰囲気が継続できるようになったら,子ども同士の「話し合い」の場を設けるとよい。場合によっては教師が,子どもたちに語る場とするのもよいだろう。

話し合い
例・学級の課題について
　・学習のテーマなどから

教師の語り
　・教師自身のこと
　・社会の出来事
　・体験
　・民話など

話題は,上記の例を参考に,クラスの雰囲気のよさを生かし,その時間の教科につなげられるものがふさわしい。

> いつもよりいい感じのする雰囲気に気づかせ,学級の一体感を味わわせる機会とする。

（大泉勉）

▶注意する

子ども 4　男女の仲が悪い学級

場面例とポイント

　男女が互いに悪口を言い合って口もきかない。調理実習で男女混合グループをつくるように指示したが組もうとしない。どうしたらよいか。

❶両者の言い分を聞く

　「なぜ悪口を言うのか」「どうしてグループになりたくないのか」「相手にどうしてほしいのか」「これからどうすればよいのか」など，男女別々に話を聞く。それを紙にまとめ，互いに読んで，これからどうするかを考える。

❷かかわり方を教える

　互いにいやなことを言わないことを約束する。「いやな言葉とうれしい言葉」「うれしい話の聞き方」などの話し方のトレーニングを行い，友達とのかかわり方を改善する。

❸協力する場面をつくる

　希望によって調理実習のグループづくりをするのではなく，出席番号順で男女混合グループをつくる。「協力しておいしい料理を工夫しよう」と働きかけ，男女助け合う場面を体験させる。

考え方

　互いの言い分を知り，これからどうするかを前向きに考えさせる。実際の調理の場面で，相手のよさや男女で協力する楽しさを味わうようにする。

①両者の言い分を聞く

　男女それぞれの言い分を別々に聞く。悪口を言う原因，グループになりたくない理由，相手への要求，自分たちが直せばよいことを考えさせる。それを紙に書いて交換して読み合う。「これまでよりもこれからを大切にしよう」と語りかけ，前向きに話し合うようにする。

②かかわり方を教える

　男女とも乱暴な言葉遣いになっていることが多いので，いやなことを言わないことを約束する。話し方のトレーニングを行い，いやな気持ちになる言葉とうれしくなる言葉を体験する。そして「ほめる」「励ます」「心配する」「感謝する」などのあたたかい言葉かけができるように練習する。自己チェック表をつけたり，帰りの会で話し合ったりして，友達とのかかわり方を互いによくしていくようにする。

③協力する場面をつくる

　教師がリーダーシップを発揮し，調理実習は男女混合グループで行う。実習場面を細かく区切り，指示や注意を徹底させて，トラブルを起こさないようにする。

　調理実習で協力したり助け合ったりするなかで，「いま，どんな感じがした」「相手のことをどう感じた」など，感想を振り返る場面を設け，男女で協力する楽しさを語り合うようにする。

> ❗ 両者の言い分をしっかり聞き，あたたかいかかわり方を教える。

（水上和夫）

4章　子ども集団への対応

▶注意する

子ども5　見て見ぬふりをする学級

場面例とポイント

学級で，喫煙やいじめがあっても，だれも注意をしない。帰りの会でどのように指導するか。

❶問題行動について注意をする

「私は，みんなが迷惑をしている問題行動を許すことはできない」

❷注意をし合う学級になるための動機づけを行う

「仲間が問題行動をしているときは，見て見ぬ振りをせず，みんなの力で声をかけよう。それが，思いやりだよ」

❸具体的な行動を指導する

「いじめなどを見たときには『やめろよ』と声をかけよう」

考え方

見て見ぬ振りをする学級は，教室の秩序が保たれていないため自己防衛を行っているか，他者に無関心で，思いやりが希薄であることが考えられる。

①問題行動について注意をする

学級内で問題行動が発生している場合は，教師が毅然とした態度で「私は，いまの学級の状況を変えたい」と自己主張をするとともに，なぜ，変えたいのかを自己開示する。「問題行動には必ず迷惑を被っている人がいる」「被害を被っている人は，だれにも相談できずに１人で悩んでいる。私は，そのままにはできない」と思いを語る。

②注意をし合う学級になるための動機づけを行う

「問題行動に対して，見て見ぬ振りをすることは，助けを求めている仲間を大切にしない行為でとても残念です」「注意した人のことは，先生が絶対に守ります」と呼びかける。

問題行動を未然に防止するには，教師の指導力とともに，子ども間での注意が決め手になる。森田は，いじめの４層構造を，いじめた子ども，いじめられた子ども，周りではやし立てる観衆，見ても見ない振りをする傍観者と分類している。いじめた子どもがいちばん気にするのは，いじめられた子どもの様子と同時に，観衆と傍観者がどう反応するかである。観衆と傍観者が「やめよう」と注意をすることが，問題行動を防止する決め手になると子どもに説明する。

③具体的な行動を指導する

「いじめられている人を見た場合は，『やめろよ』と声をかけよう。その後，必ず先生にも知らせてほしい」と，今後，いじめなどを見た場合はどうしたらよいかを具体的に知らせる。また，ロールプレイなどで「やめろよ」と注意する練習をして，実際にいじめなどの場面に遭遇したときに，見過ごさず注意できる心を育てる。ここで大切なことは「先生は，いじめなどを注意した生徒を絶対に守る」と宣言し，教師がこの宣言に責任をもち，逃げないことである。

⚠ 教師は，勇気を出して行動した子どもを守るという信念が必要。

〈引用文献〉森田洋司，清水賢二『いじめ―教室の病い―』金子書房

（朝倉一隆）

▶注意する

子ども 6 掃除に取り組まないグループ

場面例とポイント

前日，掃除をさぼるグループがいくつもあった。最近，生活のけじめも乱れ気味だ。朝の会でどう指導するか。

❶掃除に取り組んでいない事実を把握し，その内容を子どもに伝える

子どもに指導する場合には，指導する内容の根拠を明確にする。つまり，掃除に取り組んでいない事実を正確に把握し，指摘する。

❷その掃除の意義について話す

掃除は，教室などを美しくするだけでなく，他者の気持ちを大切にする思いやりの行動であることに気づかせる。

❸集団の一員として学校に誇りと愛着をもたせることを教える

「学校を美しくすることは，学校を大切にすることです。学校を大切にすることは，ここに集まるみんなを大切にすることです。みんなと巡り会えるこの学校を大切にしよう」

考え方

①掃除に取り組んでいない事実を把握し，その内容を子どもに伝える

掃除監督の教師に尋ねるとともに，直接現場に行き状況を詳細に把握したうえで，事実を正確に子どもに伝える。

なぜ，いい加減な状況となったのか個々の子どもの役割について考えさせる。

②その掃除の意義について話す

掃除をすることで人間関係を円滑にする能力（スキル）を身につけられることを子どもに話す。

「ゴミが散乱していると，それを不快に感じる子どもが出てくる。さらに不快な思いをさせるだけでなく，面倒なことをしないという自分勝手な行動を習慣化することにもなる。つまり，自分も相手も大切にしていないことだ」と，掃除に取り組むことは人の心を大切にすることであると考えさせる。「自らのささやかな行動が人を喜ばせ，大切にすることになるのだ」

また，与えられた役割を確実に果たすことができれば，人を喜ばせるだけでなく，信頼を得ることにもなる。人との信頼関係が良好な人間関係を築くことを教える。

③誇りと愛着をもたせる

学校にはルールや規則があるが，それよりも子どもたちの行動に強く影響しているのは，その学校の校風，つまり環境であったり雰囲気であることが多い。

掃除をすると掃除をしただけ学校がきれいになる。やろうと思えばだれにでもできる掃除は，ただの決まりごとではなく，校風づくりになることを子どもに考えさせることが，集団の一員として学校への誇りと愛着をもつことにつながる。

⚠ 掃除への取り組みは信頼関係を築くもとになり，継続することで学校の風格づくりとなる。

（若宮智）

4章 子ども集団への対応

▶注意する

子ども 7　全校集会でだらだらしているグループ

場面例とポイント

全校集会時にだらだらしたり，指示に従わないグループがある。どう対応するか。

❶グループに近づき，注意する

まず，全体に，静かにするように注意をする。それでも注意を受け入れない場合は，そのグループに近づき，毅然とした態度で「静かにしましょう。みんなが迷惑をしています」と注意する。

❷組織で対応する

近づいて注意しても受け入れない場合は，生徒指導部や担任など複数で，静かにするように繰り返し指導する。

考え方

心理的背景として，全校集会などの集団での活動においては，自分だとはわからないだろうという匿名性などによって規範意識が低下する場合が多い。だらだらした態度や私語を許すことは，間違った行動を許されるものと認識させることになる。

全校集会など集団への指導では，現実原則を先に示し，次に中断したために全体へ迷惑をかけたことをグループに理解させ，どのような態度で参加するのかを全体へ指示する。

全校集会での指示に従わないグループに対しては，全校集会にふさわしい態度に変容させるために，現実原則を指導し，ふさわしい態度を具体的に教え，集団の規範意識を高めることが重要である。

①近づき注意をする

グループの凝集性が高ければ高いほど，早めの注意が効果的である。子どもの自主性を尊重するあまり，気づいてくれるまで待つというような姿勢を示すことは避けたい。さざ波が大きくならないうちに，グループに近づき，毅然とした態度で注意することが必要である。

そのためには，言葉遣いもなれ合いにならないよう，あえて「ですます調」でピシッと話すことが望ましい。近づいては注意するのだが，その口調と態度で突き放す感じを与え，迎合しないことがポイントである。

さらに，「あなた方がさわいでいることによって，大切な時間をみんながむだにしている。また，あなたたちがさわいでいることを迷惑だと感じている友達がいます」など，全校集会で話をする教師や参加している子どもに迷惑をかけていることに気づかせることも重要である。

②組織で対応する

グループに注意をしたあと，さらに受け入れない場合は，組織で対応する。

生徒指導部や担任など複数で，静かにするように繰り返し指導する。全体へは，「全校集会を再開します。集中して聞きましょう」と指導する。

> ❗ すばやく近づき，毅然とした態度で注意すること。

（細川直宏）

子ども 8　けじめのない学級

▶注意する

場面例とポイント

ほかの教師からもう少しけじめのある学級にしてほしいと改善を求められた。その日の帰りの会でどう話をするか。

❶あらたまった「態度や場」の設定
　教師の意図を明確にする場を工夫し，注意することとその理由を冷静に伝える。

❷今後の対策を子どもとともに考える
　これからどうすればよいのか，子どもたちの考えを引き出し，「みんなで守ること」を決める。

❸教師の意思表明
　教師は「決めたことをみんなで守るように努力できることを信じている」と信頼している気持ちと，ともに取り組む意思をはっきりと表明する。

❹できたことを繰り返しほめる
　みんなで決めたことが守られているときに，その成長を繰り返しほめる。

考え方

　教師も学級の一員として成長を信じ，努力を続ける姿勢や熱意を伝える。

①あらたまった「態度や場」の設定
　ほかの教師から「けじめのある学級に」と言われただけでも冷静ではいられない。しかし，その感情を子どもたちにそのままぶつけたのでは，受け入れられるどころか反発さえ生みかねない。いかに「自分たちのために先生が注意している」と感じられるよう伝えるかがポイントになる。例えば，床に座り円陣を組む場を設け，教師と子どもとの物的・心的距離を縮め「授業中に人の話を聞けない人がいる。互いの話をしっかり聞くクラスにしたいのだけど，どうすればいいかな」などと，「注意したいこと」とその理由を，ゆっくり，わかりやすく伝えるのもよい。

②今後の対策を子どもとともに考える
　自分たちの学級のどこに問題があり，どうすることが改善につながるのか，「友達が話しているときはしゃべらない」など，子どもたちが考えたことを具現化し，「みんなで守る」意識を高める。また，教師が「この学級をこうしたい」と自己主張することも必要である。

③教師の意思表明
　担任として「私も，みんなの話を最後まで聞くようにする。みんなが決めたことを先生もできるようにがんばるよ」と，冷静に熱意を込めて伝え，共に歩む意思を表明し，協力を求める。

④できたことを繰り返しほめる
　「いま，みんな友達の話を静かに聞いていたね」など，決めたことが守られたとき，繰り返しほめる。共通の目標をもって取り組み，できるようになったことが増えていく実感は，次の取り組みへの意欲を高めるうえ，集団への所属感を高め，学級が安定化していくうえでも効果がある。

> 担任として，学級の成長を願う思いと，学級改善への信頼を熱く伝える。

（村田巳智子）

4章　子ども集団への対応

▶注意する

子ども 9 いじめをしているグループ

場面例とポイント

1人の子どもが，同じ学級のグループから継続的に暴力を受けている。そのグループの子どもたちを呼び出した。

❶ **事実を確認するとともに，グループの話に耳を傾ける**

「いままでA君にしてきたことを隠さずに全部話してごらん」「君たちはどんな理由でA君をいじめてきたのか」

❷ **相手の痛みに気づかせる**

「君たちにとっては悪ふざけだったわけだね。でも先生は君たちの行為はいじめ以外の何物でもないと思うよ」

❸ **教師がいじめを許さない姿勢を示す**

「いじめは許さない」と，教師の姿勢を自己開示する。

❹ **謝罪と再発防止を約束させる**

「心から謝罪する気はあるか」「二度といじめをしないか」と，基本的に複数の教師で指導する。指導にあたっては，いじめられた子どもを守ることに細心の注意が必要である。

考え方

①事実を確認するとともに，グループの話に耳を傾ける

指導にあたり，いじめの事実を十分に把握する必要がある。いじめられた子から十分に聞くとともに，グループの言い分も聞かなければならない。「自分たちの話はまったく聞いてくれない」とグループの子どもたちが思えば，指導の効果は半減するどころか，さらにいじめがエスカレートする可能性がある。

②相手の痛みに気づかせる

いじめている子どもは，悪ふざけや軽い冗談などといって，いじめと認めないことが多い。しかし，いじめられている子どもが精神的，肉体的苦痛を継続して感じれば，それはいじめである。「いじめを受けた子はつらいと思う。ずっと苦しんでいるよ」「もしいじめられている人が自分の大切な人だったら君はどう思う？」と質問していく。また，保護者に連絡することをためらわない。「子どもだから許される」という安易な思考を断ち切ることが重要である。

③教師がいじめを許さない姿勢を示す

「いじめの傷は，ずっと忘れることができない。苦しんでいるんだよ。私は，そんな苦しみを与えるようないじめは絶対に許せない」と教師がいじめを許せない理由を明確に自己開示することによって，いじめは許されない行為であることを子どもの心に訴える。

④謝罪と再発防止を約束させる

複数の教師の立ち合いのもと，いじめられた子どもに謝罪させる。さらに，いじめている子どもに，今後どうするのかについて決意を述べさせることも大切である。場合によっては，保護者を立ち合わせることも有効である。

⚠ 傾聴と指導，そして再発防止の契約。

（中山光一）

▶注意する

子ども10 ほとんどの者がいじめに加担している学級

場面例とポイント

学級活動で担任がAさんに対するいじめの事実を聞いたら、全員が「みんながやっているから」と言うばかりで、反省する様子がない。

❶Aさんに、いじめに関して詳しく聞く
「だれが何をしたの」「何がいやで、どうしてほしいの」

❷学級全体に訴える
「この学級で、いじめがありました。先生は非常に残念です。非常になさけない。今後、いかなる理由があろうともやめなさい。先生はいじめは絶対に許しません」

❸学級全員に個別面接をする
「君はいじめたのか」「Aさんはどんな思いで学校に来ているのだろう」「これから君はどうしたらいいのだろう」などを、いじめた子にも、傍観者的な子にも聞く。

❹学級会を開く
「学級全員仲よくするためには、どうしたらよいか」のテーマで学級会を開く。

考え方

ほとんどの者がいじめに荷担する状態になるまでには、かなりの時間が経過し、放任状態が続いていたと考えられる。学級担任だけでなく、学年主任など、危機感をもって多くの教師の協力体制をつくるとよい。

①Aさんに、いじめに関して詳しく聞く
Aさんから、詳しい様子を事前に聞いておく。とくに、だれが、何をしたという事実を確認する。Aさんが何がいやなのか、どうしてほしいのか、Aさんの気持ちなども細かく把握しておく。

②学級全体に教師の思いを訴える
学級全体が教師の話を聞ける状態にしてから話す。話すことは、事実と担任の思い。「先生は、本気でみんなのことを考えている。心配している」などのアイメッセージで伝える。最初から悪い、いけないなどばかり言われると、反感だけしか残らないので、言葉を選んで話す。

③個別面接をする
できるだけ早く、短時間で全員に個別面接をする。いじめた子だけでなく、傍観的な立場の子にも、学級全体の問題としてとらえさせるために全員にする。

聞くことは3点である。
(1)「君はいじめたか。なぜか」
(2)「Aさんはどんな気持ちだろう」
(3)「君はこれからどうしていったらいいのだろう」

④学級会を開く
学級のしきり直しである。Aさんのいじめをどうするかではなく、「どのような学級にしたいか、みんな仲よくするためにはどうしたらよいか」について話し合う。事前に、学級会を運営する子どもと打ち合わせをして、流れを確認しておくとよい。

> ⚠ いじめは悪いという教師の毅然とした態度、学級の雰囲気づくり。

(明里春美)

4章 子ども集団への対応

▶注意する

子ども 11 正義が通らない学級

場面例とポイント

落とし物を自分のものにするなどのことが日常的に起こっている。今回、学級の「ボス」的な2名の子どもが、運動会の片づけをさぼった。どう指導するか。

❶1つの事件をきっかけに心に近づく

「今日は、どうして学級の片づけに協力してくれなかったのか」などと、子どもの行動の理由を理解しようとする態度で事情を聞く。同時に、学級の仲間の気持ちや教師の気持ちを率直に伝える。

❷学級全体で考える

今回のことをきっかけに、学級の雰囲気について全体で考えてみる。小グループでの話し合いやアンケートを活用して、意見が出やすい方法をとる。

❸問題解決への自己主張を約束する

小さなルール違反やごまかしについて子ども同士で「いけないと思うよ」「ぼく(わたし)はそんなことはいやだな」「一緒に掃除しようよ」などと自己主張をしてみるよう約束する。

考え方

自己中心的な行動や義務を果たさない行動は、徐々に学級に蔓延していく。その背景には、暴力的な力関係が存在したり、陰湿ないじめなどが潜んでいることもある。このような問題を抱える学級に、集団が本来もつ教育力を回復させるため、教師は、学級の子どもの人間関係を注意深く観察し、理解を深めるとともに、集団の力が発揮できるように支援する。

①1つの事件をきっかけに心に近づく

このような学級には、「ボス」的な子どもを支持する雰囲気の子どもと、それらの行動に対して同調も批判もしない傍観者的な子どもがいる場合が多い。この「ボス」的な存在の子どもの行動こそ指導の対象にする必要がある。そのため、この子どもの気持ちをしっかり聞く。

教師がどんな方法で子どもの集団にアプローチしても、自分が「ボス」的タイプの子どもの指導を避けていてはダブルスタンダードになってしまう。子どもは教師の二面性を見抜き、「本音と建て前」を使い分ける集団となり、けっして「正義が通る集団」にはなり得ない。

②学級全体で考える

学級全体で「人として正しいことは何か」「どんな気持ちか」を話し合ってみる。このとき、「ボス」的な子どもへの批判を集中させることのないよう配慮して指導する。

③問題解決への自己主張を約束する

教師自身が、正義を貫く姿勢を体現するとともに、子ども個々に自己中心的な行動や義務を果たさない行動は、学級の仲間にどういう感情を与えるか考えさせる。加えて、アサーショントレーニングなどを取り入れ、ダメなことをダメと言えるようにする。

> ❗ 子どもへの指導では、ダブルスタンダードは厳禁。教師の信念を強く打ち出しながら迫る。

(安原敏光)

▶注意する

子ども 12 教室で窃盗が発生した学級

場面例とポイント

休憩時間に子どものかばんの中から財布が抜き取られていた。ほかの学級からは、だれも教室へ来た人はいないという。学級にどう指導するか。

❶事実を把握し、管理職や生徒指導部と連携する

財布をとられた子どもの心に配慮しながら「いつ」「どこで」「何を」などの被害状況を聞き、事実を正確に把握する。

❷事実を学級全員に話す

「今日はあってはならない悲しい出来事が起きました。学級の仲間の財布が盗まれたのです」

❸教師の思考、感情を自己開示する

「窃盗は許されるべき行為ではありません。このようなことが起きて先生はとても悲しいです。もし盗む人がこの学級にいたのなら、きっとその人なりの何らかの事情があったのでしょう。後でいいからそっと先生に申し出てほしいのです。先生はそれを信じます」

❹今後の対応について相談する

管理職や生徒指導部に報告し、今後の対応について相談するとともに、警察との連携も行うことを視野に入れる。

考え方

①事実を把握し、管理職や生徒指導部と連携する

被害状況を十分に把握し、指導の方針を検討することが大切である。学級に指導を行う際には、財布をとった者が学級にいると決めつけた指導は、反発を招くおそれがあるので配慮する。

②事実を学級全員に話す

他人事ではなく、自分の学級で起きていることを自覚させたい。すなわち自分たちの問題としてとらえ、考えさせるのである。子どもの規範意識を喚起するという目的もある。

③アイメッセージで教師の思考、感情を自己開示する

「大切なものを仲間に盗まれたらどんな気持ちでしょう」「先生は、どんなことがあっても仲間を大切にしたいと思っている」などと自己開示する。

また情報収集こそが生命線である。細かいことでも事件解決のかぎになる。「何か気づいたことがあれば先生に言ってください」と学級に依頼する。

④生徒指導部や管理職に報告し、今後の対応について相談する

子どもが学校に財布を持ってきた場合の対応の仕方（例：朝のうちに必ず担任に預ける）を再度確認する。また、ほかの学級にも同じ指導をするか、それとも学年集会を開くか、また盗まれた子どもの保護者への対応をどうするか、話し合う必要がある。そのような事後指導を一つ一つ徹底することが子どもや保護者への信頼関係をより強固にする。

> ❗ 事実を話すことでの情報収集と教師のアイメッセージ、そして徹底した事後指導。

（中山光一）

4章 子ども集団への対応

▶注意する

13 遅刻の多い学級 （子ども）

場面例とポイント

何度注意してもいっこうに遅刻が減らず，今日の朝の会・帰りの会で再出発を図りたい。

❶仕切り直しに向けて教師の思いを語る

「いままで何度も注意してきたけれど，いっこうに遅刻が減らず，非常に残念に思っています。明日から仕切り直しをしたいと思います。朝の生活をきちんと行うことで，一日のスタートをさわやかにしていきましょう」

❷時間のルールを守る意義を説明する

「あなたたちはいま，社会に出る準備をしているのです。学校は，いわば小さな社会です。いまできないことを，大人になってからやろうとすると，大変な努力が必要です。いまのうちによい習慣を身につけていきましょう」

考え方

子どもたちが，集団生活を送るうえでのルールの存在意義を理解していること，周囲への影響を考えられること，自分の行動をきちんとコントロールできることが必要である。

①仕切り直しに向けて教師の思いを語る

教師が能動的に学級全体にかかわっていくことが重要である。気持ちを新たに，翌日から遅刻をしないということは「約束」であり，守れない場合には個別にどこまでもかかわっていくことを伝える。

それでも，「時間を守ることができない」という子どもがいれば，質問技法に切り替えて，「どうして時間を守れないのかな」と，どこまでも子どもとのやりとりをしながら，子どもの納得がいく形で解決策を探る。教師の熱意と迫力が大切である。

②時間のルールを守る意義を説明する

ルールを守らないと，朝自習などに静かに取り組んでいる子どもに迷惑をかけることを十分に説明する。夜ふかしをして寝坊したといった具合に，自分の欲求を満たすことを優先し，自分さえよければよいと考えている子どもには，自分のとった行動が周りにどのような影響を与えているか考えさせるよい機会である。

ルールを守らないことをただ注意するのではなく，望ましい行動を教えたり，自己洞察させる機会ととらえる視点が大事である。

例えば「遅刻をしないために努力していること」をクラスで話し合わせたり，「遅刻はなぜいけないのか」について，グループ討議後に発表させるなどを行う。その中で遅刻に対する正しい認知を育てることも有効である。

また，自立していて，規則正しい生活ができている子どもに対しては，適切なフィードバックを与える。

> ❗ 仕切り直しを図ろうとする教師の熱意と迫力を子どもに伝える。

（阿部千春）

▶注意する

子ども 14 教師によって態度を変える学級

場面例とポイント

やさしい先生の授業は騒いでいる学級。先生によって授業態度を変える子どもたちに対して，学級担任はどう指導するか。

❶問題提起をする

「A先生の授業ではにぎやかだったね。隣の学級にも聞こえてきたよ」などと，ソフトな語り口で子どもたちに言う。

❷事情を聞く

「先生の授業のときは静かだけど，どうして違うのかな？」と尋ね，子どもたちの思いを受けとめる。

❸教師のアイメッセージ

学級担任がアイメッセージで自分はどう思っているかを発信し，教科担任はどんな気持ちでいたのか気づかせ，子どもの内面に働きかける。

考え方

教科担任の授業のとき，なぜ騒いだのかとしかっても，一時的に静かになるだけである。子どもたちは，教科担任が自分たちのことを言いつけたと，逆に反感をもち，人間関係は悪くなる。子どもたちの内面に働きかけ，意識の変化にせまる指導が求められる。

①問題提起をする

教科担任の授業がにぎやかであることをさりげなく話題に出して，子どもに問題提起をする。

②事情を聞く

教科担任の授業のときではなぜ態度が違ってしまうのか，その理由を子どもから聞く。「社会科の授業と，英語の授業の雰囲気が違うね。なぜだろう？　どちらの雰囲気の授業のほうが理解できるのだろう？　先生は，どちらの雰囲気の授業のほうが教えやすいだろう」と，できるだけ子どもの率直な声を聞くようにする。

③アイメッセージ

学級担任が「授業中に騒いでいる人がいたら先生はとても残念だよ」「勉強が身につかないから先生は心配だね」など，自分がどう思っているかを子どもに伝える。そのことから子どもが騒いでいたとき，「みんなが騒いでいた社会科の先生は，授業がやりにくいな，いやだなと思っていたのではないだろうか」と，教科担任が同様につらい気持ちでいたことに気づかせたい。

言葉や態度で，相手を喜ばせたり楽しませたりできる。反対に傷つけたり，悲しませたりもできる。だから相手に対して，どのような態度をとったらよいのか，相手の身になって行動する子どもを育てていく必要がある。ここではそのことを子どもたちに教えたい。

アイメッセージで子どもが問題を理解できない場合は，「騒ぐことはいいことなのですか」などの質問技法に切り替える。質問技法とアイメッセージを繰り返しながらかかわりを深めていく。

> ❗ 相手の気持ちを考え，行動できる子どもに育てたい。教師は子どもの心の内面に迫る強い態度をもつ。

（宮本明）

4章　子ども集団への対応

▶注意する

子ども 15 授業態度が落ち着かない学級

場面例とポイント

大きな声で話したり、立ち歩いたりするなど、多くの子どもが授業に参加しない。教科担任としてどう働きかけるか。

❶スタートをしっかりする

授業の開始前に教師は教室で待つ。授業の開始は礼で始め、机もまっすぐ整えてから始める。

❷生活密着型の話題、題材から開始

「アッ、知ってる。聞いたことがある」というものを動機づけに用い、授業に引き込む。今日の課題を明確にし、常に教室全体を回りながら、学習状況を確認し、声かけをしていく。

❸騒がしくなったら

授業を中断し、「騒がしくて授業ができない。前を向きなさい」と全員が前を向くまで待つ。「きちんと授業を受けている人がいるよ。授業を受ける権利はだれでもあるが、邪魔をする権利はないよ」と全員の心情に訴える。それ以上大変なときは、組織で対応する。

考え方

多くの子どもが授業に参加しない状況が発生したら簡単には解消できない。入学した当初から授業規律、話を聞く姿勢をあらゆる場面で根気強く指導していく必要がある。ぜひ、小学校と中学校が連携して授業規律の確立をしていきたい。

①スタートをしっかりする

授業のスタートが曖昧だと、落ち着かないままの授業になる。また、授業に集中するのにも時間がかかる。教師は、始業前に教室に行き、チャイムとともに授業を始め、チャイムとともに終わらせる。また、始業前の時間を活用し、気になる子ども（集中できない子ども）と意識的に会話をもつ。その際、勉強の話を1つしたら、子どもが関心を持っている話題を3つというようにする。

②生活密着型の話題、題材から開始

授業の導入部分で「身近な題材」「生活に密着した話題」を取り上げ、全員を引きつけられるように教材を用意する。また、調べる時間、ノートに写す時間、話を聞く時間をきちんと分け、授業にメリハリをつける。「いまは、発表を聞く時間だよ。ノートをとる時間は別にとるから、いまは顔を上げて聞きなさい」などの指示も必要である。さらに、自分で調べながら進められるプリントを活用すると静かに進められることもある。全体を回りながら、個別に課題を設定する。

③どうしてもダメなとき

授業を中断し、全体に指導する。協力を依頼する。限られた子どもが集中できないときは、「きちんと授業を受けられない理由」を聞くとともに、空き時間の教師の協力を依頼する。また、学級担任から保護者にも授業の様子を伝え協力を求める。

> ⚠ 全体がうるさいときは、全体に、個人のときは、個別に指導する。

（牧田康之）

▶注意する

子ども 16 荒れ始めた学級の再出発

場面例とポイント

無気力な態度，反抗的な態度をとる子どもが大半を占め，立ち歩き・奇声をあげて授業妨害をする子どももいる。学級担任として学級活動でどう働きかけるか。

❶子どもから課題を投げかける

「今日は，私たちの学級の現状について，本音で話し合いたいと思います」。学級委員もしくは，しっかり意見の述べられる子どもを中心に学級活動を進めていく。

黒板に，(1)学級の課題（現状）は何か，(2)どんな学級にしたいか，(3)自分ができること，(4)先生（担任）に望むことを列記し，意見をまとめていく。

❷担任の自己開示（管理からふれ合える学級へ）

「みんなが出してくれた課題を聞いて，これまでずいぶんつらい思いをさせてしまったと，先生は申し訳なく思っています」「心の叫びを受けとめていなかったね」と気持ちを伝える。そして，「○○学級の再結成のために，みんなの力をもう一度貸してほしい！」と訴える。

考え方

このような学級の状態は，対人関係にかかわる実体験が非常に乏しいことが大きな要因である。例えば，自分の言動が相手にどう作用するかを想像できないから，無神経に相手を傷つける。それでいながら，相手（教師も含めて）の言動に対しては人一倍傷つきやすい。したがって，未発達な心のアンバランスさに，どう対応するかがポイントになる。

①子どもから課題を投げかける

さまざまな混乱状態に学級全体が同調しているように見えても，混乱状態を心地よいと感じたり，このような状態を望んだりしている子どもは１人もいない。だから，学級の諸問題に子ども自らがかかわり，訴えていくほうが，はるかに現実的で真意が伝わり，効果的である。とくに，(4)は真摯に受けとめる。

②担任の自己開示

未発達な心のアンバランスさに気づかず現象のみに対応すると，子どもの反発をかい，担任が発しているというだけで言動を無視するようになる。担任の誤った判断や管理的思考が，子どもに「混乱」を招いてしまったことを事実に基づいて振り返り，本音で語っていく。

この場では，けっして「君たちも考えてほしい」と要求せず，変わろうとする教師の本音をひたすら子どもに語る。ここが唯一の正念場である。

学級の問題は，学年・学校全体の問題である。例えば，このような学級は，ほとんどの教科の授業が成立していないと考えられる。不適切な発言や嘲笑など，ささいな徴候が発生した時点で，教師がすばやく察知し，連携・対応をすればここまで悪化しない。初動の対応が突破口になる。

> ⚠ 教師と子どもとの相互交流を重視する姿勢を示す。

（齋藤美由紀）

4章 子ども集団への対応

▶注意する

子ども 17 校則違反が目立つ学級

場面例とポイント

校則を軽く考えて，守ろうとする様子がまったくうかがえない。今日も校則違反があり，いっそう悪化するばかりだ。どのように指導すればよいか。

❶校則の意義を説明し，校則を守らなければならない理由を自己開示する

「校則は，一人一人を守るために存在する」「校則を破ることは，人の心を傷つける行為である」などと，意義や守らなければならない理由を自己開示する。

❷担任として，どのようなクラスにしたいのかを説明する

教師が，「一人一人がお互いを大切にする心をもったクラスにしたい」と宣言する。

考え方

校則を守る心が，他律から自律に変容するためには，「校則だから守りなさい」ではなく，校則の必要性や意味を子どもの心に響くように，教師が説明できなければならない。

①校則の意義を説明し，校則を守らなければならない理由を自己開示する

校則の意義について，「君たち一人一人は，かけがえのない存在である。A君もBさんもかけがえのない存在である。よって，その存在を脅かすことは，あってはならない。かけがえのない存在を守るために，校則があるのである」と説明する。さらに，「校則があるから，問題行動をしてはいけないというだけではない。校則の後ろには，あなたにがんばってほしいと願い支えてくれている保護者や教師がおり，その人たちと約束しているのである。問題行動をすることは，ただ単に校則を破っただけでなく，校則の後ろにいる人の心を踏みにじったことになる。つまり，思いやりのない行動である」と，守らなければならない理由を教師が自己開示することで，心に響く指導をする。

②担任として，どのような学級にしたいのかを説明する

学級で問題行動が多発する１つの要因として，学級のめざす方向性が一貫していない場合が多い。よって，「一人一人が，相手を大切にする思いやりある学級にしたい」などと宣言することである。

そして，学級で校則を守ることについて話し合いをさせ，どうやれば守っていけるかについて意見を出させたうえで，教師と子どもの間で，校則を守っていくことについて共通認識を築く。

その後，共通認識に基づいて，校則違反があった場合は，「どうしたの？」と面談に導入する。場合によっては次回のペナルティを契約しておく。また，定期的に，校則と人の心について考えさせる機会をもち，規範意識を高める。

> 毅然とした態度とは，いちばん大切な子どもを自らの心をかけて守る態度である。

（朝倉一隆）

▶注意する

子ども 18 非行を繰り返すグループ

場面例とポイント

暴走行為や喫煙などの非行を繰り返すグループが,コンビニの前でたばこを吸っている。その中に,自校の子どもがいるが,どのように指導するか。

❶集団に対して,指導を行う

グループ全員に対して指導を行い,全体の規範意識を向上させる。

❷個別に指導してきずなを深める

問題行動の状況を把握するとともに,ここにたむろしている本音を聞き出す。「あなたが,間違った行為と知りつつ,ここにたむろするには,よほどの理由があると思う」

❸人として正しい道を自己決定させる

生徒に自己決定をうながすように,教師が自己開示を行う。

考え方

集団への指導は,必ず複数であたり,場合によっては,関係機関と連携する。

①集団に対して,指導を行う

グループ全体の規範意識を向上させることで,一人一人の規範意識を向上することができる。グループに「いましている行為は,なにが悪いと思うか」と尋ねると,多くの場合「たばこは体の害になる」などと自己中心的な答えが返ってくる。そこで「そのことと同時にもう1つ大切なことがある。それは,君たちがここにたむろしていることに,不安を感じている人がいることだ」と自己主張し,他者との関係を考えさせる。どのような迷惑をだれにかけているのかを認識させ,規範意識の段階を物理的段階(暴力,恐喝などが迷惑行為であるという認識)から心情的段階(不安,心配なども迷惑行為であるという認識)に向上させる。

②個別に指導してきずなを深める

非行グループから離脱させ,正しい道に導けるかどうかは,そのグループとのきずなと,教師とのきずなのどちらが太いかによって決まる。教師と子どもとのきずなを太くするためには,教師が自分自身を打ち出していくことが大切である。つまり,日ごろから教師が自己開示を行い,子どもを本気で大切に思い,かかわることである。

③人として正しい道を自己決定させる

「私は,どんなにつらくとも,逃げないと心に決めている。生徒指導をしていると,子どもに嫌われたり,いやがらせを受けたりする。しかし,被害を受けている子どもがいれば,だれかが救ってやらなければいけない。それが自分なんだと言い聞かせている」などと教師が自己開示を行う。そして,勇気をもって,困難をともに乗り越えていく自己決定を促す。子どもが,非行グループから離脱をしようとするときには,必ず守ってやる姿勢が必要である。

> ❗ カウンセリングマインドをベースに,ルールを守る心を指導する。

(朝倉一隆)

4章 子ども集団への対応

▶注意する

子ども19 教師に反発するグループ

場面例とポイント

授業中に教室に出入りしたり，漫画を読んだり，ゲームをしたりしている集団がいる。いっこうに教師の注意を聞こうとしない。どう注意するか。

❶授業のルールを示す
授業を進めるうえでのルールを決めておく。ルールは繰り返し確認する。

❷ルール違反には毅然と注意をする
「教室から出ていってはいけません」「漫画を読んだりゲームをしたりしてはいけない約束でしたね」などと明確に注意する。

❸継続して注意を繰り返す
同じ注意を何度も繰り返す。

❹特別な指導
それでも指導を聞かない子どもには，校内の別室で静かに自省させるなど特別な指導を行う。

考え方

このような教室は，授業不成立の状態である。このような場合，教師は頭ごなしにしかったり，いくら注意をしても効き目がなく，あきらめたりしがちである。
①授業のルールを示す
子どもは授業中のルールについて確認されなければ，暗黙の了解を得ていると考えている。教科担任と子どもの間で「教師の指示に従う，許可を得て発表する」など当然のことから，具体的かつ明確に約束し確認することで，教師と子どものより強い関係性ができる。教師はこの関係性を指導に活用する。
②ルール違反には毅然と注意をする
決められたルールを毅然と適用して，当の子どものみならず集団全体に対して，授業規律を守る必要があることを確認する活動が必要である。
ルール違反をする子どもに配慮して指導を遠慮し，勉強したい子どもの気持ちをないがしろにすることは許されない。
指導の仕方は，落ち着いてしかもしっかりとした口調で行う。けっして感情的になってはいけない。
③継続して注意を繰り返す
このような集団には，授業規律などのルールを守らなければならないという文化が形成されていない。
子どもは，自分たちのルール違反に対して教師がどこまで指導するか見きわめようとしていることが多い。つまり，教師がどれだけ本気かを測っているのである。指導を繰り返すことになってもけっしてあきらめない教師の態度は，教師の魅力となり，授業規律を確立させるきっかけとなる。
④特別な指導
ねばり強い指導でも自己変容できない子どもには，放課後面接をしたり，ペナルティを契約したり，別室で自己分析させるなどの個別指導を行う。

> ⚠ 教師の正当性を示すよい機会ととらえ，だめなものはだめと言い切る。あきらめずに指導を続ける。

（安原敏光）

▶グループを育てる

子ども20 リーダーシップが発揮されていないグループ

場面例とポイント

お楽しみ会のグループの出し物をいいかげんに決めたうえ，準備の共同作業も進んでいない。グループのメンバーを集めて立て直しを図りたい。

❶メンバー全員に質問する

「準備が進んでいないみたいだけど，何かあったの？ 君はどう思ってる？」と一人一人に聞き，メンバーの意見や気持ちを明確にしていく。

❷アイメッセージで現実原則を示す

「班のみんなの考えはわかった。けれど，このまま準備が進まなかったら，どうなるだろう？ みんなお楽しみ会で楽しめなくなるかもしれない。そうなったら先生は残念だよ」とアイメッセージを用いて現実原則を示す。

❸グループとして大きなゴールと小さなゴールを考える

「どうなったらお楽しみ会のとき，やってよかったって思えるかな？」と聞く。グループの出し物をうまくやるという答え（大きなゴール）が聞けたら「じゃあとりあえず何をすればいいかな？」と聞いていって，スモールステップで行動目標（小さなゴール）を一緒に立てる。場合によっては教師から行動を指示する。

考え方

①メンバー全員に質問する

こんなとき，「何やってるんだ，もっとしっかりやれ」としかってしまうと，「おまえのせいでしかられたんだぞ」などとメンバー同士が非難しあって，関係がさらに悪くなることがある。

そこでメンバー全員がどう考えているか，またメンバーの考えにずれがないかを知るために，メンバーの一人一人に質問をする。ずれが明らかになれば，折り合いをつけるためにはどうすればいいか，一緒に考える方向へ進める。

②アイメッセージで現実原則を示す

このままの調子でグループの共同作業が進んでいったらどんな結果になるか，グループのメンバーや学級のみんなはどんな気持ちになるかを考えさせる。そして望ましくない結果になってしまったら残念だという教師の気持ちを，アイメッセージを用いて明確に伝える。

③グループとしての大きなゴールと小さなゴールを考える

班長やグループ長を中心に，グループとしてこれからどうなったらよいのかというグループの目標を打ち立てる。そのうえで，その目標を達成するためにとりあえず何ができるか考えさせる。そういう行動目標を順番に立てていくようにする。そして，班長やグループ長がリーダーシップを発揮しやすい場面を多くつくるようにする。

4章 子ども集団への対応

!) 大きなゴールを明確にした後に，小さなゴールを考える。

（小暮陽介）

▶グループを育てる

子ども21 グループ同士が対立している

場面例とポイント

運動会の練習に一生懸命取り組もうとしているグループに対して水をさすグループがあり，前向きに取り組めない。グループがいがみ合っている場面でどうするか。

❶その場で・みんなの前で・簡潔に

「どうしたの？」と両グループからまず状況を聞いた後で，水をさすグループには，じゃまをしてはいけないことを簡潔に注意する。規範を具体的に提示することで，ルールの定着を図る。

❷行動を選択させる

水をさすグループには，「自分たちのしたことがどんな迷惑になっているか考えてごらん。そして，これからどうするか考えてみよう」とこれからの行動を選択させる。

❸キーマンへの対応を充実させる

全体への指導とは別の時間に，水をさすグループのリーダーへの対応を行う。

考え方

①その場で・みんなの前で・簡潔に

人のじゃまをした子どもたちをすぐそばに呼んで事情を聞いて，みんなの前でしかる。基本的には「その場で」「みんなの前で」「簡潔」の3つをポイントに指導する。みんなの前でしかるのは，全体の前で1つのルールを示すためである。それによって，一生懸命取り組もうとする子どもやかかわりのない子にも規範を示すことができる。

また，短時間で簡潔に指導することも大切である。教師は水をさすグループばかりにかまっているのではなく，一生懸命取り組んでいるグループをちゃんと見ていることも示すようにする。

②自分の行動を選択させる

水をさすグループには，これからの自分たちの行動を選択させるようにする。その際，「グループのめあてを決め直す」「グループの計画を変える」など，2つ以上の対処法を用意していくことによって，自分で選んで行動を変えられるようにしていく。

このようなグループが前向きの動きをしたり，めあてを達成したりしたときに，きちんと認めるようにする。グループ活動の楽しさを味わえるようにすることが大切である。

③キーマンへの対応を充実させる

水をさすグループには，それをリードしているキーマンがいる。その子どもからじゃまをしたくなる心情を十分に聞くとともに，「応援合戦のとき大きな声が出ているね」など，その子のよさに着目した言葉かけをする。キーマンである子どもと教師との関係を安定させ，リーダーとして育てることでグループ活動は前向きになる。

> ⚠ グループ活動の規範を示してルールの定着を図る。グループでどうするかを考えさせ，実行させる。

（高畑晃）

▶グループを育てる

子ども22 班長だけががんばっている

場面例とポイント

グループ学習で，調べものをまとめるのに班長だけががんばっている。学習は深まらず，班長もやる気を失いそうだ。メンバーを呼んでどう言うか。

❶現状とメンバーの思いの確認

現状に問題があることを指摘し，「どう思いますか」と聞く。メンバーとしてこの状態をどう考えているか，一人一人にその思いを確認する。

❷目標や手順の再検討

「それでは，どうしようか」と学習や活動のねらいを見直し，手順を再検討させる。

❸活動計画，各分担の見直し

活動計画の見通しを立て直し，それぞれの分担を見直す場をもつ。

❹成果の評価，承認の声かけをする

自己反省の場を確保し，メンバーとしての各自の役割，責任を明確にする。

考え方

①現状とメンバーの思いの確認

まず，班長だけががんばっている現状には問題があることを毅然と指摘しながらも，ほかのメンバーの思いにも耳を傾けたい。班長しかがんばっていないとはいえ，メンバーにもそこに至る理由や思いがあるからだ。一方的にしかったのでは，その後の注意を受け入れる状況は生まれない。「何をしたらいいのかわからなかった」「やりたかったのに，書かせてもらえなかった」などの本音を出させるなかで，自己反省を促し問題点を明確にする。

②目標や手順の再検討

やる気が確認できたうえで「今度のことをみんなで調べるには，どうするのかな」と，もう一度，活動のねらいを見直し，具体的な手順を再検討する。「どうしたらよいか」が明確でないために動けないでいる場合が多い。

③活動計画・各分担の見直し

手順がはっきりしてきたら，その中で，各自ができること，やってみたいと考えることを話し合い，活動の計画や分担を明確にする。「自分は遊んでいてもすませられる」，そんな手抜きを許さない状況をつくることが重要である。

④成果の評価，承認の声かけをする

お互いの思いを出し合い，活動への意欲化を図っても，再びグループの活動が停滞することが予想される。話し合われた手順で活動が進んでいるか，それぞれが自分の役割を果たしているかを見守る。その成果を認め，励まし，承認の声かけが，グループ活動を支えることになる。「Aさんが，わかりやすく表にまとめてくれたので，伝えたいことがよくわかるようになったね」などと，子どものがんばりがグループにどう役立っているのかを教師が見つけ，広めることも大切である。

> ❗ 自己反省と役割の再確認の場をもち，各自の役割と責任を明確にする。

（村田巳智子）

4章 子ども集団への対応

▶グループを育てる

子ども23 グループをかわりたいと言ってきたとき

場面例とポイント

「いやな友達がいるので，班をかえてほしい」と言ってきた。どう対応するか。

❶子どもの気持ちと経緯を確かめる

「いま，君は悩んだり困ったりしているようですね。どうしたいのかな。そして，それまでの経緯（いきさつ）を，話してごらん」と聞く。どうしてそういう気持ちになったのか聞く。

❷問題の明確化と解決方法

「結局，問題（ネック）になっているのは何だろう」と問題点に目を向けさせる。いまの班はなぜ居心地が悪いのか，考えさせる。問題点が明確になったら，どうしたら解決できるか，考えさせる。

考え方

①班をかわりたい子どもの気持ちとそれまでの経緯を確かめる

すぐ「そんなことルールだからできない」と切り捨ててしまうのではなく，相談に来た子どもの気持ちを大切にしながら，どうしたいのか，これまでの経緯を教師が質問したり，説明を加えたりしながら聞く。例えば，「それで」「Aさんがいやと言うけれど，どうして。何か言われたり，されたりした？」「いつ，どこで」など，話が具体的にわかるように，質問したり話を促したりする。

②問題の明確化と解決方法

問題がはっきりしてきたら，次は解決方法を考えさせる。単に班をかわれば解決するのではなく友達のよい点を見つけ，乗り越えて行く方法を考えさせたい。

「一人一人がとても個性的で，力があるのに，どうしてうまくいかないのかなぁ。こんなに恵まれたメンバーがいるのに……」「周りから見ると，力のある人がたくさんいると思うよ」と班のよい面に目を向けさせるようにする。

個性的で力がある班は，自己主張が強い分，他人の言葉に耳を傾けることができないこともある。譲り合ったり，相手の意見を聞き合ったりする大切さに気づかせたい。

また，自分の言い分を通そうとする子どもがいる場合，教師が1対1で話すことも必要である。

相談に来た子どもの一方的な申し入れの場合，本人が自分のわがままな姿に気づき，「変わりたい」という信号を発している場合がある。「自分は嫌われているのではないか」などは，自分の内面と向き合うことから生じる葛藤である。「自分の欠点と向き合っているのだから立派ね。よい方向に自分を成長させられる人だと思いますよ」と話し，個人的に十分に話を聞く。仲間との活動場面でうまくいっているときをとらえてほめると，安心してよい方向に自分を伸ばせる。

> ❗ 子どもの話，言い分をじっくり聞く。そして，いまの姿を認める。

（安塚郁子）

▶グループを育てる

子ども 24 グループ学習が進まない

場面例とポイント

何度も手順を確認し、やることはわかっているのに、動きが鈍いグループがある。活性化させるにはどうしたらよいか。

❶注意を喚起し様子を見る

「あれ、この班はどうしたのかな？ いまは、グループで○○について、意見を出すときだよ。班長さん進めよう」と働きかける。

❷明確な役割分担

「司会はだれ？」「記録は？」「A先生への連絡はだれ？」と役割を確認する。

❸原因に対応した手順を示す

「班長さん、司会は？」「次は何するの？」とその班に合った指示をする。

❹活動が進んだところでほめる

少し教師主導で進めた後、「やればできるんだね。やれるのがわかってうれしいな」と、活動が進んだことをほめる。

考え方

①注意を喚起し、様子を見る

まずは「進めよう」と指示を促す。原因には、(1)仲よしグループで脱線、(2)やることがむずかしくて脱線、(3)リーダーがどのように進めてよいかわからず停滞、(4)人間関係が悪化して進まない、などが考えられる。様子を見ながらさまざまな原因を把握する。

②明確な役割分担

全体で何をするかわかっていても、自分が何をするのかわかっていない子どもがいるかもしれない。班内で明確な役割分担を設定し、それを遂行させることが、共同作業の完成につながっていく。

③原因に対応した手順を示す

(1)仲良しグループで脱線

「班長、しっかりお願いします」「いまは、私語をしない。何をするときですか？ 協力しなさい」と注意する。

(2)やることがむずかしくて脱線

教師がかみ砕いて、いま何をするかを説明する。「例えば～」「A君の意見は？」など、少し軌道に乗るまで教師の介入が必要である。

(3)リーダーが進め方がわからず停滞

「班長、次は何するの」「Aさんの意見を聞いてみたら」など、班長が次々と活動を進めることができるように教える。

(4)人間関係が悪化して進まない

すぐには直らないので、事務的に(3)の方法で進め、放課後など時間を取って対応を考えさせる。仲がよくない状況のなかで、やるべきことをいかにやっていくかを教える。

④教師がモデルを示し、活動が少し進んだところでほめる

大切なことは、活動を軌道に乗せることである。手順が示されても、環境が整わないと、進めることができない場合がある。教師が言葉でモデルを示すと、次から子どもたちだけで進めることができるようになる。

> ⚠ 教師の言葉のモデル、役割分担の明確化。

(福田寛)

▶グループを育てる

子ども25 手順を示しても話し合いができないグループ

場面例とポイント

班長は，話し合いの仕方がわかっているはずなのに，すぐに話し合いが終わってしまう。

❶理由を聞く

「あまり意見が出ないようだね。何か言いづらい理由があるのですか」と聞く。それでもだめなときは，アンケート形式で個別に記入させる。

❷教師の思いを伝える

「自分たちの学級のことは自分たちで決められる学級にしたいのです。君たちの話し合った結果を最大限尊重します」

考え方

休み時間や授業では活発に活動するのに，学級会になると押し黙ってしまうことがある。議題が難解で，自分なりの意見がもてないのではなく，個別に意見を書くことはできる。

①意見が出ない理由

理由は２つ考えられる。話し合いを阻害する何かがあるか，子どもが話し合いに意義を見いだしていないか。

前者の場合は，意見を言いたいのだが言えない状況である。レクリエーションやスポーツ大会，そして構成的グループエンカウンターなどを実施し，学級の人間関係を耕し，学級が安心できる空間であるとの認識をもたせる必要がある。

後者の場合は，意見をもっているが言いたくない状況である。意見を言っても何も変わらないと思い込んでいたり，経験が度重なっている場合である。

「学級のみんなで何か楽しいことをしよう」と意見を出しても，みんなから「そんなことやりたくない」と否定されたり，教師から「どの時間でやるのだ，費用は？」と頭ごなしに否定されたり，やることになり，みんなで進めていたのだが，途中でつぶれてしまったり，などの経験を繰り返した学級は，「どうせ，意見を言ったって」と意見を出す気にならなくなっている。

そのようなときは，教師がリードして，子どもが出した案をできるだけ実行できるようにする。「Aさんの考えで，××の仕事を日直の仕事からカットしたいと思いますが，どうですか」と最初は教師がリードして，子どもの意見を実現させるモデルを示す。

自分の案が学級で取り上げられたり実現したりしていくと，子どもはどんどん意見を出すようになる。

②教師の思いを伝える

みんなで話し合って決めたことをほめたり，尊重する。話し合いの結果，採用されなかった意見も，試行錯誤のときは，重要な役割を果たしていることを伝える。

そして，できるだけ話し合いのときに，教師の思いを語り伝えるようにすると，子どもたちは自分の意見を語る意義をもつことができるようになる。

！ この学級の未来を自分たちの手でつくっていく。

（浅井好）

▶さまざまな問題

子ども 26 級友の不登校についての学級への説明

場面例とポイント

元気なA君が突然休み始めた。どうも友達と何かあったようである。帰りの会で学級全体にどうはたらきかけるか。

❶原因にはふれずに事実を伝える

本人または保護者の了解を得たうえで,「A君は少し疲れている様子で,しばらく学校を休むことになりそうです」「けっしてさぼっているのではありません」

❷教師の気持ち・思いを伝える

「早く登校できるように真剣に応援したい」「そのためには,君たちの応援がどうしても必要だ」「休んでいても学級の一員であることを意識していてほしい」など。

❸教師のアイメッセージ

学級全体には,(1)犯人探しをしているのではないこと,(2)真剣にA君を登校させたいと思っていること,(3)そのためには学級みんなの協力が不可欠であることなど,教師の思いを,言葉だけでなく視線や表情で誠実に伝える。

考え方

元気だったA君の突然の不登校。友人関係のトラブルやいじめが引き金になっていることも考えられる。学級全体に話す前に,できるだけA君と直接会って気持ちや思いを感じ取っておくことが大切である。そうする中で,不登校の理由もある程度予想できることが多い。

①原因にはふれずに事実を伝える

学級全体に話すにあたっては,学級にA君の不登校の原因になっている子どもがいるかもしれないという前提で対応する。該当する子どもが自覚していなかったり,心当たりがあっても,自分が悪者になってしまうことから拒否反応を示したり,反省するどころか逆の反応を示したりすることもある。A君に対して被害者意識をもっていることもある。伝え方には十分注意する。

②教師の気持ち・思いを伝える

教師がA君の不登校の原因をどうとらえているか,ほかの子どもは耳を立てて聞いている,見ているととらえ,あせらずに冷静な対応を心がけたい。

③教師のアイメッセージ

A君のことを学級全体に伝える時点で達成したいことは,教師がA君のことのみならず,クラスの子どもたちをどのように思っているかである。けっして悪者探しをしているのではないことを言葉や視線や表情で,誠実にしっかりと伝えることである。これが今後の経過に大きく影響することになる。

学級で担任が話した内容は,友達を通して本人や家族に伝わると思っていたほうがよい。事前にA君と会って「学級の友達には言わないでほしい」と言われたことは話さないようにする配慮が必要である。話す場合は本人の了解を得ておく必要がある。

> 教師の声一つで決まる。焦らず,明るく,でも真剣に,誠実に。

(原田孝治)

4章 子ども集団への対応

▶さまざまな問題

27 級友が再登校するときの学級への説明

子ども

場面例とポイント

不登校だった子どもが久しぶりに登校してきた。朝の会で学級の子どもにどう言うか。

❶感情の自己開示

Aさんに了解をとったうえで「今日はAさんと一緒に朝の会をすることができて先生はうれしいです」。

❷環境づくりのための自己開示

「先生は以前、退院して戻ったときにどうしていいかわからずに困ったことがあります。そんなとき、周りのみんなはどんなことができると思いますか」（この部分は可能なら本人登校前に）。

❸モデルを見せる

朝の会の途中や会終了後、笑顔で目を合わせるとか肩だけたたくといった非言語での受容のモデルを見せる。

考え方

久しぶりに登校したときというのは、準備体操なしにプールに放り込まれるようなものである。少しずつ慣れていけるように、本人と環境に働きかけて調整することである。

可能なかぎり朝の会以前に、登校する本人と話し、「してほしいこと・してほしくないこと」を聞くこと、担任が朝の会で行いたいことを伝えること、それを聞いてどう思うか感想を聞いておくことが必要である。

①感情の自己開示

教師は子どもの前で、しつこく「登校できてよかった、よかった」と言わない。たしかに「よい」ことと受けとめていいが、あまりしつこく言うと「欠席＝悪」ととらえる子もいるからである。注目を浴びることを嫌う子どもが多いので、短く端的に表現する。

②環境づくりのための自己開示

「自分のためだけに学級がいっせいに行動している」ことは、本人にも学級の子どもにも負担が大きい。1つの行動へ向かわせる指示はあまり出さないほうがよい。それぞれの子どもが「心」を使って、どのような配慮をするとよいのか考え、多様で自然な対応をしていけることが大切である。その考えを促進させるような教師の自己開示を行う。場合によっては個々の子どもに指示して動いてもらう必要がある。

③教師のモデル

不登校の子どもは非言語でのコミュニケーションだと安心する場合がある。「今日、会えてよかった」という安定した気持ちで「笑顔で目を合わす」「肩をたたく」といった非言語のコミュニケーションが、ほかの子どもたちへのモデルにもなる。そのためにはふだんから休んでいる子どもと会う機会をもち、子どもと接しておくことも大切である。

⚠️ 「あたたかく見守る」ことを非言語で教師がモデルとして見せていく姿勢。

（森憲治）

▶さまざまな問題

子ども 28 いじめが学級で起きたとき

場面例とポイント

いじめを訴える子どもがいるとき、帰りの会で学級の子どもにどう言うか。

まず、いじめを訴える子どもがいるという事実をみんなに伝える。そして、次のように話すようにする。

❶ワンネス（響く）

「まず、いじめられている人の気持ちをみんなで考えてほしい」「いじめている人も、いじめはいけないとわかっていくもしたのだから、よほどの事情があったと思います」

❷ウィネス（支える）

「いじめている人には、これからどのように解決していこうと思っているか考えてみてほしい」

❸アイネス（自分を打ち出す）

「いじめはあってはならないことだと考えています。君たちがよりよいクラスにしてくれると信じているよ」

考え方

誠実かつ迅速に対応することが大切である。当然、いじめられている子ども、いじめている子ども、かかわった周りの子どもに対して、個別に面接をする必要があるが、まず学級全体としてどのように対応していくか、担任として打ち出すことが必要である。それには、國分康孝が提唱する、「ワンネス→ウィネス→アイネス」の３段階の人間関係づくりの原理を核として考えるとよい。

①ワンネス（響く）

相手の気持ちを理解しようとして接することである。

いじめられている子どもの切ない思いをみんなに伝え、この先生にならば話してよいという安心感がもてるようにする。

いじめた子どもに対しても、いきなりしかりつけるのではなく、「いじめはいけないことだとわかっているのに、してしまったということは、よほどの事情があったのだろうね」と投げかける。

②ウィネス（支える）

「われわれ意識」である。相手のためになることを考えたりしてあげたりすることである。すると「先生は自分の味方だ」と思ってもらいやすくなり、「お互いに味方同士」という意識が生まれる。

実際には、「いじめている人には、これからどのように解決していこうと思っているか考えてみてほしい」と聞いて、一緒に取り組む姿勢を示す。そうすると、安心して話ができる雰囲気をつくることができ、いじめている子どもも支えることができるのである。

③アイネス（自分を打ち出す）

教師として、自分の考えを打ち出すことである。「私は、いじめは絶対にあってはいけないことだと思う」「君たちが今回のことを乗り越えて、さらによりよい学級にしてくれると信じています」などと語りかける。

!)いじめに対する教師の毅然とした自己開示や自己主張をしていく。

〈引用文献〉米田薫「いじめの原因と対応の核」『育てるカウンセリングによる教室課題対応全書５　いじめ』図書文化

（高畑晃）

4章　子ども集団への対応

▶さまざまな問題

子ども 29 しらけて元気がない学級

場面例とポイント

何をやってもしらーっとして、だらだらして、やる気が感じられず、元気がないクラス。仕切り直して奮起を促したい。

❶事前に学級委員など数人に話を聞く

「先生はいまのクラスの状況は、よくないと思っている。何か気づいたことがあったら、教えてほしい」と自己開示する。原因を探り、話し合い方を決める。

❷朝の会・帰りの会で気持ちを語る

教師の苦しい胸の内を自己開示し、教師の使命感やクラスのめざすべきあり方を語る。しらけている状態がいけない理由、それが何につながるかを述べ理解させる。

❸学級全体の話し合い

子どもの本音を引き出し、クラスをよくするための話し合いに展開させる。

❹今後やることと感謝を語る

「みんなの考えはよくわかりました。先生も努力しますので、みんなも努力してください。みんなと話し合いができて、うれしかったです。明日からがんばろう」

考え方

しらけは、(1)抵抗や抗議（教師に対する誤解や勝手な思い込みなど）、(2)クラスのリーダーの存在が絡んでいる場合が考えられる。「それらの要因を踏まえて、一緒に解決していこう」という教師の真摯な態度で、お互い本音で話し合いをもつことで解決につながる。

①事前に学級委員など数人に話を聞く

事前にしらけの原因を探り、話し合い方を決める。

②朝の会・帰りの会で気持ちを語る

「私の仕事は、みんなを社会に貢献できる立派な人間に成長させることだと思っています。だから、みんながよそよそしい態度でいるのに悲しい思いをしています。自分を開こうとしないのか、それとも私だけに開こうとしていないのかわかりません。こんな状態では、みんなのいいところを伸ばすこともできないし、必要なときに適切な支援ができないままに毎日が過ぎていきます。みんなが私に何かを訴えているのなら、いまここで教えてほしいのです」。一人一人の顔を見ながら気迫をもって語る。

③学級全体の話し合い

「先生は本気で考えてくれているんだ」と理解し心を開く子どもの思いを糸口に、「勇気をもって話してごらん」と子どもの本音の発言を促し、心にたまっていたものを出させる。ただし人の話はきちんと聞く、話したいときは手をあげて立って話すなど、話し合いのルールは守らせる。

④今後やることと感謝を語る

教師と子どもの改善点をお互い明確にする。教師はアイメッセージで、この話し合いの重要性と感謝を伝え、いい集団をつくるには話し合いが必要だという認識と、努力する雰囲気をもたせる。

> ❗ 子どもとしっかり向き合い、本音で話し合う。教師の真剣な態度。

（淡路亜津子）

▶さまざまな問題

子ども 30 行事で負けて意気消沈している学級

場面例とポイント

作戦を練り，練習を重ねて参加した全員リレーだったが，負けてしまった。ささいなミスも敗因に思えて険悪な雰囲気になっている。

❶ねぎらいの言葉をかける

どの子どもも精いっぱいやったという気持ちである。「すばらしい戦いぶりだったよ」とほめる。

❷みんなの気持ちに目を向けさせる

「失敗した人もいるけれど，負けようと思った人がいるだろうか。みんな精いっぱいやったなかで失敗した。ほんとうはみんな勝ちたかったと思う」ということをアイメッセージで伝える。

❸負けた後が大切

負けたことで得られたものがあることを話す。負けて勝つの視点で話をする。

考え方

①ねぎらいの言葉をかける

勝利をめざして作戦を立て，勝つことを信じて練習をしてきたのだから，負けたら相当ショックである。ほかの者のささいなミスも許せなく思え，険悪なムードになるのも無理はない。そんな子どもたちの気持ちを否定することなく，まずは子どもたちの健闘をたたえ，ねぎらいの言葉をかける。

②みんなの気持ちに目を向けさせる

しかし「がんばったのは君だけではなく，どの子もそうなんだ」と気づかせることが大切である。ミスをした子どもがいちばんつらい思いをしていることに気づかせる。そしてミスをした子どもも勝ちたくて，どうしても勝ちたいという思いの強さ故に，ミスにつながってしまったということに気づかせたい。

一人一人に話をさせるのではなく，教師がアイメッセージで，全体に話しかけてあっさりと終わりにするのがよい。まずは興奮したマイナス思考に冷水をかけ，相手の気持ちを察する余裕をもたせることが大切である。どうしても，一人一人の言葉を大切に言わせたいと思った場合は，「今回の全員リレーに参加して」などの題で，簡単な作文を書かせるのがよい。だれかを非難したがる子どもがいたら，みんなの前では発言を控えさせ，後で個人的に話をする。

③負けた後が大切

健闘をたたえる教師のひとことはけっして忘れてはならない。ヒーローの活躍はもちろん，目立たない活躍も取り上げて，話をする。最後には，この「負け」の経験がむだではないこと，「この負けのくやしさをバネにして，次の勝ちへの原動力としてがんばっていこう」と，人生において「勝ち」につながる貴重な体験をしたのだということを感じさせたい。

❗ 子どもたちの経験にない「逆転の発想」でポジティブ思考に。

（小松礼子）

4章　子ども集団への対応

▶さまざまな問題

子ども 31 行事に消極的な学級

場面例とポイント

合唱コンクールでリーダーはがんばっているのだが，バラバラな状態。そんなときはどのように働きかければよいか。

❶行事のねらいや意義を確認する

「この行事は何のためにあるのだと思いますか」「この行事を通して，どんなクラスにしたいと思いますか」というように，その行事のねらいや意義を確認し，理解させる。

❷現状をつかませる

「この行事のために，がんばっているのはだれだと思いますか」「現在，このクラスはどんな状態だと思いますか」というように，クラスや学年，学校の現状をつかませる。

❸教師の願いや思いを語る

「私は，この行事を通してみんなに〜してほしいと思います」というように，教師の願いや思いを具体的に語り，励ます。

考え方

子どもが学校行事などの活動に意欲を示さないときは，活動意欲が向上するような話し方，励まし方を工夫することが大切である。

①行事のねらいや意義を確認する

多くの場合，子どもたちは，行事に参加させられていると感じている。だからまず，その行事が何のためにあるのか，ねらいは何なのかを確認させてみよう。

例えば合唱コンクールは，学級が1つになる絶好の機会であることや，満足できる結果を得るためには，一人一人の力が必要であることなどを，質問技法を用いて考えさせる。ねらいや意義については，教師が一方的に説明するより，子どもたちに考えさせたほうが，行事への活動意欲が増す。

②現状をつかませる

次に，自分たちの現状をつかませよう。うまく活動できていないと教師が感じているときは，おそらく，子どもたち自身もうまくできているとは思っていない。その活動の何がどこまでできていて，何が足りないのかを具体的に意識させることによって，取り組みの方向が見えてくることもある。

③教師の願いや思いを語る

さらに，行事に真剣に取り組み，がんばった結果，得られる気持ちをイメージさせ，子どものやる気を喚起し，励ます。このとき，教師は，自分の願いや思いなどを熱く語るといい。子どもの現状と絡めて，アイメッセージをフル活用しよう。そして，ねばり強く「君たちの力を信じている」というメッセージを発信し続ける。それは，必ず子どもたちの活動のエネルギーとなるはずである。

❗ どんな学校・学年・学級にしたいのかを真剣に語る。

（新保満夫）

保護者との
コミュニケーション

第5章

▶コミュニケーションの基本

保護者 1 保護者とのコミュニケーションの基本

　子どもの教育をよりよく進めていくためには，保護者（家庭）と学校（教師）の連携と協力が必要である。保護者と教師のリレーション（信頼関係）は，子どもの教育によい影響を与える。逆に，保護者と教師の間の不信感や不満感は，互いの批判となって子どもに伝わり，子どもの教育にマイナスの影響を与える。特に保護者が大きな不信感をもったときに，子どもも教師を信頼しなくなることがある。

①**日常のコミュニケーション**

　日ごろから保護者（家庭）に，定期的に学校生活の様子（子どもの活動の様子，生活上の課題・問題），学習内容や行事予定，保護者の声，教育情報などの情報を提供していくことが必要である。学級通信を発行したり，電話で連絡したりする。学校での様子を知ることで，保護者は知らないことから生じる不安を軽減することができる。

　また，情報を通して教師の子どもを見る視点が保護者に伝わったり，定期的に情報を知らせようとする教師の姿勢に熱意を感じたりして，保護者と教師にリレーションが形成されるのである。

　このような活動でできたリレーションは，教育活動を円滑に進めることや，問題が発生したときに，早期に援助・指導体制を形成することにつながる。

②**緊急時のコミュニケーション**

　次に，問題が発生した場合の適切な対応が必要である。学校から家庭に連絡する場合と，家庭から学校に連絡がある場合がある。いずれの場合であっても，子どもにかかわる問題であり，保護者（家庭）と学校（教師）が連携して解決するべき「共有の問題」として対応することが必要である。「われわれも精いっぱい努力します。一緒に問題に取り組みましょう」という言葉かけが必要である。

　また，主任や管理職に問題を報告して，援助チームで状況判断と対応策を検討して援助を進めることを，保護者に示しておくことが大切である。チームで対応することのメリットは，より多くの視点から問題をとらえ，より多様な解決を行うことが可能な点にある。学校の姿勢をあらかじめ保護者に理解してもらったうえで進めていくことが大切である。

③**コミュニケーションの問題**

　ときに保護者と教師の間でうまくコミュニケーションがとれないときがある。保護者と教師は，どちらも子どものよりよい成長を願っているのに，どうして不信感をもってしまうのか。

　それは保護者と教師では，ものごとのとらえ方に違いがあるからである。立場が違えば事実の解釈や判断に違いが生じる。このことを理解して，保護者と教師が互いに両面からの解釈や判断，認識を理解することである。

　❗ 立場の違いが事実の解釈や判断にズレを生じさせることを**理解する**。

（苅間澤勇人）

▶コミュニケーションの基本

保護者 2 保護者面談の基本

　教師と保護者が会うときの基本姿勢は，面談後，「先生に会って話してよかった。なんか気持ちがすっきりして元気になった」と思ってもらえるような対応をすることである。充実した話し合いを行うことはもちろん，気持ちよく面談に臨んでもらえるように工夫する。

①会う前の準備

　面談するための環境を整える。ポイントはさわやかさである。つまり，第一印象が大切であり，誠意や誠実さ，好印象をもってもらえるようにするのである。

　速やかに面談ができるように，事前に机は寄せておく。そのとき机やいすの汚れにも注意する。

　また，窓を開けて新鮮な空気に入れかえる。花が用意されていれば，疲れといらだちで来校した保護者もホッとする。必要な資料は整理してまとめて封筒に入れ，机の上に整然と用意する。

　さらに，来校時刻に合わせて，スリッパを用意し，玄関や廊下などの照明をともして出迎えるようにしたい。

②面談

　会ったら，「本日は，お忙しいところ，ご来校くださり，ありがとうございます」と言葉をかける。部屋に案内し，お茶を出してから面談に入る。

　面談は，「子育ての専門家」と「学校教育の専門家」が，対等の立場で目標を同じにして，協力して子どもに援助していくという考え，つまり「保護者と教師の作戦会議」という考えに立つ。

　はじめに面談のテーマを確認して，テーマからそれないように話を進める。来校を依頼したときは「○○についてご相談させていただきたいと思います」，保護者が自ら来校したときは「○○についてのご相談だとお聞きしております。具体的にはどういったことでしょうか」とテーマを確認する。

　注意するべき点は，保護者の使う言葉に注目して，言葉の意味を確認することである。わからないときには「○○とは，△△ということですか」などと，明確化や質問をして確認する。そして教師も保護者と同じ言葉を使って話す。抵抗を招かないように，教師は保護者が理解しやすい言葉を使用する。

　話し合いでは，問題の5W1Hを明確にし，何が課題なのかを把握して，対応方針と役割，対応計画を検討する（18～21ページ参照）。保護者とのリレーションが培われてきたらメモをとらせてもらったり，話題となっていることを紙に書きながら進めたりすることもよい。

③面談終了後

　保護者を玄関まで送り，「ご来校くださり，ありがとうございました。ご協力をいただきながら，うまく指導（援助）していけると思いました」と感謝とねぎらいの言葉を添えて見送る。

!　誠意・誠実な姿勢で保護者と接する。

（苅間澤勇人）

5章　保護者とのコミュニケーション

▶コミュニケーションの基本

保護者
3 保護者の変化への対応

場面例とポイント

陸上記録会の選抜選手の保護者から「練習日程と習い事がぶつかるので，選手からはずして」と連絡がきた。

❶価値観の変化を前提に

「なるほどわかりました。○○ということですね。実は…」と，「学校の活動優先があたりまえ」「こうするべき」という固定観念にとらわれず対応する。

❷思いを読み取る

保護者の言葉からだけでなく，声のトーン，表情や態度からもできるだけ多くのメッセージを受け取る。また日ごろの子どもや保護者とのかかわりから，問題状況の背景についての情報も大切にしたい。

❸伝える

教師から伝えることが必要なことは，言語，非言語のメッセージを有効に使って伝える。情報だけでなく「Ａ君ががんばっているのに残念です」などと思いを言葉にして伝えることも必要である。また練習や大会の日程は，プリントなどで事前に知らせておくことも有効である。

考え方

①価値観の変化を前提に

世の中の変化とともに，昔はあたりまえであった常識が変化しつつある。最近は，学校での活動より，学習塾や習い事，家族での行事を優先させることがあたりまえとなっている地域もある。また，学校行事やＰＴＡ活動への協力も得られにくくなった。さらに，一方的な学校・教師批判もある。

常識をもち出して議論しても，価値観のぶつかり合いになってしまうことも多い。一度，保護者の思いや願いを聞いて，受け止めてからのコミュニケーションが必要となる。

②思いを読み取る

いまの保護者は，地域にある昔ながらの共同体の濃密な関係性の中でソーシャルスキルを身につけてきた世代ばかりではない。自分の立場や言いたいことを上手に相手に伝えるスキルを身につけていないことも考えられる。教師から見れば，腹立たしい自分勝手な言い方をすると感じられることもあろう。しかし，教師側から歩み寄って，意図をくみ取る努力が必要となる。

③伝える

このような保護者は，相手の言葉に込められた意図を察して理解するスキルも身についていないことが多い。そのため教師が伝えたいことの真意がうまく伝わらず，思わぬ行き違いからトラブルになることも多い。こちらの思いを伝えるための手段や方法を工夫し，通信などでこまめなコミュニケーションを心がける必要がある。

> ❗ 考えや思いを言葉にして，ていねいに伝え合う。

（粕谷貴志）

▶コミュニケーションの基本

保護者
4 保護者の願いや不安への応え方

場面例とポイント

「毎日宿題を出して」「授業中に騒ぐ子どもがいて集中できない」など，保護者会で多くの願いや不安が出された。

❶願いや不安を期待と理解する

「宿題が出されないと，家庭学習の習慣がくずれて，学力がつかないのではないかとご心配なのですね」

❷学級経営の方針・教師の願いを示す

連絡帳，家庭連絡，学級通信などを利用し，学級での子どもの様子を知らせながら，学級経営の方針，子どもたちへの対応の方針，教師の願いを積極的に開示する。

❸日常の連携と関係づくり

家庭訪問，懇談会，面談，PTA活動で保護者が来校したときなどに，「Aさん，がんばっていますよ。この間も…」と，学級での子どもの様子を伝えながら，関係づくりをする。

考え方

最近は，「すべて先生にお任せします」という考えの保護者は少ないので，教師の明確な方針や具体的な対応が見えないと，保護者の疑心暗鬼を生むことになる。積極的に学級経営や子どもたちへの対応の方針をアピールして，信頼関係をつくる必要がある。

①願いや不安を期待と理解する

核家族や地域のつながりの希薄化により，子育てや子どもの成長に不安をかかえ，迷いながらわが子と接している保護者が少なくない。そのような子育てから生じる不安が教師に向けられることがある。

保護者の願いや不安には期待が込められていると理解し，いったん受け止めることが，学級経営の方針やそこに込められた教師の願いを伝える前提になる。

②学級経営の方針・教師の願いを示す

教師の方針や願いを積極的に開示して，保護者に理解してもらい，共有することが必要である。学級開きからの1か月に集中してアピールするのが効果的である。

さらに，子どもの活動の様子や成長などプラスの変化を知らせながら，日常的にも伝えていく。日ごろの教室での子どもたちの活動の様子や教師の願いが見えないと，保護者には子どもからの情報だけが伝わることになり，思わぬ誤解が生じることもある。

③日常の連携と関係づくり

保護者と積極的にかかわりをもち，良好な関係をつくっておくことが保護者の不安を減らすことにつながる。

こまめな家庭連絡や，来校したときの立ち話など，気軽に子どもについての情報交換ができる関係があるとよい。

> ⚠ 子どもの様子，教師の思いを積極的に開示することで，信頼関係をつくる。

（粕谷貴志）

5章 保護者とのコミュニケーション

保護者 5 考え方の違い・意見の対立への対応

▶コミュニケーションの基本

場面例とポイント

保護者と話し合っているうちに，だんだん目を合わせず言葉も少なくなってきて「わかりました，がんばってみます」とポツリと言った。納得がいかない様子である。

❶予想される行き違いに焦点を当てる

「いままでの育て方を責められていると感じておられるのですか」「もう少し，教師がビシッと押さえてくれたらよいと思われるのでしょうか」と，行き違いが起きていると思われるところを尋ねる。

❷具体的なテーマについて発言する

教師と保護者との受け取り方の違いによる違和感があるときには，積極的に教師側から会話の具体的なテーマについてメッセージを発する。

考え方

保護者には保護者なりに直面する現実があり，「先生の言うことはわかるが，反抗するむずかしい年ごろになって，実際にどうかかわってよいものか……」などと，教師と違った背景をもっている。このように，考え方や受け取り方の違いがあることを前提にかかわる必要がある。

「どうせ言ってもわからない」という行き違いに陥らないために，手がかりとなる小さな相違点に焦点を当て，立場や思いを伝え合ってつながりをつくる。

①予想される行き違いに焦点を当てる

教師と保護者の立場の違いから生じる誤解を予測し，コミュニケーションの途中で相互理解のためのメッセージを発する必要がある。つまり，自分のメッセージが保護者に理解されているか，保護者のメッセージを自分が十分に理解しているかをチェックする。

そのためには，まず保護者の立場を受け止め，関連情報を提供したり，自己開示をしたりしながら，誤解が生じていないかをチェックする。

②具体的なテーマについて発言する

誤解があるときは，いま取り上げているテーマや方向性を明確にする言葉を発する。

例えば，自分の子育てを責められていると感じている保護者には，「お母さんが悪いのではないと思いますよ」「私もそう考えたことがありますが，お家の方や子どもたちとかかわっているうちに，子どもの愛情の受け取り方にもいろいろあることがわかりました」などである。

また，学校での指導に対する不満については，「指導して表面上の問題をなくすことはできるかもしれませんが，ほんとうにA君の抱える問題のことを考えると……」など，子どもの成長を願う立場からメッセージを発する。

教師の立場から「家庭でもっとがんばってほしい」と主張するだけでは，不安をかかえながら子育てをしている保護者にとって，つらい内容となることもある。

> ❗ 立場や受け取り方の違いに焦点を当てるひとことで転換する。

（粕谷貴志）

▶コミュニケーションの基本

保護者 6 保護者とのリレーションづくり

場面例とポイント

学級懇談会の帰りがけに保護者と廊下で一緒になったが、「今日はありがとうございました」だけで会話が続かない。

❶学校での子どもの話題で切り出す

「A君,この前,～でしたよ。よかったですよ」

「今日は,立候補で○○のリーダーに決まりました。頼もしく感じました」

❷家での子どもの生活を話題にする

「この前,漢字の書き取りのプリントを宿題にしたのですが,Bさん,家でどうでしたか?」

「スポーツ少年団の試合は毎週ですか?」

「今度発表会があると聞いたのですが」

考え方

保護者と率直に情報交換ができる関係をつくることは,無用な誤解や行き違いを防ぐことだけでなく,子ども理解,子どもへの指導,学級経営をうまく進めるうえでも効果がある。

しかし,教師は日常の仕事の忙しさに追われ,保護者と話すのは,何か問題があったときだけということも多くなっている。また,保護者も忙しい生活をしている人が多い。懇談会のあとに教室や廊下で数人集まって談笑している保護者の姿も少なくなったように,保護者同士の人間関係の希薄化も進んでいる。

保護者と良好なリレーションをつくるためには,教師の意図した働きかけが必要である。

①学校での子どもの話題で切り出す

最近の子どもの姿を伝えて会話のきっかけをつくる。

保護者と出会う授業参観や学級懇談会,PTA活動,行事などの機会には,事前に子どもとの関係の中からいろいろな情報を集めて話題を仕込んでおいて,それぞれの子どもの話題から保護者と会話する方法がある。

また,学級通信や連絡帳を使って,学校での子どもの様子をお知らせしながらやりとりすることもリレーションづくりに役立つ。ふだんの子どもへのまなざしが伝わるように,小さな出来事を通してやりとりをすることである。

②家での子どもの生活を話題にする

子どもの家での様子や,保護者の苦労や状況に関心を示すことが会話のきっかけになる。そうすることで,子どもをよくわかろうとする姿勢とともに,保護者の立場や状況を理解しようとするメッセージが伝わる。

ふだんの教師と子どもとの会話の中で,家での様子に気をつけて聞いていると,保護者との会話の際に話題が豊富になり,保護者との良好なコミュニケーションにつながる。

> ❗ 会話の話題は子ども中心で。

(粕谷貴志)

▶コミュニケーションの基本

保護者
7 言葉遣い・敬語

場面例とポイント
「いつも学級通信を楽しみにしています。でも少し間違いがあることがありますよ」と誤字や表現について指摘された。

❶間違いの指摘に感謝
「間違いをご指摘いただき，ありがとうございます」

❷おわびと訂正の約束
「すみませんでした。気をつけてはいますが，うっかりしたり，私自身が間違って覚えていたりするものもあるかもしれません。子どもたちも見るものですから，訂正を出すつもりです。今後もぜひ教えてください」

考え方
学級通信や面談などの保護者とのコミュニケーションのなかで，文字，言葉遣い，敬語の使い方などの間違いは，数多く見られる。例えば，誤字・脱字，誤変換などのケアレスミス，「ら」抜き言葉，子どもたちの間で使われる流行語をつい使ってしまうこと，保護者に対して「おわかりになりますか」「枯れ木も山のにぎわいですから……」「一張羅ですね」「自分では役不足で……」などの敬語や言葉遣いの誤りなど，枚挙にいとまがない。

これらの間違いは，場合によっては教師への不信感やネガティブな印象につながってしまうことになる。

これらの間違いが起きる背景には，多忙によりチェックが甘くなることや，年配の教師から指摘してもらう機会が減っていることも考えられる。複数でチェックする体制をもったり，ベテランの教師に聞いたりするなど，ミスを減らす努力はもちろん必要である。

そのうえで，もし間違いがあったときには誠実な姿勢を心がけ，ミスや間違いによって伝わるメッセージがネガティブにならないようにすることが大切である。このようなふだんの姿勢から伝わるメッセージは大きい。

①間違いの指摘に感謝
ミスの指摘は善意，あるいはよりよいものを求める期待と受け止めて感謝の気持ちを示す。また，率直にミスを指摘してもらえるくらい親しい関係をつくることにつなげたい。

②おわびと訂正の約束
うっかりミスや間違いはあるもの。指摘してもらえるように，あらかじめお願いしておくひとことも必要である。

大切なのは，教師側の姿勢を理解してもらうことである。「ミスがないように努力をするが，教師も完全ではなく間違いがある存在。共に学び成長していきたいと思っている」という姿勢が，お願いのひとことと同時に伝わるとよい。多少言葉遣いを誤ったとしても，誠実な態度が伝わっていれば，間違いによるマイナスは最小限で済む。

> ミスをなくす努力の約束に，教師の姿勢を表すひとことを加えて。

（粕谷貴志）

保護者 8　学級経営方針の理解を得る

▶コミュニケーションの基本

場面例とポイント

はじめての学級懇談会で、学級の1年間の教育方針をどのように話し、理解を得たらよいか。

❶担任自身について自己開示する

まずは担任自身を知ってもらうために自己開示する。「私は〇〇県出身で、3年前に△△大学の教育学部を卒業しました」「私の家族は、妻と幼稚園に入る子ども1人です」「私が教師になったのは、小学校のときに担任していただいた先生に感化されたことがきっかけです」

❷現況の子どもたちをほめ、教育方針と関連づける

「とても活発な子どもたちで、何ごとにも積極的に取り組んでほしいという私の願いを受け止めてくれていると感じます」「とても話の聞き方が上手で、友達を大切にしようという私の願いを、1年間実現できるという気持ちです」

考え方

①担任自身について自己開示する

保護者は、どんな教師が子どもの担任になったのかに非常に興味をもっている。特に、子どもたちにどのようにかかわる教師なのかを知りたいのである。

まずは教師が自己開示を行うことにより、心的距離感を縮めることが大切である。そのうえで、子どもをプラスの視点でとらえる教師であることを感じ取ってもらえる話をしたい。

自己開示には対人関係を発展させる機能がある。また、親密性の調整を行う機能もある。

深い自己開示は親しい者にしかしないのがふつうであるから、あまりにも個人的な内容を話すことは、保護者に違和感を与える。しかし、自分の教育観に影響を与えた事項などについて話すことは、担任の人となりを伝えながら、親近感をもってもらうのに有効である。

②現況の子どもたちをほめ、教育方針と関連づける

ほめられていやな思いをする人はいない。ましてや自分の子どもであればなおさらである。しかし、一般的なほめ方では効果が薄い。具体的な行動場面をとらえてほめることが必要である。

また、子どもたちのよい面をとらえ、それを伸ばそうとしているのだという姿勢は、保護者に教師に対する安心感を与え、教育方針への同意も得やすくなる。

新学期から子どもたちのよい面を具体的にとらえ、それを自分の教育方針と関連づけておくことが必要となる。学級通信などで一人一人の子どもをほめ、最初の懇談会で学級全体の子どもを総括的にほめる方法も効果がある。

> ❗ 教育方針につながる個人的な話や、子どもをほめる視点を示して理解を得る。

（小野寺正己）

5章　保護者とのコミュニケーション

▶コミュニケーションの手段

保護者 9 電話

場面例とポイント

保護者に電話をするとき，気をつけるべきことは何か？

❶ていねいが第一

「突然に申し訳ございません。○○学校でAさんを担任している，Bです。いま，お電話する時間をいただいてもよろしいでしょうか」と，社会常識としての対応をすることがだれに対しても必要である。

❷職場に電話するとき

職場への電話で「○○学校のBですが，Aさんをお願いします」といった対応は厳禁。「私，Bと申しますが，Aさんをお願いできますでしょうか」というように，一般的な電話がかかってきた形にする。

❸電話では込み入った話をしない

「今日お電話したのは，Aさんのことでお話ししておきたいことがあるのですが」といった，一方的な話や込み入った話はしない。

考え方

①ていねいが第一

人は他者とコミュニケーションする際，言葉よりも表情や仕草から，その人の本意をたくさん読み取るものである。しかし，電話は表情や仕草などの情報をほとんど伝えないため，言葉がコミュニケーションの大部分を占めることになる。よって，不快感を与えないためにも，ていねいな言葉を用いることが大切である。また，語尾や声のトーン，電話をかける時間などは電話で唯一伝わる非言語のメッセージなので，相手にどのように伝わるかを意識することが大切である。

②職場に電話するとき

「学校からの電話は悪いことがあったとき」という社会的通念があることを教師は意識しておく必要がある。よって，職場に電話をかける際には，学校からの電話であることを取り次ぐ方に伝えないほうが無難である。また，勤務時間中に保護者の携帯電話へ連絡することも安易にすべきではない。勤務のさまたげになるという意識をもつ必要がある。

③電話では込み入った話をしない

電話は非言語の情報を伝えられないため，微妙なニュアンスが伝わらなかったり，相手がどのように受けとめたかを把握できないことがある。子どもの問題行動に関する電話や，個別にお願いしたいことを伝える電話などは，直接家庭に赴く，学校に来ていただくなどの，顔が見えるコミュニケーションが必要である。

反面，直接会うとこじれそうな場合には，とりあえず電話で必要な事項のみを伝えておく手法も，時と場合によっては使うことがあってよい。

電話は，子どものよい行動などを報告するメディアとして利用すると，保護者との関係づくりに役立つ。職場への電話連絡は，緊急を要する場合だけに限る。

> ❗ 電話では，非言語のメッセージは伝わらないことを意識すること。

電話の実際の例

欠席した子どもへ

「○○小学校でB君を担任している，Aです。B君の調子はいかがでしょうか。心配でしたのでお電話しました」

（相手の反応の受け答えをし）

「そうですか。クラスのお友達も心配していましたので，ぜひ早くよくなってくださいね。お勉強のほうは，後で個別に対応いたしますのでご安心ください。それでは，お加減の悪い中，失礼いたしました。早くよくなってくださいね。失礼いたします」

けがをしたことを伝える

管理的責任の非をしっかりと謝罪する。また，苦情を受け入れる姿勢を示す。

「○○小学校でCさんを担任している，Aです。突然のお電話申し訳ございません。実は，今日の4校時，図画工作の時間，Cさんが彫刻刀で手を切ってしまいました。大変申し訳ございませんでした。浅い傷でしたので，保健室で応急処置をいたしました。しかし，まだときどき血がにじむようです。日本体育・学校保健センターからの医療費の給付がございますので，通院が必要な場合には，お知らせいただけますようお願いいたします。また，気がかりな点は，何なりとご連絡ください。このたびは，ほんとうに申し訳ございませんでした」

緊急の電話連絡網を回す

端的な言葉で的確に内容を伝え，誤解や不安を生じさせない。

「○○小学校のAです。至急連絡しなければならないことがあり，お電話しております。以下の4点を連絡網で回してください。①インフルエンザによる欠席者が多数のため，学級閉鎖をします。②いまからご自宅に帰宅させます。③詳細はお手紙でお知らせいたします。④疑問点などある方は学校にご連絡ください。伝える4点を繰り返します。①－。②－。③－。④－。以上です。連絡網のルールに従って連絡お願いします」

保護者の職場に電話をする

職場においては学校からの電話と悟られないようにする。

「Aと申しますが，D様いらっしゃいますでしょうか」

（受け継ぎを待ち）

「○○小学校でD君を担任している，Aです。職場にお電話申し訳ございません。このままお電話続けてもよろしいでしょうか」

（以後，よければ続ける，悪ければ，時間のよいときにかけ直してもらう）

（小野寺正己）

▶コミュニケーションの手段

保護者
10 緊急連絡網

場面例とポイント

緊急連絡のための連絡網はどのようにつくればよいのか？

❶主旨説明を必ず行う

「あってはならないことですが，天災や学校における非常事態があった場合に迅速な連絡をするために，保護者間の連絡網が必要です。主旨をご理解のうえ，連絡網の作成をすることにご同意願います」

❷抵抗をもたせない

「連絡網は，以下のようなひな形となります。ご自分にかかわる列の方々だけの電話番号が記載されますので，ご了承ください」

❸例外を認める

「ただし，どうしてもご自宅または携帯の電話番号を載せることに同意いただけない方は，ご連絡ください。連絡網には載せません。なお，連絡網に載らなくても，学校からの緊急連絡はいたしますのでご安心ください」

考え方

連絡網を使って緊急連絡をする場合は，連絡網の列を短くするなど，必要な情報が遅れて届かないよう，短い時間で回す工夫が必要となる。また，列の最後の人が，必ず教師に連絡を入れるなど，内容が正確に伝わったかの確認ができるように配慮する必要がある。

①主旨説明を必ず行う

個人情報の保護がとても厳しくなってきている昨今である。よって，学校においても個人情報に気をつかっている姿勢を示すことは必要である。また，保護者の方々にも，その意識をもってもらうことが必要である。このような個人情報を買いつける業者がいることも説明し，絶対に売らないようにお願いする必要もある。

②抵抗をもたせない

個人情報保護の意味もあり，連絡網の作成においても，流れに関係する方々の電話番号のみを載せ，すべての保護者に抵抗感をもたせないように配慮する。住所などは緊急連絡には不要なので，載せない。また，地方によっては，保護者から名簿の配布などを求められることもあるが，個人情報保護について説明をし，配布は控えるべきである。

③例外を認める

さまざまな考えをもつ保護者がいて当然である。必要な緊急連絡網ではあるが，学校側の利便性を考えたものでもあるので無理強いをせず例外を認め，賛同してもらえる保護者で作成する。また，断りづらい雰囲気をつくらないためにも，断ることで不利益になることがないことを伝える必要がある。参加してもらえなかった保護者の方には，緊急時最も連絡がつきやすい方法（携帯，携帯メール，職場の電話など）を個別に確認しておく。

> ！ 主旨を明確に伝えつつ，具体的に説明して，抵抗をもたせない。

（小野寺正己）

▶コミュニケーションの手段

保護者 11 連絡帳

場面例とポイント

体育でなわとびを用意するよう通信で知らせたが、持ってこない子どもの保護者に、連絡帳でお願いしたい。

❶子どもの様子を伝えてから本題に入る

「いつもお世話になっております。今日もAさんは、休み時間にみんなを誘って元気に遊んでいます」

❷用件は簡潔に

「さて、先日通信でなわとびの用意をお願いしましたが、Aさんがまだ持ってきておりません。なわとびは、次の水曜日の体育の時間に使う予定です。よろしくお願いします」

❸コミュニケーションを深める機会にする

「本人に確認したところ、家にはないと言うので一緒にかばんや手さげの中を探しましたが、学校では見当たりませんでした。お家の方も一緒に、もう一度探していただけませんでしょうか」

考え方

電話をするほど緊急ではない、保護者へのちょっとした連絡には、連絡帳を利用する。また、電話で連絡がつきにくい場合にも、連絡帳を活用するとよい。

上記の例のように、通信で知らせているのに持ち物を持たせない場合、「通信を見ない保護者が悪い」と責めたくなるが、家庭はチラシや手紙にあふれている。保護者が見落としたり、子どもがかばんや教室の机に入れっぱなしだったりということも考えられる。保護者を責めずに、新たな気持ちで連絡をする。

①子どもの様子を伝えてから本題に入る

すぐ本題に入ると、用件のみの冷たい文章になったり、用意していないことを責める印象を与えたりしてしまう。ひと呼吸おくため、子どものよいところを1つ伝える。急ぐときは「用件のみにて失礼します」とひとこと加える。

子どものよい点を伝える機会は意外に少ないので、これはよいチャンスである。連絡帳の内容は、子どもも見ることを意識する。

②用件は簡潔に

いつまでに用意してほしいのか、次はいつ使うのかなどを具体的に書く。用意するための猶予が与えられることになるし、急いでいることが伝わる。保護者には、見たらサインをしてもらうようにする。

③コミュニケーションを深める機会にする

子どもと一緒に探してみたことを伝えると、担任の努力も伝わる。お子さんを見ていますという親へのメッセージにもなるし、用意しないと困るのだということを子どもに実感させることができる。

連絡帳を使い、深いコミュニケーションを！

（小川暁美）

▶コミュニケーションの手段

保護者 12 手紙

場面例とポイント

授業参観後，保護者から好意的な授業参観の感想とともに学級経営についての建設的な意見が手紙で寄せられた。これにどのような返事を書くか。

❶肯定的な関心を伝える
「私の授業に対するご感想や，学級経営にご要望を書いていただき，担任としてさらにがんばらなければという気持ちが強くなりました」

❷整理して伝える
「1つ目は，ご意見いただいた～ということについてです」「確かに学校の……ことに不安を覚えることがあるのもわかります」「結論からいえばAさんの考えに賛成です」「私としましては，～することができればと考えています」

❸受け止める姿勢の開示
「今回のお手紙は私にとりまして新たな気づきの機会となりました」「今後もお気軽にご連絡いただければ幸いに思います」

考え方

手紙には3つの特徴がある。
(1)間接的なコミュニケーションなので，感情は伝わりにくいが，理性的に事を認識できる。
(2)時や場所という状況に拘束されない。読み手に配慮した形態である。
(3)文字情報なので保存蓄積できる。保護者の手元に残ることもある。

①肯定的な関心を伝える
前文では時候のあいさつ・安否のあいさつがある。その後で保護者に肯定的な関心があることを示したい。手紙をもらったことを肯定的にとらえており，内容に関心をもっていることを伝えるのである。これにより保護者とのリレーションが形成される。

②整理して伝える
まず，もらった意見ごとにまとめて，保護者の述べたことを要約して繰り返す。「繰り返し」を行うと，保護者は，こちらの考えにていねいに耳を傾けてくれる教師であるという印象をもつ。また，キーワードを押さえて，書いて返すとピントはずれにならない。

次に，意見を受け止めていることや支持を伝える。保護者は教師に手紙を書いたものの，果たしてこれでよかったのか不安も残る。受け止めていることや支持を伝えることで，今後も率直に意見を交流できる関係につなげたい。

ここまでていねいにつくった下地の上に，教師の考えや具体的な対応策を述べるのである。

③受け止める姿勢の開示
手紙の最後で手紙をもらった気持ちや姿勢を肯定的に伝えることで，「私はいつでもあなたにオープンです」というメッセージを保護者に送ることになる。保護者は学校の敷居を低く感じ，また建設的な手紙を書いてくるだろう。

> ⚠ 間接的であるからこそ，相手の立場で書くようにする。

手紙の実際の例

拝復

　新緑の季節となりましたが，いかがお過ごしでしょうか。子どもたちはいま，運動会に向けて意欲的に活動しています。A君も応援リーダーとしてまじめに応援練習に励み，赤組をまとめていて，とても頼りになります。

　さて，先日は大変懇切ていねいなお手紙をいただき，ありがとうございました。私の授業に対するご感想や学級経営についてのご要望を詳しく書いていただき，担任としてさらにがんばらなければという気持ちを強くしました。

　ところで，ご要望について私の考えを述べたいと思います。

　1つ目は，中学生の男の子は家で何も話さないので，学校の様子がわからないため，知らせてほしいということについてです。たしかに学校のことや子どもさんのことがよくわからないと，戸惑いや不安を覚えることがあると思います。情報不足からくる不安などがあると，家庭と学校の効果的な連携もできないと思います。私としましては，学級通信を月2回以上発行し，行事予定だけでなく，子どもたちの気持ちの動きなども伝えることができればと考えています。

　2つ目は保護者同士が互いをもっと知り合うことができるような機会を設けてほしいということについてです。結論から言えば，Aさんの考えに賛成です。親御さん同士が互いをよく知り合えば，それだけ親しくなることができます。そうすれば子どもたちも親御さんの姿を見て仲良くなるのではないでしょうか。

　具体的には授業参観日の懇談会のもち方を工夫したいと思っています。学校からの一方的な説明だけではなく，小グループでの話し合いの場を設けてだれもが話し，互いの考えを理解できるような懇談会にしたいです。また，学年PTA行事については役員の方々と相談しながら，多くの親子が参加でき，交流できるような企画にしたいと考えています。

　ところで，今回のお手紙は私にとりまして，新たな気づきの機会となりました。ありがとうございました。今後とも何かありましたら，お気軽にご連絡いただければ幸いに思います。

　A様のご健勝をお祈りしつつ結びと致します。

　　　　　　　　　　　　　　　　　　　　　　　　　　　　　　　敬具

　　平成〇年5月〇日

　　　　　　　　　　　　　　　　　　　　〇年〇組担任　佐藤　謙一

5章　保護者とのコミュニケーション

（佐藤謙二）

▶コミュニケーションの手段

保護者
13 お知らせ

場面例とポイント

お知らせのプリントで，面談の実施を保護者に伝えたいが，どのような点に注意して作成すればよいか？

❶参加への動機づけ

「お子さんの学習や生活の様子を話題にして親しく話し合い……」と面談の意義を伝え，参加への動機づけをする。

❷教師の思いを伝える

「これからの教育に生かしていきたいと思います」と教師の思いを伝える。

❸保護者の考えを聞く

短時間に話し合いが深まるように「面談についてのご希望などを連絡票に書いて提出くださいますよう……」と依頼し，保護者の考えや希望を聞かせてもらう。

考え方

面談の実施など，保護者全員に確実に伝えたい内容は，文書で通知する。用件と保護者自身に求められていることがはっきりわかるように作成する。

子どもを通して配布したものがすべての保護者に届いているとは限らない。保護者に伝わったかどうかを確認するには，案内文書に連絡票を付記して，保護者からの返事をもらう方法を用いると効率的である。

保護者がプリントを読むことで，面接の意義を理解して，積極的に来校したくなるような工夫が必要である。

①参加への動機づけ

面談の案内文書は，日時や場所，内容などを伝えるとともに，担任の思いを伝達する手段でもある。面談を有効に活用するためにも，担任教師と面談することにどのような教育的意義があるのか，また，そのことが自分の子どもにどのように役に立つのかを，保護者に理解してもらうことが大切である。

また，保護者は，子どもの勉強のこと，進路のこと，友人関係のことなどに関心をもっているが，同時に心配の種にもなっていることが多い。面談はそれぞれの保護者の関心事について親しく話し合える場であることも伝え，参加への動機を高めたい。

②教師の思いを伝える

教育に対する担任教師の思いを保護者に伝える。教師が子どもたちに愛情を注ぎ，真摯な態度で教育に携わっていることへの理解を促すような言葉を選んで文章にする。また，保護者が時間などを調整して参加してくれることへの感謝の気持ちも忘れずに添えたい。

③保護者の考えを聞く

面談で話題にしてほしいことや要望などを，あらかじめ保護者に書いてもらうと面談に必要な準備ができ，余裕のある対応が可能になる。連絡をとり合うなど保護者とのちょっとしたやりとりが心の距離を縮めるのに役立ち，面談を円滑にする効果も期待できる。

!　参加への動機づけ，希望を聞く。

お知らせの実際の例

平成〇年6月〇日

保護者の皆様

〇〇立〇〇学校
〇年〇組担任　〇〇〇〇

期末面談のお知らせ

　梅雨とはいえ，毎日肌寒い日が続いておりますが，いかがお過ごしでしょうか。また，日ごろより学級の教育活動にご理解とご協力をいただきありがとうございます。
　さて，過日学校からお知らせしておりました保護者と担任による二者面談を下記のように実施いたします。お子さんの学習や生活などについて親しく話し合い，これからの教育に生かしていきたいと思いますので，ご多忙のこととは存じますが，ぜひご出席くださいますようお願い申し上げます。
　なお，日程についての割り振りをしたいと思いますので，まことに恐れ入りますが，ご希望などを連絡票に書いて，〇〇までに提出してくださいますようお願いいたします。

記

1．日　時　　7月〇日（〇）　～　7月〇日（〇）
　　　　　　　午後2時より4時30分まで
2．場　所　　〇〇学校　教室（控え室は〇〇室です）
3．内　容　　① 一学期の学習・生活について
　　　　　　　② 進路について
　　　　　　　③ その他
　　　　　　　※面談の時間は1人15分の予定です。
4．その他　　上履きは各自でご持参くださいますようお願いいたします。

·················· キ　リ　ト　リ ··················

期　末　面　談　連　絡　票

1．面談日の希望について
　　　　　・（　　　　　日（　　曜日）　　前半・中頃・後半）
　　　　　・いずれでもよい
2．面談で話題にしたいこと・相談したいこと

3．その他（連絡事項やご意見などご自由にお書きください）

　　　　　　　　　　　　　保護者名
　　　　　　　　　　　　　（生徒名　　　　　　　　　　　　　）

第5章　保護者とのコミュニケーション

（根田真江）

▶コミュニケーションの手段

保護者 14 学級通信

場面例とポイント

保護者から，学校の様子を知らせてほしいとの要求があり，学級通信を発行する約束をしたが，どう作成したらよいか。

❶子どもの様子を載せる

記事内容が大切である。保護者が知りたい情報，例えば子どもの行動や表情を，名前を入れて載せる。また学習場面は，子ども同士の発言のやりとりを紹介する。写真にはキャプションを入れる。

❷記事の表現を工夫する

学級通信は文字を中心としたコミュニケーションであり，記事内容と同時に，表現も大切である。「アイメッセージ」で表現すると誤解が少ないようである。

❸定期的に発行する

保護者には，学級通信の発行日を知らせておき，定期的に発行する。

考え方

学級通信は，保護者と教師のリレーションと，保護者同士のリレーションの形成に有効である。教師と保護者にリレーションがあると，親近感が生まれ，教育活動を協力して進めることができる。また，保護者同士にリレーションがあると，学級の出来事や子どもたちの人間関係が他人事ではなくなり，子どものことを，子どもの人間関係を含めた大きな文脈からとらえるようになる。

①子どもの様子を載せる

保護者の要求にこたえて，子どもや保護者が心待ちにする，楽しくて充実した学級通信をつくるためには，記事が大切である。記事には，保護者が望んでいる情報を選ぶ。具体的には，学習活動も含めた子どもの学校生活の様子である。さらに，保護者や子どもの声を募集して載せる。

学級行事のお知らせ，注意事項が中心の学級通信よりも，どのような考えで教育活動を行っているのかを伝えるほうが，心待ちにされる学級通信になる。

②記事の表現を工夫する

記事の表現も大切である。表現を工夫しないと，伝えたいことが適切に伝わらずに誤解を生むときがある。教師の意図を的確に伝えるためには，「アイメッセージ」で表現する。その際に，教師の役割から降り，1人の人間「わたし」に戻って，子どものためにという考えをもつことで，より適切な表現が可能となる。

学級通信で伝える分量は，A4判からB4判までの紙面サイズに11ポイント程度の字の大きさで1000字から1600字が適切であろう。カットや写真を入れるとよい。写真を入れた場合は，カラー印刷をする。また，十分に推敲して誤字・脱字がないように注意する。

③定期的に発行する

子どもは，自分が登場しない学級通信を家に届けないことがある。学級通信の発行日を知らせておくと，保護者が子どもに「見せて」と催促できる。

> ❗ 教師の役割を降り，1人の人間としてメッセージを発する。

（苅間澤勇人）

▶コミュニケーションの手段

保護者
15 保護者会

場面例とポイント

保護者との協力関係をつくるために，保護者会はどんなことに配慮して開催すればよいか。

❶役員会とコミュニケーションを確立

事前に，PTA役員と連絡を取り，学校の方針や対応を表明して，理解と協力が得られる体制をつくる。

また，保護者会の資料や進め方についても話し合いをする。

❷案内を確実にする

保護者会の開催をすべての保護者に確実に伝える。そのためには，文書での案内のほか，電話連絡，役員からの声かけを依頼するなど，複数のコミュニケーションメディアを利用する。

❸学校の考えを伝える

保護者にとってわかりやすい資料を提示し，今後の教育方針などについて，ていねいに説明をする。

❹保護者の意見や要望を聞く

保護者の意見や要望を聞き，今後の教育活動に生かすことを約束する。

考え方

保護者会を行うことの目的は，(1)学校と保護者の信頼関係づくり，(2)学校の教育方針など考え方の伝達，(3)保護者へのコンサルテーション（相談），(4)情報交換，(5)保護者相互の関係づくり，などである。関係づくりまでの段階をきちんと踏んで，保護者の理解が得られるようにすることが大切である。

①役員会とコミュニケーションを確立

開催は学校主導で行われることが多いが，保護者会の開催前には，PTAの役員に，教育方針や子どもの現状などを示して，十分に協議を行い，理解と協力が得られる体制をつくる事前準備が必要である。保護者会の進め方を提案して，だれが何をするのかの役割も分担して決めてもらう。

②案内を確実にする

案内文書で開催日時，場所，内容などを知らせることが不可欠である。しかし，配布した案内文書が保護者に渡らないこともある。電話連絡網や役員からの声かけなど，複数の手段で案内することでリスクを少なくし，伝達を確実に行う。

③学校の考えを伝える

新学期の保護者会は学校経営に対する考えを伝え，理解してもらう場でもある。教師の思いとともに，今年度の教育方針と実践内容などについて具体的に説明して，保護者の理解と協力を求める。

④保護者の意見や要望を聞く

保護者会では保護者の意見や要望を出してもらい，学校が教育活動に生かす姿勢を示すことが大切である。そのためには，年度始めに，本音の意見が交換できるよう，構成的グループエンカウンターの手法などを用いて，雰囲気をやわらげる工夫をすることも必要である。

❗ PTA役員の理解を得て味方にする。

（根田真江）

▶コミュニケーションの手段

保護者 16 三者面談

場面例とポイント

三者面談で親子の意見が分かれてしまい，子どもへの文句ばかりになってしまった。どのようにすればよいのか？

❶どちらの言い分も十分に話させる

「お母さんが子どものころ，ご自分の考えがあったように，お子さんにもお子さんなりの考えがあるんですよ。まずはお子さんの話を聞いてみませんか。その後で，お母さんのお考えも聞かせてあげましょう」と，それぞれに十分に話をさせる状況をつくる。

❷たくさんの話題をふらない

話題があれもこれもとなった場合は，「いまおっしゃったことの中で，いちばん，お子さんにしてほしいことは何でしょう」と質問して，話の内容を明確にする。

❸具体的な行動目標を設定する

「では明日から，毎日1時間は家庭学習をし，そのノートにご家庭と私からコメントを入れていくようにしましょう。お互いに大変だけど，まずは1週間がんばってみましょうね」

考え方

面談には，学期末などに定期的に行う面談，必要に応じて行う面談の2つが考えられる。前者では，学校や家での様子を伝え合うことや，学校と家庭が互いへの要望を伝え合い協力体制をつくることが中心となる。後者では，問題への対応場面が多いため，考え方の違いや事情を乗り越えて，具体的な対応策や連携について話し合うことが中心となる。

教師と保護者が指導について相談する場合などは二者面談，子どもにもメッセージを伝えたい場合や親子の意見の調整をねらいとする場合などは三者面談と，目的に合った方法を選択することが大切である。

①どちらの言い分も十分に話させる

三者面談では，ふだん入ることのない第三者（教師）が間に入ることで，親子が自分の思いを感情だけで話すのではなく，整理しながら話すことができる。

教師が一方的に話して聞かせるのではなく，子どもや保護者に十分に話させるようにする。

②たくさんの話題をふらない

たくさんの課題が山積みになるばかりでは，子どものモチベーションが高まるはずがない。また面談の時間にも限りがある。最低限取り組んでいきたい課題はなにか，質問技法を用いて明確にする。

親子でアイデアをカードに書いて整理した後，順位を一緒につけるなどの作業を取り入れる手法も有効な場合がある。

③具体的な行動目標を設定する

漠然と「がんばりましょう！」ではなく，すぐに取り組めることを具体的に設定することで，保護者にもモチベーションを維持させることができる。

> すべきことを限定し，具体的行動目標および強化の手法を三者で確認する。

（小野寺正己）

保護者

17 来校依頼

▶コミュニケーションの手段

場面例とポイント

子どもが校則違反を繰り返すので、今後の指導について保護者を含めて検討したい。

❶第一印象を大切にする

「いつも教育活動にご協力をいただきありがとうございます」

❷プラス思考の言葉づかい

「Aさんが校則を守っていないときがあります。□□をするようになると、○○の力になると思います」

❸来校の予定を入れてもらう

「保護者の方にご協力をいただきながら指導したいので、会ってご相談できればと思います。近日中に来校していただくお時間をとっていただくことは可能でしょうか？」

❹日時を確認してお礼を述べる

「お忙しいところ、ありがとうございました。では△月◇日にお待ちしております。どうぞ、よろしくお願いします」

考え方

子どもの校則違反に対してネガティブな感情を強くもっているときは、保護者に連絡をとらないようにする。なぜなら保護者に攻撃的に接してしまうことがあるからである。気分を落ち着けて冷静になり、子どものために保護者と面談するという考えにたって、連絡する。

①第一印象を大切にする

電話は、声のみによるメッセージの伝達手段である。そのため、第一声がとても大切である。あまり面識のない保護者にとっては、最初にするあいさつで印象が決まってしまいかねない。

突然の電話は、保護者に不安をもたせる可能性が高いので、まずは、ねぎらいの言葉をかける。

②プラス思考の言葉づかい

伝えたいことがわからないときには不快になるものである。来校を依頼する理由を、専門用語などを用いずに保護者が理解できる言葉で伝える。

「……の問題」という表現は、保護者にとっては不快になるものであろう。「よりよい学校生活を送ってもらうための課題」といったプラス思考の言葉づかいをする。

③来校の予定を入れてもらう

保護者にも予定がある。子どものこととはいえ、急に仕事を休んだり、いろいろな都合をつけて来校するのは大変なことである。来校を依頼するときは、理由を伝えて大切な相談であるとの納得を得てから、来校の予定を入れてもらうようにお願いする。来校日は、原則として、保護者の希望を優先して決める。

④日時を確認してお礼を述べる

来校日時の確認をして、電話の対応に時間をとってもらったことについて、お礼の言葉を述べる。

> ❗ 保護者に不安を抱かせないように配慮する。

（根田真江）

5章 保護者とのコミュニケーション

▶コミュニケーションの手段

保護者
18 家庭訪問

場面例とポイント

友達とのトラブルが相次ぎ、けんかをした際、相手が転んですり傷を負った。家庭訪問をしたいが、どうするか。

❶家庭訪問することを子どもに話す

「友達がけがをしてしまったから、おうちの人にも知らせなくちゃいけないんだ。先生が説明してあげるから、心配しないでまかせてちょうだい」と子どもの不安感を取り除く。

❷家庭訪問の了解を保護者から得る

「突然の電話で恐れ入ります。A君が友達とけんかをしました。何かつらいことがあったようです。A君はおうちの方に心配をかけることを申し訳なく思っているようです。保護者の方にA君についてお聞きしたいことがありますので、ご都合のつくときにうかがいたいのですが、ご都合はいかがでしょうか」

❸状況を説明する

「相手のお子さんのけがは、すり傷程度で養護教諭が処置しました」「A君から聞いたところ○○が原因だったようです」「周りの子どもたちは□□の様子だったと言っていました」と概要を話し、家庭での様子や気になっていることはないか、保護者に尋ねる。

考え方

①家庭訪問することを子どもに話す

家庭訪問に対して抵抗を示す子どもは多い。家の人にしかられる心配、心配をかけてしまうつらさなどからである。そうでなくても、相手にけがをさせているのだから、精神的なダメージは少なくない。そこで「先生がおうちの人にうまく説明してあげるから」という言葉を添えて、安心させる。

②家庭訪問の了解を保護者から得る

保護者にとって突然家庭に来られるのは衝撃的なことであろう。

電話では、けんかをしたこと、けがをさせたこと、家庭訪問することの3つを伝えることが目的であるが、一度に話さず、少し間を取って話す。すり傷程度なのだから、けがについては強調せず、子どもについて理解を深めたいということを前面に出すように話す。

③状況を説明する

訪問して保護者に概要を説明するときには、事実を曲げないで伝えることが大切である。正確な状況と、だれからの情報なのかを伝え、担任の推測や判断と混同しないように気をつける。

相手にけがを負わせたことを伝えなければならないが、終始、子どもの立場に共感しながら面談を進め、これから担任が子どもに対して何をすべきなのか、何をしてあげられるのかを親と共に考え、今後のことにふれながら、切り上げる。

> ⚠ 電話や連絡帳で、ふだんから家庭との情報交換をしておくことが大切である。

(藤村一夫)

▶コミュニケーションの手段

保護者 19 緊急保護者会

場面例とポイント

同校の教師が体罰をしたことが新聞で報道された。その件を，保護者に説明するために保護者会を開くことになった。

❶保護者に電話で直接伝える

「先日の新聞報道について，学校からご説明したいことがありますので，○月○日△時から，本校体育館で緊急保護者会を開きます。お忙しいなか恐縮ですが，ご参加いただけますようお願いします」

❷文書を作成する

いくつものコミュニケーション手段を使って，正確に情報を伝える。

❸PTA役員に報告して協力を要請する

学校と保護者の間に立つ役割をPTA役員にお願いする。

❹保護者の不満や意見を十分に聞く

「いたらなかった点があったと思います。どうぞいろいろお聞かせください」

❺具体策と決意を述べる

「担任はA教諭，教科指導はB教諭，心のケアはC教諭。そして，全力で○○に取り組みます」

考え方

教師の不祥事は，保護者の学校への不信感を強くする。事実を伝えることは，保護者に対する信頼回復の第一歩である。対応は速やかに行う。

対応の仕方で，不信感が大きくなることもある。きめ細かな対応マニュアルを作成し，全職員の共通理解のもとに，PTA役員の協力を得て対応する。

①保護者に電話で直接伝える

開催に当たっては，万全の対策で望む。全職員が必要事項を確実に伝えられるようマニュアルを作成し，緊急保護者会の開催を電話で直接保護者にお知らせする。保護者の感情に配慮しながら，学校が誠実に対応している姿勢を伝える。

②文書を作成する

文書も作成し，子どもに家庭に届けてもらうようにする。

③PTA役員に報告して協力を要請する

事前に，PTA役員にマスコミ報道について，事実を説明する。そのうえで，学校と保護者の間に立って，緊急保護者会が成立するように，協力の依頼をする。

④保護者の不満や意見を十分に聞く

保護者会では，保護者に非難を受けることを覚悟する。批判に反論せず，十分に聞く姿勢で臨む。

⑤具体策と決意を述べる

怒りが収まっても今後の見通しがないと保護者は納得できない。新しい担任や教科指導，子どもの心のケアに対する校内体制など，現時点で考えられる最大限の対応策を具体的に示し，決意を述べる。

だれが説明するかということも大切である。発言の窓口を校長に定める。校長のわからないことも，その場で連絡を受け，保護者には校長から説明する。

> ⚠ 二重の不信を招かない対応。きめ細かい対応マニュアルと速やかな対応。

（根田真江）

▶日常のコミュニケーション

保護者
20 保護者からの欠席連絡

場面例とポイント

朝会前に「5年1組のAの母です。子どもの体調が悪いので今日は欠席させます」と電話がきた。

❶心配する気持ちを伝える

「体調が悪いのですか，心配ですね。お子さんの様子はどうですか」

❷これからどうするか尋ねる

「お聞きした様子ですと，学校ではやっている風邪と同じような症状だと思います。今日はこれからどうされますか（相手の話を聞く）。病院へ連れて行ってから，休ませるんですね。わかりました」

❸休み，勉強の遅れへの不安を軽減する

「勉強の遅れが心配なのですね」

❹担任が不在の場合は

電話を受けた者が上記の対応をし，「伝言でもよろしいですか？ 直接お話ししたいことがありましたら，のちほど担任から電話を入れさせますが」

また「今日は休むということ，お母様が勉強の遅れを心配していることを，担任のBに伝えておきます。私，Cと申します。お電話ありがとうございました。どうぞ，A君に早くよくなってねとお伝えください。それでは，お大事にしてください。失礼します」

考え方

子どもの具合が悪ければ，もしかすると昨夜から看病のため寝ていないかもしれない。また，仕事があれば，自分の会社へ遅れて行くか，あるいは欠勤の連絡もしなければならないであろう。そんな中で，学校へ欠席の連絡をする保護者の心情を十分にくみたいものである。

①心配する気持ちを伝える

子どもの病気は保護者にとって一大事である。心配でたまらない状態だと思われる。その心情をくみ，こちらも心配しているということを伝える。

②これからどうするか尋ねる

この後，家庭でどのような処置をするかを尋ねる。また，容態によっては，学校ではやっている病気の情報なども伝えると，保護者の判断の材料となる。

③休み，勉強の遅れへの不安を軽減する

学校を休むことでマイナスになるのではないか，勉強が遅れるのではないかと心配していることがある。休んでいる間に進んだ学習内容については，「休み時間などを使って私（担任）が対応しますのでご安心下さい」など，学校の対応を示して，それらの気持ちの軽減を図る。

④担任が不在の場合は

「担任は不在です」というだけの対応では，不親切である。「伝言をうけたまわります」といった一言が必要である。話した内容をまとめて確認し，きちんと受け止めたことを保護者に伝える。自分の名前を名乗って責任をもって連絡することを示す。感謝の言葉と，子どもへのメッセージを送る。

> ❗ 学校の子どもは，だれもが担任である！

（細川直宏）

保護者 21 欠席した子どもの保護者への連絡

▶日常のコミュニケーション

場面例とポイント

腹痛のため欠席した子どもがおり，その後の体調や翌日登校できるかどうかの確認をするために連絡を取りたい。

❶その日のうちに電話をする

朝に連絡があった場合も「朝はおなかが痛いということでしたが，その後はどうですか？」と電話をする。

❷心配している気持ちを伝える

「Aさんもつらいし，お母さんもつらいですよね」と，子どもの体調と保護者の看病の苦労を気づかい，「Aさんがいないと，学級がさびしいです。Aさんが休むことを聞いて，学級の子どもたちも心配だと話しています。早くよくなって，学校に出られるようになるといいですね」と伝える。

❸明日への心配をなくす

学校からのお知らせやお便り，連絡，授業の進み具合なども知らせ，次の日に安心して学校に来られるようにする。

考え方

子どもの欠席を，連絡があり，理由が確認できたということで終わらせてはもったいない。教師の心配する気持ちを伝えて，コミュニケーションを深める機会とすることが大切である。

①その日のうちに電話をする

欠席したら，その日のうちに電話をして，現在の様子を確認する。これが「心配しています」というメッセージになる。

もし，子どもが登校していなくて，家庭からの連絡もないときは，「朝の会が終わったところですが，Aさんがまだ登校していません。いかがされましたか」と，すぐに連絡する。事故に巻き込まれている可能性を考えてのことである。

②心配している気持ちを伝える

子どもは体調が悪くてつらい思いをしている。わが子の様子を見て，保護者も同じようにつらい思いをしている。また，保護者は看病のために仕事を休んでいることもあるだろう。そこで，子どもと保護者の両方にいたわりの言葉をおくる。

さらに「（私は）Aさんがいないとさびしい」と，アイメッセージで気持ちを伝える。自分の子どもが大切に思われていること，心配されていることを保護者は感じとることができる。このようなメッセージは，後に続く「早くよくなって，学校に出てきてください」という言葉を，より効果的にする働きもある。

電話で様子を聞いてから，お見舞いに家庭訪問するのも効果的なコミュニケーションである。ふだんは仕事で会えない保護者にも，会えるチャンスである。

③明日への心配をなくす

1日でも欠席をすると，次の日学校に足が向かなくなる子どももいる。特に欠席が長引くような場合は，仲のよい学級の子どもや教師が，情報提供を含めたメッセージを書いて届けるとよい。

> ⚠ 言葉よりも行動で，"大切に思っているよ"という気持ちを伝える。

（鎌田直子）

▶日常のコミュニケーション

保護者
22 早退する子どもの保護者への連絡

場面例とポイント
子どもが体調不良で早退を申し出てきた。早退することをどのように保護者に連絡するか。

❶保健室で様子を見る
「眠そうな顔をしてどうしたの？ 何か眠れないようなことがあったの？」「1時間様子を見て，だめだったら早退する？ そのときはお母さんに連絡入れるよ」

❷保護者に様子を客観的に伝える
「お子さんが体調不良を訴えております。1時間ほど保健室でベッドに横になって様子を見たのですが，改善の様子はありません。よって，早退させたいと考えております」

❸このあとの対応を相談する
「今朝の様子はふだんと変わりなかったですか？ 高熱の出る風邪がはやっているので病院に行ったほうがいいかもしれません」「悩みがある様子なので，聞いてみたところ，進路選択について，ご家族と意見があわないことで，悩んでいるとのことです。近いうちに，お子さんの様子を見ながら，再度進路についてお話をされるといいかと思います」

考え方
子どもの早退を認めた場合，早退することを保護者に連絡して，確認することが必要である。

①保健室で様子を見る

保健室で休ませて様子を見る。早退する場合には，保護者に連絡をとることを前もって確認しておく。「親には連絡しないで」と申し出る子どももいるので，事前に確認しておくのである。

悩みを抱えている様子が見られる場合は，子どもからどんな悩みをもっているのかを聞き取る。

②保護者に様子を客観的に伝える

子どもがどんな様子であるか，どんな処置をしたかを事実にそって客観的に伝える。そのうえで，保護者から早退させることの了解をとる。

その際，どのような下校手段をとるか，また下校後に病院に連れて行ったりつきそったりできるかについても確認する。小・中学校では保護者に迎えに来てもらうことを基本とする。高校生でも著しく体調を崩しているときは，保護者に連絡して迎えに来てもらう。安全に下校できるよう配慮する。

③このあとの対応を相談する

学校ではやっている風邪などの情報を提供し，病院に連れて行くかどうかなどの対応を相談する。

また体調不良の訴えは，精神的な面から生じている場合も多い。体調不良を繰り返さないように，子どもの悩みを保護者に伝え，改善の機会や環境を用意してもらうように依頼することが必要な場合もある。

! 教師は保護者と子どものパイプ役。

（川原詳子）

保護者

23 体調不良の子どもの保護者への連絡

▶日常のコミュニケーション

場面例とポイント

授業中に子どもが体調不調を訴えたが，保健室で休ませたところ，病院で受診したり早退するほどではなさそうである。

❶保護者に不安を与えない

子どもの状況をよく把握し，電話で報告する場合は落ち着いて伝える。必要以上に大げさに伝わったり，誤解があったりすることのないようにする。

❷保護者の状況に応じた対応

保護者に連絡し，病院に連れて行ったり，早退させたりすることになった場合は，保護者の事情にも配慮を示しながら「では早退させたいと思いますが，迎えに来ていただけますか。おうちの方が忙しければ，お迎えまで保健室で休ませて様子を見ますが，いかがでしょうか」「病院には職員がつき添いますが，おうちの方にも来ていただけますでしょうか」と対応を相談する。

連絡しないうちに快復した場合は「○○の時間におなかが痛いということで保健室で休ませました。その後は回復しましたが，おうちでも様子を見てください」などと電話や連絡帳で報告する。

❸子どもについての情報交換

「最近，おなかが痛くなることがよくあるのですか」「学校で配慮することがあったら，遠慮なく連絡してください」などとコミュニケーションを深める。

考え方

①保護者に不安を与えない

保護者がいちばん心配なのは，子どもの安全にかかわることである。状況が正確に伝わらなかったりすると，過度な不安や緊張をもたらす。

担任が子どもの具合をよく把握していないときには，養護教諭など事情がよくわかる人から伝えてもらう。

保護者の不安を軽減するには，保護者から知りたいことを質問してもらう。

②保護者の状況に応じた対応

子どもの具合と保護者の都合に応じて対応を考える。学校は子どもの健康安全を優先し，誠意をもって協力体制をとる。

学校から病院に連れて行く場合は，保護者の了解を得ることが大切である。一方的な病院の選び方は不信につながる場合があるので，「ご家庭でかかりつけの病院があれば教えてください」と聞く。また「心配だと思いますが，事故などにあわないように気をつけていらしてください」と保護者にも配慮する。

保護者が学校へ迎えに来た場合，「骨折でないと思っていても，靱帯損傷があったりして，痛みが続くこともあるので，様子をよく観察してください」などと，今後の経過や見通しの情報を養護教諭に伝えてもらうと保護者は安心する。

③子どもについての情報交換

健康状態を話の糸口にして，子どもの最近の様子を交換し合う。

⚠ 不安を与えない話し方や態度。

（大越恵子）

5章 保護者とのコミュニケーション

▶日常のコミュニケーション

保護者 24 様子が気になる子どもの保護者への連絡

場面例とポイント

最近, 元気がなく, いく度となく保健室利用をしている。養護教諭から,「家庭に原因がありそう。保護者と連絡をとってみては?」とすすめられた。

❶学校生活の状況を整理する

養護教諭, 教科担当者から子どもの様子を聞き, 情報を整理する。

❷時間がとれるかどうか確認する

「A君の学校での様子が, とても元気がないようなので, ご相談したくて電話いたしました。ゆっくりと時間をとってご相談したいと思いますが, 時間がとれますでしょうか」

❸家庭での様子を聞く

「学校での様子はいまお話しさせていただいたとおりなのですが, ご家庭での様子はいかがですか」

「A君は, ご家庭ではだれとよく話しますか」

考え方

学校として, 子どもの悩んでいる様子に「何とか力になりたい, バックアップしたい」という意向をもっていることを, 保護者に伝える。

①学校生活の状況を整理する

保護者にとって, 学校から連絡がくるということは, 大きな心理的負担となる。単に「元気がないのでご自宅に電話してみました」といった連絡では, 保護者の不安, あるいは不信を招くだけである。元気がないという具体的な状況を説明できるようにして連絡する必要がある。

情報を集めるためには, 養護教諭や授業担当者などから話を聞くとよい。そして, 情報を整理して, 子どもの具体像をもって連絡する。

②時間がとれるかどうか確認する

保護者に連絡をとる際は, できるだけ自宅が望ましい。なぜなら, 職場ではゆっくりと子どものことを話す時間がとれないからである。子どものことを心配しているというメッセージを伝えるためにも, ゆっくりと話ができる時間をとって相談したい。

したがって, 連絡をとったら, まず時間がとれるかどうか, いつであれば時間がとれるかを確認することが大切である。

③家庭での様子を聞く

保護者には「何を言われるのだろう」と構えている部分もある。直接的な表現では抵抗を大きくするだけなので, 婉曲な表現でさらりと伝える工夫をする。

「元気がないので, 力になりたい」という姿勢を崩さず, 子どもの様子を中心にした話の進め方をして, 家庭の様子をつかむようにする。

! 子どもの成長の力になりたいという思いの共有。

(入駒一美)

▶日常のコミュニケーション

25 家庭訪問や保護者面談の日程調整

場面例とポイント

一斉の家庭訪問や保護者面談など，日程調整はどのように行えばよいか。

❶お知らせを2回出す

1回目は，面談の日時を知らせ，予備調査として，保護者が希望時刻（第1希望，第2希望）を記入する欄を設ける。

2回目は，保護者の希望を考慮した案を作成し，再度保護者の意向を伺う。

❷1次案内は3週間前に出す

保護者が仕事を休んで面談に臨むことに配慮して，遅くとも3週間前には面談の目的や懇談の日時，場所などを示した案内文が保護者に届くようにする。

❸決めた時刻を守る

時間を守ることは，信頼関係を築く基本である。どんなによい話し合いでも，時間にルーズでは誠実な気持ちは伝わらない。一斉の家庭訪問や個別面談は，子どもをよりよく理解したり，教師と保護者とが手を取り合って教育を進めたりするために大切な機会である。短い時間であるが，どの保護者とも充実した時間となるようにする。

考え方

行事計画で予定されている家庭訪問や保護者面談などでは，保護者にとって無理のないように計画づくりをすることが大切である。そのためには，早い時期から計画的に日程調整を行うのである。

①お知らせを2回出す

ほとんどの保護者は，子どもの教育について一生懸命で，充実した面談を希望する。しかし，懇談は平日であり，仕事のある保護者は仕事を休んで時間をつくらなくてはいけない。そのことに配慮することが大切である。

まず予備調査を行って保護者の希望を聞き，それにそって計画を立てる。2回目の案内であっても「上記のように計画致しました。不都合な点がありましたら，お知らせください」と，保護者の意向を尊重する姿勢が大切である。

②1次案内は3週間前に出す

お知らせをもらっても，すぐに都合のつく日時は，わからないものである。保護者は，職場へ行って休みがとれるのかを検討し，許可をもらう必要がある。そのために，1回目のお知らせは少なくとも3週間前には出す必要がある。

③決めた時刻を守る

面談の時間が10分程度であっても，保護者が面談のために空ける時間は，数時間あるいは半日ということも考えられる。せっかく都合をつけてもらっているのであるから，訪問や面談の時間はきちんと守りたいものである。

もし遅れた場合は，電話で連絡を入れたり，待ってもらったことをおわびしたりする。信頼関係は保護者の気持ちにきめ細かく配慮するところから築かれていくのである。

！ 保護者の希望を尊重し，時刻を守る。

（水上克美）

5章 保護者とのコミュニケーション

▶日常のコミュニケーション

保護者 26 健康診断結果(受診勧告)の連絡

場面例とポイント

保護者に不安や誤解を与えずに，正確な健診結果を通知するとともに，治療意欲をもたせるにはどうしたらよいか。

❶事実を正確に伝える

保護者面談時などを活用し，確実に保護者に通知する。「健診結果通知書（受診勧告）」には受け取った際，どの項目が医療機関での再検査が必要なのか，ひと目でわかるような工夫をする。各疾患についての詳しい説明書も添付し，情報を正しく伝える。

❷不安や誤解を防ぐ

担任から「健診結果通知書（受診勧告）」を配布する際，「保健室と連絡をとりますので，ご不明な点や確認をしたいことなど，遠慮なく何でも聞いてください」と伝えてもらう。さらには，所見項目の「再検査」について，具体的にどこの医療機関に行けばいいのかの情報も提供する。

考え方

「健診結果通知書（受診勧告）」は，受け取る側にとっては，ときに事務的で冷たい印象を受ける。特に「要受診」と通知された個人にとっては，あまり気持ちのよいものではない。その思いを少しでも和らげるために，通知書への資料の添付や，前後して発行する保健便りで，その補足を行う。

①事実を正確に伝える

結果の羅列ばかりでなく，所見・要再検の項目には，目立つ色で記載したり，○で囲んだりして，ひと目でわかるような工夫がほしい。また，疾患名の詳細な資料の添付とともに「専門医とよく相談してください」などを，あえて手書きで書き添えることもメッセージとして伝わりやすい。

②不安や誤解を防ぐ

健診の結果，所見が見つかっても，日常生活に特に不便がないと，治療意欲がわかないものである。その例として，歯科の「咬合」や，眼科・耳鼻科の「アレルギー症状が弱い場合」などがある。しかし，さらに詳しい情報を伝えることで勧告の真意を伝えて，治療意欲をもたせたい。心臓検診においては，子どもが学校を休みたくないという理由で精密検査に積極的でない場合や，逆に所見を聞いただけで不安になる保護者がいる。双方に対応するため，管理区分が出るまでの検査日は，公欠扱いにするなどの学校側の柔軟な対応が必要である。

全体への勧告は，保健便りを活用し，結果と問題点の提示（グラフなどの活用），手書きのコメントや子どもが書いたイラストの挿入などで，わかりやすくかつ興味をひく内容に仕上げたい。発行は可能なかぎりタイムリーであることと，専門用語の使用は極力避けることも心がけたい。

> 通知書も保健便りも，自分が手にした瞬間を想定してわかりやすく。

（茶畑悦子）

▶日常のコミュニケーション

保護者 27 補習授業の連絡

場面例とポイント

休み前の三者面談で，欠点科目を取得した子どもの保護者に，補習授業への参加が必要なことを納得してもらうには。

❶該当する子どもの保護者への連絡

学期末の三者面談で「残念ながら○○の科目で欠点となりました。夏休み4日間の補習授業があります」と伝える事務的な連絡だけでなく，子どもの日ごろの様子もきちんと伝える。「授業中は静かですが，ときどき課題の提出がおろそかになってしまうことがありますね」「校内体育大会ではバレーボールの選手としてクラスのみんなとがんばってくれました」「部活動は休まず取り組んでいますね」など，学校生活のさまざまな場面での子どもの様子を伝える。

❷全保護者への事前連絡

「4月にお知らせを出して説明したとおり，本校での補習授業は罰としてではなく，学習の不足を補う取り組みとして行っています」と子どものプラスになるように取り組んでいる学校の姿勢を説明する。このためには，欠点科目を取得した子どもに対する補習授業が，長期休業中や学力考査の前に行われることを，年度初めの段階で保護者と子どもに連絡しておく。

考え方

①該当する子どもの保護者への連絡

保護者を学校に呼んで伝えると，保護者は「家庭教育の教育力のなさを指摘され，叱責されるのではないか」という不安や，「教科指導が悪いからだ」という学校教育への怒りの気持ちを抱いたりする。それゆえ面談の場面を活用するとよい。

欠点を取得した子どもを叱責しているのではなく，あくまでも子どもに充実した意味のある学校生活を送らせたいと願っていることを，保護者に理解してもらえるようにする。そのためには，保護者面談での話題を学業成績だけにとどめず，学校生活全般や家庭での様子などを言葉づかいに気をつけて話す。子どものよい面を見つけて，子どもを肯定的にとらえている言葉が教師の口から発せられれば，保護者は安心でき，子ども本人にとっても学校生活を送る意欲につながる。

②全保護者への事前連絡

事前連絡なしに補習をすることは「うちの子だけなぜ？」という思いを保護者に抱かせることになる。「欠点を取得したら学習内容を理解するために補習授業を受ける」という連絡を前もってすることで，保護者に補修授業の必要性と公平性を伝えることが必要である。

入学時に「補習授業は罰ではなく不足部分を補う授業」であることを周知徹底しておく。

⚠ 一部の不足であること，学校が支援する姿勢を，保護者の協力が得られるように伝える。

（赤崎俊枝）

▶日常のコミュニケーション

保護者
28 長期休業・臨時休業に入るときの連絡

場面例とポイント

長期休業や臨時休業前のお知らせはどのように作るとよいか。

❶見やすさ，読みやすさを重視

読んでもらうためには，見た目が大事である。文字の大きさや行間，記事の配置を工夫する。また「初めの3日間で決まる充実した休み」「やる気を出させる声のかけ方」のように見出しも工夫する。

❷伝えたい内容を精選して具体的に

「健康・安全がまず第一」「家族の会話を！」「学習を大切にしよう」「学校と担任への連絡方法」といった大切な記事は必ず具体例を載せる。

❸家庭での話題を提供する

「休み中のマイプラン」などを事前に子どもに書かせておいて，学級通信などで紹介しながら，あわせて休み中の生活で意識してもらいたいことを伝えていく。

考え方

長期休業や臨時休業の事前指導で，子どもに指導した内容は大切なものである。その内容を保護者が知っておくことは，学校と家庭が同じ指導姿勢をもつことに通じる。確実に保護者に伝えることが大切である。そのためには，保護者の状況を理解したコミュニケーションの姿勢が求められる。

臨時休業では，お知らせを工夫して作成する余裕は十分にはない。休業となる事由，家庭での過ごし方などを簡潔にまとめ，学校長名を入れてお知らせする。

①見やすさ，読みやすさを重視

毎日忙しく過ごす保護者に，学校からの便りをじっくり読んでもらうことはあまり期待できない。したがって，レイアウトを工夫して，読みやすくかつ見やすい「便り」を作る。

写真やカットなども活用して，関心をもってもらい，手にとってもらえるようにする。

②伝えたい内容を精選して具体的に

伝えたいテーマをすべて網羅したうえで，優先順位をつけて示す。各テーマの内容は，大切なものほどより詳しくする。ただし，優先順位が低くても伝えなければならない情報はきちんと載せておく。

休業に関するお知らせで，忘れることのできない内容としては，健康に過ごすことと，事故のない安全な生活についての注意である。

学校や担任への連絡方法をきちんと示しておけば，わからないことがあっても聞くことができる。

③家庭での話題を提供する

子どもたちの書いた休み中の計画や目標から，テーマを引き出して用いる。できれば，休みに入る少し前から，シリーズで紹介しながら休み中に意識してほしいことを伝えていく。子どもたちのいろいろな計画や目標が，家庭の中で話題になるようであれば成功である。

❗ 読みたくなる，見たくなる工夫。

（細川彩子）

▶日常のコミュニケーション

保護者 29 親子行事・ゲストティーチャーの協力依頼

場面例とポイント

親子行事の参加や校外活動の手伝い，ゲストティーチャーなどの依頼がなかなかうまくいかない。どうしたらいいか。

❶参加の意義と協力の必要性を伝える

「この行事の内容・意義は○○です。諸般の事情を乗りこえて，ぜひとも参加していただきたいのです」と，行事や活動が子どもと保護者のためのものであることを明確にし，積極的な参加を求める。学級通信，保護者会，電話などの手段を使って教師の思いを語り，参加を促す。

❷保護者のネットワークを活用する

保護者間や地域でリーダーシップを握っているキーパーソンに協力をお願いし，積極的に声かけをしてもらったり，保護者同士が円滑に活動できる役割分担を考えてもらったりする。

考え方

地域の実態や特性にもよるだろうが，親子行事や校外活動のボランティアなどへの協力に保護者が消極的な場合，保護者向けの案内や通知を型どおりに配布しても参加者は増えず，特定のメンバーに固定しがちになる。

行事それ自体が魅力的になるよう企画・演出することも大切だが，保護者に協力を呼びかける段階で「うって出る」姿勢が必要になる。

①参加の意義と協力の必要性を伝える

まず，子どもと親のための行事や活動であることをはっきりさせる。行事のねらいは何か，子どもに伝えたいことや身につけてほしいことは何か，協力の必要性が保護者にもよくわかるようにする。

また，一部の保護者に見られるような学校任せ・他人任せの安易な姿勢や態度にはたらきかける。「自分１人が参加しなくてもだれかがやってくれるだろう，などとは思わないでほしい」「一緒に活動することで充実感を味わい，子どもたちの喜ぶ笑顔をじかに見てほしいのだ」といった思いをストレートに，しかも押しつけがましくならないように伝えたい。

②保護者のネットワークを活用する

総合的な学習の時間や進路学習の体験活動などで，保護者や地域の人材をゲストティーチャーとして依頼する機会が増えている。

周囲からのプレッシャーや体面を気にして遠慮がちになっている場合があるので，保護者同士の人間関係に十分に配慮して，参加・協力しやすい環境調整をする。

学校だけでなく，保護者会の連絡網や役員同士のネットワークをフルに活用し，「大勢の子どもたちのために一肌脱いでほしいのです」と，ていねいに誠意ある姿勢でお願いする。

> ❗ 「教育はみんなで」という姿勢を示す。「あなたを必要としている」という率直な訴え。

（齊藤 優）

▶日常のコミュニケーション

保護者 30 反応の少ない保護者への連絡

場面例とポイント

学級懇談会やPTA活動にほとんど参加せず，連絡帳にも記入しない保護者から協力を得るにはどうすればよいか。

❶教師が連絡を続ける

担任の考えや学級の様子を知らせるなど，日常的な連絡は学級通信を通して行う。連絡帳も教師が子どものことを中心に記入し続ける。「お家ではどんな様子ですか」といった質問などをして，保護者からの応答がなくても連絡を閉ざさない。

❷応答にはていねいに答える

保護者からの応答には，ていねいに返事を書く。結びには「今回のご質問のように，ご遠慮なくご質問ください。よろしくお願いします」と書き添える。

❸キーパーソンを探す

保護者と連絡を取り合えるような保護者がいる場合は，その保護者をキーパーソンにして連絡を取るようにする。

考え方

地域の人々の交流が疎遠になると，保護者同士のつながりも薄くなり，PTA活動への協力も得にくくなる。また，社会性の乏しい保護者や，生活を守るのに精いっぱいで，学校の連絡を読む余裕のない家庭もある。しかし，そうであっても，子どもの教育活動を組織していくためには保護者の協力を得なければならないときがある。

ふだんから連携が取れないからこそ，必要なときにすぐ連携が取れるよう，継続して連絡をとる必要がある。

①教師が連絡を続ける

学級の行事や活動がわからないと，保護者はますますPTA活動から遠のくようになる。学校からの連絡をいろいろな方法によって伝える。保護者から連絡が来ないからこそ，教師から積極的に働きかけるのである。

連絡帳にはお知らせだけでなく，子どもの様子などをきさくな調子で書くようにする。立派なことを書かなければならないといった気持ちに配慮してのことである。1行程度の「保護者からの欄」を作り，可能な範囲での記入を求めることも有効である。

②応答にはていねいに答える

保護者からの応答を大事にして，具体的にていねいに答えることである。また，保護者から応答をもらえてうれしかったこと，また質問してほしいことなどを率直に述べる。そこからコミュニケーションが始まるようにする。

③キーパーソンを探す

学級の保護者の中に，親しい人がいれば，学校のPTA活動にも参加しやすいと思われる。保護者の中にそういうキーパーソンになる人がいないかを確認し，いた場合，協力を要請する。

> ⚠ コミュニケーションが苦手な人には，教師から積極的に働きかけよう！

（根田真江）

▶日常のコミュニケーション

保護者 31 学校開放などで来校した保護者への対応

場面例とポイント

自由参観や学園祭、運動会など、地域の方に自由に来校してもらう機会があり、どのように対応すればよいか。

❶お客様として迎える

「ようこそおいでくださいました」などの声かけや、歓迎を表す掲示などを工夫し、保護者も含め地域の人たちの来校を歓迎する姿勢が伝わるようにする。

❷安全への配慮を理解してもらう

子どもの安全に配慮していることを説明し、訪問者の名前の確認などを行う。

❸ねらいを伝え交流するよう工夫する

学校の活動を公開する場合は、そのねらいや特色がわかるようにする。何に重点をおき、どのように取り組んでいるかを記した資料を配布する。

❹来校者にアンケートをお願いする

アンケートによって、来校者の感想や意見を聞く。その結果は、公表したり、これからの取り組みの参考にしたりする。

考え方

開かれた学校では、保護者だけでなく地域の人々にも学校の取り組みを知ってもらうことが大切となる。学校の危機管理体制や授業や行事の新しい取り組みを、実際に見て理解してもらい、意見を今後の指導改善に役立てるようにする。

①お客様として迎える

学校の活動に興味をもって来校してくれた人々であるので、学校での活動を理解してもらい、地域からの協力を得るためにも、大切なお客様として迎えたい。地域の人が来校される場合は、顔見知りであってもお客様として迎えることが大切である。どのように配慮しているかといった姿勢が学校の評価を高める。

②安全への配慮を理解してもらう

不審者侵入対策として、出入り口を制限して名前を記入してもらい、来校者チェックを行う。学校での子どもの安全のためであることを理解してもらう。このような学校の取り組みを知ってもらうことが、登下校時の子どもの安全を確保することにつながるのである。

③ねらいを伝え交流するよう工夫する

総合的な学習の時間や少人数指導など、新しいカリキュラムが実施されており、これらに理解を得るために、授業や活動のねらいや特色がわかるように工夫する。配布資料を用意するほか、校内掲示物や作品展示などが効果的である。

④来校者にアンケートをお願いする

来校者に、学校の活動の参考にすることと、いろいろな機会に公表することを説明して、学校の活動に関するアンケートに協力してもらう。その際、選択肢を用意して回答に負担がかからないように配慮したり、自由記述欄で多様な意見を聞けるようにしたりするなどの工夫をする。地域の声に耳を傾ける学校であることを理解してもらうことが大切である。

! お客様として迎え、親しみやすさの中にもけじめをつける。

(水上克美)

保護者

32 年度始めの関係づくり

▶リレーションづくり，協力体制の確立

場面例とポイント

1年で最も教育事務が忙しい4月に，どのように保護者とよい関係をつくるか。

❶あいさつと自己開示

教師が，学級通信などであいさつや自己紹介をして，保護者に向けて胸襟を開く。自己開示して関係をつくるのである。

❷学級PTA役員を選出する

学級PTAの役員の選出をスムーズに行い，協力関係を早く築く。

❸配慮を要する子どもの保護者

「担任のAと申します。前担任より申し送りを受けました。事情をお聞きし，できることを心がけたいと思います」

❹学級懇談会を工夫する

第一印象は大切である。1回目の学級懇談会は，十分に工夫して行う。あいさつでは，資料を用意し，自己紹介や指導方針などをきちんと示すように心がける。

考え方

4月には，保護者も「どんな担任だろう」という期待と不安をもってスタートする。機会をとらえて担任の考え方や人柄を知ってもらう工夫をする。

①あいさつと自己開示

4月当初の学級通信で自分のことを語り，「こんな先生だ」と知ってもらう。例えば，「○○先生を知るクイズ」を学級で実施する。同じ問題を学級通信に載せ，答えは子どもから聞くようにしてもらう。また，1年の決意など，子どもが書いたものを載せる。この時期，保護者が知りたいのは，どんな教師なのかということと，わが子の様子である。それを提供することで信頼を得る。

②学級PTA役員を選出する

前年度役員に，継続して引き受けてもらえないか，引き受けてもらえる方に当たってもらえないかを依頼する。その後，個別に電話をかけてお願いをする。

良好な協力関係を築いていくためには，学級懇談会の後などに，少し残ってもらい，役員を引き受けてもらったことへの謝意を伝える。そして，協力が必要な行事などを説明し，あらかじめお願いしておく。また学級通信でPTA役員を紹介し，役員からのひとことを掲載するなど，保護者全員に知ってもらう機会を設け，役員が動きやすくすることも大切である。

③配慮を要する子どもの保護者

配慮を要する子どもの保護者と連絡をとり，ていねいに援助ニーズを聞き取ることや，今後も協力して援助していくことを伝えることが信頼関係につながる。

④学級懇談会を工夫する

きちんとあいさつし，自己紹介，学級経営の方針などを簡潔に説明して，保護者の意見をていねいに聞き取る。また，構成的グループエンカウンターなどを取り入れ，だれもが話しやすいように工夫することも信頼につながる。

> 教師が先に胸襟を開く（教師の考え方，姿勢，人柄を伝える工夫）。

（瀬尾尚隆）

保護者 33 学級懇談会の工夫

▶リレーションづくり，協力体制の確立

場面例とポイント

学級懇談会を有意義なものにするにはどうしたらよいか。

❶事前のお知らせ

学級通信などで「○月○日の授業参観後に，学級懇談会をする予定です。□□について話し合いたいと思います」と日時，内容，ねらいを知らせる。

❷資料の準備

学級懇談会で伝えたいことや話し合いたいことを提示する資料を準備する。

❸進め方の工夫

「まず，近くに座っている4人のグループをつくって話し合います。役員の人は司会をお願いします。まず簡単な自己紹介から始め…」「10分後にグループで出た意見を代表の人から発表してもらいます」

❹保護者の意見や要求を十分に聞く

「ご意見などありませんか？」「○○については，大切な問題だと思いますので，学年で検討して対応いたします」

❺学級懇談会の様子を知らせる

学級懇談会で話された内容や様子をプリントにして，全員に配布する。

考え方

懇談会のねらいをはっきりさせて，事前の準備や進め方を懇談会の趣旨に合わせて工夫することが大切である。

①事前のお知らせ

参加の意義を感じ，見通しをもって参加してもらうためには，事前に日時だけでなく，内容やねらいもわかりやすく知らせておく。また，一方的な会にしないためには，役員に事前に主旨を理解してもらい，予想される保護者の反応についてつかんでおく。できれば役員が中心となって学級懇談会を進めてくれるように依頼しておく。

②資料の準備

資料は，懇談会のテーマにかかわる調査やアンケートの結果などがあると効果的。また，ビデオなどで子どもの様子を紹介すると，雰囲気をリラックスさせることができ，意見も出やすくなる。

③進め方の工夫

意見が出ない，しらけてしまう，表面的な話し合いになってしまうなどの事態が生じることがある。グループ決めや自己紹介をゲーム性の高い方法でしたり，小グループで話し合いをするなど，進め方を工夫する。また，教師が積極的に自己開示することが，話しやすい雰囲気づくりによい影響を与える。

④保護者の意見や要求を十分に聞く

保護者の意見や要望を聞き，その内容を把握する。その場で即答できないことは，学年や学校で協議することを約束し，意見や要望を受け止める姿勢を大切にしたい。

⑤学級懇談会の様子を知らせる

出席できなかった保護者がその後の活動で不利にならないように配慮する。

> 事前の役員との連携による，準備と進め方の工夫。

（根田真江）

5章　保護者とのコミュニケーション

保護者

34 個別配慮の依頼があったとき

▶リレーションづくり，協力体制の確立

場面例とポイント

入学式後，保護者から「子どもがてんかんの発作を起こすことがあるので，先生にお知らせして，ご配慮をいただきたい」と申し出があった。

❶保護者の不安を軽減する

「よく来てくださいました。私もお話をうかがいたいと思っていました」

❷養護教諭と連携し，要望を聞く

「養護教諭にも事情を知っておいてもらうほうが安心かと思います。養護教諭が同席してもよろしいですか」

(1)疾病の経過，(2)現在の症状，(3)治療の状況，(4)主治医からの指示など，必要な情報を収集する。また，保護者がどんな要望をもっているかを聞く。

❸基本的な対応・連携の確認をする

「体調がすぐれないときや発作のときは，保健室で１時間休養し，回復しない場合，お母さんの携帯電話に連絡するという対応でよろしいでしょうか」

「大切なお話をお聞きしましたので，十分に注意しながら指導していきたいと思います。今後，不測の事態も考えられますので，連絡を取り合いながら指導していきたいと思います。ご協力をよろしくお願いします」

考え方

①保護者の不安を軽減する

疾病をもつ子どもを新しい環境に委ねる保護者の不安を軽減するために，信頼関係を構築し，安心感を与えることが大切である。

教師の誠意ある言動が「あの先生なら安心してお願いできる」という気持ちに結びつく。はじめに，ねぎらいと感謝の気持ちを伝えて，別室に通す。

②養護教諭と連携し，要望を聞く

疾病にかかわる個別対応に当たっては，養護教諭がスタッフとしてかかわることが必要である。そのため，保護者との面談に養護教諭も同席する。疾病にかかわる点については，養護教諭が主導となって聞き取りをして記録簿を作成する。

③基本的な対応・連携の確認をする

子どもの状況と保護者の要望に対して，学校で可能な基本的な対応を示して，担任と保護者で確認する。

子どもの様子について，連絡を取り合うことを確認する。また，学校では管理職も含めて学校全体で共通理解して対応することを話す。ただし，プライバシーには十分配慮する。担任あるいは養護教諭とつながっているということや，学校全体で対応してもらえることで，保護者は安心感をもつ。

個別対応の要望への回答がその場で困難なときは，「管理職と相談のうえでお返事します」と結論を出さず，検討の猶予をいただく。

> ⚠ 家庭と学校は，子どもが健康な生活を送るためのリソース（資源）である。

（千田雅子）

▶リレーションづくり，協力体制の確立

保護者
35 保護者との連携で進める個別的な支援

場面例とポイント

人前での自己表現に抵抗をもつ子どもがいる。保護者と連携しながら，教師と子どもとの信頼関係をつくっていきたい。

❶連携の必要性を確認する

「人前でも，自分の言いたいことが言える力をつけさせるために，ご協力いただければと思っているのですが」

❷作戦を立てる

「家と学校とで一緒にできる効果的な作戦はないでしょうか。学校では，○○をするようにしたいと思いますが，どうでしょう」

❸できるだけ感想を伝え合う

電話や連絡帳などで，「授業中，話を真剣に聞いてくれてうれしく思いました」など，具体的な様子を伝え，教師の肯定的な思いを保護者から伝えてもらう。また，「学校でがんばっていることを聞いて，私もうれしいよ」など，保護者からも伝えてもらう。

❹子どもの気持ちを伝えてもらう

「家では，この前の○○については，□□のように話していました」など，教師には話されなかった子どもの気持ちを伝えてもらう。

考え方

①連携の必要性を確認する

内向的な子や場面緘黙児の場合，気持ちの理解には保護者の力を借りることが得策だが，現状が深刻なほど抵抗も大きい。子どもの現状を率直に話し，学校だけの援助がむずかしいと説明し，協力を要請する形にするとよい。

問題ばかりに目が向くと，犯人捜しや責任転嫁になり，連携以前に保護者との関係が悪化してしまう。教育の専門家と子育ての専門家が対等な立場で作戦を立てるというスタンスで臨みたい。

②作戦を立てる

目的は大きくてもよいが，作戦は「Aさんが私に安心感をもてるよう，その日の出来事からよいところを連絡帳に書くので，それを見て『今日は〜ことがあったんだね。先生はうれしかったって書いているよ』と伝えてもらえませんか」など具体的で実現可能なものを提案する。

③できるだけ感想を伝え合う

教師が肯定的に見ている，認めているというメッセージを，保護者から伝えることが教師に対する安心感につながり，リレーションの形成を促す。また，保護者と教師が良好な関係をもち連携していることも，子どもの安心感につながり，教師に心を開くことになる。

④子どもの気持ちを伝えてもらう

家での子どもの話を伝えてもらい，そこに現れた子どもの気持ちを踏まえて，学校での声かけを工夫する。子どもが気持ちをきちんと受け止めてもらっていると感じることができれば，安心してかかわりをもつようになる。

> ⚠ 役割分担により対等な立場をアピール。

（品田笑子）

5章 保護者とのコミュニケーション

▶リレーションづくり，協力体制の確立

保護者 36 子育ての悩みへの対応

場面例とポイント

子どもの忘れ物が頻繁で，学校や家で毎日注意されているのに，いっこうに直らないと保護者が相談に来た。

❶問題状況を明確にする

「お子さんの忘れ物が直らないということにお困りなのですね。もう少し，具体的に話していただけませんか」

❷基本的な援助策を示す

「忘れ物をノートに書き出し，どの時間に何を忘れたかを一緒に確認してはどうでしょうか。そして，忘れ物がなかった日はお子さんを『忘れ物がなくてうれしそうなあなたを見て，お母さんもうれしいよ』とほめるといいと思います」

❸基本姿勢を確認する

「しつけは，できるまで繰り返しつきあってあげる必要があります。『待つ』という姿勢で，一緒にがんばりましょう！」

考え方

子どもの問題行動について，解決のためにはどうしたらよいかという援助の方法を聞くために来校した保護者である。したがって，困っているという感情のみに注目するのではなく，子どもの状況に合わせた基本的な援助方法を示し，どのように実施するかについて，保護者と教師とで検討することが必要である。

一緒にがんばろうという姿勢を確認することで，保護者にも援助の自信がわく。

①問題状況を明確にする

援助の方法を検討する前に，問題状況を明確にすることが大切である。保護者の話をよく聞き，信頼関係を確認しながら，問題状況を把握するのである。

AD/HD，LDなどが疑われる場合など，家で手を尽くしてきたのに改善がみられなかった場合，いままでの苦労を聞いてねぎらうことが必要なこともある。

②基本的な援助策を示す

基本的な援助策を複数示して説明をする。それらの中から，保護者が納得できて，実行可能な援助策を選択する。

援助策を選んでも，保護者が実行できない援助策であっては意味がない。選択した援助策を実行するうえで，保護者が，その援助策のなかでむずかしいと思っているような課題について検討する。場合によっては，話し方や援助の仕方のトレーニングをする。

③基本姿勢を確認する

保護者の姿勢が大切である。「できるまで待つよ。何回も繰り返そう」という気持ちで援助することを確認する。待つという基本姿勢をもつために，ノートに「保護者の姿勢」を記しておくことや，子どもの記録をつけるようにする。

「今後も定期的に連絡をとり合って，お子さんの成長を見守りましょう」と，教師は，保護者と一緒になってお子さんに援助しますよ，協力しますよというメッセージを保護者に伝える。

❗ 求められた情報を的確に与える。

（井上悦子）

保護者 37 不登校の子どもの保護者への対応

▶リレーションづくり，協力体制の確立

場面例とポイント

「うちの子は，学校に行く時間になると，制服を着ることはできるが，その後ぐずぐずして学校を欠席してしまう」と訴えて保護者が来校した。

❶保護者の不安を受けとめる

「このまま学校に行かなくなるのではないか，社会の落ちこぼれになるのではないかといった不安がおありなのですね」「お家でもこれまでいろいろがんばってこられたのですね。大変だったでしょう」

❷家族の状況の確認

（保護者の不安が話された後）「親御さんはつらいと思いますけれど，お子さんが登校しないことで家族に何か影響はありませんか。よい，悪いに関係なく影響があったら教えてください」

❸共同で解決にあたることを確認

「お子さんが登校しないことで，ご家族のみなさんに影響が出ていますよね。学校としても，なんとか登校できるようにしたいと思いますので，共同で解決に向かいたいと考えています。どうぞ，よろしくお願いします」

考え方

子どもが「不登校になった」という事実は，保護者として肩身が狭く，不安が大きい状態である。そのため，保護者が「責められた」と感じるような言葉を用いると，リレーションの形成が困難になる。

保護者の来校や電話には労をねぎらい，「共同で解決していきましょう」という姿勢で接することが大切である。

①保護者の不安を受けとめる

保護者はともかく不安である。まず，不安が軽減されないと，保護者が子どもへの援助の役割を適切に行うことができない。したがって，どんな不安があるかを思いつくまま話してもらい，共感的に聞き，不安の軽減化を図る。

②家族の状況の確認

子どもが不登校になることによって，家族にもその影響が及んでいる。問題が発生している場合には，その状況を聞くようにする。

家族が不登校解消の援助をしている場合には，どんな援助をしているのかを詳しく聞いておく。本人を支える家族の様子や状況を把握することで援助の方針を立てることに役立てるのである。

場合によって，保護者の訴えよりも，不登校や引きこもりの状況が深刻なことがある。保護者の話を聞いたうえで，家庭訪問して，状況を実際に確認することが大切である。

③共同で解決にあたることを確認

対等の立場で力を合わせて問題に対処していこうと確認する。そのためには，①および②の段階で十分な信頼関係を築くことが必要である。うわべだけでの協力関係とならないようにしたい。

> ⚠ 荷物は1人より2人で持つと軽くなる。

（井上悦子）

5章 保護者とのコミュニケーション

▶リレーションづくり，協力体制の確立

保護者
38 発達障害をもつ子どもの保護者への対応

場面例とポイント

「問題行動が起こるのは教師の対応のまずさが理由である」と訴え，障害に起因するものであると認めない保護者にどのように対応するか。

❶徹底して聞く

「今日はお母さんのいままでの思いを聞かせてください」と切り出し，意見や評価を挟まず，徹底して傾聴する。

❷保護者とチームを組む

保護者からの話が一段落し，沈黙場面が訪れたところで，「お母さんがA君のことをだれよりも考え，これまで一生懸命に育ててこられたことを聞くことができてうれしかったです。私ももっとA君のことを理解し，支えたいと思います。ぜひA君のいちばんの理解者であるお母さんに，力を貸してほしいと思います」

考え方

障害のある子どもの保護者が，学校の教育支援のあり方に不満を訴える場合，教育対応そのものに不満をもっているのみではない。背景として，将来に対する不安やわが子の障害を受容することができない心理的葛藤が存在することが多く，やり場のない思いが教師に向かって話されているのである。したがって，教師は防衛的にならず，まず，保護者の思いを傾聴し，無条件で受け入れる教師の態度をもって接し，信頼関係を築いていくことが必要である。

①徹底して聞く

保護者の意見に対して，評価や判断を加えずそのままに受け取ろうとする受容的な態度から，関係づくりが始まる。

保護者のなかには，医師からの無神経な障害告知や，親族の無理解から心的外傷を受け，子どもの障害の受容ができず，その悲哀が怒りとなり，学校に向かうケースも見受けられる。子どもの障害についての受容が適切に行われれば，保護者の自己開示やカタルシスが促進されていく。子どもと共に歩んできた保護者の心によりそい，思いをとにかく聞くこと，積極的に理解しようとする姿勢が大切である。

②保護者とチームを組む

学校と保護者の間に信頼関係ができてきたら，次に学校と保護者は，共にA君を支える援助チームのメンバー同士であることを理解し合いたい。

基本となる考え方は，学校と保護者との関係はコンサルテーション関係であるということである。つまり，教師が「教えるプロ」であると同じように，保護者は「その子どもの親という専門性を有するプロ」であるという意識を互いにもち，それぞれの専門性を高めていく姿勢が大切である。

> ❗ 保護者はその子の親としてのプロである。

（岸田優代）

▶子どもに関する教師からの報・連・相

保護者 39 校内で事件を起こしたときの連絡

場面例とポイント

休み時間に友達と遊んでいたらけんかになり、相手の子にけがをさせてしまった。けがをさせた子の保護者にする連絡は？

❶事実に即して落ち着いて事情を説明

「休み時間、B君と遊んでいるときに……からけんかになってしまい、A君がB君の顔を殴ってしまったのです。B君は、目の周りがずいぶん腫れ上がってしまったので、お母さんに来ていただいて病院に連れて行っていただきました」

❷子どもの様子を伝える

「A君は反省していて、保健室ではずっとB君につきそってくれていました」

❸今後の対応の進め方

「学校でも2人の様子を注意して見守っていこうと思います。A君も反省していますので、お母さんからも励ましてあげてください」「A君もB君に謝ったのですが、お母さんからもB君のお家にお電話を入れていただけませんか？」

考え方

①事実に即して落ち着いて事情を説明

わが子がほかの子にけがをさせたと聞けば、保護者は動揺する。興奮した口調で伝えるとますます動揺させてしまうので、極力落ち着いて事情を伝える。

事前に当事者や周りの子に事情を聞き、けがの程度や、どこで手当てを受けているかなど、状況を把握して簡潔に伝える。

②子どもの様子を伝える

保護者は「うちの子だけが悪いのではない」と思うものである。「よい、わるい」という価値判断を軽率に行わない。成り行きからカッとなって手が出てしまった子どもの気持ちと行動への理解を示す。冷静になってからは、十分に反省しているという様子を伝える。

しかし、開き直ったり、ふてくされたりする子もいるだろう。そのときは、心を尽くして諭しているが、興奮で気持ちが伝わらない状態であり、それを残念に思っていることを伝える。「今日は少し興奮していましたが、内心は悪かったと思っていると感じました。事実と一緒に気持ちもそっと聞いてみてもらえますか」

③今後の対応の進め方

対応を家庭に押しつけず、学校と家庭と両方で見ていきたい旨を再確認する。その際、学校での対応はどうするか、家庭ではどうしてほしいのか、具体的に伝え、ていねいにお願いする。

特に、けがをさせてしまった場合は、相手の子の家に、できれば保護者が出向いてほしいこと、その際には担任も一緒に出向くことを伝える。子どもについては、反省していることを認め、今後暴力行動をしないようにするために、どうしたらよいかを検討していくことを確認する。

> ❗ 失敗はだれにでもある。悪い子とは思っていないというメッセージ。

（齊藤智恵子）

5章 保護者とのコミュニケーション

▶子どもに関する教師からの報・連・相

保護者
40 子ども同士が被害・加害であるときの連絡

場面例とポイント

担任する子どもが，放課後に他クラスの子どもに暴力をふるわれけがをした。それぞれの保護者にどう連絡するか。

❶けがをした子どもの保護者への連絡

けがへの応急処置および保護者への緊急連絡をまず行う。その後，担任と校長が家庭訪問して「学校の指導管轄下において，お子さんにけがを負わせてしまい，誠に申しわけありません。けがの状況はいかがですか。今回のけがの発生状況が明らかになりましたので，お知らせしたいと思いお邪魔しました」と，おわびと報告を述べる。

❷けがをさせた子どもの保護者への連絡

電話での連絡後，担任と管理職が家庭訪問して，「B君がAさんにけがを負わせてしまいました。学校の指導管轄下に起こったことであり，けがが発生した状況をご説明して，今後の対処についてご相談させていただきたいと思いお邪魔しました」と，報告と今後の対応を述べる。

考え方

両方の子どもから話を聞き取り，事故の概要を把握する。病院に行った場合は，医師の診察の結果も合わせ，管理職を交えて今後の対応を協議する。

その後，けがをした子どもの保護者とけがをさせた子どもの保護者を訪問して，状況を説明する。学校の指導管轄下のけがであるから，電話連絡で済ませず，管理職と担任が家庭を訪問する。事前に電話で家庭訪問の確認をとり，概要を伝えておいて，スムーズに話し合いができるようにする。

①けがをした子どもの保護者への連絡

まずはおわびを述べる。そして，けがの状態を説明するとともに，どのような状況でけがをしたかを報告する。病院に行った場合は，診断書などに基づいて説明する。また，保護者の求めに応じて，子どもへの対処過程や再発防止への取り組みも報告する。必要に応じて，けがの治療に関する情報提供も行えるよう配慮する。終始一貫して誠意ある態度を示す。

②けがをさせた子どもの保護者への連絡

相手にけがをさせてしまったのであるから，そのことに対するきちんとした指導を行う。けがの発生状況を説明して，子ども本人にも確認をとる。けがをさせてしまったことにショックを受けていることがあるので，教師，保護者とも過剰な反応は控えるようにしたい。

その後，相手の子どものけがの状況を説明する。その場で，けがをした子どもの保護者に電話をかけて，おわびの第一報を入れてもらってもよいであろう。

今後のことについては，明確になっていることのみを話し，不明確なことについては，絶対に話さないようにする。

> ⚠ けがは学校の責任と心得，誠意ある対応を！

（佐藤健吉）

▶子どもに関する教師からの報・連・相

保護者 41 いじめの報告

場面例とポイント

A子から，頻繁に物を隠されたり嫌がらせをされたりすると訴えがあった。保護者にどう伝えたらよいか。

❶事実の確認

訴えのあった子どもから話をよく聞き，関係する子どもたちから事実を確認する。

❷それぞれの保護者への報告

「Aさんが何度もしつこく筆箱を隠されていると話してくれました。子どもたちを呼んで話を聞いたところ，Bさんが隠していたことがわかりました。本人も認めています。Aさんがつらい思いをしていたことを伝え，二度としない約束をして，謝るように指導しました」

❸保護者の話をていねいに聞き，後日必ず報告する

「ご心配はごもっともです」「二度と起こらないよう十分に指導していきたいと思います」

考え方

①事実の確認

保護者には，子どもからどのような訴えがあったかを正確に伝えること，それに対して確認した事実がどのようであったかをきちんと伝えることが大切である。事実確認を慎重にていねいに行う。

②それぞれの保護者への報告

いじめられた子ども，いじめた子ども，それぞれの保護者に対して連絡する。いじめの事実を確認する過程で，教師が子どもにどうかかわったかを織り交ぜて報告することが大切である。

いじめた子の保護者にも，事実を正確に伝え，教師が指導したことについて理解してもらう。

③保護者の話をていねいに聞き，後日必ず報告する

いじめられた子の保護者は，いじめの発生を防げなかった学級担任や学校へ不信をもつ可能性もある。保護者の話に言い訳や反論をしたりしないでひたすら聞き，誠意をもって対処していることを伝えることが，保護者を安心させる。

ただし，あまりにも一方的な責任の追及や，対処できない要求には，「学校全体にかかわることですので，管理職と相談して返事をさせていただきます」などと返事をし，即答や謝罪を避ける。

また，保護者が怒りにまかせて相手に電話をかけたり会ったりして，問題を大きくしてしまう場合がある。報告の際に「先方に連絡されることがあれば，私もつき添います」などと伝えて，両者が適切な解決を進めるように仲介する。

保護者は，いったん解決しても，また同じようなことが起こるのではないかと不安をもっている。その後の子どもたちの教室の様子を，連絡帳や電話，学級通信などで知らせることも必要である。

> ❗ 教師の指導の内容を織り交ぜながら，あったことをそのとおりに伝える。

(山本一美)

5章 保護者とのコミュニケーション

▶子どもに関する教師からの報・連・相

保護者 42 危険な遊びの報告

場面例とポイント

友達の首を絞める，高い所から飛び降りる，といった危険な遊びをしているので，保護者に伝えて注意を促したい。

❶事実を具体的かつ明確に伝える

「A君が，昼休み時間に，教室で友達の首を絞めて遊んでいましたので，『危険なので，やめなさい』と注意しました」

❷教師の感情や考えを伝える

「たとえふざけてだとしても，首を絞めるという行為は，命の危険を伴う行為だと考えられます。命にかかわるようなことがあったり，だれかにけがをさせたりしてしまうことが起こるのではないかと心配です。私は，そのような危険が伴う遊びをやめてもらいたいと思っています。家での様子はどうですか」

❸協力を依頼する

「学校で安全に楽しく生活できるようにしたいと思いますので，保護者の方にもご理解いただいて，ご指導をよろしくお願いします」

考え方

危険な遊びをすることについて，保護者や家庭環境からの影響を受けていることも考えられるので，保護者への対応は重要である。

①事実を具体的かつ明確に伝える

「いつ」「どこで」といった5W1Hを意識しながら，事実を明確に伝える。保護者や子どもを非難しない。保護者に事実が伝わらなければ，その後の教師の思いが届かないことが考えられる。

子どもの話から保護者が把握している情報と，教師が把握している情報との間にギャップがあることも考えられるので，教師は事実をより具体的に明確におさえて伝える。

②教師の感情や考えを伝える

事実を伝えたうえで，その事実に対する教師の感情や考えを伝える。アイメッセージを使って「私は，○○と思っています」「私は，□□で困っています」「私は，◇◇することが危なくて心配です」といった伝え方が効果的である。

最近の子どもの様子や，心配な点などがあれば，それも伝える。また，家での生活の様子から気づいたことはないか，心配なことはないかを，保護者から聞きとる。

③協力を依頼する

「学校を安全で楽しく生活できるところにしたい」という教師の考え方を明確に示して，協力を依頼する表現で伝える。

もし，保護者がそれほど深刻に受けとめていないと感じられるときは，「A君は，今日，学校で注意されたことをどのように伝えていますか」「保護者の方は，どのようにお考えですか」などの質問によって，保護者の考え方を尋ねる。

> ❗ 生命にかかわる問題のときは，教師の思いを前面に出す。

（中田尚吾）

保護者
43 器物破損の報告

▶子どもに関する教師からの報・連・相

場面例とポイント

子どもが悪ふざけをして、教室の壁に穴を開けてしまった。公共物破損であり、弁償について、保護者に理解を求めたい。

❶状況を報告する

「本日の昼休みに、Ａ君が、友達のＢ君とプロレスの技の掛け合いをしていて、Ａ君がひじを強くぶつけて教室の壁に穴を開けてしまいました」

❷子どものけがについて説明する

「養護教諭に確認してもらいましたが、２人ともけがはないようです」「壁に穴を開けるくらい強く打ったので心配しましたが、けががなくて安心しています」

❸指導方針に理解を求める

「けががなくてホッとしたのですが、この機会に危険な遊びを慎むことと、公共物を大切にすることも考えさせたいと思いますので、ご理解をお願いします」

❹弁償について理解を求める

「誠に恐縮ですが、本校では、公共物の破損については、当事者が弁償するということになっております。通常、当方で業者に修理をお願いして、請求代金を保護者の方にお知らせして、お支払いいただいております。今回も同様に進めさせていただき、ＡさんとＢさんに修理代金をご請求させていただきたいと思います。どうぞ、よろしくお願いします」

考え方

公共物破損と危険な遊びという２つの問題行動について指導をきちんとすすめる。そのうえで、保護者には事実の報告、けがなどについての説明、指導の方針を伝える必要がある。公共物の修復に要する費用については、規定に基づき保護者負担でお願いしたいという旨を伝える。

このような連絡のとき、一方的な話し方になってしまうことがあるので、教師の感情もしっかり伝えるように話すことが大切である。

①状況を報告する

問題行動の状況を5W1Hにそって説明する。保護者に正確な情報を提供するところから、指導が始まる。

②子どものけがについて説明する

問題状況によって、子どものけがが予想されるのであるから、どのように対処して、どのような結果であったかを示す。また、けがの状況について、教師の感情をつけ加えることも必要である。

③指導方針に理解を求める

問題行動に対する基本的な指導方針をきちんと保護者に伝えて、理解を求める。

④弁償について理解を求める

問題行動に対する指導を明確にした後に、公共物の修復に要する費用については保護者の方にご負担いただきたいことをお願いする。具体的に、これまでの例を示して、説明すると保護者も理解しやすいと思われる。

❗ 行動のみにとらわれない。

（高柳修）

5章 保護者とのコミュニケーション

▶子どもに関する教師からの報・連・相

保護者
44 異性関係の問題に関する相談

場面例とポイント

異性との交際が原因で，遅刻や早退，服装の乱れがあり，感情の起伏が激しくなった。保護者の協力を得て指導したい。

❶**保護者と会って相談する**

性の問題は，子どもが保護者に知られるのを拒むことも多い。子どもの気持ちをよく聞き取ったあとに，直接保護者と会って協力体制をつくることが大切である。

❷**大切な発達課題であることを確認する**

「性的な問題は，人の成長に大切なことですから，慎重に指導していくことが必要です。協力して指導していきましょう」と，保護者と確認する。

❸**連絡を十分に行う**

「連絡のとりやすい時間帯がありましたら教えて下さい」「緊急を要することもありますので，その場合の連絡先を教えていただけますか」と，連絡がいつでも速やかに行えるような体制を組む。

考え方

性の問題について，保護者と相談するときは，担任のほかに，性にくわしい養護教諭が同席するとよい。その後の援助も，担任と養護教諭がチームで対応する。

①保護者と会って相談する

保護者と会って状況や相談内容を伝え，援助の方針を検討する。可能であれば，両親あるいは，家族の複数の人と会うほうが望ましい。状況説明の際には，子どもから相談のあった内容を，保護者が理解できるようにまとめておくことが必要である。

保護者はどうしてよいかわからず，次々に質問してくることがあるので，保護者が知りたいと思われることについて，子どもから情報を収集することが大切である。

②大切な発達課題であることを確認する

保護者が性の問題を悪いことと決めつけていることがある。「性の問題は子どもが成長するための大切な課題である」ことを保護者に説明し，将来を見据えて慎重に指導・援助することを確認する。保護者が感情的になったままで子どもにかかわると，指導がよりむずかしくなってしまうことがある。

保護者と子どもが同席する場合は，教師が両者の間に入って話し合いを進め，両者に誤解が生まれないように，感情的にならないように進める。

③連絡を十分に行う

指導・援助中に，妊娠や中絶，暴力などの新たな問題状況に展開することがあるので，保護者との連絡方法を確立することが必要である。

また性的な問題では子どもが性的被害を受けている場合もあり，大人が予想する以上に，傷ついていることがある。子どもの周りの大人が余裕をもって，指導・援助したい。

⚠ 問題の正しい理解を共有する。

（折舘美由紀）

▶子どもに関する教師からの報・連・相

保護者 45 警察による補導の報告

場面例とポイント

子どもが自転車窃盗をして警察のお世話になり、それを保護者に伝えるときの連絡はどうしたらよいか。

❶子どもと保護者の双方を援助する気持ちで対応する

「残念なお知らせなのですが、Aさんが自転車の窃盗をして、現在、△△派出所で取調べ中ということです」と事実を伝える。連絡によって、保護者が動揺することが考えられるので、保護者の様子に注意しながら、静かに、かつていねいに伝える必要がある。

❷保護者がとるべき行動を明確にする

「ただいま、担任が△△派出所に向かっております。保護者の方も身柄引き取りのために、お忙しいとは思いますが、都合をつけて派出所に向かっていただけますでしょうか」と、とるべき行動を明確に指示する。

❸連携を確認する

「学校に副担任のBが待機しておりますので、ご不明な点があるときは、ご連絡ください」と、連携できる体制であることを示し、保護者の支えとなる。

考え方

①子どもと保護者の双方を援助する気持ちで対応する

子どもが問題行動を起こしたとき、保護者は自分自身がいけないことをしてしまった気持ちになる。したがって、言葉遣いなどで、保護者が責められていると感じないように配慮する。そのためには、保護者自身の傷つきや不安について共感する姿勢をもつことが必要である。

「うちの子に限ってそんなことをするはずがない」と言う保護者もいる。その場合、「お母さんはお子さんを信じたいのですね」などと受容して、感情の高ぶりがおさまるまで時間をとる。

②保護者がとるべき行動を明確にする

保護者が学校からの連絡を受けた後で、具体的にどのように対処あるいは対応していかなければならないかがわかるように説明していく。

③連携を確認する

保護者にとって、わが子が警察のお世話になっているという事実は危機である。「学校は保護者の方を支える体制にありますから、連携をとって対処していきましょう」というメッセージを発する。

また、機会を図って、重大な非行を予防するためにも、現在の段階での適切な対応が必要であることを伝える。立ち直りに大きく影響するのが保護者の態度の変容であり、これまでの子どもへのかかわりについて振り返るチャンスであることを伝える。保護者も教師も、子どもに対しては、自分の非行行為の責任について考えさせ、原因を自分以外にあるとしたり、自分のやった行為を正当化しないように諭していくことが大事である。

> ❗ 子どもと保護者の危機。支えるのは学校と教師である。

(阿部千春)

▶子どもに関する教師からの報・連・相

保護者
46 けがをして救急車を要請するときの連絡

場面例とポイント

学校で子どもが頭部を強打し、救急車で病院へ向かうことを保護者に連絡したい。

❶情報をメモする

子どもの状況を確認し、傷の程度、部位、意識の有無、搬送先の病院などを落ち着いてメモを取る。

❷保護者に連絡する

「A君が、トイレの掃除中、ぬれていた床に足をすべらせて転倒した。周りにいた子どもたちが、『床に頭をぶつけたとき、大きな音がした』と、私を呼びにきた。いま、A君は保健室で安静にしている。意識もあり、出血もないが、校長や養護教諭と相談のうえ、大事をとって救急車の手配をした。B病院で受診したいと思うがいいだろうか」と保護者に電話で連絡をする。受診する病院の了解が得られたら、「保険証、着がえ、若干のお金を用意して、B病院に至急駆けつけてほしい」と伝える。

❸受診後の対応

けがの原因となった事故に関する情報を収集し、それを整理する。病院受診が済んだ後に、できるだけ早く、直接に保護者に報告する。

考え方

①情報をメモする

保護者に連絡するために必要な情報を集め、正確にメモをする。

②保護者に連絡する

どういう内容であれ、学校からの電話に保護者はドキッとするものである。まして、わが子が救急車で病院に運ばれるとなれば、保護者は相当なショックを受ける。そのような心情を理解したうえで、慎重に言葉を選んで話をする。

救急車の要請にあたっては、保護者から受診する病院の希望を確認する。病院での手当てを受けるにあたって必要な情報も提供し、その後の保護者と学校の連絡方法についても確認しておく。

保険証（ただし、けんかの場合は、保険診療ができない場合がある）や、衣服の汚れや破損などがある場合は、着がえ用の衣服を持ってきてもらうとよい。治療費の支払いや帰りの交通費なども必要なので、若干のお金の用意もお願いする。

③受診後の対応

事故にかかわった子どもたちから公平に事情をよく聞き、あまり時間をおかずに保護者に報告する。電話ではなく保護者に学校に来てもらうか、家庭訪問をして、保護者の反応を見ながら直接話をすることが大切である。

学年の教師や管理職との連携のもと、子どもたちに対して、どのような指導を行ったかをできるだけ具体的に伝える。保護者からの苦情や意見にも謙虚に耳を傾け、感情的にならないようにする。

> ❗ 保護者の動揺や心情を理解し、先入観をもたず誠実に対応する。

（竹崎登喜江）

保護者 47 リストカットの報告

▶子どもに関する教師からの報・連・相

場面例とポイント

子どもが手首に治療が必要な大きな深い傷を作ったことがわかった。保護者にどのように連絡すればよいか。

❶リストカットの事実を伝える

「Aさんが手首に大きな深い傷を作りました。容態は……です」と冷静に落ち着いた語り口で伝える。

❷保護者の気持ちに共感する

「突然のことで，何がなんだか，わからない，というお気持ちかと思います」

❸リストカットの理由を説明する

「養護教諭が応急処置をしながら聞いたところ，友達のことで悩んでおり，無意識に傷つけてしまったようです。だれにも話せずつらかったのだと思います」

❹対応を指示する

「つらかった気持ちを受容し，手首に傷をつけたことをしからないでください」

考え方

リストカットの事実を知ると，保護者は動揺する。リストカットに至った経緯を理解できず，子どもをひどく責めたり，他人には知られたくない恥ずかしいことととらえることがある。そういった保護者の気持ちを理解して対応する。

①リストカットの事実を伝える

子どもは，親に話してほしくないという気持ちがある。しかし，程度や状況によっては保護者に事実を伝えることは大切である。子どもがリストカットを保護者に隠しておきたいと思っていることなど，教師は子どもの気持ちを代弁することが必要である。保護者には，落ち着いた語り口で，応急処置をして，病院に向かっているなどの事実を伝える。

②保護者の気持ちに共感する

保護者はどうしてよいかわからず，何かにすがりたい思いであることが多い。そういった気持ちを受容する。

③リストカットの理由を説明する

わかる範囲で，リストカットの理由を説明する。基本的には，「だれにも話せないほど，つらい悩みがあったからだと思います」と話すとよい。リストカットはいけないことだとわかっているが「切らずにいられない思いだった」と理解してもらえるように説明する。

保護者が「どうして？」と質問することがある。言葉を変えたり，時間をおいたりして，繰り返して同じ説明をする。

④対応を指示する

保護者はどうしてよいかわからないことが多いので，「子どもの心に目を向け，子どもが話すまで待ってあげてください」「子どもが話すときは責めずに，うなずき，寄り添い，受容してください」など具体的に指示する。また，子どもに話すときは「心配したよ。でもよかった」と保護者の安心感が子どもに伝わるように表現するよう助言する。困ったときは，学校に連絡をするように伝える。

⚠ 心の傷を治すのは家族の愛である。

(折舘美由紀)

第5章 保護者とのコミュニケーション

▶子どもに関する教師からの報・連・相

保護者
48 問題行動に関する来校の要請

場面例とポイント

校内で子どもの喫煙が発覚した。問題行動が増えており、速やかにインパクトのある対応をしたい。指導の申し渡しのため、保護者を学校へ呼び出したい。

❶緊急に来校を依頼する

「仕事中に失礼します。お忙しいところ恐縮です。残念なことなのですが、A君が校内で喫煙をしました。今後の指導について、ご相談がございますので、来校していただきたいのですが、本日のご都合はいかがでしょうか」

❷緊急呼び出しへの対応に礼を述べる

「突然の呼び出しにもかかわらず、ご来校くださいまして、ありがとうございました」

❸特別指導の主旨を伝える

「突然のことで、お父さんお母さんも驚いたことと思います。私も驚きました。二度と繰り返さないために十分に反省してほしいと思います。早期に解決できるようにご協力をお願いします」

❹具体的な指導を説明する

教師は特別指導についてよく知っているが、保護者は詳しくないので、具体的に注意事項などを説明する必要がある。

考え方

今後の具体的な指導を明確に伝えて、保護者の協力を求める。

基本的な姿勢は、喫煙が及ぼす身体的影響、喫煙に及んだ心情の背景を考えながら、将来のことを考えて早期に行動するのが学校であるという態度を示す。

①緊急に来校を依頼する

特別指導の伝達のため、緊急に保護者に来校をお願いする。日中であるため、仕事場に連絡することなる。保護者の仕事場での立場に配慮して連絡する。

ていねいに話し、事実を伝える。そのうえで、保護者の都合を尋ねる。

②緊急呼び出しへの対応に礼を述べる

急遽、仕事を切り上げて来校してくれた保護者に礼を述べる。わが子のこととはいえ、保護者にも仕事場での立場がある。いろいろな人に頭を下げて、時間をつくってくれたことに礼を述べるのは当然である。

③特別指導の主旨を伝える

特別指導を言い渡された保護者はショックである。保護者自身が責められていると感じられたり、怒りが学校の対応への不満となって表れることもある。保護者の様子に配慮しながら、特別指導の主旨を伝える。

④具体的な指導を説明する

具体的な指導内容を示して説明責任を果たす。保護者への説明には学年長、生徒指導主事、担任など複数であたる。

! ていねいに接し、家庭と学校が同じ歩調で事後指導できるようにする。

（大谷哲弘）

▶子どもに関する教師からの報・連・相

保護者 49 基本的な生活習慣確立への協力要請

場面例とポイント

朝から眠そうにしている。夜更かしして朝ごはんも食べてこないようだ。生活習慣確立のための協力をお願いしたい。

❶学校の様子を伝え，家での様子を聞く

「A君，学校ではがんばっていますが，ときどき朝から眠そうにしていたり，元気がなかったりして心配しています。家ではいかがですか？」

❷予想される問題や行動を伝える

「担任としては，A君の△△の行動が気になっています。具体的には，□□のことがありました。△△のために，友達の中に入っていけないときがあります。それが心配なんです」と具体的な行動や不利になってしまう理由を述べる。

❸対応策を示して激励する

「まず，◇◇のできるところから少しずつやっていきましょう。学校では▽▽をしていきます。お母さんにもできそうなことを考えていただけませんか。少し時間がかかるかもしれませんが，できたことをほめながらA君を助けていきましょう」と，家庭と学校は，子どものサポーターであるというメッセージを伝える。

考え方

問題を抱える子どもの保護者の多くは，自分が責められるのではないかという不安を抱きがちである。したがって，学校が子どもや保護者を非難していると思われないようなコミュニケーションのとり方をする。問題克服のために一緒に考え，家庭と学校は子どものサポーターであることを伝え，保護者の役割を明確にして支持しながら，子どもの行動変容を進めていく。

①学校の様子を伝え，家での様子を聞く

いきなり用件を切り出すのではなく，まずは子どものプラス面を話す。子どもの抱えている問題を数多くあげていくのは，保護者を心理的に追いつめることになり，学校に対する抵抗が生じやすい。担任の心配している気持ちを伝えるようにして，家での様子や苦労を聞きとる。

②予想される問題や行動を伝える

「基本的な生活習慣ができていません」と言われると，子どものすべてを否定された気持ちになるので，修正したい行動を1つに絞る。その行動がどんな不利の状態をつくっているかを述べることで，保護者の納得を得ることもでき，ひいては指導援助の意欲につながる。

③対応策を示して激励する

保護者に学校の考えを伝えて援助をしてもらうためには，学校でやることと家庭でやることを具体的に示すことが必要である。具体的に示すことで，何をすればよいかがわかり，援助が可能となる。援助経過についての情報交換を定期的に行うと，保護者もやる気になれる。

! 子どもにも，保護者にも具体的に援助する。

（渡辺淳子）

5章 保護者とのコミュニケーション

▶子どもに関する教師からの報・連・相

保護者
50 保護者と子どもの進路希望不一致

場面例とポイント

子どもと保護者の進路希望が一致しない。こんなとき、子どもと保護者にどう対応するか。

❶子どもの進路希望の確認と支援

「この進路を選択したのはどんな理由があったのかな」「どうしても進みたい道なら、粘り強く伝えて説得しよう」

❷保護者の希望の確認

「保護者の方の希望どおりにさせた場合のメリットとデメリットをお考えになったことがあるかと思いますが、どんなことを考えたか、お話しいただけませんか」と希望を確認して、その理由も聞き取る。

❸子ども・保護者との三者面談

「進路選択は人生設計の一部です。設計に十分に時間をかけることが大切です。お互いが納得いくまで話し合いを重ねましょう。Aさんは、○○の考えなんだね」「保護者の方は、××と考えていらっしゃるのですね」「その考えについて、Aさんはどう思うのかな？」

考え方

人生の主人公は自分自身であり、進路を決めるのはその人自身である、という人生観や進路観がある。しかし、進路を援助する保護者にもいろいろな思いや事情がある。その折り合いがつかず、子どもと保護者が進路選択で困っている状態である。

したがって、両者の意見をすり合わせることが教師の役割である。そのために

は、教師がどちらか一方の立場に立つことを控えて、仲介役に徹する。そして、簡単に決着がつくことではないので、十分に時間をかける環境を用意することである。

①子どもの進路希望の確認と支援

進路選択は、どのような人生を生きたいのか、職業に何を求めるのかといった課題にかかわっている。教師が子どもに質問をしながら、進路希望の背景を明確にしていく。また、進路選択の情報が不足しているときは、必要な情報を与える必要がある。

自分の考えで進路を決めようとする子どもの姿勢を支援しつつ、保護者の意見も無視せず参考にすることを確認する。

②保護者の希望の確認

保護者の思いや事情を十分に聞く。保護者の希望には、世間体といった見栄や、自分の未完の行為の代理である場合があるので、進路希望の理由を質問して、それに気づかせるようにする。

③子ども・保護者との三者面談

子どもの乏しい表現力を補ったり、親の言葉の後ろ側にある子を思う気持ちを取り上げたりして、子どもと保護者が対等に、ほんとうに言いたいことが言えるように仲介する。

! 話し合いの場づくり。冷静に調停する。

（簗瀬のり子）

保護者

51 学級崩壊の報告・説明

▶子どもに関する教師からの報・連・相

場面例とポイント

ある学級が学級崩壊の状態になり、保護者も不安に感じている。正式に説明をしないといけない状況である。

❶ PTAの役員に説明する

「お子さんからも聞いていると思いますが、学級の状態はよい状態とはいえません。今日は保護者会を開く前に今後の方針について、役員の方々から意見をお聞きしたいと思ってお集まりいただきました」

❷ 学級の保護者を対象に説明会を開く

「学級の状況がよくありません。〇〇といった状況にあります。学校全体で協力して、△△の援助を考えております。今後、保護者の皆さまにもご協力いただくことがあると思います」

考え方

対応を「心身の安全の保障」と「学習権の保障」の2つに絞り、そのために必要最低限の手だてを徹底することが大切である。この方針を教職員全員が共有し学校体制で対応していく姿勢が、保護者とのコミュニケーションを成立させる。

① PTAの役員に説明する

1学級の崩壊だとしても、学校全体にかかわる大きな問題である。担任と学級の保護者とのやりとりだけで済まされるものではない。学校で状況を把握したら、PTAの役員に事情を説明する。

PTA会長をはじめとする役員と学級PTA役員に対して、窓口となる教師が中心になって学級崩壊の状況を説明する。窓口となる教師は生徒指導の担当教師や教頭が考えられる。担任は前面に出ないようにする。PTAからは、保護者が受け止めている状況や精神的な不安について聞き取り、今後の方針について率直に意見をもらう。以下を説明する。

(1)現在の学級生活で問題だと思われている子どもたちの行動面。
(2)子どもたちの心理的影響。
(3)原因として考えられること。
(4)今後の方針。

その後、管理職を中心にして学級の保護者に説明する機会をとる。

② 学級の保護者を対象に説明会を開く

管理職とPTA役員が同席し、状況を説明して協力を仰ぐ。このときも担任は前面に出ないようにする。

適切なアセスメントもできず、対応も揺れていれば、子どもや保護者の不安は募るばかりである。確固たる考えをベースに、次のように方針と対応策を示す。

(1)学級の状態がよくないことの報告。
(2)具体的な対応策（少人数学級にすること、個別学習を増やすことなど）。
(3)子どもたちがパニックを起こしたり授業を妨害したりしたときには、保護者に来てもらい協力を得たいこと。
(4)保護者の不安を解消するための教育相談を開設すること。

> 学校側の努力を感じたときに、保護者も協力してくれる。

（藤村一夫）

▶子どもに関する保護者からの報・連・相

保護者 52 家出の連絡

場面例とポイント

「最近外泊をしたり，夜遊びをしていたので注意をしたら，書き置きをして家出した」と保護者から学校に連絡があった。

❶ 家庭訪問する

「家出の件を生徒指導部に連絡のうえで，いまから家庭訪問させていただきます」

❷ 保護者の気持ちに共感する

「お母さん，ご心配ですよね。どうしたらよいか，一緒に考えていきましょう」

❸ 情報を得る

「いつ家出とわかりましたか」「最近の家庭での様子や外泊や夜遊びを始めた状況，家出直前の様子をお話しくださいますか」「行っていそうなところには連絡をとりましたか」

❹ 親しい友達のところに連絡する

「Aさんが書き置きをして家を出て行った。保護者の方が大変心配している。行きそうなところに心当たりはないですか」「携帯で友達に連絡とってもらいたいんだけど」とお願いしてみる。

考え方

保護者と一緒になってオロオロしていても仕方ない。連絡があったら急いで，家庭訪問をする。保護者の気持ちに共感をしながらも冷静に，対応に結びつく情報を聞き出して整理する。生徒指導部と相談しながら子どもの行き先や居所を確認するように努める。場合によっては警察への捜索願の届出にもつきそう。

① 家庭訪問する

子どもの家出を生徒指導部に報告し，担任と学年主任などの複数で家庭訪問をする。学校が動いてくれることが保護者のいちばんの支えになる。

② 保護者の気持ちに共感する

保護者は不安と心配で動揺している。保護者の気持ちに共感を示しながら，援助することを伝え，支持する。

③ 情報を得る

会話を通して，保護者の気持ちを落ち着かせながら，最近の家庭での様子や外泊や夜遊びを始めた状況，家出直前の様子，その後の経過などについて，情報を得る。あまりにも冷静に聞きすぎるのも冷たい感じを与える。保護者の様子を見ながら共感的な態度で聞き取る。

情報収集のために，子どもの部屋に入って，机の引出しなどを確認してもらうようにお願いする。

④ 親しい友達のところに連絡する

友達のところにお世話になっている場合もあるので，親しい友達のところに連絡を入れる。保護者と学校が本気で探している様子を知らせれば，友達も携帯電話やメールを活用して，本気になって探してくれる。

危険や非行が考えられる場合は警察とも連携を取る。

! SOS を受けたらすぐに家庭訪問。

（川原詳子）

▶子どもに関する保護者からの報・連・相

保護者 53 不登校の相談

場面例とポイント

体調不良から、早退欠席を繰り返した後、不登校になった子どもの保護者が相談に来校した。

❶援助チームで対応

「養護教諭のAです。本校では、子どもへの援助を複数の教師がチームを組んで行っております。いろいろとお話をお聞かせください」

❷見立てと方針を説明する

「B君は、教室で1人のときが多く、行事ではオドオドしている様子が見られます。友達関係に不安を感じていると思います。登校すると不安が強くなる様子ですから、いまは登校を控える時期だと思われます。今後、別室登校から徐々に教室復帰をめざしたいと思います」

❸保護者の働きかけを提案する

「周りが過剰に反応すると、B君が身動きがぎくなくなるかもしれません。エネルギーの補充が必要で、いまは体調が回復するまで見守ってみてはどうかと思うのですが……」

考え方

担任が子どもの体調を考慮し、保護者に不信感を与えないよう配慮した対応をしている場合でも、保護者が受け入れない場合がある。「子どもを登校させるために、どう働きかけたらいいか」と悩む保護者の気持ちに答えながら、保護者が子どもの不登校を受け止める意識の変革を図る援助も必要である。

①援助チームで対応

不登校問題への対応は、担任が1人でかかわるよりも、チームで援助するほうが、変化する状況に素早い対応が可能で、援助の効率もよい。担任など特定の教師の対応に抵抗や不満をもっている場合も、チーム援助の体制ができていると、担任以外でも対応が可能である。

②見立てと方針を説明する

保護者が対応策を求めているときに、「ご心配されているのですね」「早く登校できるようになってほしいとお考えなのですね」といった返答はしない。保護者は、専門家としての教師の見解、今後の指導について聞きたいと思っているのであるから、援助チームの見立てと方針を説明する。例えば、体調不良を強く訴える現状では、登校刺激よりも症状を軽減することが当面の課題であることと、今後は、別室登校から段階を踏んで教室復帰をめざすことを話すなどである。

③保護者の働きかけを提案する

家庭と学校の連携が必要であることを確認し、事例に合わせて、保護者の子どもへの働きかけを具体的に示す。保護者が実際にできることを確認し、場合によってはその場で練習することも必要である。保護者は、実際の働きかけを示されることで「来校してよかった」「学校は頼りになる」といった思いもつ。

⚠️「学校に来てよかった」と思われるように！

(吉田講子)

5章 保護者とのコミュニケーション

▶子どもに関する保護者からの報・連・相

保護者
54 いじめの訴え

場面例とポイント

「A子が仲間はずれにされ、いじめられているらしく元気がない。ひょっとすると、自殺するかも……」と訴えて、来校した。どのように対応したらよいか。

❶保護者の気持ちを受け止める

保護者の申し出に対して、「お母さんも、驚かれたでしょう」と感情的にならないで聞く。

❷詳しく聞く

「とても大切な話をしてくださり、ありがとうございます。問題解決に向けて、もう少し詳しく理解したいので、ご存じのことをお話しいただけませんか」と、いじめの事実について確認する。

❸学校の対応をきちんと説明する

「まず、Aさんと話をしてみます。その後、早急に、管理職の先生と協議して、より具体的な対策を講じたいと思います」「当面、私個人でできることとして、Aさんを中心にして、周りの子どもたちの様子をできるだけ詳しく見るようにします。Aさんに1日に3回は声をかけるようにします」などと伝える。

考え方

教師は初めて聞く問題にショックを受けると思うが、冷静な態度で臨みたい。そのためには「いつ、起こるかわからない」という自覚をもっておくことである。

わが子がいじめられていると訴えてくる保護者は、学校でうまく解決してもらえるかとの不安ももつ。本人と保護者の不安への配慮をしたい。

①保護者の気持ちを受け止める

保護者の不安、怒り、悲しみといった複雑な気持ちを、傾聴に心がけて、しっかりと受け止めることが大切である。教師は「いじめがあるなんて信じられない」という思いをもたず、いじめ問題に真剣に取り組むという姿勢で保護者に向き合うことが必要である。

②詳しく聞く

保護者の感情の高ぶりがおさまり、比較的冷静になったところで、いじめの状況について質問する。保護者の感情と事実をしっかりと分けて聞き取り、整理することが必要である。

一貫して聞く姿勢を示すことが基本であるが、いじめの問題に取り組もうとする気持ちを表し、事実を明らかにしていくためには、質問することが大切である。

③学校の対応をきちんと説明する

次のように具体的な方策を話して、理解を得る。

(1)同学年の教師、生徒指導主事、養護教諭など、チームで連携しての対応
(2)いじめた相手の子どもへの対応
(3)学級全体としての子どもたちの人間関係の実態把握
(4)席替えや係活動替えの実施
(5)保護者との情報連携、行動連携へ

❗感情に共感して、冷静に判断する。

（戸成博宣）

▶子どもに関する保護者からの報・連・相

保護者 55 ほかの子どもの問題行動についての苦情

場面例とポイント

おやつをねだったり，家に来て食べ物をねだったりするクラスメイトのことで，保護者から担任に苦情があった。

❶思いを十分に聞く

相談者の思いを十分に聞き，感情に共感しながら気持ちを受け止める。

❷見方を変える（リフレーミング）

「あの子は問題児だ」と話す保護者に対して，「ご心配くださっているのですね。ありがとうございます」と切り返す。「クレームをつけている保護者」から，「地域の子どもを育てようとしている協力者」と見方を変える。

❸学校で取り組むことを伝える

状況を把握したうえで，子どもへの指導を行うことや，問題行動へ誠意をもって取り組みたい思いを伝える。また，「今後も気になる行為を見かけたときは，学校へご連絡いただけないでしょうか」と依頼する。

考え方

問題に巻き込まれた保護者は，不安や不信感，怒りなどの感情を表に出してくることが多いので，それに惑わされず，相談者の感情をつかむ心構えで聞く。非難発言に反応した防衛・反撃的な対応や，「だれのせいだ」という犯人捜しをしては，相談者とのきずなはつくられない。

①思いを十分に聞く

相談者の思いを聞くためには，ただ漫然と話に耳を傾けているだけでは不十分である。相談者の気持ちによりそって訴えを理解（受容）し，「それはご心配なさいましたね」「お子さんが問題行動に巻き込まれそうで心配な気持ちが伝わってきました」という具合に，そのときの相手の感情・思いを承認（支持）する。すると，次第に荒々しかった語調も弱まってくる。

②見方を変える（リフレーミング）

リフレーミング（「事実」に対する「意味づけ」を変える技法）で肯定的にフィードバックすると，保護者から違った反応を引き起こすことができる。例えば，「問題児」とレッテルをはった発言に対して，「心配してくださっているのですね」と肯定的な見方で返すと，「え，十分に手をかけられていないと思い，かわいそうで…」と新しい見方を示したりする。

③学校で取り組むことを伝える

信頼関係が深まったら，今後学校が指摘のあった子どもへの指導に取り組むことを伝える。

連絡をくれた保護者には，今後も援助的にかかわってもらえるよう，継続した協力関係を結び，また何か気になることがあったら連絡してくれるよう依頼する。

> ⚠ 傾聴，リフレーミングで，協力者に立場を変える。

（大久保牧子）

5章 保護者とのコミュニケーション

▶子どもに関する保護者からの報・連・相

保護者
56 騒がしい級友についての苦情

場面例とポイント

「一部の子どものために，学級が落ち着かず，学習が遅れて困る」という苦情にどう対応したらよいか。

❶感謝と理解のメッセージ

「ご配慮な点を伝えていただき，ありがとうございます。お困りになっているのはごもっともです」と感謝と理解のメッセージを送る。さらに，「もう少し詳しくお話しいただけますか」と，話を聞く用意があることを伝える。

❷具体的な要望を聞く

「どのようにしていったらよいか，具体的なご希望がありますか」と，保護者自らの案について要望を聞く。

❸教師の考えを示す

「学級の子どもは全員，私の子どもだと思っています。みんながうまく勉強が進むようにしたいと思っています」と教師の考えを表明し，「複数で対応するために，教頭先生にサポートに入ってもらうことを検討します。遅れが気になる教科は復習の時間を準備したいと思います」など，具体的に複数の対応策を示す。

考え方

地域の子どもへの愛情，子どもの友達への愛情が薄れ，自分の子どもだけが大切だという保護者も見られるようになってきた。しかし，そのような保護者の気持ちに対しても理解を示さないことには，事態の解決はむずかしくなる。

①感謝と理解のメッセージ

子どもを思う気持ちはどの保護者も同じである。まずはそうした保護者の気持ちを受け止め，話してくれたことへの感謝と，気持ちへの理解を示す。これにより，保護者は「先生は私の話を聞いてくれそうだ」と感じ，安心する。

仮に保護者からの苦情が納得できないものであったとしても，「それは違います」と教師側の正論をぶつけることは控えたい。保護者に味方になってもらうには苦情に対する第一声が大切である。

②具体的な要望を聞く

一方的に教師の立場に対する理解を求めたり，単に平謝りしたりするのではなく，相手も自分も大切にした解決策をめざす。そのために，具体的な希望や要望，対応策を保護者にも聞いて，保護者のメッセージの背後にある「学習環境を整えたい」「学力をつけさせたい」といった欲求や要望を明確にする。

③教師の考えを示す

すべての保護者に「自分の子どもは大事にされている」と気づいてもらえるようにしたい。例えば，学級便りなどの中で，「みんなが大切である」というメッセージを伝えることも効果的である。教師の考えを伝える際のポイントは，保護者の欲求，要望に対応した具体的な策を複数，提示することである。

! 保護者からの苦情は，教師，学級を育てる「薬」である。

（曽山和彦）

▶子どもに関する保護者からの報・連・相

保護者 57 ほかの保護者についての苦情

場面例とポイント

「乱暴をされるから同じ登校班で行かせたくないと，Bさんが子どもを車で送迎して困る」と，Aさんが苦情を言ってきた。

❶訴えをよく聞く

「Aさんが困っているのはわかったのですが，状況がよくわからないので，詳しく話していただけますか」と訴えを聞く姿勢を示す。

❷相手批判に同調せず感情を支持する

「〜でいやな気持ちなのですね」「それはつらいですよね」などと感情を返すようにする。

❸仲介役を務める

「保護者同士の関係がうまくいって，互いに協力できると，子どもたちにもよい影響を与えます」「私が仲介役となりますので，話し合っていただけないでしょうか」

こじれてしまった両者の関係を修復するために，仲介役となる。

考え方

保護者間のいざこざは，なるべく早い段階で解決をめざしたい。早い段階では，受容することが効果的である。

しかし，いざこざが発展して大きなトラブルとなってしまった場合には，受容だけでなく，関係修復のために，教師が仲介者の役割をとることが必要になる。

いずれの場合も，感情は支持するが，相手批判には絶対に同調しないことが大切である。

①訴えをよく聞く

「どんな気持ちで話をしているのか」わかろうとする姿勢で，問題の事柄と，相談者の真意を積極的に聞く。そして，不安や，怒りなど，苦情の背景に隠されている感情や情緒を理解する。

感情に寄り添うように話を聞くと，相談者と信頼関係を築くことができ，心を開きやすくする。

②相手批判に同調せず感情を支持する

保護者の話を聞き，保護者の感情を支持する。感情を支持すると，相手はわかってもらえていると安心し，気持ちが落ち着き，自己洞察ができるようになるからである。そのためには，相談者の事柄の受け取り方を，あたかも自分自身のものであるかのように感じ取ることが大切である。

しかし，相手批判の内容には同調しないようにする。なぜなら，同調することで，「担任の先生も私のほうが正しいと言っていた」という誤解が生まれてしまいがちだからである。教師は，あくまでも中立を保つことが大切である。

③仲介役を務める

状況を打破するために，事実を確認する。両者の仲介を求められた場合，双方の意見を中立の立場で伝える役割をとる。可能なら，教師だけでなく，PTA役員などにも仲介者となってもらうとよい。

⚠ 相談者の訴えに巻き込まれない。

（大久保牧子）

5章 保護者とのコミュニケーション

▶子どもに関する保護者からの報・連・相

保護者 58 保護者同士の人間関係についての相談

場面例とポイント

「同じ学級の保護者に悪口を言われ，PTA役員として一緒に活動していく自信がなくなった。役員をやめたい」という申し出があった。

❶聞く姿勢を示す

「PTA役員をやめたいというお気持ちだということがわかりました。なぜ，そのような気持ちになったのか，もう少し詳しく，理由をお聞かせいただけませんか？」

❷訴えを十分に話してもらう

「悪口を言われて，Aさんはつらかったですね」「そういう気持ちがありながらも，クラスのために活動してくださったのですね」

❸教師ができる援助を保護者に問う

「いま，私が，つらい思いをされているAさんのためにできることはどんなことでしょうか？」

考え方

PTA役員をやめたいという申し出は，教師には重大な問題である。しかし，その言葉よりも，保護者がその発言によって，伝えたい気持ちがあることに注目する。保護者の切実な思いを受け止めるために，気持ちを十分に語らせ，信頼関係を深めながら，問題解決に導いていく。

うまく援助するためには，「よく相談に来てくれました」「Aさんには，PTA活動でとてもお世話になっており，感謝しております」と，出迎えを大切にする。

①聞く姿勢を示す

保護者は，傷ついたこと，不満，憤りなどの気持ちをだれかに訴えたいのである。学級のPTAのことに関するので，教師に訴えているのである。保護者に十分に気持ちを語ってもらうために，詳しい事情を聞く姿勢を示す。

②訴えを十分に話してもらう

はじめは，保護者の感情を受け止めるために，受容的・共感的な態度で接する。「この先生は，わかってくれる」という信頼感が生まれ，本音で思いや心情を語ってくれる。

ただし，教師は，共感しながらも価値判断せず，感情をつかむこと（支持）に徹する姿勢が必要である。

保護者に十分に気持ちを話してもらうことができたら，話題のポイントを整理して，保護者のネガティブな感情だけでなく，意識化できなかった内面に気づくように，繰り返し（言いかえ技法）をしていく。それによって，保護者自身が気持ちを整理していく。感情と事実，思考を客観的にとらえ直すように援助する。

③教師ができる援助を保護者に問う

保護者が教師に望む援助を問い，保護者の要望の中から教師ができる援助をはっきりと示して，共に問題を解決していこうとする気持ちを伝える。

> 感謝と，一緒に考える気持ちを伝えるひとこと。

(中下玲子)

▶子どもに関する保護者からの報・連・相

保護者 59 学習指導についての苦情

場面例とポイント

三者面談の際に「子どもはA先生の説明がまったく理解できないと言っています。成績がふるわないのは教え方に問題があるのではないですか」と苦情を言われた。

❶感謝の気持ちを伝える

「ありがとうございます。お子さんの率直な気持ちや保護者の方の要望がお聞きできました」とお礼の言葉を述べる。

❷具体的に聞く

「担当者と相談したいと思いますので、より具体的にお話しいただけますか」と、謙虚な姿勢で保護者の言い分を聞く。

❸ポイントを絞る

「おうかがいしたことの中で重要なものは、〜の3点だと思いますが、よろしいでしょうか」「この3点について、担当のAに伝え、改善に向けて努力してまいります」

❹今後の連携を確認する

「今後も率直な意見をお聞きしながら改善に努めたいと思います。お気づきのことがありましたら、ご連絡ください」

考え方

保護者からの苦情は、よりよい学校生活にするための改善のポイントと理解して対処する。学校や教師の非を認めることが目的なのではない。

完璧な授業というものはない。常に改善していくことが、よりよい授業をするための必要条件である。授業に対する苦情があった場合、謙虚に耳を傾けて、授業の改善に取り組みたい。

①感謝の気持ちを伝える

苦情が述べられると、対決の枠組みでの話し合いになってしまいがちである。しかし、教師がお礼を述べることで、問題解決に向けた話し合いに枠組みを変える（リフレーム）ことができる。効果的に行うには、言葉に加えて非言語でも感謝する気持ちを表現する。

②具体的に聞く

授業を見直すには、保護者から十分に情報を得ることが必要である。情報には保護者の主観が入っていることがあり、「考え方はいろいろありまして」などと反論したくなるが、それをこらえて、十分に話してもらう。防衛的になると、問題解決に向けた話し合いにならなくなるので、注意する。

③ポイントを絞る

たくさんの申し出があっても、すべて対応するのはむずかしい。重要なものを3つ程度に絞って確認する。そのうえで、担当者に伝えて、改善のための努力をすることを約束する。

④今後の連携を確認する

問題の解決をよりよく行うためにも、保護者の率直な意見は大切にしたい。また、保護者はその後の学校の対応に注目しているものである。連携を維持する中で、建設的な意見が聞けることも多い。

❗苦情を問題解決にリフレームする。

5章 保護者とのコミュニケーション

（苅間澤勇人）

▶子どもに関する保護者からの報・連・相

保護者
60 通信簿についての苦情

場面例とポイント

子どもの通信簿の成績について納得いかないと，学級担任に対して保護者から電話があった。

❶ **どのように納得できないのかを聞く**

「どの教科の評価が，どのように納得できないのかを，お聞かせいただけますか」と尋ねて話をしてもらう。どこに訴えがあるのか，背景にある保護者の気持ちをつかみながら聞く。不公平感や不満が強いときは，気持ちを十分に語ってもらう。電話での対応がむずかしい場合は，後日面談することを約束する。

❷ **説明責任を果たす**

評価方法について，資料を提示しつつ「この目標に対して○○なので評価は△△となります。ご不明な点があれば，ご質問ください」と説明する。

❸ **評価観を伝えて，理解を求める**

「評価は人格を価値づけるものでもなければ，もちろん普遍的なものでもなく，ある時点の通過点であると考えています。評価に基づいて私の授業技術や子どもの学習習慣の改善を図っていきたいのです」

考え方

保護者にはさまざまな思いがあり，成績についての苦情や抗議は，子どもへの愛情が深い証拠と肯定的に理解して対応するとよい。

いまは納得してもらえなくても，いずれ理解してもらえると考える。教師が攻撃的になったり，逆に非主張的になったりしないように心がける。

① どのように納得できないのかを聞く

誠意ある態度で，どこが，どのように納得いかないのかを聞き出して，問題を明確化する。

② 説明責任を果たす

通信簿が保護者向けにつくられる性質上，説明責任は必要不可欠なものといえる。特に，新しく加わった絶対評価の観点は，わかりやすく説明できるようにしておく。説明にあたっては，毅然と伝えることが大事であり，ここで迷うと保護者の信頼が揺らぐことになる。

保護者が来校する際は，資料を十分に準備する。得点一覧表や授業の感想や作品，日ごろのノートなど，評価に使ったさまざまな形態の物を，材料として管理しておく必要がある。また，最終的な評価にいたる以前の形成的な評価をどのようにしてきたかという面も，きちんと伝えられるようにしておく必要がある。

③ 評価観を伝えて，理解を求める

評価はけっして普遍的なものではなく，これからの指導にどう生かしていけるかが大切であるといった基本的な考え方を理解してもらったうえで，これまでの子どもの成長を認めたり，今後の指導に目を向けたりできるようにする。

> ❗ 教師の評価観を自信をもって，しっかり伝える。

（山本一美）

▶子どもに関する保護者からの報・連・相

保護者 61 学級経営についての苦情

場面例とポイント

「子どもが安心して学校に行けないと言っている。学級崩壊ではないか。担任をかえてほしい」という苦情があった。

❶不安を受け止める

学級崩壊というにはほど遠いと思われても，1人の保護者が不安に思っているのは事実である。「ご心配してくださっていたのですね。貴重な情報をありがとうございました。すぐに状況を把握し，対応いたします」と答える。

❷状況を見きわめる

学校が把握していた以上に状況が悪く，保護者の訴えのように学級が崩れていたとすれば，学級の保護者に対して説明する機会をとる（305ページ参照）。

❸保護者に報告する

教頭が状況について保護者に報告する。一過性のトラブルであり，問題がそれほど深刻化していないと判断した場合は，訴えた保護者と十分に面談をする。

考え方

傾聴を基本とし，子どもが不安に感じていることや保護者の願いをひとつひとつ否定することなく受け止める。保護者と共に問題点と解決の糸口を見つけるような気持ちで話を聞くようにする。その過程で訴えはいつの間にか解消していることが多い。

①不安を受け止める

教師が気づかなかった情報を与えてくれたという謙虚な姿勢で話を聞き，保護者の願いを読み取ることが大切である。「担任をかえてほしい」という内容は尋常ではないので，窓口を一本化し，教頭や生徒指導担当の教諭が行うようにする。窓口は担任以外の教師が行うことが基本であるが，担任と保護者との話し合いも必ず設け，お互いに理解し合うことをめざしたい。

②状況を見きわめる

教師の指示も指導も入らず，罵声と暴力がはびこる状態であるのに，何も手を打っていないのであれば，これは大きな責任問題であり弁解の余地はない。論外である。しかし，学級生活がとりあえず正常になされており，学校側が学級崩壊としてとらえていなくても，わずかなトラブルが起きたために，保護者が「学級崩壊である」と過剰に反応する場合もある。またごく少数とはいえ，子どもがつらい思いをしているのに，担任が気づかない場合も考えられる。

③保護者に報告する

状況を把握したら，保護者との窓口を担当している教師（教頭など）が，現在の様子と今後の対応について，情報を提供してくれた保護者に対して説明する。

特に，学級の状態が一過性のトラブルであり，深刻な状況ではなかった場合，保護者にきちんと理解してもらえるよう，十分に面談をする。

❗ とにかく，素直に受け止め傾聴する。

（藤村一夫）

第5章 保護者とのコミュニケーション

▶子どもに関する保護者からの報・連・相

保護者 62 部活動についての苦情

場面例とポイント

「子どもが部活動で活躍する場面がなくやめたいと言っている。指導に問題があるのではないか」と保護者が興奮気味に訴えてきた場合、どうしたらよいか。

❶保護者の話を聞く

保護者の話のつじつまが合っていなくても、そこに言及せず、ともかく保護者が落ち着くまで話をしてもらう。十分に話してもらうために、「なるほどAさんはそのような不満をもっているのですね」と理解を示すようにする。

❷内容の確認をする

自分が冷静であることを確認して、「先ほど○○とおっしゃいましたが、それは△△ということですか」と質問して、事実を確認していく。「それはおかしいですね」などの批判的なメッセージを用いないように心がける。

❸教師の考えを述べ理解と協力を求める

「Aさんはこのような部分でがんばっているので、期待しているところなのです」「このようにして育てたいと考えています」と指導方針を述べて理解を得る。

考え方

自分の子どもは活躍できる力をもっていると信じ切って詳しい事情を知らないままに不満を教師に訴えてくることがある。またその部活動の経験者である場合、指導方針の細かなところまで意見されると、指導者として興奮して応対してしまいがちである。しかし、このような場面では興奮する気持ちを抑えて、部活動に対する保護者の理解と協力が得られるよう冷静に対処する。

①保護者の話を聞く

話の「内容」にはこだわらないで、うっ積している不満をすべて話してもらうようにする。教師は指導を批判されていると感じてつらいが、保護者に落ち着いてもらうためにがまんする。

保護者と教師、両者の「言い分」は違っても、子どもを思う「気持ち」は同じであるという認識をもつとよい。

②内容の確認をする

冷静に事実を確認する作業を行う。その際、言葉遣いをていねいにして質問する。保護者に思考が必要な質問をすると、自分の主張の矛盾点に気づき、それ以上教師を非難しなくなることがある。

逆に、「そのようなことはいっさいありません」「あなたは間違っている」と相手を非難してしまうと、そこから話がこじれてトラブルを招く原因になるので注意する。

③教師の考えを述べ理解と協力を求める

両者が冷静になってから、子どものよい点を認め、教師の指導の考えを述べる。理解が得られるようであれば、「今後とも運営に協力をお願いします」とお願いする。

> ❗ 感情の高ぶりを静め、思考を用いて対応する。

（島田勝美）

▶子どもに関する保護者からの報・連・相

保護者
63 部活動の親の会からの要請

場面例とポイント

部活動の保護者会の会長が，活動時間を延長することや休日の練習試合を増やすように求めてきた。どう対応するか。

❶謝意を表し，言い分を聞く

「いつもご協力いただき，ありがとうございます。練習時間の確保や練習試合の計画についてお考えがあるのですね。具体的にはどのように進めることがよいとお考えですか？」

❷学校での取り決めのことや指導方針を説明する

「学校では学業とのバランスや子どもたちの疲労などを考慮して，部活動には○○の制限を設けています」「顧問としては，短時間の中で集中した練習をさせることを大切に考えています」

❸改善案を提案する

「練習時間をこれ以上増やすわけにはいきませんが，休日などにご協力いただければ，練習の質を高め同じ時間内で子どもたちの力を高めることができる部分があります」「練習試合は△回程度を行いたいと考えています。保護者の方々のご協力で移動手段が確保できれば助かります。日程を早めにお知らせすることにします」「学校での指導方針ともかかわりますので，検討したいと思います」

考え方

子どもによい経験をさせて育ててもらいたいとの思いからの要請である。保護者の願いをくみながら，具体的な活動に生かすためのすりあわせを行う。これまでの活動への不満も含まれていることもあるが，日ごろの協力に謝意を表して，ていねいに考えや思いを聞き取る。

①謝意を表し，言い分を聞く

はじめに，ふだんの協力に謝意を述べる。その後，どのような考えで，どのくらいの時間・期間，どのような方法で活動を改善してほしいと考えているかや，その背景にある願いを聞き取る。保護者会の中での一致した意見か，一部の強い意見であるのかも，さりげなく確認しておく。

②学校での取り決めのことや指導方針を説明する

「練習時間（練習試合）を多くとれば，強いチームになる」という考え方が背景にある場合もある。「練習試合の疲れからか授業中に居眠りをする子どももいる」など，子どもの実態を話しながら，学校で制限を設けている理由や顧問の指導方針などを伝え，子どもたちを伸ばすために必要な活動について話し合う。

③改善案を提案する

話し合いの結果から，改善につながる部分を具体的に示す。その際，学校での対応の限界を超えることや学校長の判断，職員会議等での検討を要する場合については，その場での安易な回答を避け，誠実に対応する姿勢を示す。

> ❗ 子どもたちの成長を願う共通の立場で。

（佐藤謙二）

5章 保護者とのコミュニケーション

▶子どもに関する保護者からの報・連・相

保護者 64 帰宅時間についての苦情

場面例とポイント

子どもの帰宅時間が遅いが学校で一体何をさせているのか、と保護者から苦情の電話が入った。どのように対応するか。

❶保護者の言い分を誠実に受け止める

「ご心配をおかけして大変申し訳ありませんでした」と子どもの帰宅が遅くなったことで心配をかけたことを謝り、怒りや苦情を十分に聞き、受け止める。

❷状況説明

「学校祭が近づき、準備のために遅くなりました。A君はいま教室で作業をしていると思いますので確認して、こちらからお電話いたします」

❸今後の対応を相談する

「これからは、遅くなる場合には事前に連絡を入れ、ご心配をおかけすることがないように気をつけます。今後も何かご意見やご要望などありましたら、いつでもまたご連絡ください」

「暗くなってきましたので帰宅方法をご相談したいのですが、どのようにしたらよろしいでしょうか」

考え方

保護者の立場にたち、帰宅時間が遅くなった子どもを心配する気持ちを十分に理解し、大切にする。また、ていねいな言葉遣いに心がける。

①保護者の言い分を誠実に受け止める

帰宅が遅くなった子どもを心配する親の気持ちはもっともである。心配のあまり怒りとなって表れた気持ちを受け止め、落ち着くまで十分に話を聞く。たとえ誤解があっても、心配をかけたということについてはきちんと謝罪する必要がある。

②状況説明

相手の気持ちを十分に受け止めたうえで、遅くなった理由を説明して、子どもの所在を確認して伝える。心配で連絡をしてきた保護者に、安全の確認をして報告するのは当然のことである。

遅い時間の帰宅は危険も伴うので、帰宅方法について親の意向に添えるように一緒に考える。

③今後の対応を相談する

あらかじめ遅くなることがわかっているときは、事前にその旨を子どもの口から伝えさせ、帰宅時間や帰宅方法について確認してくるように話す。学級や学校全体での活動のために遅くなるような場合は、通信などで保護者に連絡し、理解を得る。急な用事で遅くなる場合は、そのつど連絡を入れる。また、電話をもらったことで新たな気づきが得られたことに感謝し、今後の保護者とのよい関係づくりにつなげられるように、ひとこと添える。

また、担任や直接の担当者ではない者が電話をとった場合も、「私ではわかりかねます」とは言わずに、同様にていねいな対応をし、子どもの所在の確認、担当教諭への連絡などを速やかに行う。

! 苦情は関係づくりの第一歩。

（島田牧子）

▶子どもに関する保護者からの報・連・相

保護者 65 校則についての苦情

場面例とポイント

校則をもっと厳しくしてほしいと保護者から苦情が寄せられた。どう対応したらよいか。

❶保護者の話に耳を傾ける

途中で口をはさまず，保護者の話を最後まで聞く。あいづちをうったりうなずいたりしながら，保護者の言いたいことを理解しようとする。

❷質問をして問題を明確にする

保護者の気持ちに寄り添いながら，問題をはっきりさせていく。「それは，お困りですね」「今後，どうなればいいとお考えですか」など。

❸アイメッセージで考えを伝える

保護者の努力を認め，ねぎらう。「よくやっていると思いますよ」「何ができるか，一緒に考えていきましょう」保護者とリレーションができたら，校則変更の効果や手続きについても率直に伝える。

考え方

保護者の感情が落ち着くまで，共感的態度で傾聴する。校則に対する苦情の背後にある感情や問題に目を向ける。保護者を受容しながら，問題を明確にしていく。面談では，校則の是非についてはふれずに，保護者の抱える問題に焦点化していくことがポイントである。

①保護者の話に耳を傾ける

保護者と話をするときは，電話より直接会って話をしたほうがよい。苦情への対応において，非言語によるメッセージは，とても重要である。

保護者を部屋に招き入れて，いすをすすめる。来校したことへの感謝の気持ちを伝え，保護者の話をひたすら聞く。このとき，うなずいたり言葉を繰り返したり，反応を返すことが大切である。

②質問をして問題を明確にする

保護者の話が途切れたところで，こちらから質問する。「どこが問題か」「どうなってほしいか」などの質問を通して問題を明確にしていく。保護者は，校則を厳しくすることで何かの問題が解決できると考えている。しかし，ルールに関することは，個人の価値観による部分が多い。したがって校則を厳しくするだけで子どもの行動が変わるわけではない。校則を厳しくすればよいと考えているのは，保護者自身の問題であることに気づかせたい。

③アイメッセージで考えを伝える

校則の是非にはふれず，現状（保護者の困っている状況）を変えるために保護者と一緒にできることを考えていくというスタンスを堅持する。このとき，「私は～と思う」「～したらどうだろう」というような言い方をして，相手の考えや気持ちを十分尊重する。

保護者とのリレーションができたら，校則の変更は時間がかかること，根本的な解決にはならないことも伝えたい。

⚠ 価値感に関する問題は時間をかけて。

（佐藤克彦）

▶子どもに関する保護者からの報・連・相

保護者
66 修学旅行についての苦情

場面例とポイント

保護者から，修学旅行の見学地の選定や実施時期，決め方についての苦情が寄せられた。どのように対応するか。

❶事前の説明

「修学旅行の実施にあたり，資料に示しました手順で準備を進めてまいります」
「なお，昨年度までの3年間の修学旅行に関する資料もごらんいただきたいと存じます」

❷準備の状況を説明する

修学旅行をつくっていく過程を，子どもの「修学旅行だより」で詳細に家庭に知らせる。

考え方

修学旅行の実施方法は時代により変遷があるが，「開かれた学校」の流れの中で，場所の選定や，時期についても注文が寄せられるようになっている。

①事前の説明

費用や業者選定の方法とあわせて，十分に事前の説明をする必要がある。また，服装，持ち物，小遣い，自由行動の範囲などについて，前年度までの流れを配慮しながら決定しないと，特に兄姉をもっている子どもの保護者からは，学校としての統一性のなさに対する不審が寄せられる。

首都圏方面，関西方面，東北方面など，学校として例年旅行先をほぼ決めている学校が，ある学年の教師たちの考えだけで突然旅行先を変えたようなときに，保護者は不満をもち，苦情が出てくる。早い時期に保護者の意向を確認する調査を実施し，それも考慮に入れながら決定しなければならない。

決定理由も，宿泊的行事の目的および学校全体の教育計画にそって，納得のいくような説明をする必要がある。

また，実施時期についても，ほかの行事との関係で春になったり秋になったりした場合，また定期テストとの間隔が短かったりした場合も苦情が出る。受験勉強への備えを意識した苦情なので，かなり強硬なことがある。この場合苦情が出ることを見越して，子どもへの指導計画を立てていることを，4月当初の保護者会で説明し，少しでも保護者の不安を軽減することである。

②準備の状況を説明する

子どもの修学旅行実行委員会で，自主的・自治的に決定させて，それを保護者にも伝えることが大切である。その際，なぜ，子どもたちに修学旅行のルール（持ち物，小遣いの金額など）を討議させるのかという説明を十分する。

また，同時に，学校としてのこれまでの流れを踏襲して，余分な混乱が生じないようにバランスをとることが必要である。

⚠ プロセスの報告を逐次行う。

（藤川章）

▶子どもに関する保護者からの報・連・相

保護者 67 **学校の事件対応についての苦情**

場面例とポイント

インターネットの掲示板に殺人予告がのった。これに対する学校の対応について保護者から不満の声が上がった。

❶保護者の苦情から逃げない

「予告を知ったのが子どもの下校後であったため、早急に対応する必要があると判断して、警察に連絡し教師が地域に出て街頭指導した。また、念のために、翌朝も街頭指導を行った」と学校のとった対応を具体的に報告し、「いたずらに不安をかき立てたくなかったので家庭には知らせなかった」と判断理由を述べる。

❷保護者の要求に理解を示す

「生命にかかわることであり、連絡がほしかったという保護者の皆様のご要望は理解しました」と保護者の要求に理解を示す。

❸いたらなかった点は認める

「保護者の皆様のご要望まで、考えが及ばなかった」ことをきちんと述べる。

考え方

学校側と保護者の間でトラブルや対立が起きることは、子どものためにならない。事態を早急におさめて、子どもたちの安全対策の再検討を行うようにする。

①保護者の苦情から逃げない

とかく詰問されると苦情を排除しようとする気持ちが働き、すぐにおわびの言葉を述べたくなるが、その時点での判断によってとった行動であるならば、その判断をきちんと示すことが大切である。

その機会をつくるために、子どもの安全を思い心配する保護者の心情を受け止める。苦情に対して、時間をかけて、じっくり聞くことである。

これらの苦情は強く表現されるので、攻撃されていると受け止め、排除したくなる気持ちが強くなる。しかし、それほど心配しているのだと保護者の思いを受けけ止める。「苦情を排除しようとして聞いているのではない」と自らに問い返しながら、話を聞きたい。そのことが、子どもの安全確保については学校も同じように感じているというメッセージを伝えることになる。

②保護者の要求に理解を示す

学校の判断理由がどうであれ、苦情があるということは、保護者の要求とは見解の相違があるということである。それを認め、保護者の要求に理解を示す。

③いたらなかった点は認める

なぜ保護者に知らせなかったかの理由を伝えないことには、理解が得られない。そこで最小限の釈明をしてから、いたらなかった点は認める。

そのうえで、今後、このような事態が起こったときにどのような対応策をとったらよいか、保護者と再検討を行う。

> ❗ 苦情を排除する気持ちがないか、自らに問いかけ、動く。

（森沢勇）

▶子どもに関する保護者からの報・連・相

保護者 68 他校の教育活動と比較しての苦情

場面例とポイント

兄弟や近所の子どもの通っている学校と比べて，教育活動が停滞していると不満を言ってきた。どのように対応するか。

❶具体的に話してもらう
「今後の教育活動をより充実させていきたいと考えておりますので，詳しくお話をお聞かせいただきたいと思います」

❷相手の感情と事実を整理する
「Aさんは，□□のことで，○○と心配されているのですね」「Bさんは◇◇について△△と考えておられるのですね」

❸学校の現状をていねいに説明する
「本校では□□については，××という形で進めたいと考えています」

❹子どもの感情・考えを尋ねる
「お子さんは，□□についてはどのように話していますか」

❺検討を約束して理解と協力を求める
「Aさんのご意見はわかりました。どのような改善が可能か検討したいと思いますので，ご理解をお願いします。今後ともご協力をお願いいたします」

考え方

苦情に対して，はじめから防御の姿勢に立って言い訳や責任回避をすると，保護者との対立の構図となる。学校も必要ならば改善して，よりよい学校をめざしていることを示すことが必要である。建設的な話し合いにするためには，関係者が感情的にならず，互いに落ち着いている状況が望ましい。

①具体的に話してもらう
保護者からの苦情は，どのような場合も批判せず聞く姿勢を見せ，直接話す機会を用意する。具体的に話してもらえるようにお願いする。

②相手の感情と事実を整理する
教師は保護者の話を繰り返しながら，感情と事実を整理しながら聞くようにする。話しやすい状況をつくり，思いのたけをすべて出してもらう機会にする。

③学校の現状をていねいに説明する
学校の教育活動を支える地道な取り組みや考え方が見えないことが，不満につながっていることもあるため，十分に話してもらったうえで，学校の現状や学校で行っている取り組み・教育活動の方針について話す。

④子どもの感情・考えを尋ねる
学校の利用者は子どもであり，学校の生活の主役も子ども本人である。子ども本人がどのように話しているかといったことも聞くようにする。

⑤検討を約束して理解と協力を求める
問題点が明確になったら，改善策を検討することを伝える。改善を約束するのではなく，改善策を検討することを約束するのである。個人の判断で明言できない領域もあるだろうし，そう簡単に改善が可能とはかぎらないからである。

> 見えにくい地道な取り組みや考え方を伝えながら。

（松田孝志）

▶子どもに関する保護者からの報・連・相

保護者 69 クラスがえについての要望

場面例とポイント

保護者が「来年度の学級は，A君と一緒にしないでください」と興奮して訴えてきた。

❶保護者の訴えを十分に聞く

「保護者の方のご要望はわかりました。まず，どうして一緒にさせたくないとお考えなのか，詳しく話していただけますか」

❷問題は何かを一緒に整理する

「一緒にさせたくない理由は，○○ということですね」「◇◇を改善してほしいということですね」

❸問題解決への協力を求める

「解決しなければならない問題について教えていただきありがとうございました。学級担任として，△△に取り組みます」

「お考えは十分にわかりました。来年度の学級編成の際に考慮したいと思いますが，全体のこともありますので，学校にお任せいただきたいと思います」

考え方

保護者が感情的になったまま，直接学級担任との面会を求めてきた場合には，緊急の対応が迫られる。学級担任だけでなく，学年主任などの責任ある立場の教師が同席するなど，複数で対応をするのが望ましい。

①保護者の訴えを十分に聞く

このような保護者は，わかってもらいたいという思いをもっていることが多い。このような場合は，結論を急がず，どうして，保護者がそのように考えているかを語らせることである。

保護者の訴えについて，まずは反論や意見を入れずに聞き，うっ積している感情を全部吐き出させるようにする。

②問題は何かを一緒に整理する

保護者の気持ちが落ち着いたところで，困っていること，改善してほしいことなどの問題を明らかにする。

多くの場合，保護者は子どもの言動を通して，学級担任や学校の友達について理解しており，そのために誤解が生じていることがある。「一緒にしたくない」と言われている子どもについて，学級担任からの見解も述べながら，問題点を客観的に整理する。

問題点を明確にすることで，クラスがえに配慮するという方法以外の解決方法が見つかることがある。

③問題解決への協力を求める

具体的な目標をあげて，問題解決に向けて努力する意志を伝え，理解と協力を求める。学級担任だけで解決できないことや即答できない課題があるときは，検討のための猶予をもらう。

また，保護者に問題解決に向けた取り組みなどを説明する。そうすることで学校側の努力に理解を求めるのである。

保護者の意見を理解したことを述べ，学級編成については学校に任せてもらえるように伝える。

!　保護者と一緒に問題点を整理する。

（根田真江）

5章　保護者とのコミュニケーション

▶子どもに関する保護者からの報・連・相

保護者
70 管理職に向けられた教師に対する苦情

場面例とポイント

「帰宅時間が遅いのは，部活動の運営にまずいところがあるのではないか」と，保護者から校長へ苦情の電話があった。

❶感謝の気持ちを示す

「貴重な情報をお知らせいただき，ありがとうございました。ご心配をおかけしました」

❷速やかな対応を心がける

「指摘された内容について，ただちに事実確認し，早期に対応策を検討します。対応策につきましては，後日，教頭あるいは部顧問からご連絡いたします」

❸引き続きの協力を要請する

「今後も本校の教育活動にご協力をお願い致します」

考え方

ピンチはチャンスととらえ，学校の信頼度を増す機会とする。

①感謝の気持ちを示す

苦情は「学校へのエール」あるいは「学校への期待・興味・関心の表れ」といった気持ちで受け取り，情報提供に感謝の気持ちを示す。

保護者の話に言い訳や反論をしたり，納得のいかない内容に対して論破しようとしたりしないで，耳を傾け，ていねいに対応する。

②速やかな対応を心がける

保護者には早期に対応することを伝え，ここでは対応策の内容を述べない。

対応策を導くために，管理職は部顧問から話を聞いて，部活動運営の問題なのか，個別の問題なのかを把握する。その問題に応じて対応策を立てる。

対応策は，保護者の不安が不満に変わる前に（遅くとも3日以内）に連絡する。早急に対応できない場合も，必ず連絡を入れて途中経過を伝え，最大限努力していることに理解を求める。

保護者には，基本的に校長や教頭が窓口になって最後まで対応に当たる。違う人が処理に当たると，軽んじられたと受け止められる場合があるからである。

③引き続きの協力を要請する

充実した学校づくりには保護者の協力が必要である。引き続きの情報提供（協力）を要請し，協力関係を維持する。

苦情の原因の多くに，学校の指導がよく見えないことがあげられる。部活動の取り組みに熱心さが増し，強化を意識すると，保護者にも種々の負担がかかる。

保護者はもう一人の部員である。年度始めから機会をとらえ，運営方針を明らかにし，協力体制をつくるように，管理職から部顧問に働きかけることも必要である。

また，担任教師に関する苦情があったときも，同様に対応する。

! 信頼のトライアングル（子ども・保護者・学校）の構築。

（安藤俊昭）

▶子どもに関する保護者からの報・連・相

保護者 71 ほかの教師に対する苦情

場面例とポイント

「A先生の授業は，子どもが騒いだり，立ち歩いたりして，授業が成立していないときがある。しっかり指導できていないのでは」と言われた。

❶誠実に回答する

「そういうことがあると，お子さんが話していたんですか。授業中のことですから心配になりますよね」「A先生の授業時間に限らず，子どもが騒いでいるときは，われわれも授業の手伝いをしています」

❷質問をして事実を確認する

「お子さんがどんな気持ちなのかということが大切だと思います。どんなことを話されているか，具体的に教えていただけますか」「保護者の方のもっている情報を教えていただけませんか」

❸今後の対応を説明する

「いま，お話しいただきました，お子さんの話に基づいて，関係者と相談して対応していきたいと思います。貴重なお話を，ありがとうございました」

考え方

保護者が教師を批判するのは，子どもの学習環境が脅かされているのではないかという不安がある場合や，教師に対して不信感をもっている場合，あるいは学校に対する不満を，ある教師を引き合いにすることで表している場合がある。

教師批判への弁解や弁護は，保護者が意見を否定されたという感情をもつので，不信感が強まってしまう。保護者の話を十分に聞き，不安や不信感，不満を取り除き，子どもを安心して任せるという信頼関係を築くことが必要である。

①誠実に回答する

批判的な言動に対して，防御的な態度で接すると，「仲間をかばって問題を隠そうとしている」「話を聞こうとしない」といった誤解が生まれるので，誠実な態度を示すようにする。

保護者からの質問には，「そのような事実を知っているか」「どう思っているのか」という意味が含まれている。これには，状況に合わせて慎重に対応するべきであるが，基本は誠実に答えることである。

②質問をして事実を確認する

保護者に「教えていただけませんか」と質問をして，事実を確認する。保護者は，知っていることを語りながら，不満も話すことがあり，それですっきりして解決してしまうこともある。

③今後の対応を説明する

保護者との話し合いの場で信頼関係を十分に結び，「お話しいただいたことを今後の対応に生かします」という姿勢を示す。「今後，何かありましたら，再度，私に連絡いただけますようにお願いします」と話して，ほかの場で苦情が言われないようにする。

> ⚠ 下手な弁解や弁護は誤解のもとである。

(中下玲子)

5章　保護者とのコミュニケーション

▶保護者の状況別コミュニケーション

保護者
72 年上・年下の保護者

場面例とポイント

　年上の保護者に子ども扱いされ、信頼してもらえないため苦情が多い。年下の保護者が恐縮してうちとけた話ができない。

❶年上の保護者に対して

　「若い先生には任せられない」という態度の保護者に対しては、「たしかにご心配をおかけしているところがあると思います」と一度相手の思いを受け入れたうえで、教師として自分の考えや対応などを具体的に伝えるようにする。

❷年下の保護者に対して

　保護者が、自分の親ほどの年齢である教師に近寄りがたい印象を抱くことがある。子どもや学校のこと以外でもよいので、話がしやすい共通点を見つける。趣味やテレビのことなど何でもかまわない。子どもがいる教師なら、子育ての苦労話や、失敗談を話すのもよい。
　若い保護者の子育ての大変さを受容し、がんばっていることを認める。

考え方

　必要以上に心理的距離が生じるのは年の差に対する偏った先入観があることが考えられる。それを取り除くことが大切になる。年上の保護者でも、年下の保護者でも、人と人として誠意ある姿勢で礼儀正しく対応することが基本である。言葉遣いや態度、表情などにも配慮し、保護者からの信頼を得たい。

①年上の保護者に対して
　自分に対する保護者の不安や不信感を謙虚に受け止め、そのうえで明確に自分の思いや対応を伝えるようにすることが大切である。また、日ごろの様子や苦情に対応した後の学級の様子などもこまめに伝えていく。
　「はいはい」と話を受け入れるだけでは頼りなさを感じられてしまうし、保護者の不安をそのままにして、一方的に自分のやり方を通したり、話をしたりするだけでは、かえって不信感を強めてしまう。
　人生の先輩であることを忘れず、「気になることがありましたらいつでもご連絡ください」「いたらない点もあるかと思いますが、どうぞよろしくお願いします」と礼儀正しく対応する。

②年下の保護者に対して
　話しやすい先生だ、と思ってもらえるようになれば、その後の話し合いはスムーズになる。そのためには、どんなことでもいいので共通点を見つけて話をし、相互理解を深めることがポイントである。
　そのうえで、一緒にがんばっていこうと伝えたり、子育ての大変さを受容したりするようにする。考え方や指導法を押しつけるのではなく、「子どものために一緒にがんばりましょう」という姿勢を伝える。

> ❗ 保護者は子育ての専門家であるという意識をもち謙虚に接すること。

（中居千佳）

▶保護者の状況別コミュニケーション

保護者 73 いつも連絡がとれない保護者

場面例とポイント

家庭にも協力を求めたくて電話をするが，仕事で留守のことが多く，いつも連絡がつかない。どのように連絡するか。

❶連絡帳でコミュニケーション

定期的に連絡帳を通して連絡する習慣を確立する。連絡した内容のほかに，子どもの様子を伝えると保護者も連絡帳を見るようになる。また子どもの目にふれることに考慮して，よい点やがんばっている点を中心に伝える。

また，保護者から連絡や訴えがあったときには，それをきっかけにして，継続的なやりとりを行うようにする。誠意をもって返事を書き，「～していただけるとありがたいのですが」と具体的に伝え，協力を求めていく。

❷忙しさや大変さを受容する

「いつも，Aさんから，お母さんは夜遅くまで働いていると聞いています。お仕事と子育ての両立は大変なことだと思います」などと，忙しい中でも子育てをがんばっていることを支持する。

考え方

いくら仕事で忙しいといっても，まったく時間がない人はいない。しかし，それでも連絡がとれないというのは，子育てに対して放任か，学校や担任への不信が考えられる。この先生となら話をしてみたいと思われるような関係をつくることが大切である。

①連絡帳でコミュニケーション

連絡帳は保護者が自分の都合に合わせて開くことができ，内容が保存されるコミュニケーションツールである。子どもの悪い面ばかり伝えられたり，一方的に要望を伝えられたりすると思うと，学校と連絡をとろうという気にならないのは当然である。連絡帳を通して，子どものがんばっている様子をまめに伝え，学校や担任に対して肯定的な意識をもってもらうようにする。

子どものマイナスな面については「～ができるようになるともっといいと思います」というプラスの方向をもった表現にする。

1行連絡や休日をはさんだやりとりなど，時間や手間をかけずにできる方法を提案することも効果的である。

②忙しさや大変さを受容する

仕事などで連絡がとれないことを責めず，まずがんばっていることを受容する。連絡がとれない保護者は，子どものために一生懸命に働き，仕事の合間の少ない時間の中で子育てをがんばっている場合も少なくない。それをまず認めて支持することで，リレーションをつくりたい。

連絡帳でのコミュニケーションが進んだら，「学校にお電話ください」とコメントを添えたり，「緊急の場合の連絡はどうしたらよいでしょう」と手段を確立したりする。

> 連絡帳のもち味をいかし，習慣にする。

（中居千佳）

5章 保護者とのコミュニケーション

▶保護者の状況別コミュニケーション

保護者 74 うまくかかわりがもてない保護者

場面例とポイント

学校を避ける，教師が嫌い，決断力がないなど，うまくかかわりがもてない保護者に対して，どう接すればよいか。

❶やさしい感情をもつ

子どもにとって保護者は最も身近な存在である。その気持ちを踏まえて接する。また，保護者の振る舞いには，さまざまな背景があることを忘れないようにする。

❷連絡帳や手紙，学級通信などの活用

学級通信を配った日に「学級通信をA君に持たせました。読んでいただいた感想や，もっと知りたいことなどを，連絡帳にひとこと書いていただけるとうれしいです」と連絡帳に書いて子どもに持たせ，保護者から返事があったら，それに対してさらにコメントを書く。

❸子どもの変化で信頼を得る

「漢字検定に合格しましたね。取り組みがすばらしかったです。おうちでもがんばったんですね。家族の方もたくさん協力してくださったんですね」と，子どもの成長の様子を具体的に伝える。

考え方

①やさしい感情をもつ

保護者と教師の関係がうまくいかないとき，つらい思いをするのは子どもである。子どもは家庭で教師の悪口を聞き，学校では保護者への愚痴を聞かされる。これを防ぐために，教師は保護者に対してやさしい感情をもつことが求められる。

教師はかかわりがもてないことについて保護者に怒りを向けたくなるが，保護者が学校を避けるのにも，何らかの理由があるものと考えられる。学校や教師に対して，保護者自身がよい思い出をもっていなかったり，何か言われるのではないかと構えていたりする場合もある。このように，保護者にもさまざまな事情や背景があることを理解すると，怒りの感情は収まってくる。そのうえで，保護者の気持ちを受け止め，共に手を取り，歩もうとする姿勢が教師には求められる。

②連絡帳や手紙，学級通信などの活用

連絡帳や学級通信など，保護者にとって抵抗の少ない方法から始め，教師の側からこまめに働きかける。保護者からの反応があったら，必ず返事をするよう心がけ，リレーションを深めていく。

ある程度，意志の疎通ができてきたと感じた時点で，電話や家庭訪問など直接の会話に切りかえ，よりしっかりとした信頼関係を築き上げていく。

③子どもの変化で信頼を得る

保護者自身への働きかけだけでなく，子どもとの関係づくりを続けていくことが，保護者から学校や教師への関心・信頼を得る近道である。

「〇〇ができるようになってうれしいです」などと，具体的に子どもの成長を伝え，子どもとの関係を深めるとともに，保護者との間に信頼関係を築く。

> あわてることなく，ゆとりをもって対応していくことが大切。

（平宮正志）

保護者 75 かたくなな保護者

場面例とポイント

Aさんに悪口を言われ，B君が暴力をふるった。双方に過失を認識させ，互いに謝罪させたところ，Aさんの両親が「女の子がなぐられたのに」と抗議に来た。

❶複数で面会する

指導した教師が1人で対応すると，事実を主張したくなったり，感情的になってしまったりするので，生徒指導担当教諭や教頭など，第三者を交えて面会する。指導した教師への批判は第三者が受け止め，「この先生はいつも子どもの気持ちをよく考えて指導する先生です」とさりげなく伝えてもらう。

❷全面的に受容する

保護者が教師に不満を言いに来たときは「おっしゃるとおりです」と保護者の訴えを全面的に受け入れるスタンスで面談する。

❸何かあったら連絡をお願いします

「これからも何か気になることがあったら，いつでも連絡してください」と最後に伝える。

考え方

当事者や周りにいた子どもたちから十分に事情を聴取して公平に対処しても，自分の子どもが悪さをするわけがない，先生はよく事情をわからないのだと，わが子をかばう保護者や，客観的にわが子を見られない保護者が少なくない。

また，子どもは，自分の不都合なことは保護者には言いにくいものであるから，自分は被害者だと保護者に伝える場合も多い。そのような背景を頭におきながら淡々と対応する。

①複数で面会する

実際に事情を調べた教師は，双方に改めるべき点があるのだと保護者に伝えたくなる。保護者は，自分の子どもの非を認めず，相手の保護者にも謝罪させたい勢いでやって来る。言い争いにならないためには，指導した教師のほかに，管理職などの第三者が同席して，冷静に保護者の言い分を聞くことである。

②全面的に受容する

保護者は「うちの子はそんな乱暴な言葉は言わない」「女の子をなぐるなんてどんな子だ」などと学校の指導に不満をもち，苦情を言いに来ている。「そうですね，ひどい話です。こんなことがあって驚かれたでしょう」と怒るのは至極当然，もっともだと繰り返しながら聞くと，聞いてもらったことで満足する場合が多い。弁解はいっさいしないことである。

③何かあったら連絡をお願いします

上述のように，全面的に受容する姿勢で面談すると，学校はいつでも話を聞きますよ，心配ごとは一緒に解決しましょうという，保護者へのメッセージにつながる。

> おっしゃるとおりです，の姿勢で臨もう。

（小川暁美）

▶保護者の状況別コミュニケーション

保護者 76 子どもを否定的にとらえる保護者

場面例とポイント

「うちのA子を見ていると，動作が遅くてイライラするんです。何をするのものんびりなので，すぐ手助けしたくなるんです」と訴える保護者にどう対応するか。

❶話を聞く

「そういうふうに思われるんですね」「そうした動作を～と感じられるんですね」と共感的に聞く。

❷子どものよい点を伝える

具体的な子どもの行動を例に出して，「昨年よりも確実に行動が速くなってますよ」と事実を伝えたり，「～というのは，……のよさじゃありませんか」と言い換えたり，「～ないいところもありますよ」とよい面を積極的に伝えたりする。

❸かかわり方を変える

「Aさんと〇〇について話題にしてみてください」などと，かかわり方を変えられるような作戦を授ける。

考え方

保護者の中には「うちの子はダメ」と思い込んでしまう人がいる。わが子しか見えていないこと，小さいときと比べてあまり変化を感じられないこと，ほかの子のほうが優秀に見えたり活発そうに感じたりすることなどが理由である。保護者の思いにとどまらず，こうした不満やいらだちが学校に伝えられる場合は対応を考える必要がある。

①話を聞く

子どもを強く否定しているときは，ともかく保護者の言い分をよく聞くことである。子どものどのような動作をとらえて，どのように思っているのかを十分に引き出すよう，共感的に聞く。

②子どものよい点を伝える

以下の視点からよい点を伝える。

・その子の個人内での成長から（前から見ると，確実に速くなっている）
・見る視点を変える（動作は遅いかもしれないが，ていねいで確実であるなど）
・保護者の言う事例の「例外探し」をする（こんなときやこんなことをしたこともありましたよ）
・教師が認めているよさを知らせる
・友達が認めているよさを伝える

③かかわり方を変える

保護者の子どもを否定したかかわり方は，自然と子どもに伝わり，子どもも次第にやる気をなくしていく。保護者が子どもへのかかわり方を変えていけるように，行動のレベルで「～してみてはどうでしょうか」と提案する。そして，上手にできた場合は，「いいよ」「うまいよ」などの言葉かけを提案するなど，子どもとのかかわり方を行動として設定する。

担任と保護者が共同で子どもの成長を見ていくという取り組みにつなげることが望ましい。

> ❗ 保護者の見方は保護者にとっての事実である。それを否定することなく，違う見方を示す。

（戸成博宣）

▶保護者の状況別コミュニケーション

保護者
77 母子家庭・父子家庭の保護者

場面例とポイント

給食費などの支払いが滞る。子どもが朝食を食べていなかったり，遅刻が増えるなど，養育上の困難がありそうだ。

❶保護者との関係づくり

「最近お仕事はいかがですか」「家庭でA君はどうしてますか」と問いかけて，コミュニケーションの糸口をつくる。

「実は，私も困っていることがありまして」「最近A君の元気がなくて心配しくしいるんですが」という形で，給食費の未納や子どもの生活の乱れについて，保護者の協力をお願いする。

❷保護者への支援

「生活が大変であれば，助成制度もあります」と学校事務職員へのつなぎも提案し，生活のケースワークを行う。

さらに支援が必要なときは，民生委員・児童相談所に協力を依頼し，最低限の督促と個別支援をする。

考え方

母子家庭・父子家庭の保護者の場合，生活のため仕事に追われ，連絡がとりにくいことが多い。また，わが子を顧みる余裕がない状態も多く見られる。そのため，学校からのお知らせなどを見落としていたりすることがある。対話の成立自体がむずかしいこともありうるので，それを前提に取り組む。

①保護者との関係づくり

最近の保護者の様子や家庭での子どもの様子を尋ね，その苦労に共感しつつ対話を成立させていく。

協力や改善をお願いする場合は，「朝食を食べさせないのは問題だ」という高圧的な態度や批判的な姿勢ではなく，「保護者の方と同様に私も困っているので，どんな解決方法があるか一緒に考えましょう」という姿勢で対応したい。

②保護者への支援

具体的な支援が必要なら，学校事務職員などの力を借り，助成制度などの援助も提案する。

一方，意識的に給食費を滞納している保護者の場合，生活保護などに関しては民生委員に，連絡がとれない，朝食を作らないなどネグレクト（養育放棄）の可能性があるときは児童相談所に相談する。ただし，これもいきなりでは問題がこじれるので，事前に保護者側に通知したうえで，関係機関の協力を仰ぐようにする。

それでも事態が好転しないときは，教師がやれる範囲で子どもを支援していく。例えば，朝起きるために目覚ましを貸してあげたり，朝食抜きが続くようであれば，無理のない範囲でおにぎりを用意してあげることもあろう。ただし，干渉しすぎないよう注意が必要である。

> ⚠ 共に考えるという姿勢を貫きながら，生活支援のケースワークや関係機関との連携をはかる。

（佐藤昭雄）

▶保護者の状況別コミュニケーション

保護者 78 祖父母への対応

場面例とポイント

朝，登校渋りの続く子どもと母親がぶつかってしまい，頼まれた祖母が子どもにつき添って学校へ送ってきた。

❶あたたかなまなざしを共有する

子どもを教室に入れた後で「わざわざお連れいただいてありがとうございます」「Aさん，来ましたね。いまこうしてつらいところだけれども，何とかしたいと思っているんですね。けなげでいい子ですね。おばあちゃんがこうやってかかわってくれることも，ちゃんと受け止めているんですものね」

❷「ねぎらい」が人を支える

「おばあちゃんもいまご苦労なさってますね。大変ですね。ご心配でしょう。いかがですか」

考え方

「祖父母」といっても，高齢社会での年齢層は幅広い。30代後半で祖父母になったという人に始まり，気力・体力が充実している元気な人から，老人性の問題を抱えている人など，祖父母という言葉で一括りにできないほど幅が広い。

①あたたかなまなざしを共有する

教師が，保護者とともに子どもを見つめ，はぐくむという姿勢でいる。祖父母に接する場合も，たとえそれが問題行動の指導であっても，子どもの長所をお互いにわかり合い，それを揺るぎない基盤として共有し，共感し合うところから出発したい。そのうえで，いま起こっている課題を乗り越えようとしている子どもに手をかしながら，共に見守る関係でありたい。

また祖父母は，多くの場合，孫のことを案じこそすれ，直接手を出しにくい立場である。

しかし，そうした祖父母の「心配や不安」は，子どもにとって「あたたかなまなざしや配慮」でもある。このようにリフレーミングするところから関係が始まる。

②「ねぎらい」が人を支える

努力しても報われないことが続くと，無力感や孤独感がつのる。そういうときに「まだできることがあるのではないか」というのは正論であるが，そう言われてもいっこうに元気は出ないし，希望がもてない。本例の場合，祖母に対して「こんな大変な状況の中で，よくここまでがんばってやってきましたね」と，努力をねぎらうことのほうが支えになる。「つらいなかでがんばってきたことを認めてもらえた」と苦労が報われ，気持ちが寄り添う。

「こういう先生なら話したい。きっと聞いてもらえる」と思ってもらえれば，課題に向けての協力関係を築くことができる。

> ❗ 祖父母の立場を理解してかかわり，あたたかく子どもを見守る関係をつくる。

（川端久詩）

保護者 79 親以外の保護者

▶保護者の状況別コミュニケーション

場面例とポイント

家庭の事情により、子どもの親戚（兄弟）が保護者の代理を務めている場合、どのようなことに配慮し対応したらよいか。

❶入学時に連携を確認する

「Aさんのご家庭にご事情がおありのようですね。後日、時間をとってお話をうかがわせていただきたいと思います」

❷日常の関係づくり

「ご苦労さまです。Aさんの保護者代理をされるということは、大きな負担を覚悟なさってのことと思います。この役をお引き受けになるにあたり、いろいろな経緯がおありだったのでしょうけれども、Aさんにとっては、心強い存在であることと思います」

❸家庭事情を聞く

「Aさんの指導の参考にさせていただきたいので、誠に恐縮ですが、ご家庭のご事情をお聞かせいただけますか。もちろん、ここでお話しされたことはいっさい口外いたしません」

考え方

保護者代理者は親戚や、代役として施設保護官などが担う場合がある。いずれの場合も第三者の子どもの面倒をみているのであるから、畏敬の念をもって、言葉に表す。

①入学時に連携を確認する

養育環境は子どもの成長に大きく影響する。学校における教師の指導と学校外での養育が折り合わさって、健やかな成長が可能となる。したがって、養育環境を整える保護者代理者と教師の連携が十分にとれることが必要である。そのためには、入学時に子どもと保護者代理者の関係を確認して、面談することが大切である。

②日常の関係づくり

保護者代理者が、不本意ながら引き受けている場合もある。十分に気持ちを整理できないままに養育していることもある。いずれにせよ、引き受けたことでさまざまな思いがあるだろう。言葉にならない負担を担っていることが予想される。さまざまな思いが保護者代理者の心中にあることに配慮して、ねぎらいの言葉をかける。子どもの学校生活が保護者代理者の負担とならないようにこまめに連絡をとり、ねぎらいの言葉を繰り返すことで、日常の関係づくりを進める。

③家庭事情を聞く

リレーションができてきたら、どのような家庭事情があるのかを保護者代理者から、可能な範囲で聞き取る。できるならば本来保護者となるべき両親の所在なども明らかにしておく。

家庭状況を質問する際、個人的なことに立ち入る不安から遠慮がちになってしまうが、指導や援助に必要な家庭の事情についてはきちんと確認することが大切である。

❗感謝と労いの言葉！

（柴田綾子）

▶保護者の状況別コミュニケーション

保護者 80 養育役割を果たしていない保護者

場面例とポイント

食事の世話や衣服の準備など，子どもの基本的な生活の保障を果たさない親にどのように対応したらよいか。

❶保護者の状況を確認する

「A君が続けて忘れものをしております。何かご事情がございますか？ 可能な範囲でご協力させていただきたいと思います」

❷ねばり強く接点をもつ

「決められた服装の準備ができていなくて，A君がつらい様子です」「今日は〜が上手にできて，とてもうれしそうな様子でした」などと，子どもの様子を伝えながら接点をもつ。

❸子どもを援助する姿勢を伝える

「お母さんの居場所がはっきりしていると，気持ちが安定して，一生懸命に活動できると思います」「困ったことがあっても，お母さんがいるから安心できるんですよ」と，保護者のわずかな変化をとらえながら肯定的なメッセージを送る。

考え方

①保護者の状況を確認する

子どもの様子で気になることを題材にして家庭と連絡をとり，家庭訪問をする。養育者としての役割を放棄している背景を確認して，状況に合わせた対応を考えることが必要である。

保護者にもいろいろな事情がある。精神症状や障害から，保護者自身が普通の生活を営むことがむずかしい状況の場合もあるし，保護者自身が未熟で自己のコントロールができず，子どもの世話をしない場合もある。いずれの場合も，保護者の非を指摘しても協力は得られない。

②ねばり強く接点をもつ

養育を放棄している保護者と連携をとるのはむずかしい。連絡がとれなかったり，連絡しても，依頼どおりの行動をとらなかったりする。あきらめず，ときには善悪や道徳的価値観をも取り払って，相手を受け入れることによってつながりができてくる。細いつながりをいくつも重ねて太くしていくことが必要である。

③子どもを援助する姿勢を伝える

教師は「子どもの学習環境を整える」ために援助する。その一環として，家庭にも基本的な生活条件を整えるようにお願いする。具体的には，(1)衣（登校のための服装の準備をする），(2)食（朝食・夕食の心配をしなくてもとれる状態にする），(3)住（安心して帰る場がある），(4)心の寄りどころ（どんなときでも支えられているという安心感を与える）を保障してほしいことを，応じてもらえないときがあっても，繰り返し伝える。

ネグレクト（養育放棄）の可能性があるケースについては，関係機関に連絡して，協同で援助することも必要である。

⚠ 細い信頼をいくつもより合わせて太い信頼につくり上げる。

（根塚好子）

▶保護者の状況別コミュニケーション

81 保護者が地域の有力者のとき

場面例とポイント

地域の有力者である保護者が，所属する団体主催の行事を，授業日に子ども全員が参加して行うように要求してきたが，学校は年間計画で手いっぱいで余裕はない。

❶謝意を示す
「このたびは，貴重なご意見をたまわり，まことにありがとうございます」

❷「傾聴」と「繰り返し」
「Aさんの考えは……ということでよろしいですか」

❸学校の姿勢とシステムの説明
「学校は子どもの発達を促すところです。Aさんのお申し出が子どもの発達とどのような点で結びつくのかをご説明いただけますか」

❹検討することを伝える
「Aさんのおっしゃられることはわかりました。確かに実現できれば子どもたちのためになることだと思います。しかし，年間の指導計画や授業時間の確保の問題もありますので，可能かどうか一度学校で検討してみます」

考え方

話し合いの中でなかなか断りにくい場合をも予想される。しかし，学校の立場として譲れないものはきちんと守る必要がある。その場合は，保護者の意見と対決して，納得を得るようにする。

①謝意を示す

どのような用件であれ，積極的にかかわってくれたことに対して謝意を示す。

②「傾聴」と「繰り返し」

保護者の要求を十分に傾聴する。保護者はどうなればよいと思っているか。学校側にどのように動いてほしいと思っているのかをつかむ。その後，要約して焦点化を図る。

③学校の姿勢とシステムの説明

話し合いの柱は子どものためになるかどうかであることを確認し，保護者の要求が子どもの発達とどのように結びつくのかという点について説明を求める。

次に，学校で取り組む活動は，学校運営のシステムにしたがって行われていることをていねいに説明する。実施許可のとり方，ねらい，時期，時間，参加形態などの細かい点についてアドバイスを行う。

④検討することを伝える

③の対応後に，学校の事情を説明して，子どもたちの成長に意味のある活動にするためには，全体の計画の中での検討やすり合わせが必要であることを理解してもらう。つまり，相手の立場も大切にしながら，こちらの立場も示すことが大切である。

険悪な別れにならないように，相手の面目を立てることを心がけたい。保護者が無理強いしてくるときは，保護者の意見と対決することも必要である。

!　子どものためになるかどうかの視点をもつ。

(佐藤謙二)

▶保護者の状況別コミュニケーション

保護者
82 教師を軽視する保護者

場面例とポイント

担任が生活態度を指導することに対して、保護者が「あかの他人には関係ない」と言った。また、ふだんから、教師の指導や助言を軽視している。

❶保護者の態度を認める

「◇◇のお考えによって、今回の申し出があるのですね。お考えはわかりました」

❷教師の姿勢を明確にして、わかりやすく伝える

「学校の方針は○○です。私もいまのA君のために大切だと考えて、この方針を支持しています。このような方針・考え方で指導していることをご理解いただきたいと思います」「なお、問題行動が改善されないときは、ほかの子どもと同じようにする必要がありますので、□□の指導をしていくことになります。この点もご理解をお願いいたします」

❸指導の受け入れは子どもに任せる

保護者の考え方に影響を与えることはできるが、直接考え方を変えさせることはできないことも多い。子どもとの関係づくりを通して、子どもが、新しい考え方を拒否せず、積極的に取り入れていけるよう指導する。

考え方

保護者が教師の指導や助言を軽視しているのは、価値観の相違がある場合や、体験から学校に抵抗を感じている場合がある。そのような保護者の態度を非難するような教師の態度は関係の悪化を招くだけである。保護者を否定、非難しない心がけが必要である。

①保護者の態度を認める

人が考えることや感じることは自由であり、尊重されるべきである。保護者の態度を認められない場合は、「保護者や子どもは教師の指導に従うべきである」という「～するべき思考」（イラショナルビリーフ）が強くなっていないかを自己チェックするとよい。

否定や非難されている環境では、人は自分の身を守ろうとして、かたくなになるだけであることを理解したい。

②教師の姿勢を明確にして、わかりやすく伝える

教師自身が、指導方針と、なぜそのような指導をしようとしているかを明確にし、それを保護者と子どもにわかりやすく説明する。保護者面談で一度伝えたら、その後はくどくどと繰り返さない。なぜなら、教師の考えの押しつけと受け取られ、反発を生みやすいからである。

あわせて、子どもが指導に従わないときの学校側の対処方策を明確に示す。

③指導の受け入れは子どもに任せる

教師の指導を受け入れて行動するかどうかは子どもに任せる。新しい考え方にふれると、子ども自身の考え方に必ず変化が生じて、それが行動に現れるものである。

❗ 多様な考え方を認めよう！

（大谷哲弘）

▶保護者の状況別コミュニケーション

保護者 83　学校の意義を認めない保護者

場面例とポイント

「学校は，A男にとって百害あって一利なしです。登校させる意味を見いだせません」と言われた。どうしたらよいか。

❶誠実に話を聞く

「保護者の方がそのようにおっしゃるには，何か学校にまずい点があるのだと思いますので，さらに詳しくお話しいただけませんか？」と問いかけて，どのようなことから学校の意義を認められないのかを質問する。

❷論点を整理し解決策を考える

実際に学校に意義を認めていないときは，「百害あって一利なし」とまで言わせる原因は何か。具体的な事実があるのか。子ども自身の思いはどこにあるのか。保護者は子どもをどう育てようとしているのか。話を聞きながら，相手に寄り添い，解決策を一緒に考える根気強さが，次に必要である。

考え方

このようなときには，実際に学校に意義を認めていないこともあるが，大半は，学校の方針などに一時的に抵抗を示していることがある。したがって，どちらであるかを見きわめることが大切である。そのためには，話を十分に聞くことから始める。

①誠実に話を聞く

根気強く，話を聞くことが第一である。まず，保護者の伝えたいことが理解できるまで，こちら側が構えず，話を聞く姿勢をもつのである。学校の意義を認めないといった大げさなことではなく，ささいなことであることが多い。

しかし，価値観が多様な時代であり，実際に学校に意義を認めていない保護者もいるであろう。その場合も，就学させることは国民の義務であると原則論をもち出したり，指導や説得をしたりすると，保護者の態度を硬化させ，「登校させない」原因を学校側の責任に転嫁して，主張を正当化させかねない。この場合もはじめは，共感し，親身に話を聞くことである。多くの場合，面談の時間経過とともに，保護者の姿勢が軟化し，対決から協働での問題解決に向かうものである。

②論点を整理し解決策を考える

学校生活の具体的場面や子どもの発達を話題にしながら「登校させる意味」を一つ一つ見いだしてもらうための懇談の継続，担任教師やカウンセラー，民生児童委員の家庭訪問など，今後の方向や歩み寄ることのできる点はないのかを一緒に検討する必要がある。

ただ，保護者に対しては，あくまでも親身に対応するが，あくまでも子ども自身の将来にとって学校が果たす役割を自覚し，関係機関との連携で解決をめざす必要も出てくる。

> ❗ 保護者の代弁者，補助自我になるくらいの覚悟で相手の身になって考える。

（吉澤克彦）

▶保護者の状況別コミュニケーション

84 学校よりも塾を優先する保護者

場面例とポイント

「宿題をやってこないので，やるように声をかけてもらいたいのですが」とお願いしたところ，「塾で勉強しているので，宿題をやる暇がありません」と言われた。

❶がんばりを認める

子どもと保護者に敬意を表し「そうですか，塾の勉強も一生懸命がんばっているんですね」と努力を認める。

❷協力の依頼

がんばりを認めたうえで，学級に目標があること，本人が「宿題忘れ」と見られてしまうこと，塾や習い事がある子がほかにもいて，特別扱いできないことを伝える。

「学習係の子どもがノートを提出してもらえないと困っています」

❸報告とお礼

お願いした結果，宿題を提出するようになったら，「毎日提出するようになり，私も学習係も喜んでいます」と喜びの声を報告する。

考え方

保護者には保護者なりの考えがあり，昨今の学校教育に疑念を抱いている方も少なくない。塾を重視する保護者の気持ちには十分に共感する。

①がんばりを認める

やり方や効果に疑問を感じても，塾で勉強すること自体は悪いことではない。塾での努力などもきちんと認めることが大切である。

②協力の依頼

保護者の考えを受け入れた後，学校事情を理解してもらう。「Aさんががんばっていることはわかります。長い時間勉強しているんですものね。でも実は学級で『宿題をしっかりがんばろう！』という約束がありまして，ほかの子どもたちも毎日がんばっております。Aさんもそのことはわかっているので『宿題忘れ』と言われても言い訳することなく，休み時間に宿題をやっています。同じように塾や習い事をしている子どももおりますし，Aさんだけを特別扱いすることはできません。宿題は30分以内で終わる内容ですので，Aさんなら15分もあれば終わると思います。少しだけがんばらせてもらえないでしょうか」とお願いする。子ども同士の関係があるのだということ，本人も肩身が狭い思いをしているのだということをわかってもらえば，保護者は納得する。

③報告とお礼

保護者と話し合って事態が改善されたときは，できるだけ早く報告したい。また，学級の子どもたちと本人の様子を伝え，保護者の言葉で宿題をやるようになったのだからそれを大いに感謝する。手紙や電話どちらでもよいが，できれば両方がよい（手紙は長めに，電話は簡潔に）。

❗ うちの子は，学級の仲間の一人。

（小川暁美）

保護者 85 なんとなくうまくいかない保護者

▶保護者の状況別コミュニケーション

場面例とポイント

二者面談で，意見が合わなかったり，ついムカッときたりする保護者がいる。馬が合わないタイプとわかっているのだが，どう対応すればよいか。

❶感情の高ぶりを抑える

「すみません。資料を忘れてしまいました。申し訳ありませんが，しばらくお待ちください」と言って，一度，席を立ち，冷静になるための時間をつくる。

❷保護者の話をじっくりと聞こう

保護者の言い分をすべて聞こう。自分の考えと異なる意見とはいえ，相手を理解するには共感することが必要である。

❸主張するべきことは伝え協調できるところを探る

「私は，○○と考えるのですが，□□の部分では，同じ立場ですよね」教育の専門家として，主張しなければいけないところ，譲れないところは，相手の考えを尊重しつつ毅然として伝え，協調できるところを探る。

考え方

教師も一個の人間であり，馬の合わない保護者に遭遇することもある。馬の合わない保護者を好きになる必要はないが，馬が合わないことを自覚しつつ，子どもへの指導や援助のために協力していくことが大切である。そのために，誤解を生んで対立関係にならないよう，表現に注意する。また対立した場合には，お互いに協調できる方向を見いだすことである。

①感情の高ぶりを抑える

保護者の配慮のない言葉にカッとなることもある。カッとなったことに自ら気づいたら，感情の高ぶりがおさまるまでの時間を確保する。深く息を吸ったり，席を離れて，職員室まで歩いて資料を取りに行くのも効果がある。

②保護者の話をじっくりと聞こう

保護者の意見を聞き，何を訴えようとしているかを理解するようにする。保護者の言葉と，その背景にある感情にじっくりと耳を傾けたい。耳が痛いかもしれないが，教師に話を聞いてもらったという実感は，保護者の気持ちを落ち着かせる。ここで大切なことは，保護者の気持ちを聞いている自分はどのような感情をもっているかを冷静に観察することである。自分の気持ちを正直に見つめること（例：怒り，不安，おどおど）で，相手に振り回されることを回避できる。

③主張するべきことは伝え協調できるところを探る

保護者の攻撃を避けて必要以上に迎合したり，逆に言いたいことをぶつけたりしても，保護者との関係はよけいにむずかしくなってしまう。話を聞きつつも，教師の指導方針を保護者に伝え，互いにわかり合える共通理解に近づくようにする。子どもの成長という共通の目的のもとに協調できるところがあるものである。

⚠️ カッときたら，時間をとって冷静になる。

（中山光一）

5章 保護者とのコミュニケーション

▶保護者の状況別コミュニケーション

保護者
86 精神疾患のある保護者

場面例とポイント

精神疾患で入退院を繰り返している保護者へ，どのようなことに配慮したらよいか。

❶チームで援助

「A子さんの苦戦が少なくなるように，どのようにしていけばいいのか一緒に考えていきましょう」と言葉をかけ，共に歩んでいく姿勢であることを伝える。

❷訴えをよく聞く

「お話を今後に生かしていきたいので，よくお聞きしたいと思います」と言葉をかけ，聞く姿勢であることを伝える。

考え方

①チームで援助

保護者が精神疾患を抱えていることにより，子どもが学校生活や学習に苦戦している場合も多い。この子どもの苦戦の解決に向けて，教師などの援助者がチームを組んでサポートを行う。保護者への支援も，その一環として行っていく。

例えば，小学校3年生のA子は，母親がうつ病のために入退院を繰り返さざるを得ないことから，登校を渋り，教室に入ることができなくなった。このため，現担任，旧担任，養護教諭，学年主任，スクールカウンセラーでチーム会議を開き，今後の援助方針を検討した。

母親については，体調のよいときに父親と共に来校してもらい，現担任とスクールカウンセラーが教育相談を行い，母親の苦しさを共有して，安定して子どもにかかわれるようにサポートした。

A子が母親と共に手をつなぎサポートルームへ登校するようになると，母子共に笑顔が見られるようになっていった。このように，保護者側からも，親戚などが援助チームの一員として加わってくれるとよい。

②訴えをよく聞く

統合失調症などでは被害妄想を生じることがあり，被害妄想から「わが子が不当に扱われている」「いじめられている」「無視されている」など，学校側の考え方で判断すると，不当なクレームではないかと思える訴えをされる場合がある。

このような場合の基本姿勢は，1人では対応せず，複数で対応することである。

複数で会って，まず訴えをよく傾聴する。症状によっては，事実上ありえない妄想を話す場合もあるが，頭ごなしに訴えを否定しない。

十分に聞いたうえで，学校という枠でできないことであれば，それはできないとていねいに伝える。

また，スクールカウンセラーや相談センターなど，精神疾患に詳しい人に相談をし，対応についてアドバイスを受けることも重要である。

> ❗ 十分に傾聴する。子どもの苦戦に対して，リソース（援助資源）を生かし，チームで援助する。

（米山成二）

保護者 87 宗教的な理由で行事への参加を拒む保護者

場面例とポイント

子どもは体育祭に参加したいと言うが、保護者から「信仰の理由から参加させたくない。学校は指導しないでほしい」と言われた。どうしたらよいか。

❶子どもの気持ちを代弁する

「A君は友達と一緒に学校生活の楽しい思い出をつくりたいという気持ちから、体育祭に出たいといっているのです」と、子どもの気持ちを代弁する。

❷保護者の考えや願いを聞く

保護者の主張を否定せず、「A君の体育祭参加で問題とお感じになるのはどういったところでしょうか」と質問する。

❸教師の思いを伝える

「保護者の方が信念をもって育てられたのでA君は自立の一歩を踏み出そうとしていると思います。私は、A君の成長を大切にしたいと考えています」「ご家族のみなさまで相談されて、体育祭に参加できるようよろしくお願いします」と、教師の思いを伝える。

❹事後の報告をする

当日、子どもがどのように過ごしたかを具体的に知らせる。

考え方

本人が納得して学校生活を送ることができるようにするためには、どの選択がよいかに焦点を当てて話し合う。子どもが参加の意思をもたない場合もあるが、信仰とのかかわりの中で子どものよりよい成長を援助する点は同様である。

①子どもの気持ちを代弁する

子どもの気持ちを理解し、それを正しく保護者に伝える。二者間の問題の解決にあたるのであるから、二者のそれぞれの気持ちを理解し、一方の応援にまわることのないよう、中立の立場をとる。

②保護者の考えや願いを聞く

保護者の考えを知るために質問する。

宗教に対する願いや思い、子どもの養育への願いが話された場合、保護者の宗教心を尊重し、否定することなく聞く。宗教の教えに同調するのではなく、保護者の考えや思いを理解する。

③教師の思いを伝える

子どもの気持ちと保護者の主張が折り合わないときは、中立的な立場から降りて、子どもの成長を願う立場から教師の考えや思いを子どもと保護者に伝える。その際に、子どもと保護者が気持ちや主張を否定されたという思いにならないように十分に配慮する。そして、参加するか否かは、家族の話し合いにゆだねる。

④事後の報告をする

当日の子どもの行動は、保護者も心配している。参加、不参加のどちらであれ、子どもがどのように過ごしたかを知らせる。そして、学校での子どもの生活の様子を伝えて、教育活動の意図を理解してもらい、教育活動に参加してもらえる素地をつくる。

> ❗ 問題解決には中立の立場で！

（大谷哲弘）

▶保護者の状況別コミュニケーション

保護者 88 授業参観中に私語をする保護者

場面例とポイント

参観中、保護者の私語が絶えない。目でそれとなく制してもやめる様子がない。子どもが親の方を気にするようになった。

❶事前にお願いする

「授業参観のために来校いただきありがとうございます。本日の授業では、子どもたちの発言や活動に注意を払って参観いただきたいと思います。なお、携帯電話は電源を切っていただけますようお願いします」「また、保護者の方々にも授業に参加していただく場合がありますので、ご協力をお願いします」

❷授業への参加を求める

「保護者の方も、一緒に声に出して読んでみましょう。ご協力ください」

❸静かに毅然として思いを伝える

「保護者の方にお願いがあります。私は子どもたちに学習に真剣に取り組む姿勢を身につけさせたいと考えています。いま、子どもたちも真剣に授業に臨んでいます。どうか、保護者のみなさんも、真剣に授業をご覧になってください」（間）「いまのような状態で聞いていただけましたらとてもうれしく思います」

考え方

保護者は子どもがどんな態度で臨んでいるのか、内容を理解しているのかなどに興味をもって授業参観に来る。しかし、近所で顔見知りの保護者との小声でのあいさつから、その続きで会話が弾んでしまったのであろう。授業の邪魔をしようとの思いはなく、会話が邪魔になっていることに気づかないのだと思われる。私語の状態を放置しておいたのでは、真剣に授業に取り組んでいる子どもや保護者の心が離れていく。授業参観であっても授業の規律は守る必要がある。保護者に対しても、最小介入の原則にのっとって働きかける。つまり、気づくチャンスを何度も用意する。その際に、子どもの前で、なるべく直接的に保護者を注意しないようにする。

①事前にお願いする

授業の前に、来校に対する御礼を述べ、どのような参観をしてほしいかを説明する。あるいは、授業参観の案内に「参観についてのお願い」を載せるとよい。

②授業への参加を求める

初めに目線で私語をやめるように訴える。次には、保護者にも授業に参加してもらう場面を用意する。例えば、英語の授業なら、子どもと一緒に英単語の発音に取り組んだり、教師と保護者で会話場面を実際にやってみたりする。

③静かに毅然として思いを伝える

目での制止や授業への参加が効を奏さなければ、私語をしている保護者にはバツの悪い思いを抱かせるかもしれないが、注意が必要である。誠実な教師の対応は後で必ず保護者の胸に響くと信じ、ていねいで毅然とした態度で働きかけたい。

> ⚠ 親に不快感を与えないよう、状況に応じて対応する。

（細川直宏）

▶家庭環境に関する変化・問題

保護者
89 保護者が入院するとき

場面例とポイント

電話で、保護者から「来週入院することになったのでよろしくお願いします」と連絡があった。

❶保護者の思いを十分に聞く

「そうですか。それは大変なことになりましたね。お体のこともご心配でしょうが、ご家族やA君のことを心配されているんですね」と言って、保護者の発言を促す。

あるいは、「A君の学習や進路のことを心配されているのではありませんか」「ほかにも、心配なことがおありでしたらお話しいただけると私も助かります」

❷入院中の子どもの生活状況を確認し必要な情報を得る

「A君の様子はどうですか」「お母様が入院中は、A君の家庭生活はどのようになるのでしょうか。差し支えなければお知らせいただきたいと思います」「入院中に学校から連絡したいことがあると思いますので、連絡先を教えていただけますか」

❸今後の対応を具体的に伝える

「A君には個別に気持ちや心配していることなどを聞いてみます」「養護教諭などとも連携して、声をかけていくことにします」

考え方

保護者が入院すると学校に連絡してきた場合は、入院が子どもの学校生活に悪影響を及ぼすのではないかという心配からのことが多い。家庭が特別な状況にあることを知ってもらい、学校に援助を求めていることが察せられる。

①保護者の思いを十分に聞く

保護者は、いろいろなことを心配して連絡をしてきたのであるから、保護者の気持ちに寄り添い、共感的に理解（受容）していくことが必要である。また、積極的に学校にできる援助について保護者の要望を聞き取る姿勢を示すことで、ていねいに保護者の願いを受け止めるようにし、具体的な援助につなげる。

②入院中の子どもの生活状況を確認し必要な情報を得る

入院に際して、必要な援助ができるよう、状況を具体的に聞き出すような質問をする。

必要な情報としては、入院中の子どもの生活、連絡先のほか、入院先、期間、差し支えない範囲で病状、子どもにどのように伝えてあるかなどである。

③今後の対応を具体的に伝える

担任として配慮すること、学校としてできる援助などを伝え、協力して子どもの援助にあたることを確認する。子どもの学校や家庭での生活の様子について伝え合う方法として、連絡帳を用いるなどの方法を決めておく。連絡するときは、ポジティブな面に注目して伝える。

> ❗ 保護者のつらさや苦悩、不安を共感的に理解する。

（堀篭ちづ子）

5章　保護者とのコミュニケーション

▶家庭環境に関する変化・問題

90 家庭に不幸があったとき
保護者

場面例とポイント

子どもの家庭に不幸（両親のどちらかが亡くなった）があった。どのように連絡すればよいか。

❶速やかに連絡する

「A様にご不幸があったと聞きました。Aさんのことも心配で、お電話しました」など、子どもの家庭に不幸があったときは、できるだけ速やかに、家庭訪問や電話連絡のいずれかの形で連絡をとる。

❷配慮を伝えることの大切さ

相手の身になりながら「お悔やみ申し上げます」というメッセージを伝え、学校側としても心配しているという配慮の気持ちを家庭に伝える。

❷協力する姿勢を示す

教師としての立場を明確にしながら、「お子さんのことで何かお困りのことがありましたら、学校側としてできることはお手伝いしますので、おっしゃってください」と伝える。

考え方

不幸があった場合、親族が集まり慌ただしい状況であるので、配慮の気持ち、協力姿勢を表して、短い時間で切り上げることが大切である。

①速やかに連絡する

家庭の不幸という一大事に遭遇し、保護者は精神的に動揺している。その際に、学校側からの連絡がなかったり、事務的な連絡に終始してしまったりすると、トラブルや不信感を生むことになる。

そこで、家庭訪問・電話連絡のいずれの形であっても、すみやかに連絡をとることが心配しているというメッセージを伝えることになる。子どもを電話口までお願いして、配慮の気持ちを伝えることも大切である。

②配慮を伝えることの大切さ

相手の身になりながら、お悔やみと心配している気持ちを伝え、子どもへの対応など、学校でできる援助を申し出る。

受容・繰り返し・支持の技法を意識しながら相手の話す内容を傾聴することで、保護者からの信頼を獲得するとともに、通常の適切なリレーションを維持することを心がける。

③協力する姿勢を示す

私はあなたの味方であるという「我々意識（ウィネス）」を高めるためにも、現状で何が不安だったり困ったりしているのか、一教師として援助できることにはどんなことがあるのかについて質問し、協力する姿勢を示す。

話を聞くときにはよく聞き、こちらが話すときには具体的にできる援助を語るようにして、家庭を力づけるようにしたい。ただし、長々と話し込んでしまわないよう、十分に配慮する。

> すぐに連絡をとり、短い時間で、要領よく伝える。

（齊木雅仁）

▶家庭環境に関する変化・問題

保護者
91 家族の変化があったとき

場面例とポイント

死亡，失踪や逮捕，離婚などで残された家族へどう接するか。

❶子どもの家での様子について聞く

「学校でも気をつけて様子を見ていますが，変わらない生活をしています。家ではどうですか」

❷相手の心情をそのまま受け入れる

「お父様のことでは，ご家族のみなさまがつらい思いをされていると思います」と言って，心情に配慮する。

❸できる援助について相談する

「今度のことでA君の学校生活にかかわって困ったことがあれば，ご一緒に考えたいと思っております。学校でできることがあれば，どうぞ，遠慮なくご相談ください」

考え方

大切な家族を失うということは喪失感との闘いである。たとえそれが，虐待や裏切りを行った悪い対象であったとしても，時が経てば経つほど悲しみが増すものである。

保護者や子どもがもつ悲しみや喪失感という感情をなくすことはできないが，それにつぶされることなく，新たな自分を模索し，前向きに生きることができるように援助することが大切である。

①子どもの家での様子について聞く

家族の変化は，子どもの心にも少なからず影響を与えるものであり，家族も子どもの心への影響を心配している。学校での様子を話しながら，子どもの内面の理解に努める。

②相手の心情をそのまま受け入れる

気持ちを察する言葉かけをして，コミュニケーションを始める。

心の中にはいろいろな感情が混じって十分に整理されていないであろうから，保護者の話すことをそのまま聞き取るのではなく，状況に合わせて解釈をして理解するように努める。

また，周囲の者は，つらい悲しみの中にいる人に対して，心配する気持ちから「がんばれ」と言ってしまいがちだが，子どもの家族は状況を改善しようと，十分がんばっており，それにもかかわらずうまくいかない現実に大きな悲しみや激しい怒りをもっているのである。そういう状況で「がんばりましょう」という励ましはしない。

③できる援助について相談する

悲しみを抱えながら生活していかなければならない現実もある。子どもへの援助によって家族の立ち直りをサポートすることが，子どもへの影響を最小限にする。「できるかぎり力になりますよ，一緒に進みましょう」と，担任としてできる援助をしていく用意があること，一緒に考える姿勢を伝える。

❗ 悲しみや喪失感をみんなで分かち合おう。

（仲手川勉）

5章 保護者とのコミュニケーション

▶家庭環境に関する変化・問題

保護者
92 保護者の会社が倒産したとき

場面例とポイント

子どもが「お父さんの会社が倒産したので，学校に来られなくなるかもしれない」と言っている。どのように対応するか。

❶情報を集める

「A君，それどういうこと，詳しく教えて」

❷電話で事実を確認する

「大変失礼なのですが，A君から，お父様の会社が倒産したとお聞きしました。学校に来られなくなるかもしれないと言うので，心配になって確認のお電話をさせていただいたのですが，いかがですか」「A君の就学に関することでご相談させていただきたいと思います。明日，家庭訪問させていただきたいと思いますがいかがでしょうか」

❸事情を聞く

「つらいときに恐縮ですが，今後のことについてご相談させていただけますでしょうか。今後のA君の生活はどのようになりそうですか？」「学校としてできる援助をお手伝いさせていただき，A君の勉強の機会をきちんと用意してあげたいと考えております」

考え方

保護者の経済的な事情は子どもの学校生活にも影響を与える。担任は子どもの家庭状況も把握することが必要である。生活に困っている家庭には授業料減免措置や奨学金の申請など経済的な支援を行いたい。また，対応に当たっては，子どもの学習環境を整えるお手伝いをするという支援を明確に打ち出すことで，保護者の支えになる。

なお，プライベートな問題であるので，保護者が話したがらない場合は，無理に尋ねることはしない。

①情報を集める

子どものひとことで決めつけるのではなく，なるべく正確な情報を集めることが必要である。子どもの発言のほかに，PTA関係者に連絡をとって確認する方法も考えられる。

②電話で事実を確認する

最終的には，保護者に確認することが必要である。また，事実の確認後，その必要があれば，保護者と直接会って，今後の子どもの学校生活に関して相談する。そのため，家庭訪問の確認をする。

③事情を聞く

家庭訪問をして詳しく事情を聞く。学校は子どもの学習環境が守られるようにお手伝いするということを伝えて，保護者を支える。転校の可能性や就学援助についての情報提供など，具体的な対応を相談する。また子どもの様子も聞きながら，学校でできる援助について話し合う。

聞いた内容は管理職に報告する。保護者はパニックの状況であると思われるので，経済的な支援を求めるという前提で手続きを進める。

❗ 支え支えられる関係。

（佐藤謙二）

保護者
93 未納金支払いの督促

▶家庭環境に関する変化・問題

場面例とポイント

年度末になったが,「学年徴収金」が未納である。保護者にどのように連絡したらよいか。

❶事前に連絡

子どもを通さず,「学年徴収金についてご相談があります」と書面などで,事前にお知らせを送っておく。高校などでは,子どもに「学年徴収金の件で連絡したいことがあります」と保護者に伝えてもらうこともある。

❷保護者に未納金の確認をする

「4月にお願いしておりました学年徴収金の件で連絡いたしました」「学校の記録では未納となっておりますが,間違いありませんでしょうか」「年度末になり,会計を閉める作業が始まりますので,お支払いをお願いします」「期限を○月△日としたいと思いますが,ご都合はいかがでしょうか」「徴収明細,納入書が必要であれば,後日郵送でお送りします」

❸保護者の事情を聞き取る

事情がありそうな場合は「失礼ですが,何かご事情がおありでしょうか。学校としてもできるだけのご相談をお受けします」

考え方

未納金がある場合,保護者は負い目をもっており,督促の連絡によって「非難される」と感じ,防衛心が生まれる。防衛したい気持ちを刺激してしまうと,こじれてしまうことがあるので,ていねいな対応が必要である。

①事前に連絡

いきなり保護者に未納金の連絡をしても,気持ちの準備ができていないために防衛が強くなるので,事前に相談しておきたい旨を伝えておく。

②保護者に未納金の確認をする

ていねいな言葉遣いで,事実を1つ1つ確認するように連絡する。保護者のプライドを傷つけないことに配慮するのである。

そのうえで,学校で会計事務が滞って困っていることを率直に説明して,納入について理解を求める。

納入のために学校で協力できることを示すとよい。

③保護者の事情を聞き取る

事態を改善していくためには交渉の場をもち続けることが必要である。そのために,保護者の事情もきちんと聞き取る姿勢で相談する。場合によっては,保護者と支払いの方法の相談をして,最低限の提案をする。

プライベートな部分に踏み込みすぎないよう注意しながら相談をすすめるが,経済的な問題や養育放棄などが関係する場合は,「本校教頭がご相談に応じますので,ご来校ください」と伝える。

> ❗ 保護者のプライドを傷つけない。

(北條博幸)

▶家庭環境に関する変化・問題

保護者
94 生活保護（就学援助費）の申請を勧めるとき

場面例とポイント

生活保護（就学援助費）の申請を勧める場合，保護者にはどのように話したらよいか。

❶直接会って相談する（家庭訪問）

「Aさんの就学についてご相談したいことがありますので，家庭訪問をさせていただきたいのです。具体的には，公的な就学援助の制度についてご説明したいと思います。ご都合はいかがでしょうか」

❷子どもの成長を第一に考える

「最も大切に考えることは，Aさんがきちんと就学できる環境を準備することです。われわれは，それを第一に，協力できればと考えております」

❸制度をわかりやすく説明する

「『就学困難な児童及び生徒に係る就学奨励についての国の援助に関する法律』によって，援助を受けられる可能性があります」

考え方

保護者の経済的理由で子どもの「教育を受ける権利」が守られないような場合，保護者に生活保護（就学援助費）の申請を勧めることになる。保護者は子どもの就学義務を課せられている（学校教育法22条1項）。また，保護者は，経済的な困難を就学猶予の理由にすることはできない。こうした際，地方公共団体が，生活保護法に規定する要保護者・準要保護者に該当する者を対象に援助することになる。担任は管理職などと相談して，保護者にこの制度を説明し，1つの対応策として，生活保護（就学援助費）の申請があることを知らせる。

①直接会って相談する（家庭訪問）

生活保護の申請に関する相談を電話でするのには限界がある。子どもの就学に関する大切な懸案であるので，家庭訪問など直接面談の機会を設定する。

②子どもの成長を第一に考える

子どもの心身の成長を願うことの共通理解を基盤にして，互いに最善の方法を探るための話し合いであることを伝える。保護者の気持ちや思いを共感的に傾聴しながら，子どもの心身の成長を願う教師の思いを繰り返し伝える。こうした話し合いの機会をたびたびもつことで，課題や方向性が明らかになってくる。

③制度をわかりやすく説明する

生活保護に関する話の受け取り方は，家庭によってさまざまであるので，わかりやすく情報を提供するとともに，できる範囲で事情を聞き，一緒に子どものためのよりよい方法を考えるという姿勢で話す。法律，制度の内容，基準などを具体的にわかりやすく説明し，選択の1つとして利用することの可能性を話し合う。

強く勧めすぎたり，学校が肩代わりして手続きを進めたりすることで，強制されたと受け取られない配慮も必要である。

⚠ 相談しやすい環境をつくる。

（住本克彦）

▶家庭環境に関する変化・問題

保護者 95 消費者金融からの電話

場面例とポイント

サラ金関係者と思われる者から「子どもの連絡先を教えてほしい」と電話がかかってきた。保護者にどのように伝えるか。

❶保護者に電話の件を伝える

「先日、Aと名乗る方から、Bさんが在籍しているかどうか、また、在籍している場合、保護者の連絡先を教えてほしいという電話がありました。個人に関する問い合わせだったので、事故・事件の予防の意味もあり、ご連絡しました」

❷学校の対応を説明する

「学校では、個人情報に関することはお話しできません。いわゆる守秘義務がありますので、在籍しているかどうかも含めてお答えできませんと断りました」

❸今後の対応を説明する

「今後も今回と同じような対応を取らせていただくことになります。よろしいでしょうか」「そういった電話があった場合、学校がするべきことがあればお教えください」

考え方

問い合わせがあっても、学校の守秘義務があることを前面に出して連絡先を教えない。再度同じ内容の電話をしないように伝える。

注意したいことは、子どもが在籍しているかどうかも守秘義務であるので、答え方に工夫が必要である。

保護者には、外部から電話があったことを伝え、今後の対応策を相談する。

①保護者に電話の件を伝える

個人についての問い合わせであり、事故・事件に発展する可能も考慮して、事前に対応策を検討する意味で、電話での問い合わせがあったことを保護者に伝える。その次に、電話での会話を通して、不信に感じたことを率直に述べる。

②学校の対応を説明する

保護者は、学校がどのように対応したのかを知りたいと思われるので、実際に対応したとおり伝える。また、学校の基本的な対応方針を説明する。

③今後の対応を説明する

今後同じような電話があった場合には、今回と同じ対応となることを伝え、理解を求める。また、保護者からの要望を確認する。

こういった場合の保護者とのコミュニケーションで、気まずい関係になることもあるので、必要なことを必要なだけ説明するように心がける。

なお、電話をかけてきた部外者が「連絡先を教えろ」と食い下がってくる場合には、壊れたレコードのように、相手が何を言っても、「申し訳ありませんが、お答えできません」などと同じ言葉を同じ調子で繰り返す「ブロークンレコード法」で対応する。

! 保護者には必要なことを必要なだけ伝える。

（仲村將義）

▶家庭環境に関する変化・問題

96 虐待が疑われるとき

場面例とポイント

欠席の連絡がたびたび来なかったり，話し合いや面談を勧めても拒んだりする。子どもに無関心で威圧的な様子である。

❶保護者を悪者と決めつけない，つながりを切らない

「あの保護者は」と決めつけない。子どもの安全が第一なので，「今日休んでいたので……」とあたりまえの理由で電話をし，保護者とのつながりを切らないことを心がけながら情報を得る。

❷「保護者の言い分」「子どもの思い」

「子育ては大変ですね」と話を向け，保護者の言い分をまず十分に聞く。保護者を責めても逆効果。保護者の言い分をよく聞けば，子どもの思い（気持ち）を保護者に尋ねても抵抗が少なくなる。

❸愛情の伝え方を確認する

面談では保護者の「愛情」を否定せず，その「伝え方」を話し合う。また，「無理に何かしなくても大丈夫」と伝え，心に余裕がもてるようにする。

考え方

保護者を責めてもうまくいかない。「悪い保護者」と思っても，指導でなく支援する気持ちで向き合うことが大切である。なぜ子育てがうまくいかないか，どうすればイライラしないかを一緒に考える。

①保護者を悪者と決めつけない，つながりを切らない

虐待がある場合，保護者自身も虐待を受けて育てられていることが少なくない。そのため，不適切な養育に違和感がなく，自分自身の行為を虐待と思っていないことが多い。虐待と言われると，戸惑いや怒りが生じ，追いつめられてしまう。早めに児童相談所に相談して対応の仕方に助言を得る。

②「保護者の言い分」「子どもの思い」

まず，保護者の言い分を聞く。「言いつけを守らない」「嘘をつく」など，保護者と子どもの問題が語られるようになれば，教育の問題として受け止められる。そのうえで子どもがどのような思い（気持ち）をもっているか保護者に尋ね，話してもらえば，その食い違いに気づくことがある。

③愛情の伝え方を確認する

保護者との面談は，このような問題やカウンセリングに通じた人の力を借りて行う。保護者の「愛情」を否定するのではなく，「愛情の伝え方」に問題があることを時間をかけて話し合う。同じ気持ちでも伝え方を間違えると「しつけ」でなく「虐待」になってしまうことに気づけるようにする。

また，子どもを傷つけてしまうことに比べたら，無理に何かしないほうがよいことを伝える。子どものささいな失敗も許せないために，無理に何とかしようとする悪循環を断ち切る。

!) 癒えない傷に悩む保護者の気持ちを理解する。

（武藤榮一）

▶家庭環境に関する変化・問題

保護者
97 保護者の精神疾患が疑われるとき

場面例とポイント

気分の浮き沈みが尋常でなく，頻繁に幻覚妄想や過度の恐怖感を訴えてくる保護者に，どのようにかかわるか。

❶現状を尋ね，願望を引き出す

「いまの気持ちのままで過ごされることは，大変ではありませんか」「もし，少しでも気持ちが楽になれる方法があるとしたら，取り組んでごらんになりますか？」

❷専門機関の受診を勧める

「一度，専門家に意見を聞いてみるというプランはいかがでしょうか？」「校医のA先生も診てくださいますし，公立△△病院も行けますよ」

❸受診に関する不安要素を取り除く

「受診なさるとして，不安に感じたりすることはありますか？」

考え方

精神疾患が疑われるほどにはっきりと症状があり，本人も不安に思っている場合は，医療機関などの受診を提案する。

外部機関との連携は学校と医療・福祉機関との組織対応にあたるので，紹介であっても管理職を通すことが必要である。保護者自身に病識がなかったり，周囲を巻き込んでしまう場合は，特に管理職や校医を含めた複数での対応が**重要**である。

前段階の対応として，(1)医療機関・保健機関との連携について管理職の了解を得る，(2)校医などの専門家に当該保護者の支援のあり方について相談する，(3)保護者と面談の約束を取りつけるなどを行

う。

①現状を尋ね，願望を引き出す

面接の基本的な流れは，(1)相手の身になる努力をする，(2)自分から「行ってみよう」という気になるように受診を勧める，である。留意点は，(1)批判しない，(2)複数の選択肢から選べる勧め方をする，(3)約束する，の３点である。

②専門機関の受診を勧める

複数の受診機関を紹介して，本人が選べるようにする。医療機関に抵抗がある場合は，保健所の精神衛生相談の利用を勧める。できるならば「初回はつき添う」と提案すると，受診意欲が増す。

③受診に関する不安要素を取り除く

不安に伴う質問としては「何でもないと言われたら？」と「治らないって言われたらどうしよう」が多い。

前者には「専門家から，何でもないと聞ければ安心が得られ，しっかり次のことが考えられます」，後者には「現代は早期発見して治療を受けたら，ちゃんと治るそうですし，われわれもついています」と毅然と答える。

最後に「いまの気持ちなら，いつごろ受診しますか」「受診なさったことを，どんなふうにして私は知ることができるでしょうか」と受診することを約束する。結果は管理職に報告し，次の対応を練る。継続的に保護者と話す機会をもつ。

> ⚠ 専門家の判断が必要であることに同意を得て，勇気づける。

（米田薫）

5章 保護者とのコミュニケーション

▶家庭環境に関する変化・問題

保護者
98 家庭内の問題を相談されたとき

場面例とポイント

「実はA君が頭が痛い，気持ちが悪いなどと毎日のように訴えて困っているんです」と相談されたが，だんだん夫婦間の問題に話の中心が移ってきた。

❶隠れた問題を意識化する

「なかなか問題の本質が見えてこないので，もう一度整理してみましょう。A君の体調のことでお困りのようですが，そのほかにご夫婦の問題でもだいぶ苦労されているのですね」

❷子どもの問題との関連のなかで聞く

「A君の問題と一緒に，お母さんが抱える問題も話していただいたと思います。これらはつながっている問題かもしれませんね。もしよかったら，お母さんの問題も話してもらえませんか」

❸家族機能の援助につなげる

「A君の問題どころではないほど，お母さんもつらいのではないですか。お母さんのつらさをA君はどのように受けとめているようですか」「お母さんのつらさはA君のつらさにつながっていくこともあります。A君のためにも一緒に考えていきませんか」

考え方

子どもについての相談で，保護者自身の悩みが話されることがある。子どものことより，保護者の抱える問題を話したいという思いで相談に来たのである。

この2つの問題はつながっている場合もあり，解決の糸口となりうる。可能な範囲で相談に応じ，子どもの援助のための家族機能を高める方向につなげたい。

①隠れた問題を意識化する

子どもの相談に来たのだから，子どもの問題の理解を進める。しかし，保護者自身が聞いてもらいたい問題があることに気づいておらず，話が進展しない場合がある。つらさや苦労を受けとめ，「〜の問題でも苦労されているのですね」と話題にしながら意識化する。

②子どもの問題との関連のなかで聞く

保護者が自分の抱える悩みや問題を率直に話せるような誘導が必要である。子どもが生活している家族の中での問題であるので，子どもの問題とのつながりが見えてくることも多い。子どもの問題との関連を視野に入れながら聞き取る。

③家族機能の援助につなげる

保護者の悩みや問題が話されたら，共感と受容の態度で相談に応じる。悩みを話すことで解決する場合もある。解決に至らなくても，少しでも保護者の悩みが軽くなればよい。家族関係がよくなれば，子どもの安定につながる。信頼関係をつくり，家族関係にはたらきかける貴重な機会につなげたい。ただし，DV（ドメスティックバイオレンス）など深刻な状況のときは，率直に専門機関を勧めるようにする。また，保護者には守秘義務を順守することを忘れずに述べる。

> 保護者が話しやすい雰囲気をつくる。

（根塚好子）

▶コミュニケーションの諸問題

99 保護者からもらい物

場面例とポイント

自宅に贈り物が届けられたが、保護者にどのように話して、お断りすればよいか。

❶配慮いただいたことに感謝を述べる

「気にとめていただきありがとうございました」と、感謝の言葉を述べる。

❷保護者の気持ちを聞く

保護者からなぜ送ったのかを説明されることが多いので、その気持ちを十分に聞く。

❸遠慮したい気持ちを伝えて、理解を求める

「~というお気持ちでお送りいただいたということはわかりました。感謝してくださるお気持ちだけでとてもうれしく、それだけで十分です。このように（贈り物を）送っていただくことは、私には過分ですのでご遠慮させていただけませんか」と質問の形をとってメッセージを伝える。

「私自身はA君が成長を見せてくれるだけでうれしいのでそれで十分ですので、やはりご遠慮させていただきたいと思います。どうぞ、ご理解ください」と断りの言葉を伝える。

考え方

①配慮いただいたことに感謝を述べる

贈り物に込められた気持ちを十分に理解して心から感謝する。

人は物に気持ちをこめて、贈り物をする。そして、贈り物を通して相手の気持ちを受け取る。さらに、「ありがとう」と、気持ちを受け取ったことを言葉で返す。「贈り物」を「物」として見るのではなく、「心」として見る習慣をもちたい。「心」として見るとは、送るにいたるまでの気持ちや、その「物」に込められた思いを感じるということである。それにこたえるだけの重みのある「ありがとう」を言いたい。そのように、物を通した気持ちの交流という形でコミュニケーションが成り立っている。

しかし、ときとして、贈り物に「不当な扱いを受けないように」といった不安や心配を解消する気持ちが込められている場合や、形式だからといった慣例だけの場合もある。そのような場合には学校組織として対応を考えることも必要であるので、管理職や同僚と対応の相談をすることも忘れてはならない。

②保護者の気持ちを聞く

感謝の言葉を述べたら、少し間をとる。そうすることで、贈り物に込めた気持ちを話してくることがある。そのときは、十分に相手の気持ちを聞くことが必要である。

③遠慮したい気持ちを伝えて、理解を求める

保護者の気持ちを理解し、その気持ちを受け取ったことを示す。そのうえで、贈り物という形でなくても、気持ちは受け取ったことを伝えて、理解を求める。

> ⚠ 贈り物に込められたメッセージを読み取る。

5章　保護者とのコミュニケーション

（森憲治）

▶コミュニケーションの諸問題

保護者
100 保護者からの私的な誘いを断る

場面例とポイント

保護者から学習指導の参考になるからと，環境問題のビデオを渡され，さらに研修会にも誘われた。どのように断ったらよいか。

❶善意と理解する

「ありがとうございます。学習指導にご協力くださる気持ちに感謝いたします」

❷概要を確認し関心を示す

「このビデオはどんな領域を扱い，どんな内容ですか。また，どこの会社が作成したものですか」

❸考えや気持ちを整理する時間をとる

「ご好意に甘えて，まずビデオだけをお借りしたいと思います。研修会については，費用や時間などの問題もありますので，まずはビデオを見させてもらおうと思います」

❹考えや気持ちをきちんと表現する

「研修会には時間が取れそうになくて参加できませんが，また教えていただけるとありがたいです」

考え方

保護者との信頼関係は，円滑な教育活動の基盤である。保護者からの私的な誘いは，教師に関心を示しているメッセージととらえ，リレーションづくりのよい機会にする。

保護者からの誘いを受け入れることが，関係づくりになるのではない。保護者の言いたいことを理解したいと，ていねいに話を聞くことが信頼関係を築く。また，相手を理解するために開かれた質問を行うことは，相手の情報を得るだけでなく，相手へ「あなたに関心をもっている」「理解したいと思っている」というメッセージを伝えることにもなる。

①善意と理解する

保護者の誘いを善意と理解する。そうすることで，感謝の気持ちをもつことが可能となる。

②概要を確認し関心を示す

どういったものであるかに関心を示し，勧めてくれようとする気持ちを理解することに努める。そうすることで，一部，相手の好意を受け入れることになる。

③考えや気持ちを整理する時間をとる

借りたビデオを見て，学習指導の参考にすることはできるが，研修会となると費用や時間といった問題のほか，どのような団体が運営しているのかということも問題となる。これらを判断して返答する。

④考えや気持ちをきちんと表現する

相手に嫌われたくない，関係を壊すのはよくないという非論理的な考え方（イラショナルビリーフ）にとらわれると，自分の考えを言えなくなる。相手の意見や感情に配慮しながら，自分の考えや気持ちを主張することが大切であるとの信念できちんと表現する。

> ⚠ 保護者の行動を善意と受け止める。

（大久保牧子）

▶コミュニケーションの諸問題

保護者 101 匿名の苦情

場面例とポイント

学校外での子どものよくない行動について，匿名で苦情の電話があった。

❶感謝の言葉を述べる

匿名での苦情では，感情的になっていることが多いので，「お知らせいただいて，ありがとうございます」と感謝を述べる。

❷共感しながらおわびする

「子どもたちがほんとうにご迷惑をおかけしました。申し訳ありません」「子どもたちが……したことで危ないと思われたのですね。申し訳ありませんでした」「子どもたちが……だったので残念に思われたのですね」とおわびの言葉を述べる。

❸苦情の内容について詳しく聞く

「恐れ入りますが，今後の指導のために，もう少し様子をお聞かせください」と5W1Hを聞く。「明日，朝の連絡で事実を話し，子どもたちを特定して指導したいと思います」と姿勢を示す。

❹名前を聞いてみる

「おわびに伺いたいのですが，連絡先を教えていただけますか」「子どもたちを指導したことについて，お知らせしたいと思いますので，お名前を教えていただけますか」

考え方

感情的になった匿名電話から，名前を聞き出そうとするのはむずかしい。言わないからといって，こちらも感情的になれば学校の信頼を失いかねない。無理に聞き出そうとせず，内容を真摯に聞く姿勢を示す。

①感謝の言葉を述べる

相手は感情的になっていることが多い。まず感謝の言葉を述べることで，真摯に聞こうとする姿勢を示して，相手の興奮を抑えるようにする。

②共感しながらおわびする

相手は不快な思いをして電話をしてきているので，子どもたちが不快な感情をもたせてしまったことにおわびをする。また，おわびしても誠意を感じてもらえないことがある。子どもたちのどんな行動が不快だったのかを言いかえながら，ていねいにおわびする。

③苦情の内容について詳しく聞く

子どもたちをしっかりと指導するために，苦情の内容を詳しく聞く。また，そのことによって，きちんと指導する姿勢があることを相手に示す。

④名前を聞いてみる

苦情の内容にもよるが，子どもたちへの指導を伝えたり，おわびに伺ったりすることもあるので，無理のない程度に名前を聞いてみる。

匿名の連絡で，かつ子どもの名前も明らかでないとき，子どもたちにきちんと指導できない場合もあることを相手に伝える。

> ❗ 匿名の苦情にも感謝とおわびを。

（中村成宏）

5章 保護者とのコミュニケーション

▶コミュニケーションの諸問題

102 毎日さまざまな苦情を寄せる保護者

保護者

場面例とポイント

このところ毎日のように電話で、さまざまな苦情を訴えてくる保護者がいる。どうしたらよいか。

❶訴えを落ち着いて受けとめる

「いつも貴重なご意見をいただき、ありがとうございます」と冷静に訴えを受けとめて、感謝の気持ちを述べる。

❷来校を促す

「大事なお話ですので、きちんとお聞かせいただきたいので、お手数でも学校に来ていただけませんか」と来校を促す。

❸再度話を聞く

ていねいな対応を心がけながら、「いまのお話はこういうことですね」「後で気づいたことがあれば、またお話しください」などと、じっくりと話を聞く。

❹できること、できないことを明示する

できることとできないことを具体的に伝え、「お気づきのことがあれば、いつでもお知らせください」と切り上げる。

考え方

毎日のように苦情を訴えてくる場合、その背景に、子育ての不安や保護者自身の問題が潜んでいることが多い。教師や学校に対する批判としてのみとらえず、その思いや願いが何であるかを明確にすることが必要である。

①訴えを落ち着いて受けとめる

保護者の訴えを最後まで聞き、連絡をくれたことに対する感謝を示す。ていねいに冷静に対処することが大切である。

②来校を促す

「きちんと話を聞きたい」という「誠意」を見せて、相手との関係性を保ちながら、保護者との面談の機会を設定する。

③再度話を聞く

面接の準備を行う。保護者には、共に、子どものよき成長を願うパートナーとして敬意を示し、お茶や座席の用意をしたり、ていねいな対応を心がける。

保護者が来校したら「お忙しいところありがとうございます」と礼やねぎらいの言葉をかけ、改めて保護者の話にじっくりと耳を傾ける。相手の拒否感情を和らげるような話し方をする。

信頼関係が深まると、「実は、子育てが大変で……」などの内省的な表現を引き出したり、周囲から孤立しているため、話し相手が欲しい、など相手の真意や事情を理解できたりするようになる。なぜ毎日のように訴えてくるのかを探りながら、話をじっくりと聞く。

④できること、できないことを明示する

保護者の真意や事情を理解したうえで、保護者が行うことと、学校の指導の改善や配慮が必要なこととを明確にする。また、学校で指導できないことを明確にする。最後に、今後も保護者と連絡をとって対応していくことを確認する。

> ❗ 親との信頼関係は誠意によって築かれ、誠意は信念（ビリーフ）によって磨かれる。

（川村淳）

▶コミュニケーションの諸問題

保護者
103 子どもたちの行動に対する苦情

場面例とポイント

うるさい，ごみを散らかす，じゃま，など近所の方から毎日苦情が寄せられる。どう対応したらよいか？

❶おわびと感情の支持
「ご迷惑をおかけして，誠に申し訳ございません。わざわざご連絡いただき，ありがとうございます」「いやな思いをさせてしまいました，おわび申し上げます」

❷対応することを告げる
「連絡いただいたことの事実を確認して，職員と子どもに伝え，指導を進めてまいります。本校の子どもは，指導に従って望ましい行動をとれると信じております。今後ともご連絡をよろしくお願いします」

❸苦情の裏にある気持ちを引き出す
「ほかに，学校や子どもに関して気になることはございますか」と苦情の裏側に隠れている気持ちにも耳を傾ける。

考え方

子どもの行動に苦情を寄せる人は，学校に不信感をもっていることが多い。不信感から，小さなことを見つけてまで連絡（苦情）を寄せることもある。その都度，おわびと感謝，指導を約束することが，学校の信頼を回復することにつながる。

①おわびと感情の支持

子どもたちの行動を迷惑に感じて苦情を寄せているのであるから，その気持ちを受けとめ，誠意をもって対応する。まず，子どもの行動が迷惑をかけたことをおわびする。また，連絡をくれたことに対して，感謝の気持ちを伝えると，苦情から，協力への体制ができる。

子どもや学校への非難に同調するのではなく，そう感じた人の感情を受け入れ，支持するようにする。

②対応することを告げる

学校として，保護者の声にしっかりと耳を傾け，問題解決に向けて誠実に対応しますという姿勢を示すことが大切である。「どのように指導していくのか？」というように問われたときには，「校長，教頭に連絡して，お答えいたします」という回答が適切である。

どのような場合でも，問題があったと受けとめ，しっかりと対応しますという姿勢を見せて，子どもが正しい行動をとれることに信頼をもっている姿勢を示すことが，学校の信頼の回復につながる。

③苦情の裏にある気持ちを引き出す

苦情を寄せるというのは，実際に訴えている子どもの行動そのものよりも，学校に対しての不信感を表している場合が少なくない。特に，毎日のように苦情を寄せる人には，強い不信感がある。率直に質問して会話を進めることで，本質的な問題が見えてくることがある。

⚠ 苦情から協力体制への切り替え。

（中居千佳）

5章　保護者とのコミュニケーション

同僚との
コミュニケーション

第6章

▶基本的なコミュニケーション

同僚 1 あいさつ

場面例とポイント

新しい職場は，同僚に声をかけにくい雰囲気がある。早く職員になじむためにもあいさつを上手に行いたい。

❶儀式（リチュアル）と割り切る

入り口で息を整え，部屋全体に届くような声であいさつをする。

❷非言語の部分も大切にする

少し近づいてあいさつをする。軽い会釈や笑顔を添えてみる。声を張り上げる必要はない。

❸あいさつにひとこと添える

「A先生，おはようございます」と名前を呼んであいさつする。また，「お疲れさまでした」「○○助かりました」「○○ありがとう」など，ねぎらいや感謝の言葉をつけ足すことで，あたたかな雰囲気が流れる。

考え方

あいさつはリレーションづくりの第一歩である。リレーションとは，あたたかな感情の交流のことである。

学校は組織である。教育目標を達成するための組織である。だから，組織の一員としての職員にリレーションがあり，さらに信頼関係があることが，大切なのである。「私はここにいる。今日も，あなたと一緒に仕事がしたい」という気持ちを伝えるのが，朝のあいさつである。相手に伝わるあいさつを実行したい。

①儀式と割り切る

相手の存在を認めるのがあいさつである。また，自分の存在を知らしめるのもあいさつである。お互いの存在を確かめ合うものと考え，割り切って行ってもよいのである。心を込めたあいさつが大切なのは言うまでもないが，儀礼的で形式的なあいさつから始めてよい。まずは明るくはっきりと大きな声で。

②身体表現を大切にしよう

次は仲よくなるためのあいさつをする。物理的距離は心の距離という。相手に少し近づいて，視線をその人に向けて声を届ける。手をあげたり軽く会釈をしたりすると，心の距離がぐんと縮まるはずである。身体表現も大切である。鏡で練習すると上達する。

③あいさつにひとこと添える

さらにリレーションを深めるために相手の名前を言い添えてみる。心の伝わり方が違ってくる。

あいさつにねぎらいの言葉を添えることができるようになれば，関係性はいっそう深まり，話しかけることも容易になる。どんなときにどんな言葉を添えられるか，自分なりに考えてパターンを準備しておくのも効果的である。

> ❗ 職員室に入る前に深呼吸。「今日も元気」と気合いを入れて，笑顔を意識する。

（笹原英子）

▶基本的なコミュニケーション

同僚 2 会話

場面例とポイント

職員室ではみんな黙々と仕事をしている。迷惑にならない範囲で声をかけてみたい。

❶話を始めるためのソーシャルスキル

まず「いま話しかけてもいいですか」「放課後，空いてますか」と相手の都合を聞く。そのうえで，自分の願いを率直に伝える。「授業のことで聞いてもらいたいのですが」というように，用件と自分の思いを簡潔に伝える。

❷チャンスを自分でつくる

「お茶はいかがですか」と休憩をつくる。湯飲みを差し出されたら，だれもがほっとした気分になる。休憩時間がチャンスになる。

❸感謝を伝える

聞いてもらえてよかったという思いをしっかり言葉にして，全体に伝える。

考え方

教師同士の会話は，一見雑談のようにみえても，情報交換や担任をサポートする役割をもつことがある。日常のなにげない会話が，リレーションを高める意味で欠かせない。しかし，職員室が黙々と仕事をする人で静まりかえっていれば，互いに話しかけるのを遠慮してしまうことが多いだろう。また，その場の雰囲気を読まずに，一方的に話しかければ，迷惑をかけることもある。

①基本的なソーシャルスキル

まず，相手の都合を確かめること。それから自分の用件（気持ち）を伝える。相手の時間を使わせてもらうのだから，簡潔に話すことも大事なことである。愚痴にならないようにしよう。

いまが無理な場合は後で聞いてもらいたいこと，いつなら時間を取ってもらえるかを確認する。

②能動的にチャンスをつくる

気楽に情報交換ができる雰囲気を自分で生み出す工夫も必要である。例えば，お茶出し。敬遠せずに，積極的に周囲の人にお茶を用意してあげよう。

③感謝を伝える

情報交換のお礼を伝えよう。その後の成果も伝えると話が弾むであろう。そして，周囲にも話を伝えるようにすると，聞いてくれた人とのリレーションが強まるだけでなく，職員室の雰囲気を変えることも期待できる。

改まった研修会も大切であるが，日々の情報交換は教員の力量を高めるために大切な営みである。仕事の師として，人生の師として，同僚から学ぶべきことはたくさんある。お互いに刺激し合い，学び合いのある職場づくりに貢献したいものである。ただし，愚痴のこぼし合いや悪者づくりにならないようにしよう。

> 愚痴からの脱却。前向きな話題や，共有できる方法論を中心に。

（笹原英子）

▶基本的なコミュニケーション

同僚
3 電話の取り次ぎ

場面例とポイント

保護者からの苦情の電話など，学校にはさまざまな用件の電話がかかってくる。どのように受けたらよいか。

❶あわてずに電話を取る

近くにいるものが，「はい，A学校，Bでございます。C様ですね」と落ち着いて相手の名前を確認する。

❷ていねいに話を聞き，用件を確認する

「××の件で，大切なお話があるということですね。大変ご心配をおかけしております。ただいま担当者に代わりますので，少々お待ちください」

❸担当者や管理職に電話を取り次ぐ

「Cさんから，××の件でお電話です」と取り次ぐ。必要に応じて，相手の様子も伝える。代わる人がいないときは，要点を確認し，「××のことでお困りということですね」「ご指摘をいただきありがとうございます」「担当に必ず伝え，こちらから連絡するようにしますのでしばらくお待ちください」「お知らせしていただきありがとうございました」と，のちほど連絡することを伝える。

考え方

電話は学校の窓である。電話応対が悪いと，学校全体の印象も悪くなりかねない。電話の応対は社会人の大切なソーシャルスキルであると心得，ふだんからていねいに応じるようにする。

①あわてずに電話を取る

電話は顔が見えない分，声や話し方でこちらの気持ちが伝わっていくものである。落ち着いた声で接する。

②ていねいに話を聞き，用件を確認する

「そうでしたか」などのあいづちを打ち，聞いていますよというメッセージを送り続ける。話し終わったところで，用件を繰り返して確認する。どんな苦情でも，誠実な態度で聞き，貴重な情報を得ることができたお礼を述べることもできたら，なおよいだろう。

話を受けとめてもらえれば，だれもが心地よさを感じる。これはこれからの対応について話し合う土俵づくりになる。

学校に対して不満や苦情を直接届けようと電話するのは，何とかしたい，してほしいという気持ちの現れである。そして学校が気づいていない情報である可能性が大きい。いわゆる学校批判とは異なると受けとめて対応したい。

③担当者や管理職に電話を取り次ぐ

担当者，あるいは内容によっては管理職に電話を取り次ぐ。取り次ぐときにあわてて，動揺が伝わらないようにしたい。

学校の危機管理の最優先課題の一つに話しやすい学校になっているかという項目がある。信頼される学校づくりには欠かせないものといえる。

> ❗ 落ち着いて聞き，取り次ぎ・連絡を確実に行う。

（深瀬薫）

▶基本的なコミュニケーション

同僚
4 来客の取り次ぎ

場面例とポイント

開かれた学校づくりが功を奏し，地区の方が頻繁に職員室に来るようになった。どのように応対したらよいか。

❶こちらからあいさつをする

訪問者には，明るい声と笑顔であいさつをする。どなたかわからなくても，学校に入ってきた人はお客様である。近年の不審者により事件に対しても，こちらから積極的にあいさつすることで，相手の反応を知ることにつながる。

❷ねぎらいを述べ，用件を聞く

近くにいる人が訪問者のところまで出迎え，「いつもありがとうございます」「ご用件はどんなことでしょうか」「〇〇の件ですね。おかけになってお待ちください。いま担当が参ります」と取り次ぐ。

❸案内する

必要ならば，来訪を管理職に知らせ，校長室などに通す。

考え方

開かれた学校づくりが望まれている。学校によっては，保護者や地区の方からの情報の窓口を設けているところもあり，地区の方からも，さまざまな要望が日常的に学校へ届けられている。このように学校に話を聞いてくれる雰囲気があると，たくさんの情報が入ってくる。

①こちらからあいさつをする

業者であっても，意見や苦情を言いに来た保護者でも，学校にとっては大切なお客様である。明るい声と笑顔で接したい。学校の雰囲気は，お客様から外に伝わっていくことが多い。

次のような対応ができる教師がいると，地区の方も学校に来やすい。

・人と笑顔であいさつできる。
・初めての人と明るい話題で話せる。
・人が話したいことを聞こうとする。
・誠意をもって聞こうとする。

このようなしぐさや察する心が，相手にもう一度会いたいと思わせ，次の来校につながるのである。

②ねぎらいを述べ，用件を聞く

たとえ忙しくても，訪問者のところまで近寄っていって話すのが礼儀である。自分が対応できないときは，周りの様子を見て，同僚にお願いする。待ってもらう場合は，いすを勧める。

③案内する

学校全体にかかわる話だったり，地区の役目で来ているときもある。用件を聞いて必ず管理職に伝え，しかるべき場所に案内する。

開かれた学校，特色ある学校づくりの方針が理解されると，保護者や地区の方に，自分も何か役に立ちたいと思う心理に裏づけられた動きが出てくる。そんな地域の方の心情を知り，来校を歓迎したい。話に対しては，あいづちを打ったり身をのりだしたりして真剣に聞くことができるようにしておきたい。

❗ 明るい声と笑顔でまずあいさつ。用件を聞き，確実に取り次ぐ。

（深瀬薫）

▶基本的なコミュニケーション

同僚 5 時間に対する意識

場面例とポイント

面談が長引き，生徒指導部会に遅れた。議論の成り行きに納得できず，持論をぶった。会議後，「待ってたんだよ。最初から出て意見してよ」と言われた。

❶**時間厳守はコミュニケーションの初歩の初歩**

「他者を大事にするということは，他者の時間も大事にすること」と心得たい。

❷**時間厳守は信頼の源**

遅刻はその段階で信頼を失い，周りを不安にしている。信頼できない人の言葉は心に届かない。

❸**信頼を高める事前到着のめやす**

信頼を高めるには事前到着が必要である。めやすは次のとおり。
(1)出勤は「登校時刻」前
(2)授業では教師こそ「ベル着」
(3)校内会議なら5分前着席
(4)出張などでは15分前到着

考え方

①時間厳守はコミュニケーションの初歩の初歩

会議の開始時刻に遅れたり，授業の開始時刻に遅れるのは，時間にルーズであるばかりでなく，他者への配慮がルーズだといえる。

他者を大事にするということは，他者の時間つまり命を大事にすることである。なんぴとも他人の時間（命）を奪う権利はない。遅刻のために10人を3分待たせたら，30分を奪ったことになる。時間管理は，社会人としての人間関係と信頼の初歩であり，よいコミュニケーションに絶対に必要な条件である。

②時間厳守は信頼の源

教師の仕事は，信頼がすべてである。信頼できない人の言葉は相手の心に届かない。言葉が届かなければ教育はできない。

③信頼を高める事前到着のめやす

事前到着は，信頼の源である。事前到着のめやすは次のとおりである。

(1)出勤時刻

法的には，「勤務の割り振り」として定められている。信頼を重視するなら，その学校で定めている「児童生徒の登校時刻（通常法定の20～30分前）」前の到着がめやすであろう。

(2)授業の開始

教師向けに「チャイムはドアの前で聞け」という言葉がある。教師も子どもも「チャイム着席」は学習保障の基本である。

(3)校内会議

定刻5分前には席についていることが，発言についても信頼を高める。

(4)出張などで参加する会議

15分前には到着していることが望ましい。参会者は，15分もあれば資料整理にも余裕がある。主催者は，15分前に招待者がそろうと非常に安心する。

❗ 他者と信頼を大事にする気持ちは，時間に対する態度に表れる。

（小室哲範）

▶基本的なコミュニケーション

同僚 6 退校

場面例とポイント

何も言わずに帰っていく教師がいるが，夕方退校するときには，どんなことに気をつけたらよいのか。

❶見回りや整とんを忘れない

教室や担当場所に変わったことがないかを確認し，職員室の机の上や机の周り，棚などの整とんを行う。

❷残る教職員に感謝を伝える

あとに残る教職員に「ご苦労様です。後，よろしくお願いします」という感謝の気持ちを伝える。また，不在の場合の対応に備え，自分の仕事で気になっていることがあれば伝える。

❸はっきりあいさつする

職員室から出るときは，「お先に失礼いたします」と大きな声で退校することを伝える。

考え方

退校時の言葉や行動は，その教師の周りの職員に対する気持ちや仕事に対する責任感を表している。また，明日のスタートを切るための心の準備でもある。

①見回りや整とんを忘れない

退校する前には，教室の整とんや戸じまりを再度点検する。整えられた教室から，子どもたちは朝のスタートをさわやかに切ることができる。子どもは教師に言われたことよりも，教師のしていることをまねるのである。

また，職員室の机の整とんは，常に心がけたい。忙しいから，書類が多いからという言い訳はやめたい。帰りにすっきりと片づけられた机は，その教師の仕事に対する姿勢を表しているのである。

②残る教職員に感謝を伝える

帰った後でも電話がかかったり，来客があったりすることがある。そのような場合は，残った教職員が対応してくれる。互いにかかわり合い，お世話になっていることを忘れず，退校時は周りに感謝する気持ちをきちんと表すようにしたい。

あたりまえのことをきちんとできることがソーシャルスキルの基本である。今日一日に感謝し，「明日もよろしくお願いいたします」という気持ちを伝え合うことが，職場の人間関係をよくする。

③はっきりあいさつする

「お先に失礼いたします」と大きな声で言うことは，残っている教職員への気配りである。子どもの事故にかかわる連絡がいつ入るかもわからない。そのためにも，退校したかどうかははっきりさせておきたい。

勤務時間を過ぎればいつ退校してもよいのに，「先に帰ることは悪い」というイラショナルビリーフにとらわれて，こそこそ帰ることはやめたい。はっきりあいさつすることが，一日の仕事のよい締めくくりとなるのである。

> ❗ 周りの人への感謝の気持ちを忘れずに。整とんは心を育てている。

（水上克美）

6章　同僚とのコミュニケーション

▶基本的なコミュニケーション

同僚 7 出張

場面例とポイント

3日間の出張に行くことになった。周りの教師にどのように伝えて行けばいいだろうか。

❶出張の理由と日時を伝える

出張名と，いつどこに行くかを主任や同学年の教師に伝える。

❷協力をお願いする

ホームルーム，授業（小学校の場合）や給食・清掃時の協力を教務主任や学年主任にお願いする。

❸授業（自習）計画を立て教材などを準備する

出張中の授業やホームルームで伝えることなどについて，計画を立て打ち合わせをする。

❹戻ったら，復命と感謝を伝える

考え方

①出張の理由と日時を伝える

用件と場所，日時を周囲に伝える。緊急事態が起こったときの対処のためにも明らかにしておく。

②協力をお願いする

ホームルーム，授業（小学校の場合）や給食のときの協力を教務主任や学年主任にお願いする。授業を代わってもらえる人間関係を日ごろから培う努力をしておく。

ほかの方の授業の交代も嫌がらずにやってきているか，教育の仕事は一人でなくチームとして成り立っている実感を互いにもてる関係になっているかがポイントである。

担任をしている場合は，子どもたちにも自習計画を示し，できるだけ自分たちでやれるように指示を出しておく。プリント配布や集める係，担当の先生との連絡係などである。

子どもたちが，自分たちの力で生活しようとする気持ちになるように，事前に支援したい。

③授業計画を立て資料を準備する

クラスに出る教師に，出張中の授業やホームルームで伝えることなどについて計画を伝え，打ち合わせをする。

④戻ったら，復命と感謝を伝える

出張は校長の旅行命令によって行くものである。終了したら速やかに復命をしなければならない。復命は校長に対してであるが，周りの職員にも内容を報告する。それによって，ほかの職員にも出張した意味づけが具体的になされ，次の出張のときにも理解を得られやすいものになる。とくに研修のための出張の場合は，学んだことを周囲に伝えることが大切である。ほかの教員の協力で出張ができたのであるから，職員全体にその成果を知らせ，これを日常の教育活動にどう反映させるかについて留意し，実践に役立たせることに努める。

> ❗ 職員間の交流をよくし，留守にするときに支援を受けやすくする。

（佐藤節子）

▶基本的なコミュニケーション

同僚
8 急な早退・遅刻

場面例とポイント

家族の急な病気や自分の急用で、早退しなければならないとき、上司や同僚にどのように伝えればよいか。

❶理由をはっきり相手に伝える

「お願いがあります。家族が急病で病院へ連れていきます」「申し訳ありませんが、早退（遅刻）させてください」

❷早退（遅刻）時間をきちんと伝える

「〇〇時間をお願いします」

❸周囲や同僚にお願いすることを具体的に伝える

「今日は〇〇活動で××をする予定です」「〇〇の授業は××の学習からです」または、「自習課題は、〇〇でお願いします」「いまからFAXで課題を送付します」

❹感謝の気持ちを伝える

当日：「急に迷惑をかけて、申し訳ありません。よろしくお願いします」

後日：「お世話になりました。ありがとうございました」

考え方

だれにでも急用ができたり、ほかの職員に負担をかけたり、お世話になる場面は起こりうるものである。そのようなときこそ、きちんとお願いすることである。

①理由をはっきり相手に伝える

急にやむをえない事態が起きていることを話すようにする。相手は、その状況を理解し、対応を考えてくれる立場にある上司にすべきである。

②早退（遅刻）時間をきちんと伝える

この場合、自分が欠けた時間を同僚などがカバーすることになるため、その時間を明確にすることが大切である。カバーする相手も予定の時間があり、いつまでやればよいかわかるということは、そこまで責任をもって対応してくれることにもなるのである。

③周囲や同僚にお願いすることを具体的に伝える

自分が欠けた時間、教頭や教務主任、または学年主任その他の教師が授業や活動を肩代わりすることになる。したがって、できるだけ具体的な課題をわかるように伝えることが必要である。

また、指導する内容がはっきりしていれば、教師も子どもも迷うことなく学習活動ができる。

④感謝の気持ちを伝える

「迷惑をかけて申し訳ない。お世話になり大変ありがたい」と、気持ちを率直に伝えていくようにしたい。急な出来事のため、周囲の職員はその対応に追われながらも心配しているものである。後でその理由を告げることも、仲間のコミュニケーションを円滑に進めるために必要である。日ごろから多くの職員をから支援してもらえる人間関係を築いておきたい。

⚠️ 迅速な報告、連絡、相談をする・感謝の気持ちを伝える。

（岩本吉美）

▶基本的なコミュニケーション

同僚
9 年休

場面例とポイント

明日から2日間，家庭の都合で休みたい。どのように伝えればよいか。

❶上司に事情を話す

「○○があって年休をいただきたいのです。忙しい時期にご迷惑をおかけしますがよろしくお願いします」と事前に話をする。年休の理由はとくに言わなくてもよいことになっているが，管理職と学年主任には話したほうが協力を得やすい。

❷留守中の段取りをつける

前もって年休を取ることがわかっている場合は，自習や校務分掌の仕事を準備する。またほかの人に学級をお願いすることがあるときは，相手の事情も考慮しながら事前に頼んでおく。

❸感謝の気持ちを伝える

年休を取った翌日に出勤したら，同僚に「お世話さま」「ありがとう」とお礼を述べる。

考え方

職場の仲間とは，助けたり助けられたりの関係である。紙切れ1枚で手続きを済ますのではなく，周囲の状況を見て気配りをしていきたい。感謝の気持ちをもつとともに，それを表現したり行動で表したりしていくことが必要である。

日ごろから報告・連絡・相談（ホウレンソウ）を心がけ，ほかの人を思いやって仕事を進める。大切なことは同僚との関係である。よい関係の中では年休も取りやすい。

①上司に事情を話す

年休（年次有給休暇）を取るとき，理由を言う必要はないという。働く者の権利だといってしまえばそれまでである。しかし，学校の実情を考えてみるとどうだろう。休んでいる間，学習指導，諸活動の面で子どもの面倒を見てくれる同僚，手を貸してくれる同僚がいるのである。それに対して感謝の気持ちをもちたい。

休み中のサポートに配慮してもらう管理職や学年主任には，理由を言っておいたほうが協力を得やすいだろう。それは，社会人としてのソーシャルスキルである。

②留守中の段取りをつける

代わりに授業に出てくれる教師がいる場合は，教科の進度や内容を説明してお願いする。また，留守中の校務分掌を点検し，書類を用意したり同じ係の教師に頼んだりする。

自習になる場合は，子どもたちに課題を明確に示し，教材を準備する。体育や工作・実験など，子どもたちだけのときに危険が伴う自習計画は避ける。

③感謝の気持ちを伝える

「お世話さま」「ありがとう」のひとことに，感謝の気持ちをのせる。ギブアンドテイクで，自分がほかの人の役に立てそうなときには，快く引き受ける。

> ❗「お世話さま」「ありがとう」のひとことは職場の人間関係の潤滑油。

（富樫智枝）

同僚
10 長期の休暇

▶基本的なコミュニケーション

場面例とポイント

体調不良のため，明日から1か月間の特別休暇を取ることになった。どんな配慮が必要だろうか。

❶報告とお願い

「突然のことで申し訳ありません。最近，身体の調子がおもわしくないものですから診察を受けたところ，入院，治療が必要と診断されました。加療に専念したいので1か月間のお休みをいただきます。ご迷惑をおかけすることになりますが，よろしくお願いいたします」

❷できる準備を行う

できる範囲で，引き継ぎのための資料を用意する。

❸休暇後の配慮

特休明け，出勤したら，「大変お世話になりありがとうございました」「お陰さまで，体調がよくなりました」と，できるだけ一人一人にお礼を述べる。

考え方

長期の休みは，日ごろの疲れから体調を崩したり，家族が重い病気になったりして，必要に迫られてやむをえず取ることがほとんどである。突発的に何が起こるかわからないのは，お互いに考えられることであるから，助けてもらうことを遠慮せず，気持ちよく休暇に入れるようにお願いの仕方を考えたい。

①報告とお願い

事前に上司に対しての相談は，済ませておかなければならないことである。

「権利だから」ではなく，事情を説明して快く休暇をもらうことが，安心して治療に専念するためのコツでもある。

同僚に対しても同じである。このとき教師自身の思いと感謝，同僚への配慮を込めて「よろしくお願いいたします」の言葉を伝えたい。

また，非言語でもメッセージが伝わることを意識したい。はしゃいだり浮かれたりした声の調子や態度では，あらぬ誤解を受ける危険もあるだろう。

②できる準備を行う

留守を預かる同僚にとっては，緻密な資料と引き継ぎが必要であるが，突発的なことでもあり，十分な準備はできないかもしれない。可能なかぎり，学級・教科に関する資料を整えたら，あとはその人におまかせすることを伝え，仕事がやりにくいことのないように配慮する。

③休暇後の配慮

相手を思い，心から「お世話さま」「ありがとう」のひとことを伝えることが，何よりである。

病後は体調も優れず，また，学校のあわただしい生活リズムにのるのも大変である。無理せず，周囲の人のやさしさに甘えて，徐々に体を慣らしていく。

> ❗ ひたすら感謝の思いを伝える。

（阿部由紀）

▶基本的なコミュニケーション

同僚
11 頼む

場面例とポイント

初めて高学年を担任したA先生。同学年の先生の授業を見て学びたいと思っている。どんな頼み方をしたらよいか。

❶気軽に自己の課題を語る

「算数の授業で子どもの多様な考えを引き出したいが、発問が子どもにうまく届かない。発問の内容や方法が私の課題であると感じている」というように、自分が何に困っているかを率直に語る。

❷目的を伝え、お願いする

「発問に対する子どもの反応を客観的に知りたい。それで、学年の先生の授業を見せてもらえませんか」というように具体的な目的を説明し、参観の依頼をする。

❸感謝を示し自分の授業を開放する

授業を見せてもらったら、ていねいに感謝の言葉を述べる。その後、自分の授業も見てもらい、自分では気づかない点についてアドバイスをしてもらう。

考え方

①気軽に自己の課題を語る

「教師になったからだれかに尋ねたり悩んだりすべきではない」というのはイラショナルビリーフである。学び続ける教師は子どもたちにとっても魅力的であり、成長する教師である。問題を一人で抱え込まず、自己開示を心がけて学年会に臨み、自分の課題を早めに伝えて、助言を得たい。問題解決のために、他の力を借りることは大切なことである。

学年会は、経験年数や性差はあっても、子どもの実態や学年経営・教材研究や授業の進め方などを話題にして、課題解決を図る場である。そして教師の学びの場である。その場を大いに活用する。

②目的を伝え、お願いする

頼まれる側の状況や時期などを考慮したうえで、お願いする理由や目的、何をしてほしいかを具体的に伝えることが大切である。この場合は「学ばせてほしい」という立場で依頼したほうが受け入れられる。

③感謝を示し自分の授業を開放する

授業を見せてもらった後は、自分にとってどのように役に立ったかを具体的に伝え、ていねいに感謝の気持ちを述べる。授業を見られるのには抵抗を感じる教師が多い。自分の学級も見ていただき、改善点を教えてもらえる絶好の機会にするとよい。ほかの人は知っているのに、自分は気づいていない部分がけっこうあるものである。子どもへの語りかけ方のくせ、視線のくせ、応答の仕方のくせなど、自分が気づかない部分をほかの人に教えてもらったほうが克服できる。謙虚さが問われる。

年に数回の授業研究会だけではなく、日々の授業をお互いに見合い、一緒に取り組むことで、教師としての成長が期待できる。

> ❗ 相手の立場を尊重して依頼すること。指導上の悩みは、早めに学年主任や教科主任に相談する。

（木村慶子）

同僚 12 断る

場面例とポイント

同僚からの依頼や誘いを断りたい。どうしたらよいか。

❶謝罪を伝える

「いいお話をありがとうございます」「せっかくのお誘いなのに申し訳ありません」

❷断りの理由を話す

「実はその日，別の研究会に参加を予定しています」「ほかの話が進んでいます」

❸断りの表明

「ですから今回は参加できません」「それで承りかねます」

❹必要なときは代替案を提示

「次回にお誘いください」「いまは別の学習に力を注ぐつもりです。今後もお誘いを受けるのはむずかしいでしょう」

考え方

同僚からの依頼は，研究会への誘いから縁談までいろいろ考えられる。自分も相手も大切に，自分の考えや自分の気持ちを率直に正直に，その場にふさわしい方法で自己表現することをめざしたい。このように自分も相手も大切にしようとする自己表現をアサーションという。

「断り方」の行動には，大きく分けて下記の3つの種類がある。このうち(3)がアサーションである。

(1)攻撃的な行動＝自分のことだけを考え，相手を無視して自分を押し通す行動。突っぱねた断り方をする人である。
(2)非主張的な行動＝自分を押さえて相手を優先し，泣き寝入りする行動。心の中では嫌だなと感じていても，押し殺して引き受けてしまう人である。
(3)自己主張的な行動＝相手にも配慮しつつ自分を大切に行動する。

自己主張的な断り方は，今後も仲のよい関係でいるためにとても役に立つ。以下の4つの手順で伝える。

①謝罪を伝える

誘いはありがたいが応じられないということについて，謝罪を伝える。

②断りの理由を話す

断りたいと思った事情や自分の感情に合わせて理由を伝える。

はっきりと理由を述べて断る場合もあれば，「いまは考えるゆとりがありませんので，お許し願います」のように婉曲に断る場合もあるだろう。

③断りの表明

断りにくい場合や，断った後の人間関係がまずくなるのを避けたい場合もあるかもしれないが，早めに簡潔に自分の気持ちを述べたほうがよい。

④必要なときは代替案を提示

断ったことで相手と疎遠になるのではなく，お互いに今後もつきあっていけるようにする。それゆえ「○曜日なら都合がつくのですが，○さんを紹介しましょうか」など，好意の念を表すことである。

> ❗「謝罪」「理由」「断り」「代替案」を示す。

（富樫智枝）

▶基本的なコミュニケーション

同僚
13 教えてもらう

場面例とポイント

A先生が足で集めた地域のたくさんの情報を、生活科の授業のために教えてもらいたい。

❶敬意を表して率直にお願いする

相手に時間をとっても大丈夫か尋ね、「生活科で〇〇の学習をしたいと思い、先生に教えていただきたいのです」とお願いする。教科について教えてもらう気持ちでていねいに頼む。

資料を受け取る際は「大切な財産を貸してくださってありがとうございます」と礼を述べて両手で受け取り、大切に扱う。

❷感謝と報告

「先生の資料を使ったら、Bさんがとてもいきいきと活動しました」「資料のおかげで、学習が深まりました」など、借りた資料の効果を具体的に報告して礼を述べる。

❸日ごろのコミュニケーション

お茶など、ひと息つける場でさりげなく「資料を集めるのに、どのくらい時間がかかったのですか」「どうやって集めたのですか」など、資料集めについて尋ねる。

考え方

①敬意を表して率直にお願いする

ある分野の研究にたけ、何年もの経験がある人と同等の資料を急に用意しようとしても、及ぶわけがない。また地域の情報は文献や資料が少なく、情報収集は困難をきわめる。敬意を表して素直に「この分野ならA先生と聞きました」と頭を下げてお願いする。

事前の教材研究や自分なりの情報収集の努力をしたうえで聞くことは最低の礼儀である。相手から「どうぞ」と資料を提示してもらえる場合もあるだろうし、「実は資料について困っている」と具体的に伝えることが必要な場合もあるだろう。

②感謝と報告

資料がどう役立ったか具体的に伝えて礼を述べる。資料が役立つ＝A先生が役立つということであるから、貸した甲斐があったと感じてもらえる。また、借りた自分が授業研究を怠らずまじめに資料活用をしていることを伝えられる。

③日ごろのコミュニケーション

実際に活用することで、同等の資料を集めたくてもすぐにできるものでないことに気づき、資料の貴重さやA先生の偉大さがわかる。それを折りにふれ話題にしていくと、感謝の気持ちが自然に伝わり、「困ったときや用のあるときだけ頼り、あとは知らんぷりする要領のいいヤツ」などと誤解を受けることもない。

人に助けてもらうと、自分もだれかのために役立ちたいと思えるようになる。それが行動に表れると、ギブアンドテイクの、気持ちよく働ける職場になる。

> ⚠️「〇〇ならあの先生！」と気軽に頼める職場の雰囲気づくりを進める。

（小川暁美）

▶基本的なコミュニケーション

同僚 14 感謝を伝える

場面例とポイント

出張後，代替で授業をしてもらった同僚に，どのように感謝を伝えればよいか。

❶できるだけ早く感謝を述べる

「いろいろお忙しいときに，授業を引き受けていただきありがとうございました」

❷様子を聞く

「ところで子どもたちはどんな様子でしたか」と，出張中の授業での子どもの様子を聞きながら，授業の進行状況を確認する。

❸どんなに助かったかを述べる

「出張で学校を離れたときは，どうしても子どもや授業のことが気になるものですが，先生が快く引き受けてくださったので，安心して出張に出かけられました。また，先生が代理で授業をしてくれることを子どもたちは楽しみにしていました。先生から子どもたちの様子についてうかがって，日ごろ，自分では気づかない子どものことを教えてもらうこともできました。ありがとうございました」

考え方

合同で授業をした場合や特別授業をしてもらったときなど，同僚に感謝の言葉を伝えなければならない場面はたくさんあるが，感謝を伝える言葉は意外に少ない。「ありがとうございます」というひとことで済ませず，感謝の気持ちを伝えてコミュニケーションがより深まるよう工夫をしたい。

①できるだけ早く感謝を述べる

この場合は，管理職に出張の復命報告をしたあと，すぐに代替で授業を行ってくれた教師に感謝の気持ちを伝えることが大切である。出張から帰った当日もしくは翌日に「素早く」「直接」「具体的」に感謝の気持ちを伝える。

出張は業務命令であるから，だれかが代理で授業を補うのは仕方がないことではある。しかし，通常の授業以外に加算される代理の授業はだれにとっても負担である。「代わってくれるのがあたりまえ」などとと思わないように気をつけたい。

②様子を聞く

子どもや授業の様子を尋ね，子どもたちがどのように過ごしていたかを教えてもらう。授業の進行状況を確認するとともに，「思わぬ苦労をかけませんでしたか」という感謝とねぎらいの意味を込める。

③どんなに助かったかを述べる

最後に，おかげで充実した出張ができたことを伝える。安心してクラスや授業をお願いできるのは教師間の信頼関係があるからである。自分もほかの人の役に立てることがあるかを考え，お互い気持ちよく仕事ができるようにしたい。

> ⚠ 感謝の言葉は，素早く，直接，具体的に。真心を添えて。

（本多豊）

▶基本的なコミュニケーション

同僚 15 苦言を呈する

場面例とポイント

昨年担任をしていた別室登校の子どもが、現担任への不満を漏らした。これを伝えるにはどうすればいいか。

❶子どもの話を聞いて問題をつかむ

子どもの話の中から、対応の改善点を具体的につかむ。

❷担任の話を聞く

「A君のことですが、最近の様子はどうですか。別室登校の状態が続くと、担任としては気が重いですよね」と労をねぎらいつつ、担任の考えを聞く。

❸同僚として担任に話す

「この前話したとき、勉強の遅れを気にしている様子でしたが、何か言っていますか？」と子どもの様子を知らせ、状況に気づいているかを確認し、解決策を一緒に模索する。その際、「よけいなお世話をさせていただきますね」「聞きづらいかもしれませんが…」などと前置きをして話すと受け入れやすい。

❹フォローする

「数学の勉強は私がお手伝いをしましょうか」など、できることを申し出る。

考え方

苦言を呈するのはむずかしい。信頼関係がないと、否定されたと感じたり、嫌みに聞こえたりするからである。人様のやり方に意見するのだから、十分な信頼関係を築く努力をし、相手の人格を傷つけない言い方、役に立つ情報の提供の仕方、フォローを工夫することが必要だ。

①子どもの話を聞いて問題をつかむ

まず子どもの話から客観的な情報をつかみ、問題解決の必要な点とその伝え方を考える。子ども自身が担任に言えることはないか、あるいは自分が意見を言ったほうがよいかを考える。子どもと現担任の関係が悪化しないように気をつける。

②担任の話を聞く

子どもが不満をもっていても、担任としては子どものことを気にかけているものである。労をねぎらいつつ、その子どものことを話題にして担任の話を聞く。

③同僚として担任に話す

子どもへのかかわりについて気になっていること、例えば、(1)別室登校をしている意味、(2)友人関係をどう見ているか、(3)学習の取り組みをどう支えていくかなどについて話を聞き、子どもの不満に気づいているか確認する。気づいていない場合は情報提供する形で伝え、子どもへの指導の仕方を一緒に考える。

また担任が、集団になじみにくい子どもを理解していなかったり、苦手な子どもと感じるために話しかけていないことに気づいていなかったりする場合もある。担任の自己盲点も伝えていく。

④フォローする

子どもへの対応のよい循環をつくるよう、自分ができることをする。

> ❗ まず労をねぎらい、話を聞く。助言は具体的に。

（佐藤節子）

▶基本的なコミュニケーション

同僚
16 苦言を受ける

場面例とポイント

自分が担任する子どものことについて同僚から苦言を受けた。どう話を聞けばよいか。

❶感謝の念をもって聞く

「知らないでいました。教えてくれてありがとう」「迷惑をかけて申し訳ない。私の気づかない点を教えてくれて感謝します」

❷事実と感想を分けて聞く

「どのような様子だったのか，もう少し詳しく教えてください」と事実を確認しながら真摯に受け止めて聞く。

❸指導方法について意見を交換する

日ごろの子どもの様子や自分がどのようにかかわっているかを説明し，どうすることが子どもにとってよいのかを相談する。「あの子は相手の気持ちを考えずに言ってしまうことがあります。そんなとき，自分の思いをあまり語ろうとはしないのですが，どうしたらいいのでしょうか」

考え方

①感謝の念をもって聞く

「担任する子どもの非は自分の非」「教師たるもの，自分の非を指摘されてはならない」という考えは，イラショナルビリーフである。苦言をもらえる分，子どもや自分が伸びる可能性が大きいと思い，感謝して受けとめる。

②事実と感想を分けて聞く

悪いイメージの発言について即座に否定するのではなく，同僚がどのようなことからそう感じたのかをきちんと聞くことが大切である。

ときとして学級担任が見逃している事実や行動について情報提供をしてもらったり，別の見方を示してもらったりすることで，子どもの全体像を的確にとらえる手助けとなることも多い。学級担任こそ何でも知っていると感情的になるのではなく，事実をていねいに確認しながら受け止めることが大切である。

③指導方法について意見を交換する

問題解決が必要なことについては，自分が悩んでいる場面を出しながら指導方法について意見を求める。

また担任である自分の前での子どもの様子や長所を語ることで，同僚にその子の成長を認めてもらえるようにする。学級担任として，自分が日ごろどのような思いでかかわっているかを具体的に説明し，考えをきちんと伝えるとともに，子どもの日々の成長を信じていることを伝える。

日ごろから，学級担任の思いを同僚に理解してもらう機会（子どもを語る会）などが定期的にあるとよい。

> ❗ 苦言は自分が伸びるチャンス。貴重な助言として真摯に受け止める。自分の思いをしっかり伝える。

（森悦郎）

6章 同僚とのコミュニケーション

▶教職員との人間関係づくり

同僚 17 先輩教師とのつきあい

場面例とポイント

学年団の先生方は先輩ばかり。どのようなおつきあいの仕方がいいのか。

❶尊敬の気持ちを表す

先輩に対して敬語を使うのは社会人としてのマナーである。また，教師は子どものモデルとなる存在である。丁寧語・尊敬語・謙譲語をほどよく使っていきたい。非言語でのつきあいも大切。お茶を出したり，体を使うことを積極的にしたりすることも大事なことである。

❷自己開示でリレーションづくりを

うまくいったことや悩んでいることなど，積極的に子どもの話をする。子どもの話で盛り上がる。また，授業の話をたくさん聞いてもらう。用意した教材，授業の組み立て，子どもの反応を，語ってみる。

❸自分にできることを見つける

仕事に関しては，若さを生かし，新鮮な意見を積極的に提案する。前例は大切にしつつも，新鮮な活動案は自分から発信する。

考え方

①尊敬の気持ちを表す

敬語をほどよく使えるようになりたいものだ。それには，自分のモデルとなりそうな人の立ち居振る舞いや話し方を学ぶとよい。話し方教室のビデオなどで研究するのも一案である。

あいさつや言葉遣い，服装，時間や期限を守るなど，社会人として当然のことができない教師が意外に多い。また，言われたことを忘れないようメモをとったり，忙しそうにしているときに話しかけたりしないように，相手の様子をよく確かめる。平気で迷惑なことをする教師は，けっして信頼されることはない。

②自己開示でリレーションづくりを

年度当初に先輩教師と意思の疎通を図る。また自分から積極的に学級の様子を周囲に知らせておき，風通しをよくしておきたい。

ソーシャルリレーション（役割交流）だけでは，冷たい職場になる。パーソナルリレーション（感情交流）を，同世代の人とだけではなく，積極的にたくさんの人と取るようにしたい。

③自分にできることを見つける

細かい指導技術は未熟でも，若い人の斬新なアイデアは先輩の教師にとって大切なものである。質問，意見を恐れずに自分の考えを言おう。ただし，自分の考えに執着せずに，よい点はどんどん取り入れていくことが大切である。どうしても先輩の意見を受け入れられない場合は「〜したいと思うのですが，いかがですか」と相手の意見を尊重しながら，自分の意見を述べる。

> ❗ 目上の人に対するソーシャルスキルを身につける。信頼される自分づくり。柔軟性。

（及川哲子）

▶教職員との人間関係づくり

同僚 18 後輩教師とのつきあい

場面例とポイント

同じ学年にいる後輩の教師が，学校に慣れ，楽しく学校生活を送れるようにするためにどうかかわったらよいか。

❶自己開示でリレーションづくり
自分の授業や子どもとのやりとりについて失敗談も入れて語る。

❷プラスのメッセージを伝える
よくやれていることや努力していることを認め伝える。

❸学級経営・授業について共に考える
一緒に考えながら，本人が解決策を見いだせるようにする。

❹一緒に残って仕事をする
許すかぎり，時間を共有する。

考え方

①自己開示でリレーションづくり

仲よくなるために，日ごろからたわいもない会話をする。自分のことをさりげなく話すとぐっと距離が近づく。

自分がかつて悩んだこと，失敗談なども心を開いて話し，後輩の教師が自分の悩みを語れるような雰囲気をつくる。先輩の姿は，後輩にとって教師の仕事をするうえでのモデルになる。

②プラスのメッセージを伝える

経験年数が少なくても，その人なりにがんばっているところや，人柄のよさが必ずある。そのよさを伝える。とくに自信をなくしているときは，「～のことがんばっているね」「この前の～よかったよ」とプラスのメッセージを必ず伝えよ

う。

③学級経営・授業について共に考える

悩んでいることについて相談を受けたら，自分の経験上すぐにアドバイスできる場合であっても，一緒に考えながら本人が解決策を見いだせるようにかかわることを心がける。いつも先輩の教師から聞き，それと同じ対応をするということだけで解決しようとすると，自分の学級の子どもの実態に目を向けなくなり，マニュアル的な対応になってしまう危険がある。自分で考え，解決していくというプロセスが大切であること，いつも学級の子どもたちをよく見取るということを中心にすえて，学級経営をすることが大切だということを伝える。

このとき，先輩として自分の考えどおりやったらいい，と押しつけるような態度はとらない。また，自分が解決してあげたというおごりも禁物である。

④一緒に残って仕事をする

時間を共有することがリレーションを深める。また，一緒に仕事をする中でしか教えられないことも多い。

相談しやすい人とは，「構えのない人」「ふところの広い人」「忙しさを感じさせない人」である。相談される先輩をめざしたい。

> 新採のころ自分がしてほしかったことを思い出し，試行錯誤をあたたかく見守る。待つことのできる先輩に。

（佐藤和）

▶教職員との人間関係づくり

同僚 19 学年団の教師とのつきあい

場面例とポイント

同じ学年の教師たちと1年間うまくつきあっていくためにはどうしたらよいか。

❶自分の役割をきちんと果たす

役割遂行上、必要な報告・連絡・相談をきちんと行う。

❷子どもの話をどんどんする

担任をもっている教師全員で学年の子ども全体を担任しているつもりで話す。

❸自己開示をする

自分のことを大いに理解してもらう。自分の長所・短所を知ってもらう。そのためには、適度に自己開示する。家族の話や趣味の話など、楽しく語りたい。

❹合わない人とのつきあい方

いくら努力してもどうしてもそりが合わない人はいる。そのときは、つきあいの方法を工夫する。

考え方

①自分の役割をきちんと果たす

学年団の中での自分の役割を明確にし、適切に遂行する。そのためには、学年主任やメンバーと情報交換したり、意見をもらったりすることが大切である。自分から積極的に報告・連絡・相談を行う。

仕事の分担では、得意分野を尊重し合う。相手の優れた点を素直に認め、その分野について任せる。してもらったことには感謝の言葉を必ず伝える。分担に同意した以上、失敗しても責めずにフォローし合う。

また、自分ができることは進んでやってみる。失敗をおそれず、新しいことに挑戦したり、一緒に仕事をしたりしながら学んでいく姿勢が必要である。でも、できないことはできないと正直に相談する。無理して引き受けた結果、できなければ迷惑をかけることになるし、自分も苦しくなる。

②子どもの話をどんどんする

子どもをどう理解し、どんな子どもに育てていきたいかについて、学年当初に教師たちとできるだけたくさん話す。自分の考えの枠組みの修正にもなるし、学年の教師としての姿勢もここでうかがえる。

③自己開示をする

職場のこと、家族のこと、趣味、自分の願いなどを、自分が話せる分野から少しずつ話す。家族のことや趣味のことを互いに知っていると学年会が和む。

④合わない人とのつきあい方

できるだけ仕事を分担して、互いのエリアを尊重し合う。そりが合わなくても、仕事は進めなければならない。役割を遂行することを第一にして付き合う。また自分が日ごろ思っていることを、ほかの学年の教師や養護教諭などに聞いてもらい、愚痴を言うことでストレスをためないようにする。

> 役割関係を大切にする。
> 自己開示でパーソナルリレーションをつくる。

（佐藤和）

▶教職員との人間関係づくり

同僚 20 教科団の教師とのつきあい

場面例とポイント

初めて転任したA教諭。同じ教科の先生方には授業研究や教材研究でお世話になりそうだ。どんなつきあい方が必要だろうか。

❶自己開示でリレーションづくり

「専門は物理。これまでは時間の関係で教師主導の化学領域の授業が多かった」「趣味は星と対話すること（天体観測），マウンテンバイク」など，リレーションをつくるためにできる範囲で自己開示をする。

❷教科指導への願いを語る

「化学の魅力をもっと子どもに伝えたい。体験する楽しさを追及させるために，実験を重視したい」など，課題と指導観や抱負を語る。

❸教材・ワークシートの共有化を進める

積極的に教材・ワークシートを提供し，学び合える関係をつくる。

考え方

専門の指導領域をもつ教科団である。メンバー相互のよい人間関係は，よい教科経営，授業づくり，効果的な指導づくりにつながる。

①自己開示でリレーションづくり

転任後はお互いに「どんな人なのか」が気になり，つながるきっかけを求めている。服装や雰囲気などの非言語の影響も大きいので不快感を与えないよう気を配りたい。また，自分を語ることがリレーションづくりの第一歩である。趣味はもちろん考え方，あえて弱点や失敗などを語ることで，お互いへの親近感が高まる。

②教科指導への願いを語る

教科団に自分はどのような指導をしたいのかを語る。例えば化学の魅力を子どもに伝えるために実験を重視したいこと。そのために教材研究，特に実験準備に時間をかけたいことなどを具体的に伝える。

ここで大切なことは，なぜそのような指導観をもつにいたったか，これまでの反省をふまえて語ることである。「支援してやりたい」という思考が教科団内に発生することが期待できる。具体的な質問をしやすくなり，子どもの実態や各領域の指導の工夫などを語り合うことが円滑になる。

学校の慣習に配慮せず「前任校と同様にやります」などと一方的な指導観を語ることは，共感を得られないので慎みたい。「教科団の先生方に学びたい姿勢」を誠実に伝え，教科団に協力することを伝えておきたい。相互に子どもを語り，教材を語り，指導観を語り合うこと（シェアリング）でお互いを理解し，自分を高め，結果として子どもに反映することになる。

③教材・ワークシートの共有化を進める

「こんな教材をつくりました」「このワークシート使ってみませんか」など，自分から資料・教材を提供する。こちらが開くことで，情報は行き来するだろう。

⚠ 自己開示。
学ぶ姿勢で接する。

（木村慶子）

6章　同僚とのコミュニケーション

▶教職員との人間関係づくり

同僚 21 校務分掌組織内のつきあい

場面例とポイント

今年度，生徒指導部になった。同じ指導部の教師とは日ごろからの情報交換が必要だと聞いている。どのようにしていけばいいだろうか。

❶これまでのやり方を知る

「去年はどのようにしていましたか。参考にさせてください」と，同僚の話をまずは聞くことである。

❷ホウレンソウ（報告・連絡・相談）で進める

「このように進めていきたいと考えているのですが，どうでしょうか」と自分の考えを経験のある教師に提案して，意見を聞く。

❸休憩時間のリレーションづくり

さまざまな機会に本音を聞く，本音を話す。お互いの共通点を見つけることを優先させ，批判だけに終わらないような配慮が必要である。

考え方

赴任したばかりの学校で，または初めてその分掌になったときには，同じ指導部の同僚とリレーションをつくることが大事である。われわれは相手とよい関係をもちたいという欲求をもっている。相手とうまくつきあっていくためのスキルを知っていると，精神衛生上も非常に安定してくる。

①これまでのやり方を知る

生徒指導部の仕事は，その学校の地域性や学校全体のさまざまな教育活動との関連，子どもの実態などともかかわりが深いものである。前例を大切にし，それを実行に移してみることが重要になってくる。先輩または経験者の話を聞いて，仕事のやり方に慣れることである。その後で，改善したほうがうまくいく点，新たな方法を考えることが望まれる。

②ホウレンソウ（報告・連絡・相談）で進める

生徒指導部長や先輩教師に自分の考えを相談して，アドバイスをもらうことを大事にしたい。自分が提案者の場合には，事前に同僚などに見てもらい，「このように進めたい」という自己主張をしつつも，意見を聞くのがよい方法である。

相談することで，その学校のやり方の不備な点が明らかになることもあり，新たな方法に変わることもある。

③休憩時間のリレーションづくり

仕事の合間のお茶を一服の時間，または行事の後の飲み会などを利用する。積極的に，同じ分掌の同僚と本音で話をするのがいちばんであろう。批判的でなく聞くことである。何でも協力するという姿勢を示すことも大事である。関係性ができたところで，初めて自己主張をするのである。

これまでのやり方を聞く。報告・連絡・相談を大切にする。

（後藤玲子）

▶教職員との人間関係づくり

同僚
22 養護教諭とのつきあい

場面例とポイント

保健室に頻繁に行く子どもがいる。養護教諭とどのように連絡を取ればいいだろうか。

❶情報交換を頻繁に行う

学級での子どもの様子などを話しておき，「保健室に来たときの様子をお聞きしたいのですが」とお願いする。

❷担任が保健室に出向く

子どもが保健室にいるときに，担任が顔を出して，養護教諭と一緒に子どもの話を聞く。

❸一緒に対応を考える

「どのように子どもに対応していったらよいか，ぜひ一緒に考えてください」とお願いをする。

考え方

養護教諭はその専門的な職務から，子どもたちの体・心にかかわるさまざまな情報をもっている。子どもを総合的に理解していくために養護教諭と連携していくことはとても大切なことである。

①情報交換を頻繁に行う

お互い，子どもについての情報は，部分的であったり，偏りがあったりする。そこで，保護者への対応や，学習の様子などは知らせておきたい。いっぽう子どもの学級での表情と保健室での表情とでは違うことが多々ある。だから保健室での子どもの様子や話している内容などを，聞かせてもらえるように頼んでおくなど，コミュニケーションを密にする。子ども をさまざまな場面で見ていくために必要なのが，情報交換である。

②担任が保健室に出向く

担任も保健室に時折出向いて，保健室での子どもの様子を観察したり，保健室で子どもと話をしたりしたいという希望を養護教諭に伝える。

担任が積極的に子どもにかかわろうとしている姿勢を示すことで，養護教諭からの協力も得やすくなる。

しかし，子どもには，担任に話したくない内容もあるので，養護教諭に任せる割り切りも必要である。

③一緒に対応を考える

解決志向の対応を一緒に考える。何がいちばんその子どもにとって必要なのか，いますぐにできることは何なのか，歩調を合わせてやっていくことは何か，役割分担すべきことはどんなことか，などについてお互いの考えを遠慮せずに言い合えるように，日ごろのリレーションづくりを大切にする。担任の本音や弱音も聞いてもらえる関係をつくりたい。

養護教諭は，カウンセリングや心の発達について，とてもよく学んでいる人が多い。自分のクラスの子は，自分ですべてしようという気持ちを捨てて，多様に子どもを見，対応できるようにする。

> ⚠ こちらから積極的に声をかる。
> 情報を交換する，相談する。

（後藤玲子）

6章 同僚とのコミュニケーション

▶教職員との人間関係づくり

同僚 23 事務職員とのつきあい

場面例とポイント

予定外の教材が急に必要になった。安い物で代用ができるので先買いをして、あとで購入費を出してくれるように事務にお願いしたら、相談なく買った物には払えないと断られてしまった。

❶仕事のルールを守る

今回は、お金を払って勉強したと思いあきらめるのがいちばん。

お金に関することは、必ず事務に相談することがルールである。

❷日常のコミュニケーションを大切に

事務職員には、事務的なことはもちろん、電話を取り次いでもらったり、教材の管理をしてもらったり、目に見えないところでたくさんお世話になっている。必要以上の気配りはお互いに負担になるが、大人としてのつきあいは必要。子どもが掃除道具を壊したときに一緒に行って謝ったり、事務の仕事にお礼を言ったり、日ごろのコミュニケーションを大切にする。

考え方

①仕事のルールを守る

まずは、手続きをおろそかにせず、締め切りを守ること。事務職員の仕事は、提出期限に縛られる仕事が多く、その期限に遅れるとさらに複雑な処理をしいられる。期限に遅れた場合は、システム的にそういう人を救済しなければならない。しかし、遅れた本人はその間の事情を知らないので「期限を守る」という認識が生まれず、同じことを繰り返すことになりがちである。

②日常のコミュニケーションを大切に

多数の教職員に比べ、学校事務職員は、一校に１人か２人である。事務職員は教師たちの職務や私的情報を知る機会は多いが、教師側は学校事務職員の職務についての理解がおろそかになりがちである。

このような状態を踏まえたうえで

・あいさつ

・出勤簿の捺印

・早めの事務手続き（遅れるときは連絡）

・事務の手を通したことに対するお礼

などは、常に心がけたい。

事務職員は、事務室ばかりにいるわけではない。教師の教室経営（掲示物）や子どもとの対応などを目にする機会も多い。広い視野で柔軟な考えをもって、努力している教師には、話しやすい相手だろう。

備品・教材の管理をしているのも事務職員である。授業や行事で使いたい備品について、その有無をはじめ、購入について日ごろから相談すると、有益な情報も得られ、かつ、コミュニケーションも図れる。

> 事務手続きは早めに！
> 小さなことでも、何かあったら必ず、お礼の言葉を言う。

（板垣市子）

▶教職員との人間関係づくり

同僚 24 技能士とのつきあい

場面例とポイント

職種が違うからか，技能士の方とはあまり話す機会がない。どのようにおつきあいをすればいいだろうか。

❶自分からあいさつをして，話すきっかけをつくる

「おはようございます。気持ちのいい天気ですね」「蒸し暑いね」「お元気そうですね」など，気軽に声をかける。

❷感謝の気持ちを伝える

仕事を頼んだ後は，必ず感謝を伝える。

❸ときには技能室を訪問し親しくなる

地域や子どもの情報を提供してもらおう。

考え方

筆者の学校では，技能士は，校舎内外の修理営繕・花壇の手入れ，文書の配達などを一手に引き受けている。冬は朝早く出勤し，暖房を入れたり除雪したりする。地域や校種によって，技能士の職名や勤務内容にも若干違いがある。

しかし，技能士が「学校」という場での貴重なスタッフの一員であることには変わらない。職場内に良好な人間関係をつくるためにも，また子どもたちの情報を得るためにも，技能士と仲良くなることは，大切なことである。

①自分からあいさつをして，話すきっかけをつくる

話し合いのきっかけをつくるスキルは，だれに対しても同じである。まず明るい表情でこちらからあいさつをする。自分より年配の場合はていねいな言い方をする。「Aさん，おはようございます」と名前を呼ぶと心的距離がいっそう縮まる。

②感謝の気持ちを伝える

仕事を頼むときの手順は地域や学校によって違うので，ルールを守ること（教頭を通して依頼するなど）。教室の蛍光灯を取り替えてもらったり，教室の修理をしてもらったときなど，すかさず感謝の気持ちを伝える。また，第三者を介して頼むような場合は，仕事をしてもらったことを連絡係の先生にも報告する。

③ときには技能室を訪問し親しくなる

大工仕事や工作が得意な技能士は多い。図工や理科などの教材づくりでヒントをもらうことは多い。「このように切りたいけど，いい方法あるかな？」と気楽に声をかけてみよう。花壇や畑の活動にもヒントをもらうことができる。

学校のスタッフは互いに尊敬し合い，認め合って仕事を進めることが重要である。技能士は，くまなく学校を見て回り修繕をする仕事柄，教師の知らない子どもたちの一面を知っていることが多い。また，地域に出ることも多く，思わぬ地域の人材や教材となりそうなものを知っていることが多い。コミュニケーションを豊かにして共に仕事を進めたい。

> ⚠ つきあい上手はあいさつ上手。
> 感謝を伝えて信頼関係をつくる。

（佐藤節子）

6章 同僚とのコミュニケーション

▶教職員との人間関係づくり

同僚 25 給食・図書担当職員とのつきあい

場面例とポイント

給食をもらいに行ったり返したり、毎日お世話になっている給食のおばさんたちとどのようにおつきあいしたらよいか。

❶ **子どもたちと行動を共にし、一緒にあいさつをする**

子どもたちと共に行動することで、担当職員を尊重する。

❷ **給食室でのルールやスキルはしっかり子どもたちに身につけさせる**

協力して子どもたちを指導する。

❸ **感謝の気持ちを子どもたちのお手本になって伝える**

教師が率先してお礼を述べることで子どもたちのモデルとなる。また、担当職員とのコミュニケーションを深める。

考え方

学校は、教師以外にもいろいろなメンバーがいて成り立っている。それぞれの職務内容は違っても、お互いに尊重・尊敬し合い、情報交換をし、助け合って仕事を進めたい。職員間のリレーションは、子どもたちの気持ちを安定させ、子どもたちの人間関係のモデルにもなる。

①子どもたちと行動を共にし、一緒にあいさつをする

ふざけ気味の子どもたちが面倒をかけていることもある。給食をもらいに行くときは、できるだけ当番の子どもについていく。

学期の初めは子どもたちの前に立ち、子どもたちが自分たちでできるようになったら、後ろからちゃんと見ていることが大切である。子どもたちに任せっぱなしにしないこと。一緒に行って、一緒にあいさつをすることが、担当職員を尊重することにつながる。

②給食室でのルールやスキルはしっかり子どもたちに身につけさせる

給食や図書の利用については、各学校のルールがある。そのルールをしっかり子どもたちに守らせる。

時間がたつと慣れてきてルーズになりがちである。一つ一つ口出しする必要はないが、ルールがしっかり守られているかを見ていきたい。必要なスキルは教えることをためらわないで、しっかり身につくまで教える。

また、現場にいる給食担当の職員、図書担当の職員に、子どもたちのルールづくりに関しての指導をお願いするとともに、子どもたちにも従うように話しておくことも必要である。

③感謝の気持ちを子どもたちのお手本になって伝える

教師は、子どもたちのモデルである。心から、お世話になっているお礼を言いたい。「今日は、うちのクラスは完食ですよ」「残菜が多くて、申し訳ないです」など、教職に関した報告や情報交換をすると、コミュニケーションも深まる。

> ⚠ 子どもたちのモデルになる気持ちのよいあいさつ。同じ職場の一員として尊重・尊敬しつつ、つきあう。

(佐藤節子)

▶教職員との人間関係づくり

同僚 26 業者とのつきあい

場面例とポイント

学校に出入りする業者に対し，どのような対応をしたらよいか。

❶あいさつと用件を確認

訪問を受けたらまずはあいさつをすること。近くにいる場合は，「どなたに，どのような用件でしょうか」と，用件をていねいに，そしてきちんと確かめるようにする。

❷ていねいに取り次ぐ

「いつもお世話になっております」「ただいま教頭に伝えます」「申し訳ありませんがAは授業中です」など，待たせることなくていねいに取り次ぐ。

見本などを持っている場合は，「よろしければお預かりしますが，のちほど，またいらしていただけますか」などと申し出る。

❸相手に合った対応を行う

授業に支障が出ないようにするためには，「次の授業は何時からありますので」と，あらかじめ断ってから話すとよい。教材の納入などのときには「いつもありがとうございます」とお礼を述べる。

考え方

学校の職員室にはいろいろな立場にある人が訪問する。彼らは多くの教師や学校を比較して見ている。そして，その印象を多数に伝えていると考えるべきである。

基本的なコミュニケーションとして，(1)あいさつ，(2)言葉遣い，(3)表情，(4)態度，(5)服装などに気をつけたい。

①あいさつと用件を確認

職員室を訪問してきた人には，まずはあいさつをする。学校に来る人はすべてお客様である。そして，近くにいる人が出迎え，用件をていねいに聞く。

②ていねいに取り次ぐ

該当の教師が職員室にいるときは，本人に先に用件を伝え，「Aはおりますのでどうぞ」と案内する。

前もって訪問の連絡を受けていないときなど，子どもや授業のことに注意が向いていると，これらの基本的な対応がおざなりになりやすい。気づかないうちに不快なメッセージを送ってしまうことがあるので，職員室の雰囲気や応対がぞんざいにならないように注意する。

③相手に合った対応を行う

学校には多くの人が訪問するが，その目的もさまざまである。業者の訪問目的に合わせた応対ができるコミュニケーションの方法を身につけておく。

管理職をはじめ職員間で，不自然さや不適切さに気づいたら，教え合うなどの職場の雰囲気も大切である。自分で気がつかない間に，「A先生のイメージ」がつくられてしまう場合もあることに注意したい。教材などについて業者に相談したいときもある。それには普段からのコミュニケーションが重要である。

⚠ 相手の気持ちや相手の立場の尊重。

（岩本吉美）

▶仕事上のマナーとコツ

27 書類の整理・保管

同僚

場面例とポイント

机の上が書類の山で，今日の会議の資料が探せないということがある。書類の管理・保管はどのようにしたらよいか。

❶分類する箱を用意する

学校現場は配布されるプリントが多く，すぐに机の上がごちゃごちゃになってしまう。そこで，校務分掌用，学年用などとして，見える形で箱を用意しておくことである。

❷急ぐもの，急がないものの整理

読んで内容を把握したら，いつまでに何をすることが必要かを考える。優先順位を判断して処理することが，コミュニケーションをシャープにする。

考え方

コミュニケーションは何を伝えるかが勝負である。事前に配られる会議の書類も，相手が何かを伝えようとして作成したものである。それを会議のときに探し出せないということは，そのメンバーの伝えたいことを大切にしていないということになる。このような行動には，会議や仕事に対する姿勢そのものが現れているといっても過言ではない。

整とんされた机からは，しっかりした人というイメージを受ける。机の上の状態は，その人に仕事を任せていいかの判断基準になる。

①分類する箱を用意する

学校現場では，机の上を整理しないまでいると，すぐに配布されるプリントで乱雑な状態になってしまう。そこで，〇〇用として，見える形で箱を用意しておく。「生徒指導部用の配付資料はこの箱に入れてください」と書いておくと，配る人も振り分けてくれる。

なお個人情報については鍵のかかる場所に置き，校外に持ち出さない。決められている保存期間や処分の方法にも留意する。

②急ぐもの，急がないものの整理

書類はまずざっと目を通して内容を把握する。次に急いで処理を必要とするものを別にする。優先順位を決めることは，何をいつまでにしなければならないか，自分の仕事を決めることでもある。書類の整理・保管状態には，その人の考え方にも相通じるものがある。

例えば，筆者の場合は，赤色と黒色のトレイを用意していて，赤色のトレイには，締切のある原稿や返事をしなければならない書類を入れておくようにしている。その他のとりあえず急がないものは，黒色のトレイに置くようにしている。

「忙しくて」「スペースがなくて」を理由にせずに，こまめにファイルしたり，不要の物は捨てたりして，机の上をすっきりさせて帰宅するように心がける。

> 書類の整理・保管状態は，その人に仕事を任せてよいかの判断材料になる。

（大友秀人）

▶仕事上のマナーとコツ

同僚 28 日直当番

場面例とポイント

順番で回ってくる日直当番の仕事。いやいやっやってはいるが、疲れるばかりで意味がないのでは。

❶日直ならではの気配りを思いつくかぎりやってみる
給湯や職員室の整とんなどをきっかけに、コミュニケーションを深める。

❷ふれあいのチャンスとする
ふだんかかわりの少ない教職員と積極的にコミュニケーションする。

❸ほかの教室に学ぶ
巡視などを利用して、他教室から学ぶ姿勢をもつ。

考え方

①日直ならではの気配りを思いつくかぎりやってみる

日直という役割を通して、ほかの職員とのコミュニケーションを豊かにすることができるチャンスととらえ、できるだけサービスをしてみる。すると、これまでだれかがやってくれていた気配りに気づくようになる。感謝の気持ちで接するようになるので、人間関係もよくなる。

例えば給湯の準備が早く終わったら、職員室の机をふいたり、ゴミ箱を片づけたりする。「気持ちいい、ありがとう」「机上がちらかっていて恥ずかしい」など、ふだんあまりかかわらない教師に声をかけられ、ちょっとした会話ができる。

また、明るい気分で一日を送れるように、朝会の司会での話し方を工夫してみる。「おはようございます」のあいさつはどのように言うか、声の大きさ、速さ、パフォーマンスを工夫してみる。「今日は○○の日」「A先生の誕生日」と目新しい情報を入れてみたり、「夏休みまであと何日、疲れもピークですが……」と共感的な言葉かけから始めたり、いろいろ試してみるのも楽しいものだ。自分の話し方を見直し改善することは、授業にも生きてくるはずである。

②ふれあいのチャンスとする

日直のときの校内巡視は、だいたい二人組みで回ることが多い。筆者の学校では技能師と一緒に回るので、このときとばかり、いつもなかなか話すチャンスのない技師の方との会話を楽しむ。教師とは違った目線で子どもたちのことや学校運営のことを見ているので、はっとさせられることが多い。

③ほかの教室に学ぶ

掲示物の工夫や学習の断片、学習用具の置き方、黒板に残された連絡文など、教室には学級経営のヒントがたくさんある。とくに日ごろから、学級経営のすばらしさに敬服している教師の教室からは、学級目標、学級通信、図工作品のコメントなど、学ぶところが多い。簡単なメモ帳をポケットに入れて巡視に出かけるなど、学ぶ姿勢をもつ。

> ❗ 同僚から学び、よりよい人間関係をつくるチャンス。積極的に自分の思いを実践して試してみよう。

(岡庭美恵子)

6章 同僚とのコミュニケーション

▶仕事上のマナーとコツ

29 職員室での気配り
（同僚）

場面例とポイント

空き時間，職員室にいることが多い。気持ちよくみんなが仕事をしていくためには，どんな気配りが必要か。

❶相手の存在を認める

暑い日は冷たい飲み物を，寒い日は温かいお茶がほしくなる。自分で用意するのが基本だが，同僚の分も用意してみよう。

❷相手のいいところを認め，言葉にする

よく観察し，いいところ・得意とするところを見つけ，自分が感心したことを伝える。学級通信に熱心な同僚には，「週１回必ず出していて，がんばっているんですね」。子どもを受容しつつしかっている同僚には，「注意の焦点を行動に当てているところを見習いたい」などである。

❸自分のクラスや子どもの様子を語る

「昨日，Ｂさんがね……うれしかったなあ」と，自己を開いてみる。

❹人の足しになることをする

電話が鳴ったとき，取れるときは進んで取る。急ぎの仕事で取れないときはほかの教師に取ってもらうことになるから，お互いさまである。ふだんから進んで取っていれば申し訳なさも少なくてすむ。

考え方

人は人間関係なしでは存在しえない。そこにコミュニケーションが生じる。その中身は役割交流と感情交流である。

職員集団は役割交流が主になる。しかし，感情交流がないと冷たい集団になる。感情交流を促進する方法が３つある。

①相手の存在を認める

お茶やコーヒーは，のどを潤す以上の効果がある。それは，相手の存在を認めていることを伝えるからである。行動目標は「自分がされてうれしいことをする。自分がされていやなことはしない」である。

②相手のいいところを認め，言葉にする

伝え方はソーシャルスキルの「あたたかい言葉かけ」を使う。「事実の言及」＋「感情語」で，相手への気持ちや思いが表される。すると感情交流が促進され，役割交流にも相乗効果が期待できる。

③自分のクラスや子どもの様子を語る

職員室は研修の場でもある。先輩の経験談，授業の情報が聞ける場でもある。適度な自己開示によって，情報が双方向で動く。

④人の足しになることをする

職員室における気配りの根底をなす考え方は「ギブアンドテイク」である。してもらうばかり，してあげるばかりでなく，「お互いさま」の精神で，少しずつ手をさしのべ合う。もちろん，周囲の雰囲気を察知し，静かに仕事をすることも大切なマナーである。

❗してほしいことをする。あたたかい言葉かけを心がける。

（橋本登）

▶仕事上のマナーとコツ

同僚 30 会議への参加

場面例とポイント

職員会議では，話を聞いているだけで，意見も言えず疲れてしまう。どうしたらよいか。

❶会議の議題を確認する

事前に資料が配られていれば，資料に目を通しておく。資料がない場合も話し合いの議題を確認したり，報告すべきことがないかを確認したりしておく。

❷1回は発言するつもりで自分にかかわる内容を検討する

「1回は発言しよう」と目標を立ててみる。そのつもりで資料を見て，納得できるところ，できないところ，自分や子どもの動きが見えるところ，見えないところなどを具体的に考える。立派な意見を言おうとか，理路整然と言おうとは考えないこと。

❸自分の意思を非言語的コミュニケーションで示す

会議で話を聞いているときは，よい聞き手をめざす。納得できる部分にうなずいたり，反対に首をかしげたり，非言語で積極的に参加してみる。

考え方

一人一人の教師が学校経営の大切な担い手である。会議には主体的に参加したい。そこで，自分なりに，会議参加の準備をして望みたい。
①会議の議題を確認する

資料が前もって配られている場合は，一読しておく。配られていない場合でも何についての話し合いか，協議内容だけでも確認しておく。
②1回は発言するつもりで自分にかかわる内容を検討する

「会議の中で，1回は挙手して発言してみよう」と決め，協議内容を検討してみる。提案に対する意見や質問を，前もって簡単にまとめておいてもいいし，場面をシミュレーションして，見えないところについて質問をするのもよい。関係する資料が手元にあれば，それを提供することも役に立つ。

発言は完璧をめざさないこと。会議では，自分だけでなく，いろいろな人が積極的に発言して議論が活発になればよい。公共性のある質問ができれば，他の人にとっても役立つ内容となる。発言は自分を鍛えると心得ること。
③自分の意思を非言語的コミュニケーションで示す

会議が始まったら，「非言語的コミュニケーション」を意識して行ってみる。

話し手の方を見て，話が納得できるときには，うなずいて聞く。話し手は反応が得られ，聞く側にもさらに話を大切に聞こうという気持ちが高まる。会議の雰囲気が盛り上がる一要因になるであろう。

❗ 内容の事前確認。主体的に参加するために発言する。

（田中桂子）

6章 同僚とのコミュニケーション

▶仕事上のマナーとコツ

31 プレゼンテーション

同僚

場面例とポイント

今年度の児童集会について説明する際、ポイントを押さえた資料づくりや話し方にするにはどうすればよいか。

❶ねらいを明確に示す

「児童会活動の成果を発表し合ったり、自分たちで楽しい集会をつくり上げたりすることにより、所属感を高め、協力し合う態度を育てたいと考え、1年間の児童集会の計画を立てました」というように、提案のねらいをきちんと伝える。

❷計画の大枠（概要）を示す

いつ、だれが、どこで、どんなふうに（何分くらいで）進めていくのかを1年間を見通した形で示し、協力を求める。

❸具体例でイメージをもたせる

「昨年、体育委員会ではなわとび集会を実施し、なわとびに対する意欲を高め、技能の向上を図りました。今年度は……」というように、具体例をあげて説明し、どんな方針で行うか共通理解を図る。写真やビデオなども活用するとよい。

考え方

①ねらいを明確に示す

教育活動には、その活動をすることによって、子どもたちにどんな力を身につけさせたいのかというねらいが必ずある。

子どもたちの具体的な姿をイメージしながら、活動の意義と目的をしっかりもって、担当としてそれを伝える。今年の児童会の集会活動を通して、どんな力を身につけさせたいかをはじめに共通理解しておかないと、その後の話の方向性がバラバラになってしまう。

②計画の大枠を示す

教育課程の中に位置づけられている児童集会の回数を調べ、一覧表にして配布し、年間としての見通しがもてるようにする。すでに予定している集会（七夕集会、クリスマス集会など）は、あらかじめ一覧表の中に入れておくと計画が立てやすい。

年度当初は、各集会の詳しい内容まで決定できない場合が多い。ここでは大枠を示しておき、各集会の具体的内容については、子どもたちの計画に委ねたり、担当の教師の希望を取り入れたりして、後日決めてもらうようにする。すべての枠が埋まったら、再び一覧表にまとめて配布することも忘れずに。

③具体例でイメージをもたせる

具体的な内容を考えていく段階では、昨年度の例などを示してイメージをもってもらうことがいちばんわかりやすくてよい。子どもたちの取り組みや活動の様子、教師のかかわりなどについて、よかったと思われる点、とくに留意してほしい点など、具体例を通して説明する。

ただし、今年度から赴任した職員には「昨年と同様に…」だけではわからない。予備知識のない人にもわかるよう、配慮する必要がある。

！ ねらいを明確に示し、具体的な説明を。

（佐藤惠子）

▶仕事上のマナーとコツ

同僚 32 行事の準備・実施

場面例とポイント

学習発表会担当の責任者になった。メンバーとどんな話し合いを進めていけばいいのか。

❶ねらいを吟味する

「日ごろの学習の成果を発表することによって，学習したことをより確かなものとするとともに，表現力を高める」という一般的なねらいを踏まえたうえで，学習発表会を通して，子どもたちに身につけさせたい力を具体的に話し合う。

❷当日までの準備や役割分担をする

準備期間のスケジュール，発表内容の決定，物品購入，体育館・ホールなどの使用割り当て，案内状やプログラムの発送，前日の会場設営など，当日までに必要な準備や役割を明らかにし分担する。

❸当日の流れや役割，事後の指導などについて話し合う

当日の流れを確認する。見たり聞いたりするときの子どもたちとの約束事，保護者の来校にかかわる役割分担，後片づけや感想や反省の集約も大切である。

考え方

行事担当責任者としてリーダーシップを発揮する。この場合大切なリーダーシップは，(1)取り組みの目的を明確にする，(2)一人一人の役割を明確にする，(3)前回の反省を生かし，今年だからできるものをつくっていけるよう意思をまとめる，(4)労をねぎらうこと，であろう。

担当メンバーを中心に，全職員でチームワークよく取り組んでいくことを大切に考えたい。

①ねらいを吟味する

この行事を実施することで，子どもたちにどんな力をつけさせたいのか，子どもたちの具体的な姿をイメージしてねらいを明確にする。行事当日だけでなく，それまでの取り組みも大切にする。

②当日までの準備や役割分担をする

準備期間をきちんと示す。無理のない計画を心がけたい。その中で，担当を中心に準備の役割分担をしていく。一人に役割が偏らないような配慮，日ごろの校務分掌との関連，子どもの活躍の場などを考慮して進める。

③当日や事後についての話し合い

当日は，後片づけまでをきちんと計画したい。また，毎年改善していく姿勢で，保護者の感想，全職員の反省を忘れずに集約する。ねらい・期日・準備・当日の様子などの項目のある反省用紙を準備するとよい。

行事後の子どもたちの変容にも目を向け，積極的によいところをほめることも心がけたい。

> ❗ リーダーシップの発揮。目的・役割を明確にし，結果についてねぎらう。

（佐藤恵子）

6章 同僚とのコミュニケーション

▶仕事上のマナーとコツ

33 授業研究チーム
同僚

場面例とポイント

学年の先生方と共同で総合的な学習の授業研究をすることになった。メンバーとどのように話し合い，研究を進めていけばよいか。

❶リレーションづくり

「共同で研究を進めていきます。互いの考えを出し合いながら，仲よくやっていきましょう」と，最初に話し合いを大切にしていく姿勢を示す。

ときには，場所を変えて，お茶会をしながらの研究会も，リレーションづくりに有意義である。

❷同じ視点に立つ

「子どもたちにつけさせたい力は何だろう」「この地域を生かして，子どもたちとどんなことができるだろう」というスタート位置の考え方を確認する。

❸授業の計画を立て，役割を分担する

子どもたちと活動するためにどんな役割があって，どう分担すればいいのかを話し合う。さらに，授業研究の計画を立てる。

考え方

メンバーの年齢差，経験差を考えると，互いのよいところを出し合うためには，まず，リレーションづくりから始める必要がある。

①リレーションづくり

リレーションがあると，わからないことをわからないと言えるので，研究が深まっていく。

リレーション形成のためには，自己開示しながらの何気ない会話を大切にしていきたい。クラスの子どもの名前がぽんぽん出るような会話にしていきたい。

②同じ視点に立つ

それまでの各自の経験を，そのままいまの子どもたちに使えるということは，まずない。年齢差，経験差を越えてメンバーが同じ方向を向くためにも，目の前にいる子どもたちの実態を考え，「この子どもたちにつけさせたい力は何か」「この地域を生かした活動は何か」を確認する必要がある。子どもたちのためにという一つの視点でまとまり，話し合っていくことが大切である。

地域を足で歩き，授業に生かせるものを探したり，PTAの役員に地域の人材を教えてもらったりして，素材を共に探すこともよい。

③授業の計画を立て，役割を分担する

各自の得意とするところを話し合い，役割を分担する。そのとき大切にしていきたいのは，話し合いの中で，各自が自分で役割を決定することである。自分にとって価値ある内容，子どもをここで伸ばしたいという願いを大切にして決めていく。自己決定こそが，その後の主体的な活動につながっていく。

! 研究の支えは子どもたちへの思い。子どもたちのために何をするのか語る。

（板坂佳奈江）

▶仕事上のマナーとコツ

34 授業研究会参加のマナー
（同僚）

場面例とポイント

校内の授業研究会に参加する。授業参観と事後研究会への参加のマナーとは。

❶授業者の意図を読み取る

授業者が、どんなねらいで、どんな手だてをとって授業をしようとしているのかを考えながら参観する。

❷労をねぎらう

授業提供のためには、いろいろな心遣いが必要である。まずは、授業者のその日までの労をねぎらいたい。

❸学ぶ姿勢で発言する

授業者の、授業に取り組む姿勢、ねらいを達成するための手だてなどのよいところを見つけ、伝える。そのうえで、授業者の「ためになる」と思われることをアイメッセージで伝える。

考え方

人の授業を見ていると、いろいろなことに気づくものである。自分の授業やクラスと比べながら見ることもあるであろう。だが、「こうしたらよかった」は簡単に言えないのではないかと考える。

①授業者の意図を読み取る

授業者は、子どもたちの実態を踏まえ、授業を組み立て、手だてを講じているはずである。授業者が達成したいことは何かをしっかり見きわめながら、自分にとって参考にできるところを見つける姿勢で参観したい。

②労をねぎらう

事後研究会では、まず、授業者のそれまでの準備に対して感謝したい。人によって程度の差はあるが、授業提供のための心遣いは、指導案や教材教具の準備はもちろんのこと、教室環境から子どもへの配慮まで幅広いものがある。その努力を見つけ、ねぎらいと感謝の言葉をかけたい。

③学ぶ姿勢で発言する

せっかく授業を見せてもらったのだから、1回は発言したいものである。その際には、ぜひ授業者の努力から学ぶ姿勢で発言することを大切にしたい。授業に取り組む姿勢、ねらいを達成するための手だてなど、授業者の努力は必ずある。たとえうまくいかなかったところはあっても、その努力の過程を認め、自分の授業にどう生かしていこうとするのかを伝えていく。

もし、これだけは改善したほうがいいと思うことがあるならば、アイメッセージで伝えるようにしたい。「自分の学級で、こうしてみたいと思った」というように、これからの授業に生きる言葉にしたいものである。

最後に、自習していた自分のクラスにもお礼を言おう。

> ⚠ 授業を見せていただき、そこから学ばせていただく。学ぶ姿勢で発言する。

（板坂佳奈江）

6章 同僚とのコミュニケーション

▶仕事上のコミュニケーション

35 職員室での会話
（同僚）

場面例とポイント

ある同僚は、職員室で、子どもの問題行動の要因は家庭環境にあると、父母の悪口や親子関係のまずさを大きな声で話しているが……。

❶プライバシーの扱いを慎重に

職員室は子どもが出入りする場所であり、最近では外部講師や非常勤講師、授業支援者、地区ボランティアの方々など、さまざまな人の出入りが多くなっている。そうした現状を踏まえ、職員室での会話にも気を配り、プライバシーに関する話題は慎む。「先生はAさんの指導に熱心なのですね」と話をそらしたり、「Aさんが来そうで心配です。その話はやめましょう。後で、相談室で聞かせてください」など、相手も納得して話をやめてもらう。

❷職員室での教師のルールとマナー

声の大きさ、机上の整理整とんなど、一緒に仕事をしていくうえでの最低限のマナーを守る。

考え方

①プライバシーの扱いを慎重に

守秘義務についてはわかっているものの、日常の会話にまで注意を払うことはおろそかになりがちである。指導に熱心なあまり、子どもやその子の家庭に関する込み入った話題を、職員室で大きな声で話しているときがある。また周りの教師も、その話題に引き込まれ、情報交換という名目で、あれこれ詮索したり、興味本位で話題を膨らませたりしていることがある。話を聞いた人が「学校では〜という話よ」「B先生が、〜と言っていた」「先生方は〜な見方をしている」などと校外で話すことによって、個人情報が外部に漏れたり、学校の信頼を失ったりすることにもなりかねない。

職員室で、こうした話題が無意識に話されていることに気づいたら、子どもに一生懸命にかかわっている教師の労苦を認めながらも、即座に慎むように促すことが大事である。

就学指導委員会などでのプライバシーに関しても、そうした情報交換会や研修会だけの話題とし、それ以外の場では慎むように共通理解しておく。

②職員室での教師のルールとマナー

職員室では多くの教師が一緒に生活している。互いに気持ちよく仕事ができるようにするための配慮が、職員室でのルールとマナーである。お互いに注意し合って、和やかな雰囲気の職員室づくりにつながるようにする。

・子どもの成長の様子が語られる職員室
・子どものプライバシーが守られる職員室
・職員同士、お互いの仕事を認め、ねぎらいの言葉がある職員室

以上のような職場づくりに寄与したい。

> ❗子どもへの熱心なかかわり方を認めながらも、言ってはならないことはダメと諭す。

（戸成博宣）

▶仕事上のコミュニケーション

同僚 36 学年団の方針を無視する同僚

場面例とポイント

学年会の話し合いで決まったことを，マイペースで平気で無視する同僚に，歩調を合わせてもらいたい。

❶学年の運営方針をこまめに確認

学年団がチームとなって組織的に子どもたちを育てていこうという心構えを，学年主任が中心になって常に示す。

❷協調性と独自性を明確にする

学年が歩調を合わせてすることと，学級独自の活動をはっきり区別する。

❸孤立を防ぐ

なぜそのような行動をするのか，話を聞いて一緒にできない要因を探る。

❹行動変容を助ける

少しの変化にも敏感に反応し，望ましい行動を認めていく。

考え方

学年の教師が歩調を合わせてやっていくためには，共同の目的が明確になっていること，一人一人の教師が自分の考えや望みを十分に自由に語る場が保障されていること，自分たちの行動を振り返り内省する場があることがかぎである。

①学年の運営方針をこまめに確認

学年主任が中心になって，こまめに経営方針を確認していく。このとき，具体的な行動の仕方として確認していくことが大切である。方針は共有していても，具体的に何をするかというレベルで認識が違ってしまう場合がある。

②独自性を生かせる場を確保する

学級の個性を生かす場面と，学年が一緒になって行動していく場面の区別を明らかにする。

③孤立を防ぐ

ほかのメンバーにも当の教師にも「わかってもらえない」という思いがあると，それがいらだちとなってますます溝を深める結果となる。互いの認識が違っていては，責め合っても解決できない。

学年主任や教務主任などが話を聞き，学年会の話のポイントがつかめていないのか，なにか別の考えや感情があってのことなのかを確かめ，その教師自身にも気づかせていく。考え方の違いについては議論することも大切である。

④行動変容を助ける

学習内容によっては，学級を開き，学年内でグループをつくって学ぶ形態を取り入れる。自然な形で学級をオープンにすることで，共同歩調の大切さに気づかせ，ほかの教師の行動をモデルとしてもらうことができる。具体的な目標ができると変容しやすくなる。

少しでも変容が見られたら，「そのやり方はいいね」「学年の子どもたちが一つの目標に向かっていたね」と望ましい行動を認める言葉かけをしていく。

> ❗ 共同の目的を明確にし，相手の中の変容する力を信じる。育てる。認める。

（大江庸子）

▶仕事上のコミュニケーション

37 共同の仕事に協力しない同僚
同僚

場面例とポイント

何でそんなことをしなくてはいけないのかとの主張を繰り返し，校務分掌や学年団の仕事を避けようとする。

❶困っていることを伝える

「○○の締切は○日でした。次の仕事が進まず困っています」「子どもたちは何をしたらよいかわからないでいます」と，感情的にならないように伝える。

❷解決のためにできることを話し合う

「いつまでならできるか」「やり方を変えたほうがやりやすいのか」「一緒にすることはないか」などを具体的に尋ね，仕事を完遂しやすい環境づくりをする。

❸親身に相談にのる

協力できない状況があるときは，ギブアンドテイクの気持ちでサポートする。

❹上司に相談する

職員指導は管理職の仕事である。困っている内容を管理職に相談する。

考え方

①困っていることを伝える

「組織で働いているので決められた仕事はしてほしい」とはっきりと伝え，本人の責任を明確に指摘する。一緒に仕事をしている自分が困ること，やらなければほかの人に迷惑がかかることを伝える。

このとき，教師集団全体にふれあいがないと，「どうせだれかがやるだろう」「正直者は馬鹿を見る」と，積極的に取り組む意欲が減退する。懇親会などを開き，かかわりの機会を失わないようにする。

②解決のためにできることを話し合う

担当した仕事を，責任をもって果たすように働きかけるとともに，引き受けやすい環境づくりをする。

日程や締切などは前もって示し，具体的に「△△までに○○をすること」と確認する。本人の得意な分野を生かせるように，分担を調整するのもよい。

協力を得られない場合は「この件について何か問題を感じているのではないか」と質問して真意を探り，問題がないかを共に考えてみる。

③親身に相談にのる

学級の問題などを抱えていて協力できない場合は，親身にサポートをする。落ち込んでいるときは声をかけ，その努力，工夫，気遣いにいたわる言葉をかけ，自信を喪失しないようにフォローする。

④上司に相談する

それでもらちがあかない場合は，個人的なトラブルにならないよう上司に相談する。管理職から指導してもらうことが必要な場合もあるだろう。

職員研修会で，先輩に心構えや仕事のやり方について具体的に話してもらうのも，全体の意識を高める。

> ❗ ギブアンドテイクの気持ちで，相手から情報を引き出し，それを生かす。

（森沢勇）

▶仕事上のコミュニケーション

38 締切を守らない同僚
（同僚）

場面例とポイント

学年文集をつくる分担になった。原稿遅滞が常習のA先生は，今回も締め切りが近づいても始める気配がない。

❶相手の立場や状況に共感する

「A先生は，校務分掌も多いし，授業の持ち時間数も多いし，部活の大会は近いし，特に学年末は大変ですよね」。

❷締切を明確にし，目標を細分化する

小さい目標を立て，確認していく。同時に作業の手順を示し，進行状況を時々確認する。

❸頼み方スキルで依頼する

「学年末はやることが多くて，気ぜわしいですよね。でも学年文集は学年末に出すから意味があるんですよね。終了式前日に読ませる時間をつくりたいですね」「だからどの先生にも原稿の締め切りを守ってほしいんです」「自分とほかの子どもとの比較から，自分の思いや考えが深まって効果的ですよね」

考え方

ソーシャルスキルとは「人間関係を円滑に運ぶための，適切性と効果性を伴うやり方の知識とその実行力」のことである。ここでは，「あたたかい言葉かけ（共感する）」スキルと「やさしい頼み方」スキルを使う。

①相手の立場や状況に共感する

共感スキルの基本形は，「事実の言及」＋「感情語」である。

共感スキルを使うには，(1)相手をよく観察する。(2)相手のいいところ，得意とするところを見つける。(3)自分が感心したり，驚いたりすることを自問する。

お世辞ではなく，ほんとうの気持ちや思いを伝える。すると，そこに'I am OK, you are OK.' と，互いを認め合う人間関係が生まれる。心理的距離が縮まり，相互に依頼しやすい関係ができる。

これは日ごろからやっておくとよい。

②締切を明確にし，目標を細分化する

目標を明確にし，共有化することである。進み具合を確かめたり，協力を申し込んだりして，同じ歩調で作業が進むように手だてをとる。

③頼み方スキルで依頼する

頼み方スキルの基本形は，「依頼する理由」＋「具体的な要求」＋「要求達成時の結果」である。

「依頼の理由」では困っている状況を，「要求達成時の結果」では，要求を受け入れてくれるとこんなにもいい状態になることを具体的に伝える。

適切にスキルを使用すると，相手に好意の念をもたれるので人間関係が良好になる。すると「迷惑はかけられない」という自覚が相手に生まれ，締切厳守の行動化の促進が期待できる。

❗ 共感スキルと頼み方スキルで目標達成。

（橋本登）

▶仕事上のコミュニケーション

同僚 39 口出しの多い同僚

場面例とポイント
副主任は授業についての口出しが多い。板書の仕方まで毎日言われてしまう。気持ちはありがたいが。

❶相手の意見を尊重しつつ返答する
(1)お礼，(2)感じていること，(3)結論と意思表示を述べる。「いつもご指導ありがとうございます」「最近，自信がなくなり，やる気もなくなってきています」「教えはありがたいのですが，一度自分の思うとおりにやってみたいのです」と，自由度を多くしてもらうように話す。

❷チームで話し合う
一人で集中して指導を受けなくて済むようにする。

考え方
相手によかれと思ってしてくれていることではあるが，教えられる側が負担を感じ，自信をなくしてしまう場合は問題である。安心感や自由がないと，教師は自分のもっている力や個性を最大限に発揮して子どもの指導に当たることができないからである。

また失敗や間違いを経験し，試行錯誤しながら獲得していく指導技術もある。相手の教えだけがすべてではない。

そこで，指導への感謝の意を表しながらも，自分で挑戦する事柄を少しずつ意思表示するようにしたい。

①相手の意見を尊重しつつ返答する

自信をなくしたうえ，心の安定を欠いていることを相手に伝えることが第一歩である。「教えていただいたことを自分も努力しているので，少し見ていてほしい」「自分に合う方法を探してみたい」など，自分の意思を上手に伝えてみる。自分に必要な助言，自分ができそうな助言は耳に入れ，あとは聞き流すことがあってもよいだろう。

また，授業記録や子どもの反応例などから指導が生きた箇所を明らかにし，それを知らせてお礼を言う。相手の教えをきちんと受け止めていること，自分に指導力がついてきていることを伝える。

②チームで話し合う

一人の教師への集中的な指導を避けるために，同学年や同教科の教師が複数で指導や助言を受ける場を設ける。一人一人への指導事項をみんなで共有できるようにし，「各自が1つずつ指導事項を生かした授業展開」に努める。

また，実践後の協議会などでは，互いのよさを見いだして認め合い，自信がもてるようにする。

こうした実際をもとに継続的に指導を積み重ね，学期や学年を通じて身についたことを明らかにして，自分自身の自信につなげたい。

> 感謝しながらも，安心感と自由を確保して，チームで対応する。

(戸成博宣)

▶仕事上のコミュニケーション

同僚 40 かかわりをもちたがらない同僚

場面例とポイント

ほかの教師と距離をおいた感じのA先生と，同じ分掌になった。話し合いをどう進めていけばよいか。

❶構えないで話しかけていく

うわさや印象にとらわれないで，いつもの自分で話しかけていく。「一緒ですね，よろしく。いろいろ教えてくださいね」などと，親しみを込めてあいさつする。握手などができればなおよい。

❷話題を準備する

話が滞らないように，学校経営要項や年度末の教育反省など，話し合いの参考になるものを準備する。前担当者の話を聞いておくのも一つの方法である。

❸分担を明確にする

仕事の内容と範囲を確認し，分担を明確にして共通理解を図る。このとき，互いの得意分野や希望分担を出し合い，話し合いで決める。互いの理解を深め，リレーションをつくることにもつながる。

考え方

教師の仕事は人と人とのかかわりで成り立っている。いいかかわりはいいリレーションをつくり，教育の効果を高める。それは，教師と子どもだけでなく教師と教師の間でも同じである。A先生ともいいかかわりをしたいものである。

①構えないで話しかけていく

うわさや印象にとらわれない。先入観から偏った見方をするとつい構えてしまう。構えは，どんなに気を配っても相手に伝わり，心を閉ざさせる。

したがって，構えないで自分から声をかけ，気持ちを伝えることが大切である。つまり自己開示である。すると相手も近づきやすくなり，かかわりがもてる。

②話題を準備する

初めは，話が出なかったり途切れたりすることも考えられるので，話し合いの糸口となるものを準備する。互いに話しやすくなるし，課題にそって話し合いが効率よく進められる。

③分担を明確にする

積極的にほかの人と一緒に仕事をする様子がなくても，これまで仕事の義務と責任はきちんと果たしてきている。この事実を大事にして，その経験を生かしてもらうようにする。

まず，互いに得意とする分野や希望する分担を出し合う。次に，仕事の内容と範囲を確認しながら共通理解に立って分担を明確にする。

あとは，折々の仕事を介して，前向きにかかわり続けることである。続けることが，リレーションをつくっていくことにもなる。リレーションができると苦手意識は薄らいでしまう。

4月の出会いのうちに，そこまでリレーションを高めたいものである。

! 先入観をもたずにリレーションづくりを工夫する。

（佐々木美根子）

▶仕事上のコミュニケーション

41 うわさ・中傷を流す同僚

同僚

場面例とポイント

上司や同僚についてのうわさ話を、職員室で子どもがいても平気で話す同僚が不愉快だ。どうしたらよいか。

❶同調しないで聞き流し、話題を変える

話を聞いてくれる人がいると、延々とうわさ話や中傷を続けることになりかねない。うなずいたり質問したりしないで聞き流す。関心を示さないで、「ところで先生のクラスのAさん、この間お掃除が上手だったんですよ」と話題を変える。

❷アイメッセージで気持ちを伝える

「いまお話ししていることはうわさ話ですよね」「うわさ話は好きではないのです」「本当かどうかわかりませんしね」「ですから、ほかの話をしませんか」と自分が感じていることを率直に伝える。

❸教師はモデルであることを伝える

お互いに認め合う人間関係を子どもたちの中でつくることが教師の役目であり、そのためには教師自身がそのようにありたいということを、めざしている子どもたちの姿について語り合う中で伝える。

考え方

①同調しないで聞き流し、話題を変える

かかわらない方針でいく。聞きたくないという非言語の表現である。また、すぐに別の話題に変えてしまったり、子どもやお客さんが来たことをアピールしたりするのも手である。

②アイメッセージで気持ちを伝える

周囲の空気を察してくれない場合は、うわさ話や中傷を聞くと、当の相手の顔が浮かんできて、いやな気持ちになることをアイメッセージで伝える。話をやめた場合は、「私の話を聞いてくれてありがとうございます」と伝える。

人はうわさ話が好きなものである。うわさや中傷の対象になる人物を自分より下位に位置づけたいという思いがあり、そうすることで心の安定を図っている。しかし、度を超えるとうわさの当人に不利益を与えたり、職場の人間関係を悪くしたりするうえ、うわさ話をする人が周りからの信頼を失う結果となる。

③教師はモデルであることを伝える

「だれとでも仲よくしよう」「相手の立場を考えて」などと子どもたちにメッセージを送りながら、自分はうわさ・中傷を言うのは矛盾している。また、教師の人間関係がうまくいっていないことは、子どもたちや地域の人たちにすぐに見抜かれ、学校の指導体制が機能しなくなる。

めざす子どもの姿や学級集団について、クラスの中にお互いに認め合う人間関係をつくるための理論や手法について、大いに語り合おう。その同僚のクラスづくりの秘訣を聞くことで、教師は子どもたちのモデルであることを確認していく。

⚠️ うわさ話にはつき合わず、率直に自分の感じ方を話す。

（森悦郎）

▶仕事上のコミュニケーション

同僚 42　仕切りたがる同僚

場面例とポイント

A先生は主任でもないのに，何でも仕切りたがる。事細かく指示してくるので閉口してしまう。

❶相手の意見を尊重する

同僚から認めてもらうことが，A先生の心の支えになっている。そこで，仕切ることをよさとして発揮できる機会を与えてあげることが大切である。「それも大切なことですね」「では，～役をお願いできませんか」などと役割をお願いし，「ありがとうございました。先生のおかげで，～がうまくいきました」と感謝の気持ちを表すようにする。

❷自己主張する

相手の意見を尊重するとともに，「～なので，私にはできません」「～ですが，私は～とは思いません」と，自分の意志を明確に主張する。自分勝手にものごとを進めたり，権限を越えて口を出したりしているときは，「対決」することも必要になる。

考え方

相手を認めることと，自己主張のバランスを図りながらリレーションを築くことが大切である。

①相手の意見を尊重する

何でも仕切りたがるのは，「仕切る」ことで自己有用感や存在感を確認していると考えられる。だから，苦手なタイプであっても意見や指摘を傾聴する構えで臨むことが大切である。

「何でも仕切る」から，適切な役割の中で「望ましいリーダーシップを発揮する」に転換していけるようにしたい。

A先生にとって，自分自身を認めてくれる同僚は大切な存在である。「仕切り」に耳を傾けることでリレーションが深まれば，自分にとって頼もしい味方になる可能性もある。

②自己主張する

相手の意見や指摘を積極的に受け入れながらも，振り回されることのないように，「できる・できない」や意志を明確に伝え，自分の存在を打ち出す。

「A先生のお考えは～なのですね」「でも，私は～のように考えます」「子どものために今回は～の方法でやりたいのです」「A先生のお力が必要です。ご協力ください」などと納得できる部分は認めながら，建設的に質問や意見を述べる構えで接する。

強引なやり方や，役割を越えた口出しには，「説得」「対決」といったかかわり方も必要になる。共に学校運営に携わる仲間として，互いを尊重し合える雰囲気づくりを促すようにしたい。

> ❗ 苦手な相手ほど，自分の味方にできると心強い。積極的な傾聴と自己主張のバランスを考えて臨む。

（四杉昭康）

6章　同僚とのコミュニケーション

▶仕事上のコミュニケーション

同僚 43 言葉遣いが乱暴な同僚

場面例とポイント

「てめえ……」「ばか」などの言葉を子どもに平気で使う同僚に，どのように言葉遣いを改めてもらえばよいか。

❶いまの言葉遣いを確認する

「先ほど子どもたちを呼ぶとき，『てめえ』と言っていましたよ」

❷自分の感じていることを話す

「そのように呼ばれると，私が子どもだったら先生に見下げられているようでいやな気分がします。同じように感じている子がいるのではないかと心配です」

❸代替案

「『さん』をつけて名を呼ぶようにしてはどうでしょうか」

❹ていねいに子どもに話しかけることの大切さを話す

「強い口調で言わなくても，子どもたちは先生のことを信頼していますよ」と励まし，教師自身が少し言葉遣いをていねいにするだけで，子どもが変わってくることを示唆する。

考え方

教師にふさわしい言葉遣いとは，教師のあたたかさや公平さのようなものが，会話のなかで自然に子どもたちに伝わっていくようなものであろう。また教師の言葉がけは，教育の環境として大切である。子どもは教師の言葉遣いを，意外なほどよくまねするものである。

①いまの言葉遣いを確認する

実際の場面をとらえて「『○○』とおっしゃっていたのが聞こえましたが」と事実を確認する。

②自分の感じていることを話す

乱暴な言葉遣いに対して「自分はどう感じるか」をアイメッセージで伝える。

③代替案

非難するのではなく，どうすればよいかという案を提案する。

④ていねいに子どもに話しかけることの大切さを話す

子どもたちは，言語外のコミュニケーションにも敏感である。言葉の意味する内容はもちろん，言葉遣い，声の調子や大きさ，話し方から，教師がどんな考えをもっているかを読み取る。信頼関係を築くうえで，言葉遣いもコミュニケーションの大切な要素である。

また大きな声でどなったり注意したりするやり方は，そのときは効果があっても，子どもたちがしだいに強い言葉遣いに慣れてしまい，普通の言い方では話を聞かなくなってしまうので注意したい。

言葉の大切さを伝えるには，日ごろからのリレーションが必要である。言葉遣いについて指摘されるのは，その教師にとって厳しいことかもしれない。子どものことを気軽に語り，悩みを打ち明けられる教師集団であることが大切である。

! 受け入れやすい順に話す。事実を示し，感じたことを話し，替案を示す。

（阿部由紀）

44 セクハラまがいの言動

同僚　▶仕事上のコミュニケーション

場面例とポイント

同僚がセクハラまがいの言動や行動をすることがある。どのように対応したらよいのか。

❶態度で拒否する

相手がセクハラまがいの言葉を言ってきたら，すかさず次のように対応する。身体的対応では，相手とのいすの距離や身体的距離を離してしまう。非言語的対応では，表情を暗くしたり，固まる姿勢をとる。言語的対応では，「答えたくない」とか，「とても不愉快である」と伝える。

❷自己主張的な行動をする

セクハラまがいの言葉が発せられたら，「話の腰を折るようですみませんが」「お話の内容が私にはつらくなりました」「このお話はやめにしてください」「次からは，2人だけでなく3人で話したいと思います」と4段階話法で対応する。

❸一人で悩まない

同僚，上司への相談はもちろん，さまざまな相談機関がある。困っている場合は一人で悩まずに話してみることが大切。

考え方

①態度で拒否する

相手の言葉が自分にとって不愉快なものとなっていることを，交流分析のストロークを使って知らせる。伝え方には，身体的・非言語的・言語的な方法がある。例えば，「あなたの言葉は私にとってセクハラまがいの言葉ですよ」というメッセージを，身体的に距離を離したり，非言語的にこわばった表情をし続けたり，言語的に「不愉快である」と言ったりすることで伝える。

②自己主張的な行動をする

相手の言葉がどのように伝わっているかを知らせるとともに，自己主張的な行動で対応する。

行動には3つのパターンがある。相手を無視して，自分押し通す攻撃的な行動。泣き寝入りする非主張的な行動。自分を大切にしながら，相手にも配慮する自己主張的な行動（アサーション）。この3つである。

自己主張的な行動では，(1)謝罪，(2)断る理由，(3)断りの表明，(4)代わりの案の提示，という4段階話法を使う。こうすると相手にも配慮した断り方となる。

③一人で悩まない

深刻な場合，相手との関係がこじれ，仕事を続けるのがつらくなって心身に変調をきたす場合もある。被害者であることを認めるのはつらいことであるが，話すことで客観的に相手を見つめ，被害者として相手にどのように対応すればよいかがわかるようになる。

> 身体的・非言語的・言語的ストロークでメッセージを伝える。4段階話法を使った自己主張をする。一人で悩まない。

（岡田弘）

▶仕事上のコミュニケーション

同僚 45 つまらない冗談ばかり言う同僚

場面例とポイント

A先生はいわゆる「寒いジョーク」を言うのが得意。それだけならまだいいが、いつもふざけているようにみえて話す気にならない。

❶自分もユーモアのセンスを磨く

点数をつけてユーモアの力を伸ばしてあげるくらいの気持ちでいれば、いらいらしなくても済む。点数をつけてあげて、より楽しい雰囲気になるようにしたい。

❷アサーティブに接する

不愉快なことにははっきり自分の気持ちを伝える。「いまのお話は、私には楽しくありませんでしたよ。むしろ不愉快です。申し訳ありませんが、別のジョークにしていただけませんか？」とアイメッセージで伝えるとよい。

❸授業や子どもを話題の中心にする

授業を見合ったり、子どものことを語り合ったり、よい同僚としてコミュニケーションする。

考え方

①自分もユーモアのセンスを磨く

「笑い」には不思議な力がある。「笑い」のない職場がどれほど窮屈で意欲がなくなるか経験者にはわかるであろう。「笑い」を提供してくれる人を大事にしたい。

教室でも教師は明るい雰囲気で子どもたちの表情がほころぶような話をしたいものである。ユーモアのセンスを磨くために、寄席を（CDでもよい）聞いたり、TVのバラエティを見たりすることも必要である。

自分のユーモアのセンスを磨き、つまらないジョークを言う人を笑い飛ばすくらいの気持ちでいたい。寒いジョークは大声で笑い飛ばし、「いまのは40点！」と言える余裕をもとう。

②アサーティブに接する

不愉快な感情は、我慢しないほうがいい。しかし相手への伝え方が重要である。アサーティブに接してみよう。つまり、事実を伝え（ジョークを聞いたこと）、自分の気持ちを話し（いやな気持ちがした）、お願いしたいことを話す（別の話にしてください）をセットにして話すとよい。アイメッセージで伝えると相手を傷つけずに伝えられる。

③授業や子どもを話題の中心にする

教師の勝負はなんといっても授業であり、子どもたちの成長である。子どもの名前が語られる職員室は教師が前に動いている職場である。仕事の喜びやつらさを共有できる職場にしたい。休憩時間を利用して、授業や子どもの話を積極的にしたい。まず自分が心を開いて、自分の学級の子どもの姿を語ってみよう。

> ❗ ユーモアは何よりのコミュニケーションをつくる。アサーティブに接して授業で勝負。

（佐藤節子）

▶仕事上のコミュニケーション

同僚 46 私的な話題が多い同僚

場面例とポイント

A先生は朝や貴重な空き時間に，自分の家庭のことを熱心に話す。聞くほうは，姑や家計のことなど興味がないのだが。

❶カウンセリングの技法を使って支持的に聞く

「たいへんな中でがんばっていらっしゃるんですね」と，支持的に聞く。

❷長く聞く余裕がないことを伝える

「ごめんね。いま急いでいる仕事があってあなたのお話を聞くことができないの。だから時間のあるときにゆっくり聞くね」「悪いけど，余裕がなくてお話を聞けない」と，断わる。

❸管理職に相談する

教頭など管理職に相談し，困っていることを伝える。

考え方

公の場所である学校という職場で，あまり多くの私的な話題を朝から出されると閉口してしまう。もっとも相手との公的・私的なおつきあいのほどで，対応には違いがある。

①カウンセリングの技法を使って支持的に聞く

「たいへんな中でもがんばっているんですね」「よくやってらっしゃいますね」と支持的に聞くと，相手は聞いてもらえた満足感を得るだろう。たいへんな状況の中をがんばっているというその人を，まず認めてあげてはどうだろうか。ただし，質問はほどほどにし，話を長引かせないようにしたい。

②長く聞く余裕がないことを伝える

いま，長く聞く余裕が自分にないことを伝える。うわの空で聞くよりも，「いまは聞けない」という自分の気持ちをはっきり伝える。

③管理職に相談する

職員指導は管理職の仕事である。教頭に困っている内容を伝えてみよう。案外管理職も同じように考えていることは多いはずである。「公」と「私」の区別のつけ方を指導してもらうようにする。

職場でいっさい私事の話をしないとどうなるか。職員同士のパーソナルリレーション（感情交流）がとれなくなり，冷たい職場になるだろう。しかし，職場は「なかよし集団」ではない。子どもたちの教育のために職員同士も切磋琢磨し合うところでもある。リレーションをつくるための自己開示は大切である。特に，子どもたちの様子や指導法について，自己開示していくことは大事なことである。

私的な部分の自己開示と公の部分の自己開示とのバランスを考えていきたい。「人のふり見てわがふり直せ」の精神で，自分が同僚とどのようなコミュニケーションをとっているかをたまには振り返りたい。

> まずは上手に聞いてみよう。相手を傷つけない言い方で断ってみよう。一人で悩まない。

（佐藤節子）

6章 同僚とのコミュニケーション

▶仕事上のコミュニケーション

同僚
47 服装がふさわしくない同僚

場面例とポイント

ジャージで出勤した後輩教師に注意したところ,「2時間目が体育だったのですが,だめでしょうか?」と質問を受けた。

❶相手の気持ちを受容する

「なるほど。出勤時から体育着でいるほうが何かと便利だというんだね」「忙しいときは,着がえる時間も貴重だよね」と,相手の気持ちや考えを受け止める。

❷自己開示とアイメッセージ

自分の経験談を話し,自分自身が失敗に学び,行動を変容させたことを語る。「以前,自分も体育着のまま出勤したことがある。そのとき途中で保護者に出会ってしまって,服装のことで皮肉を言われたことが……。私はそのときから,面倒でも服装はしっかりしようって気をつけるようになった。後から思えば,やはり通勤にふさわしい格好というのがある気がする」「君がジャージで出勤するのを見て,老婆心だと思うけど心配になったよ」

考え方

①相手の気持ちを受容する

質問技法を取り入れながら,言動の背景にある思いや気持ちを受け入れるように努める。

仮に相手が「面倒だったから……」といい加減な気持ちを語り始めたとしても,高圧的に指導しては素直に受け入れてくれないだろう。「先輩も同じ悩みや思いをもったことはありませんでしたか」と尋ねられていると考えて,先輩としての自己開示につなげていくようにしたい。

②自己開示とアイメッセージ

自分が服装について配慮が足りず失敗した例を,または,望ましい服装を心がけてよかった例を,経験談として伝えるようにする。失敗した例を示すと相手も安心感をもって聞いてくれる。

そして,そのことを契機として,現在にいたるまでずっと心がけていることや続けていることを語り,その気持ちを感じ取らせるようにしたい。

教師として,社会人として,ふさわしい服装や言動を心がけなければならないことはだれもがわかっている。だから地方公務員法第33条(信用失墜行為の禁止)をあげて,教員としての服務について語ってみても,反発を買うのがせいぜいであろう。先輩としての立場で,自己開示を通して助言していくようにする。

また,「~すべき」という言い方を避け,「君を心配している」と自分の気持ちを伝えるようにする。「管理職から厳しく指導を受けることがある」と助言することも,それなりに効果はあるだろうが,先輩としての生き方や考え方を伝えることを通して,リレーションを築きながらアドバイスしていくほうが好ましい。

> ❗ 先輩としての生き方や考え方を示すチャンスと考え,積極的に自己開示を心がける。

(四杉昭康)

▶仕事上のコミュニケーション

同僚 48 仕事が遅い同僚

場面例とポイント

校務に熱心に取り組んでいるのだが，なかなか期限に間に合わない同僚に，どう接したらよいか。

❶リレーションづくり

要領が悪く，不安そうに毎日を過ごしているような場合，ほかの教職員とも良好な人間関係が築けていないと考えられる。まずはリレーションづくりを行うことが大切である。

同僚とのコミュニケーションの基盤は，まずあいさつである。「A先生，おはようございます。〜の調子はどうですか？」と，積極的に声をかけるようにする。

❷相手の立場に配慮しつつ伝える

「先生，○○の締め切りは△日でした」「そのお仕事が終わらないと全体の進行が滞ってしまいます」「□日までに提出していただけませんか」と伝える。

相手がOKしたときは，感謝を伝える。だめだったときには，「いつごろならできそうでしょうか」と相談しながら代替案を模索する。

❸リフレーミング

「仕事が遅い」を「仕事がていねいで納得がいくまで努力する」と肯定的にとらえ直す。よさを大いに認めることで，同僚が自信をもてるようにかかわる。

考え方

①リレーションづくり

リレーションができると，集団への所属感が高まり，仕事への意欲がわく。職場に「話のできる同僚」がいれば，仕事に張り合いが出る。ミスをしてもサポートしてくれる仲間がいると思えば，不安も解消される。仕事が遅れそうなときにも，事前に報告・連絡・相談がしやすくなる。またほかの職員とのリレーションが増えれば，校務に関する情報も多く得られるようになり，仕事への見通しが立てやすくなる。

②相手の立場に配慮しつつ伝える

チームで仕事をするからには，締切などを守ってもらうことは大切である。相手を尊重しながら，自分の役割を果たすための主張ははっきり伝える。今後もよき同僚でいられるような語り方で仕事を促す。

③リフレーミング

「仕事が遅い」とイライラするのではなく，「仕事がていねいで納得がいくまで努力する」と見方を変えて（リフレーミング），自信をもたせるようにかかわる。同僚が自分らしさを発揮して，生き生きと仕事に向かえるように行動変容させる。

リレーションが深まれば，相手の人柄を理解できるようになり，教育への情熱やひたむきな構えも感じ取れて，リフレーミングがしやすくなる。

> ❗ あいさつでリレーションづくり。
> 相手の立場に配慮しながら接する。
> リフレーミングでよさを伝える。

（四杉昭康）

▶同僚への配慮・相談

同僚 49 オープンスペースでの授業の配慮

場面例とポイント

オープンスペースの校舎で，隣のクラスの様子が気になって授業に集中できない。どうしたらよいのか。

❶悩んでいることを自己開示する

「先生のクラスは活気があっていいですね。熱心に指導されている様子が隣にいて伝わってきます。実は，自分はオープンスペースに慣れていないせいか，隣のクラスのことが気になって授業に集中できないのです。先生はどうしておられますか」と自分の悩みを冷静に伝える。

❷多種多様な指導方法の話し合い

子どもの実態や環境，授業内容に合わせた指導法や授業形態，設備の利用方法について話し合う。

考え方

①悩んでいることを自己開示する

オープンスペースの校舎という学習環境の中で，隣接するクラスの授業が気になって集中できないことは往々にしてある。隣のクラスの教師に自分の思いを伝え，改善できることはないかを話し合う。

授業の流れの中で大きなウエイトを占めるのが子どもたちのちょっとした反応やつぶやきである。それを見逃したり，聞き取ることができなかったりすると，子どもたちの思いを満足させ，めあてを達成する授業展開はむずかしくなる。また，子ども同士の話し合いが成立しないことも起こる。そして，このような子どもの発言や聞く態度に，学級崩壊につながると思われる小さなほころびが潜んでいることが多い。

学級担任は，子どもたちの細かな変化を感じ取るために五感をフルに生かしている。その妨げになっていると感じていることを冷静に伝え，一緒に考えることも時として必要ではないかと考える。

また間仕切りの利用法など，クラスではなく学校全体を考え，お互いがある程度満足できるハード面での状況の改善案を見いだすことも大切である。教職員全員での共通理解事項として提案したい。

②多種多様な指導法の話し合い

教室環境として，オープンスペースにもメリット，デメリットがある。総合的な学習の時間や算数・数学でのティームティーチング授業，学年活動では，オープンスペースの機能を生かす授業形態が工夫しやすいので，積極的に活用したい。

また，オープンスペースの校舎の実態に合わせた研修を行うことを提案するとよい。「大切な話は耳元で小声ですよね」など，時と状況に応じて，子どもたちへどのような話し方が効果的か，聞く側を意識した口調や声の大きさなどについて，考える機会を設けられる。

> ❗ 自分の悩みを素直に伝える。学習環境や指導法の提案。

（森悦郎）

▶同僚への配慮・相談

同僚 50 自信を失っている同僚への対応

場面例とポイント

「困ったな」と職員室で自信なさげに落ち込んでいる教師がいる。あなたならどうする。

❶接触を図ること

気づいたときに（タイミングよく），能動的に接触を図ることがコミュニケーションの第一歩である。

❷情報収集をする

指導力がないという中身を具体的に聞き出す。そして，その情報を事実と印象に分ける。

❸解決方法を一緒に考える

スキルの問題であれば，問題解決をするための具体的な計画を立てることを手伝う。パーソナリティの問題であれば，支持的に接する。

教師にとって心強いのは，同僚のサポートである。共に子どもたちを伸ばしていこうとする協働性である。だから，悩んでいる同僚の力になれるようにしていきたい。ただし必要な場合は管理職などにつなぐことも忘れてはならない。

考え方

①接触を図ること

「どうしたの」と声をかけてみる。まずは，こちらから接触を図ることである。コミュニケーションの第一歩は，あいさつやこちらから相手に行動を起こすことなのだ。

②情報収集をする

どんなことに困っているのか話を聞く。話を聞くときのコツは，事実と印象の情報を分けることである。例えば「授業中，私の指示に従わない」と相手が言うことに対して，「それはだれなのか，1人なのか，それとも複数なのか」「どの教科でもそうなのか」などである。

③解決方法を一緒に考える

解決方法をアドバイスするというより，一緒に考えるというコミュニケーションが望ましい。例えば「その場面では，子どもになんて言ったの」「それは，どう本人に伝わったのかな」と，振り返りながら一緒に考える。本人が，一歩踏み出せるように，支持的に接することである。

「あなたが言っているということが伝わるように，子どもの方をしっかり見て話せるか」「おしゃべりが静まるまで，授業を中止して，困ったという顔をしてみたらどうだろうか」など，具体的な行動計画を一緒に立てる。

また，まじめすぎるとか，潔癖すぎるとか，悩みがパーソナリティに関係する場合には，「治そうとするな，わかろうとせよ」がコツ。アドバイスをすることよりも，「それはつらかったね」などと支持技法を用いて，肯定的なフィードバックを心がける。

🛇 まず，こちらから接触を図ることがコミュニケーションの第一歩と心得よ。

（大友秀人）

6章 同僚とのコミュニケーション

▶同僚への配慮・相談

同僚 51 授業が騒がしい同僚への対応

場面例とポイント

隣のクラスはいつも騒がしく，子どもたちに落ち着きがない。どんなサポートの言葉をかけるといいのだろうか。

❶子どもの様子を話題にする

「A君とB君の大きな声が聞こえてきて，私のクラスの子どもたちがびっくりしたんだけど，どうしたの？」などと，子どもの話題をきっかけにする。

❷担任の話をよく聞く

アドバイスは控えて，担任の話を傾聴する。「Cさんって掃除のとき一生懸命だね」「Dくんは運動抜群だね」など，子どものいいところを話題にすると会話が弾む。

❸質問や提案の形でアドバイスする

問題点がはっきりしてきたら，「どんなふうになるといいのかな？」と質問して本人に考えさせたり，「そんなとき，こんな方法もあるけどどうだろう？」と提案したりしていく。

❹努力を認める言葉をかける

担任の努力を認め，ねぎらいながら継続的に支援していく。

考え方

①子どもの様子を話題にする

隣のクラスの子どもたちの様子がかなり気になる。学級担任は何も話してくれないので気づいているのかどうかわからない。こんなときは，子どもの様子を話題にして話しかけるとよい。

うるさいクラスといってもその要因はさまざまである。強い口調で「静かにさせるように」と注意を促しても逆効果になってしまうこともある。多様な観点からクラスを観察していく必要がある。

②担任の話をよく聞く

はじめは硬さが見られるかもしれないが，相手を認め，なるべくアドバイスを控えて相手の考えを積極的に聞くようにする。相手が安心して話せる雰囲気をつくるためには，指導方法や学級経営についてではなく，子どものいいところを話題にする。そして，相手の話にそって聞いていくことを心がけると，言いたいことや悩みを理解することができる。

③質問や提案の形でアドバイスする

相手の悩みや心配を具体的に受けとめることができたら，質問や提案を交えながら，一緒に対応を考えていく。このとき「Cさんのこと気になっているけど，このごろどう？」「何か困ったことはない？」などの「開かれた質問」が効果的である。

④努力を認める言葉をかける

よい変化を肯定的な表現で伝え，担任の努力を認めていく。ねぎらいの言葉かけもあれば，担任は「私は認められている」と感じ，勇気づけられるだろう。

! 悩みを聞き，受け入れられやすいアドバイスをする。継続的なフォローも大事。

（大江庸子）

▶同僚への配慮・相談

同僚 52 問題を抱え込む同僚への対応

場面例とポイント

A先生のクラスには，不登校やいじめがあるようだ。しかし，A先生は何とかなるといって報告や相談をしない。

❶かかわりながら待つ

「何か私にできることはありませんか。あったら手伝わせてね」と語りかける。「実は……」とA先生から話を切り出すように，かかわりながら待つ。

❷共感的に傾聴する

十分なリレーションができるまでは，A先生の気持ちを共感的に傾聴する。タイミングをみて，質問をしながら問題の明確化を図る。

❸共に解決の方策を探る

子どもたちの様子を語りながら，どんな方法で学級経営をするかを話し合う。時には共同で活動する。

❹緊急の場合

待つといっても待てない場合は，危機介入して適切な処置をする。

考え方

周りの人が問題と思っても，本人が問題視していなかったり，問題と思ってもほかの人の力を借りようとしない場合は，どんなにアプローチしても受け入れてもらえない。無理をするとかえって殻に閉じこもってしまう場合もある。時間はかかるがリレーションをつくるのが早道である。リレーションがあると本音で語り合えるからである。

①かかわりながら待つ

リレーションづくりの一つの方法である。状況に応じていろいろなかかわり（アプローチ）を試みる。それが，「いつもそばにいて気にしているよ」のメッセージとして伝わる。ときには自分の経験を話す。自己開示すると相手も心を開いてくるからである。

②共感的に傾聴する

相手の気持ちを共感的に聴く。受けとめられている実感がもてると，本音や弱音を吐き出せるようになる。そこで初めて，相談体制が組めるし，根本的な解決への対応ができる。

③共に解決の方策を探る

問題を一人で抱え込まないで，多くの人の意見を聞き，専門家のコンサルテーションを受けることは大切なことである。いじめや不登校の具体的な解決策を共に学ぶ。

④緊急の場合

生命にかかわるときなど，緊急事態も想定して対応策を講じておく。担任に責任を問うのではなく，学校全体として対応するのだという強い姿勢を打ち出しておくと，どこのクラスにも介入しやすい。

要は，全職員が日ごろから情報交換を密にし，小さなサインも見逃さず，早期対応・未然防止に努めることである。

❗ 問題の未然防止，早期解決はリレーションから。リレーションは自己開示から。

（佐々木美根子）

6章 同僚とのコミュニケーション

▶同僚への配慮・相談

同僚 53 保護者の対応を相談する

場面例とポイント

子どもへの対応をめぐって，保護者から苦情を受けた。どのように対応したらよいか。

❶事実と感情に分けて現状を把握する

問題になっている状況を紙に書き出して，客観的に見つめ直してみる。

❷だれに相談するか考える

問題や緊急性によって，だれに相談したらよいかを判断する。

❸相手の状況を考えて相談する

相手が，いま相談しても大丈夫な状況かを考えて相談する。保護者の言い分と状況は，的確に話せるようまとめ，自分に都合のいいことだけ話さないよう気をつける。

考え方

保護者から苦情を受けると，教師は強いショックを受け，自分の学級経営そのものを否定されたような気持ちになる。そのため保護者からの苦情を自分だけで処理しようとしがちである。しかし一歩間違うと問題がこじれ，さらに大きな苦情となってはねかえってくることも多い。一人で抱えないことである。

①事実と感情に分けて現状を把握する

事実と憶測を分け，保護者の感情，そして自分の感情を冷静に見つめる。冷静に見つめるためには，書く作業が向いている。相手も自分も感情的になっている状態では，考えがすれ違ってしまう。

保護者の立場になって考えたり，自分はどのような解決を望んでいるのかを率直に書き出してみる。

②だれに相談するか考える

「冷静に問題を見つめることができる人」「自分のつらさを理解して，解決に向けて一緒に粘り強く考えてくれる人」にできるだけ早く相談する。緊急性がある場合は，主任や教頭にすぐに報告することが必要である。

学年主任，養護教諭，教育相談係，生徒指導部長，教頭，校長などからは，問題によって専門性を生かしたアドバイスが得られるだろう。場合によっては，対応を代わってもらうよう検討したほうがよいこともあるだろう。

③相手の状況を考えて相談する

相手が親身になって相談にのってくれる状況かを考えて相談する。また落ち着ける場所に移動して話すことも大切である。保護者のプライバシーは，相談の部屋から持ち出さないようにお願いする。

日ごろから自分の学級のことをオープンにし，同学年の教師くらいは，何でも相談できる関係にしておきたい。自分もほかの教師に相談されたら親身になって話を聞き，協力しよう。

!抱え込まずに，報告・連絡・相談。自己開示と開かれた学級づくり。

（岡庭美恵子）

▶同僚への配慮・相談

同僚 54 子どもへの対応を相談する

場面例とポイント

授業開始時刻になっても着席しないなど，クラスの子どもの様子が気になるが，だれにどのように相談すればよいのか。

❶抱え込まない

ささやかな変化を感じ取り，相談してみようとする気持ちがまず大切である。

❷報告・連絡・相談

まず主任や教頭に話す。

❸対応策を考える

一緒に戦略を考えてくれる人，また育てるカウンセリングを実践しているなど，教育相談に詳しい人を見つけて相談する。

考え方

①抱え込まない

学級を開き，相談してみようとする気持ちがまず大切である。かつて学級担任の存在は絶大であったが，これからは「開かれた学級」が望まれている。つまり，学級の様子が外から見えること，保護者や同僚の参加・参観を積極的に受け入れること，学校外のサポートを積極的に導入し，地域に出て行って学習を展開していくことが求められている。

学級のささやかな変化に気づくためには，「何か変だぞ，子どもの中で何が起こっているのだろう」と感じ取れるアンテナを高くしておくことである。子どもの日記を丹念に読んだり，Q-U（たのしい学校生活を送るためのアンケート）による学級診断を行ってみたりするのも一案である。

②報告・連絡・相談

複数学級であれば学年主任，単学級であれば教頭や近くの担任に相談する。困ったことが起きたとき，上司がまったく知らなかったではすまされないからである。主任はいちばん力になってくれるはずである。

相談の仕方は，休み時間などに，「ちょっと気になる子のことを聞いてくれませんか」と構えないで話してみる。案外他の先生たちは，担任の見えないところを見ているものである。職員室ではふだんから，子どもたちの様子を話題にしていることである。

③対応策を考える

一緒に戦略を考えてくれる人，また育てるカウンセリングを実践している人を見つける。そして，自分がどのような解決のイメージをもっているかを明らかにし，そのためにどんな戦略が必要かを一緒に考える。子どもの持ち味を生かすことができ，ルールとふれあいのある学級経営について話してみよう。

作戦は自分にマッチしたものを立てたほうが実行しやすい。相談するとさまざまなアドバイスをもらえるだろうが，全部実行することはむずかしい。実情に合わせて取捨選択をする。

! 自分を開くこと。自分にマッチした戦略を一緒に考えてくれそうな人を相談相手にする。

（佐藤節子）

▶同僚への配慮・相談

同僚 55 生徒指導の相談を受ける

場面例とポイント

「受け持ちの子どもが万引きをした」という相談を担任から受けた。どのようにしてあげればよいか。

❶情報を整理する

「どんな内容か，くわしく教えていただけませんか」と問い，確かなことと，不確かなことの情報を整理する。担任は，受け持ちの子どもが「万引き」をしたと知っただけで気持ちが動転し，怒りの感情がこみ上げてきたり，自分の指導に落ち度があったのではと自分を責めたりする。静かに聞くことで，担任の動揺を落ち着かせるとともに，情報を整理する。

❷報告・連絡・相談がスムーズにいくように働きかける

担任1人で対応するのではなく，学校という組織で対応することが大切であると伝える。そのために，生徒指導主任や，管理職にまず報告し相談することを促す。「子どもへの対応は担任が中心。しかし店に対しての連絡，警察との連携，保護者との話し合いは，学校の組織として分担し対応していこう」

考え方

①情報を整理する

不確かな情報で対応することは，学校への不信感を招くことになりかねない。「残念なことが起きたね。これからどうしていくか，一緒に考えていこう」と伝えてから，「だれが，いつ，どこで，なにを」万引きしたのか，その情報を知らせてくれたのはだれかなど，現在わかっていることをメモに取りながらゆっくり聞く。質問技法と繰り返しによって，確かなことと不確かなことを整理していく。そして，担任の動揺を静めていく。

②報告・連絡・相談がスムーズにいくように働きかける

「子どもの万引きを知って，つらいだろう。でも，君だけが責任を感じることではない」と，担任教師だけに任せるのではなく，役割を分担していくことを伝える。そのためには，生徒指導主任や管理職にまず報告するよう促す。担任の負担を軽減し，組織で対応することによって，子どもや保護者，関係機関と良好な関係をもちながら改善を図るためである。その子どもが二度と繰り返さないためにも，また，「万引き」の未然防止のためにも，情報を共有し，組織で善後策を考えていくことが望ましい。

「子どものことをいちばんよく知っているのは君だ。君になら正直に話すと思う。子どもの話をじっくり聞いて，行動を正していこう」と担任教師の役割を大切にしながら協力していく姿勢を示す。

担任教師の不安感を取り除き，自信をもって対応できるように勇気づけていくのである。

> ❗ 情報を整理するために聞く。
> 報告・連絡・相談の大切さ・自信をもって対応できる勇気づけ。

(齋藤俊子)

▶同僚への配慮・相談

同僚 56 指導の限界を感じるとき

場面例とポイント

自分の指導の限界を感じていて、同僚の教師にサポートをもらえるよう相談するにはどうしたらよいか。

❶「話を聞いて」と頼む

自分の気持ちを話せる人に話してみる。養護教諭でもいいし、教頭でもよい。静かに話を聞いてくれて、心理的なサポートをしてくれそうな人にまずは声をかけてみよう。

❷自分をさらけ出す

うまくいかなくなった原因が、自分の経験不足、理解不足、過失にあるという結論が出ることも考えられるが、その場合でも正直に事実を話す。人に責任を押しつけないで、自分を振り返る態度が必要である。

❸いま、自分ができる対応策を考える

あくまで自分の問題であることを胸に、対応策は自分で選ぶ。相談は選択肢を広げる有効な手段としてとらえる。

考え方

①「話を聞いて」と頼む

過労やストレスから心身に変調をきたす教師の数は多い。その多くは、まじめで責任感が強く、問題を一人で抱えてしまう人である。しかし、一人では解決策が見えにくい。まずは、人に話すことだ。「人を頼ってはいけない」「弱音を吐いてはいけない」というイラショナルビリーフを捨てよう。

②自分をさらけ出す

事実を隠さずすべて相手に話すことは、自分のプライドもあり、たいへんつらいことではある。しかし自分をさらけ出さないかぎりは、解決にはつながらない。勇気を出すことが必要である。

③いま、自分ができる対応策を考える

子どもや保護者の実情を踏まえて、問題解決のより効果的な方策について話し合い、自分が具体的にできることを考える。相手から示された助言をすべて受け入れるのではなく、吟味する。自分が納得でき、最善と思われる対応策を選んで実践に移してみる。

実践してみると、(1)少しでも改善が見られた、(2)改善は見られなかった、の2つに評価される。(1)については、積極的に報告できるが、(2)については、相談にのってくれた相手に申し訳ない気持ちからか、どうしても消極的になってしまう。(1)、(2)のいずれの場合でも、正直に報告していきたい。

一度手だてを講じたからといって、すぐ問題解決に結びつくことは少ない。根気負けしないで、何度でも試みることが大切である。また、相談相手に頼んで、人の輪を増やす方法もある。

❗ 話すことは「放す」こと。自分を客観的に見ることができる。

(田中桂子)

6章 同僚とのコミュニケーション

▶私的なコミュニケーション

57 同僚にお祝い事があるとき

同僚

場面例とポイント

同僚が結婚するときや，子どもが生まれるとき，どうしたらよいか。

❶お祝いの気持ちを表す

「おめでとうございます。よかったですね。いろいろ準備があって，忙しくなりますね。でもそれが楽しいんですよね」とまずは言葉でお祝いを述べる。金品などのプレゼントは，おつきあいの程度に応じて用意する。周囲にも相談する。

❷新しい家族の話を聞き，祝福する

ゆっくりできる時間に，体調を気づかいながら，どんな家庭をつくるのか，どんな子どもに育てたいかなどを聞きながら祝福する。「あなたの話を聞いたら，私もとてもうれしくなってきました」「幸せそうな顔を見ていると私もうれしくなります」と喜びを分かち合う。

❸環境の変化や休暇などについてサポートする

結婚のための特別休暇や補欠の授業にはできるだけ協力したい。これは言葉以上の励ましとお祝いになる。

考え方

結婚や出産は人生の大切な節目である。心から祝福したい。公には職員一同や学年会を中心にお祝いすることになろう。個人としてのお祝いについて以下の考えを述べる。

①お祝いの気持ちを表す

どちらも，とても喜ばしいことで祝福の言葉を述べて祝う。それとともにこれまで準備してきたことや，結婚式のことなどまだしばらく続く準備などに対してねぎらいの言葉をかける。

また，金品などのプレゼントは，地域や職場によって考え方が違うため，学年主任や管理職に尋ねながら職員の和を図って行う。色紙にお祝いのメッセージをひとことずつ添えてプレゼントして祝福することもあるだろう。

②新しい家族の話を聞き，祝福する

これから築く新しい家庭のことなどを聞かれることは，本人にとってもうれしいことであろう。また，家庭がうまくいくコツなど自己開示しながら話すのも参考になる。

③環境の変化や休暇などについてサポートする

結婚前は引越しなど，なにかと忙しい。また妊娠中は，体調を崩しやすく精神的にも不安定である。「大丈夫ですか？ 無理していませんか？ 手伝うことはありませんか？」と声をかけて，手伝ってあげながらいたわる。

さらに，結婚していない同僚や子どものいない同僚への気配りも大事である。

> 新しい人生の門出と，共にはぐくむ命を祝う気持ちを態度で表す。

（杉沼慶子）

▶私的なコミュニケーション

同僚 58 同僚に不幸があったとき

場面例とポイント

同僚の家族が亡くなった。どんなことをしてあげればよいか。

❶お悔やみの気持ちを表す

「ご愁傷さまでございます。どんなにかお寂しいことでしょう」と，お悔やみの気持ちを表す。

また，おつきあいに応じて，個人的に香典などを用意する。

❷できることがあるかどうかを尋ねる

「学校のことは心配しないで休んでください。お手伝いできることがあったら言ってください」

❸相手の気持ちを察してかかわる

「落ち着きましたか」「元気を出せるようになりましたか」と問いかけながら，どんな心境でいるのかを察知するとともに，同僚がこれまで故人に対して誠心誠意努力してきたことを，認めるようにする。

考え方

身内が亡くなることは，突然他界した場合はもちろん，病気で長く患っていた場合でも，衝撃を受け，動揺し，悲嘆にくれる。そんな状況の中にいる気持ちを理解し受けとめる。

①お悔やみの気持ちを表す

「これまでのご看病，大変でしたね」「どんなにか残念なことでしょう」と弔意を表す。

また，同じ学年であるときや特に親しい場合は，通夜・告別式へも出席して弔意を表したい。参列については周囲と相談するとよい。参列しない場合でも香典などを出して弔意を表すのがよいだろう。

②できることがあるかどうかを尋ねる

困惑の中にあるとき，自分を心配してくれる同僚がいると思うと安心できる。忌引き休暇で，仕事の遅れが気になる。校務分掌のこと，学年のことなどを，手伝ったり，かわってあげたりする気遣いがあるとうれしいし，安心できるものである。

③相手の気持ちを察してかかわる

学校へ復帰してからもまだ亡き人への思慕が募り，あれこれ後悔し，気持ちが落ち込んでいることがある。そんなときは仕事の軽減を図ったり，お茶に誘ったりして，つらい気持ちに寄り添って話を聞く。

ごく近親の人が亡くなった場合は，むしろ，そっと見守っていたほうがいいときもある。必死に仕事をすることで，気をまぎらわせていることもある。同じ学年や係ならば，休憩時間にそっとお茶を入れてあげたり，放課後，お菓子を差し入れたりしながら，いたわりの気持ちを態度で表す心配りがよいだろう。

> ⚠ 思いやりのあるあたたかい言葉をかける。公務をサポートする。

（杉沼慶子）

6章 同僚とのコミュニケーション

▶私的なコミュニケーション

同僚 59 お金を貸してと言われたとき

場面例とポイント

A先生に突然「お金を貸してほしいんだけど……」と言われた。金額は3万円で，給料日には返すというのだが，どうしたらよいか。

❶お金を貸す場合

(1)「3万円は無理ですが，5千円だったらお貸しできそうです」
(2)封筒に貸す金額を書いて，それにお金を入れて手渡す（金額を確認してもらう）。
(3)「給料日にお返しいただけるなら……」

❷お金を貸さない場合

相手の気持ちを受け止めつつ，率直に断る。「そうですか。給料日前ですものね。でも，申し訳ないですが，お貸しできません。私も余裕がなくて」

話をする場合，声の大きさには配慮をする。

考え方

お金を貸してほしいともちかけられたときの対応については，戸惑ってしまう場合もあるだろう。その相手との関係（親しさ，相手への信頼）やその場の状況（個人的にお金が必要であるのか，慶弔などで突発的に必要になり困っているのか）などを考慮する必要がある。そのうえで，「自分はどうしたいのか」という気持ちを確認し，対応することが望ましい。

①お金を貸す場合

お金を貸す場合，その相手とは「貸したお金が期限までに返ってこないときには，請求できる関係であること」が必要となるであろう。

またトラブルが起きたときのために，
(1)貸すお金は高額ではないこと
(2)貸し借りの金額に双方の誤解がないこと
(3)返金の予定を双方がわかっていること

が大切である。期限などについて相手から示されない場合は，「25日までに返していただければありがたいです」などとできるだけ明確に伝えておくことが望ましい。相手に配慮しつつ，誤解や行き違いが生じないようにする工夫が必要なのである。

②お金を貸さない場合

「お金を貸してほしい」と申し出るのは，人によっては勇気のいることであろう。そのため相手が困っている気持ちは受けとめつつ，相手に配慮した形で率直に断ることが望ましい。申し出を断わってしまったことが原因で，同僚と気まずい関係にならないために，持ち合わせがない，私も余裕がない，などの言葉もスキルとして用いることができるだろう。

相手の気持ちを受けとめることと，相手の要求をのむことは違う，ということを認識していたいものである。

> ❗ 相手の要求よりも，気持ちを受け止める。自分も無理はしない。

（大竹直子）

▶私的なコミュニケーション

同僚 60 品物の購入を勧められた

場面例とポイント

A先生は下着の業者と親しいらしく、しきりに購入について誘ってくる。高価なので断りたいが。

❶ できるだけ早めに、明確に、意思表示をする

「せっかくですが、私は結構です」「よい商品なのでしょうけれど、私が欲しいものはありません」

❷ 遠まわしに断る

「欲しいときは、私のほうから声をかけさせていただきますね」「この前、買いかえたばっかりで。申し訳ありません」

声、表情、態度は穏やかに。断った後は、いつもどおりに接する。仕事に持ち込まない。

考え方

仕事とは関係のない品物の購入や会などへの勧誘は、その相手が上司やかかわりの多い同僚であれば、断りにくい場合もあろう。しかし、仕事や人間関係に支障をきたさないためにも、早期に、はっきりと断ることが大切である。相手との関係や相手のパーソナリティを考慮しながらも、率直に、しかし言葉や態度に配慮して意思表示をするのが望ましい。

①できるだけ早めに、明確に、意思表示をする

購入をするつもりがないにもかかわらず、あいまいな態度をとり、長々と相手の誘いを聞いていると、「この人は、この商品に興味をもっている」と誤解されかねない。そのため、用件を聞いた後は、できるだけ早く、意思表示をすることが望ましい。特に、何度も購入を誘ってくる場合や、なかなかこちらの気持ちを察してもらえない相手の場合は、勇気をもって、明確に伝えることが大切である。

②遠まわしに断る

明確に購入を断ることが困難である場合、「欲しいときには、私のほうから声をかけさせていただきますね」などと、遠まわしに断る方法がある。しかしこの場合、再度誘われることも予測できる。

品物の購入を誘う側（A先生）は「親切で声をかけている」という気持ちであることも考えられる。そのため「せっかくですが……」や「申し訳ありませんが……」などの言葉を加えることが望ましい。

また、断りの意思表示は相手に伝わるように明確にするが、声や表情や語調がきつくならないように意識をしたいものである。しかし、例えば「先日は申し訳ありませんでした」などと必要以上に謝罪するのは好ましくない。購入を誘われたという出来事は「その場限り」とし、仕事や人間関係に持ち込まない意識が大切である。

⚠ 声・表情・態度は穏やかに、しかし言葉は明確に。勇気をもって意思表示。

（大竹直子）

▶私的なコミュニケーション

同僚 61 私的なつきあいを断るとき

場面例とポイント

A先生に食事を誘われた。日ごろ頼りにしているし，お世話になっているのだが，仕事以外のつきあいをすることには抵抗がある。断りたいのだが。

❶感謝の気持ちを述べ，断る

「ありがとうございます。先生にお誘いいただいてうれしいのですが，毎日仕事が終わると疲れきってしまい，できるだけ早く帰って休みたい気持ちなのです。申し訳ありません。お気遣いいただき，ありがとうございました」

❷折り合い点を見つけ，提案する

複数で行く：「ありがとうございます。せっかくの機会ですから，B先生もお誘いしてみたいのですが…」

お茶を飲む：「最近，家の用事などもあり時間がとれませんので，忘年会（歓迎会など）の後にお茶をご一緒しませんか？」

❸断った後のフォロー

職員室などで，A先生とゆっくり話をする機会を見つけるように心がける。

考え方

①感謝の気持ちを述べ，断る

お世話になっている同僚（特に上司）からの誘いを断るのは，仕事に影響を及ぼす不安を感じ，なかなかむずかしいこともあろう。多くの場合「今日はちょっと用事が入っていて……」や「その日は，ちょっと都合が悪くて……」などと，相手を傷つけないように断ることが多いと考えられる。しかし，繰り返し誘われるなど，そのような断り方が困難な場合，(1)感謝の気持ちを伝えつつ，誠意をもって，(2)自分の気持ちを伝え，結果として，(3)断る，ことが大切になる。

②折り合い点を見つけ，提案する

相手によっては仕事を円滑に進めていくために「断りたいけれど，行くことが望ましい」と考えることもあるだろう。そのような場合は，相手の気持ちを大切にしつつ，自分自身も無理をしない方法，つまり複数で行く，短時間で済む方法をとるなど，双方の折り合い点を見つけ，提案してみるのも方法である。

③断った後のフォロー

誘いを「断る側」も勇気がいるが，「断られる側」もまた，がっかりするなど気持ちが動くものである。「仕事以外でのつきあいはしない」という考えをもちつつ「職場ではよい関係をつくりたい」と願うのであれば，なおのこと，職場で同僚と話をする時間を大切にしたいものだ。

職員室内でも十分にコミュニケーションがとれるよう心がけること，同僚の声にていねいに耳を傾ける気持ちが大切である。

> 「感謝の言葉」と，誠意のこもった「断りの言葉」の両方を伝える。

（大竹直子）

▶私的なコミュニケーション

同僚 62 研修会に誘うには

場面例とポイント

学級経営で悩んでいる同僚を，自分の参加している月例学習会に誘ってみたい。

❶心配している気持ちを伝える

「最近，元気がないようで気になっているんだけど，大丈夫？」と声をかける。「私でよかったら話を聞かせて」と関心があることを伝える。まずはリレーションづくりに努める。

❷問題解決のための考え方を示す

うなずきや視線，表情などを交えて受容的に話を聞きながら，問題解決のためのいくつかの選択肢を一緒に考える。その中で，外部機関での研修会の情報を提供する。

❸自分の体験を語りながら誘う

「私が参加している学習会に参加して悩みを話してみたら」と誘ってみる。「私はほかの参加者やスーパーバイザーから解決方法を助言してもらって助かった。あなたの役にも立つと思う」と参加するメリットを自己開示的に伝える。

考え方

学級経営の悩みは，多くの教師が体験する。自分も通った道だからこそ，悩んでいる同僚の力になってあげたいと思うのである。校内でのコンサルテーションも大事だが，外部の研修会に参加して自ら学ぶことも大きな力になる。

①心配している気持ちを伝える

「学級経営がうまくいかないのは自分に力がないから」「私の責任」と考えて自信をなくしていることが多い。自尊感情が低下しているので，声をかけてもすぐに話す気にはなれないかもしれない。

自分の学級経営の体験談や失敗談を自己開示的に語りながら，リレーション形成に努める。本人が悩みや悔いを話してくれたら，十分に時間をとって受容的に聞く。傷ついた感情体験を語ることはカタルシス効果につながる。

②問題解決のための考え方を示す

「いい学級経営をするに越したことはないが，うまくいかなかったからといってだめな教師ではない」「ピンチはチャンス。つらいかもしれないけれど，いい勉強の機会ととらえてみよう」とビリーフ（認知）の変換を迫る。そのうえで，問題解決の方法を一緒に考える。

③自分の体験を語りながら誘う

自分にとって研修会への参加は「目からうろこ」のよい経験であったことから，同僚にも参加してみないかと誘ってみる。「お互いの感情を肯定的にシェアし合うことで元気がもらえた。また，気持ちを人に語ることで，自分の気持ちをもう一度しっかり見つめ直せた」と体験的にメリットを語るとよい。

> ❗ 自分を語りながら誘う。研修会のよさを周囲に伝えていこう。

（別所靖子）

6章 同僚とのコミュニケーション

▶私的なコミュニケーション

同僚 63 飲み会に誘うには

場面例とポイント

A先生は，同僚とのつきあいがあまりない。たまにはお酒を飲みながらいろいろと話してみたいのだが。

❶当日ではなく，数日後の約束をする

「今週の金曜日，B先生たちと『たまにはお酒でも飲みに行こうか』と話しているのですが，A先生もご一緒にいかがですか？」「親しい先生方で食事に行こうという話があるのですが，ぜひA先生にもいらしていただきたくて……。先生のご都合はいかがでしょうか？」その際に，事情があるようでれば，配慮するように心がける。

❷日常のコミュニケーションを心がける

職員室などで日常のなにげない会話をしながら，「今度，お酒でも飲みながらゆっくりお話ししたいものですね」などと誘ってみる。

考え方

①当日ではなく，数日後の約束をする

同僚とのつきあい（特に，お酒など勤務時間外でのつきあい）が少ない教師には，「仕事外でのつきあいはしないという考え」であったり「家庭の事情」で早く家へ帰らなければならなかったり，ただ「チャンスがない」だけであるなど，いろいろと理由があろう。それらを配慮しながら，参加者（2人ではなく3人以上が望ましい），日にち（多忙な時期や曜日を除く）を設定し，誘いたい。

例えば，「明日の仕事に差し支えるから」「まだ手がかかるような小さな子どもがいるから」などの事情が考えられる場合は，誘う際に「21時前には解散する予定になっています」など予定を伝えることが大切である。また，人によっては「お酒」よりも「食事」のほうが気楽な印象を受ける場合もある。

②日常のコミュニケーションを心がける

しかしながら，お酒に誘うばかりではなく，日常のコミュニケーションを心がけることも大切であろう。日常のかかわりがあってこそ，同僚とのつきあいは深まっていくと考えられる。

職員室などで話題を見つけ，話しかけることがむずかしい場合は，例えば，出かけた際に買ってきたお菓子などを職員室で配り「日曜日に○○へ行ってきたんですよ」などと話しかける方法も有効である。おいしいものを食べながらの会話は弾むものであり，それをきっかけに，日常で言葉を交わす機会を増やしていくこと，ひいては，いろいろと話ができるようになることも可能になると考えられる。

> ⚠ 日常でのかかわりを心がけながら，相手の都合に配慮しつつ，勇気をもって誘う。

（大竹直子）

▶私的なコミュニケーション

同僚 64 職員室で疎外感を感じるとき

場面例とポイント

A先生は職員室でも強力なリーダーシップを発揮する。お気に入りのB先生やC先生はお茶に誘うのだが，その仲間に私は入れてもらえない。どうしたらよいか。

❶「思い込み」から自分を解放し，うまくいっている人間関係に目を向ける

「私は，A先生に受け入れられる人間でなければならない」などの非合理的な思い込み（イラショナルビリーフ）から自分を解放する。

A先生やA先生のグループとうまく人間関係をつくることにエネルギーを注ぐよりも，うまくいっている人間関係に目を向け，その関係を大切にする。

❷毎日のあいさつを大切にする

仲間はずれにされたとしても，少なくとも「朝」や「帰り」，「お礼」などのあいさつはきちんと行う。

❸B先生，C先生に個別に声をかける

特に，B先生，C先生には（A先生がいないときなどに）声をかけてみる。

❹深刻化，長期化する場合

信頼できる同僚や，管理職などに相談をする。

考え方

職員室内での人間関係のゆがみが深刻化・長期化すると，教師にとって，ときには退職や休職に追い込まれるほどの大きなストレスになる。そのため早期に解決することが望ましい。

①「思い込み」から自分を解放し，うまくいっている人間関係に目を向ける

一部の教師からのいじめに振り回されることなく，毅然とした態度をとる。「A先生に誘ってもらえない自分は価値のない存在だ」などの思い込みから自分を解放し，いま，うまくいっている人間関係を大切にしていく。

②毎日のあいさつを大切にする

どう接してきても，同じ職場で働く相手である。朝や帰り，お礼など，毎日のあいさつを大切にする。

③B先生，C先生に個別に声をかける

B先生，C先生がピアプレッシャー（A先生に同調しなければ自分が嫌われるかもしれないというプレッシャー）を感じていることも考えられる。A先生が席を外しているときなどに，仕事の話題などをきっかけに，個別に声をかけてみるとよい。「A先生のグループ」よりもそれぞれの先生方と個別に関係をつくっていくことである。

④深刻化，長期化する場合

深刻化し長期化するようであれば，信頼できる同僚などに相談することが望ましい。職員室には，同じ経験をした同僚がいる場合もある。A先生の個性を理解した同僚がいる場合もある。状況を理解し，気持ちがわかりあえる同僚が一人でもいることが，心の支えとなる。

❗ ほかの人間関係に目を向け，個別にかかわり関係をつくる。

（大竹直子）

▶私的なコミュニケーション

同僚 65 ギャンブル好きな同僚

場面例とポイント

A先生は子どもや保護者からギャンブル好きと言われ，評判もよくない。どうつきあっていけばよいか。

❶同僚として教師の自覚を促す

「子どもや保護者が，A先生はパチンコや競馬ばかりしていると言っています。気をつけたほうがいいかもしれません」と現状を伝え，教師としての自覚を喚起する。

❷同僚として共感的態度でかかわる

「パチンコばかりしていると聞いて，心配しています。何かあったのですか」と共感的態度でかかわる。現実逃避からギャンブルに走っている場合，職場の人間関係，家族の問題，学級経営などに悩んでいる可能性がある。

❸コンサルテーション的にかかわる

学校は，チームワークで動く。課題を抱えている教師の支援体制を組む。

❹状況によっては学校全体の危機介入としてかかわる

「A先生，学校を休んでパチンコに行くのは，問題がありますよ」「保護者から，クレームの電話が来ましたよ」と毅然とした態度でかかわる。学校全体の問題として対応する。

考え方

①同僚として教師の自覚を促す

一人の教師の社会性を欠いた行動が，学校全体の信用を失い，子どもや保護者との関係を悪化させることがある。実害は，子どもばかりでなく同僚にも及ぶ。同僚として，教師同士の啓発をする。

②共感的にかかわりサポートする

教師としての仕事に自信を失い，家族や同僚にも相談できずに孤立し，ギャンブルに逃避している場合もある。いま，抱える問題は，自らの成長課題ととらえて，問題から逃げないという覚悟を同僚としての立場で訴える。

③コンサルテーション的にかかわる

コンサルテーションは，よりよい学校をつくるための作戦会議である。学校のリソース（援助のための人的・物的資源）を活用して，具体的サポートを展開する。ギャンブルに走る教師は，教師としての喜びを失っている可能性がある。学級経営・行事など，子どもとのかかわりの中から，教師としての喜びをもう一度体感できるように配慮する。

④状況によっては学校全体の危機介入としてかかわる

学校を休んでパチンコ店に行き，保護者に見つかり，学校にクレームが来たりする場合は，もはや個人の問題にとどまらない。保護者が教育委員会やマスコミに訴えることもある。同僚として情報収集を行い，校長・教頭・関係機関を含めた危機介入的な対応を検討してもらうことが必要である。

> 納得と説得は違う。納得できると，考え方，行動，雰囲気が変化する。

（金山健一）

管理職との
コミュニケーション

第7章

▶管理職からのコミュニケーション

管理職 1 緊急時における上部機関への報告

場面例とポイント

学校に不審者が侵入した。

❶第一報を入れる

子どもにかかる事件・事故を発見した場合，また施設設備の亡失・毀損をした場合，校長は起こった事実を上部機関に報告する。まずは可能なかぎり速やかに，電話で簡にして要を得た報告をする。

❷第二報を入れる

詳細を口頭で説明し，指示を受ける。

❸第三報を入れる

文書をもって事実を正確に報告する。

考え方

校長は事故や災害など緊急時において，上部機関より預かっている子どもと教職員を守らねばならない。いっぽう上部機関は，校長の緊急措置が社会通念上妥当であるかを判断しなければならない。

そこで校長は，泰然自若（情緒安定）として職務に当たり，事実に誤謬がないよう報告することが大切である。

①第一報を入れる

要点の１つは速やかに報告することである。その理由は２つある。１つは，措置の仕方に不手際があれば，その措置をめぐって新たな問題が発生するからである。上部機関はこのようなことがないよう，校長の指揮監督に当たらねばならない。もう１つの理由は，学校から報告がないうちに警察や報道など，他機関から先に情報が入ったり取材があったりした場合，結果として上部機関は監督不行き届きを問われることになるからである。

要点の２つは，簡にして要を得た報告をすることである。上部機関は多忙であり，事故処理はスピードを要する。相手の知りたいポイントをついて回りくどい説明，ていねいすぎる謝罪はしない。

要点の３つは，事実のみを淡々と語ることである。報告を受ける担当者は白紙の状態である。そこに，どんな事故が，いつ，なぜ起こったのかなどを正確にインプットするには，余計なことを言わず，事実のみを淡々と語る。言い訳，部下への苦言などは，第一報を受けている担当者には余計なことでありわずらわしい。

②第二報を入れる

事実の詳細，事実に対する校長の考え，感情を口頭で伝える。緊急事態における報告は心に葛藤を生じるものであるが，責任はすべて自分にあると言い聞かせて報告をする。自己防衛，責任逃れの気持ちがあると，報告の内容に誤謬を生じ，上部機関からの妥当な支持を得られない。

③第三報を入れる

事故報告書の提出の段階である。報告書は，保存期間中は請求によって公開しなければならない。事実に誤謬があれば，法的な争いなど新たな対応を迫られる。報告内容が報告者（校長）に都合のよいように記載されていないか，よく点検してから上部機関の決裁を受ける。

> ❗ 自ら責任を問いつつ，報告・連絡・相談を行う。

（佐藤勝男）

▶管理職からのコミュニケーション

管理職 2 職員からの報告を受ける

場面例とポイント

研修や子どもの引率，家庭訪問などの出張に出かけた教師から，帰校の報告，出張の様子や内容の報告を受けたい。

❶報告がなければ校長から求める

用務終了後，速やかに報告連絡がほしい場合は，「ご苦労さまでした」とねぎらったあと，「どんな研修会でしたか」「子どもたちの様子はどうでしたか」と話を促す。

❷報告を受けたら必ず言葉をかける

短い時間であっても，話をよく聞き，「よくできましたね」と労をねぎらう。報告の内容が全職員の共有すべき知識や情報であれば，「重ねてお骨折りをおかけしますが……」と言って，職員会議などでの伝達をお願いする。

❸報・連・相（報告・連絡・相談）の必要性を認識させる

校長は校務執行の最終責任を課せられている。「知らなかった」ではすまされない職務の役割と責任を伝える。

考え方

①報告がなければ校長から求める

出張の復命は，旅費支給の関係から事務職員の指導もあり，文書できちんと行われている。ところが，出張から戻っても口頭できちんと報告している教師はけっして多くはない。

口頭で報告をしない教師に対して，校長がイライラしたり，しかったりするのは逆効果である。報告がなければ，校長から遠慮なく報告を促すようにする。報告がないことに腹を立てていることを伝えるのではなく，労をねぎらいながら，報告をしてほしいという気持ちが伝わるようにする。

②報告を受けたら必ず言葉をかける

受けた報告への言葉かけを工夫する。単に「ご苦労さま」と聞き流すだけでなく，「何か成果はありましたか」「子どもたちはどんなことをがんばっていましたか」など，なるべく具体的に聞くようにしたい。その際，「そうなんだ」とうなずいたり，「それはすごいね」と感心したり，教師との対話が生まれる聞き方を心がける。周りに話が弾んでいる様子を見せることで，教師が自分から報告したくなる雰囲気をつくり出すようにしたい。

③報・連・相（報告・連絡・相談）の必要性を認識させる

年度当初に，校長の職務の役割と責任から，報・連・相を大切に考えていることを明確に打ち出す。出張から帰ったときの口頭での報告も行うように話す。

校長が自分の出張で大切だと思った内容を，職員打ち合わせなどで話すのもよい。まずは校長自身が要点を絞って報告するモデルを示すことである。

> ⚠ 報告や連絡を大切だと考えていることを明確に伝える。報告を受けるときは，対話が生まれる聞き方を心がける。

（水上和夫）

▶管理職からのコミュニケーション

管理職 3　上部機関からの指示の伝え方

場面例とポイント

同区内の教師が不祥事を起こしマスコミに報道された。臨時校長会が招集され、再発防止の指示があった。どのように自校へ（部下職員へ）伝えるか。

❶早く正確に伝える

マスコミの報道が先行するなか、事実と異なる「うわさ」に惑わされないように事実を正確に伝える。そのためには校長自らが、プリントを用いて各教育委員会や校長会の方針を、全教職員に徹底させる。

❷再発防止に向けての取り組みを

単なる伝達ではなく、自校の問題として受け止めさせるように工夫する。

考え方

服務事故の発生および発生後の処理には、管理職の指導や対応が大きな問題である。たとえ自校で起きたことでなくても、事例によっては、教職員だけではなく子ども・保護者まで浮き足立つことがある。教職員に伝える場合は、単なる事実の報告ではなく、「自校においても、いつ起きてもおかしくない」という認識をもつとともに、再発防止に向け教職員を指揮、監督する立場から、ああしてほしい、こうしてほしいと具体的な指示をする。リーダーとしての職務権限と責任を明確に示す。

①早く正確に伝える

(1)緊急性の有無により、臨時職員会議を開くか定例まで待つかを判断する。朝の打ち合わせ時は、時間的関係から、基本的には避ける。

(2)内容によっては、事前に企画委員会を開き、幹部職員への共通理解を図ってから全体に伝えることも効果的である。

(3)教育委員会からの文書は全員に増し刷りし、指示連絡内容の徹底を図る。

(4)具体的な事実行為を正確に伝え、服務事故となる事実を特定する。特に、「うわさ」との違いを理解させる。

(5)実名や所属などに関する個人のプライバシーには十分に配慮する。当事者と知り合いの教職員もいるはずである。また、子どもが関連している場合（多くの場合は被害者）の扱いは、よりいっそう慎重にする必要がある。

(6)校長が、伝達内容に誤びゅうを生じないよう、直接責任をもって伝える。

②再発防止への取り組み

(1)職務や生徒指導などにおいて課題を抱えている教職員に対しては、日ごろから言動をこまめに観察し、情報収集に努めながら、指導を重ねていく。

(2)指示連絡をもとに事例研究を行い、自校における危機管理チェックを通して教職員の意識啓発を図る。

(3)教頭・主幹・各主任にそれぞれの役割と責任を自覚させ、各分掌ごとに再度、安全確認を行わせる。

> ❗ 自校の問題として考えさせる。そのために工夫が大切。

（工藤雅敏）

管理職 4 会議で職員の意見を覆す

▶管理職からのコミュニケーション

場面例とポイント

会議で、校長の意に反して単位不認定（退学）の決定がなされそうである。校長の考えが認められない場合にどうするか。

❶十分な意見交換を促す

意見や疑問点を多方向からあげる。

❷再検討を求める

決議の前に、賛否双方の意見や教師の心情、決定の経過をまとめる。次に「十分に意見をおうかがいしましたが……」と、校長としての思いや考え、意見を率直に述べて差し戻す。その根拠や判断理由を説明する。

❸校長の職務権限と責任による決定

それでも校長の意に反した決定になったときは、職務権限により校長の決定を優先することに理解を求める。

考え方

①十分な意見交換を促す

「子どもの進退にかかわる重要な議題です。あらゆる面から討議を尽くしてください」と、さまざまな意見を吸い上げるよう発言を促す。とりわけ、教える側の立場に立った見せしめ的指導にならないよう、また他教科の者は、当該教科の決定に口をはさむものでないという発言抑制が起こらないよう気を遣う。

②再検討を求める

決議の前に、決定の経過や賛否双方の意見をまとめる。次に校長の思い、考え、意見を率直に述べて、再検討を求める。

この際、判断基準や規定などの法的根拠を実例にあげ、感情に左右された決定になっていないか、思考の機会を与える。

例えば、「単位不認定の法的根拠は『学力劣等で成業の見込みがない』である。これは、補習などを繰り返し行い、評価は複数の機会、複数の方法を用いて行ったが、それでも成果が見られなかった場合のことである。今回の案件は繰り返しの指導がなく、評価の方法も取得点数のみで、レポート提出による評価など、異なった観点からの評価がされていない。よって、成業の見込みがないと認めがたい」と校長の考えを伝え、再考を促す。

再討議の際、全体の場で意見は出しにくいので、小グループでの協議を提案する。その際、何を検討してもらうか具体的にテーマを絞るようにする。

③校長の職務権限と責任による決定

それでも不認定になった場合は、校長の職務権限により決定する。

例えば「単位不認定による留年や退学などは、親の同意がないと執行できないが、今回のケースで、校長が親の同意を得ることは不可能である。したがって、もう一度、単位認定の機会を与えてほしい」。

校長の職務権限を法的根拠によって説明し、校長が取らねばならない責任の実例を示して、教職員の同意を求める。

> ⚠ 確固とした信念、粘り、自制および寛容で、信頼を醸成する働きかけをする。

（斎藤英男）

▶管理職からのコミュニケーション

管理職 5　体罰予防の指示

場面例とポイント

自校で体罰事故を起こさないためにはどうしたらよいか。

❶身分上の危機意識をもたせる

体罰は子どもの人権を損ない、教育に対する信頼を失わせる重大な服務事故である。また裁判になったときには敗訴し、行政上、刑事上、民事上の責任を問われることを、職員会議や朝会などの機会をとらえて、繰り返し知らせる。

❷契約による信頼関係の構築

「体罰かどうかにかかわらず、子どもの身体に傷を負わせたら、当の子どもを伴って報告せよ」と指示し、契約を結ぶ。

❸指導、監督する

日ごろから職員の様子を把握したり、指導したりする。

考え方

①身分上の危機意識をもたせる

学校管理下において事故が発生した場合、管理者および職員が問われるのは「故意」「過失」「瑕疵」「注意義務違反」があったかどうかである。体罰は「故意」に当たる。結果を予測できたのに、わざと、あるいはうっかりと起こしたものとして厳しく責任を問われる。

校長は、年度当初の職員会議において体罰禁止を指示し、このような危機意識を喚起する。

②契約による信頼関係の構築

校長は学校経営の責任者として子どもを守るいっぽう、職員を守らねばならない。そのためには、事故があった場合にも迅速に正確に状況を把握する必要がある。

年度当初の職員会議において体罰禁止を指示した後、体罰を行ってしまった場合には必ず報告することを指示し、同意を得る。指示どおり教職員が契約履行することは、危機状態における信頼関係づくりの第一歩となる。

③指導、監督する

全体に体罰禁止を指示しても、自分には関係ないと思っている者、あるいは体罰を必要悪だと信じている者もいる。準備室や部活動での雑談の中で、体罰を加える危険性のある者の名前があがったり、「以前になぐったことがある」と話す者が出てきたりする。物静かで一見優しそうなタイプでも体罰を起こすことがある。

体罰事故が心配される者には、信頼に基づく指導法（カウンセリングの発想、技法、態度の応用など）を教える必要がある。教える機会は勤務中につくる。日常的に接触を図り、日々の指導状況の様子を聞いたり、悩みの相談にのったりしながら、体罰防止の指導を行う。校外でのインフォーマルな機会も活用し、リレーションをたっぷりとつくってから行うことも効果がある。

!　一瞬の激怒で、教師としての身分と信頼を失うリスクを認識させる。

（松本昌治）

▶管理職からのコミュニケーション

管理職 6 体罰をした教師への対応

場面例とポイント

日ごろ教育熱心な教師が、授業中、注意を聞かず指導に反抗した子どもをなぐった。

❶体罰事故の情報収集

教頭および生徒指導主任に役割を与えて、情報収集に当たらせる。

❷保護者への謝罪

まず校長が謝罪に行き、その後、当該教師を伴って再び謝罪する。

❸当該教師事情聴取の心得

事実のみを淡々と語らせる。

❹子どもとの関係修復をケアする

事故の発生した同じ場所で教育指導が行われる。子どもが意欲をもって取り組めるよう心のケアを一緒に行う。

考え方

学校経営上、校長は子どもを守ると同時に職員を守らねばならない。この矛盾を生きねばならない。事故処理をめぐって、当の子どもおよびその親と当該教師、家庭と学校、管理職と教師とのいがみ合いが起こらないようにする。

①体罰事故の情報収集

叱責を一時保留し、校長は自分の管理監督に落ち度はなかったかなどと思いをめぐらしながら、心にゆとりをもつ。このゆとりのなかで当該教師は教頭が、当の子どもは生徒指導部主任が事情聴取を行うよう指示する。両者の説明が異なる場合はそのとおり記録する。

当該教師にはまず校長が保護者に謝罪することを伝え、事情聴取が済みしだい、一緒に謝罪に行くことを指示する。

②保護者への謝罪

校長がすぐに家庭訪問してわびる。事情聴取がすみしだい、子どもを家庭にお届けすること。また、当該教師を伴って、再度、おわびにあがることを伝える。

③当該教師事情聴取の心得

日々の教育活動における努力を認めながら、体罰が子どもの心と身体、さらには学校生活などへ与える影響などを考えさせ、当該教師には感情を交えず、事実のみを語るよう指示する。体罰にいたるまでの経緯、経過の事実に誤びゅうが生じると、新たな教師不信を招いてしまう。そうなると、だれがどんなに謝罪しても受け入れてもらえなくなる。

④子どもとの関係修復をケアする

まず校長から子どもへ、信頼していた教師が与えてはならない苦痛を与えてしまったことをわび、「この先生も同じ気持ちで自分のとった行為を反省している」と代弁する。続けて、当該教師から子どもへ、言語（謝罪の言葉）や非言語（頭の下げ方、表情）で気持ちを伝え、動揺を抑えるよう指示する。

関係修復後、再発防止のために「再度起こしたら自分は教師にふさわしくないと辞職を覚悟する」のように口頭契約する。

> ❗ 素直に過ちを認め、厳粛に処分を受け、教師として再出発する決意を支援する。

（松本昌治）

▶管理職からのコミュニケーション

管理職 7 体罰を受けた子どもの保護者への対応

場面例とポイント

授業中に体罰事故が発生したときに，保護者にどう報告し，謝罪するか。

❶当該教師に対応の仕方を説明する
　今後は管理職が窓口になること，一緒に謝罪に行くことを説明する。

❷当該教師とともに家庭訪問する
　当該教師とともに事故当日に家庭訪問し，事情を説明し，体罰を行ったことを誠意をもって謝罪する。

❸再発防止の対策を伝える
　今後，二度と体罰を起こさないようにしていくための対策を伝える。

考え方

原因や状況はともかく，体罰をしてしまったことは事実であるから，言い訳をせずに，職員への指導が足りなかったことも含めてきちんと謝罪をする。

体罰は法的に禁止された行為である。したがって，学校経営上職員の管理・監督を職務とする校長として，起こしてはならない事故が起きたことについて，責任をまぬがれない覚悟である気持ちが保護者に伝わるよう謝罪する。

①当該教師に対応の仕方を説明する
　当該教師には，体罰は重大な事故であること，今後の対応は管理職が窓口になること，本人にも言い分はあると思うが，まずは一緒に謝罪に行くことが何より大切であることを理解させる。

②当該教師とともに家庭訪問する
　管理職が家庭に電話をし，体罰事故の概要や子どものけがの様子を簡単に説明し謝罪するとともに，当該教師とともにこれからうかがいたい旨を話し，了解を得る。

家庭訪問し，「体罰は，学校と子ども，保護者の信頼関係を損なうものであり，いかなる理由があれ，体罰を起こしたことはほんとうに申し訳なかった」とおわびをする。当該教師からも謝罪をさせる。

次に，体罰が起きた事実経過を報告する。教師と子どもの双方から聞いたこと，目撃していた者からの話も伝える。保護者が子どもから聞いていることや保護者の意見があれば聞く。

そして，事故後に学校がとった対応についても報告する。けがをした場合は医者の診断を仰いだこと，当該教師も立ち会ったこと，治療の見通しなどである。

教育委員会に報告書を提出するについては，子どもの話を十分に聞くこと，保護者に内容を示して確認すること，意見があれば言ってほしいことを伝える。

③再発防止の対策を伝える
　子どもの心のケアに努めること，欠席した場合の学習の補充も考えていること，再発防止に向けて，当該教師への指導はもちろんのこと，学校全体としても研修会を行い，体罰根絶に向けて意識を高めていくことなど，具体策を示して再発防止対策の了解を得る。

❗ 謝罪は，「迅速に，誠実に」である。心から謝ること。

（野中真紀子）

▶管理職からのコミュニケーション

管理職 8 不登校の子どもを抱えた担任への対応

場面例とポイント

成績がよくまじめな子どもの欠席が多くなり、ついに登校しなくなった。校長として担任にどのような援助をするか。

❶組織的な取り組み

不登校が長びくようであれば、組織的に取り組むよう体制をつくる。

❷具体的な対応を決める

再登校指導対策を立てるために必要な情報収集を行う。そして対応者や期間を決めて、具体的な対応の方針を立てる。この際、担任は何をするのか、何を組織的に行うのかを明確にしておく。

❸担任の取り組みを支える

担任を責めるのではなく、学級づくりや人間関係づくりを見直す契機とし、自信をもって対応できるようにする。

考え方

自分の学級の子どもが不登校を始めると、担任は責任を感じて早期に解決しようとする。しかし、担任だけの対応では空回りすることが多い。管理職も含めた校内の援助体制が組めるよう、日ごろから連携を整えておく。

①組織的取り組みのための援助チーム

不登校の再登校指導は長期間に及ぶ。再登校を促す場合、登校場所、登校時刻を徐々に段階を追って、教室へ向かわせ、あるいはみんなと一緒の登校時刻に合わせなければならない。このような対応は一人の教師のみでは無理である。不登校が起きたら、担任だけに任せないで、チームで対応することを校内であらかじめ共通理解しておく。

担任をチームでの対応の中心におくようにする。ただし原因に担任が深くかかわっている場合は、違う者が対応する。担任は、そのことを受け入れたうえで対応を考えられるようにしたい。

②具体的な対応を決める

支援チームでは、本人や保護者の状態について話し合う。原因探しや責任のなすり合いをするのではなく、これから何をすればよいかに絞って話し合う。校長は、これを指揮監督する役割をもつ。

校内の情報収集は、不登校の子どもに過去および現在かかわったすべての教師から行う。家庭内の情報収集は保護者から行う。とりわけ子どもの成長の節々における子育て情報は、原因の仮説を立てるうえで決め手となるものが多い。そして、集めた情報の中から、不登校原因の仮説を立て具体的な対策を立てる。

③担任の取り組みを支える

担任が、これを契機として、不登校の対応とともに、学級の人間関係づくりにも取り組んでいけるように支える。そして、取り組みを励ましながら具体的な成果を話し合う。担任が元気で粘り強く取り組めるようにしたい。

! 不登校の当初からチームで具体的な対応を始め、学級担任を支える。

（水上和夫）

▶管理職からのコミュニケーション

管理職 9 不登校の子どもを抱えた保護者への対応

場面例とポイント

「夜更かし。外出したがらない。運動したがらない」など，不登校の子どもの保護者から相談が担任にあった。

❶保護者との信頼関係をサポートする

管理職は，保護者と信頼関係が築けるように担任をサポートする。保護者との面談を定期的に設定して，苦労している保護者をねぎらい，孤立感を和らげ，保護者の方針をよく聞いて，それにそって取り組んでいくという学校の姿勢を伝える。校内の生徒指導委員会で対応を協議することにより，意志統一を図る。

❷対応方針を担任と共に考える

かつて管理職が体験した保護者とのかかわりを担任に助言しながら，対応の方針について一緒に考える。

考え方

①保護者との信頼関係をサポートする

「だれよりも心を痛めているのは保護者である」ことを伝え，家での生活や，学校への思いなど，保護者でなければわからない点について率直に質問するとともに，夜更かしへの対策やゲームとのつきあい方についての提案もする。

子どもに少しでも成長が見えたら，保護者と共に確かめ合う。登校刺激を与えるチャンスだと判断したら，速やかに保護者と相談して働きかけを強める。そのためには，負担にならない保護者との連絡を心がける。

②対応方針を担任と共に考える

(1)保護者の心の安定を図る

保護者の子育てへの批判，保護者の自信喪失にならないように対話することを担任に助言する。

子どもが外出したがらないことは，人の目が気になるということである。本来は保護者の目を気にしているのであるが，保護者に向けるべき感情をついついほかの人に向けてしまうのである。したがって，わが子に気を使わせないよう，子どもが登校を渋っても，保護者は心豊かにお地蔵様のような表情で見守ることができるようにありたい。保護者がこのような表情をできるよう，担任は保護者の心の安定を図る必要がある。

(2)保護者の見方を変える（リフレーミング）

保護者の見方が一面的だと判断した場合は，別のとらえ方もできるよう助言する。子どもへの見方が変わると，保護者の子どもへの接し方も変わる。

例えば，登校できるようになったばかりの子どもが，学習発表会でみんなと一緒の楽器演奏をした。保護者は，このような本人の行動をつらそうでかわいそうと見ていた。これを担任がリフレーミングして，「つらそうであったが，つらい気持ちに耐え，みんなと一緒にやり遂げられたことに感動した」と，子どもの成長を喜ぶ気持ちを伝える。

❗保護者の考えを全面的に尊重するという学校の姿勢を固める。

（森沢勇）

▶管理職からのコミュニケーション

管理職 10 不登校対応のための校内チームワーク

場面例とポイント

長期間不登校であった子どもが登校したいと言い出した。校長としてどのようにかかわればよいか。

❶これまでの対応から学ぶ

不登校になった経緯や不登校中の様子を関係教職員と共に分析する。学校の対応の問題点を見つけ，これからの指導に生かせるようにする。

❷コーディネーターを決める

本人や保護者との話し合いや校内で具体的な対応の核となるコーディネーターを決める。子どもが苦戦しそうな課題に対する具体策を講じる。

❸受け入れ体制を整える

子どもの状態に応じて，保健室や相談室，在籍学級など，学校内での居場所をきちんとつくる。教職員が一致した方向で支援できるようにする。

考え方

不登校であった子どもが登校し始めるときの援助は，校内のチームワークのよさが問われる。校長はリーダーシップを発揮して子どもの受け入れ体制を整えるようにする。

①これまでの対応から学ぶ

不登校中に，どのような生活を送っていたかを把握する。家庭や適応指導教室での本人の様子などを保護者から情報収集するのである。不登校に陥ったときの学校の対応の問題点，登校を再開するにあたっての要望なども話し合う。

その中で登校を喜んで待っていること，学校生活に慣れるための援助は惜しまないことを伝えるようにしたい。そして保護者と学校との信頼関係の再構築をするように努めたい。

②コーディネーターを決める

じっくり話を聞いたり，具体策を話し合ったりするために，対応の中心となるコーディネーターを決める。担任以外で担任がなく，かつ育てるカウンセリングの応用できる教師が適任である。

再登校の支援がスムーズにいくためのポイントは，校長を含め担任やコーディネーターが，本人や保護者とコミュニケーションを深め，信頼関係を築くことができるかどうかである。

③受け入れ体制を整える

本人の学校内での居場所や，戻る学級の人間関係づくりに取り組む。時間がかかることや一歩進んで二歩下がることもあることを覚悟しつつ，本人の状態によっていろいろな対応を考えるようにしたい。このような対応を教師が一致して進めるために，校長は遠慮なく担任と学年主任，学年主任と生徒指導主任，主任と管理職との連携を指示し，監督する。保護者と話し合うリーダーシップを発揮したい。

> ❗ これまでの対応から学び，受け入れ体制を整えることで，本人や保護者との信頼関係を築く。

（水上和夫）

▶管理職からのコミュニケーション

管理職 11 指導不服従の子どもを抱えた担任への対応

場面例とポイント

ほかの教師には従順であるが、担任には反抗的態度を示す子どもがいる。管理職としてどのような対応をとったらよいか。

❶反抗的態度の状況を把握させる

担任の教師に「どのようなことが気に入らないのですか」と、ていねいに質問させ、その応答状況を冷静に把握するよう指示する。

❷ほかの教師と情報交換などをさせる

担任の教師に「ほかの教師と当の子どもとのかかわりについて情報交換と連携を図ること」を指示する。

❸個別指導を徹底させる

「個人面談や保護者と連携し、共感的理解を重視して信頼関係づくりをめざすこと」を助言する。

考え方

ほかの教師との関係は良好であるので、担任と当の子どもとの人間関係に問題があると考えられる事例である。またこのような反抗の背景には、青年期の心理として、ある特定者に自分の考えや価値観を押しつけられると、自分の存在の意味を失ってしまうのではないかという不安があると考えられる。

①反抗的態度の状況を把握させる

反抗的態度は、担任へのマイナス感情の表現であり、冷静に当の子どもからその感情を聞く必要がある。「担任に何か言いたいことがあるのかな」と担任としての思いや誠実な姿勢を示しながら、対応を進めていきたい。担任に対して反抗的態度を示す場合でも、場面、内容、口調、表情などにより、反抗の程度が異なることが多い。手間のかかることではあるが、そのつど子どもの応答状況を把握し、根気強く、よりよい関係の基礎づくりをする必要がある。

②ほかの教師と情報交換などをさせる

担任が一人で抱え込むことのないよう配慮する。クラスの子ども全員との人間関係をすべて良好に築くことは不可能に近い。「その子どものためにはどうすべきか」の視点から、教師間の連携を図りたい。具体的な場面での当の子どもの状況について、ほかの教師との情報交換が大切となる。ほかの教師たちから子どもに担任のプラス情報を伝える「カベ越しの声」の活用も考えたい。

③個別指導を徹底させる

個人面談では「子どものことを知ろうとするよりも自分のことを知ってもらうこと」に重点をおくようアドバイスする。子ども理解から相互理解へのシフトが大事である。また、保護者ともこまめに連絡を取り合うようにさせる。小さくともプラスの変化やふだんの努力の様子を伝えるようにさせる。それでも、子どもの反抗がおさまらない場合は管理職自ら仲介役をかって出る。

> ❗ 信頼関係づくりは教育の基盤。そのためには相互理解が必要。

（島田正美）

▶管理職からのコミュニケーション

管理職 12 指導不服従の子どもの保護者への対応

場面例とポイント

服装、授業中の暴言、生活態度など、指導不服従の子どもがおり、保護者へ連絡しても協力が得られないと相談された。

❶保護者と学校の情報交換

保護者を学校に呼びつけるのではなく、家庭訪問して学校での生活状況を報告する。しかるのちに家庭生活状況を情報収集する。管理職は担任と保護者との情報交換をセッティングする。

❷保護者と学校の連携

服装や言葉遣いを改めさせる。無断の欠席、遅刻をさせない。このようなしつけ的指導は学校と家庭が不統一な対応では効果がない。それゆえ、学校と家庭が連携し、方針も共有することを約束する。

考え方

だれかれなく反抗するタイプの子どもは保護者の言うことも聞かないため、保護者も困っている。それゆえ、子どもの行動変容を保護者だけに求めずに、学校(担任)も一緒になって行動しなければ保護者の協力は得られない。

①保護者と学校の情報交換

保護者が子どものころにいやな教師に教わったなど学校に対して抵抗感をもっている場合がある。抵抗感をよく分析し、保護者とのリレーションをつくる。保護者の大変さを理解することが協力を引き出すスタートになる。

学校からの情報提供は「子どもを悪者扱いされた」という印象にならないように、事実を淡々と伝える。いっぽう、「学校は本人を価値ある方向に成長させたい。そのために必要な情報をください」と、保護者に現在までの子育てについて情報の提供をお願いする。「子どもの指導不服従は、私たちにも改善を協力できることがあるのではないか」と考えてもらえるとありがたい。

②保護者と学校の連携

反抗の行動変容について、保護者は「うちの子の心を理解してもらえればおさまるのでは」とか、「学校が是非をきちんとして対応してもらえば」と主張することが多い。

だれかれのない反抗の場合、しつけ不十分がその行動の源泉である場合が多い。それゆえ、「子どもの心を理解してほしい」と要求する保護者には「しつけ」が有効である理由を説明し、納得させねば協力は得られない。

保護者の納得を得たら、以下のように契約をする。「今後、教師の指導に反抗して、暴言を吐いたりすることが3度あったら、来校していただき、学校と家庭が連携して指導します。また、家庭で保護者の指導に従わず暴れたりしたら、学校に連絡ください。家庭訪問して一緒に指導します」。

これらの契約は担任、主任、管理職立ち合いのもとに行う。

!　子どもや保護者の話をよく聞く。
　子どものよい情報を提供する。

(清水井一)

▶管理職からのコミュニケーション

管理職 13 指導不服従対応のための校内チームワーク

場面例とポイント

各学級に1人か2人の指導不服従の子どもがいる。管理職として生徒指導主事をどのように動かしたらよいか。

❶共通理解・共通指導を徹底させる

生徒指導主事は共通理解・共通指導を図るために指導不服従の子どもへの指導の現状を把握する必要がある。このため指導不服従の子どもにかかわった場合はすべて生徒指導主事に指導の状況を報告するよう，管理職は指示する。

❷個別指導をきめ細かに行わせる

「チームを組んで当の子どもに対する個別指導をきめ細かに行うこと」を指示する。

❸全体指導で訴えさせる

「全校集会などで，全体指導を行い，学校のあるべき姿について訴えること」を指示する。

考え方

このようなときこそ生徒指導体制の充実と機能性が求められる。現状を正しく把握し，全教職員で共通理解を図ることがきわめて大切である。学校危機のサインとしてとらえ，対応を急ぐ必要がある。

①共通理解・共通指導を徹底させる

指導不服従の場面を放置せず，必ず注意・指導することを徹底させる。注意・指導に従わない場合は，生徒指導主事（学年主任）に報告するなどの指導の統一を図る。

一人の子どもに対して生徒指導主事への報告が複数の教師からあれば，指導不服従の源泉はしつけ不十分であることが多い。このような子どもの行動変容は再しつけが有効である。このことを共通理解して対応を進める。

また学年主任に報告のあった際の指導状況にバラツキがあるかどうか分析する。不統一があれば生徒指導部会議や職員会議で現状報告をして調整する。

②個別指導をきめ細かに行わせる

当の子どもの個別指導をチームで行うことは，担任の負担を軽減し，指導の効果を上げることをめざす。当の子どもとの人間関係が良好な教職員に担当させる。また，家庭との協力体制も大事である。保護者の理解を得やすい人を指導チームに入れ，本音で語れる場を通して個別指導の充実を図りたい。場合によっては管理職の対応も必要となる。

③全体指導で訴えさせる

校内規律の確立や学校のあるべき姿などを全校集会で訴えさせ，よい雰囲気づくりを進める。生徒指導主事と管理職で指導の内容について調整し，管理職からの指導講話も不可欠となろう。管理職は「望みたい子ども像・学校像」を全部の子どもに熱く語り，子どもの学校に対するプラスの感情を強化したい。

> ❗ 個人の名人芸よりチームとしての指導体制が必要である。

（島田正美）

▶管理職からのコミュニケーション

管理職 14 出張を命じた教師への声のかけ方

場面例とポイント

研修や，事故・生徒指導措置にかかわる出張などへ出かける教師に，どのように声をかけるか。

❶研修への出張

出張に行く教師が，目的と期待される成果を把握できるように伝える。研修後は，次のことについて具体的に感想を聞く。

・研修の目的が達成されたか。
・研修で気づきや発見があったか。
・情報交換ができたか。
・意見を言う機会があったか。
・研修の機会を十分に活用できたか。

❷事故や生徒指導措置にかかわる出張

情報の収集や伝達が正確に行われるように配慮する。細かな調査項目や確認事項がはっきりわかるように，出張に行く前に確認しておく。また，これらの出張は気が重いものが多い。帰ってきたら「お疲れさま」「大変だったでしょう」「いかがでしたか」「簡単に結果を教えてください」などと十分に労をねぎらう。

考え方

①研修への出張

年次研修や教育委員会主催の研修に行きたがらない教師も多い。理由は，だいたい次の3つに分けられる。(1)研修は自らの意志が大切で命令されていくものではないという考え方。(2)体験がいちばん大切，子どもあっての教師だという現場主義。(3)研修自体が嫌い。

しかし，研修は各分野にわたり目的をもって計画されており，資質向上や問題解決のために不可欠な事柄である。それは法規上にも定められている。

日ごろからその教師のよい点を認め，期待する点，改善する点，気をつける点を，話し合っておくことが大切である。

研修を終えてきた教師には，「お疲れさまでした」「研修はどうでしたか，新しい気づきなどありましたか」など，声をかけて話を聞くことが，次への意欲にもつながる。

②事故や生徒指導措置にかかわる出張

留意点を次のようにアドバイスする。

事故の場合，相手の話を聞くことを最優先し，十分に時間をかける。聞いた話を繰り返し，「このように受け取った」と伝えて間違いがないか確認する。こちらから聞かなければならないことは，そのあとで質問して明確にする。

生徒指導措置の場合，まず先方に事件がどのように伝わっているかをはっきりと確認する。学校で把握している事柄と相違があった場合は，十分に時間をかけて事実を共有する。時間がかかっても，共通理解に気配りする必要がある。出発点が決まったら，どのように子どもを育てるのか，そのために必要な指導は何か，協働する点は何か，などに話を進める。

> ⚠ 意義や役割を明確にして送り出し，帰校後は労をねぎらう。

（柴﨑武宏）

管理職
15 年休取得した教職員への声のかけ方

▶管理職からのコミュニケーション

場面例とポイント

ふだん，あまり年休を取りたがらない教職員が年休を取得した。休み明けにどのように言葉をかけるか。

❶話しやすい環境づくり

「調子はいかがですか」「A先生が年休取るのは珍しいですね。どうしました？」などと体調や環境を打診する。答えに対して受容・共感し，心配事があるような様子の場合は「何かお話があればいつでも校長室へどうぞ」と，時や場所の設定の約束もする。

❷パターンを回避する

心配事やストレスを抱えている場合は，無理をするパターンを回避できるように，がんばってしまう自分に気づかせるよう対話を進める。がんばって無理をしてしまう自己にどう対応するか，対策を自ら語らせ，自己決断を促し，それを支持し，支援する。

考え方

日ごろ休みを取りたがらない教職員が年休（年次有給休暇）を取る場合，家族・職場などの環境に変化が起こっている可能性がある。また，仕事熱心で，燃え尽き症候群といわれる状況などに陥ってないかを確認する。このようにサポートの必要性を判断する必要がある。

①話しやすい環境づくり

まずは，相手が語りやすい質問をしてきっかけをつくる。個人的な悩みや，人間関係や家庭の問題などは，なかなか他人には相談しにくい。管理職は，ふだんから本人を取り巻く環境，本人の興味関心，価値観，仕事観などを知っておくよう心がける。

心配事がありそうな場合は，「何か気になることでも？」「いつも年休を取らないA先生が休むとは心配しましたよ。どうしましたか？」など，対話を深め，「関心を抱いている」「心配している」などのメッセージを伝える。

いままでの職場での存在価値を伝えて認め，本人のやりがいや意欲が無理のない形で持続することを願っていることを伝える。

②パターンを回避する

心配事の理由が職場で解決できることの場合は，本人の意向，手だてを確認し，職場の組織の理解を図ったり，解決策を系統的に細かく検討したりする。

職場では解決できないことの場合は，カウンセリング機関などの情報提供をするなど，可能なことについて援助する。

いっぽう，しばしば年休を取る人がまた取得した場合は，年休取得権の尊重を強調したうえで，前記の対応を活用し，子どもの学習権や保護者の心情などへの配慮を説得と受容・共感を繰り返し，計画的な取得を促す。

> ⚠ 本音はあとのほうに出てくることが多いので，理解の姿勢と根気よくていねいな対応を。

（斎藤英男）

▶管理職からのコミュニケーション

管理職 16　授業のほめ方

場面例とポイント

年次研修の一環で公開授業を行った。授業計画や実施について，どのように講評したらよいだろうか。

❶よい点を一つずつ具体的に伝える

はじめに全体的な感想を述べ，よい点は，気づいたすべてについて一つ一つ具体的にあげる。

❷改良できる点を伝える

できるだけ根本的な問題に絞って1～2か所を具体的に指摘し，どのように改良できるか提案する形で伝える。例えば，「この点は，～のアプローチを用いる方法もあるので研究して試してみてはどうだろう。子どもはこのように反応する可能性があり，展開も…のように変わるかもしれない」のように指摘する。

考え方

よい点を見つけるためには，授業を評価するための観点をたくさんもっておくことである。以下，ポイントをあげる。

(1)指導計画について
・到達度目標がはっきりとしている。
・レディネスを正しく把握している。
・教師・子どもの行動が予測されている。
・板書計画がなされている。
・質問がわかりやすく，適切に用意されている。
・プリントなどが適切に用意され，活用されている。
・まとめで，到達度目標が確認されるように準備されている。
・次の授業への展開が計画されている。

(2)教授活動について
・計画にそって授業を展開している。
・机間指導を適切に行っている。
・板書がはっきりと見やすい。
・説明の声の大きさや，子どもへの視線の投げ方が適切である。
・子どもの発言に適切にコメントしている。
・子どもの動きを把握している。
・歯切れがよい（聞きやすい）。
・テンポが子どもの行動と調和している。
・子どもとの対話がある（やりとり）。
・出席を取るとき，きちんと子どもを見て確認している。
・子どもに近づくときに配慮がある（急な接近をしない，声かけなどしている）。
・授業のねらいが子どもにわかりやすく伝えられている。
・授業のまとめが子どもにわかりやすく具体的に述べられ，確認されている。
・次時の授業への展開が配慮され，子どもに伝えられている。

また校内巡視などの機会をとらえ，「廊下を歩いていたら，先生の授業から子どもの生き生きとした声が聞こえてきました。子どもとのやりとりがすばらしく，活気にあふれていました。今後もがんばってください」などと，日常的にもよさを伝えるようにする。

> ❗ 観点をはっきりもつ。よい点は具体的に示し，改善点は提案をする。

（柴﨑武宏）

▶管理職からのコミュニケーション

管理職 17 教職員とのあいさつ

場面例とポイント

廊下で教職員とすれ違う際，何となく無言で気まずい思いをする。何かひとこと声をかけたい。

❶自分からあいさつする

あいさつで会話の糸口をつくる。朝は，「おはよう」の声かけがいちばん。今日も一日大切にやっていきたいとの気持ちを大切にする。終業後は，「ご苦労さま」や「お疲れさま」の言葉に，お互いに一日を終えた安堵の気持ちを込める。あいさつに続いては，天候や気分についてが話しやすい。

❷あいさつにひとこと加える

うれしかったことや子どもの姿で発見したことなどをつけ加えると，足が止まって会話が弾むことも多い。

❸非言語表現を活用する

さわやかな笑顔をつけ加える。

考え方

あいさつは，相手に関心をもっていますとの気持ちを伝えるきっかけである。子どものあいさつ運動だけでなく，校内の職員にも「あいさつはコミュニケーションのかぎ」であるという雰囲気を育てたい。また，学校経営目標達成のために教職員をまとめ動かすのは管理職の職務である。あいさつはこのために不可欠な手段である。

①自分からあいさつする

あいさつはコミュニケーションのかぎである。かぎをまわさないことには，会話は始まらない。心を開いた関係をつくるには，自ら心を開いて声をかける。

あいさつに続く言葉が思い浮かばない場合は，「て・き・と・お・う」と唱えて言葉を探す。「て」は天候，「き」は気分，「と」は取り組んでいること，「お」はお願いまたはおまけの情報，「う」はうれしいこと。とりあえず，天候のことで切り出し，返ってきた言葉に合わせて，笑顔であいづちを打つ。

②あいさつにひとこと加える

時間があるときは，子どもたちと取り組んでいることへの質問やちょっと耳にしたり，心に残ったりしたおまけの情報をひとこと話す。お願いごとがある場合は，相手が落ち着いて答えることができる時間や場所を考える。

うまく話ができなかった場合は，次の機会のために，2つ，3つ話しかける言葉を心がけておくとよい。

③非言語表現を活用する

あいさつは笑顔で交わす。頻繁にすれ違う場合は，視線を交わすだけでもよいだろう。たとえ言葉がなくても，非言語コミュニケーションで気持ちは伝わる。

また，みんなに公平にあいさつをしているつもりでも，頭の下げ方，顔の表情が違ってしまうことがある。相手や日によって態度が変わらないようにしたい。

> 先手必勝。こっちのペースで糸口をつくり，話を広げる。

（森沢勇）

▶管理職からのコミュニケーション

管理職 18 管理職から教職員へのリレーションづくり

場面例とポイント

管理職となって赴任した学校で，教職員と早く親しくなりたい。そのためにはどうしたらよいか。

❶日々のあいさつ，言葉かけ

出勤時は元気な声でさわやかにあいさつする。勤務中に顔を合わせたら会釈する。退勤を見送るときは慰労のこもった声かけをする。

❷いつでも，ゆったりと勤務する

いつでも，だれからも話しかけられやすいように，どんなに忙しくても暇そうに，困難を抱えても，ゆったりとおだやかに執務する。

❸一緒に考え，一緒に行動する

学校の課題を問いかけて一緒に考え，課題解決に向かって一緒に行動する。

❹歓送迎会はふれあいのチャンス

楽しい酒食は身も心も満たす。共に飲食しながら全員にもれなく，言葉かけする。

考え方

カウンセリングはリレーション（信頼関係）があって成立する。学校経営も同様である。「この仕事は気が乗らないが，せざるをえないでしょう」という気持ちに教職員をさせるのは，校長と教職員のリレーションである。

①日々のあいさつ，言葉かけ

朝，職員室に入るときに入り口で頭を下げ，その後，自席に着くまで一人一人にあいさつする。入り口のみのあいさつよりリレーションが深まる。

「おはようございます」「お疲れさま」は言葉によるコミュニケーションである。言葉をかける順序，声の大小，高低，頭の下げ方，顔の表情は，言葉によらないコミュニケーションである。

②仕事はゆったりと豊かな表情で

職員室にいる教頭は，どんなに忙しくても顔を上げ，話しかけられやすい表情で執務する。個室にいる校長はドアを開放して，忙しいのか暇なのかが一目でわかる状態で執務する。

かたい表情で机上ばかり見ている，ドアを締め切っていることは，コミュニケーションを拒否していることになる。

③一緒に考え，一緒に行動する

一緒に考え行動することは，言葉によるコミュニケーション以上にリレーションを深める。各分掌主任に「どんな課題がありますか」などと問いかけて，その課題に向かってどのようにしたらよいかを共に考え行動する。

④歓送迎会はふれあいのチャンス

飲食を共にする行為は，ありがたく感じられるものである。また上司から酒やジュースをついでもらうのはうれしいものである。つぎながら「私に言いたいことがあったら，いつでもどうぞ」と言葉かけをする。身も心も満足しているときの言葉がけは，心地よく受け取られる。

⚠ 職階の崩壊を恐れずに腰を低くする。

（佐藤勝男）

▶管理職からのコミュニケーション

管理職 19 保護者からの苦情の聞き方

場面例とポイント

保護者が子どもの担任の指導の仕方が気に入らない。担任をかえてくれと校長のところへどなり込んできた。このような保護者の苦情にどのように対応するか。

❶まずは保護者の言い分を受け止める

どなり込んできたら，まずはお茶を出し，じっくりと話を聞く。聞くことに徹しながら問題の核心は何かをつかむようにする。

❷事実関係を確かめる

保護者の言い分について担任と話し合い，事実関係を確かめる。そして具体的な改善点や対応を決める。

❸見通しを示して話し合う

学校の改めるべきことは謝るとともに，問題に対する具体的な対応を示して理解を求める。

考え方

教師は，子どもをつかみ，保護者をつかみ，職場の同僚をつかむことができれば一人前である。近年は子どもが変わっただけでなく，保護者の価値観も多様化しているため，担任が対応に苦慮することも多い。保護者からの苦情は迷惑だと思うのではなく，苦情に真摯に対応する姿が学校への信頼を高めるのである。

①まずは保護者の言い分を受け止める

保護者が校長や教頭に苦情を言うということはたいへんな思いがあると考えなくてはならない。まずはきちんと聞く姿勢を示しながらお茶を勧め，じっくり話を聞くようにする。保護者の話を否定することはせず，事実関係を確かめながら，気持ちに寄り添うように聞く。また，その場ですぐ結論を出すのではなく，時間をおいて話し合うようにする。

②事実関係を確かめる

保護者の言い分をしっかり聞いた後，担任や関係者で保護者の主張する問題点が事実に即しているかどうか話し合う。この際，担任を責めることを一時保留し，保護者の苦情にどのように対応したら解決するか，具体的な対策を担任とともに考える。事実に誤りがあれば，保護者との間に解決しがたい新たな問題が発生する。このことを担任に伝え，事実のみを語るよう指示する。

③見通しを示して話し合う

2回目の話し合いでは，謝るべきところがあれば頭を下げる。保護者の言い分を聞きながら，学校としての具体的な取り組みを伝え理解を求める。すべて納得してもらえなくても「私たちは教えるプロなので任せてください」と言えるだけの自信に満ちた対策を立て対応する。

保護者に具体策を示すことで，感情を落ち着かせ，担任と保護者とのコミュニケーションが断絶しないよう仲介する。もちろん，学校が示した対応が成果をあげるべく担任とともに実行する。

> ⚠ 聞き上手に徹する。聞くことで信頼感が生まれ，解決の見通しをもつことができる。

（水上和夫）

▶管理職からのコミュニケーション

管理職 20 子どもからの苦言の聞き方

場面例とポイント
保護者から，子どもが「担任がいやだから学校に行きたくない」と登校を渋って困っているという連絡が入った。

❶面接の手配をする
子どもとの面接を手配する。この場合は，管理職，主任など，担任以外の教師が対応に当たる。

❷不満をしっかり受け止める
担任をいやがっている子どもの気持ちをよく聞いて，受け止める。

❸子どもとの関係を担任と振り返る
子どもや担任に原因を求めるのではなく，教師の子どもへの対応を変えることに絞って，具体策を話し合う。

考え方
登校を渋ってもすぐに原因がつかめないことが多い中で，「担任がいや」と言っているのは対策が立てやすい。この場合，保護者も一緒に担任拒否にならないようにすることがポイントである。

① 面接の手配をする
大げさだとかわがままだという先入観をもたないで，担任以外の者が面接する。「担任がいや」「学校へ行きたくない」という子どもの訴えには，すぐに話を聞くようにする。

② 不満をしっかり受け止める
学校にとって都合の悪いことや担任への非難もよく聞くようにする。子どもにとって学校や担任がどのように受け止められていたかをつかむ。「○○先生のことがいやになったの。（ずっと）がまんしてたね」と，まずいやになった気持ちに共感する。そのあと，「いやな気持ち聞かせてくれるかな」と話しかける。

これと並行して保護者の考えも聞くようにする。早い段階で保護者と学校との信頼関係を構築することが大切である。

③ 子どもとの関係を担任と振り返る
校長は，担任の学級づくりの取り組みの相談にのり，小さな改善の成果を認め，喜び合う。大切にしたいのは，担任の取り組みの意欲を継続させることである。

まず担任の労をねぎらい，「教師は子どもから嫌われてはならない」というイラショナルビリーフから担任を解放する。「教師は嫌われることもある。そこからの子どもとの関係づくりを見直せばよい」と考えるようにする。

子どもの学級生活満足度「Q-U：いごごちのよいクラスにするためのアンケート」（河村茂雄・図書文化）を把握し，データに基づいた学級の人間関係や授業づくりの援助を行う。朝の会でどうするか，休み時間にどうするかなど，場面や方法を具体的に話し合う。そして該当の子どもとの個別の話し合いを継続しながら，担任が子どもとの接し方を変えていくように援助する。

> ❗ 子どもの不満をしっかり受け止め，具体的な対応を担任と考える。

（水上和夫）

▶管理職からのコミュニケーション

管理職
21 不公平を訴える教職員への対応

場面例とポイント

教職員から、校務分掌の希望がかなわなかったことについて不公平を訴えられた場合、どのように応対したらよいか。

❶いまの心情理解に努める
「ご自分だけ第2希望に配置されて、不公平に感じているのですね」

❷校務分掌の目的を説明する
「校務分掌は教育目標達成をめざす組織であり、希望とは次元の異なるものなのです」

❸相手を必要としていることを伝える
「教育活動の成果をあげるためにあなたの力が必要なのです」

考え方

「私にはあまり話しかけてくれない」「ゴルフやテニスなどのプライベートなつきあいに私を誘ってくれない」「特定の人とばかり酒食を共にしている」「私だけ、第2希望で分掌配置された」などと教職員から言われることがある。

特に校務分掌の配置では、専門性や得意分野を生かしたり、意欲的な職務遂行を図るため希望をとるが、第1希望どおりには配置できないことも現実的には起こり、不公平感をもつような場合も生じる。担当職務に対する感情は、勤務態度や勤務意欲にも大きく影響を及ぼす。

①いまの心情理解に努める

第2希望がかなったにもかかわらず、「Aさんは希望どおりなのに、私は第2希望」というのは、他者との比較で不公平感をもっているということである。まず、管理職に言いに来た心情を受け止めることに努めたい。「不公平だと感じているのですね」「ほかの人を優先しているように感じるのですね」と受容する。

「酒食に誘ってくれない」などの場合も同じで、自分にも声をかけてもらいたかったという気持ちを受け止める。

②校務分掌の目的を説明する

校務分掌の編成は、各分掌の業務内容やその難易度に差異があるため、管理職としてたいへん気を使う作業である。適材適所、希望尊重、在任期間、適時性などを総合的に勘案しながら教育の充実をめざし編成する。

希望尊重という原則が最も重視されてしまうと、教育目標達成のための校務分掌組織であるとの視点が薄らぎ、必要な人材、適材の適所への配置が行えない。教育の充実という使命を果たすため、いまひとつ高い観点から分掌を考えてほしいことを話す。

③相手を必要としていることを伝える

管理職の学校経営方針・目標を明解に示したうえで、「○○さんの力を生かしてもらえると思って期待している」「あなたの力がぜひとも必要である」と、目の前の子どものために必要であり、かつ管理職にとって大切なメンバーとして尊重していることを伝える。

> ❗「あなたの力が必要である」と、大切に思っていることを伝える。

（島田正美）

▶管理職からのコミュニケーション

管理職 22 服装頭髪指導をしたがらない教師への対応

場面例とポイント

個性や自主性を育てることが大事だといって，決まりやルール指導をしたがらない教師にどう対処したらよいか。

❶子どもの様子に気づくスキル

折にふれ「どう，最近の子どもたちの様子は」と声かけを行い，子どものさまざまな様子や動向に気づく目を養わせる。

❷指導の意味を伝える

学校生活での決まりやルールのねらい，個性・自主性と社会性，自立と自律などのバランスのとれた指導の重要性について，経験を通して具体的に伝える。

❸指導の仕方について一緒に考える

相手の考えを受容しつつ，望ましい子どもの指導について一緒に考える。

考え方

決まりやルール指導をしたがらない教師は，1つは子どもの指導に自信がなかったり，怠惰な性格が要因の場合，2つは主義主張や自分なりの考え方をもっている場合に大別される。前者のタイプには支援的に，後者のタイプには受容的にかかわることが大事である。

①子どもの様子に気づくスキル

いずれの要因も，共通するのは服装頭髪の乱れは心の乱れ，心の乱れは服装頭髪に出るという「心身一如」の観点が不十分なことである。個性を認め自主性や自発性を育てるという名目は，身勝手で無責任な行動を容認してしまう危険性をはらんでいる。子どもの実態を客観的に見る目，予防的に気づく目を，日ごろから育てることが肝要である。

②指導の意味を伝える

英語の外国人教師などを見てもわかるように服装や頭髪，決まりやルールなどは必ずしも絶対的なものではなく，国民性や文化の違いによって，変わりうるものである。しかし他者と協調し共に生活していくための教育として，頭髪や服装などの決まりやルール指導は，指導の大事な視点であることを，これまでの事例などを例にあげながら伝える。

③指導の仕方について一緒に考える

基本的生活習慣を確立させるには，自主性を尊重することで行動変容する子どももいれば，しつけをすることで効果をあげる子どももいる。

もともとしつけが十分な子どもは，自主性の尊重をありがたく思ってルールを守るが，しつけが不十分な子どもは，したい放題，むしろ行動が悪化してしまう。それゆえ，しつけ指導にも意味があるのである。これを踏まえて，望ましい指導のあり方を考える。

この際，その教師の本音や弱音も聞くことが大切である。また頭髪や服装だけでなく，教科指導や学級経営などにも気を配り，よさを認め，教師としての資質向上に共に取り組む姿勢を示していく。

⚠ こちらから積極的に子どもの様子を聞く。教育の思いを伝え，共に考える。

（菊池進）

管理職とのコミュニケーション　7章

▶管理職からのコミュニケーション

管理職 23 服装・言動がふさわしくない教師への対応

場面例とポイント

子どもも保護者も同僚も気になる服装・言動の教師がいる。

❶周囲の見方を伝える

管理職の感情を入れず，周囲の見方（事実）のみを淡々と伝える。

❷本人の考えを聞く

叱責することを一時保留し，本人に釈明の余地を与える。本人の感情，思考を傾聴する。

❸管理職としての考えを伝える

「子どもの学ぶ意欲を喚起するためには指導の条件を整えてほしい。その一つは教師の身なり，言葉遣いである」。

考え方

本人にとってもうれしい話ではないが，前向きに考えられるよう，本人の考え，今後どうあるのか，話し合いながら進める。

①周囲の見方を伝える

服装や言動について周囲が気になっていること，心配していること，どのように見られているのかを客観的事実として伝える。そして，服装や言動の乱れの原因が本人の疲労やストレスであるならば，相談にのりたい気持ちを伝える。

②本人の考えを聞く

本人がどう思っているか，今後どうするかを語ってもらう。話を受容し，繰り返し・要約・質問などをしながら，本人が本音で語れる雰囲気をつくる。本人の考えを先に聞き，相手に聞く耳をもたせたうえで管理職の考えを伝える。

③管理職としての考えを伝える

管理職としての役割で話をしていながらも，本人のためを思っていることが伝わるように，責める口調にならずに，あたたかさと厳しさをもって話す。

(1)率先垂範の必要性

子どもにTPOの大切さを指導する教師は，服装や言動においても率先垂範することで，指導の効果が上がる。

正しいことを熱意をもって話しているつもりでも，乱暴な感じだと受け止められないよう，言い方を工夫する。子どもの気持ちを大切にすることによって，勉学意欲を喚起できる。

(2)社会的な信頼

教育公務員に対する国民の目は厳しくなっている。保護者や国民に理解されるような服装・言動によって，教師は信頼される。

これらの点を伝えたうえで，「日々の実践でがんばっていることがより効果的に生きるためにも，前向きに考えてほしい。あなたの日ごろの努力に対する周囲の評価は合致していない。努力と評価をマッチングさせるためには，子どもやその保護者も同僚も気にしている服装・言動の変容が必要である」と伝える。

1回の話し合いで気持ちが通じないようなら，少し間をおいてから，継続して話し合いたい気持ちを伝える。

> ❗ 一方的な説教や説諭に終わらず，しかし妥協せず，やりとりをする。

(野中真紀子)

▶管理職からのコミュニケーション

管理職 24 休みがちな教師への対応

場面例とポイント

ある時期になると決まって休みが連続し，自習が多くなる教師がいる。

❶情報収集と支援

「困ったことがありそうですね。だれかに相談してみては」と一人で抱え込ませない。情報を得るようにする。

「子どもが待っています」「どうしたらよいか一緒に考えよう」「こうしてはどうですか」と気持ちを伝える。

❷校内のスタッフの協力を得る

教頭，学年主任などのスタッフに事情を話し，本人が職場で存在感をもてるような協力体制をつくる。

その時期になったら「このごろ体調はどうですか」「疲れたら無理しないで休んでください」「仕事に疲れたら，校長室へ来てお茶でも飲んでください」と声をかける。

考え方

近年，ストレスなどにより心の健康を害する教師の数は増えている。校長は日ごろから教職員の様子をつまびらかに観察する必要がある。ある時期がくるとどのようなことで休みが連続するのか，家族の状況を含め諸情報から原因を考えるとともに，同僚とかかわりの中で解決する。

①情報収集と支援

決まった時期に休みがちになる理由として，期末・年度末の仕事が錯綜している，研究授業が当たっている，分掌の仕事の企画ができない，体調不良など，さまざま考えられる。精神疾患や指導力不足の疑いがないか観察し，その場合は本人や家族と相談し必要な措置を講ずる。

②校内スタッフの協力を得る

同僚が理解を示せるよう，教頭，学年主任などに相談しつつ，どのようなフォローが可能か検討する。

決まった時期に休むことが子どもたちや保護者，同僚に多大な迷惑をかけていることを心苦しく思っているであろうから，「お互いさまだよ。あまり無理をしないほうがいい」と言葉かけをする。

たとえささやかではあっても本人の努力を認めるようにし，学校という組織の中で存在感を感じさせたい。

教職の使命感や職責を全面に押し出して指導することは一時期保留する。管理職として職場のカウンセリングマインドで病気回復を図るような雰囲気づくりを率先して行う。

校長は本人の勤務態度が気になったら，校長室に誘い，コーヒーでも飲みながら世間話をして，リラックスさせる。観察によって，無理をさせないほうがよいと判断したら，帰宅して身体を休めるよう指示する。

> ❗ 子どもが待っている，あなたがいないと困るという気持ちを伝える。

（佐藤康子）

▶管理職からのコミュニケーション

管理職 25 校長から教頭へのリレーションづくり

場面例とポイント

転勤した先の学校で、教頭とのリレーションをつくっていくにはどうしたらいいか。

❶仕事を通したコミュニケーション

学校教育目標の達成、職員の人事管理、学校の安全管理の視点から、具体的な仕事を通じて教頭と話し合いを重ねる。このとき、校長はビジョンを明確にもつとともに、教頭の報告や意見によく耳を傾けることが大切である。

❷個人的なコミュニケーション

家族や趣味の話をしたり、飲食を共にしたり、ときにはプライベートなつきあいを交える。

考え方

学校運営は校長の学校経営方針に基づいて実行される。学校経営について目標・計画を立てるのは校長であるが、実行するのは一人一人の教師である。

教頭には校長と目的・方針を共有したうえで、行動することが求められる。そのためには、校長と教頭の信頼関係を築くことが重要である。具体的な仕事と個人的なつきあいを通して、リレーションを深める。

①仕事を通したコミュニケーション

(1)運営委員会や職員会議

学校を具体的に方向づけるためには、運営委員会や職員会議などでの話し合いが大切になる。方向性を左右するかじ取りの役割を教頭と共に行う。

(2)生徒指導委員会・教育相談部会

子どもの健康管理や悩みの解決は、安全管理とともに、学校経営の要諦である。いじめ・暴力などの問題は、ときには生命の安全を脅かす。これら子どもの問題解決のために、校長・教頭が連携する。

安全管理では、本来、学校は安全なところのはずであるが、近年では交通事故、不審者への対応など、危険なことが多くなっている。特に不審者への対応は、教頭を中心とした組織をあげて行うことが大切である。

(3)教育課程委員会

少人数指導・総合的な学習（スキル教育の時間）など、直接子どもにかかわるカリキュラムの開発についても共通理解を深め、話し合うことが大切である。

(4)学校評議員会

学校の教育活動を地域に正確に知ってもらうための代表として、評議員会を設けるところが増えているが、評議員との対応は校長・教頭の役割である。連携がうまくいかないと、地域に誤解を招くことになる。その面でも話し合いが大切になる。

②個人的なコミュニケーション

教頭との信頼関係をつくるうえで、ときには私的な家族や趣味などの話を含めたコミュニケーションも大切である。

> **校長のビジョンを明確にする。教頭からの報告に耳を傾ける。**

（清水井一）

管理職 26 教頭から校長へのリレーションづくり

▶管理職からのコミュニケーション

場面例とポイント

教頭として着任すると校長から「本校の教職員を見てどう感じるか，手だてが必要だとするとどんなことか，考えを聞かせてほしい」と言われた。

❶共通理解を図る

まず校長の感じている問題や課題，支障について確認する。次に，いつまでに，教職員がどうなることを望んでいるのか，そのことで何を解決，あるいはめざしたいのか，校長の問題意識を理解する。

❷役割を押さえる

校長は，教頭の考えを判断材料にしたいのか，一緒に議論して対応を探りたいのかなど，校長が教頭に期待するパートナーシップのあり方を理解する。

❸フィードバックする

校長の提案で，理解できる部分，疑問の残る部分，対応のむずかしそうな部分などを伝え，必要に応じて意見を交換し，仕事を進めていくうえでの安心感を共有する。

考え方

教頭が校長とかかわる場面は，課題をどうとらえ，どう対処したり解決したりするかといった検討や対応の場面が多い。校長のものの見方・感じ方・考え方，表現や対応の仕方を理解することによって，仕事が円滑に進められる。

①共通理解によって安心感を共有する

同輩同士のかかわりはパーソナルリレーションがその根底である。しかし，校長と教頭のかかわりは，ソーシャルリレーションが根底になる。教頭も管理職であるが，教頭は校長の職務権限を犯してはならない。教頭は校長の求めに応じて補佐することがその職務である。校長の職務権限と責任と教頭のそれとは，法によって明確に異なっている。このことの共通理解は常にもっていなければならない。もし教頭が職務権限を逸脱して校長の職務を犯した場合，校内に2人の校長が存在することになり，校内の人間関係は混乱する。

②組織における役割を押さえる

校長は組織の長として，学校の方向性を決定する役割がある。教頭は，適切な情報や方策を示し，校長の方針の決定を援助し，決定された方針を教師たちと一緒に実現していく役割がある。組織における役割としての，縦の関係を意識したい。

③方向性を探って意見交換する

教頭は，校長が方針を決定するまでは，受動的に情報や方策を提示するだけでなく，教育者としての忌憚のない意見を具申して，現状の認識を深め，見通しを明確なものにしたい。意見交換の場では，意見の違いを大切にする。また，新たに生じるリスクについても予測したい。

> ❗ 校長の識見に接し，自らを振り返り，深化させていこうとする真摯な姿勢。

（飯野哲朗）

▶管理職からのコミュニケーション

管理職 27 セクハラで苦情が寄せられた教師への対応

場面例とポイント

女子生徒から「A先生は話すときにいつも肩に手をかける」と苦情があったと，ほかの教師から管理職に報告があった。

❶他言無用の指示をする

報告に来た教師に対して，他言しないよう指示する。

❷対応はすばやく行う

すぐに当の子どもを伴って再入室してくれるようにお願いする。

❸真相をはっきりさせる

当の子どもから話を聞く。事実(時・場所・場面)はどうであったか。どんな思いか。当該教師にしてほしい対応は何か。

❹当該教師の認識確認

当該教師を呼んで，肩に手をかける行為が認識されているか確認する。その後，子どもの受け取り方(気持ち)を伝える。

❺行為の禁止を契約する

どのような行為がセクシャルハラスメントになるか。上部機関の通知・通達を改めて提示し，行為の禁止を契約する。

考え方

性に関する心的外傷は癒やしがたい。セクハラ事故は起こしてはならない。校長は機会をつくっては教職員に規範を提示する必要がある。

①他言無用の指示をする

他言無用を指示して情報の流出を防ぐ。性の話題に関心をもつ人は多く，とどまることなく伝播する。また，肩に手をかけたという内容が，肩を抱いたというように変質していくことも多い。

②対応はすばやく行う

すばやい対応は誠意を示すコミュニケーションである。2つの利点がある。

まずいやな思いをした子どもや親のふんまんやるかたない気持ちを癒す。また，被害者は校長の対応に関心がある。対応が遅れると校長に対して憎悪の気持ちを抱かせる。このことを防止できる。

③真相をはっきりさせる

対応のために校長と被害者の子どもとの面接は不可欠である。面接では子どもの思考に混乱を生じさせないよう，質問攻めにしたり，性の話に興じているような印象を与えたりしないように配慮する。

④当該教師の認識確認

セクハラまがいの事実を確認したら，当該教師を呼んで確認する。その際，叱責を一時保留し，釈明の余地を与えながら事実を伝え，行為の認識を確認する。多くの場合，スキンシップによるコミュニケーションですと釈明する。子どものいやがる方法をとらないよう指示する。

⑤行為の禁止を契約する

「再度同じ行為があったら，自分は教師の資質に欠けていると判断し，退職を決意したほうがよい」などと，厳しい現実原則を提示する。このような提示はリレーションを形成し，相手の受け入れ態勢を整えてから行う。

!ためらいがちの言い方を避けて指示する。

(佐藤勝男)

▶管理職からのコミュニケーション

管理職 28 遅刻を繰り返す生徒についての相談を受ける

場面例とポイント

「担任の再三の指導にもかかわらず遅刻を繰り返す子どもがいる。どう指導をしたらよいか」と学年主任から相談された。

❶指導の基準を設ける

次のような学年統一の規則をつくり、学年の全教師で段階的に指導に当たるよう、学年主任に指示する。

(1)月3～5回遅刻したら翌月は3～5日、毎日30分早く登校させて清掃などの作業をさせる。
(2)繰り返す子どもには保護者同伴で学年主任が指導する。
(3)さらに繰り返す子どもには各学期末に保護者同伴で教頭が指導する。

❷子どもへの実施手順をアドバイス

遅刻指導について、子ども全員に周知させる方法を学年主任と相談する。

(1)アイメッセージの活用により、実施理由を子どもによく納得させる。
(2)遅刻指導の進め方について説明し、子どもからの質問にも答える。
(3)子どもと約束(契約)を結ぶ。

考え方

①指導の基準を設ける

遅刻は主に基本的生活習慣(しつけ)の問題である。しつけを効果的に行うためには、一致した基準と方法で指導に当たれるように体制をつくる。

特に毎年クラス替えをする場合、担任が個々の基準で指導するのではなく、学年の全教師が同一の基準と指導を3年間継続して行えるようにする。そのためには、新学年が発足する4月当初に統一基準と指導法を学年会議で決めておく。

また、遅刻の改善には本人の自覚と意志が必要である。そのため、生徒の意思を関与させる指導が効果的である。

②子どもへの実施手順をアドバイス

入学時オリエンテーションや学年集会などでの子どもへの伝え方を考えるなかで、予想される問題についてアドバイスしたり、学年集会における決まりの提示の仕方について助言する。

「みんなの1学期の遅刻状況は○○(事実)だ。このままだと就職、進学は□□(影響)となる。事実、以前は□□だった。学年主任としては△△(気持ち)だ。全員の進路実現に向けて◎◎としたい」。

このようにアイメッセージで教師の心情を伝えることは、約束(契約)は子ども自身の成長や将来のために結ぶのであり、教師の自己満足からのものではないことを、子どもに理解させるのに有効である。

また、遅刻回数が多い子どもには、「1、2年で遅刻が30回の子どもが3年では0回だと会社の印象はかえってよい場合もある」など改善への意欲の喚起に配慮する。

> やり方を提案したり、予想される問題を検討したりするなかで、一緒に問題解決を考えていく。

(神尾通明)

▶管理職へのコミュニケーション

管理職 29 管理職へのお願いの仕方

場面例とポイント

長期研修に出たいと考えているが，言い出しにくい。管理職にどのようにお願いすればよいか。

❶アピールの仕方

「校長先生，いま，お話してもよろしいでしょうか。先日紹介された長期研修の件ですが，私かねてより○○について研修したいことがあり，ぜひ，申し込みたいのですが」

❷人間関係が悪化しないよう配慮

「担当している××の仕事については，A先生に引き継いでいただけるようにお話し，資料などもそろえておきました」

❸管理職の心を動かす

「これまでの教育活動から，教育相談の必要性を強く感じるようになり，チャンスをとらえて本格的に深く研修したいと思っています。周りの先生方にはご迷惑をおかけしますが，ぜひよろしくお願いします」

考え方

教師として，日々，教育活動をしていると，教科指導への疑問や，これまで身につけてきた知識や手法では解決できないと思えること，新しい教育内容などが，次々と現れてくるものである。そういうなかで，自己の資質を高め，よりよい教育活動をしたいという意欲をもち，長期研修に出たいと願う者も少なくない。ただ，長期間学校を空けることにためらいをもつことも，また，事実である。

①前向きな姿勢をアピール

「話しかけてもよろしいでしょうか」のように，忙しい管理職を気遣った言い方をする。また，「～についてお願い（報告）があります」と要点を先に言い，多種多様多難な問題，課題を処理しなければいけない管理職に配慮する。このような配慮は，ものを頼まれた管理職に聞く耳をもたせる。まわりくどい長話は，逆に敬遠される。

②人間関係が悪化しないよう配慮

組織をまとめて動かす。これは管理職の任務である。管理職への嘆願や依頼が組織のまとまりを損なうことのないよう配慮しつつ，ものを頼む。

③管理職の心を動かす

学校運営は子どもの人生における価値ある方向への成長のためである。自分の頼みごとは自分のためではなく子どものためである。このような思いが管理職に伝わるようお願いする。

ところで，長期研修に出たいと思い始めたら，いきなり申し出るのではなくて，ある程度時間をかけて準備することも必要であろう。管理職に対しても「いずれ近いうちに○○について長期研修をしたい」旨，折にふれて話しておけば，実際に研修に出たいときに言いやすいし，管理職も心づもりができる。

> ❗ 前向きな姿勢と熱意。学校への気配りを大切に。

（佐々木良重）

▶管理職へのコミュニケーション

管理職 30 報告書等の決裁の受け方

場面例とポイント

子どもの指導に関する報告書を起案し，管理職に決裁を受けるときには，どのようにしたらよいか。

❶報告の順序と経路を考える

学年主任など，直属の上司を通じてから管理職に報告・相談をする。

❷添削・訂正可能な段階で提出する

清書する前の段階で，一度，報告書を提出する。

❸提出の際は口頭でも報告する

5W1Hの事実を基本に，管理職の立場を尊重しつつ報告をする。管理職の意見を求めるときは，傾聴を心がけ，不明な点，疑問は早合点せずに聞く。

考え方

管理職が最も困るケースは「結果」だけ持ってこられて，変更の余地のないときである。報告すべき事柄が生じたときは，その時点から報告・相談を始める。担任の対応のみで事柄を進めて「結論」のみを報告することは避ける。

例えば「学校が合わないから」と子どもから転校を相談された場合，(1)相談を受けた段階で報告して指示を仰ぐ，(2)途中で指導経過の報告・相談をする，(3)指導結果の報告とフォローの相談をする，という段階を踏む。

①報告の順序と経路を考える

校内での自分の役割（権限と責任）を自覚し，学年主任など，直属の上司を通じてから管理職へ報告・相談をする。

②添削・訂正可能な段階で提出する

管理職は決まりによって起案者に対して必要な指示を与え，または当該起案文書を修正することができる。したがって決裁を受ける報告書などは，管理職の朱が入れられる融通のきく段階で意見・修正を聞き，それを反映したうえで正式なものを提出するよう，段階を踏むとよい。欠点を指摘されたくない気持ちから，清書の体裁で提出することは避けたい。

また管理職は多彩な仕事を抱えているので，「いま（何時）から○○のことで何分ほど時間が取れますか」と，緊急か否かに応じて都合の確認をする。

③提出の際は口頭でも報告する

事前に提出して管理職の意見を求める際は，5W1Hの事実を基本に，相手の立場に配慮しながら説明をする。

「〜のような気がする」「たぶん〜と思う」という主観的な感想・推測や抽象的な表現は使わず，「いつ，だれが，どうしたか」という具体的な事実を書く（言う）。

管理職の意見を聞くにあたっては，傾聴を心がけ，結論は先に言い，説明は後に加える。アドバイスや修正を受け入れる柔軟さをもちつつ，自分の解釈や意見をもって「どうしたいか」を主張する。早合点せず，不明な点や疑問点は聞く。

!管理職の性格傾向に合わせた対応が結果を残す。

（北條博幸）

▶管理職へのコミュニケーション

管理職 31 意に染まない注意を受けたとき

場面例とポイント

指導不服従の子どもへの対応について、精いっぱいかかわっているつもりなのに、校長から共感的理解が足りないと言われた。

❶一呼吸、間をおき、感情を整理する

自分の感情がどのような状態であるのかを認識する。驚きや怒りの沈静化。

❷自分の気持ちを適切に伝える

反論や弁明は交えず、「私は、当惑と無念さを感じています」などと、自分の感情は言葉にして伝える。

❸批判を受け止め、内容を確認する

「子どもの気持ちをくむためにいろいろやってきました。対応方法として至らなかった点をご教示ください」

❹問題解決への協力を依頼する

「今後どうしたらいいか、一緒に考えていただけないでしょうか」

考え方

人は批判されると、感情的な惑乱と怒りを感じる。批判に対処するコミュニケーションは、感情と思考の変化のプロセスと関連づける必要がある。

①一呼吸、間をおき、感情を整理する

自分の言いたいことを口に出す前に、一呼吸、間をおくことが大切である（諸富、2003）。そうすることで感情が爆発する危険を防ぎ、相手の批判の真意に耳を傾ける準備ができる。

また批判と非難が別物であると認識することが必要である（菅沼、2002）。批判は、相手の行動で改善してほしい点を指摘するメッセージである。非難には、相手を攻撃することで自分の利益を守ろうとする側面がある。批判イコール非難と受け取ると気が重くなり、落ち込む。

妥当な、まったくの的はずれではない批判ならば、よりよい状況をつくるためのアドバイスと受け止め、建設的な方向でのコミュニケーションをめざすべきである。いっぽう、事実に基づかない批判や非難ならば、事実を確認したうえで対決することが必要になる場合もある。

②自分の気持ちを適切に伝える

自分が感じている気持ちと、「それは誤解だ。確かめてほしい」という事実確認の要求とを明確に区別する。そして感情の部分について、アイメッセージで「私は～だと感じています」と伝える。

③批判を受け止め、内容の確認をする

火のないところには煙は立たないと自戒し、批判を謙虚に受け止めるほうが、人間関係も子どもへの対応も質的な向上が望める。冷静に、相手がどこに問題を感じているのか内容を確認する。事実認識に誤解があれば、ここで明らかになる。

④問題解決への協力を依頼する

直面している問題の解決に協力してもらえるよう、スーパーバイザーとしての役割を管理職に求める。管理職から学ぶ気持ちを忘れずに「できれば～していただけませんか」と問いかける。

!> 批判は問題解決をめざすアドバイス。協働をめざす語り合いを。

〈引用文献〉諸富祥彦『「他人の目」を気にせずに生きる技術』大和出版
　　　　　　菅沼憲治『セルフ・アサーション・トレーニング』東京図書

（新井肇）

▶管理職へのコミュニケーション

管理職 32 管理職と意見が対立したとき

場面例とポイント

管理職が「2年次から進学クラスを設置し、受験指導を充実させたい」と言ってきた。それに賛成できないとき、どう話し合ったらいいのか。

❶役割関係を意識する

管理職は管理職としての責任と権限があり、教師は教師としての責任と権限を有する。それぞれの責任と権限は異なることを意識する。

❷一致点を見つける

「校長先生は、地域からの信頼を得るために、進学クラスを設置したいのですね」と管理職の考えを確認し、「私も、地域の信頼を得ることは大切だと思います。でも…」と、自分の考えを具体的に述べる。その後、「地域の信頼を得る」ということを中心に、一致点を見つけ、協力できるものを見つけていく。

❸自分のこだわりに気づく

意見が対立したとき、相手を責めることを一時保留し、もしかしたら自分のこだわりが原因ではないかと自問する。

考え方

①役割関係を意識する

学校経営において最終的な責任を負うのは管理職である。教師はそれに意見を述べる権限をもっているにすぎない。それぞれの責任と権限は異なるものである。この関係を意識しないと、対立は解消しない。

②一致点の確認と自己主張

例の場合、進学したい者に対して、その実現を図ることは子どものためである。学校は子どものためになることを行うことによって、地域の人から信頼を得る。

したがって、進学希望者のみのクラスを編成して、その編成にふさわしい教育課程を実施することは容認できる。「しかし、進学希望者と就職希望者の教育課程が異なることによって、差別意識が生じるのではないかと危惧するのです」などと自己主張する。

新しい企画が提案されると、その企画のメリットを主張する意見とデメリットを主張する意見の対立は必然である。この場合、デメリットを解消する方策を互いに出し合うことが対立解消となる。

③自分のこだわりに気づく

学校教育の営みは子どものためである。自分の意見は子どものためか、それとも管理職との論争に勝つための自己満足か自問自答する。

また、いままでの行動のスタイルを変えることには不安が伴うものである。それゆえ、スタイルを変えねばならない新企画には心理的な抵抗を感じることが多い。自分はマンネリ化しているのではないかと疑ってみることも対立の解消となる。

> ❗ 役割意識をもつ。ギブアンドテイクの精神。

（小峰秀樹）

▶管理職へのコミュニケーション

管理職
33 校内で起きた事件の報告・相談

場面例とポイント

体育の時間に教室内で現金の盗難事件が発生した。管理職への報告や相談はどうするか。

❶発覚時点での早急な報告

被害の状況，事の経過状況を把握し，学年主任に報告・相談してから，速やかに教頭に報告する。

「いつ・どこで・だれが・何を・どのように・なぜ」を基本にする。

❷今後の対応策の相談

より詳細な情報収集のための調査の方法や対応策（事件の解決策と今後の予防改善策，子どもや保護者への説明とフォローなど）を相談し，指示を仰ぐ。

❸途中経過の報告と評価

「対処したこと・できなかったこと」，それに対する「子どもと保護者の反応と結果」を報告し，あとの指示を仰ぐ。

❹職務権限を逸脱しない

調査や指導をするうえで，自分の力量を超えていないかを自覚し，「できることとできないこと」を相談する。

考え方

突発的な事故に関しては，教師自身の判断で事を進めすぎて，報告を遅らせないことが大事である。特に子どもや保護者の感情を刺激するような事柄では，対応によって学校不信や教師不信など，問題を複雑にしてしまいかねない。管理職のリーダーシップのもと，チームとして冷静に対処することである。

①発覚時点での早急な報告と相談

報告は5W1Hを基本に事実に基づき，憶測によらないように行う。同様に担任の主観的な人物評価を入れないように注意し，状況において「何が明らかで何が不明なのか」をはっきり分けて説明する。

②今後の対応策の相談

被害の子ども・クラスの子どもへの対応（情報収集も含めて）の仕方・心理的ケアについて相談する。

被害者の保護者への謝罪と今後の予防対策を含めた説明の仕方を相談する。保護者全員への説明が必要か，必要ならどのようにするのかも相談しておく。

加害者に思い当たる節がある場合とない場合との指導の方法の指示を仰ぐ。

③途中経過の報告と評価

相談後の自分の処置したこととその結果，今後の対策案を報告し，アドバイスを受ける。

「報告した状況把握に不足はないか」「取った対応は適切であったか」「被害者・クラスの子ども・保護者（からの批判など）への対策や今後の方法に不備はないか」などの評価を聞き，指示を仰ぐ。

④職務権限を逸脱しない

当該担任が責任を感じるあまり，自分の力量以上の取り組みをして，事態を悪化させないように管理職と連携する。

> ❗ 自分の指導の問題とせず，学校としての取り組みを前提に相談する。

（北條博幸）

管理職 34 校外で起きた事件の報告・相談

▶管理職へのコミュニケーション

場面例とポイント

郊外型書店から「生徒の万引きを発見した。量が多く悪質である」と連絡が入ったとき，どのように対応するか。

❶管理職や関係職員へ報告

通報を受けた人が，その時点で入手できた情報を整理して，担任，学年主任，生徒指導主任，管理職らに報告する。対応をチームで相談するため，関係する職員に集まるよう声をかけることを管理職に提案する。

❷保護者へ連絡

相手側の状況によって，また子どもの引き取りに関して保護者に来校してもらう可能性について，管理職の指示を仰ぐ。保護者に連絡して，把握している範囲での事実を伝える。

❸相手側へ出向く

謝罪と子どもの引き取りをかねて，なるべく早く相手側に出向く。事前の想定を超える事態が発生していた場合，管理職と相談したうえで判断することを相手側に伝える。

考え方

①管理職や関係職員への報告

万引きの内容，子どもの現況，発見時の様子，言葉など，聞き取った事実を客観的に伝える。憶測とは分けて報告することがポイントである。

相手側のショックや怒り，あきれなどのネガティブな感情に影響されないよう留意し，言葉の内容や強さを客観的に伝えることが，対応への妥当な判断を生む。

また相手側が警察への通報を考慮している場合や，すでに通報している場合の対応の仕方について，管理職に判断を仰ぎ，明確に考えや姿勢を表出してもらう。相手側や保護者に具体的にどのような言葉で伝えたらよいかも確認しておきたい。

②保護者への連絡

状況によっては，保護者に来校してもらう必要もあるだろう。相手側に一緒に出向くのか，学校側で事実確認をしたあとに来校してもらうかなどについて，管理職の指示を仰いで連絡する。

保護者への連絡では，連絡を受けた保護者が子育て批判された，あるいは子育て批判をされるのではないかという気持ちにさせないよう配慮する。

③相手側へ出向く

相手側はネガティブな感情をあらわにしたうえ，「この子はどういう子なのか」「どんな家庭の子なのか」といった子どものプライベートな部分へ，率直な質問をぶつけてくることも考えられる。しかし，軽々に子どものプライバシーを明かすことはけっして許されない。このような場合の回答の仕方についても，管理職の考えを事前に聞いておいて対応に生かす。

> ⚠ 相手側のネガティブな感情に揺れずに，客観的な事実を正確に伝える冷静さ。

（坪内俊輔）

▶管理職へのコミュニケーション

35 リストカットの報告・相談

場面例とポイント

担任のもとに「うちの子の手首に切り傷がある」と保護者が突然相談に来校した。どうしたらいいか。

❶保護者への対応

緊急措置の有無を確認してから、「どんなことがあったのか詳しくお聞かせください」と事件の内容を傾聴する。「お子さんのためにどうしたらいいか、一緒に考えていきましょう」と、家庭と学校が連携することを再確認し、「今後の対応のために管理職と相談させてくださいませんか」と承諾を得る。

❷管理職への報告

「保護者が来校して、お子さんのことで相談がありました」と管理職に報告する。

❸今後の対応への相談

再度リストカットを起こさせないための対策を管理職と相談する。そのために、保護者から得た情報および担任としてもっている情報を提供し、情報を検討して原因の仮説を立てる。この原因の仮説に基づいて行動変容のための対策を立てる。

考え方

①保護者への対応

保護者面談は、できれば個室で行う。

まず子どもの心身の状態を聞き、家庭訪問や医療機関などへの緊急措置の必要性の有無を確認する。担任からは、最近の学校での様子を保護者に伝え、保護者からは子どもの行為や背景、前後の出来事などの事実確認を行う。

事件を、いつ、どこで、だれが、どのようにして知ったのか。そのときの子どもの態度や保護者の対応はどうだったのかなど、今後の対応策に必要と思われる情報収集に努め、保護者の考えや、学校に求めているものは何なのかを把握する。

②管理職への報告

来校した保護者に担任がどう対応したかを報告する。管理職は、上部機関への事故報告を義務づけられている自殺未遂に当たるか、親の注意を引きたいデモンストレーション程度なのかを、けがの程度や状況から判断する必要がある。

③今後の対応への相談

保護者の話の内容と、担任が客観的に見た子どもや保護者の様子、事象の背景や思い当たることなどをまとめ、担任としての意見・対応を提案し、管理職からの指示を仰ぐ。

その際、当該の子どもに関して、過去の事例、最近の様子や参考になる日誌などがあれば提示する。また友人関係、いじめ、将来への不安、家庭での不満、親に対する反抗、精神的不安定さなどについての情報も、あれば述べる。

保護者と学校が連携していくことを再確認する。そのうえで、再発防止のために必要な情報収集を同級生や教職員から行うことの了解をする。

! 子どもやその関係者を客観的な視点でながめ、問題解決をめざした報告を心がける。

(南方真治)

管理職 36 警察に補導された子どもの報告

▶管理職へのコミュニケーション

場面例とポイント

欠席した子どもが徘徊中に警察に補導されたとの連絡があった。

❶事実を確認し，管理職へすぐに報告

これらの事件は通常は教頭に第一報を入れる。

「○年○組のA君が，○○で警察に補導されました。これから○○署まで引き取りに行ってきます。よろしいでしょうか」

❷家庭へ連絡

「○年○組の担任のBです。緊急の用件です。A君が○○で警察に補導されました。保護者の方も○○署においでください」

❸警察へ向かう

生徒指導主事とともに警察に引き取りに出向く。

❹管理職・生徒指導主事とともに今後の方針を検討

必要な資料をそろえ，該当の子どもの生活状況・内面・今後の見通しなどについて，担任の把握している情報を述べる。

考え方

校内連携を速やかに行うには，担任が落ち着いて対応することが大切である。

①事実を確認し，管理職へすぐに報告

内容によって（例えば徘徊が家出による場合），校長は教育委員会へ報告の義務がある。すぐに警察官の説明を受け，本人からも事情を聴取して，必要な情報を管理職に提供する。事後指導は学年団，生徒指導で行う。それゆえ，各主任にも速やかに（警察署へ行く前後に）報告する。

②家庭へ連絡

学級担任が行うが，担任の不在時には学年主任，または生徒指導主事にお願いする。

③警察へ向かう

情報を確実にするために，ほかの教師に一緒に出向いてもらう。次のものを持参するとよい。生徒名簿，家庭調査票，携帯電話（テレホンカード・小銭）。

④管理職・生徒指導主事とともに今後の方針を検討

補導までの事実経過報告書，および出欠席状況，成績，面接記録などに基づく子ども理解のための資料を作成する。

徘徊が単なる遊び心でなく，家出，自殺未遂であれば，学校は指導措置を決め，上部機関に報告する。

この場合，担任は学年団，生徒指導部，職員会議などの複数の組織と事実，思考，感情のコミュニケーションをしなければならない。

したがって，担任は情報を整理し，自分の考えをまとめ，質問に応じられる心の準備をしておかなければならない。

> ⚠ 迅速な対応がかぎ。子ども理解に必要な情報を整理し，的確な意見を提供する。

（新井肇）

▶管理職へのコミュニケーション

管理職 37 家出した子どもの報告

場面例とポイント

「昨夜、子どもが帰りませんでした。どこにいるのかわからないんです」と子どもの保護者から電話があった。

❶保護者を落ち着かせ、事実を確認する

「それは心配ですね。いま、落ち着いて話すことができますか？」「昨日からいままでのことを聞かせてもらえますか？」などと、ゆっくりと声をかけて落ち着かせる。その後、「なるほど。それは○日の○時ごろですね」「それはだれだれがしたのですね」とあいづちを打ったり、言葉を繰り返したり、質問や確認をていねいにしながら客観的な事実を把握する。

❷管理職への報告

管理職への第一報は「拙速を旨とする」の精神で。素早い報告が求められる。

❸「最悪」を想定して手配を進める

保護者にはできるだけ希望をもたせ、ポジティブにとらえるように支える。その一方で、「最悪の場合」も考え、管理職に報告しながら、手配を進めていく。

考え方

①保護者を落ち着かせ、事実を確認する

保護者がパニックになっていることが多い。こちらが保護者の不安に振り回されないように気をつける。

保護者が落ち着いて話せないようなら、いったん電話を切って再び電話をするか、家庭訪問をするか、来校を促すのもよい。

落ち着いたら、話をゆっくり聞いて、客観的な事実を正確に把握する。繰り返し、質問（特に5W1H）、要約などのカウンセリング技法が役に立つ。また、子どもの様子だけではなく、友人関係や地域とのかかわりや保護者の気がかりなども聞いておく。

電話を切るときは「次は、○時ごろ、こちらから電話します」「○○をしたら電話をください」と次の一手を明確に示し、緊密な連携を維持する。

②管理職への報告

すぐに管理職に事態を報告する。対応を相談するため、本人にかかわる情報（親子関係、状行、学業など）や、当日の学校生活状況（学校での様子、何時ごろにだれと帰宅したかなど）をすぐに提供できるよう把握しておく。

管理職といつでも連絡が取れるように連絡方法を確認し合い、情報収集と指示の中心の設定、外部連携の際の窓口の一本化などの手配をしてもらう。

③「最悪」を想定して手配を進める

危機対応の原則は「最悪を想定して手配する」ことである。想定する危機レベルは最初は高めに設定する。その後の情報によってレベルを下げるほうがよい。その逆はむずかしいし、混乱を招きかねない。

> ⚠ 保護者にはゆったり穏やかに。組織内では緊急措置を。「恐れず、侮らず、ていねいに」の精神で危機に対応する。

（小林昭文）

▶管理職へのコミュニケーション

管理職 38 不登校気味の子どもの報告・相談

場面例とポイント

最近欠席気味の子どもがいるので気になる。対応について相談したい。

❶事実の報告を正確に行う

「クラスの子どものことで，ご相談があるのですが……」と切り出し，欠席日数，休み方の特徴，遅刻・早退の様子などを，記録をもとに正確に伝える。

❷困っていることや対応策を具体的に相談する

学校と家庭の様子を報告したうえで，困っていることと対応策を具体的に話す。「本人がいやでなければ，家に行って話をしたいのですが……」「保健室登校をさせてみたらと思うのですが……」「保護者と話をしたいのですが，どのような情報を得ればよいでしょうか」など，自分が求めていることを問いかける。

考え方

学級に不登校気味の子どもがいると心配なものである。欠席が数日間連続している，学校を休んだ日は家に閉じこもっている，あるいは自宅周辺を徘徊している，など再登校対策に必要と思われる事実を，管理職に報告する。

①事実の報告を正確に行う

管理職に相談するにあたっては，当の子どもを理解するための情報（データ）を整理し提供する。情報が多いほど理解は深まる。カレンダーに出席状況を記入したものなど，具体的で経過がよくわかる資料を用意し，子どもの様子について共通理解できるようにしておく。家庭の様子などについてもできるかぎり把握し，質問されたことには，憶測を交えず，事実を正確に伝えたい。

②困っていることと対応策を具体的に相談する

まず，自分がいちばん困っていることをはっきりさせる。不登校をどう考えたらいいのかわからなくて不安である。自分なりにこの不登校を理解してはいるが，とる手だてがわからない。いちおう手だては考えたがそれでいいか迷っている。ほかの職員の協力を求めたい，などさまざまな悩みが考えられる。相談をただの愚痴に終わらせないためには，自分がいちばんに解決したいことをはっきりさせて，話し合うことが大切である。

対応策を立てるにあたっては，本人とのかかわりにおいて，自分には何ができて，何ができないかを伝える。

不登校に限らず，多くの問題行動は「愛の欠乏」がその原因であることが多い。できないことを無理して引き受け，やがて中断してしまえば，再度「愛の欠乏」が起こる。

確実に実行できるように「いつ，だれが，どこで，何を，どのように」行うのか，また，対応策を実施したあとの検討をどのように行うのかなど，率直に，具体的に話し合うようにする。

> ❗ 正確な情報，明確な視点，率直な気持ちで。

（佐々木良重）

▶管理職へのコミュニケーション

管理職
39 保健室を頻回利用する子どもの報告・相談

場面例とポイント

保健室を頻回利用する子どもについて、チームを組んで対応していくために、養護教諭から管理職に相談したい。

❶頻回利用状況の説明

「いま、よろしいでしょうか。○年○組のAさんが、毎日休み時間ごとに一人で保健室に来ています。担任に聞いたところ、教室でも気になる様子だということです。今後は所属学年とチームを組んで対応したいと思います。管理職の判断をお願いします」

❷情報提供と対応策

対策を立てるために必要な情報を管理職に提供する。保健室を頻回利用する子どもや不登校の原因や症状もさまざまなケースがあるので、情報をもとに原因についての仮説を立てて、対応を相談できるようにする。

考え方

身体的不安定は精神的不安定とつながっており、イライラ、投げやり、怒りっぽさ、沈み込みなど、子どもたちは自分の意思ではコントロールできない悩みや不安を抱えていることが多い。養護教諭は、このようなSOSを、「身体症状」を通じていち早く感じ取ることができる。問題に気づいたら、すぐに管理職に報告し、支援活動の良否について相談することが大切である。

①頻回利用状況の説明

「保健室利用や欠席は週に○日くらい」「休み時間ごとに毎日一人で来室する」「学校に来たくないと言う」「理由を聞いても何も話さない」などのように、具体的に子どもの様子を報告して、組織的な対応の必要があることを提案する。

不登校防止のためにも、保健室利用状況の情報は大切である。「頭やおなかが痛い、気持ちが悪い」と不定愁訴を訴えて保健室に来るが、原因を特定できないうちに何日か欠席が続き、ある日「学校へ行きたくないと言っている」という親の連絡で不登校が始まることが多い。

②情報提供と対応策

管理職が対応方針を立てるために、さらに必要な情報提供を行う。保健室利用の源泉が怠け心であれば、生徒指導を中心とした指導的組織で対応する必要がある。いっぽう、その源泉が精神的なものであれば、教育相談を中心とした相談的な組織を編成しなければならない。

また保護者も、何が原因なのかわからず不安を募らせていると思われるので、サポートの必要性などについて情報提供する。

解決のためにどんな対応が必要なのか、どこと連携することが必要なのか、養護教諭が校内のコーディネーターの役割を積極的に担っていく。

> ⚠ 「学年の先生方に指導をお願いしてください」などと、責任を押しつけるための相談と受けとられないように注意する。

(中村和賀子)

▶管理職へのコミュニケーション

管理職 40 死にたいと訴える子どもの報告・相談

場面例とポイント

「死にたい。親が自分のことをわかってくれない」という悩みを子どもが漏らした。管理職にどのように報告・相談をするか。

❶ただちに報告する

子どもから相談があったら、すぐに管理職にそのことを報告する。子どもの様子によっては、子どもを待たせておいて（ほかの教師についていてもらうとよい）報告に行く。

❷事実を報告する

子どもの話の内容と非言語的表現（表情、視線、声の調子など）、教師が子どもに話したことについて報告する。

❸今後の対応について相談する

子どもの家庭環境や性格、これまでの状況から担任としてどういう対応が必要と考えるか、緊急性はあるか、保護者への連絡をどのように行ったらよいかなどについて相談する。

考え方

①ただちに報告する

「死にたい」という子どもの訴えについては、深刻さの程度や緊急性に幅はあるかもしれないが、まずは最悪を想定して、ただちに管理職に報告・相談する。様子を見ようと、担任だけの判断で帰宅させることのないようにしたい。

子どもからある程度話を聞いたところで、報告用紙（生徒指導関係の記録用紙として学校で作っておくとよい）に記入し、それに基づいて、報告に行く。

②事実を報告する

子どもの話に加えて、保護者の子どもへの接し方や関心の度合い、子どもの性格や学校での様子、これまで心配な言動があったかなどについても報告する。

ここで大切なのは、事実（例：沈黙していた）と推測（例：話すことに抵抗があるのではないか）を区別して話すことである。緊急事態では思考が混乱し、推測を事実のように断定的に話してしまう。意識して区別する。

③今後の対応について相談する

担任は子どものことをいちばんよく知っている。以前にも同じようなことがあったのか、注目してほしくて「死にたい」と言っているのか、まったく初めてのことであるか、一人で帰宅させて大丈夫か、保護者に連絡して来てもらったほうがよいか、担任も家庭訪問し、保護者に子どもの悩みについて話をしたほうがよいかなどについて、その根拠と合わせて話してみる。

そのうえで、担任としては、「何もなければそれに越したことはないが、もし、このまま一人で帰したら……」という心配が少しでもあれば、子どもを家庭に送り届けたい気持ちを率直に述べ、管理職の指示を求める。

❗ その日のうちに対応し見届けたいことを管理職に伝える。

（野中真紀子）

▶管理職へのコミュニケーション

管理職 41 専門家の判断が必要な子どもの報告・相談

場面例とポイント

「子どもの様子がおかしい…『私なんて生きている資格がない』『死にたい』を繰り返す」と母親からの電話があった。

❶素早い報告

「それはご心配ですね。すぐに対応しましょう。具体的にはどんな状況ですか？」と保護者の不安を受けとめ，落ち着かせて，詳しい状況を把握する。

「管理職と相談して，○時ごろ，また連絡します」と伝え，管理職に報告する。

❷素早い行動・情報の提供と対策

管理職には口頭で報告し「家庭訪問して援助したいのですが」と出張を申し出る。そのほかにも「保健室にもよく行っていたので養護教諭の情報も必要です」「部活動顧問の先生も何か知っているかも…」など，思いつくリソースをあげる。

これらの情報を管理職に報告し，対応策を決める一助とする。担任としての判断と提案を積極的に行い，管理職の判断を仰ぐ。

❸精神科医へのリファー

精神疾患が疑われるときは専門家との連携が必要になる。通院などを促す際，伝え方によってはトラブルが発生するから，専門家，管理職と十分に協議しておくことが必要である。

考え方

①素早い報告

子どもの生死にかかわることは，抱え込まず，即座に報告する。文書でなく口頭で，教頭が不在なら躊躇せず直接校長に報告する。

保護者には次の連絡予定を明示しておくとよい。「様子を見ましょう」「何かあったら連絡して」は，この場合は不適切であるので避ける。

②素早い行動・情報の提供と対策

保護者や子どもを安心させる第一は「素早い対応」である。管理職に対しても，担任のフットワークのよさが信頼感につながる。

家庭訪問や保護者召喚，担任とともに養護教諭や相談担当を同行させる，など思い当たるリソース（社会的資源）を列挙し，情報を管理職へ積極的に情報提供して，管理職が的確な判断ができるようにする。

③精神科医へのリファー

医師への紹介を行う場合，ふだんから子どもや保護者との信頼関係をつくっておくことが大切である。そうでないと「子どもを病人扱いした」と保護者との間でトラブルになることもある。自信がなければ，相談担当や経験豊富なベテラン教師などと連携する。

!「危機の報告は拙速を旨とする」を心がけ，積極的に管理職に働きかける。情報提供や対応策の際は「質より量」。

（小林昭文）

▶管理職へのコミュニケーション

管理職 42 退学したいと言う生徒の相談

場面例とポイント

生徒に学校を辞めたいと言われた。担任としては辞めさせたくないと考えている。管理職に相談したい。

❶まず，教頭に相談する

退学許可の決裁は校長が行うが，決裁にいたるまでの教師および保護者とのかかわりは，通常，教頭が行う。

❷担任として教頭に伝えるべきこと

主たるものを4つあげたい。本人の語る退学理由。退学に対する親の考え。退学に対する担任の考え。本人や親に対する慰留の事実と，慰留に対する反応。

❸ボトムアップの報告・相談に心がける

教頭に相談する前に，直属の上司である分掌主任や担当係に報告・連絡・相談し，組織的対応ができるように体勢を整える。

考え方

学校は「わが子を成長させてほしい」という親の付託にこたえる場所であり，管理職にとって退学はあってはならない。退学願が出されると，受理するか否かをおもに次の観点から慎重に考察する。

・本人の資質・能力・適性・性行など配慮して指導は十分であったか。
・担任や学年組織は慰留しているか。
・退学後の人生選択はされているか。
・本人，親は学校に面倒をみてもらった気持ちで退学許可を受け取るか。

管理職への相談では，このような情報提供をできるようにしておく必要がある。

①まず，教頭に相談する

退学許可の決裁までの過程では教頭と連携する。校長から指示されて教頭を頼るより，最初から教頭に相談したほうが相談の意思が伝わる。相談は，相談したい気持ちが伝わって成立する。

②担任として教頭に伝えるべきこと

退学理由の確認と慰留は，決裁の不可欠事項である。担任は子どもから本音の理由を聴き，慰留しなければならない。

本音を聴くためには退学を受容することである。「ああそうか」と聞くのは受容である。また，退学の原因を本人・親のみに求めないことである。自分にあるのではと思いをめぐらし，「担任に言いたいことがあれば言いなさい」とゆとりを示す。これらは，心を開く応対である。

子どもへの教育をつかさどるのは教師である。この職務が中断しないよう退学を慰留するのは担任の責務である。受容で形成したリレーションは慰留に奏効する。

③ボトムアップの報告・相談に心がける

学校は組織で人を育てるところである。組織の教育力とは，構成員同士の人間関係（感情交流と役割意識）が整っていることである。この人間関係を崩壊させないために，教頭はこの事実を当該分掌主任が知っているかどうか確認する。

したがって管理職の相談の前に，当該主任などへ相談することが必要である。

❗ 子どもを守る立場で相談する。

（佐藤勝男）

▶管理職へのコミュニケーション

管理職 43 部活動をやめたいと言う生徒の報告・相談

場面例とポイント

これまでまじめに部活動に取り組んでいた子どもが部活動をやめたいと言っている。家庭に大きな変化があった様子である。

❶報告・相談の要点を明確に

管理職にどのようなことを報告・相談しなければならないのか明確にする。

❷対応チームメンバー選びの相談

上記の状況によって，多角的な情報収集に努めたり，対応の役割分担を念頭に，校内の関係職員の中から適切なメンバーを選んだりして，管理職に提案する。

❸今後の情報入手方法を相談する

子どもとの話し合いを設定したり，周囲の子どもや保護者からの情報入手の可否について，報告・相談したりする。

考え方

「部活をやめたい」という子どもについて管理職に相談が必要なのは，子どもが危機的状況におかれているという判断あってのことである。多角的な情報を管理職に提供することが，適切な対応のアイデアを生むことにつながる。

①報告・相談の要点を明確に

部活動をやめたいという意志の出所を明らかにする。つまり，学習・進路の不安，レギュラー争いに負けた挫折感，部活動内の同級生・上級生・下級生や部活動顧問との人間関係のトラブル，家庭の経済的な問題，異性とのつきあいの重視など，管理職への相談を必要とする観点を明らかにしたい。いずれの場合も，子ども個人の受け取り方の問題である可能性，他人からの強い関与の可能性のバランスを慎重に見きわめ，子どもの危機的な状況についての要点を報告・相談したい。

②対応チームメンバー選びの相談

部活動顧問や担任を核にして，情報収集や対策を練るのに必要なメンバーを確保するための情報提供をする。これは支援のためのキーパーソン（ほかの子ども，保護者など）を見つけるためにも欠かせない。

留意点は部活動顧問への配慮である。問題が浮かび上がっても支援の輪に入らず，自分で抱え込んでしまう場合がある。「部活動」の子どもとしてではなく，「学校」の子どもとして指導に当たる方針を管理職から伝えてもらうようにする。部活動顧問をメンバーに加えないような選択はすべきではない。

③今後の情報入手方法を相談する

だれが子どもと話すことになっても，「やめたい」という言葉の裏側に潜む「できれば続けたい」という心理に十分に配慮する。二律背反的な状況の中で，やむにやまれず言い出した場合や，部活動内の人間関係などの環境調整を望んでの場合もある。周辺人物から情報を入手しておくことが功を奏するときもあるので，支援メンバーで相談しておきたい。

> ⚠ 子どもの危機的状況を明確にし，同僚である部活動顧問への配慮をもつ。

（坪内俊輔）

管理職 44 在学のまま結婚を申し出る生徒の報告

▶管理職へのコミュニケーション

場面例とポイント

「卒業したら結婚してもよいと親も認める相手がいる。でも卒業まで待てない。すぐに結婚したい」と生徒が訴えている。

❶生徒に関する情報の提供

生徒とのやりとりでの印象に加え、日ごろのかかわりで把握している子どもの感情や考え方、家庭環境、人間関係、学級や学校での安定感、成績、進路希望などの情報を客観的に管理職に提供する。

❷生徒の周辺人物に関する情報提供

保護者、結婚したいという相手とその保護者、相手方の教師や学校などが、問題をどのようにとらえているか情報提供する。

❸自分自身について援助を求める

この問題で、自分が何について、どのように困っているかを管理職に明確に伝えて相談する。欠数オーバーなど学校経営にかかわる内容に関しては役割委譲を願い出る。

考え方

この問題を管理職に共に考えてもらうためには、自らの困惑や価値観を差し入れずに、まず多角的な情報提供を行い、管理職が問題を正確に把握できるようにする。未成年の結婚には親の同意を必要とするなどの法的な根拠を含め、学校経営にかかわる部分の判断については、その役割を管理職に委ねる。

①生徒に関する情報の提供

まずは生徒に関する客観的な事実や情報を伝える。学校生活の多角的な情報を得るには、子どもにかかわるほかの教師（部活動顧問、教科担当、養護教諭など）や友人からの情報も必要になる。

②生徒の周辺人物に関する情報提供

一般的な価値観や教師の価値観で、初めから問題解決の方向性を１つに絞ってしまうと、指導やかかわりのあり方が説得や情報提供のみに偏り、生徒や保護者との関係を硬直化させてしまうことがある。こうした問題の場合、生徒の周辺人物への聞き取りから、解決の多様な形を引き出せる可能性がある。矛盾や葛藤が明らかになることもあるが、光も見えるものである。可能なかぎり周辺人物からの情報収集を行って管理職に伝える。

③自分自身について援助を求める

本人や保護者は法的根拠を満たしているので結婚したいという。いっぽう、妊娠・出産・育児などによる欠時数オーバーや履修習得の困難などの懸念もある。このような価値観のぶつかり合いが起こり、対応には非常なエネルギーを費やす。一人で抱え込まず、困っている点について率直に助けを求める。

特に学校経営上の判断を要する部分は、教師個人の判断で子どもや保護者には答えられない。その部分での役割を担ってもらうよう管理職に率直に相談する。

> ❗ 問題を冷静かつ客観的に伝え、支援を求める率直さと謙虚さをもつ。

（坪内俊輔）

▶管理職へのコミュニケーション

45 保護者からの苦情の報告・相談
（管理職）

場面例とポイント

部活動が厳しすぎて子どもが勉強に集中できない。何とかしてほしいと保護者が担任を頼り、相談してきた。

❶ほかの部活動への支障に配慮する

1つの苦情によって、部の特殊性や活動目標を考慮しない画一的な活動制限が管理職から発動されないように配慮しつつ相談する。

❷当該顧問を支える立場で相談する

部活動顧問のやる気を喪失させないように、管理職へ報告・相談する。教育や指導は教師の旺盛な意欲によって成果をあげる。それは、子どもは教師の熱意を感じてやる気を喚起するからである。

考え方

「帰宅が遅い」「指導が厳しすぎる」。これらの苦情は、子どもを保護したい保護者の愛情である。いっぽう、教師の熱心な指導は、職務に対する使命感である。このような両者の思いが傷つけ合わないよう、苦情の処理を行う。

①ほかの部活動への支障に配慮する

部活動が厳しいか否かの判断は保護者の受け取り方によるので、事実かどうかわからない。否定せずに受け止めて聞き、管理職へ報告して対応の判断を仰ぐ。

そのとき「保護者に部活動を見学するよう勧めたいのですが」「全部員の保護者を対象にした見学会を設けるよう、顧問に進言したいと思いますが」などと提案するように行う。

部活動顧問への苦情として、単なる告げ口のように報告しない。また、管理職が1つの苦情に過度に対応しすぎないよう留意して報告する。

②当該顧問を支える立場で相談する

保護者の訴えがどこにあるかをつかみ、「保護者は部活動を非難していますが、子どもに勉強させたい気持ちがそうさせていると思います」「子どもが家庭学習すれば、顧問への苦言はなくなると思います」などと相談する。

当該顧問を非難しないで、「部員の学級担任から定期考査結果や授業態度などを情報収集し、気になる者がいれば、面談するなどの気配りをしてもらえませんか」と、管理職から助言するよう求める。学校は主として学習の場である。それゆえ、保護者をはじめ、学級担任、教科担任は子どもが学業への意欲を失い、成績が悪化することを見過ごすことはできない。

厳しさはやる気を引き出し、優しさはやる気を持続させる。部活動は優しさと厳しさの両方があって、その成果をあげることができる。部活動顧問の優しさの一つは、部員一人一人の学業成績に目配りすることである。

❗ 同僚教師にかかわる問題は管理職を表に立て、学校組織としての対応を求める。

（北條博幸）

46 子どもが校内でけがをしたときの報告

▶管理職へのコミュニケーション

場面例とポイント

体育の時間に跳び箱から落ちて、手首をねんざしてしまった。

❶養護教諭に診てもらってから報告する

「体育の授業でとび箱をとんでいたのですが、とびそこなってマットに手をつき、右手首をねんざしたようです。Ａ先生（養護教諭）が診たところ、骨折はしていないようだということですが 痛がっているので、念のため病院へ連れて行ったほうがよいでしょうか」

❷保護者への対応の報告

「保護者におわびの電話を入れたところ、病院で診てもらうなら『○○』と指定がありました。事故の措置に関する苦情は出ませんでした。保護者もすぐに病院に向かいますと協力的でした」

考え方

子どもがけがをしたときは、その程度や状況によって、それぞれ対処の仕方が変わってくる。しかし、いずれの場合にもあわてることなく、子どもの様子や周りの状況をよく確認して、正確に伝えることが大切である。

①養護教諭と連絡を取り合う

素人判断は絶対に避けて、必ず養護教諭に連絡し、けがの様子を見て手当てしてもらう。その際、子どもを病院へ連れて行くかどうか判断する。病院へ連れて行く場合や、判断がつきかねる場合には、すぐに管理職へ報告・相談する。

本事例のような場合、まず、当該科目担当教師は「いつ・どの場所で・何をしているときに・何が原因で・どのような状況で・どこを・どうしたか・相手はいるか」を5W1Hで具体的にはっきりと伝える。

次に、養護教諭はけがの様子を報告する。

そのうえで管理職に子どもと面接してもらい、専門医に診てもらうかどうか判断する。

②保護者への対応の報告

判断できたら保護者に連絡する。病院へ連れて行く場合はすぐに、そうでない場合も子どもが帰宅するまでに連絡する。

また、けがをさせた子どもがいる場合、その子どもの保護者にも連絡し、具体的に状況を説明して、けがをした子どもの保護者に電話などで謝りの連絡を入れてもらうなど、今後、保護者同士のつきあいにしこりが残らないよう配慮する必要がある。

いずれの場合にも、保護者とのやりとりの結果を管理職に迅速に報告したい。その際、こちらが保護者に話した内容と保護者の受け答えや様子について、憶測を交えず、事実のみを正確に伝えることが大切である。

> ⚠ 冷静な状況の観察と保健室との連携。けがの様子がはっきりイメージできるような具体的な報告。

（佐々木良重）

▶管理職へのコミュニケーション

管理職 47 保護者からむずかしい相談を受けたとき

場面例とポイント

「何を言っても,子どもは言うことを聞いてくれないので困っている」と相談された。管理職にどう相談するか。

❶問題を焦点化する

「保護者からこんな相談を受けたのですが,どんなアドバイスをしたらいいのでしょうか」と,自分が何を相談しようとしているのか,明確にする。

❷具体的な対応を導き出す

「先生の長いご経験の中で,こういう相談には,どんな形で対応されましたか」と,具体的な対応を聞き出す。

❸アドバイスの選択をする

「いくつかアドバイスをいただきましたが,そのなかで○○をやってみたいと思います。結果を報告致しますので,そのときにはまたアドバイスをお願いします」と,アドバイスをもらったことに対する感謝の意を示す。

考え方

保護者からの相談内容が自分の手に余ると感じられた場合,ほかの人に相談するのは当然である。

ここでは,保護者への反抗の源泉が子ども自身にあるか,それとも反抗されている保護者にあるかの見きわめを,教職体験豊富な管理職に相談する。

最終的な責任を負う管理職へは,連携の意味も含めて「報・連・相」を徹底させたい。

①問題を焦点化する

だれかほかの人に相談する場合,「どんなことに困っているのか」を明確にすることが大切である。「相談されて困っている」気持ちを聞いてほしいのか,具体的なアドバイスがほしいのかなど,何を望んでいるのかを,はっきりさせておく。

②具体的な対応を導き出す

具体的なアドバイスがほしいときに,「保護者の話をよく聞くことだね」などという抽象的な回答では満足できない。「『よく聞く』とは,具体的にはどうするのでしょうか」と,具体的な行動がイメージできる言葉をもらえるまでやりとりする。具体的な対応を引き出す方法の一つとして,「先生は,こんなとき,どんなふうに対応されたのですか」と質問する。

③アドバイスの選択をする

対応策が示されても,自分にはできそうもないという場合には,「ほかにはどんな方法が考えられますか」と尋ね,複数の具体的対応例をあげてもらう。いくつか示された対応策の中から,自分ができそうなものを選択し,実行してみる。

実行した後は,結果を報告し,相談にのってもらったことに対する感謝の念を述べることを忘れないようにする。

> ⚠ 自分の感情の明確化。具体的な行動としてイメージできる対応策。

(小峰秀樹)

管理職 48 話を聞かない保護者についての相談

場面例とポイント

不登校対策のために保護者に来校してもらったが、自分のことばかりしゃべって、担任や学年主任の話を聞こうとしない。

❶管理職への情報提供

保護者と教師のコミュニケーションの不成立の問題として、両者のコミュニケーション手段を模索するために相談する。そのために必要な情報を提供する。

❷対応策を考える

「なんとか努力して、保護者に学校に心を開いて協力してもらえるようにしたいと思います。心を開く応対はどのようにしていったらいいでしょうか」と対応策について相談する。このとき、「あなた（管理職）が保護者に応対してください」と主客が転倒しないように注意する。

考え方

日ごろから報告・連絡・相談を大切に、子どもに不登校の兆候が見え始めたときから、学年主任に相談し、管理職に報告する。これにより、学校組織としての対応が可能になり、担任一人で問題を抱え込むことが避けられ、事態を悪化させる恐れも少なくなる。

①管理職への情報提供

保護者の話を聞くように努力しているが、面談では保護者が一方的に話して終わってしまい、子どもへの支援について話し合うところまでいかず、困っていることを率直に語る。

すると、管理職は「どんな保護者ですか」と必ず質問してくる。情報がなければ理解はできないし、理解できなければ対策は立たないからである。この質問に応じられるよう情報を整理しておく。

例えば、一方的にしゃべる保護者をよく観察して、子育てで批判されたくないための自己防衛的な気持ちからか、わが子の取り扱い方に関して学校への非難の気持ちからか、専門家を必要とするほどの情緒の混乱からか、行動の源泉についておおよそ見当をつけて情報提供する。

管理職が短時間で的確に保護者を理解できるよう、情報提供することが大切である。

②対応策を考える

保護者とリレーション（信頼関係）をつくるための対応策を管理職と相談する。

不登校の子どもの再登校計画には保護者の協力が不可欠である。それゆえ、保護者とのリレーションがなければ計画も対策も実施のしようがない。担任が保護者の協力がぜひ必要であると考えていること、子どものために自分ができることをしていきたいといった指導への熱意を語り、それが管理職に伝わるようにコミュニケートする。この過程で、自分が担任としてどんな理念をもって子どもに対応しているのか、自分の考えや気持ちを管理職に知ってもらうこともできる。

> ❗ 生徒指導への熱意と悩みを管理職に率直に打ち明ける。

（浅川早苗）

▶管理職へのコミュニケーション

49 虐待が疑われる保護者についての報告・相談

管理職

場面例とポイント

自分のクラスに虐待されているのではないかと気になる子どもがいる。管理職にどう報告・相談するか。

❶情報収集のための観察

気になった時点で管理職に報告する。「現時点で虐待と決めつけるには情報不足ですが，特別扱いを避けつつ目配り，気配りしながら情報収集します」などと，担任としての今後の取り扱い方を管理職に報告し，助言・指導を受ける。

❷専門機関を頼りにする

学年主任や生徒指導主任にも連絡して校内の指導体制を固めると同時に，児童相談所など専門機関に相談したい旨を進言して判断を仰ぐ。

❸専門機関との連携

学校生活，家庭訪問による観察結果を管理職に報告しつつ，児童相談所に加えて，警察との連携あるいは専門医の診断の必要性などを報告・相談する。

考え方

①情報収集のための観察

児童虐待は「生命の危機」を伴う。素早く慎重な対応が必要である。できるだけ早めに，少し気になった時点で管理職などに報告し，観察体制を強める。

虐待と決めつけて，子どもに家庭や親のことを問いつめたり，不自然な形で身体の傷などを確かめたりしない。ほかの子どもと同様に接する。

多くの場合，虐待を受けている子のセルフエスティーム（自尊感情）は著しく低く，「ぼくが悪いからなんだ」などと受けとめてしまいがちである。また性的虐待の可能性も意識して対応する必要がある。担任が不用意に深くかかわっていくと，子どもと担任の信頼関係が薄れ，本人は自罰的になり，ほかの問題に発展しかねない。

そこで通常の対応をしながら記録をつける。また病気やけがが，定期的な家庭訪問などの機会を利用して，不自然にならないように気をつけながら，家庭の様子を観察する。

②専門機関を頼りにする

管理職の了解を得て専門家へ相談する。児童相談所などに連絡したら，当面の対応方法のアドバイスを得る。

③専門機関との連携

専門機関には継続的な指導を依頼し，一人の担当者に持続的な報告・相談ができるようにしておく。

父親の長期にわたる虐待が，ある日母親の知るところになり，逮捕されたという事例もある。このような場合に学校として対応できるようにしておくことである。また，被害を受けた子どもが，その後も安心して学校生活を続けられるような配慮も不可欠である。

> ❗ 一人よがりの判断，行動を控え，子どもとの信頼関係を崩さない。

（小林昭文）

管理職 50 同僚とうまくいかないときの相談

▶管理職へのコミュニケーション

場面例とポイント

一緒に行動していた同僚が，最近，口を聞いてくれない。周りの人が気づいて心配してくれるが改善しない。

❶傾聴してほしい気持ちを伝える

管理職に「お忙しいところすみませんが，話を聞いていただけませんか」と依頼する。

❷仲介してほしい気持ちを伝える

「相手と話をするチャンスをうかがっていますが，うまくつくれないで困っています」「機会をつくってほしいのですが」と仲介をお願いする。

❸自己点検に協力を求める

自分のコミュニケーションの仕方に問題はないかどうか，知りたい気持ちを管理職に伝える。一定期間，職員室における教師との会話を観察してもらい，結果の分析から改善点の指摘を受ける。

考え方

教師は，あらゆる教育活動を通して，子どもたちに人とのかかわりを教えている。また，校務分掌を組織し，チームを組んで子どもを育てている。それゆえ，同僚との不仲を管理職に相談するにあたっては，「自分は人とのかかわりを教える身である」「チームを組んで人を育てる身である」の2点を意識しておく。

①傾聴してほしい気持ちを伝える

管理職に自分の悩みを傾聴してもらうことは，自分を語ることである。語りながら，ああしたいこうしたいと思いいたるものである。相手を責めたり批判したり，管理職を味方につけようとしたりすることを目的としない。

②仲介してほしい気持ちを伝える

日ごろ，管理職は教職員の結束を固めるために個々の教職員とのコミュニケーションに意を尽くしている。それゆえ，管理職はどの教職員ともリレーションがある。自分の気持ちを相手に伝えるときの，よい仲介者となってもらうことができる。できたら，飲食を共にしながらの機会をつくってもらう。

③自己点検に協力を求める

人とのかかわりを職務の一つにしている教師は，いかなるパーソナリティの人とも上手につきあわなければならない。ここまでの手順を経ても同僚との不仲が解消できない場合は，コミュニケーションの仕方を再学習するために管理職の協力を得る。あるいは，意を決して不仲の相手に「あなたに和を求めるのは，私のためでなく，目の前にいる子どもたちのためである」と自己主張する。

「仲のよい夫婦によい子が育つ」は家庭教育の格言であるが，学校教育においても教師の仲のよさが子どもを育てる。管理職は，人とのかかわりを教える最もよい環境は教師自身であると考えている。子どもたちにとって，人とのかかわりを学ぶ模倣の対象になるよう願っている。

❗ ゆとりをもった理解的態度で事に当たる。

（佐藤勝男）

地域との
コミュニケーション

第8章

▶基本的なコミュニケーション

地域 1　地域の人とのあいさつ

場面例とポイント

毎日出勤時に顔を合わせる近隣の人がいる。今日は何となく険しい顔でこちらを見ている。どうあいさつしたらよいか。

❶こちらから声をかける

「おはようございます」とさわやかにあいさつをして、近づく。相手の表情や雰囲気をよく感じ取りながら話しかける。「いつも生徒がうるさくして申し訳ありません」「何かご迷惑をかけていませんか？」

❷相手の感情を受け止める

相手にはさまざまな感情がある。それを共感的に受け止めることが第一歩。相手の話をよく聞き、相手の感情を理解する。「それはご迷惑をおかけして申し訳ありませんでした。もう少し詳しくお話を聞かせていただいてよろしいですか」

考え方

近隣の方とは、毎日のおつきあいである。それだけに良好な関係を築いておくことは大切である。近隣の人は学校とつきあっているのではなく、そこにいる「人」とつきあうのである。

①こちらから声をかける

近隣の人にとって学校は、近くにあってもよくわからないものである。よくわからないものに、よい感情を抱くことはない。日ごろから学校のことをよくわかってもらうことが大切である。

あいさつはその第一歩である。毎日あいさつを交わし、ひとことふたことでも会話を交わすうちに、その教師の人となりを理解してもらえるものである。

そして、そうした会話の中に学校の取り組みなどを織り交ぜながら、地域の人に学校を理解してもらう。また、毎月学校便りを届けるなどして学校の様子を知ってもらうのもよい。

②相手の感情を受け止める

コミュニケーションの中で、言葉が占める割合はわずか7パーセントといわれている。相手の表情や声の調子、雰囲気をよく感じ取ることが大切である。

そして、相手が怒っているのであれば、まずその感情を共感的に受け止めることが大事である。

ここで言い訳めいたことは厳禁である。言い訳をすると、相手は自分の言い分を無視されたと感じるものである。自分の言い分はイコール自分の存在なのである。まずその人の言い分（存在）をしっかりと受け止めて、誠意をもった対応を示すことが信頼にもつながる。対応がその人にとって十分満足なものでなくとも、存在を認められたことで、解決の糸口が見えてくるものである。

> ⚠ 学校の情報をこまめに伝える。苦情があったときは、相手の感情をまず受け止める。言い訳は厳禁。

（石黒康夫）

地域 2　学校への協力のお願い

▶基本的なコミュニケーション

場面例とポイント

学校行事で地域の人にお願いをしたところ「先生ね，協力協力っていつも学校はお願いばっかりなんだよね」と言われた。

❶日ごろから積極的な情報発信をする

学校の活動が，子どもたちのためであることを理解してもらう。そのために，地域の協力によってどのような成果が出ているかを日ごろから積極的に伝える。学校便り，ホームページなども活用する。

❷共に育てることを理解してもらう

学校評議員会や学校運営連絡協議会などを活用し，地域の人と一緒に学校を運営しているという姿勢を示す。ただ単に物の貸し借りだけでなく，行事自体にかかわっていただき，行事の後は，その報告とともに，その際にとった写真などを送るのも一つの方法である。

考え方

①子どもたちのためである

子どもたちのために真摯に取り組む姿勢を地域の人にも理解してもらわなくてはならない。子どもたちにどのような力をはぐくみたいのか，そのためにどんなことが必要なのかを熱く語るのである。学校は何をめざして，どんな努力をしているかをしっかりと理解してもらうことが重要である。

そのためには，教師がしっかりと自己開示をし，子どもに対する自分の感情や考えを相手に伝えることである。地域の方は，最初は学校にではなく，あなたに協力してくれるはずである。

協力してもらったら，その成果を必ず報告する。子どもの様子，変化などがわかるものがよい。子どもが活動している写真や感想文，感謝のメッセージなどを送るのがよい。個人的なつながりができたらほかの教員もまきこみ，人と人だけでなく組織と組織のつながりへと広げていきたい。

②共に育てることを理解してもらう

地域の人も子どもの教育にかかわっていることを理解してもらう。子どもの健全育成は地域のためでもある。活力ある若者が地域の次を担うのである。それは地域の活性化，ひいては未来の国をつくることにもつながる。

学校はその夢を実現するための原動力である。その実現のために地域の力が不可欠であり，重要な役を担っているということを訴えるのである。そうした真剣なあなたの姿勢は必ず共感を生み，理解してもらえるものである。

人は自分がかかわったものを大切にする。一度，学校や子どもたちとかかわってもらえば地域の人は学校を大切にしてくれるようになるものである。

> ⚠ 人は学校に協力するのではなく，そこに勤めているあなたという人間に協力する。あなたの思いを熱く語ってほしい。

（石黒康夫）

▶基本的なコミュニケーション

地域 3　地域と学校のつきあい

場面例とポイント

地域の防災訓練に学校も協力してほしいと依頼された。地域と学校のつきあいの基本姿勢はどうしたらよいか。

❶協力の姿勢を示す

「先生，今度地域で日曜日に防災訓練をやろうと思ってるんだけど学校も協力してもらえませんか。訓練のときに校庭を貸してもらえませんか。年寄りばっかりなんで，子どもたちも来てもらえるとうれしいんだけど」。「もちろんできることは協力させていただきますよ」

❷できることとできないこと

「できるだけ子どもも多いほうがいいんだけど。それから先生たちも来てもらえないかな」。頼まれても学校でできないことはある。そこを理解してもらうことが大切である。

考え方

日ごろ，人との関係を良好に保つためには，基本的にギブアンドテイクを忘れないことである。これは，地域とのつきあいでも同じである。

①協力の姿勢を示す

公立学校は住民の税金でまかなわれている。学校の施設設備は住民の財産である。住民の方に利用してもらうのは当然のことである。また，地域の方には日ごろの教育活動に協力してもらっている。できるかぎり協力の姿勢を示す。しかし，学校には，本来の役割として子どもの教育がある。子どもの教育に影響のない範囲であることが大前提である。

例えば毎週日曜には校庭で練習をしている部活動があったとする。防災訓練を予定している日曜日に練習を休んだとしても試合などに影響がないのであれば，顧問に説明して校庭を提供することができる。あるいは練習を休みにできない場合，日にちをずらすなどの余地があるのか，また，一日中でなく半日でよいのかなど，協力することを前提に可能性を相談する。こちらの協力しようとする姿勢を理解してもらうことである。

②できることとできないこと

しかし，なかは協力できないこともある。例えば教師の参加である。日曜日に地域の行事に参加するように命ずることはできない。もちろん教師本人の意志で参加してくれることはありがたいことであるが，それを強要することはできない。地域の行事などに学校は基本的に協力するが，その相談の過程で，協力しようとする意志があっても，できないことがあることを理解してもらうのである。できることを精いっぱい協力しようとする姿勢は理解を得られるものである。

人間同士のつきあいであることを忘れないことが大切である。

> ⚠ できることは何か，できないことは何かをはっきりさせ，ギブアンドテイクの精神を忘れない。

（石黒康夫）

▶基本的なコミュニケーション

地域 4　学校便りによる情報発信

場面例とポイント

月1回程度発行する学校便りを使って、子どもや保護者をはじめ、地域や関係諸団体との相互コミュニケーションを活性化したい。

❶配布先と配布方法

学校便りを全家庭に配布することによって、校長所感やその時々の学校の様子を伝えることができる。さらに、近隣の小中学校や地域の団体へも配布することにより、自校の教育への理解が深まり、必要なときに学校の教育活動への協力を求める布石となる。

❷双方向のコミュニケーション

一方通行の情報発信ではなく、相互に行き来するコミュニケーションの道具とすることである。多様な意見に配慮したうえで立てられた教育計画には、必ず多くの理解と協力が得られるからである。

考え方

①配布先と配布方法

学校便りの配布先として、子どもの家庭以外としてあげられるのは、次のところである。歴代PTA会長、学校評議員をはじめ、町内（自治）会長、保護司、児童委員、体育会会長、文化会会長、青少年問題協議会委員長など、いわゆる地域の有力者および近隣小中学校や駐在所などの公的機関である。

配布方法としては、できるかぎり、子どもを通して届けるのがよい。年度当初に居住地が近い子どもたちを集め、地域の人たちと学校を結ぶ代表として、ひとこと会話を交わして学校便りを渡すよう頼む。

また、これらの人たちにも文書で、便りを持ってきた子どもに一声かけてもらうように依頼するのである。

②双方向のコミュニケーション

次に、学校便りを通じて相互のコミュニケーションをとることである。ただし、学校便りの末尾に「ご意見をお寄せください」と書くだけでは、返信を期待することはできない。保護者に対しては、学校玄関受付のスペースに、毎月の学校便りを掲示し、そこに意見用紙とそれを入れる箱を置いておく。地域の人たちには、子どもが便りを配布する封筒に意見用紙を入れておき、後日、子どもが封筒を回収する際、封筒に意見を入れてもらうようにする。

大切なのは、寄せられた感想・意見は次号に掲載し、必要があればそれに対する回答も載せることである。

また、短い文でもよいので、毎号掲載する原稿を多くの人に依頼することである。一度、役割に順番を振っておけば、次年度からは依頼しやすくなる。

> ⚠ 文章をきっかけに、「会長さん、この間の話、いい話でしたね」と、できるだけ直接会話を交わす。

（藤川章）

地域とのコミュニケーション　8章

▶基本的なコミュニケーション

地域 5 掲示板・ホームページによる情報発信

場面例とポイント

校舎内・校門外の掲示板や，インターネットのホームページを活用して，不特定多数の人に対して積極的に学校の情報を開きたい。

❶学校掲示板の活用

校舎内，校門外の掲示板を活用した学校情報の発信は，2段階が考えられる。学校の訪問客を対象としたものと，学校を通り過ぎる不特定多数の人を対象としたものである。場所を限定した情報発信であるが，工夫によってより広い範囲を対象としたコミュニケーションになりうる。

❷インターネットの活用

インターネットのホームページは，世界につながる広いコミュニケーションの場であるが，不特定多数を相手にする頼りなさがあり，その分，ほかにない留意事項を踏まえて活用する必要がある。

考え方

①掲示板の活用

まず，校舎内の掲示板の活用を考えよう。前節でふれたように，近隣小中学校と学校便りを交換し，玄関脇の受付や職員室廊下のスペースに，自校の学校便りや各学年便りと並べて，交換している他校の学校便りをいっせいに掲示する。学校を訪れた保護者や子どもは，居ながらにして他学年，他の学校（出身小学校）の様子を知ることができる。

校門外の掲示板には，学校便りに掲示した内容を拡大コピーして知らせたり，学校行事を予告するポスター（パソコンで編集してポスター印刷したものなど）を掲示する。ただし，子どもの安全確保のために，個人単位，学級単位，部活動単位の情報は載せないようにするなどの配慮が必要である。

また，不特定多数の通行人の目に触れるため，校内の教育活動の参観については「事前に電話によるお問い合わせをお願いします」などの掲示が常時されていることも必要である。

②インターネットの利用

ほとんどの学校がインターネット上に学校紹介のホームページを開設する時代になった。開設したものの，定期的な更新に四苦八苦している学校が多いようである。

最低限，毎年4月に掲載する必要があるのは，「学校要覧」に載せる内容であろう。掲載内容の限度は，他の方法でも公開している情報ということになるので，学校便りや教科・領域の年間指導計画などということになる。

また，PTA単位，生徒会単位の紹介をしたうえで，姉妹校を募り，ネット上で交流をするなども一案であろう。

> ⚠ 情報過多の時代にあって，情報に振り回されないためには，自ら情報ネットワークの中心を果たす。

（藤川章）

▶地域とのコミュニケーションの土台

地域 6 地域のとらえ方

場面例とポイント

かつて共同体であった地域の多くが，人口流動の激しさにより単なる行政上の区分に変化している。

❶共同体としての地域

古くからの住民層と，新興住宅地やマンションの住民とが混ざって形成する地域では，共通の価値観，凝集力が希薄である。学校として地域との交流，相互理解を考える際に，このような実態を押さえておく必要がある。

❷地域交流促進の場としての学校

細分化された地域社会を交流させる場として，学校はきわめて有利な条件をもっていると言える。このことを自覚して，積極的に地域に出て行ったり地域に場を提供したりする必要がある。地域に支えられ，守られる学校づくりのために。

考え方

①共同体としての地域

都市近郊部において，学校の荒れが多く見られるという事実は，共同体としての地域が崩れているのが一つの原因ではなかろうか。共同体というのは，「村八分」という言葉が象徴するような，相互扶助のシステムを備えている集団のことである。当然，共同体に属する子どもの育成も共同責任で行う。

かつて学校は，この共同体としての地域との連携だけを考えて子どもの教育にあたればよかったのである。たとえ，個々の家庭に問題があっても，地域に相互扶助の力があったからである。しかし，このような共同体としての地域は消滅しつつある。学校を支える存在として意識し，積極的に地域とかかわりをもつことを進めたい。

②地域交流促進の場としての学校

町会としてのまとまりがある地域は共同体としての性質が強いと考えられる。この場合は町会長をキーパーソンとして交際していく。町会内に自治会をたくさん抱えている場合は，自治会の連合の会合があれば，これに出て学校とのつながりを築くことになる。自治連合会，体育連合会，子ども会連合会，文化連合会，消防団，そして青少年問題協議会（対策地区委員会）などである。これらの合同の催し物があれば，学校もまた地域の一員として，積極的に参加する。この場合の学校とは，「集団単位の子ども」という意味である。

いっぽうこれらの組織同士に交流が少ない場合は，学校という施設は格好の交流の場になる可能性をもっている。自治会合同の防災訓練，花火大会，餅つき大会などの企画運営がそれである。これに小中学生が参加し，大人の手伝いをしながら地域の中で育っていけば，新しい共同体の再生につながるのではないだろうか。

> ❗ 通常の会合の議題から離れた世間話も，お互いを理解し合う絶好の機会である。

（藤川章）

地域とのコミュニケーション　8章

▶地域とのコミュニケーションの土台

地域 7 指導者としての地域

場面例とポイント

地域の人から「子どもが手伝いに来るのはいいんだけど，あの子たち，だらだらしてて困るんだよね」と言われた。

❶子どもも地域の一員として

「子ども一人一人に役割分担をして，担当の方と子どもたちで事前に打ち合わせさせていただけないでしょうか」などと，子どもたちの役割をはっきりさせることと，ある程度その役割に対して子どもの考えなどを反映させ，自分も地域の一員であるという自覚をもたせたいことを伝える。

❷地域の人も指導者である

「打ち合わせのとき，地域の一員としての振る舞い方とか，役割上の振る舞い方なんかも教えてやっていただけますか？」など，地域の人もときには指導者であり，教育の場なのであることを知ってもらう。

考え方

地域の人の願いは，子どもがよりよい地域の担い手になってくれることである。しかし自分たちも指導者であることを忘れてしまいがちになる。地域行事やその打ち合わせも子どもの教育の場であることを，地域の人に理解してもらうことである。

①子どもも地域の一員として

子どもに地域の活動や行事をただ単に手伝いに行けと言っても，最初はある程度やっていたとしても長続きしないものである。ただ手伝いでは，自分には関係ないからである。地域の人も最初は子どもの参加を喜ぶが，しだいにきちんとできない子どもに目がいって不満が出てくることがある。

そこで，ただ単に子どもに手伝わせるのではなく，役割を与え，企画運営する側の一員として扱ってもらう。自分の考えなりアイデアが反映されていれば，子どももその行事を主催する側の一員となり，自然と愛着や責任感がわいてくる。その点をよく地域の人に理解してもらい，子どもも地域の一員として参加させてもらうのである。

このように主体的にかかわっているうちに，大人の側にも子どもの側にも，子どもも地域の一員であり，役割を担っているのだという自覚が生まれてくる。

②地域の人も指導者である

企画の段階で参加させるといってもやはり子どもである。子どもの考えやアイデア，若い行動力などを生かしながらも，大人としての振る舞いや地域の人間としての責任などを教える絶好の場ととらえ，地域の人との打ち合わせの場を教育の場としてもらう。地域の人も指導者であり，手伝いをさせるだけではなく，教育のために行うということをわかってもらうことが大切である。

❗ 地域行事は教育の場，地域の人も先生である。

（石黒康夫）

▶地域とのコミュニケーションの土台

地域 8 だれのための学校か

場面例とポイント

地域の会に出た際、「最近、おたくの生徒さんガラがよくないね。ちょっと注意したら悪態ついていったよ」と言われた。

❶かかわりをもってもらう

「ご迷惑おかけしました。どの子ですか」「○○のところの子どもだよ。親父も知ってるし、小さいころはかわいかったんだけどね」「学校では結構まじめなんですよ」などと学校でのよい面を話す。「学校でも地域の人にあいさつするように指導しますから、声をかけてやってください」

❷一緒に育てる

「今度、進路指導で職場体験をさせてみたいんですけど、何かいい知恵はないですか？」など、地域の方にも学校教育に参画してもらう。一緒に子どもを育てている姿勢を示す。

考え方

学校は子どものために存在するのだが、子どもを健全に育てることは、地域のためにもなる。そのことを忘れてしまい、教育は学校の仕事で、自分たちはその外側にいると考えている人もいる。地域には地域の役割があることに気づいてもらうことが大切である。

①かかわりをもってもらう

子どもが小さいうちは、地域の道路や空き地で遊んでいたり、母親に連れられて買い物をしていたりなど、近所の人や地域の人とかかわることが多い。しかし学校に通うようになると地域の人とは疎遠になりがちである。かかわりが少ない人間に対しては、どうしても距離をおいて構えてしまいがちになる。しかし、かかわってみると、その人間性がわかり、よさもわかってくるものである。また、人は自分がかかわったものや人に対して特別な感情を抱くものである。自分がかかわったものをけなさないものである。これは大人も子どもも同様である。

積極的に学校の情報を伝えるとともに、地域の人にも子どもにかかわってもらい、よく知ってもらうのがよい。逆に子どもたちにも自分の住んでいる地域や地域の人々のことをよく理解させ、かかわりをもたせることである。

②一緒に育てる

学校が子どもを地域の人と一緒に育てるという姿勢を示すのがよい。地域の方を積極的に外部講師として招く、教育の一端を担ってもらう、地域の行事に子どもを参加させるなども、その方法の一つである。そしてその成果を積極的に地域にフィードバックするのである。

自分たちがかかわることで子どもたちがよくなる。子どもたちが変わっていく。これは、うれしいものである。

> ⚠ 学校は地域のためのものでもある。地域の人々と一緒に子どもを育てる。

（石黒康夫）

▶地域とのコミュニケーションの土台

地域 9 学校に対する地域の期待

場面例とポイント

町会の新年会に招かれたとき、町会長さんから「先生、学校には期待してるからね」と言われた。何を期待しているのか。

❶地域は何を期待しているのか？

地域の期待は、それぞれの地域によってさまざまなものがあるだろう。施設の利用であったり、地域行事への教員の参加であったり、地域の状況によって異なる。しかし、それらは派生的なものであり、本質は「子どもをよりよく育てる」ことである。この点において、地域の期待と、学校の目的は一致している。

❷期待にどうこたえるか？

学校の役割は、子どもの教育である。まずはその本質的な役割で地域の期待にこたえていきたい。学校ができること、地域だからできることを整理したい。

考え方

①地域は何を期待しているのか？

地域からの「学校に対する期待」ということはしばしば言われるが、その内容は、それぞれの地域や状況によってさまざまである。地域の人のそれぞれの思惑があるからである。地域を構成する人々はさまざまである。古くからその地域に住み、三代続けてその学校に通っている人もいれば、住居を求めて移り住んできた人もいる。仕事の関係で一時的にその地域に住む人もいる。

そうした人々の思惑は多種多様であり、期待もさまざまである。施設を利用したい、公開講座を開いてほしい、地域の行事に子どもを参加させてほしいなどなどである。こうした期待にこたえることも大切であるが、これらは派生的なものであるととらえるのがよいだろう。

学校の本来の役割「子どもをよりよく育てる」ことは、よき社会の構成員を育成することであり、それは、地域社会や将来の日本をよりよくすることにつながる。学校はその本質的な役割を果たすことが、地域の期待にこたえる第一であろう。

②期待にどうこたえるか？

学校の活動を積極的に知らせることである。どのような課題に、どのような方法で対応し、子どもをどう育てているかを地域に理解してもらうことである。

よいことはもちろん、悪いことも隠さず学校を開き、地域の力を積極的に取り入れる姿勢を示したい。一緒に子どもを育てているという姿勢を強く示すとともに、学校の役割を明確にし、地域の役割を理解してもらったうえで、連携を図ることが大切である。

地域の協力を得たときは、その成果（子どもの変容など）を積極的に知らせていくことも必要である。

> ❗ 地域と学校の目的は同じである。
> それぞれの役割をはっきりさせる。
> 積極的に学校を開く。

（石黒康夫）

▶地域とのコミュニケーションの土台

地域 10 学校と地域のつながり

場面例とポイント

地域の会合で,「学校選択制(または学区の弾力化)によって,学校が地域の中の学校でなくなるのではないか」と言われた。

❶地域の人の不安感を打ち消す

「学校は,いままでどおり地域の中に存在し,地域の中で教育活動を行い,地域と共に歩んでいきます。いままでの学区域を越えて広い範囲から通学してくる子どもが増えるということは,地域がいままで以上に広がるということ。より広い視野で,子どもたちを一緒に育てていきましょう」と,まずは地域の人々に安心感を与える。

❷具体的な取り組みを述べる

例えば,地域運動会や,防災訓練,地域清掃などには,いままでどおり学校として参加していくこと。保護者にも,在学中は学校を拠点とした,地域活動(お祭りパトロール,地域ボランティアなど)へ子ども・保護者ともに積極的な参加を呼びかける,など。たとえ住むところが離れていても,子どもは,学校のある地域を拠点として生活していくことを伝え,理解してもらう。

考え方

漠然とした不安感を抱いている相手に対しては,まずは,その不安が根拠のないものであることを話し,不安感を打ち消すことが大切である。

①地域の人の不安感を打ち消す

学校側が,従来の「地域」の枠にとらわれずに,より広い視野で柔軟に考え,それを地域の人々に示すことが重要である。「地域」のとらえ方,考え方,発想を変えることによって,地域の人の不安感を打ち消すことができる。

まずは,学校がいままで以上に,「地域の中の学校」「地域と共に歩む学校」であることを力強く語ることである。そのことによって,地域の人に安心感を与えることができる。

②具体的な取り組みを述べる

しかし,漠然とした安心感を与えただけでは,その場だけのものになってしまい,学校への真の信頼にはつながっていかない。

学校と地域との連携の具体的な取り組みをいくつかあげるようにする。いままで合同で行っていた行事は変わらず行うこと。盆踊りやお祭りなどにもいままでどおり協力すること。地域清掃やボランティア活動にはいままで以上に子どもや保護者の参加を呼びかけるなど,いままで以上に地域を大切にしていくことを伝える。また,学校選択制になっても,いままでどおり,学校のある地域の子どもたちが選択してくれるような魅力ある学校づくりも大切なことである。

> ❗ あくまで「地域の中の学校」「地域と共に歩む学校」であることを力強く語る。

(永見章)

地域とのコミュニケーション　8章

▶地域とのコミュニケーションの土台

地域 11 教師に対する地域の期待

場面例とポイント

着任早々地域の人から「先生，どうせすぐ転勤しちゃうんだろ」と言われた。どうしたらよいか。

❶期待にこたえる

「何年しかいられないという規則はありますけど，私は『もう転勤しなさい』と言われるまでがんばりますよ」と最大限その地域に腰を下ろして子どもたちのためにがんばることを伝える。

❷自己開示

教師と地域の人という関係も，結局は人と人とのつながりである。地域の人は教師という役割に敬意を払ってくれるが，その教師の人柄とつきあってくれるのである。十分に自己開示して，まず自分を知ってもらうことが大切。

考え方

これは，教師に対する地域の人の期待の声である。長くいてほしいという地域の願いであることを知り，誠実にこたえていく。

①期待にこたえる

「すぐ転勤しちゃうんだろ」というのはいままでそういう教師が多かったということである。また地域の人たちは，教師にその地域に長くとどまって子どもたちの教育のためにがんばってほしい，という願いをもっているということでもあり，そういう教師が少なかったということでもある。そうした切実な願いの表れと察し，誠実にこたえていくことが大切である。

もちろん異動に関しては，教師自身の意志ではままならない場合もある。しかし，その学校に赴任したからには，事情が許すかぎり，その土地に根づいてその地域をよく知り，子どもたちのためによい教育をしたいものである。そうした姿勢を示して，地域の期待にこたえていくことが，信頼へとつながっていく。

問題は任期の長さではない。いかにその学校で情熱をもって子どもたちのためにがんばったかである。短い期間でも地域の人に愛され，惜しまれて転勤していく人もいる。問題は地域と向き合う姿勢である。

②自己開示

教師としての役割上の振る舞い方も大切であるが，その根底には人と人とのつきあいがある。これはコミュニケーションの基本である。

自分から積極的に町会の運動会などに参加し，まずは，地域の人に自分を知ってもらい理解してもらうことから始めたい。出退勤時や家庭訪問のときなど，地域の人から「A先生，こんにちは」などと声がかかるような教師になりたいものである。

! 地域の期待が大きいことを知る。問題は任期の長さではない。

（石黒康夫）

12 地域のなかの教師

▶地域とのコミュニケーションの土台

場面例とポイント

「先生、朝から運動着で活動的ですね。子どもたちと一緒に野球をされるのですか」と地域の人から言われた。

❶教師は注目される存在である

車通勤だからなどと、家庭でくつろぐときと同じような服装で出勤してもよい気になることがある。しかし、保護者や地域住民など、教師は多くの目にさらされていることを意識する。

❷地域とのつながりを感じる

子どもたちの歩く通学路を教師も歩き、地域の人々とあいさつを交わしたり、子どもたちの様子を観察したりする。

考え方

①保護者や地域の人からの注目

通勤途中は地域のさまざまな人に出会う。あいさつを交わす人もいるし、すれ違うだけの人もいるが、みな教師のことをよく知っているものである。

そのとき目に触れる教師の服装は、相手にさまざまな印象を与えている。あまりにもカジュアルな服装では、教師としての役割に不安を感じさせてしまう。

教師にユニフォームはないが、人を指導する仕事であることを考え、こざっぱりした服装で、保護者や地域の人から信頼を得られるようにしたい。服装も非言語のコミュニケーションのひとつなのである。

昨今、教師に対する世間の風当たりが強いのは周知のことである。教師には、指導者として、子どもたちのモデルとなる言動が期待されている。こんなときこそ、襟を正した態度が必要ではないか。

②地域とのつながりを感じる

車通勤であっても、ときには車を降りて、子どもたちが歩く通学路を一緒に歩いてみることを勧める。

このとき「おはようございます。○○小学校の○○です」「いつもお世話になっています」など、地域の人に積極的に話しかける。リレーションづくりをするとともに、地域の人々の協力によって学校が成り立っていることを知らせる。

教師生活を長く重ねてくると、何となく自信めいたものが芽生え、地域の人からの「先生」という職業への尊敬を、自分の人間性への尊敬と勘違いしてしまうこともある。このような慢心は、子どもたちへの高圧的な指導態度にもつながりかねない。地域の人々とのかかわりを意識的にもつことによって、自分も一人の社会人であることを再認識できる。

ところで、子どもたちの通学路には思わぬ情報が落ちているものである。歩くことで、危険場所を察知したり、学習に役に立つ教材を発掘したりすることもできる。子どもたちがどんな道をどんな表情で歩いているかを知ることで、子どもたちの思わぬ一面を知ることもできる。

> 教師は多くの人から注目される存在である。

（森悦郎）

▶地域とのコミュニケーションの土台

13 地域の一員としての中学生の役割

地域

場面例とポイント

大地震などの際,地域と連携し,地域の一員として中学生に何ができるかを考えたい。

❶中学生にもできることがある！

平日の昼間,災害が起きたとき,地域にいるのは,お年寄りだけである場合が多い。このようなお年寄りや小さな子どもへの援助,荷物の搬送や負傷者への応急手当て,避難所生活の確立など,地域の人と一緒に中学生にもできることがたくさんある。

❷中学生がわからないのはなぜ？

しかし,「最近の中学生は何を考えているかわからない」と言う大人が増えている。「こらっ」と,中学生を一喝する大人が減り,干渉したくない,されたくないとする地域の大人と中学生の関係は薄れ,ますます中学生は恐れられ,そのほんとうの姿が見えにくくなっている。

考え方

中学生も地域の一員である。しかし,大人にも子どもにも,その意識が希薄になってきている。地域の一員として,地域の一翼を担えるよう,学校と地域が協力して子どもを育てていくことが大切である。

①中学生にもできることがある！

中学生も地域で役に立つことがあると,教えていくことが第一歩である。現代の社会は,高齢化と共働きの増加で,日中,地域に残っているのは高齢者と子どもたちだけのことが多くなってきた。大災害が起こったらと,地域の人たちは不安に感じている。しかし,中学生が災害の際,自分たちの手で地域を守るという意識をもち,地域の人々と日ごろから防災活動に取り組んでいれば,心強いものである。例えば中学生も防災訓練に企画の段階から参加し,地域の人と一緒に軽可搬ポンプの訓練や炊き出し訓練をしたり,救命救急法の講習を学校として行ったりするのもよい。中学生に,いざというとき地域の一員として,自分たちにもできることがあることを自覚させたい。

②中学生がわからないのはなぜ？

地域の大人と中学生のふれあいが少なくなり,地域の大人はこわごわと中学生に接することがある。しかし,実際に職場体験などでふれあってみると,地域の人たちは口をそろえて「とても熱心でした」とか「みなさん,よい生徒さんですね」などの感想を述べる。地域の大人とのあいさつ,地域の清掃美化,地域の職場体験,地域人材を外部講師として招いた交流など,子どもと地域の人々と直接ふれあう機会を意図的につくりたい。ふれあうことで地域の大人も子どももやさしくなれる。

! 中学生の姿を知ってもらう。
　　中学生にもできることがある。

(森岡耕平)

▶地域とのコミュニケーションの土台

地域 14 学校評議員会を生かした学校経営

場面例とポイント

学校評議員をどのようなメンバーで構成し、いかに学校経営に生かすか。

❶肩書きで選ばない
教育に関する理解や識見を有する人で、よりよい学校づくりを推進する視点からメンバーを選ぶ。

❷双方向の運営が次に生きる
計画的な運営と、具体的な活動を通して、共に考え、実践し、成果や課題を検証していくことが大切である。

考え方

学校評議員と聞くと、うるさ方の集まり、嫌だなと考えがちだ。しかし、それは校長のめざす学校像を明確にして人選していないからではないか。メンバーの選び方、運営の仕方で強力なサポーターとなる。

①肩書きで選ばない

地域からのメンバーを考えるとき、町会長や〇〇協議会長など、その人を知らずに肩書きから選びがちだ。そうではなく、学校経営方針のもと、目的をもって次のような人を選ぶ。

・本校の教育をよくしたい、支えたいと考えている人。
・子どもたちの健全育成を心から願い、行動できる人。
・人脈もあり、影響力のある人。
・是は是、非は非の立ち場から、適切な助言ができる人。

これらの要件を兼ね備えた人をいかに探すか。そのためには、地域の行事や会合などにこまめに参加し、まずは自分自身を知ってもらう。人柄、教育への熱い思い、何をやりたいかなど。誠実に接し、行動する。人と人とのかかわりの中から、メンバーが見つかっていく。

②双方向の運営が次に生きる

評議会では、第1回目に、経営方針をわかりやすく説明し、年間計画や課題を示す。メンバーには、地域の声や要望、子どもたちの様子などを話してもらう。協議会で話し合われたことは、ホームページや学校便りなどで広く知らせる。

「子どもを見れば、学校の教育がわかる」をモットーに、学級公開・行事への参加を呼びかけ、また、子どもたちと共に地域行事に参加する。さらに、メンバーや地域の人たちと共に行う行事を計画し、実行する。これによって、学校が行っていることや、子どもたちの様子などの理解につながる。

常に子どもたちを中心にすえて、具体的な活動を通して、共に考え、実践し、成果や課題を検証し、次に生かす運営をする。

! 子どもをどう育てたいかを熱く語り、謙虚に耳を傾け、パワフルに行動を。

（蜂屋隆子）

▶地域とのコミュニケーションの土台

地域 15 地域の教育力

場面例とポイント

地域の行事を通して，学校・家庭・地域が協力し合い，「地域の協育力」を高めていくにはどうしたらよいか。

❶学校が起爆剤

「先生，町内の運動会に中学生が来てくれないんだよね。何とかならないかな」など，地域は，地域行事に子どもが参加しない悩みをかかえる。地域行事は，地域の子どもが大人によって育てられる場である。子どもを集める力を失っている地域では，学校がもつ組織力を起爆剤として子どもたちに働きかけ，地域が本来もっていた教育力を復活させる。

❷子どもは地域の指導の一貫性で育つ

「先生，子どもが来るのはいいんだけど，仕事しないで遊んでいるんだよ。先生からしかってくれない」などと頼まれることがある。しかし，子どもの行動は地域，学校，家庭の間に指導の一貫性があって定まるのである。してはならない同じ行為に対して，どの大人からも同じようにしかられることによって子どもは育つ。

考え方

地域は相互扶助のシステムを備える共同体であり，以前は，地域の中で子どもを育てていくシステムがあった。お祭りなどで，子どもにも役割を与え，大人やほかの子どもたちと一緒にその役割を果たすことで，責任感・連帯感・成就感や人とのかかわり方などを地域の人たちが教育していた。しかし，近年ではその機能を喪失している地域が増えている。

①学校が起爆剤

その場合，地域の中心でもある学校が，ときには起爆剤になる必要がある。地域の大人を積極的に授業の講師として依頼したり，職場体験を地域の会社や施設で行うなど，地域と子どもの交流を積極的に計画し，ふれあいの機会を増やす。また学校がいままで以上に子どもに地域行事への参加を呼びかけるとともに，教職員も一緒に参加するなど，子どもを地域行事に積極的にかかわらせることも地域の教育力を高めることとなる。

②子どもは地域の指導の一貫性で育つ

地域の中には，子どもはお客様で，子どもを指導するのは学校の仕事と思っている人もいる。これでは地域の教育力とはならない。子どもも地域の一員として役割をもたせ，地域の大人が仲よく，指導の一貫性をもって育てるという意識をつくらなくてはならない。

子どもを地域行事にかかわらせ，役割を与え，子どもの考えも反映できるような仕組みをつくる。地域の大人が子どもと一緒に活動する中で，礼儀・郷土愛・責任感など社会の一員として必要なものをはぐくむのである。これが地域の教育力であり，地域の役割である。こうしたことを地域の方にも理解してもらうことが，地域の教育力を高める第一歩となる。

> ❗ ときには学校が起爆剤となれ。
> 子どもも地域の一員である。

(蜂屋隆子)

▶地域とのコミュニケーションの土台

地域 16 地域の声の受け止め方

場面例とポイント

地域の人たちはそれぞれの立場で学校に対してさまざまな発言をする。学校はそうした声をどのように受け止めて対応すればよいか。

❶聞く耳をもった学校に

無茶な要求であっても，頭から否定するのではなく，じっくり聞く。この姿勢が地域から話しやすい学校として受け入れられる。

❷軸足をしっかりもつ

子どもたちの成長のために何に取り組むのかを明確にしておく。学校の軸足がしっかりしていることが教育活動の一貫性のために大切である。

❸聞きっぱなしにしない

地域の意見を聞きっぱなしではダメである。できることできないことをきちんと説明する。

考え方

地域の人たちは自分の地域の小学校や中学校にそれぞれの思いをもっている。それらを受け止めて学校づくりに生かすことが求められている。

①聞く耳をもった学校に

学校に対する地域からのいろいろな意見には，まずじっくり耳を傾ける姿勢が大切である。学校や教師にとって都合の悪い情報でも同じである。

学校に対する批判に過剰に反応したり，無視したりするのは，教職員に自分たちの実践に対する自信や手ごたえがないときに起こる。

地域の声を聞く耳をもつためには，学校が今年度の重点，方針のもとで教育活動を展開し，実績を積み重ねること，いま何に取り組み，どこをめざしているのかをわかるようにすることが大切である。

②軸足をしっかりもつ

地域からは，保護者だけでなく，自治振興会や老人クラブ，商店会など，立場も年代も異なった方々から要望や協力の依頼がある。このような地域の声が大きくなればなるほど，学校の軸足をしっかりもつことが大切である。

学校の軸足がぶれないためには，子どもの実態をつかみ，子どもたちの成長のために学校が何に取り組むのかを明確にしておく。

③聞きっぱなしにしない

地域からの意見は学校として受け止め，学校としての考えを説明する。保護者や地域の人たちの外部評価も計画的に行い，公表することが大切である。

また，地域の有力者からの要望であっても，できないことは理由を説明しておことわりする。父性を発揮するのである。このような対応は，やはり校長や教頭が行う必要がある。

> ⚠ 学校の軸足をしっかりもち，聞く耳をもった学校づくりが求められている。

（水上和夫）

▶地域とのコミュニケーションの土台

地域 17 地域からの情報収集

場面例とポイント

「先生，ここだけの話だけど……」と，地域にはさまざまな情報をもっている人がいる。話を聞くにはどうしたらよいか。

❶子どもの集まる場所へ出向く

図書館などを訪問して「最近，本校の生徒は来ていますか，皆さんにご迷惑をかけていないでしょうか」

❷地域の人を招き入れる

オープンスクール（学校開放）で「今日はお忙しい中，わざわざおいでくださいまして，ありがとうございます。学校の様子をご覧になってどうですか」

❸保護者を通じて

朝のあいさつ運動で「今日もお忙しいなか，ありがとうございます」「生徒の様子はどうでしょうか」

考え方

教育は，学校と地域が一体になって取り組まなければ効果が上がらないといえる。学校の中だけでは見えない人間関係や学校が知らない家庭での出来事も，地域は知っているということも多い。また，経済的困難や虐待などの深刻なケースも地域の人のほうがより早く察知できることもある。

より多くの情報を得るためにも，学校は敷居をより低くして，地域と一緒に子どもたちを育てていくという姿勢を，機会をとらえて，地域に発信し続けることが大切である。

①子どもの集まる場所へ出向く

地域の図書館では，放課後や休みの日などに，子どもたちが集まって勉強をしたり，雑談したりしていることがある。そこでは他校の生徒とのトラブルが起こることもある。また利用上のマナーで図書館の職員が困っていることもある。そこで，ふだんから定期的に図書館を訪問して，図書館の職員と仲よくなることである。学校では知り得ない子どもたちのいろいろな情報を知ることができる。

②地域の人を招き入れる

学校を開放するオープンスクールでは，地域の人たちに積極的に話しかけることが大切である。休憩室などでこちらから話しかけると，待ってましたとばかりに話しだす人もいる。また，話す機会がない場合には，アンケートを書いてもらうことも効果がある。いままで学校に対して思っていたことをきめ細かく書く人もいる。

③保護者を通じて

朝のあいさつ運動などのときに保護者と教師が同じ活動をしながら話をするのも，いろいろな情報を得るチャンスである。共通の目的をもち，同じ活動をすることでお互いの心が一つになり，会話が弾むことが多い。

! 地域の人たちがいる所へ出向き，積極的な働きかけを。

（武野修治）

▶日常のコミュニケーション

地域 18 隣接する家や施設とのつきあい

場面例とポイント

騒音，ほこり，いたずらなど，近隣の住民・施設にとって学校の存在が，さまざまなストレスの原因になっている。

❶予想される事態の説明

学校で生ずる騒音（ほこり，ごみ）に関しては，予測される事態についての理解を事前に求める努力をする。

❷予想外の事態，いたずらへの対応

予想外の苦情に対して，誠意を尽くして対応をする。また，子どもによるいたずらへの苦情に対しては，即応体制を整えておくことが肝要である。

❸誠意ある態度で

すべてに共通するのは，問題を正確に把握することと，誠意を込めて解決する姿勢を示すことである。誠意を込めるとは，先方に対応策を示し，途中経過，結果をきちんと報告することである。

考え方

①予想される事態の説明

学校は多くの子どもが生活するため，当然大きな生活騒音が発生する。チャイムの音，授業中や朝礼の話し声，吹奏楽の演奏など日常的なものから，運動会の練習・当日の放送などがある。

そこで，隣接する家や施設に対して，年度当初に本年度の年間行事計画を持参し，予想される迷惑に関してはあらかじめ理解してもらえるようお願いをすることである。例えば「来週から運動会の練習が始まります。練習期間と，当日は，ご迷惑をおかけしますがよろしくお願いします」など，行事直前に児童生徒会役員の子どもとあいさつに行くなどの方法もある。チャイムは休日に切り忘れがないよう，分掌として相互にチェックする機能があるとよい。

②予想外の事態，いたずらへの対処

予測できない騒音への苦情はいたずらへの苦情と一緒に考える。苦情は電話により伝えられることが多い。遠慮がちに話す人もいるが，軽く考えずにていねいに事情を聞いて正確に事態を把握するよう，全教職員に徹底しておく必要がある。

また，いま起きていることなら，すぐに現場に駆けつける体制を確認しておく。感情的になっている相手と，新たなトラブルにならないために，複数で駆けつける。その場の対応は，生徒指導部の教員が行ったとしても，必要に応じて管理職からのあいさつも事後に行う。管理職への報告が欠けていると，学校としての対応にならず，二次的な苦情が発生する恐れもある。

③誠意ある態度で

具体的な対応としては，子どもによる謝罪や子どもによる現状復帰，また事後の対策として教師が現場を見回るなど，目に見える対応をすることである。同時に校内での指導経過や指導の結果をしっかりと報告をする。

> ⚠ 日常的に起きていることだから，やむを得ないと割り切らない。

（藤川章）

▶日常のコミュニケーション

地域 19 町会とのつきあい

場面例とポイント

地域のさまざまな団体から要望や苦情が相次ぎ，対応に苦慮している。

❶信頼関係を築く

地域としてのまとまりが強い町会であればあるほど，地域の中にある学校に対して要望，苦情も直接的に，強力に寄せられるようになる。それも一団体ごとの要望や苦情が数多く重なれば，対応しきれなくなり，新たな不満や苦情につながりかねない。この場合，地域をまとめている町会への対応をしっかりできれば，傘下の団体との間の調整役を果たしてくれることになる。

❷ギブアンドテイクで協力し合う

学校教育への協力をお願いするときも，町会との信頼関係があれば，話が進みやすい。町会との信頼関係を築くための最大のポイントは，ギブアンドテイクの関係になっていることである。

考え方

町会は地域のまとめ役である。信頼関係をつくり，ギブアンドテイクの関係を築いていくことが大切である。

①町会との信頼関係を築く

古くからある共同体を基盤とした町会が存在している場合，町会の役員のポストに就く人間も，古くからの地元の有力家庭であることが多い。青年団や消防団，JA支部，青少年問題対策委員会，文化会，体育会などのポストと並んで，小中学校のPTA会長のポストも歴任することがある。そこで歴代PTA会長との懇親会（PTAのOB会）を，町会との関係づくりのきっかけにすることができる。そこに集まる人々は，町会傘下の諸団体の長でもあることが多いからである。

②ギブアンドテイクで協力し合う

学校と町会に強いきずながあったとする。すると，町会からさまざまな要望が出されてくる。夏祭り，秋祭り，運動会，文化祭など町会が主催・参加する行事に，子どもの参加を求められる。これには，あらかじめ年間の地域の行事を一覧にしておき，子どもが個人で参加するように学校で呼びかけることができる。また，部活動単位での参加を顧問に依頼する。このとき，教員負担が偏らないよう引率を分担しておくような工夫も必要である。

そのうえで，町会へも学校教育への協力を依頼する。教科や総合的な学習の時間などの外部講師として，また行事などへの参観を町会を通して依頼するのである。

この関係ができていれば，町会（地域）へ迷惑をかけたときでも，一方的な非難ではなく，話し合いで解決が見える形の申し入れになるようになる。まずは，こうした関係づくりから始めたい。

> ❗ 地元の有力者である町会長とは，諸団体の長の時代から，長時間かけて信頼関係を積み上げていく。

（藤川章）

地域 20 学校への不満の受け止め方

▶日常のコミュニケーション

場面例とポイント

地域の有力者に町で会ったとき、「学校が地域に協力してくれない」と強い口調で苦情を言われた。

❶話を聞く（感情を受け止める）

まずは、相手に十分に話してもらうこと。あいづちを打ちながら笑みを浮かべて辛抱強く聞いていれば、だんだん落ち着いてくるものである。ここでは、カウンセリングの技法が役に立つ。途中で反論したり、話をさえぎったりしてはいけない。逆効果である。

❷やんわりと受け止める

相手が言いたいことを言い終わったころを見計らって、静かな口調で話す。「おっしゃることはよくわかりました。学校としていたらなかった点があったようで申し訳ありませんでした。学校へ戻って、かならず校長・教頭に伝えます。いま、お話しくださったことについては、今後、改善していくよう学校で話し合っていきます。これからも、いままで以上に学校と地域が手を携えて、地域の子どもたちを健全に育てていけるようご協力をお願いします」

考え方

苦情には、ふたとおりある。ある特定の出来事や対応に対する不満や抗議の場合と、日ごろの小さな不満や行き違いが積み重なって不信感をもっている場合である。

前者の場合、電話や来校しての苦情になることも多いが、きちんと説明し、学校に非があれば謝罪することによってたいがいは解消する。

しかし、後者の場合、さまざまなことから何となく不満や不信感を募らせているので、それを払拭するのは容易でない。

①話を聞く（感情を受け止める）

相手には、強い口調で苦情を言うだけのそれなりの理由があるはず。一つだけのことだけでなく、日ごろから積み重なった不満があるのかもしれない。

まずは、相手が言いたいことを辛抱強く聞くことが重要である。その際、反論したり、話をさえぎったりすることは避け、あくまで教師としての誠実さと相手への尊敬の念を伝えることである。「この教師は話を聞いてくれる」と安心感をもって話せるようになると、口調もしだいに柔らかくなるものだ。

②やんわりと受け止める

その場では、反論や言い訳をしないほうがよい。話を聞いただけで、相手の感情は十分に穏やかになっているはず。会ったときよりも柔らかい顔となった相手と笑顔で別れるようにしたい。

> まずは相手の話に耳を傾けること。地域の子どもを育てるという点では共通の願いがあるはず。

（永見章）

▶日常のコミュニケーション

地域 21 うわさの広がりへの対応

場面例とポイント

「最近，中学校が荒れてるらしい」そんなうわさが卒業生や地域から聞かれるようになった……。どう対応したらよいか。

❶うわさのもとに何がある？

「最近，生徒が荒れてるって聞くよ」とPTA旧役員の方からの話。注意すべきは「聞くよ」という点だ。直接何かを見たうえでの話ではない。こんなときにはこのうわさの出所をつかむことが重要だ。だれから，いつごろ，そのうわさを耳にしたか，うわさのもとには必ず何かストレートには言いにくい事実が隠されている。

❷うわさの予防は

うわさは多くの場合，悪意から出たものではない。その点では，できるだけ早く学校がキャッチできるようアンテナをはり，また，話しやすい関係をつくることで予防できる。

考え方

火のないところに煙は立たず……。うわさのもとにある事実をつかむことは問題の早期発見につながる。

①うわさのもと

この例では，旧PTA役員に話の出所を聞いてもらったところ，最近，塾帰りの中学生が近くのコンビニで夜遅くまで集まっているという話が出てきた。塾へは学校の標準服で行っている子どもも多く，学校帰りに遅くまで遊び歩いていると思われて当然の成り行きであった。

しかし，事実はこれだけでは終わらなかった。ただちに生活指導主任がそのコンビニを訪ねると，店長からは万引き，喫煙の話が出てきた。夜な夜なたまる子どもの中に知り合いの子どもがいて学校にも警察にも連絡をとっておらず，困り果てていた。情報交換のうえ，関係する子どもへの対応が始まった。

全校朝礼時に生徒指導主任から「最近うちの学校が荒れているといううわさがあります。それを問いただしていったら，標準服のまま，夜間コンビニにたまる生徒たちがいてお店に迷惑をかけているということでした。そのような迷惑をかけている生徒がいるとしたら，ただちにやめてください。これから先生たちは近くのコンビニと巡回連絡をとります」と全体に伝え，同時に個別の指導も行っていった。

こうした学校の対応については，連絡をくれた旧PTA役員，コンビニの店長にその様子を伝えることが大切である。その際，学校の現状を隠さず伝え，指導・対応について示すことで，うわさは収束へと向かう。

②うわさの予防

「いつでも，ささいなことでもご連絡ください」と，さまざまな場面で，すべての職員が言い続けることにまさる方法はない。

> ⚠ 同じうわさが2つ入ってきたら，素早くうわさのもとにアプローチせよ。

（森岡耕平）

地域 22 地域住民からの苦情への対応

▶日常のコミュニケーション

場面例とポイント

「おたくの生徒が登下校時に家の前に自転車をおいて迷惑してる」との苦情の連絡が入ってきた。

❶まずは現場へ，初期対応を素早く

「ご迷惑をおかけして申し訳ありません。すぐにお伺いいたしますがよろしいでしょうか」。苦情対応の第一歩は謝罪と現場への急行から。現場では状況を的確にとらえ，必要ならばカメラなども持参し，記録する。

❷対応と指導

子どもの自転車と確認された場合，ただちに撤去し，本人への指導，保護者への連絡を行い，後日謝罪に伺う。今後，同様のことがあれば，そのときはどう対応するか学校の考えを明確にする。

考え方

苦情の電話はていねいに聞き，苦情の中身が確認できたらただちに現場へ向かう。苦情の連絡はあまり聞きたいものではないが，苦情は期待の裏返しと考え誠実に対応したい。

①まず現場へ

「先生，早速にすみませんね」

「いいえ，こちらこそ生徒が大変ご迷惑をおかけしました」

電話だけですませずに，現場へただちに向かい，上述のような会話ができれば，苦情対応は成功ととらえてよい。しかし，状況によっては，

「いまごろ何しに来たんですか」と

せっかくのこちらの対応についても拒否されることがある。この場合，その状況でとれる最善策を示す必要がある。

「ご迷惑おかけして申し訳ありません。学校では生徒に厳しく指導し，家庭へも連絡いたします。万一，今後同様なことがあれば警察へ通報されてもかまいません」など，学校の指導方針を示す。

このようなときは，相手の感情をしっかりと受け止め，カウンセリングマインドで対応したい。

まずは迅速な対応，次に必ず現場に赴くこと，そして誠意ある対応である。

②対応と指導

「ご連絡ありがとうございました。学校でよく事情を調べたうえで，それぞれの生徒に指導いたします。また，全校集会で全生徒にも徹底させたいと思います」など，これからどのように対応するかを相手に伝えるのがよい。

また，地域と学校が一緒に育てるという視点からも，「同じようなことが起きないようにしっかり指導いたしますが，生徒に何か変わった様子がありましたら，ご連絡ください。すぐに参ります」など，学校の姿勢を示しておくことも大切である。

> ⚠ 苦情対応は電話を受けたら，即現場への精神で対応する。

（森岡耕平）

▶日常のコミュニケーション

地域 23 地域で子どもが事件を起こしたとき

場面例とポイント

「おたくの生徒が小学生に暴力をふるっている。すぐ来てくれ」との連絡が来た。そのときの対応は。

❶事件への対応

「暴力をふるっている」との連絡を受けた場合，状況が逼迫している場合は警察・消防への連絡を至急とるが，基本的には複数の教員を急行させる。また，連絡をくれた方と現場で合流できるよう依頼しておく。

❷事件後の報告

事件自体が収束すると，学校としてはそれで終わったような気になる。しかし，地域の人々は事件自体を目撃しており，その後の経過を知らなければそれが憶測へとつながり，学校の悪いうわさのもととなる。関係者や関係機関へ事後の報告をしっかりと行いたい。

考え方

①発生から収束まで

事故連絡を受信した者は管理職への連絡を図ると同時に，現場へ複数名の教員を急行させる。できれば，担任と生徒指導主事が望ましい。また，学校では時系列で事故対応状況を記録する。これは受信者と教頭が望ましい。

現場へ赴き，事件に対応することが，第一である。まずこれが，連絡をくれた方への誠意ある対応といえよう。

事件に対応することができたら，「連絡してくださってありがとうございました。おかげさまで大事にいたらずにすみました」など，通報してくれた方へ感謝の気持ちを伝える。さらに，今後の指導の方向性や「学校で指導して，その結果をまたご報告に参ります」など，事後の報告の方法を話しておく。

②事件後の対応

事件自体は，子どもの保護者や関係する学校，地区の教育委員会などと連絡をとり，指導していく。

大切なのは周囲への対応である。こうした事件が起きた場合，必ず目撃している人がいる。事件後，学校がどのように指導しているのかがわからないと，根拠のないうわさのもととなることがある。

大きな事件であるほど，地域関係者や学校評議員，青少年対策地区委員会などの代表者に第一報を入れておくことが大切である。そして，それ以上に，事件を学校としてどのように指導したかということ，防止に今後どのような方法をとるのかということを，報告していきたい。その際に，今後の事件防止のために地域の人たちにも，日ごろから子どもに声をかけてもらうなどの協力をお願いすることも大切である。

> ! 大きな事件なら，地域関係者への第一報を忘れずに。事件後の地域への報告をおろそかにしない。

（森岡耕平）

▶日常のコミュニケーション

地域 24 事件が起きたときの協力要請

場面例とポイント

不審者が多発した。不審者に追いかけられた女子生徒もいる。警察もパトロールしてくれるが，地域の協力も仰ぎたい。どうすればよいのか。

❶自治会の会長に協力を依頼する

教頭と生徒指導主任で，自治会長宅を訪れ，「最近，このあたりに不審者が出没していて，昨日も本校の生徒が追いかけられて怖い思いをしたのです」など状況を説明する。そして，「警察にもパトロールをお願いしたのですが，地域の方々にも放課後，パトロールにご協力いただけないでしょうか？」など，子どもたちの安全のために協力してほしいことを依頼する。

❷学校と地域との協力体制をつくる

地域と連携して，できることは何かを話し合いながら協力体制をつくる。

考え方

一方的な依頼でなく，何ができるかを話し合いながら，協力をお願いしていく。協力を得るためには，日ごろから，信頼関係をつくっておくことが大切である。

①実情を正確に伝える

不審者の状況を詳しく伝え，子どもたちや保護者が不安に陥っていること，学校として子どもの安全確保のために，地域の協力をお願いしたいことを伝える。率直に話し，地域の助けがほしいことを熱心に伝える。

②学校としての対応を伝え，地域に協力を求める

集団での登下校，希望者への防犯ブザー配布，教員の放課後パトロール，警察の重点的パトロールなどを伝える。

地域への協力の求め方は次のようなことがある。

(1)不審者の目撃情報を寄せてもらう

学校で作成した，不審者についての情報（年齢，性別，風采，時間帯）や，目撃したら学校や警察に連絡してほしいことを記載した印刷物を世帯数分印刷して配布してもらう。

(2)地域の方による見回りを依頼する

パトロールのボランティアを募って，見回りをしてもらえるとありがたいことを伝え，教員とチームを組んでパトロールする方法についても提案してみる。

(3)子ども110番の家への協力依頼

不審者に出会った子どもが飛び込んできたら，保護するとともに，自宅と学校へ連絡することを依頼する。事前に「子どもに確認してほしいこと」という用紙を作成し，項目ごとに記入できるものを渡しておく。

(4)防犯ポスターの掲示の依頼

学校で作成した防犯ポスターを公民館，商店などにはらせてもらう。

> ⚠ 子どもの安全のために，地域の人々の力を借りたいことを，心を込めてお願いする。

（野中真紀子）

▶日常のコミュニケーション

地域 25 頻繁に苦情を寄せる人への対応

場面例とポイント

「困るんですけど……」と，すぐ学校へ苦情の電話をしてくる近所の方。どうやってつきあっていけばよいのだろうか。

❶言い分をじっくり聞く

「申し訳ございません。またご迷惑をおかけしたようですね。今回はどんなことでしょうか？　近所ですので，すぐ行きます。お話をうかがわせてください」

❷相手の立場になって考える

「いろいろとご迷惑をおかけしました。申し訳ございません。学校としては……の考え方をもっているのですが，うまく伝わらず誤解を生じさせてしまいました。学校ではなかなか気がつかない点も多々あるかと思いますが，これからもどうぞ率直なご意見をよろしくお願いいたします」

❸味方になってもらう

「学校では子どもたちの様子を自由に参観していただいていますので，お時間があればどうぞご覧ください」

考え方

苦情の電話は受け手にとって大変苦痛である。しかし，逆に考えれば学校の一挙手一投足に関心をもってくれているという証しでもある。

①言い分をじっくり聞く

誠実に受け止めたい。ありがちなことであるが，同一人物の電話に「またか」という対応をする場合がある。これは戒めなければならない。不誠実な対応は必ず相手に伝わり，不信感を増すだけである。

また，電話は表情が読み取れない。やはり「面と向かって」が原則である。顔を合わせながら，即対応する誠実な姿勢が相手の気持ちをやわらげる。電話の相手がわかっているかぎりは，会いにいって話を聞きたい。

②相手の立場に立って考える

学校には学校としての論理があり，中にいるとそれが固定化した考えとなり，なかなか別な見方を受け取れなくなってしまうことがある。例えば，学校ではチャイムや放送はあたりまえだが，近所にとっては騒音であり，我慢している。

そこで，相手の立場で考え，まずいところは謝る。そのうえで学校の考えや立場を少しずつ述べ，理解してもらう。

③味方になってもらう

「口うるさい」人は，学校の味方になってもらえば，「地域への大切な発信源」ともなりうる。

そこで先手を打ち，行事の前などにはこちらから声をかけたり，学校を積極的に知ってもらうために招待したりという活動も行いたい。

まずは学校からの積極的な関係づくりが，相手との距離を縮めていく。労をいとわず，日ごろから布石を打っていくことが大切である。

> 学校の論理はひとまず置いて，相手のふところにとびこむ。

（山宮まり子）

▶日常のコミュニケーション

地域 26 どなり込んできた人への対応

場面例とポイント

「この学校はどんな教育をしているんだ！ 車が来ても道路のまんなかを堂々と歩いて譲ろうともしない！」とどなり込んできた。どのように対応するか。

❶相手の興奮を一度，受け止める

「どうもすみませんでした」と言って頭を下げる。それでも，まだ興奮している場合は，「どうぞ，こちらでお聞かせください」と言って場所を変える。

少し落ち着いたら，具体的に説明してもらう。

「この度は，ご迷惑をおかけしました」と謝ったうえで，詳しく説明してもらう。「どこの道でしょうか。生徒はどのようにしていたでしょうか」。そしてメモをとる。

❷感謝の気持ちを表す

「生徒には強く注意したいと思います」「今日はわざわざありがとうございました。教えていただいたことを，生徒にはいま一度，マナーや安全面について指導したいと思います。また何かありましたらお聞かせください」

考え方

興奮してどなり込んできた人に，何を言っても聞き入れてもらえることは少ない。まず，相手の話を聞き，謝罪する態度で接して，相手が落ち着くまで待つことである。

①興奮を抑えるための努力を

学校にどなり込んでくる人は得てして短気な人が多い。そして物事をはっきりと主張する人ではないだろうか。短気な人がしかも興奮している状態のときには，まず，聞くことである。本人の興奮が収まるまで黙って聞くことである。言っていることの中に矛盾点があっても，反論はしないで聞くこと。そのためには，日ごろからカウンセリングの技法（受容や共感・傾聴など）を学習しておくことも大切である。

②感謝の気持ちを表す

教師の仕事は大変に多忙であり，外から苦情を言ってきた人に対して，十分に答えたり，時間をかけて話を聞くゆとりがないのが現状である。また，教師の中には，住民からの訴えを否定的にとらえる人もいる。しかし，学校の中からでは見えないことも多くあり，地域と協力して子どもたちを育てていくという気持ちが大切である。教師が来校者に対してこのような気持ちをもって，あたたかく迎えることで，「来てよかった，また，学校に協力しよう」という意識をもってもらうことが可能だと思われる。

多くの住民が学校を訪れて意見を述べることができ，地域と共に子どもを育てていく学校が，今後はますます必要になってくると考える。

⚠️ 「ありがとうございます」と言えるか。

（武野修治）

27 プライバシーの守り方

地域 ▶日常のコミュニケーション

場面例とポイント

保護者が経営する地域の飲み屋に同僚と出かけた。そこで店主に「先生，A君警察に捕まったんだって？」と聞かれた。

❶立場を明確にする

「えっ，そんなうわさが流れてるの？ ある事件があったのは事実なのだけど，まだ指導中だし，かかわった子どものプライバシーも守らなくてはいけないから，うかつに話せないんだ。申し訳ない」など，即座に回答できない旨を伝える。教師として，守秘義務に関することや子どもを保護する責任に関することなどをていねいに説明し，立場を明確にする。

❷うわさの広がりを防止する

うわさが広がっている様子を確認し，そうしたうわさが子どもの人権を著しく侵害するものであることを理解してもらう。同時に，うわさの広がりを防止するために協力を依頼する。

考え方

親しい人から思わぬうわさを聞くことがある。親しいだけに対応に苦慮した経験を，多くの教師がもっているだろう。それでも，子どもの人権は，何が何でも守らなければならない。こうした状況下で適切に対応するスキルも，教師にとっては大切な能力である。

①立場を明確にする

最も重要なことは，教師は子どもの人権を守る立場にあることを明確にすることである。相手が親しい人であっても，教師の現実原則にのっとって自分の立場を明確に打ち出す。相手にしてみれば「そんな堅いことを」と思うかもしれないが，堅くていいのである。

ただ，そのときの行動はアサーティブであるべきで，攻撃的にならないように留意する必要がある。多くの場合，相手の行動は悪意に満ちたものではない。ていねいに自分の立場を説明し，必要以上に相手の感情を害さないように配慮したい。ただし，明らかに事件が起きていることを地域が知っている場合，その事実までも否定すると，「学校は隠そうとしている」と信頼を失うこともある。

②うわさの広がりを防止する

悪いうわさは，話が大きくなりながら広がっていくのが常である。興味本位の軽い気持ちからであっても，うわさを流される子どもにとってはトラウマ体験になりかねない。教師としては，子どもの人権を守るために立ち上がりたいものである。

このような場合，うわさが子どもに与える影響を店主に理解してもらい，うわさの広がりを防止したいという教師の願いを，熱意をもって語りたい。そのうえで，一人の保護者としても，うわさの広がりの防止にひと役買ってもらいたい旨を店主に依頼したい。

> ❗ 子どもの人権を守るためにアサーティブに行動する。教師の熱意が人を動かす。

（亀谷陽三）

▶行事を通じたコミュニケーション

地域 28 学校開放のお願いへの対応

場面例とポイント

青年団より，土曜日の午後，学校敷地内で，学校のOB会を兼ねてお花見（飲酒喫煙を含む）をしたいと依頼があった。部活の試合が予定されているがどうしたらよいか。

❶依頼内容をよく確かめる

相手の話を詳しく聞く前に，日程だけ聞いて，「いや，その日はダメです。部活の試合があるので……」などとすぐに断らず，目的，参加者，使用時間，使用場所，飲酒喫煙の有無など，相手の依頼内容をよく聞く姿勢をもちたい。

❷学校の事情を理解してもらう

学校施設の利用に関しては法令の規定があり，敷地内での飲酒喫煙などを含む会合は許可しにくい。そうした学校の事情や部活動の日程のことなど，事情をよく理解してもらうことが大切である。

❸どうすればできるか一緒に考える

日程の都合が悪かったり，内容に好ましくないものがあるからといって，頭から否定せず，どうすれば相手の希望に添えるのかを一緒に考え，協力することを前提に話し合いを行う。

考え方

①依頼内容をよく確かめる

日程だけを見てすぐに断るのではなく，まずは相手の話をよく聞きたい。相手の話をよく聞くことは，相手の存在を認めることである。青年団などであれば，その多くは卒業生でもある。どういう内容の会をやりたいのか，主催する側の思いも含めて内容をよく確かめたい。

②学校の事情を理解してもらう

学校の施設開放は，法令で「学校教育上支障のない限り」認められることを条件としている。施設の物理的な支障だけでなく，学校の教育的な風土を害することなど，精神的な支障も含まれている。飲酒喫煙を前提とした会合は，子どもがいないときであっても，教育施設としての学校の精神的な風土を害するおそれのある活動と考えられる。また，現在では学校の敷地内での禁酒禁煙が一般化しつつある。そうした事情を説明して，よく理解してもらうことが大切である。

③どうすればできるか一緒に考える

相手の存在を認め，学校の事情を説明すれば，相手は理解を示してくれる。そのうえで，どうしたら実現できるのかを一緒に考えたい。日程を変える，場所を調理室にして食事会で行うなど，双方が満足できる内容を探ることが大切である。

この場合，青年団の団結を高める目的の会合は，学校のOB会を兼ねるということからも，実施の意義は認められる。先輩社会人として適切な選択を援助するという意識で，青年団の目的が達成できる別案を，現実的な制約を検討しながら一緒に考え地域とのコミュニケーションを喪失しないよう配慮する。

> ❗ すぐに否定せず，話をよく聞いて解決の道を探る。

地域とのコミュニケーション　8章

（飯野哲朗）

▶行事を通じたコミュニケーション

29 地域 学校開放利用者との関係

場面例とポイント

休日の翌朝、グラウンドにたばこの吸い殻が落ちていたうえ、サッカーゴールが動かされていた。どうやらグラウンド開放の利用者らしい。どうすればよいか。

❶事実を伝え問題を共有する

当該団体の代表者に連絡をとり、事実を伝える。当該団体の責任と決めつけずに、その事実に学校が困惑している旨を伝え、学校の立場を理解してもらう。

❷代表者の立場に共感する

「こうしたことは、利用者個々の良識の問題なので、口うるさく注意されるのは損な役回りですよね」などと、団体の世話をする代表者の大変さに共感する。

❸学校の立場を主張する

「サッカーゴールは転倒防止に杭を打ってあるのですが、それが抜かれているのに気づかないで、万が一事故につながると大変なことになるので……」など、地域の学校として開放を進めていきたい思いと、教育活動に悪影響を及ぼすことは避けたい思いを主張し、地域の人々と学校が協力して問題解決を図れるよう協力を依頼する。

考え方

一般的に学校開放事業を利用する団体との連携は、団体の代表者を通してとることになる。したがって、こうした問題の解決に向けては、団体の代表者とのコミュニケーションがポイントとなる。

①事実を伝え問題を共有する

故意にこうした問題を起こそうとする人はいない。多くの場合、うっかり捨ててしまったとか、忘れてしまったということであろう。しかし、そのことが教育活動に悪影響を及ぼすとすれば、それを認めるわけにはいかない。そこで、この事実が子どもに及ぼす影響を団体の代表者に理解してもらい、学校側と問題を共有してもらうことが必要となる。

②代表者の立場に共感する

団体と協力して問題解決を図ろうとする場合、学校の立場だけを一方的に主張していては、かえって問題をこじらせたり関係を損ねたりすることになりかねない。特に成人団体の代表者は、多くの場合、その団体において強い指導力をもっているわけではない。代表者に学校側と問題を共有してもらい、問題解決をめざしてもらうためには、学校側も代表者の立場に共感し、理解しようとする配慮を怠ってはならない。

③学校の立場を主張する

こうして、学校と代表者とのコミュニケーションが進むと、よりよい教育環境をつくるために協力し合おうとする雰囲気が醸成されてくる。そのうえで、学校開放に対する学校の立場を主張すれば、問題解決を図るための、学校側と団体側との協力のありようが見えてくるであろう。

> 相手と問題を共有する。相手の立場に共感する。

(亀谷陽三)

▶行事を通じたコミュニケーション

地域 30 ゲストティーチャーの協力依頼

場面例とポイント

今度行う総合的な学習の時間で，地域の方にゲストティーチャーとして協力を依頼したい。

❶協力者を探す

①学校に保管されている記録，②地域に詳しい先生，近隣の学校，③保護者，④公民館，④役所（観光課や生涯学習課など），⑤各専門機関など，目的に応じて問い合わせる。

❷協力者に連絡をする

「○○学校の○○です。今度，○学年の○○の学習で，地域の方にご協力いただいて授業をしたいと計画しています。○○に問い合わせたところ，○○さんのお名前があがりお電話を差し上げています。子どもたちにお話ししていただけますでしょうか」「打ち合わせにうかがいたいと思いますが，いつがよろしいでしょうか」

❸打ち合わせをする

「子どもたちは，……について調べ，……に疑問をもっています。……についてお話しいただきたいと思いますが，いかがでしょうか」

考え方

①協力者を探す

問い合わせを受けた相手は，どんな人に依頼しようとしているのかつかもうとして，質問する。いつ，どんな内容で協力を得ようとしているのか，指導のねらいや構想をはっきりさせて，きちんと答えられるようにしておきたい。

②協力者に連絡をする

紹介してもらった人に連絡してお願いをし，授業に協力をしてもらえるかを確認する。小学生の場合，言葉の伝わりにくさを感じられる方もいるので，学年や人数なども知らせておきたい。また，仕事をもった方などは，仕事の都合もあるので，協力してもらえる時期や時間なども調整ができる範囲で伝えておく。

授業のねらいに合わせて話してもらうためには，事前の打ち合わせが欠かせない。打ち合わせの日時も，相手の都合に合わせて，きちんと決めておく。

③打ち合わせをする

授業のねらいや子どもたちの実態を話したうえで，どんな話をしてもらえるのかを聞く。相手はその道の専門家であるので，話せることがたくさんある。専門的すぎてわからないことがあれば率直にたずね，話の内容をきちんと理解する。その話を聞いたうえで，どの部分を特に子どもたちに話してほしいかを依頼する。

実施後は，必ず子どもの感想やお礼の言葉を届け，協力していただいた感謝の気持ちと，子どもたちにどのような教育効果があったかなどもフィードバックしたい。

⚠ 授業のねらいを心にとめながら，敬意をはらって聞く。

（中村成宏）

地域とのコミュニケーション　8章

▶行事を通じたコミュニケーション

地域 31 地域の行事への参加

場面例とポイント

地域には、地域の運動会、祭礼、各種大会などさまざまな行事がある。学校はそうした地域の行事にどのように参加していくのがよいか。

❶学校が主体的に参加する

学校の地域芸能クラブとか総合的な学習の時間での体験活動など、学校の教育活動の一環として参加する場合がある。ねらいが達成できるように事前の打ち合わせを行う。

❷地域で子どもが参加する

下校後、地域で子どもたちが獅子舞や祭礼などに参加している場合は、その活動を認め励ますようにする。

❸参加を断る勇気をもつ

参加すると学校の教育活動に実施時数などの関係で支障のある場合は、「申し訳ありません。年間の授業時間数の関係で、どうしてもこれ以上授業を削ることがむずかしいので……」など理由をきちんと伝え、参加を断ることが必要である。

考え方

学校を代表して校長が地域の行事に招待された場合、参加の有無は校長の判断による。子どもの地域行事への参加は学校としてガイドラインを考えておくことが必要である。

①学校が主体的に参加する

地域の行事に参加することをめあてにすることで、クラブや総合的な学習の時間の活動が活性化する。成果の発表の機会になったり、地域の方との交流で学習の充実感、成就感を味わえるのである。子どもたちの参加で行事が盛り上がることも多い。

活動のねらいや子どもたちのめあてが参加によって達成されるよう、事前打ち合わせをきちんとすることが必要である。

②地域で子どもが参加する

子どもが帰宅後や休日に練習して参加する行事がある。子どもにとって楽しく、充実感を味わえる活動である。

担任はそのような活動をしている子どもを励ますようにしたい。また、そのような子どもが参加する地域の行事をできるかぎり見ておくことも大切である。

③参加を断る勇気をもつ

地域からは学校にさまざまな行事への参加要請がある。なかには休日や夜間の行事もある。対応がむずかしい行事については、参加をきちんと断ることが大切である。

学校は計画的に教育活動を進めている。地域の行事を教育活動に取り入れるには、年間計画に位置づけることが大切である。授業時数を確保しつつ、どのように地域の行事に参加するか、学校としてのガイドラインを決めておくとよい。

> 学校としてガイドラインをもち対応する。できない場合は断る勇気が必要である。

（水上和夫）

地域 32 祭りへのかかわり方

▶行事を通したコミュニケーション

場面例とポイント

地域には，祭礼がある。宗教的な行事であるが，どのようにかかわっていけばよいのだろう。

❶宗教的行事ではあるが

祭礼は，宗教的行事である。しかし，それ以上に「町のお祭り」であり，大人や子どもが一年に一回楽しみにしているイベントという側面も強い。子どもは地域で生活している。地域でどんな生活をしているか，地域での活動状況を把握することが，子どものよい点を見いだし，学校での指導に役立てることができる。

❷地域との交流の糸口として

地域行事，特にお祭りに参加したり，準備に地域の人たちが子どもとともに活動したりすることで，互いの理解が進み，相互協力の土台づくりとなる。

❸ネットワークをつくる

町会，老人クラブ，子ども会の代表など，人とのつながりが地域のネットワークとなり，大きな情報網が形成される。

考え方

①宗教的行事ではあるが

祭礼は宗教的行事である。公立学校が宗教教育にかかわることはできない。しかし，現代社会でお祭りは，宗教的行事というよりも，地域の人々が年に一度楽しむ地域交流のためのイベント的意味合いも強い。学校としては，地域との交流，子どもの健全育成という面から，かかわりたい。

学校・家庭・地域が連携して子どもを育てていくため，教師は地域行事に理解を示す必要がある。地域の代表にあいさつに出向いたり，子ども会などの責任者と話し合ったりして，地域の実情に理解を示すとともに，子どものよい点を聞き出して指導に役立てるようにする。

②地域との交流の糸口として

教師が地域のお祭りに出かけると，必ずといってよいほど地域の人たちとコミュニケーションがとれるようになり，歓迎されるようになる。総合的な学習や道徳などでゲストティーチャーが必要となったり，行事で手伝いをお願いしたりするときも，地域の人たちや老人クラブの人たちが快く応援してくれるようになる。

交流は相互理解を促すとともに，学校という垣根を取ってくれる。家庭との連絡だけではなく，地域との情報交換は学校教育に欠かすことができない情報となる。

③ネットワークをつくる

地域の行事があるとき以外にも，日ごろから地域の町会長，団体の代表などにあいさつに出かけたり，学校の情報を提供したりしながら連絡を取り合うことが，地域の人たちとのネットワークをつくり，学校教育に欠かせない情報網が形成されることとなる。

> ⚠ 地域に出向き，地域の人たちとのあいさつから地域との交流を図る。

（相馬良一）

▶行事を通じたコミュニケーション

地域 33 地域行事での連携（パトロール）

場面例とポイント

子どもたちが楽しみにしているお祭りは，トラブルが発生しやすい場でもある。安全に楽しく参加させたい。

❶主催者の協力を得る

地域の行事は地域の方が計画し，実施する。安全確保のためにも，事前に地域の方と協力して危険箇所をチェックしたり，子どもたちの安全を図りながら楽しめるお祭りの企画を考えたりすることが必要である。

❷パトロールの実施

お祭りなどでは，子どもたちが夜遅くまで，外出することになる。お祭りの中心地だけでなく路地など，地域をよく知っている生徒指導補導員や主任児童委員など，地域の方と教職員が協力して，パトロールに取り組みたい。

❸子ども会の協力を得る

子ども会やスポーツ少年団などは，子どもの地域活動の場である。そうした団体の協力を得ることも大切である。

考え方

①主催者の協力を得る

地域の力で子どもたちを安全に行事に参加させることが最良である。しかし，実状はなかなかむずかしく，教職員は地域の行事を支える補助的な役割を担っている。子どもたちを安全に，楽しく参加させるために，そして健全育成の一環として地域行事を活用するために，事前の打ち合わせを，学校やPTAとともに十分にしておくことが大切である。

また，地域には，主催者から生徒指導補導員などまで，いろいろな立場の大人がいる。子どもの保護者であるPTA役員の方々もいる。これらの立場の違う大人が話し合い，リレーションをつけることは，地域の教育力を高める原点となる。

②パトロールの実施

地域の大人を含めた異年齢集団が集まることは，少子化社会にあって大変有意義なことである。

しかし，なかにはお祭りや盆踊りの特殊な雰囲気のなかで問題行動をとる子どもや卒業生もいる。子どもたちにそうした行動を取らせず，しかし監視しているのではなく，一緒に楽しんでいる雰囲気をつくりながら，上手にパトロールしていくことが肝心である。

③子ども会などの協力を得る

日常から協力体制が整っている子ども会などの協力を得て，子どもたちにも，主催する側の一員として企画や運営に参加させる体制をつくることも大切である。自分たちがかかわった行事を子どもは大切にする。そうしたなかでの問題行動は子ども同士が許さないものである。

> 各地域の区町会や健全育成協議会などを活用する。

（清水井一）

▶行事を通したコミュニケーション

地域 34 地域行事への参加を断る

場面例とポイント

地域の合唱の集いに中学生の参加を依頼されたが、時期が悪くて参加させられない。どうしたらよいか。

❶協力への感謝とおわび

まず日ごろの協力に感謝し、今回の依頼にもお礼の気持ちを伝えたい。「日ごろは何かとお世話になっております。また、今回はお声をかけていただいてありがとうございます」などとていねいに伝える。

❷断る理由と代案の提示

そのうえで学校の現状を説明し、十分期待にそえないことへの理解を得る。「実はいま、3年生は受験が迫っていて、なかなか期待にそうような協力ができないかもしれません。しかし、できる範囲で協力させてもらいます」

考え方

できないことははっきり断るが、協力する姿勢を示し、相手に不快感を与えないことが大切である。

①まずは心からの感謝とおわび

地域から信頼される学校であるためには、地域の意見や要望を真剣に聞かなければならない。日ごろは、学校が地域に協力を依頼している場面が多かろうと思う。地域の人からすれば、ギブアンドテイクの気持ちが働くのも無理はない。それだけに、ここではまず全面的には協力できないことをわびる姿勢をもちたい。

②断る理由と代案の提示

この場合大切なのは、状況を説明するなかで、断りの理由と断りの意思を誠意をもって伝え、理解を得ることである。また、どのような形でなら協力できるかなど、協力を前提に努力する姿勢を見せることが大切である。

「休日のことなので生徒の参加について強制はできないこと」、さらには、「高校受験は本人にとって大きな節目であること」など、協力できない理由を伝える。ただし、行事の教育的な価値は十分伝え、全員の参加ではないが、受験に関係のない1・2年生の中から、少しでも多くの参加を呼びかけることや、学校施設を利用するならばできるかぎり協力することなどを、地域代表の方に伝える。場合によっては客観的なデータをあげて説得するのも効果的である。

あわせて、子どもたちには地域の行事への参加することの意義を十分に指導し、管理職にあっては日ごろから、各教職員の地域行事への参加意識を啓発しておくこともおろそかにしてはならない。

校内合唱コンクールを実施している学校は、その発展的発表の場として位置づけ、参加できる学級だけでも参加させるという方法も考えられる。地域の人たちの前で披露すれば、子どもたちも励みになろう。もっともこの場合も自発的参加が前提である。

! 地域も学校も大切にする意識と不快感を与えずに断るソーシャルスキル。

(増渕邦夫)

地域とのコミュニケーション 8章

▶行事を通じたコミュニケーション

35 儀式的行事への招待と参加

地域

場面例とポイント

入学式，卒業式などの儀式的行事には，地域からどのような人を呼んだらよいか。また招かれた場合，どのような会に出席したらよいのか。

❶自校の儀式的行事

自校の行事には，学校にかかわりの深い人を招くことが大切である。特に地域関係者はだれを招待するか，バランスに十分に配慮したい。

❷近隣学校の儀式的行事

近隣の異種学校の儀式的行事に招かれることがある。これは，子どもの情報を集めるよい機会ととらえて，積極的に参加したい。

❸地域の儀式的行事

地域にも，地区委員会の総会や町会の周年行事など，儀式的な行事がある。地域の人たちとの交流の場と考えたい。

考え方

①自校の儀式的行事

入学式，卒業式は，学校教育の中でも重要な儀式である。入学や卒業の自覚を持たせながら，さまざまな人に見守られているということを意識させたいものである。公立学校の場合は，教育委員会などの行政関係者，議員，元校長，近隣学校，地元自治会役員，民生児童委員，主任児童委員，保護司，などの招待が考えられる。特に地域の人たちを招くときは，だれを招いて，だれを招かないということが起きないよう，バランスよく考えたい。

卒業式などは，地域の各組織の代表が一堂に会するときである。日ごろは地域の人たちとふれあう機会のない教職員も，地域にはどのような人たちがいるのかを知るよい機会である。

②近隣学校の儀式的行事

近隣の学校にも儀式的行事がある。ギブアンドテイクの精神からも積極的に参加したい。中学校が小学校の卒業式に参加する場合，複数の小学校が同じ日程であることが多い。当然管理職だけで出席できるものではない。主任クラスの教員で分担して参加したい。小学校の卒業式は，今度入学してくる子どもがどのような子どもなのかを見るよい機会である。また，控え室では，地域の人たちとふれあう機会でもある。

③地域の儀式的行事

地域でも周年行事や地区委員会の総会，体育会の総会など儀式的な行事がある。基本的には，管理職が参加するのだが，地区委員会の総会などには，生徒指導主事が積極的に参加し，地域の人たちと交流を深めるとともに，情報交換や学校の宣伝の場ととらえて活用していきたいものである。

! 儀式的行事もコミュニケーションの場。積極的に活用すべし。

（柴﨑武宏）

▶商店街・事業所とのコミュニケーション

地域 36 地域の商店街とのかかわり

場面例とポイント

子どもたちの通学路に商店街がある。こうした商店街とどのようにつきあえばよいのか。

❶学校の窓口

形式的には管理職（校長・教頭）であるが，実務にかかわるのは，生徒指導部（生徒指導主事あるいは校外補導担当）や学年主任が中心となる。子どもが商店街から通学している場合は，管理職よりも担任のほうが，子どもの保護者として話が通じやすいことも多い。

❷声を聞く

商店街をはじめ，地域の人たちの意見はよく聞き，受け止めることが大切である。商店街の人たちは日ごろの子どもの様子をよく見ている。しかし，それを言う場はあまりない。学校としては，積極的にそうした方の声を聞き，指導に取り入れる姿勢が大切である。

考え方

地域との協力なくして学校の指導はあり得ない。商店街は地域の一つの中心である。学校の方針を理解してもらうことも重要だが，地域の実情を知るためにも，人間関係をつくり，話を聞くことが何よりも重要である。商店や美容室などの事業所には特にその姿勢で対応したい。

①学校の窓口

学校で行うさまざまな行事の際には，町内会や自治会にあいさつに行くことが多い。例えば文化祭のときなど「文化祭のポスターをお店にはらせていただけますか？」など，ポスター掲示を依頼したり，さまざまな形での協力や協賛をお願いしたりする。特にバザーや模擬店の出店などに関しては，どこの学校でも協力をお願いしているのではないだろうか。

地域の商店や事業所の経営者，従業員には保護者や卒業生も多いはずである。問題が起きたときではなく，ふだんから生徒指導部を窓口にして，学級担任も積極的に地域を回り，率直に話せる関係をつくっておくことが肝要である。

②声を聞く

商店街は一日中大人の目がある場所である。学校外での子どもたちの生活を目にすることも多い。「最近，生徒がご迷惑をおかけしていませんか？」などと，商店街へ出向き，地域の声を聞くことが大切である。

地域の人たちの意見は，まずよく聞き，受け止めることである。商店街のお店は地域の人たちの情報が集約される場所でもある。学校に対して，教師やその指導に対して，事実もうわさ話も取り混ぜていろいろな意見や批判が耳に入ってくる。地域の「声」は事実に先行する。特によくない話はその傾向が強い。

> ⚠ 管理職，生徒指導部，担任を窓口にして，話ができる関係をつくろう。

（長須正明）

地域とのコミュニケーション　8章

▶商店街・事業所とのコミュニケーション

地域 37 商店街・事業所との連携

場面例とポイント

「おたくの生徒さん，学校帰りとか夜の塾の帰りにたむろして困るんだよ」とコンビニの店長から言われた。

❶まずは関係づくりから

「こんにちは，○○中学校の者です。ごあいさつに参りました」「何かありましたらご連絡ください」などと，4月初めのあいさつ回りに，子どもがよく行くコンビニエンスストアやゲームセンターなどを必ず入れる。

❷話を聞く

「学校にご要望がありましたら，何でもお話しください」と，率直に意見を言ってもらう。まず聞いて，それから学校の方針を説明して協力を依頼する。

❸一緒に育てる

「地域の子どもをしっかり育てたいと思っています。ぜひご協力ください」
学校と地域の協力があってはじめて校外生徒指導ができるので「共に」という姿勢を明確にして協力を要請する。

❹誠実な対応

生徒指導上の問題が起きたら，対応のポイントは「誠実に」である。

考え方

子どもたちのたまり場になりやすいコンビニエンスストアや商店などと，日頃から関係をつくっておくことが大切である。

①まずは関係づくりから

学校の代表である管理職と生徒指導部の教師は，地域と学校の協力関係の第一歩として人間関係をつくる必要がある。あいさつ回りのときに，学校の窓口であることをまず知ってもらおう。

②話を聞く

商店にとって，子どもたちは「客」であるが，場合によっては，商売の邪魔をする存在にもなる。まずは，子どもの様子や学校への要望をよく聞くことが大切である。特に学校帰りの立ち寄りは禁止している学校が多いと思われる。また，小・中学生では塾などの帰りに「たまる」場所にもなっている。

学校は子どもに商品を買うこと自体を禁止できないので，あくまでも「迷惑をかけない」ことを指導していることを伝える。また，一斉清掃日などの際，商店街やコンビニエンスストア周辺の環境美化に配慮することも大切である。

③「共に」子どもを育てる

子どもたちは学校生活よりも長い時間を地域で過ごす。地域の協力があってはじめて学校の指導が生きてくる。苦情や批判も含めてどんなことでも学校に連絡してくれるようにお願いして，「共に」子どもたちを育てる姿勢を確認したい。

④誠実な対応

万引きなどの問題行動を起こす子どももいる。事件が起きた際は，できるだけ速やかに，誠実な対応を心がけたい。

> ❗ まずは関係づくりから。
> 一緒に育てる姿勢をつくろう。

（長須正明）

▶商店街・事業所とのコミュニケーション

地域 38 商店街・事業所への職場体験のお願い

場面例とポイント

職場体験学習の体験先として協力を得るために，地域の事業所と交渉したい。

❶できるかぎり多様な事業所を探す
・保護者に紹介してもらう。
「今度職場体験をしたいのですが，PTAの皆様に体験場所をご紹介していただけませんでしょうか？」
・子どもが探してくる。
・市町村商工会に紹介を依頼する。
・電話帳で学校が探す。
・前年度実施した事業所に依頼する。

❷依頼先の決定
体験先が出そろったら，学校で吟味し，依頼先を決定する。

❸事業所への正式依頼
各事業主に学校から文書で実習許可願いを通知し，承諾を得る。

❹最終確認
事業主から「確認票」をもらい，最終確認をする。

❺実習者の決定
実習者の履歴書やアンケートを送付する。

考え方

①できるかぎり多様な職場を探す

成否のかぎは，子どもにふさわしい職場をどれだけ多く多様に用意できるかにかかっている。特に，地元商工会と学校はつながりが深いので，校長が直接出向いて「体験学習の意義」を関係者に熱く語り，協力を依頼する。そのような直接対話が，トラブルを防ぐとともに，学校側の真摯な取り組みを理解してもらうことにつながる。

②依頼先を決定する

仕事内容，職場までの距離，仕事の時間など，体験にふさわしい職場であるかを吟味し，決定する。

③事業所への正式依頼

文書により目的，実施日，無報酬，保険など学校側の要望事項を伝え，事業所から回答を得る。送付はファックスが便利で間違いが少ないが，近い場合は職員が手分けして通勤時や授業のない時間に訪問するほうが誠意が伝わる。

④最終確認

事業主から作業内容，受け入れ可能人数，就業時間，持ち物および服装，事前訪問日などの「確認票」の回答をもらう。

⑤実習者の決定

子どもの希望が多い職場は事業主に履歴書を送り，選考を依頼する（社会の現実原則を知る）。選考を断られた場合は，学年職員で選考する。実習者が決まったら，選考結果，履歴書，アンケート用紙などを事業主に送付する。実習当日は職員が分担で職場訪問をし，事業所へのお礼と子どもへの激励をする。事後には校長名で礼状を送付するか，持参する。

> ⚠ 体験を通して社会の現実原則を学ぶ。対話のあるかかわり。

（伊藤敏行）

地域とのコミュニケーション　8章

▶防災・安全対策を通じたコミュニケーション

地域 39 防犯・不審者対策

場面例とポイント

学校から発信する防犯・不審者対策の具体的な方法はないだろうか。

❶学校で不審者対策を実行する

校門を閉める，看板を立てる，教職員・保護者・来校者は名札をつけるなど，できることを行う。また，警察などに実技講習を依頼し，子どもに自分の身は自分で守る訓練をする。

❷PTAに協力を依頼する

各通学区ごとに登下校の安全パトロールを依頼する。

❸具体的に提案する

警察・老人会・地区に具体的に提案し，協力を呼びかける。

❹道具を用意する

啓発パンフレットやカードを作成。各箇所を巡回し協力を求める。

考え方

①学校が不審者対策を実行する

まず学校が率先して，校内でできる最大の努力をする。子どもに自分の身は自分で守るという自立的な態度を育てることが必要である。例えば子どもを暴力から守るプログラムを指導できる業者に依頼して，講習会を親子別々に実施する（保護者は希望者）。費用は例えば，PTA会費から支出してもらう。学校としてできる最大の努力をすることが大切である。

②PTAに協力を依頼する

教職員だけで子どもを守ることは不可能である。PTA本部会で実情を話し，役員会に提案する。その際，子どもの置かれている現状を率直に話し，「学校ではこんなことをやっています」「学校だけではどうにもなりません。一緒に活動していただけませんか？」などと真剣に訴えることである。また，こんな方法がありますと具体的に例示し，何をやるかは地区の実情に合わせて相談し，無理のない範囲で決めてもらう。けっして強要はしない。地域の保護者が立ち上がり，各地区で特色ある取り組みを展開する。

③具体的に提案する

警察・老人会・地区に学校から直接教職員が出向いて，学校とPTAの取り組みを話し，「できる範囲で，いろいろな活動のついでにやっていただけませんか？」とお願い口調で依頼する。特に老人は時間的余裕があり，孫の世代の危機に立ち上がって，できる範囲で協力してくれることが多い。学校は各場所に出向く労苦を惜しまず，ひざ詰めで直接対話することが大切である。

④具体的方法とツール（道具）を用意する

車の前面に置くカード（○○小学校区パトロール隊）やパンフレットなどを各会場に持参し，実物を提示しながら気軽に使えることをユーモアを交えて熱く語って協力を求める。

> ! 地域に出向いて熱く語れ。だれにもできる簡単な方法を。

（伊藤敏行）

▶防災・安全対策を通じたコミュニケーション

地域 40 地域防災活動へのかかわり

場面例とポイント

地域ではさまざまな防災活動が行われる。地域の一員として，学校はどのようにかかわっていったらよいか。

❶校内防災活動をきちんと行う

防災意識を高め，災害時に適切に対応できるようにする。

❷地域住民との交流を深める

地域コミュニティの中心として，さまざまな場面で交流を図る。

❸地域防災活動に参加する

地域防災システムや防災訓練に積極的に協力・参加する。

❹地域の実態に応じた活動を行う

高齢化が進んでいる地域では，中高生の活動に対する期待が大きい。

考え方

地域の防災力を高めるには，学校や町内会，商店街，事業所などが，それぞれに防災面で対応力をもち，消防団を中心に行政機関と密接に連携を図っていくことが大切である。

①校内防災活動をきちんと行う

平素より，防災組織体制の整備，防災安全教育の充実に努め，学校全体の防災意識の向上を図る。

特に，災害時に，迅速かつ適切に対応することができるよう，消防署や消防団，保護者と連携を図り，避難訓練，消火訓練，救急法訓練，引き取り訓練など，多様な場面を想定した防災訓練を定期的に実施する。

②地域住民との交流を深める

地域住民と一体になった防災活動がスムーズに展開できるよう，学校施設の開放，公開講座の実施，地域行事への参加などを平素から推進し，地域住民との意思の疎通を図っておく。

③地域防災活動に参加する

学校は，地域の防災拠点として，一時避難場所，給水や救護の拠点，備蓄倉庫などの役割が期待されている。

地域防災システムの一員としての役割をしっかりと認識し，地域防災プランに積極的に参画していく必要がある。

また，地域防災訓練は休日に多いが，可能なかぎり参加し，校内防災訓練の成果が十分に発揮できるようにする。

④地域の実態に応じた活動を行う

消防団員の減少や高齢化，自営業者率の低下などにより，地域によっては，防災面での中高生への期待が大きい。

雪国では，一人暮らしの高齢者宅の雪下ろしや家屋の補修など，倒壊防止ボランティアが中高生の手で行われている。

こうした地域活動を活発にするには，学校が一丸となって，実態に応じた取り組みを工夫・実践し，子どもの自主的な活動に育て上げていくことが大切である。

!) 地域の信頼を得るには，当事者意識をもって取り組むことが大切。

（対馬充）

▶防災・安全対策を通じたコミュニケーション

41 地域の防災拠点としての学校

場面例とポイント

授業中、大地震が発生したとき、学校は地域防災拠点としてどう対応するか。

❶引き渡し記録を取る

子どもを引き取りに来た保護者に「子どもの安全な避難を名簿でチェックしています。引き取る際は、必ず知らせてください」などと指示し、引き渡しを確認する。もちろん子どもへは事前に指導しておくことが大切である。

❷学校としてできること

続々と学校へ避難してくる地域の人たちに「子どもへの指導や連絡をするため、校長室、職員室、事務室、保健室、教室などは、避難所として開放できません。ご協力をお願いします」「地域ごとの代表者を選んでください。避難生活については、代表者と協議しながら進めさせてください」などと、掲示やアナウンスを行い、混乱を避ける。

考え方

学校には、子どもを教育し、守るという学校本来の使命がある。学校の機能を失わないようにして、避難所として開放したい。

①引き渡し記録を取る

授業中に大地震が発生したとなれば、まず子どもを安全に避難させ、人数と安否の確認が迅速に行われるべきである。子どもの生命の安全を第一に考え、次に、子どもを確実に保護者に引き渡すことをしなければならない。小・中学生の場合には、集団下校をする方法も考えられるが、保護者に学校へ引き取りに来てもらう方法が一般的である。いずれにしても、いつ、だれに引き渡したかを名簿に記録しながら確実に保護者に引き渡す必要がある。保護者が、教師に連絡なく子どもを連れ帰ってしまって、子どもが消息不明になることは避けたい。緊急時であるので学校の方針を明確に示すことが必要である。また子どもには日ごろから十分に指導しておくことが大切である。

②学校としてできること

避難場所として、次々に地域の人たちが学校へ避難してくる。避難してくる人たちが、災害時の混乱で無秩序になっては困る。整然とした避難ならびに避難生活になるよう、学校として明確な方針を示さなければならない。

学校の機能が停止しないように、校長室、職員室、事務室、保健室、教室などを開放しないことを明示しておきたい。これは日ごろから地域防災担当の方と、非常時にどの部分が開放できて、どの部分ができないのかを十分に打ち合わせしておくことが大切である。また、避難者の自律した避難生活が必要であるので、連絡係や代表者などを選び、自治組織を早期につくり上げることを、行政と連携しながら地域に働きかけておく。

> ⚠ 子どもの生命と学校教育の機能を守り、避難者の自律を促す。

（土屋秋雄）

地域 42 地域組織とのつきあい

▶組織・施設を通じたコミュニケーション

場面例とポイント

地域の組織と学校はどのようにつきあえばよいか。

❶学校の取り組みを知らせる

地域には町内会や自治会，青少年健全育成会議，交通安全協会，防犯協会など，さまざまな組織がある。また，児童館，公民館，図書館などの公的な施設があり，ここでも多くの地域組織が活動している。これらの中で子どもの生活にかかわる組織には，学校便りを毎回送るなどして学校の方針や取り組みを知らせる。

❷地域の子どもを育てる力を伸ばす

町会や青少年対策地区委員会の協力を得て，外部講師として地域の方を招いたり，地域運動会などに子どもを参加させるなど，一緒に子どもを育てる視点をつくる。

❸ネットワークを生かす

地域の老人会の方を招いて「読み聞かせ」の会をしてもらうなど，連携場面を多くつくり，健全育成のネットワークをつくる。

考え方

①学校の取り組みを知らせる

地域には子どもたちの教育を応援するさまざまな組織がある。これらの組織と日頃から交流をもつことが大切である。

多くの人たちが「子どもは地域の宝である」として，学校の取り組みを関心をもって見守っている。また，いろいろな事件報道がされるなか，私たちの学校は大丈夫なのかと心配して見ている。学校は保護者だけでなく，地域の組織にも学校の方針や取り組みを学校便りなどで伝えるようにする。

また各種の会合でも話すようにする。むずかしい教育用語を並べるのではなく，「子どもたちは，落ち着いて勉強しています。いまは，文化祭の取り組みに大忙しです」など，学校が何に向かって努力しているかをわかりやすく具体的に，子どもの姿で説明するようにしたい。

②地域の子どもを育てる力を伸ばす

総合的な学習の時間などで地域の方にかかわってもらう場合は，活動のねらいを説明し，年間を通して計画的にお願いする。学校に来てもらった後で子どもの声や感想をフィードバックすると，かかわった方が満足感や成就感を得られ，次の援助につながることが多い。

③ネットワークを生かす

学校が地域の組織と継続してかかわることで，地域に子どもを育てるネットワークがつくられていく。このようなネットワークを生かして指導を充実させることで，子どもは地域の人から学び，地域の人は子どもの成長した姿を実感することができる。

> ❗ 学校の取り組みを知らせることから始め，ネットワークをつくっていく。

（水上和夫）

▶組織・施設を通じたコミュニケーション

地域 43 地域施設とのつきあい

場面例とポイント

地域には学校以外に，社会教育施設など公共施設がある。同じ公共施設として，日ごろどうつきあって，教育に生かしていけばよいだろうか。

❶どう活用するか

教育活動をしていく中で，どうしても学校だけでは実現のむずかしいことがある。例えば，多くの本が必要なとき，部活動の施設が足りないとき，人材が欲しいときなど，地域の公共機関と連携することで解決できる場合もある。

❷どう連携するか

まずは日ごろからの情報発信である。学校からの情報として学校便りなどの活用がある。地域にある公共施設に学校の様子を定期的に知らせる。また逆にそうした公共施設の催しで子どもに関係のあることは，学校便りに掲載するなど，日ごろからつきあいをしていれば，いざというとき，とてもスムーズに連携ができる。

考え方

①どう活用していくか

学校では，読書の時間や宿泊行事，校外学習の事前学習に多くの本を必要とすることがある。こうしたとき，学校の図書室だけで資料を賄うことはむずかしい。地域の図書館と連携していれば，多くの本をある期間，学校に貸し出してもらうことができる。また，学校の工事などで部活動に支障が出た場合，地域のスポーツセンターとの連携ができていれば，ある期間だけ優先的に使わせてもらうことも可能である。また，図書館で職業体験を受け入れてもらったり，役所の環境の担当者を招いて，総合的な学習の時間に環境の話をしてもらうこともできる。さらに，ボランティアセンターなどでは，高齢者の疑似体験などの授業を手伝ってもらうことも可能である。生徒会選挙では，選挙管理委員会と連携して，本物の記載台や投票箱を借りることもできる。学校だけではむずかしいことも，他機関と連携することで，可能になることが少なくない。

②どう連携するか

やはり，日ごろからのつきあいが大切である。まずは学校の情報を積極的に伝えていきたい。学校便りなど，学校の様子がわかるものを定期的に送り，学校を知ってもらうことも大切である。また，図書館など，子どもがよく利用する施設では，時折足を運んで，子どもの様子を聞きながらコミュニケーションをとっておくのもよい。また，そうした施設が主催する行事があるときは，校内へのポスター掲示や子どもへの呼びかけ，学校便りへの掲載など，学校もそれら施設への協力を惜しまずに行うことが必要である。

! 連携は足でかせげ！
ギブアンドテイクの精神。

（井戸仁）

▶組織・施設を通じたコミュニケーション

44 地域人材の活用 〈地域〉

場面例とポイント

地域には，さまざまな知識や技能をもった方が大勢いる。そうした人材を学校として有効に活用していきたい。

❶だれに，どのように

地域には，地元に生まれ育ち，長く諸行事にかかわってこられた方々がおり，その中には伝統工芸の継承者や文化人がいる場合も少なくない。そうした方々と学校との接点は歴代PTA会長や地区校外委員たちである。このような人を介して，地域の人材を発見し，接点をつくっていくことが第一歩である。

❷人材バンクづくり

外部講師を多くの学校が採用している。自治体のボランティア登録制度やアドバイザリースタッフ制など活用できる人材バンクがあるが，学校として独自の人材バンクづくりを進めることも大切である。

考え方

①だれに，どのように

学校から見て，地域に最も詳しく最も身近な人と言えば歴代PTA会長である。学校からは見えない地域内の人間関係があるからである。

例えば，道徳授業の公開講座を行う場合，助言者として地域の人材を活用することを考えてみる。こうした場合，学校としてどこへ頼みに行ったらよいのか迷うところである。しかし，歴代のPTA会長と懇意になっていれば，「今度，道徳の公開講座をするのですが，助言者としてよい方が地域にいませんか？」などと，気安く相談することができる。

基本的には，歴代会長会などへのアプローチは校長・教頭を通じて行う。しかし，実際の打ち合わせなどは，担当教師がしなくてはならない。そうした機会を次につなげるために，管理職でなくても歴代会長や地域の方と積極的に交流をもてることが好ましい。

②人材バンク・事業所リスト

このような地域の道徳授業の取り組み以外に，職業講話の講師や総合的な学習の時間での課題別の取り組みでの助言者など，保護者の中から協力者を見つけ出してゲストティーチャーをお願いする必要のある場合がある。この場合，全保護者のもとに，協力依頼状を通知し，学校としての人材バンクづくりを進めておくと，いざというときに役立つものとなる。

また，職場体験学習などでは，地域のお店や，事業所の協力件数を確保する必要がある。こちらも総合や進路の担当者から各家庭情報をいただき，そのうえで教師が手わけしてすべての事業所を訪問する。こちらも協力者リストの作成を行い，次年度に引き継いでいくことが大切である。

❗ 地域人材の人選については歴代PTA会長を頼りにしたほうがよい。

（森岡耕平）

地域とのコミュニケーション　8章

▶組織・施設を通じたコミュニケーション

45 地域との物の貸し借り
(地域)

場面例とポイント

文化祭で，町内会のはっぴと太鼓を借りたい。地域との物の貸し借りにはどのような配慮が必要だろうか。

❶ネットワークの活用

自治会長や学校評議員などに相談をもちかけ，文化祭での取り組みや，どういった場面ではっぴや太鼓を使用したいのかをていねいに説明する。ポイントは「お借りしたいのだが，どうすればよいか，お知恵を拝借したい」という姿勢で臨むことである。

❷子どもへのアプローチ

「このはっぴや太鼓は，○○町内会からお借りした物ですが，みなさんのお父さんやお母さんをはじめ，学校を支えてくださっている地域のさまざまな方の協力により実現したものです。大切に使わせていただきましょう」。子どもたちには，周りの人々のおかげで自分たちの行事ができるということをよく理解させる。

❸感謝を形にする

「ありがとう」を形にして，お世話になった方へお返しをすることを忘れてはならない。具体的には，子どもの作文や手紙，そのときの様子などを記載した学校便りや写真などを届ける。

考え方

①ネットワークの活用

ふだんからの連携が功を奏するときである。教師が学校から出かけ，保護者や地域コミュニティとふれあいをもつことはとても大切なことである。また，管理職は地域コミュニティと一定の人間関係がある場合が多いので，キーパーソンを知っているはずである。このようにさまざまな方の力を借りて，目的の町内会へとたどり着くようにする。

②子どもや同僚へのアプローチ

子どもに対し「私たちは多くの人に期待され，支えられているんだ」ということを感じさせたいものである。物の貸し借りを通して，子どもたちに「人は支え合って生きている。自分だけで生きてはゆけない」，「逆に自分たちは何をしてあげられるか」などを考えさせたり，教えていく機会にしたい。

また同僚には，この太鼓はどこから借りたものなのかを必ず知らせておき，今後のネットワーク構築に役立てるようにする。

③感謝を形にする

相手に対してお礼を述べることは当然であるが，写真や作文までとなると，一定の指導が必要になるし，面倒だと考えてしまいがちである。しかし，子どもに「感謝」することの大切さを学ばせる絶好のチャンスと考え，指導したいものである。

! 地域コミュニティネットワークの構築は教師の心意気一つで決まる。

（井戸仁）

▶組織・施設を通じたコミュニケーション

地域 46 地域回覧板の活用

場面例とポイント

地域の回覧板はすべての家庭に回覧される。この回覧板を利用して、地域の人に学校の様子を知ってもらいたい。

❶どうやって利用させてもらうか

役所などで地区ごとの回覧板責任者を紹介してもらう。

責任者にあいさつに行き、回覧板に学校関係のお知らせも入れてもらえるようお願いする。

「学校としては保護者とのかかわりを深めるだけでなく、地域との連携をとても大切に考えています。回覧の場をお借りして、学校の情報を地域に発信させていただけますよう、お願いいたします」

❷どのように利用するのか

学校便りはもちろんのこと、地区限定のお知らせ（運動会・文化祭などの行事参加、安全パトロールやバザー献品などのお願い）なども回覧する。

「定番の学校便りだけでなく、細かなお知らせもお願いします。お手数をおかけしますが、よろしくお願いいたします」

考え方

学校の応援団は保護者だけではない。地域も強力な応援団となりうる。その地域の方への有効な発信の場として、回覧板がある。

関心ある方は必ず目を通す。反響もやがて出てくる。回覧板を上手に活用していきたい。

①利用させてもらう方法

役所などできちんと手続きをすれば、学校関係のものはほとんど許可が出る。配布の際はできるかぎり自分で届けに行く。直接会うことにより、地域の手ごたえを知ったり、学校の様子を話したりするチャンスとなるからである。ささいなことであるが、それが地域との人間関係づくりのために大切なことである。

②多様な活用方法

「学校便り」は、学校のリアルな情報が伝わるので好評である。写真なども取り入れ、たまにはカラー版で印刷して、読んでもらうための工夫をするも必要である。

運動会などで、「いつも楽しみに読んでいます」と、お年寄りに声をかけられるとうれしい。歴史のある学校だと、地域には卒業生もたくさんいる。いつまでも母校に関心をもたれているなと感じることがあり、ありがたいことであると思う。

学校便り以外に、お知らせやお願いも別刷りで随時配布する。回覧板が回るまでの日数を考えて、ゆとりをもった事前配布が必要である。学校の電話番号を載せると、問い合わせも多くなる。それは地域に情報発信が定着してきたことの証しであろう。

> ⚠ 地域との連携を望む学校の熱い願いと感謝をいつも忘れずに。

（山宮まり子）

地域とのコミュニケーション　8章

▶組織・施設を通じたコミュニケーション

47 地域掲示板の活用
（地域）

場面例とポイント

地域にはさまざまな掲示板や掲示スペースがある。学校行事の告知などに有効に活用したい。

❶掲示板マップを作る

学区内にどのような掲示板や掲示スペースがあるか調べる。

❷利用の仕方を考える

掲示板や掲示スペースを見て、どのように利用できるか考える。

❸利用の手続きをとる

利用の目的や期間、利用方法を示して許可を得る。

❹利用条件をきちんと守る

利用条件、特に掲示板の維持管理をしっかり行う。

考え方

地域の提示版や掲示スペースを有効に活用することができれば、学校の情報を多くの人に伝えることができ、地域に根ざした開かれた学校づくりをよりいっそう推進することができる。

①学区内の掲示板マップを作る

学校の周辺には、さまざまな掲示板や掲示スペースがある。

例えば、町内会の掲示板、コミュニティセンター、公民館、児童館、体育館、老人ホーム、交番、銀行、郵便局、農協、ガソリンスタンド、商店など、掲示が可能なスペースはたくさんある。

まず、地域のこうした場所を調べ、掲示板マップを作成する。

②利用の仕方を考える

広報や学校新聞の掲示など、学校の教育活動の情報発信に活用できる。それ以外にも、学校行事への参加案内、図工や文芸作品の展示、学校ボランティアの募集などの活用の仕方がある。

また、スペースが確保できれば、意見箱を設置し、学校への意見など、地域住民からの情報収集を行うことができる。

③利用の手続きをとる

「学校では毎月このような学校便りを発行しているのですが、こちらの掲示板に掲示させていただくことはできるでしょうか？」などと、利用の目的や方法を明確に示し、町内会長や役所の担当者、施設の管理者などにお願いする。

また、保護者や学校評議員、地域の有力者などを介する方法もある。

地域の人たちは、基本的に学校のことをよく知りたいと思っているので、使用させてもらえることのほうが多い。

④利用条件をきちんと守る

長く利用するためには、掲示状況のチェックや掲示物の回収などの維持管理をしっかり行うことが大切である。

たとえ、管理者が維持管理をやってくれていても、定期的に顔を出す。

❗「何としても利用したい」という強い思いを伝える。

（対馬充）

▶組織・施設を通じたコミュニケーション

地域 48 学区内の小中学校の連携

場面例とポイント

春休み，小学校と中学校の教師が，進学する子どもの様子について引き継ぎをする。そのとき中学校ではどのような対応が望ましいか。

❶相互尊重の気持ち

小学校側では，「私たちはここまで育てましたが，ここが至りませんでした」という気持ち。中学校側では，「責任をもってさらに伸ばします」という気持ちが，お互いの心の底に流れていることが前提となる。受け入れる側の中学校の配慮がいっそう必要である。

❷地域の子どもを長いスパンで育てる

そのうえで，一人一人に生きる力をはぐくむ視点から情報交換を行う。指導上配慮を要する点について聞くときは，「○年のときに××をした。それに対して△△の指導をした。その結果，いま，▲▲である」と，事実を具体的に聞くとともに，「どのようになってほしいか」という小学校教師の肯定的な思いを聞くようにする。

考え方

小中学校の連携では，生徒指導面での情報交換が不可欠である。3月末に行われているこの連携は，子どもが新年度からのステップをスムーズに踏み出すために，欠かせないものである。

特定の子どもの情報交換にとどまらず，一人一人の子どもの成長を願う場としたい。

①相互尊重の気持ちから

一口に連携といっても，指導には連続性と独自性の二面がある。引き継ぎにより一貫性のある指導方針をもつとともに，子どもの発達段階に応じて，適時性を見きわめての指導が大切である。

また，連携とはお互いが対等の関係で，しかも継続的に行われるべきものである。そこには小中学校の教師が，お互いの役割を熟知したうえでの相互尊重の気持ちが不可欠である。

②地域の子を長いスパンで育てる

地域の子どもを共に育てていくという連携意識をもちたい。予防的な生徒指導の場としてだけでなく，9年間のスパンで一人一人の生きる力をどう培うかという視点でとらえたい。

そのように考えると，地域の小中学校の連携は，子どもたちの交流だけでなく，教師同士が懇意になることから始まって，交換授業や系統的な教育課程の開発など，教師の側の工夫の余地も大きい。

学校教育以外にも，例えば「地域で主催する子ども向けの行事に中学生がボランティアで参加する」とか，「地域の伝統芸能の継承」，「小中合同○○活動」，また，「PTAによる合同研修会の開催」などの中で，多くの連携・交流が考えられる。

⚠ 相互尊重と地域の子どもを9年のスパンで育てる連携意識。

（増渕邦夫）

地域とのコミュニケーション　8章

▶組織・施設を通じたコミュニケーション

地域 49 ジュニアリーダーとの連携

場面例とポイント

学校外の青少年育成組織としてジュニアリーダーと呼ばれるものがある。学校としてはどう連携していくか。

❶連携と協力

ジュニアリーダーでは、定期的な活動が行われているが、学校外での活動が多い。「よかったら定例の活動場所に学校を使ってください」など、日常的にかかわりをもつため、積極的に学校の会議室などを活動場所として提供したい。直接その活動内容とは関係なくても、得られるメリットは大きい。

❷ジュニアリーダーを生かす

ジュニアリーダーに参加している子どもは意欲があり、リーダーとしての素質をもっている場合が多い。地域の活動の中で培った力を積極的に学校の中で生かしていきたい。

考え方

①連携と協力

地域によって名称は異なるが、子どもの健全育成の地域組織として「ジュニアリーダー」などと呼ばれるものがある。異年齢の子どもたちを年長の子どもが世話をしながら健全育成を図るものである。

日ごろから活動場所を提供することは、指導者である地域の方や近隣の小中学校の子どもが、学校に入ってくる機会になる。これは、小中連携のよい機会にもなる。また、指導者を通して、子どもや学校の様子などが、地区委員会の場で報告されることにもなる。学校とは違う立場から学校のよさを伝えてもらうよいチャンスである。

また、時期によりサマーキャンプ、クリスマス会などの行事が行われる際には、募集ポスターの掲示、申込書の配布や回収のとりまとめなど、できるだけ協力したい。学校の事情や地域の特性によってその協力の仕方は異なるが、地域と協力して一緒に育てるという視点からも、できるかぎり協力をしたいものである。

②ジュニアリーダーを生かす

ジュニアリーダーに参加している子どもは意欲があり、そうした活動に参加しているという自負もある。このような子どもたちの活動内容を朝礼や学校便りで校内に紹介するのもよい。また、活動の中で培ったノウハウが生かせるような場を意図的に与えることで、その子どもをより成長させることができ、ほかの子どもへの刺激にもなっていく。

このような成果は、地区委員会で地域にフィードバックする。地域の活動が学校の教育に役立っているということは、地域の人たちにとってうれしいことである。直接的なコミュニケーションではないが、長い目で見ると地域とのつながりになってくる。

!地域で培った力を学校の中でも生かす。

（石黒康夫）

▶組織・施設を通じたコミュニケーション

地域 50 青少年対策地区委員会との連携

場面例とポイント

PTAの方から，「先生，昨日の地区委員会，学校からだれも出てませんでしたよ」と言われた。

❶地区委員会は地域に開いた窓口

地区委員会とは，地域によって名称の違いはあるが，青少年対策○○地区委員会などと呼ばれているものである。地域の青少年の健全育成を目的としてさまざまな活動を行っている。メンバーは，地域の各組織の代表者によって構成されている。

❷どのようにつきあうか

地域における青少年健全育成の総括的な組織である。この会で話し合われたことは地域の各組織に伝わっていく。例会には出席して，学校の情報発信，地域からの情報収集，協力依頼，地域行事との連携などを積極的に行いたい。

考え方

①地区委員会は地域に開いた窓口

地区委員会は，学校に対して開かれた青少年健全育成のための「地域の窓口」であると考えられる。その構成メンバーは，青少年委員，町会，子ども会，保護司，主任児童委員，民生委員，小中学校PTA，小中学校管理職（生徒指導主事）である。地域の中で，子どもを育てるための組織である。学校としてはこの組織を有効に活用したい。

学校行事で地域へのお願いがあるとき，職場体験学習の体験場所を探していると

き，不審者対策で困っているときなど，地域の各組織代表者が出席しているこの会は重要な窓口となる。地区委員会へ話をもって行けば，地域の各組織にいっせいに伝わる。学校としては，日ごろからのつきあいを大事にしたい。

②どのようにつきあうか

子どもの情報を収集するうえでも，学校の情報を発信するうえでも最高の場所である。定例の会には，管理職，生活指導主任が必ず出席したい。そして，学校の活動内容や子どもの様子，生活指導の状況など，よいことだけでなく，悪いことも隠さずに伝えて，地域に理解と協力を求める。特別な学校行事や授業で外部講師が必要なとき，学校だけでは実現がむずかしいことも，地区委員会と上手につきあうことで，大きな協力を得られることがある。

また，地区委員会主催の子ども対象のイベントが行われることがある。地域と学校が協力して子どもを育てる機会である。学校の施設を提供することはもちろんだが，生徒会の参加など積極的にかかわっていきたい。できれば，企画する段階から子どもたちをかかわらせ，会議の時間を工夫して，打ち合わせには子どもと教師が一緒に参加できるとよい。

> ❗ 地区委員会は地域の窓口であり，情報発信と収集の最高の場である。

（石黒康夫）

▶組織・施設を通じたコミュニケーション

地域 51 保護司との連携

場面例とポイント

地域にいる保護司とはどのような人で、日ごろからどのようなコミュニケーションをとればよいか。

❶保護司とは

保護司は、保護司法により法務大臣が委嘱している民間の篤志家である。「社会奉仕の精神を持ち、犯罪をした者の改善及び更生を助ける事、犯罪予防のため地域社会の浄化、個人及び公共の福祉に寄与する」ために活動をしている。

❷どのように連携するか

社会を明るくする運動など、犯罪防止のための活動が行われている。そうした活動へ、日ごろから積極的に協力したい。また、子どもが事件を起こして保護観察を受けた場合、保護観察官と保護司が協働して指導援助にあたる。学校での指導に生かすために、こまめに連絡を取っていきたい。

考え方

①保護司とは

保護司は法務大臣から委嘱された準公務員で、守秘義務があり、犯罪者の更正、犯罪の防止をおもな仕事としている。したがって、青少年健全育成にも大きくかかわっている。保護司になっている人は、地域でも信頼されている方である。

学校では、子どもの万引きなどの犯罪、非行の予防をするためにも、また、事件を起こして、少年院に入ったり、保護観察などの処分を受けた子どもの指導のためにも、日ごろから連携を取っておきたい。

②どのように連携するか

まず、何も事件が起きていない日常的なつきあいから始める。事件が起きてからではなく、日ごろから地域の保護司とは時折連絡を取っておきたい。学校で起こっている問題などについて話題にし、情報交換をしておくと、緊急なときや、隠す必要のないときなど早期対応が可能になり、事件の防止や更正の機会が早まるなどの利点が考えられる。

地域によっては、生活指導主任会と保護司会との定例会が行われているところもあるが、自地区の担当者には、学校便りを送ったり、行事に招待するなど、日ごろのつきあいを大切にしたい。

また、保護司は「社会を明るくする運動」にもかかわっている。学校として、社明運動に生徒会を派遣したり、ポスター作品の募集に協力するなど、積極的にかかわりたい。

事件を起こし、子どもが処分を受けた場合は、保護観察中、定期的に保護司の所へ訪問する義務がある。そうした訪問の前後に学校から直接出向き、情報交換することで、学校と保護司がそれぞれの指導に生かすことができる。

! 事件が起きる前のつきあいが大切。学校便り、行事への招待。

(柴﨑武宏)

▶組織・施設を通じたコミュニケーション

52 民生委員・児童委員との連携
地域

場面例とポイント

服装に不潔なところが見られ，体のあちこちにすり傷のようなものが見られる子ども。本人は転んだなどと言っている。

❶子どもの変化を見逃さない

学校では子どもの状況を観察し，記録を残す。虐待の実態は見えにくく，真実がつかみにくいので，地域の情報をもっている民生委員・児童委員との情報交換や協力は欠くことができない。

❷チームで動く

学校を中心に対策委員会を組織し，情報交換を行い，今後の対応方針を決める。

❸どう動くか

チームで検討した方針をもとに，学級担任や民生委員・児童委員が調査などを始める。虐待が事実ならば児童相談所への通告，対象児の安全確保を行う。

❹アフターケア

児童相談所に通告しても，保護されない場合もある。継続的な対応を行う。

考え方

①子どもの変化を見逃さない

虐待の兆候を発見したら，子どもの状況を観察し，記録を残すことが大切。
・けがの状況は写真などに残す。
・検診時などに全身の状態を観察する。
・服装やお弁当の状況も観察記録する。

以上のことなどを行いながら，地域の民生・児童委員と連絡を取る。

②チームで動く

学校が中心となり，チームで対応する。

(1)学級担任は虐待の心配を感じたら，学年職員や管理職に必ず相談し，組織的に対応するようにして一人で悩まない。

(2)チームは生徒指導担当者，学級担任，民生・児童委員，児童相談所，市町村福祉担当者などによって組織したい。状況確認をせずに，該当保護者に直接に連絡すると，その後の対応がむずかしくなることもある。

③どう動くか

(1)担任はおもに子ども本人に対する相談活動を開始し，いつでも連絡できる状況，避難できる方法を確認しておく。

(2)民生委員・児童委員は，情報をもとに，対象児の家庭状況を調査する。

(3)校内では対象児の観察をし，記録する。

④アフターケア

虐待があっても，保護者の一方が保護能力をもっていると判断されたり，虐待の内容によっては，対象児が保護されずに家庭で生活することもある。虐待の背景に保護者の子育て不安があることも多いので，民生委員・児童委員との継続的な連携が不可欠である。

連絡会を定期的に開催し，対象児の安全確保に努める。一度介入を始めると，虐待を隠すために対象児を登校させなくなることもあるので注意が必要。

> ⚠ 子どもに危険があると判断したならば民生委員の介入がなくても通告が必要となる。

（大高千尋）

地域とのコミュニケーション

8章

▶組織・施設を通じたコミュニケーション

地域 53 議員とのつきあい

場面例とポイント

学区内に住む議員とのつきあいはどのようにしたらよいのか。

❶お互いの役割を明確にする

自分が，どういう立場でその議員とコミュニケーションするのかを明らかにする。子どもの担任として会うのか，渉外係として会うのかを明確に相手に伝える。同時に，その議員にも，保護者としてなのか，議員としてなのか，役割を確認してからコミュニケーションする。

❷裏面交流をしない

保護者としてかかわるときは，「私のクラスには手のかかる子がいまして。公立保育園への入所が緩和されるとお母さんも助けられて，上の子に手をかけられるようになると思うのですがね」などと，相手の議員としての役割を意識して，裏面でメッセージを送ることはしない。

考え方

裏面交流をしないためには，役割と目標を明確にしてかかわることである。

①お互いの役割を明確にする

議員は地域住民の代表であり，その職務は住民の願いを具現化することである。そのため，議員は，学校にさまざまな要求をしたり，実態を調査に訪れたりする。これは議員という役割上の行為である。一方で，議員は地域の住民の一人であったり，保護者であることもある。

このような場合，例えば地域行事で議員に「先生，〇〇中の生徒がんばってるね。すごいね」などと声をかけられたら，「ありがとうございます。やっぱり地域の子は地域で活躍しないと，と思ってました」など，他の保護者や地域の人とつきあうときと同様，感情面で共感できるところに共感する。

また，それぞれが役割上の行為を行うときは，お互いの立場や役割を明確にして，コミュニケーションするのがよい。

例えば，ほかの保護者の苦情を受け，議員が住民の代弁者として来校するときがある。そうした際は，話の内容をよく聞き，誤解があればよく説明する。また要望に対しては，学校ができることとできないことをはっきりと伝える。頭から否定せず，代弁者という立場を尊重し，住民の希望にそう方法を探ることが大事である。

②裏面交流をしない

裏面的交流とは表面とは別のメッセージを裏面にもちながら交流することである。左の例のように，保護者であるという関係を利用して，暗にこちらの利益にかなうような要望をすることは厳禁である。そうしたコミュニケーションのとり方は，一歩間違えれば，政治が教育を支配する事態を招くこともある。

> ❗ いま，ここでの役割とコミュニケーションの目標を明確にして話をする。

（岡田弘）

専門機関との
コミュニケーション

第 9 章

▶医療・福祉に関する連携

専門機関 1
けがや病気に関する病院との連携

場面例とポイント

部活動中，転倒し骨折が疑われる。どうしたらよいか。

❶養護教諭への連絡

傷病の場合は，養護教諭に連絡する。
症状により，保健室に運搬ができるかどうか判断し，救急処置場所を決定する。

❷医療機関の決定および保護者への連絡

養護教諭により医師への診察が必要と判断された場合，速やかに保護者に連絡をとり医療機関の決定をする。「A君が，部活動中に転倒して手首の骨折が疑われる状況です。養護教諭の判断では，医師の診察を受ける必要があるとのことですが，かかりつけや希望の医療機関がございますでしょうか」。管理職への報告も忘れずに行う。

❸医療機関への移送

電話で受け入れの確認後，移送する。

考え方

①養護教諭への連絡

養護教諭を呼んで，けがの症状により保健室への運搬の可否を判断する。けがをした子どものそばを離れないことが大切である。残った部員の動揺や安全に対しての配慮はどんなときでも冷静に行う必要がある。

②医療機関の決定および保護者への連絡

養護教諭の応急処置の間に，他の職員に連絡して，対応する職員の数を増やすことでフットワークがよくなる。

受診する医療機関の決定には，第一に症状によりどのレベル（一次救急・二次救急など）の医療機関が適切か養護教諭の判断を仰ぐ。第二に保護者への事故（けが）説明をするとともに，医療機関の希望を確認する。医療機関の選択にあたっては，互いに安心して対応できるためにも保護者の確認をとることが望ましい。ただし，緊急の場合はその限りではない。

③医療機関への移送

医療機関への連絡は，けがの情報などを正しく伝えられる養護教諭がベストである。移送にあたっては，症状により1人〜数人で，できれば負傷した子どもとのつきあいがあり，事故（けが）状況のわかる職員が望ましい。保護者には医療機関に来てもらい，診察結果，治療方針等については，学校側も同席のうえで聞くことができるとよい。保護者には学校側から，管理下のけがを心からおわびするとともに，日本体育・学校健康センター（旧日本学校健康会）の医療給付が受けられる旨を伝える。

保護者が病院に来られないときは，必ず，当日のうちに正確な事故状況・診断結果・治療方針を家庭訪問や電話により伝える。医師にはその後，緊急対応に対する礼を電話などで伝え，医療給付のため等の書類作成の依頼をしておく。

> ❗ 正しい判断・処置，正確な状況説明と教師の誠意。医師との常日ごろからの連携。

（内田みどり）

▶医療・福祉に関する連携

専門機関
2 救急車の要請

場面例とポイント
学校のプールで生徒が突然倒れた。救急車を呼ぶ必要がありそうだ。どうするか。

❶事故発生時の対応
(1)周囲の状況把握 (2)救急処置 (3)二次災害防止 (3)周囲の者への心理的配慮

❷救急車要請時の対応
(1)校内救急体制に沿って役割分担（協力者を求める） (2)必要事項を押さえた救急車要請連絡

❸保護者への対応
(1)連絡時期と方法
(2)保護者の心理的配慮

考え方

①事故発生時の対応
(1)状況把握

「いつ・どこで・だれが・どういう状況で・どうなったか」などを把握。傷病者の全身を観察し，周囲の状況を調べる。

(2)救急処置

救助者の自覚（傷病者を救うという信念）をもって，救急救命に携わる。一人は救急処置・もう一人は他職員の協力を求め，即座に管理職に連絡する。

(3)二次災害防止

傷病者と救助者，周囲の者の安全を確保する。子どもは集団で教室へ戻す。落ち着かせるには教師が冷静に行動する。

(4)心理的配慮

傷病者はもちろん，遭遇したすべての者へ心理的負担をできるだけ与えないことが，救助者自身の不安をなくし，救急

処置を正しく行うことにつながる。指示や態度・言葉づかいに注意し，協力者と信頼関係を築きつつ対応することも大切。

②救急車要請時
(1)校内救急体制

マニュアルは全職員の共通理解を得る。管理職の指示を仰ぐのも大事だが，緊急時は第一発見者が自信と責任をもって指揮をとる。緊急時の連絡手順を含め，マニュアルは常に全職員の目にふれる位置に掲示しておくとよい。水泳指導者は，授業前にトランシーバーや携帯電話の調整，管理職や養護教諭の居場所・職員室待機者の確認を行う。

(2)救急車要請

「救急車をお願いします。場所は〇〇です」と，年齢・性別・症状・いつ・どうしてなどを説明し，応急処置の指示を受ける。現場目標物を示し，出迎え誘導も必要。定期的に救急車要請訓練を行うとよい。

③保護者への対応
(1)連絡時期と方法

救急車要請と同時に保護者へ連絡。かかりつけ，指定病院があるかどうかを確認し，救急車要請状況を伝える。

(2)心理的配慮

管理職を交え，保護者に状況をわかりやすく説明する。

> ⚠ 人命は何よりも優先される。救命は自信と信念，チームワークによって成功する。

専門機関とのコミュニケーション　9章

（大澤幸子）

▶医療・福祉に関する連携

専門機関
3 子どもの入院で生じる対応

場面例とポイント
子どもが入院したと保護者から連絡があったときは、どう対応したらよいか。

❶保護者の話を冷静に聞く
「入院されたと聞いて驚きました。具合はいかがですか？」と冷静に応対する。

❷校内対応と病院との対応を検討する
学年主任、養護教諭、管理職などに報告し、対応方法を相談する。病院、保健所、教育委員会などへの連絡は原則として、管理職に依頼する。

考え方
子どもの入院は、保護者にとって想像以上にショックが大きく、教師の何気ない発言が保護者を傷つけてしまうこともある。十分に配慮して話を聞きながら、入院先の病院との連携の必要性をつかむようにする。

①保護者の話を冷静に聞く
担任としてはすぐにでも見舞いに駆けつけたい気持ちを伝えたうえで、まずは、保護者の不安やとまどいを受け止め、話を聞くことが大切である。事実把握を急ぐあまり、傷病名や入院期間などを次から次に質問することは避けたい。保護者の立場に立ってていねいに対応することが必要である。

保護者の気持ちが少し落ち着いたところで、次の内容を確認する。ただし、プライバシーにかかわることなので、無理に聞き出すようなことは遠慮したい。

・傷病名　・入院までのいきさつ
・入院月日　・病院名（〇〇科・主治医）
・本人の様子　・お見舞いの可否
・学級の子どもへの説明方法
・給食を止める必要の有無
・退院後に配慮すること
・学校への要望　など

②校内対応と病院との対応を検討する
保護者から入院の連絡を受けたら、速やかに学年主任、養護教諭、管理職に報告し、対応方法を検討する。特に次のような場合は緊急の対応が必要になり、病院との連携も必要になる。

(1)教育課程における事故による入院
事故の発生状況、対応方法、加害者の有無などを再度確認し、学年主任や養護教諭、管理職に対応方法を相談する。謝罪すべき点があれば、心から謝罪する。

(2)感染症、伝染病による入院
学校医や保健所と連携し、感染源の隔離など緊急対策が必要になる場合もある。この場合は速やかに学校医などと連携して、対処の方法を確認し、状況によっては学校医などから、保護者向けの案内などを作ってもらうなどの方策も考えたい。

(3)交通事故による入院
事故の状況、警察への連絡などを確認したうえで、教育委員会へ事故報告をする。

> ⚠ プライバシーにかかわるので、病院と勝手に連絡をとることは避け、保護者の許可を得る。

（井上千津子）

▶医療・福祉に関する連携

専門機関 4　病院内学級への転校

場面例とポイント

保護者から「子どもの入院が長びきそうなので，病院内学級に入級したい」と申し出があった。

❶ **保護者の話をよく聞き，入級の手続きを説明する**

「心配ですね」「気になることがありますか」と，子どもが長期入院の状況にある不安を受容する。「お医者さんは　どのように言ってますか」と主治医の入級の許可があるかを確認する。

❷ **病院や病院内学級の担任との連携**

保護者の承諾を得て，病院や病院内学級の担任に「学級の子どもがお世話になります」と連絡をとり，今後の連携の意向を伝える。

❸ **子どもや保護者のメンタルケア**

「見守っているよ」「待っているよ」のメッセージを送りながら，学校生活の空白などによるストレスの緩和を図る。

考え方

入院している子どもや保護者は，入院による欠席，病状の変化，学習の遅れなど多くの問題を抱えている。在籍校・担任には，子どもの健康が回復するまでの根気強い支援が要求される。

① 保護者の話をよく聞き，入級の手続きを説明する

病院内学級の入級のためには，1か月以上の入院であること，保護者が主治医と相談をして，病院内学級での学習の許可を得ていることが条件となる。また，入級のためには転校の手続きが必要となる。保護者が転校に不安をもつ場合もあるので，現在の在籍校と院内学級の連携を伝え，保護者や子どもの不安がいくらかでも軽減するように努めることも必要である。

② 病院や病院内学級の担任との連携

病院内学級での生活をスムーズにするために，またもとの学校へ戻ったときのために，病院や病院内学級の担任との連携が不可欠になる。担任は1か月に1度程度は病院を訪問し，連携のパイプがつまらないように情報を収集することが大切である。子どもの入院が長期になったときには，担任の引き継ぎなどをスムーズにするために，在籍後の中で援助チームを組織することも必要である。

③ 子どもや保護者のメンタルケア

子どもや保護者は，学校生活の空白などにより孤立感や疎外感を感じることもある。担任は「待っているよ」のメッセージを伝えて病気の治療に励んでいる子どもを支援する。連絡帳や手紙で，学習や学級の様子を知らせたり，学級に作品掲示のコーナーなどを作るなどの配慮をしたりすることも一つの方法である。子どもは，学級の一員であるという所属感をもつことで安心し，退院後の学級復帰を目標にもつことができる。

❗ あくまでも学級の一員としての配慮と根気強い支援。

（小柴孝子）

▶医療・福祉に関する連携

専門機関 5
摂食障害に関する医師との連携

場面例とポイント

摂食障害（過食，拒食）には，どのように対応したらよいか。

❶**すでに専門医を受診している場合**
保護者の了解を得て医師と連絡を取り合い，学校生活でどのような配慮が必要か確認し，職員に共通理解を図る。

❷**まだ専門医を受診していない場合**
本人や保護者に，「体の発達のバランスについて，一度受診してみてはどうでしょう」と，専門医の受診を勧める。

❸**本人とのかかわり**
「ありのままのあなたでいいんだよ」という温かいメッセージでかかわる。

考え方

摂食障害は，最悪の場合，命にかかわることもあるので，専門医の受診をベースにしながら対応していきたい。

①すでに専門医を受診している場合

基本的には，保護者を介して情報のやりとりをする場合が多い。病状などについて，直接主治医と連絡を取りたい場合には，必ず保護者の了解を得てから行う。

医師と連絡できた際には，学校で配慮すべき事項も確認する。学校生活で，特に配慮が必要になるのは給食時である。どこでどのように過ごすのか，本人や保護者の意向をできるだけ尊重して環境調整し，職員に共通理解を図る。

②まだ専門医を受診していない場合

いきなり精神科の受診を勧めても抵抗があるので，まずは小児科や内科の受診を勧めてみる。健康診断の結果を活用し，「身長と体重の増え方がアンバランスなので一度受診してみてはどうでしょう」などと話す。体重が増えないと身長が伸び悩む可能性もあるとつけ加えれば，身長を伸ばしたい気持ちが受診を決心するきっかけになるかもしれない。

この際，カウンセリングにつながるように，精神科などのある総合病院を紹介することが重要である。

どうしても受診に抵抗がある場合は，地域の保健センターやスクールカウンセラーなど，支援してくれる存在がたくさんあることを伝えておく。これらの機関への連絡窓口は担任か管理職が行う。

連携する機関へは，面接などの事前・事後に必ず連絡をして，互いの現状を確認し合う。ただし，保護者の了承のうえで行う必要もあるので注意したい。

③本人とのかかわり

摂食障害の子は，自分に厳しくがんばりすぎる傾向があるので，「無理しなくても，ありのままのあなたでいいんだよ」というあたたかいメッセージを送り続けることが重要である。「疲れたときは休んでいいんだよ」「今日も笑顔がすてきだね」など，ちょっとした声かけで，あなたの存在をちゃんと認めているというメッセージになる。

! 専門医との連携は，養護教諭や保護者と協力しながら行う。

（石川まゆみ）

▶医療・福祉に関する連携

専門機関 6　性的暴力の被害に関する連携

場面例とポイント

夜間，帰宅途中の住宅街で，そばに停まったワゴン車にいきなり連れ込まれ，レイプされてしまった女子高校生。翌日，養護教諭に相談のため来室。

❶温かくやさしく受け入れる

(1)著しく傷ついている心を，ただひたすらあたたかくやさしく受容。スキンシップも含めて包み込むように受け止める。

(2)無理に問いたださない。静かに時間をかけ傾聴。本人の感情を共有する。

(3)加害者への抵抗，打ち明けにくいことを打ち明けてくれた勇気をほめる。

(4)必要最小限の人でかかわり，プライバシーを確実に保護することを約束する。

(5)親に話せない場合，本人の非ではない不幸な事故のようなものであること，打ち明けにくいことであるが，最も理解し親身に最善の方策を共にとってくれるのは親であることを諭す。

❷専門家と連絡をとる

(1)落ち着きを取り戻したら，身体的なケアの重要性を諭し，事実を正確に確認してから，必要に応じて医師や助産師など外部の専門家への相談を薦める。

(2)外部機関を照会する場合は，本人とよく話し合い，納得が得られてから受診させる。

考え方

①温かくやさしく受け入れる

性的暴力による被害を受けた場合の精神的なショックと心身の傷の深さは想像以上であり，すぐに癒えるものではないことを周囲の援助者は深く理解する必要がある。加害者が親密な関係の異性や近親者の場合などは人間不信に陥り，時間が経過した後に PTSD として発現し，長く苦悩することになる。

初期対応はあくまでも無条件，非批判的な受容により，心の落ち着きと安堵感を取り戻す援助が最優先である。

②専門家と連絡をとる

性的被害の場合，妊娠の可能性，性感染症の可能性も視野に入れ，専門家との連携が必要になる。連携のポイントは以下のとおり。

・本人が受診の必要性を認め納得する。
・家族に話せているかを確認し，家族の了承をとることを薦める。
・自ら話す負担を減らすため，あらかじめ事情の説明と必要な情報提供をしておく。

学校としては通常から地域の医療資源についてよく知っておくこと。特に養護教諭はふだんから「思春期外来」「心身医療科」「小児科」の医師や助産師，他のスタッフと連携をとり，親しい人間関係をつくっておく。学校医からの照会や指導も当然有効に使われるべきである。

また，警察への被害届について本人・保護者とも相談をする。

⚠️ プライバシー保護のため，必要最小限のかかわりで連携する。

（坂本洋子）

専門機関とのコミュニケーション｜9章

▶医療・福祉に関する連携

専門機関 7　発達の遅れに関する連携

場面例とポイント

保護者から「他のお子さんと比べ身体・精神発達に遅れがあるのでは」と相談された。

❶保護者の認識がある場合

保護者の心配している気持ちを十分受け入れ，「ご心配でしたら，一度専門のお医者様に相談されてみてもいいかもしれませんね」と受診を勧める。専門医に相談し，検査を受け，アドバイスをもらうことで不安は軽減する。

❷保護者の認識がない場合

教師側から判断すると明らかに身体・精神発達に遅れを感じるのだが，保護者側からは何も言ってこない。この場合，保護者との信頼関係をじっくりと築き，専門機関への相談を複数の方法で示す。

考え方

保護者との信頼関係ができれば，保護者了解のもと，学級担任が専門機関へ直接相談し，学習内容や学校生活全般についてアドバイスを受けることができる。学校としては，保護者の要望をくみながら，全職員共通理解のもと組織的に対応できる。

①保護者の認識がある場合

学校での配慮や理解を求めるために，保護者側から「身体や精神発達の遅れ」についての申し出がある場合もある。その際は，学校側から保健センターや養護教育センターなどへの相談を勧める。

②保護者が認識していない場合

学校では精神発達の遅れがあるのではないかと考えていても，保護者がそのように感じていない場合，一方的に「専門機関に相談したほうがいいです」と言われれば，保護者や子どもが傷ついてしまう。専門機関への働きかけは焦らず時間をかけて行うことが必要である。

保護者へのアプローチとしては，電話や手紙より面談がよい。保護者のノンバーバル（非言語）を感じとりながら話を進められるからだ。また，面談の際は担任のみでなく，管理職や養護教諭に同席してもらう。そして学校，教師の基本的スタンスは「お子さんをよくしたいと願っているから伝えるのですよ」という思いであり，その思いを十分に表現する必要がある。

保護者にとって，「ほかのお子さんと比べて……」と言われるのは，あまり気持ちのいいものではない。「Aさんは××がとても得意ですよね。でも△△が苦手みたいです。能力にばらつきがあるので，心配しているんです。能力のばらつきを指導してくれる専門の先生がいるんですけど，相談されてみてもいいかもしれませんね」と学校でのその子の現状をポイントをつかんで説明し，対応の選択肢を提案する。

> ❗「専門機関に相談してみようかな」保護者が思ってくれれば大成功！

（中山志保子）

▶医療・福祉に関する連携

専門機関 8
就学時検診の結果を受けた連携

場面例とポイント

就学時検診で「身体の発達の遅れ」が考えられるという結果を受けた子どもについて専門機関と連携したい。

❶専門医受診を保護者に勧める

就学時検診は集団で行っているため，本人の体調や不安・緊張を考慮できないことの影響も考えられることを伝え，「安心のために診てもらいましょう」「早く気がついてよかったですね」など，専門機関できちんと診てもらうと安心できること，また早期発見により効果が上がることを保護者に伝える。

❷今後の対応について相談する

校医から，「身体発達が遅れていますよ」だけではなく，今後のかかわり方について相談できるように，専門医，保健師，その他の相談機関を紹介してもらう。学校はそれらの機関と連携をとりながら進めていくことを保護者に了解してもらい，「みんなでお子さんを見ていきます」というメッセージでていねいに対応する。

考え方

就学時検診などで遅れが見つかった場合でも，保護者はわが子だけを見ているので，特に問題と感じていないこともある。また不安に思っていた場合でも，指摘されると，不安を認めたくないという否定的な態度になることもある。それらの気持ちを十分受け止め，信頼をもたれるよう幼稚園の先生や校医からの情報，一歳半・三歳児検診など就学前の情報も参考にして対応することが大切である。

①専門医受診を保護者に勧める

「遅れがある」ということだけで保護者は不安になる。しかし，内容によっては家庭のかかわりで，また，早期に気づいたことで解決の方法が見つかり，悪化を防ぐことがある。専門医受診は，よりよい環境を整えることで好ましい成長をたすけることができるという，プラスのメッセージを伝えることも大切である。

②今後の対応について相談する

保護者と一緒に支援していくという今後の対応姿勢を具体的に伝えることが，保護者の不安を軽減する。特に，多動，言語，コミュニケーションにかかわる困難がある場合には慎重に対応する。

学校側は，保護者の許可を得て医師などに子どもへのかかわり方についてアドバイスをもらい，対応を検討する。専門機関や相談機関，また校内にある相談機関（保健室，心の相談室，ことばの教室）の利用により，複数の目で見て，かかわっていくことができる。

また，専門機関へ対しては，保護者に適切なアドバイスをしてもらえるよう，事前に依頼することも必要である。校医の場合は，学校と医師との間で症状や投薬等の情報も確認する場合もある。しかし必ず保護者の許可を得てから行いたい。

> ❗「みんなでお子さんを見守っていきます」。力強い言葉と笑顔で安心感を！

（髙橋美恵子）

▶医療・福祉に関する連携

専門機関 9
虐待の疑いがある場合の連携

場面例とポイント

子どもが虐待を受けている疑いがある。どこに相談したらよいか。

❶校内で対応方法を検討する

「虐待という確信はないのですが,身体にあざを見つけました。本人は兄弟げんかだと言っています」と学年主任,教育相談主任,養護教諭,管理職などに報告し,対応方法を相談する。

❷外部機関と連携をとる

確信がなくても虐待が疑われる場合は,「確信はないのですが,虐待を受けている疑いのある子どもがいるのですが……」と,児童相談所に相談する。児童相談所,保健所,警察,民生委員,教育委員会などへの連絡は原則として,管理職が行う。

考え方

虐待かどうかを判断することは非常にむずかしい。しかし,判断が遅れたために子どもが命を落とすこともある。教師は,たとえ確信がなくても,虐待が疑われる場合に通報の義務があることを忘れてはならない。

①校内で対応方法を検討する。

虐待には,「身体的虐待」「精神的虐待」「性的虐待」「ネグレクト」などの種類がある。被虐待児は,「自分が悪い子だから……」と自己否定に陥っていて,虐待の事実を隠そうとすることが多い。毎日の生活の中で気になることはメモをとったり,あざややけどなどは写真に撮っておくとよい。

いずれにしても担任ひとりが抱え込んで対応できる問題ではない。学年主任,教育相談主任,管理職などと相談し,校内対策委員会を開き,外部機関との連携を検討する必要がある。

②外部機関と連携をとる

管理職と相談のうえ,虐待が疑われる事実を児童相談所に通報する。この際,通報者についての秘密は守られるので心配はない。

児童相談所が,緊急的に子どもの保護が必要だと判断すれば一時保護になるが,しばらく様子を見ようというケースも少なくない。この場合は,通報後も被虐待児を十分観察し,記録を取る一方で,精神的に支えていくことが求められる。ケースによっては,民生委員や保健師,警察などの協力を依頼することが必要になる。

また被虐待児は,うつ状態になったり,AD/HDで現れることのある症状に似た暴力的な行動に出ることもあるため,それらのケアについて,学校医のほかに精神科医やカウンセラーなどの助言を受けることも重要である。被虐待児には,「あなたは少しも悪くない」というメッセージをくり返し伝える。

> たとえ確信がなくても,虐待が疑われる場合には,通報の義務がある。親を責めても解決しない！

(井上千津子)

▶医療・福祉に関する連携

専門機関
10 家庭の経済的な問題に関する連携

場面例とポイント

保護者から給食費が払えないとの申し出があった場合どうしたらよいか。

❶子どもへの対応

お金のことは原則として子どもにかかわらせないよう配慮をする。

❷保護者への対応

担任以外の担当者か管理職が窓口となり、保護者に事情を聞く。経済的に苦しい場合、要保護・準要保護などの就学援助制度があり、下記から相談できることを知らせる。

・民生委員に相談する。
・福祉事務所に行く。
・母子家庭等就業・自立支援センターに相談する（母子家庭等の場合）。

考え方

①子どもへの対応

子どもに対しては、家庭のことで学校に登校することが苦にならないよう、滞納の知らせは個別に渡すなど配慮する。また、保護者に連絡する際も子どもを通じてではなく、担当職員か管理職が直接行う。

②保護者への対応

滞納についての詳しい状況の相談は、担任以外の担当者か管理職が行う。保護者の立場に立って、給食費が払えない理由を真剣に聞く。「家計が苦しくてどうしてよいかわからない」という保護者には要保護、準要保護申請の制度があることを知らせる。

③要保護・準要保護の申請を勧める

保護申請の手順は、まず自宅近くの民生委員（地区担当）に相談するよう勧める。民生委員には学校側から家庭状況を説明しておくこともある。その際は必ず保護者の了解を得てからにする。

保護者が一人で申請に行けない様子のときは「一緒に行きましょうか」とひと声かけ、寄り添う姿勢を示す。そして教師は下記の情報を知っているとよい。

・福祉事務所で要保護の申請ができる。
・病気などで本人、家族が直接に行けないときには電話で相談できる。
・母子家庭の場合は、母子家庭等就業・自立支援センターなどにも相談できる。
・準要保護の申請は、学校にある就学援助申請書に記入、学務課へ提出する。申請書が審査を通れば、給食費や学用品などの免除がある。

申請を行ったかどうかの確認の際は「どうでしたか、うまくいきましたか」「他に応援することはありますか」などの声をかけてみる。手続きが滞っている場合でも、本人に代わって学校側が積極的に「私が手続きをしましょう」などということは絶対にしない。学校が「勝手にやった」「手続きを強制的にされた」と思われないように配慮し、保護者の決意で行うようにする。

⚠ 突き放したと思わせない言葉遣い、態度、学校側が強制したと思われない言葉遣い、態度で接する。

（金井勝代）

▶医療・福祉に関する連携

専門機関
11 医療・福祉関係の組織・機関

機 関 対応職員	相談業務の特徴	相談の内容
教育センター （教育相談所・ 教育研究所） 心理学，教育学に関する知識を有する専門職員 教職経験者 臨床心理の専門家	・子どもの学業，性格，問題行動など，身体・精神の健康，進路，適性，家庭生活など教育上の諸問題について面接，電話，文書などにより相談業務を行う。 ・子どもの問題行動に関する相談は基本的な対応が中心であり，深刻化している問題については，他の適当な相談機関などに紹介している。	学業不振・学習障害 進路適性 いじめ，不登校 身辺自立，しつけ 多動，引っ込み思案 集団不適応 反抗，家庭内暴力 情緒不安定，対人関係不適応 言語発達の遅れ 知的発達障害，自閉症 夜尿，チック，かん黙，習癖 家族内の悩み
児童相談所 児童福祉司 精神科医 心理判定員	・子どもの非行，障害児の療育など，児童福祉に関するあらゆる問題について，面接や電話により相談を受け，必要に応じて専門的な調査（心理・医学診断）と判定を行う。その上で，個々の子どもや保護者に対する指導や児童福祉施設などへの入所措置を行う。 ・必要に応じ子どもの一時保護（緊急一時保護，行動観察，短所入所指導）を行う。 ・その他，地域健全育成活動として地域社会との連携をすすめることを行っている。	子育てに対する不安 思春期の悩み 保護者の怠慢，養育拒否 保護者の死亡・結婚・病気・経済的理由による養育困難 家庭内での身体的・心理的虐待 学業不振・学習障害 家出・無断外泊 盗み，不良交流 喫煙・飲酒 いじめ，不登校 しつけ，反抗，家庭内暴力 情緒不安定 知的発達障害，自閉症 肢体不自由・視覚聴覚，重症心身障害，精神障害 里親・養子
家庭児童相談室 （福祉事務所） 社会福祉主事 家庭相談員 児童委員（民生委員）	・家庭における児童養育の技術，子どもにかかわる家庭の人間関係，家庭・子どもの福祉について，面接・電話・家庭訪問により相談業務を行う。 ・これらの相談は，家庭における人間関係の健全化，児童養育の適正化など，家庭児童福祉の向上をはかる観点から行われる。	保護者の死亡・結婚・病気・経済的理由による養育困難 保育所・生活支援施設の利用
精神保健福祉センター 精神科医	・心の健康相談，精神医療にかかわる相談をはじめ，アルコール，薬物，思春期などの特定相談を含め，精神保健福祉全般の相談業務を行う。	思春期の悩み 家庭内での身体的・心理的虐待 喫煙・飲酒など

臨床心理の専門家 保健師 **保健所** 医師 保健師	・地域住民への精神保健の知識の普及啓発，活動への支援，精神保健に関するあらゆる相談（来所相談・電話相談）を行う。	不登校，家庭内暴力 情緒不安定，対人関係不適応 小児ぜんそく，肥満 神経症，摂食障害 生理・妊娠・中絶・出産 家庭内の悩み	
警察 **（少年サポートセンター）** 少年相談専門職員 少年補導職員 少年担当警察官	・少年の非行や不良行為，少年にかかわる犯罪被害，その他少年の非行防止および健全育成に関するあらゆる事項について，面接や電話により相談を受け，必要に応じ少年や家庭に対し継続的な指導・支援を行う。 ・また他の適当な相談機関の紹介などを行う。	思春期の悩み 家庭内での身体的・心理的虐待 家出・無断外泊・盗み 不良交遊 喫煙・飲酒 いじめ，不登校 しつけ，反抗，家庭内暴力 情緒不安定，対人関係不適応 家庭内の悩み 子育てに対する不安	
医療機関・病院付属の相談室 各科専門医 臨床心理士 看護師 保健師	・小児科，心療内科，精神科，眼科，耳鼻咽喉科，整形外科，外科，産婦人科などで診断・検査・相談を行う。	子ども自身の悩み 思春期の悩み 家庭内の身体的・心理的虐待 いじめ，不登校 夜尿，習癖，チック，かん黙 家庭内暴力，情緒不安定 知的発達障害 肢体不自由・視覚聴覚・心身障害 小児ぜんそく，肥満 精神障害，神経症，摂食障害 生理・妊娠・中絶・出産	

（以上，平成13年4月「少年の問題行動等に関する調査研究協力者会議」を参考に作成）

校内にいる専門家	学校医	・内科，眼科，耳鼻科，歯科，精神科の学校医から適切な専門家の情報を入手することができる。
	スクールカウンセラー	・臨床心理士，精神科医，大学の心理学の教官などが文部科学省のスクールカウンセラー制度によっておもに中学校へ派遣・設置されている。 ・養護教諭の行う健康相談活動や，担任の行う教育相談活動などの中で，心理面の専門的なアプローチを必要とする子どもに対応してもらうことができる。
	心の教室相談員	・各自治体によって名称や役割が異なるが，心の教育相談員，さわやか相談員などがおり，教師と異なる立場から子どもへかかわっている。

専門機関とのコミュニケーション

9章

（中村道子）

543

▶不登校に関する連携

専門機関
12 不登校についての相談

場面例とポイント

不登校の子どもへのかかわり方について、外部機関に相談したい。

❶相談先と方法

外部機関への相談方法には、電話による相談と、直接カウンセラーと会って面接する相談がある。「担任している子どもへの対応がいまのままでよいか確認したい」など、対応に迷ったときや、専門家に適切なアドバイスを求めたいときは、外部機関への相談を考える。

❷注意すること

面接による相談は、時間が決まっている。何について相談したいのか、何についてアドバイスを求めたいのか、明確にしてから相談に臨むとよい。

考え方

中学校では、まずは校内のスクールカウンセラーに相談するのが、校内状況を理解してくれているのでいちばんよい。小学校や、中学校でも相談が困難なケースの場合は、外部機関を利用することで、方向性が見えてくる。ここでは、外部機関での面接相談の場合について述べる。

①相談先と方法

どのような機関があるのか、情報の収集は不可欠である。おもなものに、都道府県や市町村の教育センター、大学の相談機関、民間の相談機関などがある。

それぞれの相談機関には、特色があるので、利用の際には気をつけたい。例えば料金は、それぞれの機関によって異なる。民間の相談機関にかかって、「料金が高くて驚いた」という声を聞いたことがある。公的な相談機関は無料であることが多いが、1回の面接につき、大学では3000円前後、民間では5000〜10000円の相談料がかかる。

相談の仕方は、まず、電話で日にちと時間を予約する。相談に行くのは、担任、生徒指導、養護教諭など、子どもにかかわっていて、様子を把握している教員ならばだれでもよい。一般的には、担任が出かけていくことがよいであろう。このとき、保護者を同伴するという方法もある。

②注意すること

1回の相談時間は、50分から1時間である。この時間内に話ができるよう、事前に相談しようとしているケースのまとめをしておくとよい。ケースを振り返り、まとめることは、それだけでも意味がある。

外部機関の利用は、なによりも、不登校の状態に苦しんでいる子どものために役立つ。そして、教師の視野を広げることにも役立つはずである。対応に迷ったときや、適切なアドバイスを求めたいときには、敬遠せずに積極的に活用するとよい。

> ❗ 外部の相談機関は、教師と子どもの双方に役立つ。上手な利用を。

(山崎さなえ)

▶不登校に関する連携

専門機関
13 適応指導教室への通所

場面例とポイント

適応指導教室での援助が必要な子どもがいる場合，どうすればいいか。

●申し込み手続き

本人および保護者から適応指導教室への通所の希望が出されたら，校長を通して適応指導教室へ申し込む。

●適応指導教室との連携

適応指導教室に通っている子どもを担任した場合は，早い時期に適応指導教室の指導員と連絡をとり，教室を見学させてもらう。そうすることで，まず「互いの顔の見える連携」が可能となる。

次に適応指導教室の指導方針やカリキュラムなどを知り，今後の役割を分担する。適応指導教室にお願いしたいことや担任として自分ができることは何かをはっきりさせ，「一緒に支援していく」という態度を示すことが大事である。

考え方

①申し込み手続き

申し込み手続きは，教育センター，適応指導教室から要項などが配布されるので，それに従って行う。地域によっては，仮通所をしてみて，通えそうだったら，その後正式な通所申し込みを行う場合もある。地域によって多少違うのでまずは問い合わせてみることである。

②適応指導教室との連携

(1)学校の様子を知らせる

適応指導教室では，子どもが学校へ復帰したときに学習についていくことができるように，学力補充に力を入れているところもある。そこで，学校での学習の進度状況（例えば週案など）を知らせるようにする。

また，学校行事（宿泊学習や社会科見学など）は，学校復帰のステップのかぎになるので，早めに期日や内容を連絡しておくことが大切である。

(2)適応指導教室へ頻繁に出向く

通所している子どもに，常に「先生は，君を待っているよ」というメッセージを態度で示すためにも，勤務に支障のない範囲内で，適応指導教室で行われる行事（例えば調理実習の会食，スポーツなど）に参加するようにしたい。通所中の子どもとの共有体験の場を増やすことが，担任との心のつながりを強める機会になる。

(3)メールや手紙には，必ず返事を出す

適応指導教室に通う子どもから，メールや手紙が来ることがある。それには必ず目を通し，誠意をもって返事を出す。担任の教師にメールや手紙を出すというのは，子どもにとっては，とても勇気のいることである。勇気を振り絞って出したメールや手紙に返事がきたら，飛び上がって喜ぶほどうれしいものなのである。

> ❗ お互いに子どもの成長を願う視点で「一緒に支援する」気持ちを忘れずに。

（水畑久美子）

専門機関とのコミュニケーション　9章

▶不登校に関する連携

専門機関
14 ひきこもりに関する連携

場面例とポイント

不登校でひきこもり，家族との会話もなく食事も一人でとる。外に一歩も出ず教師にも会わない。どうしたらよいか。

❶子どもとの関係をとり続ける

便箋1枚の手紙を1週間に2度の割合で出す。本人が携帯，パソコンができるならメールを毎日送ってみる。返事が来たら何度かやりとりし，時期を見計らい訪問する。訪問時間は20分～30分程度。手紙もメールも，本人に対して注意や叱咤激励ではなく，「○○君の力になれずすごく残念です。先生でよかったらどんなことでも相談してください。一人で悩まないでね」と寄り添うようにする。

❷地域資源との連携の仕方

地域には児童相談所，精神保健福祉センター，保健所，教育センター，適応指導教室などの公的施設以外に，民間のフリースクール，親の会，自助グループが独自の運営をして成果をあげている。ホームページ，関係機関を紹介した本を活用し，教師，保護者との密な連携が重要である。

考え方

①子どもとの関係をとり続ける

家族と一緒に食事をとらないのは，自分を強く責めているか，家族との関係がうまくいっていないからである。本人は不安で心細い中を必死で耐えている状態なので温もりのあるメッセージを伝え続けることで心が開けてくる。

教師は「いつでもどこでも君の心のそばにいるよ」という気持ちで接することが大切。急がず，常に子どもの心に添って細く長く関係をとり続ける。子どもが部屋から出なくても30分くらいはドア越しで話しかけ続けることがポイント。返事はなくても必ず教師の心は子どもに届いている。

②地域資源との連携の仕方

民間の自助グループ，フリースクールなどでは，元経験者が独自の訪問サポーターを養成したり派遣をしたりして，成果をあげている。これら地域資源の活用に関してはインターネットや関係機関の活動を紹介している本が多く出されているので参考にできる。また公的機関については，これらの情報を自分で広く深く収集することが大切である。

フリースクール通所に関して，公立学校で出席扱いにしたり，通学定期を発行したりすることができる。そのためには学校への活動報告書を提出してもらうことが必要である。

スクールカウンセラー，適応指導教室との連携では，双方のプラス面を生かして子どもへ対応してもらうことが不可欠である。保護者と学校長，教頭，担任，学年主任との連携から，上手なタイミングをつくることがポイントとなる。

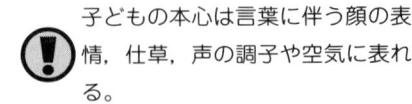

> ❗ 子どもの本心は言葉に伴う顔の表情，仕草，声の調子や空気に表れる。

（成瀬栄子）

▶不登校に関する連携

専門機関
15 家庭内暴力に関する協力要請

場面例とポイント

家庭内暴力を起こした子どもの母親から相談を受けた。

❶保護者との協力

保護者との信頼関係をつくり，正確な事情の把握に努める。そのうえで，安全確保のための適切なアドバイスを行う。

❷校内チームでの対応

管理職・学年団・養護教諭などでチームを構成する。

❸外部機関への連携

大学などの心理相談室，警察生活安全課，病院（思春期内科）などがある。

考え方

①保護者との協力

保護者が家庭内の問題で相談に来るということは，かなり追いつめられた状態にある。相談に来た勇気を認め，教師側も真摯に受け止める。不安を受け止めたうえで，保護者や子どもの安全を確保し，協力して問題解決にあたるように対応を進める。

保護者は自分を責めているので，まず，「原因は保護者にはない」ということを伝える。そのうえで「いつから，どのようなときに，だれに対して，頻度，内容，生活面の変化」などの事実を確認し，子どもの言葉や行動に対して，否定や批判をしないことを伝える。これは暴力をふるうきっかけを与えないという観点から必要なことである。けがなどの危険がある場合は，外出などで本人と離れるようアドバイスする。

②校内チームでの対応

担任など教師個人が対応しても解決に至らない場合は多い。速やかに，管理職や養護教諭に相談し，問題を共有することが望ましい。さらに，一人の教師で対応するのではなく，チームを組んで保護者のサポートにあたる。

③外部機関への連携

校内チームによる対応でも状況が進展しない場合は，家族の同意を得て，外部の機関への協力要請を積極的に行う。家庭内暴力が続けば，子どもも保護者も大きな痛手をこうむる。

(1)大学などの心理相談室

長期化している場合は，大学の心理相談室などに早めに相談をする。学校卒業後も継続して対応できる利点もある。

(2)警察生活安全課

緊急度が高い場合は，警察の生活安全課，サポートセンター等を紹介する。場合によっては警察のほうで本人に話をしてもらうこともできる。

(3)病院（思春期内科）

そううつなどの様子を示し，病的で緊急入院が必要な場合は，養護教諭とも相談しながら，思春期内科などに早急に相談する。暴力の状況によっては，保護者を避難させなければならない場合もある。

> ⚠ 保護者の避難が場合は地域の児童相談所と連携する。

（大舘昭彦）

▶不登校に関する連携

専門機関
16 不登校関係の組織・機関

※地域や施設によって名称や業務内容には違いがある。

機関 対応職員	相談業務の特徴と内容
市町村教育センター ・相談担当 指導主事（教員） 臨床心理士などの専門家 元教員 ・電話相談担当 教育相談にくわしい元教員・元校長 「命の電話」などの相談経験者	・「教育相談窓口」をもっているところが多い。地域にある関係機関なので学校との連携が図りやすく，保護者も通いやすい。 ・適応指導教室（教育支援センター）と連携しているところが多く，本人の状況によっては，入級の橋渡しをしてくれる。 ・本人の状況，身体症状がでていたりする場合には，必要に応じて「他の専門機関」を紹介してくれる。医療機関との連携が必要になるが，専門機関から紹介してもらったほうがトラブルも少なく，保護者も助言を受け入れやすい。 ・地域によっては訪問相談員がいるところがある。どこかに相談に行くどころか，子どもが家から出ないケースもあるので，訪問相談員が必要になることもある。 ・不登校関係の情報（不登校関係をテーマとした講演会や親の会，不登校の子どものための宿泊体験など）も紹介してくれる。
適応指導教室 **（教育支援センター）** 指導主事 （兼務の場合が多い） 指導員 （元教員や心理大学卒業者）	・子どもたちの「心の居場所」づくりと自立支援を目的として，市町村で設置しているところが多い。市町村教育委員会や教育センターの相談窓口を通して入級することが多い。 ・運営内容は各教室ごとに異なる。また年度や子どもたちの状況によって，大きく変わることもある。 ・保護者が「入れてほしい」と強く要望するケースも少なくないが，本人の状況，入級している子どもたちのことを考え，担当と相談してから入級するかどうかを考えることが望ましい。子どもが集団にはまだ入りたくないという時期のこともある。関心が出てきたら，相談と見学をすすめたい。
都道府県教育センター 指導主事 嘱託職員（臨床心理士，心理系大学院修了者，精神科医など）	・各都道府県の教育相談を担当しているところ。 （千葉県では平成14年度からセンターとは別に「千葉県子どもと親のサポートセンター」を設置し，教育相談事業と支援事業を柱に，不登校の子どもや保護者を支援している）。 ・専門性が高く，教育相談を専門的に学んできた，経験豊かな相談員が多い。精神科医を嘱託で依頼しているところも多い。

		・幅広いネットワークがあるので，医療機関や進学先など，紹介したり連携したりできる機関が多い。 ・市町村などの「地元」ではないため，保護者が学校や市町村教育委員会とトラブルを起こしているケースや，地元のだれかに見られることを意識するケースに対応しやすい。少し離れた相談機関のほうが安心して相談に来やすく，子どもたちがのびのびしていることも少なくない。 ・一部の都道府県においては，市町村教育委員会関係の相談は小・中学校の不登校のみを対象とし，高校については相談対象としていないことがあるが，都道府県の教育センターでは高校生以上の相談にも対応していることが多い。これは都道府県や市町村によって違うので，自分の住んでいる地域について調べる必要がある。 ・地域によっては，都道府県が適応指導教室を設置している。その教室との連携がしやすい。
児童相談所 児童福祉司 心理判定員 嘱託相談員		・「教育的かかわり」だけでなく，「福祉的かかわり」「医療的なかかわり」が必要なケースについて相談できる。 ・保護者の養育態度への介入だけでなく，家庭のサポートのために家庭訪問をする。他機関との連携も行っており，子どもの状況に応じた専門機関を紹介している。
保健所 医師・保健師		・不登校やひきこもりの相談も受けている。医療機関との連携がしやすい。
少年補導センター 教員経験のある主査 電話相談担当の嘱託職員		・自治体によっては設置されていないこともある。 ・非行少年の補導や指導にあたるが，不登校相談も受けつけている。生活指導だけでなく，学習支援をしているセンターもある。
民間機関 （フリースクールや フリースペース） 不登校の子どもを抱えた経験をもつ保護者 不登校経験者		・学校ではない，子どもたちの居場所づくりや自立支援をめざしている機関。団体によって，考え方も運営も異なる。 【千葉県の例】 ・千葉県では「菜の花スクールモデル事業」を展開している。不登校の子どもたちを支援する場所として県立青年の家を提供し，運営はNPO法人が行っている。2つのNPO法人「東京シューレ」と「ニュースタート」が，2003年秋から活動を始めている。 ・東京シューレ……都内に3か所のフリースクールをもつ団体で，子どもたちの成長をサポートするために，「流山青年の家」を会場に週に1度「流山シューレ」を開いている。子どもたちの自主的運営，話し合いを重視した運営をしており，葛西臨海公園への見学なども行っている。

専門機関とのコミュニケーション

9章

	・ニュースタート……「家族をひらく」をすべての活動理念とし，若者の再出発とひきこもり解決をめざして，「訪問部隊」「若衆宿」「仕事体験塾」などを行っている。千葉県との共同事業では，東金青年の家で「わんぱく！ 遊び合宿」を月に1～3回程度開催している。また「遊びの中から人とのかかわり方を知り，社会性を身につける」ことをねらいとして，「スローウォーク」や炊事やキャンプファイヤーなどの体験活動を重視している。
民間機関 （通信制高等学校） 個別対応のための専門職員 カウンセラー	・通信と一定期間のスクーリングで学習する。通信制でありながら，全日コースや週1日コースなどを設けているところもある。 ・高校の中退者や中学校で不登校であった子どもたちの受け入れもしている。
民間機関 （サポート校）	・高校ではないが，通信制高校と提携していて，サポート校の学習単位が提携高校の単位として認められるので，高校卒業資格を得ることができる。 ・中退者・不登校の子どもの受け入れもしている。
民間機関 （大学検定予備校）	・大検に合格して高校卒業資格をとろうとする子どもたちの学習をサポートする予備校である。中には18歳以前に大検に合格し，資格を取得する者もいる。
大学の相談機関 大学の教授，助教授，臨床心理士	・大学の中には，臨床心理や教育相談に力を入れているところがあり，その相談部門に申し込む方法がある。 【千葉県の例】 ・県と千葉大学が協力して，不登校の子どもと保護者を支援する宿泊体験活動「ハートtoハートリフレッシュセミナー」を年4回行っている。ここでは千葉大学の学生が中心となって，子ども向けのプログラムを作り，子どもたちとかかわっている。参加したことで自信がつき，元気になっていったケースも少なくない。保護者向けのプログラムには，県の「子どもと親のサポートセンター」が協力している。 ・そのほかにふれあいサポート事業として，県内の大学（国立・私立）に呼びかけ，学生ボランティアを募集して，要請のある県内の適応指導教室へ，学生のサポートの派遣を行っている。

＜不登校の子どもをサポートする機関の探し方＞

インターネットの検索機能を活用すると不登校関係の団体・施設，書物などの情報が手に入りやすい。不登校・中退者のため学校ガイドも書籍で多く出版されている。フリースクール・サポート校などの情報もほとんど手に入る。

(土田雄一)

▶非行・問題行動に関する連携

専門機関
17 非行傾向のある子どもについての相談

場面例とポイント

非行傾向（不良交友，深夜徘徊，粗暴な言動，喫煙など）のある子どもについて相談したい。どうすればよいか。

❶事前の協議

まずは学校内で，関係者が協議する。

非行対応においては，早期発見と早期指導・援助がことに大切である。不良交友，深夜徘徊，粗暴な言動，喫煙など，事件を起こすまでには至っていないが，非行傾向のある子どもがいた場合，早めの働きかけが功を奏することも多い。非行の入り口で引き返すことによって，本人はもとより周囲の人々も，非行が進んでしまった後の多大な困難を回避することができる。

❷公的な相談先への連絡

外部機関から早めに専門的な助言を受けておいたほうがよいと思われる場合は，相談する。

公的な相談先には，警察関係（警察署，少年サポートセンターなど），自治体関係（少年補導センターなど），児童相談所，家庭裁判所，少年鑑別所などがある。

考え方

①事前の協議

状況にもよるが，通常は学校内でチーム協議を行っておくことが必要であろう。その子どもの状態はいまどうなっていて，専門機関からどのような点に関し助言を得ておく必要があるのか。できるだけ明確にしておいたほうが，後の相談もスムーズに運ぶ。

②公的な相談先への連絡

もしも早めに相談しておいたほうがよいと判断された場合，相談先としては次のような機関が考えられる。まずは，事前に電話でアポイントをとることをお勧めする。

・警察

警察署のほかに，都道府県警察には，少年サポートセンター，少年センターなど，少年相談を重点的に行っている機関がある。また，「ヤングテレホン」「グリーンライン」のように，電話で相談に乗ってくれる仕組みもある。

・地方自治体

多くの地方自治体には，少年補導センター，少年愛護センター，少年育成センター，少年センターなどの名称で，非行相談を受け付ける部門が設けられている。

・児童相談所

非行傾向の問題も含めて，18歳未満の子どもの問題行動全般に関し，相談に応じてくれる。

・家庭裁判所・少年鑑別所

家庭裁判所や少年鑑別所においては，一般的な非行相談の業務も行っている。ここでは，非行少年処遇の専門的立場からの助言を得ることができる。

⚠ 相談先に問題を預けるのではなく，一緒に背負ってもらうというスタンスが大切である。

（押切久遠）

▶非行・問題行動に関する連携

専門機関
18 万引きの被害店舗への謝罪と対応

場面例とポイント

商店で万引した子どもを店で保護していると連絡があった。

❶保護者と協力する

できるだけ早く保護者に連絡し，子どもが保護されている商店に向かってもらう。学校からは担任あるいは生徒指導担当などがすぐに出向く。

❷商店などに対する謝罪

社会的な義務や責任を学ばせる機会ととらえ，謝罪や支払いは親と共に本人も同席した中で行う。

❸子どもへの指導と警察との連携

当日あるいは翌日に，万引きをするに至った気持ちを受容したうえで，自分自身の心と向かい合わせる指導を行う。常習の場合は警察や補導センターと協力して指導する。

考え方

①保護者と協力する

保護者への啓発や協力を得るために，学校・教師だけでの対応はしない。指導の主体はあくまでも保護者である。

②商店などに対する謝罪

商店でも大切なことを指導してくれる。社会的な義務や責任を学ばせる機会ととらえ，謝罪や支払いは本人・保護者の同席した中で行う。しかし，子どもを長くその場にとどめさせることは好ましくない。心の負担も多く，心からの反省に至るとは限らない。教師の指導はその場では行わず，子どもを連れて店を出る。

生徒指導担当はその場に残り，過去の被害状況など実態を確認するとともに，店の学校に対する思いを受け止める。

③子どもへの指導と警察との連携

子どもの年齢・判断力・理解力に合った指導をする。万引きをした動機や心の背景に自ら気づくようなカウンセリングをする。また，民主的な社会は法に従って生活しなければならないことを，子どもの判断力や理解力に応じてやさしい言葉で伝える。

商品を盗むことは店に損害を与えることを知らせたり，相手の身になって，自分の物をとられることの憤りや，厳しい労働で得た物を不当に盗まれることの理不尽さを考えさせたりする。子どもが自分の心の弱さに気づき，次からの生活改善，再犯防止へつながるように，しっかり時間をかけて取り組みたい。

万引きが常習の場合は，家庭や学校の指導だけでは改善がむずかしい。その場合，警察の生活安全課や少年補導センターなどの補導機関とも連絡を取り合い，場合によっては補導機関での指導や相談も実施する。これらの機関では，万引き行為が犯罪であり，社会的に許されない行為であることを学校とは違う視点で話してくれる。また，学校からお願いして子どもを呼び出してもらうことも常習の場合は可能である。

> ❗ 常習の場合は関係機関での面談を行う。

（深山寛）

▶非行・問題行動に関する連携

専門機関
19 家出に関する協力要請

場面例とポイント

子どもが帰宅しないと保護者から連絡があった。家出のようだがどうしたらよいか。

❶家出前の状況を家族と情報交換する

本人の悩みや心配事は何だったか。交友関係で気になることはなかったか。予想される行き先に心当たりはないか。これらについて情報交換する。

❷関係機関への連絡および心当たりの捜索

地域の少年（補導）センターや地区の教育委員会関係機関へ連絡する。また，警察へはいつの時点で捜索願を出すか保護者と相談する。心当たりの行き先については，直接または電話などで問い合わせる。

❸警察への捜索願の提出

捜索願提出については，保護者の多くが出し渋るが，子どもの安全確保を最優先し，提出するよう依頼する。

❹家出をした原因やきっかけ，心の悩みや心配事の相談を十分に

帰ってきたら，十分なカウンセリングと心のケアをする。家出は心の中に鬱積したものが解決できず行動に出たもので，まずは本人の身の安全の確保に努力する。

考え方

①状況の把握をしっかりと

家出の原因となるものは，家庭，学校（学習など），友人関係などが考えられる。まず保護者と情報交換を行い，予想される行き先などを調べる。

②連絡・報告の徹底と心当たりの捜索

教育関係機関などへの連絡・報告や当該市町村の補導を担当している機関へ協力を要請する。これは管理職などが行う。

警察への捜索願は早いほうがよいが，保護者の決断も待たなければならないので，いつの段階で提出するかを相談しておく。他機関とは別に，家庭や学校職員でも心当たりを探す。

③捜索願の提出

現在は交通機関も発達し，携帯電話などを使用した情報交換網も広がっているので，行動範囲は非常に広いと考えなくてはならない。さらに青少年をねらった犯罪も想像を超えるものがある。そういう意味からも捜索願（警察の関与）は早いほうがよい。子どもが見つかったときは届けを取り下げればよいだけである。

④カウンセリングと心のケアを十分に

子どもが見つかった場合，まず無事であったことを喜びたい。そのことだけでも子どもは自分の存在感を感じることができるし，多くの人が心配していてくれたことが伝わる。その後でゆっくり子どもの悩みや心配事，つらい気持ちを聴くようにしたい。

> ⚠ 警察への連絡は早すぎて困ることはない。警察で事情を話せば，適切に判断してくれる。

（深山寛）

▶非行・問題行動に関する連携

専門機関 20 薬物・シンナー乱用に関する問題

場面例とポイント

子どもに薬物を使ったことを打ち明けられた。どうしたらよいか。

❶否定せず話を受け止める

叱責などせず、「大事なことを打ち明けてくれてありがとう」と肯定的なメッセージを送る。事実確認とともに子どもの感情に注意を向けつつ受け止める。

❷専門機関につなげるために説得する

「あなたの一生を左右する重要な問題だ。専門家に相談する必要がある」

❸専門機関などに相談する

相談先としては、警察署の生活安全課、警察のサポートセンター、精神保健福祉センター、児童相談所などがあり、電話による相談も可能である。

考え方

①否定せず話を受け止める

深い孤独感や挫折感から逃避するために薬物を乱用するケースは少なくない。子どもの話に耳を傾け気持ちに寄り添うことは、自尊感情の低い乱用者の立ち直りを精神面から支える大きな力になる。

②専門機関につなげるために説得する

問題を自分一人で解決しようとせず専門機関につなげることである。子どもから相談を受けると「信頼関係を失いたくない」「学校内で解決したい」と思いがちである。子どもの「絶対にやめられます」という言葉を聞くと、今回だけは自分の胸にとめておこうという気持ちにもなりやすい。

しかし、薬物については他の問題と区別して考えるべきである。なぜなら薬物依存は依存症という病気であり、子ども自身の意志や努力、周りの励ましだけでは解決不可能だからである。子どもにチャンスを与えたつもりがそうならず、隠れて使用し続け、最終的にかかわる糸口を失ってしまうこともある。子どもを説得して専門機関につなげることは、信頼された者だからこそできる大切な作業である。

③専門機関に相談する

相談するときは、子どもの状況（乱用の開始時期、動機、乱用の程度、薬物の入手先など）を可能な範囲で伝える。

相談機関は複数あるが、薬物を所持していた場合は迷わず警察へ通報する。警察の介入を躊躇することがあるかもしれないが、強制力が働かなければ歯止めがかけられないケースは少なくない。また介入によって密売人を摘発し供給源を遮断することは、子どもの再乱用の防止や環境浄化の意味でも必要不可欠である。

相談の結果、警察で事件として扱うことや医療機関へつながることを勧められることがある。教師として無力感を感じるかもしれないが、必要がある場合は子どもを一押ししてもらいたい。長い目で見ると、子どもの人生を守ることになる。

> ❗ 期を逸せず、躊躇せず、即連携を考えよ。

（諸富真奈美）

▶非行・問題行動に関する連携

専門機関
21 警察による補導への対応

場面例とポイント

警察から窃盗や傷害（けんか）を繰り返す子どもを保護していると連絡があった。担任はどう対応したらよいか。

❶連携の必要性

初めての補導ではなく、数回同様の事件を繰り返しているような場合、警察との密な連携が必要である。

❷警察との関係

事件を重ねている場合、家庭裁判所に送致される可能性がある。生活安全課の刑事と今後のことを話し合う。

❸学校にできること

保護者・本人と今後のことを十分に話し合い、行為を繰り返さないための話し合いを行う。

考え方

①連携の必要性

けんかや傷害・万引きなどの窃盗をくり返し、補導された経験をもつ子がいる。そのつど、警察での指導を受け、学校でも保護者を呼んで指導などを行うが、「もうやらない、わかった」とその時点では反省の色が見られるが、あまり効果が見られないことも多い。その場限りの指導にならないよう警察とも密に連携していく必要がある。

②警察との連携

保護者が不在の場合、警察から、保護しているとの連絡を学校が受ける（保護者に連絡がとれれば学校への連絡はない場合が多い）。学校長と相談のうえ、教頭、生徒指導担当、学級担任などが警察に向かう。警察の生活安全課では、保護者引き渡しが原則のため、学校側では、けんかの状況の確認と被害者の被害状況、連絡先などの確認を行う。被害者が病院での治療を受けている場合、その結果が出るまでは状況は進展しない。

相手のけがが軽傷であれば、示談の可能性も強い。しかし、同様の事件を重ねている場合、警察は家庭裁判所に送致する可能性もある。その可能性も警察と相談する。

保護者が来た段階で、保護者と警察とで状況説明になる。学校側は退席して様子を見守る。

③学校にできること

左記の例では、本人が素直にけんかの状況を話したので、とりあえず家に帰され、翌日学校で本人と面接し事件の背景を話し合った。

面接では、最終的には将来のことを中心に話し合うようにする。また、担任は保護者とも面接を行う。保護者は動揺していることもあるので、事件の背景を時間をかけゆっくり話し合うことが大切である。

生徒指導担当は、警察との窓口となり、今後の状況を見守り連携を継続していく。

> ⚠ 事件の背景や将来のことを中心に話し合う。保護者の動揺や不安を受け止める。

（植草伸之）

▶非行・問題行動に関する連携

専門機関
22 警察へのパトロール要請

場面例とポイント

卒業式を前に控え，卒業生に不穏な動きがある。無事卒業式を終えるために警察にパトロールを要請したい。

❶警察要請の認識

警察も青少年健全育成の構成員であることを認識し，協力体制を校内につくる。

❷要請が必要な状況とは

在校生や卒業生の様子などから，地域や校内のパトロールなどを要請して事件を防ぐ。

❸要請時における学校対応

警察との対応（窓口）は，校長，または校長の指示を受けた教頭，生徒指導主任など特定の職員とする。

考え方

生徒指導上の大きな困難を抱える学校において，子どもの問題行動は，学校内の指導体制だけでは歯止めが効かないのが現状である。関係機関との連携はきわめて重要である。

①警察要請の認識

警察も青少年健全育成の構成員である。子どもの心理面に関する専門的な判断の必要性，限度を超える問題行動など，教職員は学校だけでは対応できない新たな問題が増えていることを十分に認識し，学校だけですべての問題を解決しようとする「抱え込み」意識を捨て，警察と協同して事にあたることが必要である。

②要請が必要が必要な状況とは

入学式・卒業式などの実施に関して，生徒や卒業生に不穏な動きが感じられたときは警察にパトロールを要請し，事件を未然に防ぐ。教職員は行事関係の役割を担い，警備は手薄になりがちである。学校で行う指導の内容や範囲を確認し，警察にゆだねる部分を明らかにする。体育祭や文化祭など，来校者が不特定多数であり，特に危険が予見される場合は，警察とPTAなどの連携によるパトロールを要請する。

行事以外の場合でも，不審者（不法侵入）に危険性を予想した場合，および事故の発生時は緊急要請をする。盗難，器物破損などの事件が大規模・広範囲な場合は，被害届などの手続きをとって対処する。なお，状況によっては夜間・休日のパトロールも要請する。

集団暴力事件，刃物など危険物を所持しての暴行など，教職員では制止困難な場合も，警察に要請し補導を依頼する。

③要請時における学校の対応

緊急事態の場合，現場に近い職員はただちに急行して，救護，応急措置，避難誘導など子どもの安全を確保する。

不審者による問題発生時の対応はマニュアル化しておき，校内緊急放送，110番・119番通報などを行う。必要に応じて校内対策本部を設置し，全職員への対応，情報集約，関係機関連携，保護者対応などを行う。

! 子どもの人権，プライバシーに配慮を。

（伊藤勝博）

▶非行・問題行動に関する連携

専門機関

23 少年鑑別所・保護観察所・少年院との連携

場面例とポイント

子どもが少年鑑別所に収容された（保護観察処分になった，少年院に送られた）という情報が入った。

❶処遇の流れを理解する

まずは，非行少年の処遇のなかで，少年鑑別所，保護観察所，少年院がどのような役割を果たしているのか理解する。

❷各機関との連携

学校において連携の窓口を決め，これら機関との連携を図る。

考え方

①処遇の流れを理解する

これら3機関は，学校にあまりなじみのあるものではないため，まずは各機関の位置づけや役割を把握しておく必要がある（本章26を参照）。

少年が非行をすると，おおまかに，警察署→検察庁→家庭裁判所，または児童相談所→家庭裁判所といったルートで，家庭裁判所に送られる。その後，これら3機関が登場する可能性が出てくる。

②各機関との連携

(1)少年鑑別所

家庭裁判所の観護措置の決定により送致された少年を，1週間程度収容し，心身の状況や非行の要因などについて調査・診断する施設である。

ほかの2機関と大きく異なるのは，家庭裁判所の審判前に収容される場所であるということである。そのため，収容された少年にとっては，審判でどのような処分を受けるかが，最大の関心事の一つとなる。収容中の少年と面会できるのは，保護者や付添人などに限られるが，状況に応じて，学校の担任教師なども面会可能となることが多い。まずは受付窓口への相談などが必要である。

(2)保護観察所

家庭裁判所の審判により保護観察となれば，本人は通常の社会生活を送りながら，保護観察所の指導を受けていくこととなる。そのため，保護観察所は収容施設を持たず，事務室や面接室などを備えているだけである。原則的に，保護観察中の少年には，保護観察所の保護観察官と，民間篤志家である保護司の2人が担当としてつく。まずは担当（区域ごとに分かれている）の保護観察官と連絡を取り合うことから，連携が始まるであろう。

(3)少年院

家庭裁判所の審判により少年院送致となれば，その少年は，矯正教育を行う施設である少年院に収容される。収容中の面会や手紙のやりとりは，学校の担任教師などであれば許される場合も多い。少年の保護者あてに，面会などに関する留意事項を記した通知が行くので，保護者と連絡を密にすることが必要である。

> ⚠ プライバシーを重視しながら収容や指導を行っていることを理解しつつ連携し，本人の立ち直りを重層的に支えていく。

〈参考文献〉押切久遠著『クラスでできる非行予防エクササイズ』（図書文化）　　　　（押切久遠）

9章 専門機関とのコミュニケーション

▶非行・問題行動に関する連携

専門機関
24 家庭裁判所との連携

場面例とポイント

家庭裁判所から学校照会書が送付されてきた。

❶学校照会書への対応

学校照会書が送られてくることにより、子どもが事件を起こし、家庭裁判所に係属していることがわかる。具体的な審判期日が記載されている場合や子どもが少年鑑別所に収容されている場合は、至急回答する。回答内容は、学校が把握している子どもの出席状況、生活態度、家庭環境、交友関係などを中心に書く。

❷調査官との連携

調査官との連携が必要なケースでは、学校照会の回答に「調査官との面接を希望する」、「審判に出席したい」などの要望を記載する。

考え方

家庭裁判所は、「学校は最も有力な社会資源の一つである」ととらえている。家庭裁判所に係属した子どもに関して、学校が把握している子どもの生活状況や指導経過、交友関係、今後の指導方針などを共有し、子どもの再非行を防止したいと考えている。

①学校照会書への対応

関係機関と連携し、必要な情報を得るため、家庭裁判所調査官は、少年法第16条2項によって学校照会を行う場合がある。

子どもが事件を起こして家庭裁判所に係属しても、それを学校に通知する取り扱いを裁判所では行っていないので、学校照会を端緒に学校との連携を行うことが多いのが実情である。

②調査官との連携

(1)電話照会、面接

当の子どもについて連携が必要なケースや、不明な点、わからないことがある場合は、直接担当調査官に電話連絡すれば、必要に応じて面接を行ってもらえる。

(2)学校訪問

担当調査官は、学校側と期日調整をしたうえで、学校訪問を行うことがある。

(3)審判への出席

審判は非公開で行われるが、教師に審判に出席してもらい、学校での子どもの生活状況や今後の指導方針について意見を述べてもらうことがある。

(4)試験観察

試験観察は、終局処分を保留して、しばらく子どもの様子を観察したうえで、最終的な処分を決める中間決定である。

在校生が試験観察決定を受けた場合、調査官と学校との連携を深め、協力して子どもの指導や援助を行う。

(5)少年相談、学校との連絡会

家庭裁判所では、非行に関する一般相談（少年相談）を行っている。また、学校との連絡会を開催して、学校との連携のあり方について協議している。

! 家庭裁判所も、学校との連携を求めている。

〈参考文献〉『育てるカウンセリングによる教室課題対応全書3　非行・反社会的な問題行動』（図書文化）

（奥田和徳）

▶非行・問題行動に関する連携

専門機関
25 児童自立支援施設との連携

場面例とポイント

児童自立支援施設に入った子どもについて、その後の様子を知りたい。これから担任はどう接したらよいのか、また、子どもとも面接したいがどうしたらいいのか。

❶児童自立支援施設と学校教育
児童自立支援施設でどのように学校教育が行われているかについては、各施設によって方式が異なるので、施設と教育委員会に確認する。

❷施設（施設内学校）との連携
子どもが家庭に戻ることを想定して状況を知ることが必要である。特に、進学を希望している場合は大切である。

❸本人と元担任との面会が大切
「部活がんばっているんだって」「勉強もよくやっているようだね」など、以前は認められなかった、評価できる面についての情報を施設の担当者から聞き出して本人に伝える。

考え方

①児童自立支援施設と学校教育

施設での小学生・中学生に対する義務教育の形は、以下のようなものであり、施設内で行われているのが一般的である。

・分校方式　施設学区内の小・中学校の分校となっている。
・分教室方式　学区内の学校の一教室と位置づけられている。
・準ずる教育　施設職員が教員にかわって教科を教えたり、クラブ活動もするなど、学校教育に近い形をとっているが、大切にしているのは日常生活であり、職員と起居を共にする。これにより子どもに影響を与え、行動改善を図ろうとする方式である。

②施設（施設内学校）との連携

入所している子どもが、いずれ家庭に戻って元の在籍校に通う可能性を考えると、担任と子どもとの関係を切らないことや、施設で教育に携わっている教師や職員とのつながりをもつことは重要である。

特に高校進学を考えている場合、施設から通うのか、家庭に戻って通学するのかによって援助が異なることや、その際に成績評価をどうするかなどの課題がある。

③本人と元担任との面会

多くの子どもは、元の学校で問題を起こしており、担任や学校に悪感情を残したまま移ることが多いが、施設での生活が安定すると担任に対する感情に変化が起こり、関係が改善されることが多いので、面会することを勧める。

この際、施設での生活面や学習・クラブ活動などで評価できることの情報を施設職員から得ておき、本人に伝えることがその後の生活の励みになる。

⚠️ 子どもは教師とのかかわりを待っている。機会をとらえて様子をうかがうことである。

（辻隆造）

専門機関とのコミュニケーション

9章

▶非行・問題行動に関する連携

専門機関
26 非行・問題行動関係の組織・機関

機関・施設 対応職員	機関・施設の特徴や内容
少年補導センターなど 教育や少年補導に知識と経験を有する職員など	・地方自治体において，少年補導センター，少年育成センター，少年愛護センター，少年相談センター，少年センターなどの名称で設置され，街頭補導，少年相談，環境浄化活動などを行う。 ・自治体によって規模や組織が異なるが，学校，警察といった関係機関，少年補導委員（教員が兼ねていることも多い）といったボランティアと協力して，活動を行っている。
警察 (警察署) 少年担当警察官 少年補導職員	・少年警察は，おもに少年事件の捜査，非行防止，少年保護の活動を行っている。警察署には，少年担当警察官や少年補導職員が配置されており，前者は犯罪に関することを，後者は少年相談や継続補導に関することをおもに担当している。 ・警察署ごとに，学校警察連絡協議会などが設置され，非行防止や被害防止に関する具体的な協議と対策が進められている。
警察 (少年サポートセンター) 少年補導職員 少年相談専門職員	・都道府県警察において，少年問題に関する専門組織として設置され，ボランティア（少年補導員，少年指導委員など）と共同での補導活動，関係機関・団体とのネットワーク構築，情報発信活動，少年相談などを行っている。 ・おもに配置されているのは，少年補導職員や，より複雑な少年相談の処理と少年相談担当職員への指導・助言を受け持つ少年相談専門職員である。 （なお，東京都内においては，「少年センター」の名称が使われている）
児童相談所 児童福祉司 相談員 心理判定員 児童精神科医 （一時保護所には，児童指導員や保育士）	・18歳未満の子どもに関するあらゆる相談に応じるとともに，養護施設や児童自立支援施設などの利用に関する判断を行っている。 ・非行に関する相談も受け付けており，必要に応じて，在宅処遇（子どもを通所させたり，家庭訪問をしたりしての指導）や施設処遇（不良行為をなす子どもなどの，児童自立支援施設への入所措置など）を行う。 ・警察からの通告や親からの依頼などにより，そのまま放置できないと判断したときは，児童相談所に子どもを一時保護することができる。 ・児童相談所のスタッフには，親や関係者から事情を聴き，地域に出向いて調査したり，カウンセリングを行ったりする児童福祉司や相談員，心理検査やセラピーを行う心理判定員，精神医学的な面から診断・助言する児童精神科医などがおり，一時保護所には，児童指導員や保育士が配置されている。

家庭裁判所 裁判官 書記官 家庭裁判所調査官	・少年事件の調査・審判などを行う裁判所である。地方裁判所と大きく異なるのは，裁判官や書記官のほかに，家庭裁判所調査官という，人間関係科学の専門家が配置されていることである。 ・家庭裁判所で扱う子どものほとんどは，警察に検挙され，検察官を経て送致されてくる14歳以上の犯罪少年である。事件は，在宅事件と身柄事件に大別され，在宅の場合は，自宅などで通常の生活を送る中で，調査・審判が行われる。身柄の場合は，子どもが逮捕または勾留されているため，観護措置（少年鑑別所送致）の必要性について判断する。 ・調査官は，裁判官が発する調査命令に基づき，本人や親との面接を中心とする社会調査を実施する。そして，家庭裁判所は，社会調査の結果やその他の関係資料に基づき，①審判を開かずに，調査官の教育的働きかけなどによって終結する「審判不開始」，②審判を開き，子どもの内省を促すなどしたうえで，処分をしない「不処分」，③審判において決定する「保護処分」（「保護観察」「少年院送致」「児童自立支援施設・児童養護施設送致」の3種類がある）などの中から，終局処分を選択する。 ・最終的な決定をする前に，調査官の「試験観察」として，通常の生活を送らせながら，相当の期間様子を見ることがある。試験観察の経過がよければ「不処分」となり，悪ければ「少年院送致」となる可能性もある。
少年鑑別所 心理学の専門家である 法務技官 法務教官など	・家庭裁判所により観護措置の決定を受けた子どもを収容し，身柄を確保するとともに，行動観察や心理テストなどによって心身の状況を調査・診断（資質鑑別）する法務省の施設である。 ・収容期間は最長8週間だが，2～4週間程度であることが多い。収容中，子どもたちは，日課に従って規則正しい生活を送りながら，面接や心理テスト（各種の知能検査や性格検査など）を受けたり，作文や絵画などの課題に取り組んだりする。 ・家庭裁判所の審判によって，不処分，保護観察となれば，子どもは社会に戻り，少年院送致，児童自立支援施設送致となれば，そのまま施設へと移される。
保護観察所 保護観察官 保護司	・家庭裁判所の審判により保護観察となった子どもや，少年院から仮退院となった者などに対し，通常の社会内で指導・援助を行う法務省の機関である。 ・更生保護の専門家である保護観察官が配置されており，民間篤志家である保護司と協働で，保護観察を行っている。保護観察官が，担当地域に住む保護観察対象者の導入面接を行い，その地域でふさわしいと思われる保護司に担当を依頼する。その後，毎月数回保護司が面接を行

	い，本人の生活状況を把握し，保護観察所に報告する。 ・保護観察官は，担当ケース全体を見ながら，危機介入場面など必要に応じて本人との面接を行う。また，本人を直接担当し，継続的に指導・援助する場合もある。 ・保護観察中は，通常の生活（家族と一緒に暮らし，学校や仕事に通うなど）を送ることができるが，約束事（遵守事項という。例えば，一定の住居に住んで正業に就くこと，犯罪性のある者や素行不良の者と交際しないこと，転居したり1週間以上の旅行をしたりする場合は保護観察所長の許可を求めることなどがある）を守らなければならない。 ・生活状況がよければ，保護観察は一定期間経過後に終了するが，逆の場合は，保護観察が長期化するうえに，再非行をすれば，家庭裁判所の審判により少年院送致となる可能性も高くなる。
少年院 法務教官など	・家庭裁判所の審判により少年院送致となった子どもを収容し，集中的な矯正教育を行う法務省の施設である。初等少年院（14歳以上おおむね16歳未満を収容），中等少年院（おおむね16歳以上20歳未満を収容），特別少年院（犯罪的傾向の進んだ，おおむね16歳以上を収容），医療少年院（心身に著しい故障のある14歳以上を収容）の4つがある。 ・収容期間は，特修短期（4か月以内），一般短期（6か月以内），長期（原則2年以内。延長もあり得る）に分かれる。 ・少年院に法務教官などが配置され，個別指導と集団指導をミックスした，密度の高い教育が行われる。その教育内容は，生活指導を中心に，職業補導（木工，溶接，ワープロ，園芸など），教科教育，保健・体育，特別活動（行事など）など多彩である。 ・大多数の少年は，仮退院によって少年院を出て，仮退院の期間中に保護観察を受けることとなる。
児童自立支援施設 児童自立支援専門員 児童生活支援員 職業指導員など	・児童福祉施設であり，不良行為をなし，またはなすおそれのある子どもおよび家庭その他の環境上の理由により生活指導などを要する子どもを入所させて，各種指導を行い，その自立を支援する。以前は教護院と呼ばれた。 ・入所のルートは，児童相談所による措置がおもであるが，家庭裁判所による送致（保護処分）もある。 ・施設の多くは都道府県の運営であり，少数の子どもと父母役の職員が起居を共にする小舎制と，集団寮を交代制の職員が担当する大舎制とがある。 ・児童自立支援専門員，児童生活支援員，職業指導員などが配置され，施設によっては小中学校の分校・分教室を併設するなどして，生活指導，職業指導，学科指導などを行っている。

（押切久遠）

▶進路指導に関する連携

専門機関
27 学校訪問の協力要請

場面例とポイント

上級学校訪問を実施したい。手続きがスムーズに行われ、また志望校選びの参考になるようにするには、どうしたらよいか。

❶システムをつくり上げる

上級学校訪問に対応するためのシステムづくりを学年として行うことが大切である。

告知、申込受付の窓口は一つにする。また、子どもに自覚をもたせるために、自分で申込書に記入させる。

❷職員の連携をとる

進路指導担当を中心にしながら、負担が偏らず、仕事の流れがはっきりするような分担を学年の中でつくる。

考え方

①上級学校訪問のためのシステムづくり

受験を控えた３年生になると、各種上級学校から学校説明会や体験入学の案内が学校に多数寄せられる。これらは、時期も集中するため、子どもに連絡するだけでも一苦労である。また、申し込みを子ども個人にまかせれば、教師の負担は減るが、子どもの動きを把握できず、トラブルなども懸念される。

そこで、上級学校訪問のためのシステムを学年として考え、しっかりつくる必要がある。

まず、校内の窓口を一つにする。上級学校訪問の情報はあまりにも多いため、各学級への掲示に対応していくのは大変である。そこで、廊下などの掲示スペースに進路コーナーを設け、そこに上級学校訪問の情報を一括して掲示する。

次に、子どもに自覚をもたせるために、自分で掲示板から情報を探し、校内処理用の申込用紙に必要事項を記入させる方法を校内で確立する。体験入学なら、希望するコースや部活動を記入するなど、必要事項をもれなく書いて提出する必要があるため、「自分は、何の目的で上級学校訪問をするのか」も明らかにすることができる。

②職員の連携

進路指導担当と副担当が、上級学校訪問の窓口となる。校内での情報の掲示、校内処理用の申込用紙の作成、申込用紙の処理、上級学校への連絡などが、おもな仕事になる。この仕事をスムーズに進めるために大切なことは、子どもが必要事項を間違いなく、かつもれなく申込用紙に記入することである。

こうした部分のフォローや心構えなどの指導は、各学級担任が行う。上級学校への願書など、各種書類を正確に期日を守って提出することの大切さを、こうしたところでも子どもたちに強調し、指導していきたい。

> ⚠ 学年の実態に応じたシステムづくりと、職員の連携をしっかりすることが大切！

（保田裕介）

専門機関とのコミュニケーション　9章

▶進路指導に関する連携

専門機関
28 職場体験学習の協力要請

場面例とポイント

職場体験を実施したい。事業所への依頼や職員の連携の仕方など，どうしたらよいか。

❶事業所（体験受け入れ先）を確保する

学区内の事業所を中心に，体験の受け入れを依頼する。一つの事業所で受け入れられる人数は多くないため，多くの事業所を必要とする場合が多い。これからの事業所を新規に開拓する場合は，職場体験を実施する学年だけでなく，学校全体で事業所へのあいさつ回りなどを分担すると負担が少ない。

❷職員の連携をとる

(1)おもに事業所に関係する仕事
(2)おもに学習指導に関係する仕事
(3)おもに生徒指導に関係する仕事
(4)おもに資料やまとめに関係する仕事

実施する学年内で，役割をはっきりさせておく。

考え方

①事業所の確保

職場体験において，多くのエネルギーを必要とすることの一つが，事業所の確保である。公的機関は，こうした受け入れに対して理解を示してくれるところが多いが，それだけでは職種も限られるし，人数の問題もある。学区内の事業所はそれぞれ事情もあり，受け入れがむずかしかったり，人数や時間が制限されることも多い。そのため，なかなか事業所が開拓できない現実がある。近隣の学校同士，事業所についての情報交換をすることも必要であろう。

また，「職場体験学習についてのお知らせとお願い」という形で，職場体験学習の通知とともに，事業所の紹介を保護者にお願いすることも考えられる。

こうしたネットワークを通して，できるだけ多くの業種の事業所を確保し，子どもの職業観や生き方を考える大切な契機としたい。

②職員の連携

事業所に対しての窓口は学年主任や進路指導担当が行う。事前の打ち合わせや実施当日については事業所ごとに担当職員を決め，事故やクレームへの対応などを行う。

職員の仕事分担として，一例ではあるが以下のようなものが考えられる。

・実施計画の立案，事業所データのまとめなど企画・総務・渉外の仕事
・進路学習の計画の立案，事前・事後学習の指導など学習指導の仕事
・班編制や事業所割り振り，マナー指導やお礼状の指導など生徒指導の仕事
・しおりや報告書の作成，活動の記録など資料・記録の仕事

また，実施中の子どもの事故や事業所内での破損等の損害を考慮して，生徒全員が保険の契約をすることが必要である。

> 計画的な取り組みをし，地域との連携，職員との連携を確実に！

（保田裕介）

▶進路指導に関する連携

専門機関 29 奨学制度の説明とすすめ方

場面例とポイント

家庭の経済状況で進学が厳しいと子どもが考えている。本人や保護者へ奨学制度をどう説明したらよいか。

❶奨学制度について知らせる

奨学制度を全校に確実に伝え，その有効性を説明する。みんなが進学希望の中で，不安に思っている子どもへ奨学制度を勧める。

❷保護者への対応

保護者のプライドを考慮して，奨学制度が有効であることを勧める。

考え方

高校・大学進学など，上級学校への進学が経済的に苦しい家庭に対して，各種の奨学金制度が設けられている（利用にあたっては必ず詳細を問い合わせのこと）。

＜代表的な奨学制度＞

・財団法人　交通遺児育英会
　電話 03-3556-0771
・民間非営利団体 あしなが育英会
　電話 03-3221-0888
・独立行政法人　日本学生支援機構 ※
　電話 0570-03-7240（全国共通）
・各都道府県などが実施する奨学制度

これらの制度をうまく適切に利用すれば，経済的には厳しいが進学を希望している家庭には有効である。

①奨学制度について知らせる

経済的に厳しい状況をわかっている子どもは，自分が進学できるか，また進学できたとしても経済的に払い続けられるかの不安をもっている。そんな子どもに対して，奨学制度があることを紹介する。まずは学校全体に奨学制度の存在を周知徹底することが必要である。そのうえで，面接の中でその子どもにあった奨学制度を紹介する。子どもは，そのことで安心し，ほかの子どもと同じように上級学校への進学が可能なことを知り，不安が一つ解消される。

②保護者への対応

家庭の経済状況を保護者側から話してくれれば奨学制度について紹介しやすいが，多くの保護者は家計のことまで詳しくは話さない。そんな場合，事前に子どもから経済状況を確認し，「実は進学の際のお金のことでお子さんが心配していたので……」といったように保護者に奨学制度について紹介する。喜んで受け入れてくれる場合もあるが，プライドを傷つけられたと感じる保護者もいる。あくまでも情報提供と将来の展望について話し合うまでが限界である。

奨学制度を希望し申請する際には，事前に，各機関に電話で各事例について該当するか相談する必要がある。場合によっては，子どもの成績実績や保護者の年収規定などで該当しない場合があるので，各団体と相談することが必要である。

⚠ 各ケースについて，奨学金が利用できるか事前に相談する。

※日本学生支援機構の高等学校・専修学校高等課程の生徒に対する奨学金は，平成17年度入学者以降から各都道府県に業務移管される。

（植草伸之）

▶進路指導に関する連携

専門機関 30 奨学金制度

　親が亡くなったり重度の障害を負うと，子どもは悲嘆にくれるいっぽう，家族の経済的な苦労を心配し，進学をあきらめ，勉学の意欲をなくすことさえある。しかし，就職難の今日，中卒者や高卒者は仕事を得にくい。親の世代から子や孫の世代へと続いてしまいかねない「貧困の連鎖」を断ち切るためには，こうした子どもたちにはさまざまな制度を利用し勉学の機会を得て，自立できる力を養ってほしいと願わずにはいられない。

　奨学金制度には日本学生支援機構や自治体によるものなどがあるが，それらと併用できる制度として「あしなが育英会」の奨学金制度を紹介する。

受給対象：保護者などが病気や災害，自死（自殺）などで死亡したり，著しい後遺障害で働けないため教育費に困っている家庭の子ども（著しい後遺障害とは，身体障害または精神障害などの認定が第3級以上のこと）。

返還方法：貸与終了後6か月経過してから，20年以内で，年賦（12月），半年賦（6月と12月），月賦（毎月）のいずれか（無利子）で返還する。上級学校に進学したり，返還が困難な場合は，願い出により，その間返還を猶予する。

出願書類：各学校の奨学金担当者かあしなが育英会から取り寄せる。また，あしなが育英会のホームページからダウンロードすることもできる。

問合せ先・願書請求先：

あしなが育英会奨学課
〒102-8639 東京都千代田区平河町1-6-8
電話03-3221-0888　FAX03-3221-7676
URL：http://www.ashinaga.org

奨学生募集内容　　2005年現在

	対象	奨学金月額	出願期限	備考
高校奨学生（予約）	高校または高等専門学校進学希望の中学3年生	国公立高校 2万5千円	第1次7/31 第2次12/15	私立高校には入学一時金30万円の制度もある
高校奨学生（在学）	高校または高等専門学校在学生	私立高校 3万円	第1次5/25 第2次9/30	
大学奨学生（予約）	大学または短期大学進学希望の高校3年生など	4万円または5万円	6/30	私立大学には入学一時金40万円の制度もある
大学奨学生（在学）	大学または短期大学在学生		5/25	
専修・各種学校奨学生（在学）	高校卒業を入学資格とする修業年限2年以上の専修学校または各種学校の第1学年に在学している人	4万円	5/25	あしなが育英会の高校奨学生だった人に限る
大学院奨学生（在学）	大学院第1学年在学生	8万円	5/25	あしなが育英会の大学奨学生だった人に限る

（工藤長彦・あしなが育英会）

専門機関
31 遺児の心のケアプログラム

▶進路指導に関する連携

子どもにとって親との死別はこのうえない喪失体験となる。経済的基盤のみならず，精神的・文化的な支えを失うことに等しい。事故や災害，自殺などの突然死はなおさら大きなショックを与える。

「人の死」が取り返しのつかないものだと理解する年齢は10歳前後だといわれている。10歳以前の子どもは，ゲームのようにまた生き返る，どこかへ行っているだけでまた帰ってくるなどと思ったり，そう口に出すこともある。4〜5歳ぐらいで父親を亡くした子が小学校4年生になったとき，突然「お父さんがいないよう」と泣きだしたという例もある。

病気や事故，自殺で亡くなったと理解しても，なぜそれが自分の親なのか納得するには，病気や社会について理解する力が必要となる。それは2つのことを意味する。1つは，「あのとき言うことを聞かなかったからお父さんが死んだんだ」などと，自分の身に引きつけて考えてしまうということ。ここでいちばん大事なのは「あなたのせいではない」と言ってあげることである。もう1つは，親との死別体験を自分のものにするには喜怒哀楽の感情が育ってくる18歳ぐらいまでの時間を要するということである。

死別による悲しみは病気ではなく自然な反応であり，悲しみや親が死んだ以後の変化に対応するには大きなエネルギーを使う。一見，普通にしている子どもたちも「これまでと同じように生活すること」に力を注いでいる。それを親や教師は「もう大丈夫なんだ」と自分の視点から見てしまうことが多い。そのため「がんばって」と教師が励ましても，「これ以上何をがんばればいいのか」と思ってしまう。大事なことは子どもの主導権を奪わず「どんなふうに思っているのか」「何かできることはないか」と寄り添って聞くことだ。

このような，親と死別した子どもたちのための心のケアプログラムがあしなが育英会によって行われている。例えば神戸レインボーハウスでは小中学生の震災・病気遺児のケアを行っている。また高校奨学生のつどい（全遺児対象，毎夏全国9会場，3泊4日）では，レクリエーションやゲーム，野外活動，スポーツ大会，「自分を語ろう」，卒業生による個人面談，スタンツ（寸劇）・ダンスづくり，キャンプファイヤーなどを行っている。このうちの「自分を語ろう（死別体験の語り合い）」は，ふだんなかなか話せない気持ちを分かち合う活動である。仲間の力を借りて自分の痛みと向き合い，「生きる力」を引き出すのである。その後，OBや職員が個人面談で進路相談にのり，大学奨学金や学生寮の利用について説明している。

2006年4月には進学支援の学生寮「あしなが心塾」と小中学生の心のケアをする「レインボーハウス」が併設して東京にオープンする。

（西田正弘・あしなが育英会）

▶特別支援教育に関する連携

専門機関
32 軽度発達障害に関する相談

場面例とポイント

軽度発達障害のある子を担任した。専門的な知識もない自分が，どこに，何を相談すればよいのか。

❶周りを巻き込む

「今日起きたことを愚痴ってもいい？」「A男がまた興奮して，教室を飛び出したんだ」と，一日に起きたことを同僚に話す。長くならないことがコツ。

❷支援が必要なことを隠さない

「○○のような実態で，○○のような手だてを組んでいるのですが，なかなかうまくいきません。ほかに何かいい方法はないでしょうか」「今度，校内の事例検討会で取り上げてくれませんか」

❸コネと組織の利用と連携

「だれかあなたの知り合いで，発達障害に詳しい人はいませんか？ いたら紹介してほしいのだけれど。校長先生はどなたかご存じですか？」

考え方

軽度発達障害の問題に限らず，悩みは一人で抱え込まないことが大切。特にAD/HDなどの困難をもつ子どもがいる場合は，どう段階を踏んで個人から組織へと巻き込んでいくかがポイントである。

①周りを巻き込む

はじめは自分の周りの身近な同僚と情報を共有することをめざす。そのための愚痴であるので単なる悪口ではない。小学校ではほかのクラスの子の実態は聞かないとわからないことも多いので，自分から話すことが大切である。

②支援が必要なことを隠さない

身近な同僚から，学校全体の支援へステップアップする。支援を求めるのは恥ずかしいことではなく，自分から言葉で伝えることが重要。黙っていてはだれも気づいてはくれない。そして，現状の校内組織や会議をどう使うかを考える。生徒指導委員会・特別支援教育委員会・就学指導委員会・教育相談委員会などの会議を利用して実態の報告をすれば，結果的に管理職へも支援の要請をしたことになる。

③コネと組織の利用と外部機関との連携

学校全体の支援から，外部機関からの支援へステップアップする。コネは利用しやすいネットワークなので，どんどん使いたい。校内の特別支援教育コーディネーターを通じてもよし，直接連絡しにくい相手は管理職を通して頼むのもよい。一人のネットワークはたかが知れているが，学校全体のネットワークは思わぬ力がある。

軽度発達障害の問題は，学校だけでは対処がむずかしく，教育・心理・医療などの連携が理想的である。専門機関の人に学校でできるアドバイスをもらい，連携を深めたい。場合によっては校内研修会などの講師として来てもらうことも効果的である。

! 愚痴や弱音をはけるのも才能。

（片桐力）

▶特別支援教育に関する連携

専門機関
33 特別支援学級への通級に関する連携

場面例とポイント

特別支援学級へ通級する子どもがいる場合、連携対応をどう進めればよいか。

❶ニーズの把握
通常学級で子どものできること、できないことなどを具体的な場面ごとにあげ、子どもの見方を整理する。

❷通級担任との情報交換
通級担任と生活面や学習面について情報を交換する。お互いの指導に生かせるヒントが得られる。

❸校内委員会での共通理解と外部機関との支援体制づくり
校内でのシステムをつくる。専門機関との連携も視野に入れてケース会議を実施し、専門機関からのアドバイスをもらう。

考え方

①ニーズの把握

通常学級の中で子どもができること、できないこと、担任が指導可能な部分と不可能な部分、子ども本人や周囲で困っていることなどを具体的な場面ごとにあげ、子どもの見方を整理する。

②通級担任との情報交換

「算数の時間はそわそわして落ち着かないが、国語の音読は落ち着いてできる。でも漢字は書けませんね」など、子どものつまずきや困っていること、良さや行動面の分類を状況に合わせて整理して伝える。今後の支援方法を検討していくうえでは、通級担任との情報交換がかぎと

なる。「通級教室では一人なので落ち着いて、ゆっくりやれば算数もできますよ」など、担任では気づかなかったさまざまな視点から実態を把握することができ、問題を一人で抱え込むストレスも回避できる。連携を取り合うなかで、当面の目標、具体的な支援方法も共通理解できる。スモールステップによる指導を両者で積み重ねていくためにも、定期的に連絡を取り合う方法を可能な範囲で決めておくとよい。

また担任としては、通級学級での指導の工夫や配慮事項が参考になる。これを通常学級に生かしていくことで、本人のみならず、似たようなケースやニーズをもつ子どもの指導にもつながる。

③校内委員会で共通理解と外部機関との支援体制づくり

担任や校内職員による校内支援委員会をはじめ、より専門的な地域の機関(養護学校、教育センター、医療機関など)の支援が得られるよう、校内の特別支援教育コーディネーターと協力して対応を進める。また、保護者は子どもに最も身近な支援者であることも忘れず、支援システムの中に位置づけていく。

⚠ ニーズに対する共通理解と情報交換。そして、それぞれの立場と特性を生かした協力。

(宮下香織)

9章 専門機関とのコミュニケーション

▶特別支援教育に関する連携

専門機関
34 特別支援教育の基礎知識

転換期にある特別支援教育

　平成15年3月に出された「今後の特別支援教育のあり方について（最終報告）」では，「特別支援教育とは，従来の特殊教育の対象の障害だけでなく，LD，AD/HD，高機能自閉症を含めて障害のある子どもの自立や社会参加に向けて，その一人一人のニーズを把握して，そのもてる力を高め，生活や学習上の困難を改善または，克服するために，適切な教育や指導を通じて必要な支援を行うものである」としており，LDなど軽度発達障害の子どもも特別支援教育の範疇に入ることを明言している。

　また，この最終報告では，障害の種類や程度に応じて場を設けて行う教育から，個の教育的ニーズに応じて，より効果的にこたえようとする教育への展開が唱えられている。ノーマライゼイションを原則としたその理念に基づき，従来の盲・聾・養護学校は障害種別を超えたノンカテゴリーの特別支援学校へと転換し，通常の小・中学校では，障害のある子どもも通常の学級に在籍し，必要な時間，特別な支援を特別支援教室で受けられるようにすることや，校内委員会の設置，特別支援教育コーディネーター（以下コーディネーターと記述）を配置することとなっている。

①校内委員会

　LDやAD/HDなど，軽度発達障害のある子どもを早期に把握し，具体的な支援のあり方や専門機関との連携を検討するための中心的な校内組織を指す。

　校内委員会は，コーディネーター，校長，教頭，教務主任，学年主任，学級担任，養護教諭，教育相談担当，特別支援教育担当者など各校の実情に応じて構成される。そして，子どもの様子や教育支援の現状に関する情報収集を行い，その実態把握から個別の指導計画の作成，実施，評価を行い，その子どもと担任へのサポートを行う。

　また，その子どものニーズに応じたより適切な教育支援をスピーディーに行うために，具体的な支援にあたる援助チーム（小委員会）を構成し，メンバーの役割分担を行う。必要に応じて教科学習におけるティームティーチング担当教諭やアシスタントティーチャーなどに協力を依頼することも大切である。この援助チームが実際に子ども自身を支え，さらに担任教師をサポートしていくことになる。チームには，該当する子どもの保護者にも参加してもらい，共に協議できることもぜひ考慮していきたい。

②特別支援教育コーディネーター

　特別な支援を必要とする子ども一人一人のニーズに応じて適切な教育を準備するために，関係者相互の連絡・調整を行うのが「特別支援教育コーディネーター」である。コーディネーターは校内の教諭から指名され，校務として位置づ

けられる。コーディネーターは校内委員会の中心的推進者として，学校内の連絡調整の機能や専門機関との連携の窓口となる役割が期待される。

援助ニーズの大きい子どものニーズにこたえるためには，まず，子どもの状況についての心理教育的アセスメントとそれに応じた個別の指導計画の作成と実践が不可欠となってくる。行動を観察記録し，実態を把握し，次に，その実態に基づいて具体的な支援方針や方法を検討して支援を行う。そしてその際の子どもの状況や結果を評価していく。この繰り返しにより，次の具体的な支援の方法が見えてくる。

しかしこの作業を学級担任一人で行うことはかなり困難である。そこで，この情報の共有，個別の支援計画の作成，実践，支援方法の検討をチームで繰り返していく「チーム支援」の発想によって，校内委員会を運営することが必要となる。

③個別支援計画

援助ニーズが高い子どもに対して，適切な教育支援を効果的に行うために作成されるのが，個別支援計画である。これは指導の目標と内容・支援の仕方を具体化するもので，この個別支援計画により，ニーズに対応した教育支援が行われているかの評価も可能になる。さらに，個別指導計画の作成・実施・評価を繰り返すP-D-S (Plan-Do-See) サイクルを導入すると，より適切な支援が可能となる。

軽度発達障害についての基礎知識

軽度発達障害は，互いに近接している領域であるため，表に現れた状態像から，「この子は，LDなのか，AD/HDなのか，2つの障害を併せもっているのか」などと，しばしば混乱を招くことが多い。このような混乱は，軽度発達障害が脳の中枢神経系の問題とされており，脳の障害には連続性があることに起因していると考えられる。しかし，教育の現場にあっては，診断があって初めて支援が開始されるわけではない。目の前にいる子どもに最も適した対応を考えていくことが大切である。

①学習障害（LD）

学習障害（Learning Disabilities）の特徴は，「基本的には，全般的な知的発達の遅れはないが，聞く，話す，読む，書く，計算する，または推論する能力のうち，特定のものの習得と使用の著しい困難を示す」ことにある。中枢神経系の機能障害とされ，環境的な要因によるものではないとされている。また，情緒，行動の不適応症状を起こすことがあるが，これは，学習障害の中核的な症状ではなく，二次的な障害と考えられる。

支援における基本的な考え方としては，学級担任は，LD児の特性である「認知面における困難さ」を理解し，その子にあった学習課題と学習方法を提示することである。その子にとって無理な課題で

専門機関とのコミュニケーション　9章

はなく，その子が「学習できる状況づくり」を心がけることがポイントである。無理な課題や学習方法を与え続けられると，子どもは自信をなくし，自尊感情をどんどん低めていくことになる。これが進むと，学校不適応などの二次的な障害へ進行してしまうことになる。

②**注意欠陥・多動性障害（AD/HD）**

AD/HDはアメリカ精神医学会の診断基準第4版［DSM-Ⅳ］にある診断名である。［Attention-Deficit/Hyperactivity Disorder］注意欠陥／多動性障害と呼ばれ，その頭文字をとってAD/HDと通常表現されている。AD/HDはドーパミンやセロトニンなどの脳内伝達物質の分泌に問題がある，また，脳の前頭前野の実行機能不全の問題といわれ，以下の3つの症状を中核とする症候群である。

・「不注意」＝注意や集中が適切にできない。空想にふける，よく忘れ物をしてしまう，いろいろな刺激に反応してしまう。

・「多動性」＝目的なく動き回ってしまう。いくら注意しても席を離れる，常に手足を動かしている，落ち着かない。

・「衝動性」＝反応を押さえられず，即座に行動に出てしまう。ルールや順番を守らない，しゃべりだすと止まらない，思いどおりにならないと怒り出す。

AD/HDの子どもにはこの3つの症状が絡み合って，行動特徴として現れてくる。不適応行動としては「多動性」「衝動性」が目立つので注目されやすいが，「不注意」だけの動きの少ないタイプもある。

支援の基本的な考え方として，まず医療機関などにおいて正確なアセスメント（個別の知能検査，チェックリスト）を行い，その子に合った学習方法や能力・長所を見つけ指導に生かすこと，そして，本人を理解し不適応を改善するための環境の調整を周囲が行うことが大切である。また，不適応行動が著しく，本人も周囲も困っているときには，薬物療法（商品名リタリンなどの服薬）もかなり有効であるといわれている。この点からも医療との連携は重要である。チーム支援やティームティーチングによる指導，校内研修で全職員がAD/HDについての理解を深めるなどの校内支援体制を確立することが強く望まれる。

③**高機能自閉症**

自閉症においては，従来その約8割が知的能力のハンディキャップをもつといわれてきているが，その中にあって知的発達にほとんど遅れがみられない自閉症児・者が存在する。このグループが高機能自閉症と呼ばれるグループである。知能指数は正常範囲（ほぼIQ85以上）にあるが，その行動特徴は自閉症の特性をそのまま備えている。

自閉症は，一般にウィングの三つ組と呼ばれる3つの症状がその基本障害とされている。それは，次の3つである。

・社会性の障害
・コミュニケーションの障害
・想像力の障害とそれに基づく行動の障害（こだわり行動）

　社会性の障害は自閉症の中核となる障害である。視線が合わない，一方的に話して双方向の交流ができない，相手の気持ちを思いやることができないなどがあげられる。コミュニケーションの障害はオウム返しや人称の逆転，会話が成立しないなどがある。しかし高機能自閉症においては学習やトレーニングによる言語能力の向上でかなり会話は成立するようになるが，それでも，比喩や冗談がわからなかったり，言葉によらないその場の雰囲気を「以心伝心」したりすることにはソーシャルスキルなどのトレーニング（SST）が必要となる。通常の学級で周囲の理解を得られないまま不適切な対応が繰り返されると，問題行動が表面化し，大きなトラブルへと発展してしまうケースも多い。

　支援における基本的な考え方として，通常の学級における集団学習と特別支援教室における個別・小集団による教科学習やSSTなどを組み合わせた学習形態が望ましいと考える。そして，特別支援教室での学習スキルを通常学級での学習に取り入れて行うとよい。

④アスペルガー症候群

　アスペルガー症候群の子どもたちとは，「高機能自閉症の一部であり，知的な発達の遅れと言葉の遅れがない子どもたち」または，「自閉症の診断基準を部分的に満たすが言語障害が軽微である子どもたち」といわれている。

　私たちは他者と会話するときには，知らず知らずに言語に気持ちを添えている。これは，私たちは他者にも自分と同じように「心」という枠組みが存在し，自分が感じることを相手も感じたり，相手の気持ちを推測したりできるという認識があるからである。これは，「心の理論」といわれる。しかし自閉症児・者にはこの認識の枠組みが欠如していることが多いとされている。さらにアスペルガー症候群の子どもたちは言葉の遅れが少ないので，事実であれば相手が嫌な思いをしてもはっきりと言ってしまったり，場に合わないことも堂々と言ったりするため，対人関係でトラブルが生じることが多く見られる。

　支援における基本的な考え方としては，前項で述べた，高機能自閉症の子どもたちへの対応が参考となる。アスペルガー症候群の子どもは「障害をもっている子」というよりも「変わった子」と思われがちである。しかし，周囲が障害特性を理解すること，場面や文脈を言語化してていねいに伝えたり，ソーシャルスキルの学習をしたりすることで，学校生活にうまく適応していくことは十分可能となる。

（岸田優代）

▶特別支援教育に関する連携

専門機関
35 特別支援教育関係の組織・機関

機 関 対応職員	相談業務の特徴や内容
公的機関	
児童相談所 福祉や医療、心理の専門家 嘱託医 児童福祉司	・全国の都道府県・政令指定都市に設置されている。福祉や医療、心理の専門家がチームを組んで調査や治療、指導を行う。嘱託医の診察も受けられる。 ・学校現場から児童福祉司として児童相談所に派遣されている教員も増えつつあり、学校現場との連携も強化されている。
教育センター・教育相談所・教育研究所 指導主事・カウンセラー 相談員	・都道府県や市町村により名称は異なるが、教職員の研修や教育研究を目的に教育委員会が設置している。子どもに関する相談センターを併設しているところが多い。 ・都道府県では発達センターなどの名称で、おもに障害児を対象としている機関もある場合が多い。 ・軽度発達障害に関する専門家のレベルはさまざまであるが、地域に密着している分、きめ細かなサポートが期待できる。教師の相談も受けつけている。
大学付属教育センター 相談員 カウンセラー 大学教員	・心理系や教育系の国公立・私立大学に併設されている相談機関。研究や学生の教育がおもな目的であるが、相談や検査ができるところが多い。名称は、教育実践センターや相談室などさまざまである。 ・高いレベルでのサポートが期待できる反面、数は少なく、交通機関などかなり条件が整わないと利用しにくい点がある。 ・国立の機関としては、独立行政法人国立特殊教育総合研究所がある。
通級制の特別支援教室 相談員	・国のモデル事業ではあるが、通級制の情緒障害学級を設置し、広範囲から軽度発達障害の子どもたちを支援する試みが開始された。 ・スタッフもそろっており、個別指導やソーシャルスキルの習得が期待できる。
保健所 医師・保健師	・子どもの発育・発達に関する相談・指導を行っている。
療育センター (マザーズホーム) 言語聴覚士・理学療法士・臨床心理士・保健師・医師など	・おもに就学前の発達に遅れや障害のある子どもを対象とした施設で、おもな市町村が設置している。 ・言語聴覚士・理学療法士・臨床心理士・保健師・医師などが発達心理検査、訓練、治療を行っている。保護者の孤立を防止するうえで有効である。
専門家チーム 教育、心理、医療の専門家	・学校の要請を受けて、おもに県の教育委員会が組織する発達障害の専門家で編成されたチーム。 ・教育、心理、医療の専門家がメンバーとなり、アセスメントや指導法についての助言が得られるが、チームの数に限りがあるので、校内の特別支援教育コーディネーターや巡回相談員との連携が欠かせない。
民間機関 カウンセラー	・さまざまな団体があり、AD/HD・LD・高機能自閉症・アスペルガー症候群などの障害別に組織されている。詳細は各団体のホームページで見ることができるが、個別の指導や検査などは有料となるところが多い。

医療機関 医師	・全国的に組織されている全国LD親の会・YMCA・NPO法人えじそんくらぶ・日本LD学会などが情報を発信している。 ・発達障害や子どもの精神・神経を専門とする医師は，日本において数少ない。医療機関もおもに関東近辺に集中している傾向がある。 ・病院を保護者に紹介するには，リスクを伴うこともある。見放され感や病気扱いされたという不信感が先行しては効果も半減する。あくまでも紹介する側と保護者の信頼感が基盤にあってこその医療へのつなぎであるので，単に診断名を得るためとか，投薬の要請だけのために紹介することは保護者との信頼関係を損ないかねない。

＜おもな医療機関＞

名称	電話番号	住所
国立精神・神経センター国府台病院（児童精神科）	047-372-3501	千葉県市川市国府台1-7-1
国立成育医療センター	03-3416-0181	東京都世田谷区大蔵2-10-1
東京都立梅ヶ丘病院	03-3323-1621	東京都世田谷区松原6-37-10
東京大学医学部附属病院	03-3815-5411	東京都文京区本郷7-3-1
千葉市立青葉病院	043-227-1131	千葉県千葉市中央区青葉町1273-2
千葉県子ども病院	043-292-2111	千葉県千葉市緑区辺田町579-1
㈳発達協会王子クリニック	03-3903-3311	東京都北区赤羽南2-10-20
まめの木クリニック	03-3671-5360	東京都江戸川区東小岩5-33-23
司馬クリニック	0422-55-8707	東京都武蔵野市境2-2-3渡辺ビル
クリニック・かとう	044-522-0011	神奈川県川崎市幸区中幸町3-32-7 光和ビル3F
よこはま発達クリニック	045-942-1077	神奈川県横浜市都筑区茅ヶ崎中央7-7

※受診は基本的に予約が必要なので，必ず事前に問合せのこと。

＜おもな療育・相談機関（公立を除く）と関係団体＞

名称	連絡先	住所・ホームページ
のぞみ発達クリニック	TEL 03-3627-9029	東京都葛飾区高砂7-26-3
全国LD親の会	jpald@mbm.nifty.com	http://www.normanet.ne.jp/~zenkokld/
㈶東京YMCA「ASCAクラス」	TEL 042 577 6181	http://tokyo.ymca.or.jp/ld/asca/
NPOえじそんくらぶ	FAX 04-2962-8683	http://www.e-club.jp/
㈳日本自閉症協会	TEL 03-3545-3380	http://www.autism.or.jp/

　おもに軽度発達障害の機関について取り上げ，福祉関係は除いた。上記のほかにも数多くあるが，公的な相談機関については，各都道府県・市町村の教育委員会に問い合わせてほしい。それらの相談機関をまとめたものに『教師・親のための子ども相談機関利用ガイド』（ぎょうせい）が出ている。

（片桐力）

▶特別支援教育に関する連携

専門機関
36 特別支援教育での担任の連携相手

連携する人	連携の内容と役割
特別支援教育コーディネーター	・平成15年3月に提言され，校内の関係者や関係機関との連絡・調整や保護者の相談窓口としての役割を担っている。LDやAD/HDなど軽度発達障害に関する研修も受けており，基礎的知識がある。 ・特殊教育担当者ばかりではなく，教頭や教務主任，養護教諭など職種はさまざま。導入されたばかりで成果はまだ明確には出ていないが，定着すれば支援の中核になる存在である。
特殊学級担当者	・最も身近な支援者になりうる存在。貴重なノウハウを提供してくれる。 ・特殊学級といっても，知的障害，言語障害，情緒障害とそれぞれの分野があり，それぞれの子どものニーズに応じた対応が必要となる。自校に特殊学級が設置されていない場合の通級学級の教師も専門性があり，相談窓口となってくれる。
養護教諭	・ほとんどの養護教諭が軽度発達障害の研修を受けており，担任とは異なる役割，距離感をもって子どもと接することが可能である。 ・保健室は，パニックになったときの一時的な居場所やメンタルケアには欠かすことができない。日常的に接することができるのは，専門機関にはない強みである。第一次的には校内での連携が不可欠である。
養護学校教員	・重度の子どもを扱っている経験があり，パニック行動や障害の程度による対応のヒントがもらえる。 ・養護学校自体も地域のセンター的な役割をもとうとしているが，LDやHFA（高機能自閉症）のような軽度の発達障害についてはあまり経験がないことも事実であり，通常学級との人事面での連携も必要とされる。
通級学級指導教員	・地域によっても異なるが，言語や情緒障害などをもつ子に対して，ある一定の時間に，その障害の程度により個別の支援をする教員。複数の学校を担当することが多い。 ・専門的知識をもち，発達検査も可能である。客観的な助言ができ，距離感をもって保護者とも相談できる立場なので，担任と緊密な連絡を取ることがかぎとなる。
カウンセラー	・臨床心理士を中心にさまざまな資格があるが，発達障害に関する知識を有しているかはさまざまである。 ・学校では治療というより本人や保護者の心理的ケア，教師へのコンサルテーションなどで連携を図る場合が多い。高校，中学校を中心にスクールカウンセラーとして配属されているが，小学校でも相談は可能である。 ・病院所属の臨床心理士は，発達検査や行動観察，保護者面接の結果をもとに医師との連携を図っている。

医　師	・かつては学校と互いに連携することは多いとはいえなかったが，現在では教育・心理・医療の連携が必要とされ，学校での様子を記載した調査票に記入して，診断や投薬の参考にする医師や病院が増えるなど連携が深まってきている。 ・発達障害に関心をもつ医師も増えつつある。
言語聴覚士	・聴覚障害，言語発達遅滞，失語症，構音障害などを担当する国家資格による専門職で，おもに病院や保健センターに勤務している。 ・学習障害の場合は，視覚や聴覚の認知に問題を抱える子どもも多いので，アセスメントや指導法についての助言は参考となる。
巡回相談員	・特殊学級を担当した教員や知識をもつ専門家。学校を巡回し，子どもの行動や学校の相談に具体的にこたえてくれる。 ・おもに都道府県や市町村の教育委員会に所属している。 ・校内の特別支援コーディネーターと連携しながら，校内委員会に助言をしたり，専門家チームとつなぐ役割ももっている。
ボランティア	・プライバシーや専門性の問題があり，だれでもというわけにはいかないが，個別学習指導，グループワークやソーシャルスキルトレーニングの場面で，障害児教育を専攻としている学生や親の会のメンバーなど心強い支援者となり得る。 ・特別支援教育を進めるうえで，社会的な基盤を強化するためにも，システム化されたボランティア活動の拡大が望まれる。

（片桐力）

■さくいん

◆A～Z

AD/HD →注意欠陥・多動性障害
LD →学習障害
PTA　269, 273, 284, 286, 305, 312, 481, 496, 516, 521, 527
Q-U →楽しい学級生活を送るためのアンケート
SGE →構成的グループエンカウンター
SST →ソーシャルスキルトレーニング
TT →ティームティーチング

◆あ

あいさつ　**62**, **70**, 71, 72, 151, 152, **360**, 365, 442, **478**
アイネス　140, 179, 190, 247
アイメッセージ　20, 26, **31**
アサーション（スキル）　150, 155, 371, 403
朝の会　91, 123, 221
アスペルガー症候群　573
アセスメント　28
遊ぶ（遊び）　**116**, 296, 297
アンケート　81, 207, 244, 285, 287, 494
安全（対策）　321, 516
家出　306, 461, 462, 553
いじめ　73, 81, 89, 133, 179, 186, 209, 210, 224, 228, 229, 247, 295, 308, 411
一般意味論　43
イラショナルビリーフ　29, 36, 170, 365, 375, 415, 423
インターネット　321
ウィネス　140, 179, 247

うわさ　177, 400, 498, 504
運動会　240, 495
エンカウンター →構成的グループエンカウンター
援助交際　188
オープンスペース　408
お知らせ →プリント
オリエンテーション　134

◆か

会議　364, 386, 389
外在化　173
介入　**34**, 137
回覧板　523
会話　24, 47, **49**, 361
カウンセリング　**28**, 381
帰りの会　91, 124, 221, 227
係（活動）　116, 117, 121
学習　147, 148, 206, 313
学習障害（LD）　571
学年（団）　376, 378, 395, 396
価値観　214, 254, 336, 337
学級経営　109～130, 315
　学級経営の方針　109, 255, 259
　学級の雰囲気　98, 222
学級懇談会　257, 259, 286, 287
学級便り（学級通信）　258, **268**, 287, 328
学級開き　109, 255
学級崩壊　305, 315
学校開放　285, 494, 505, 506
学校経営　269, 450, 491
学校便り　481, 523, 524

学校評議員会　450, 479, 481, 491, 500
家庭（環境）　343〜352
家庭裁判所　551, 555, 557, **558**, 561
家庭内暴力　547
家庭訪問　**272**, 279, 294
金　209, 297, 347, 382, 418, 541
観察　24, 84, 116
感情交流→パーソナルリレーション
管理職　324, 426〜475
机間指導　99
危機介入　411, 424
聞く　49, 77〜82, 108, 113, 141, 173, 215
規則・規範・決まり→ルール
喫煙　187, 193, 208, 237, 302, 505
技能士　383, 387
器物破損　167, 297, 556
虐待　212, 334, 350, 474, 529, 540
休暇　368, 369, 416, 417, 440
救急車　300, 533
給食（昼食）　125, 160, 384, 536, 541
教育センター　**542**, 544, 545, 546, **548**, **574**
教科（団）　379
共感　**30**, 77, 397
教材　372, 379, 382, 383
行事　92, 126, 220, 249, 250, 283, 284, 391, 492, 505〜512, 556
教室　118, 365, 383, 387
業者　320, 363, 385
教頭　450, 451
距離　46, 74, 403
キレる　169
緊急連絡網　261, **262**

苦言　374, 375, 445
苦情　51, 60, 309, 355, 356, 357, 412, 444, 470, 497, 499, 502
クラスがえ（学級編成）　323
グループ　75, 78, 138, 223, 226, 228, 237, 238, 239〜244, 423
グループエンカウンター→構成的グループエンカウンター
グループ学習　241, 243
グループワーク　122
敬語　154, 258, 376
警察　137, 299, 461, 462, 534, 537, 540, 543, 547, 551〜556, **560**
掲示（物）　96, 117, 118, 387
掲示板　482, 524, 563
携帯電話　163
軽度発達障害　568, 570
けが　261, 272, 293, 294, 471, 532
ゲストティーチャー　283, 507, 521
欠席　128, 204, 205, 212, 261, **274**, **275**, 350, 463
けんか　34, 272, 293, 555
健康観察　123
健康診断　280, 536
現実原則　37, 63, 175, 226
高機能自閉症　572
高校　207, 429, 467
構成的グループエンカウンター（SGE）　33, 87, 122, 194, 207, 220, 244, 269, 286
校則　26, 27, **136**, 163, 236, 271, **319**
校長　65, 426, 428, 429, 450, 451
行動療法　150

579

行動理論　40
校務分掌　380, 396, 399, 446
声　45, 70
声かけ　74, 75, 76, 153
コーヒーカップ方式　22, 170
誤解　256
個人情報　262, 386
言葉遣い　154, 155, 258, 402
断る　335, 353, 354, 371, 418, 419, 420, 511
個別指導　105, 436, 438
個別配慮　288
コミュニケーション　20〜61, 252〜259, 360〜375, 478〜482
コメント　100, 102, 126

◆さ

作品（展示）　102, 117, 535
サポート　409, 410, 415
ジェスチャー　47
しかる　86〜90, 202, 203
時間　318, 364
私語　108, 112, 157, 342
事故　300, 426, 428, 430
自己イメージ　197
自己開示　**33**, 39, 91, 111, 123, 140, 222, 259, 286, 488
自己主張　140, 401
自殺未遂　460, 461
支持　28, 79, 409
指示　28, **38**, 92, 153, 428, 430
思春期　114, 176

自治会　483, 501, 513, 519
実存主義　42
質問（技法）　26, 28, 32, 79, 80, 171
児童自立支援施設　559, 562
児童相談所　212, 331, 474, 540, **542**, 546, 549, 551, 554, **560**, 574
指導不服従→反抗
事務職員　331, 382
指名　95
締切　397, 407
集会　131, 132, 133, 137, 226, 390, 438
就学援助　346, 348
修学旅行　115, 320
宗教　341, 509
授業　93〜108, 233, 235, 313, 398, 441
授業研究　370, 379, 392, 393
授業参観　264, 342
授業不成立　234, 238
塾　338, 514
宿題　119, 149, 159, 338
出張　364, 366, 373, 427, 439
守秘義務　349, 504
受容　28, **30**, 77, 79
障害　290, 292
奨学（金）　565, 566
小学校　108, 113, 525, 527
商店（街）　513, 514, 552
少年院　**557**, 562
少年鑑別所　551, **557**, 561
少年補導センター　**549**, 551, 552, 553, **560**
情報収集　75, 139, 306, 372, 494
情報提供　35

580

職員室　361, 363, 365, 387, 388, 394, 400,
　　423
職場体験学習　53, 515, 521, 527, 564
助言　36, 434
資料　386, 389, 390
深夜徘徊　185, 461
進路(指導)　304, 563〜567
スクールカウンセラー　340, 536, 543,
　　544, 546
ストレス　150, 423, 440, 449
ストローク　93, 149, 403
スピーチ　**50**, 91, 123
性　188, 192, 298, 537
生活習慣　303, 447
青少年対策地区委員会　500, 519, 527
精神疾患　340, 351, 449, 466
精神分析　41
精神保健福祉センター　**542**, 546, 554
生徒指導　131〜143, 414
整列　131, 132
席がえ　122
セクハラ　403, 452
窃盗　137, 231, 299, 555
説得　28, **37**, 401
専門機関(専門家)　466, 532〜577
掃除　83, 85, 90, 225
ソーシャルスキル(トレーニング:SST)
　　174, 196, 210, 254, 397, 573
ソーシャルリレーション(役割交流)
　　376, 388
早退　276, 367
相談　80, 278, 290, 409〜415, 458〜475

卒業式　512, 556
祖父母　332

◆た

退学　207, 429, 467, 550
大学　544, 547, 550, 574
対決　28, **39**, 401
耐性　141
体罰　273, 430, 431, 432
楽しい学級生活を送るためのアンケート
　　(Q−U)　194, 413, 445
頼む　370, 372, 397, 454
地域　68, 478〜530
チーム(援助チーム)　181, 252, 292, 307,
　　340, 433, 435, 438, 529, 570
遅刻　135, 149, 156, 232, 367, 453
チャイム　94, 106, 495
着席指導→離席
注意　86〜90, 151・193, 214, 223〜238,
　　456
注意欠陥・多動性障害　572
中学校　490, 525, 527
町会(町内会)　481, 483, 496, 513, 519,
　　527
朝礼→集会
通級(教室)　569, 574, 576
通信簿　314
伝える　91, 92
つまずき　99, 104, 206
ティームティーチング(TT)　104, 408
提出(物)　119, 159
手いたずら　108

手紙　**52**,128,**264**,328,535
適応指導教室　**545**,546,**548**
点呼　114
電話　**51**,**66**,**260**,274,275,355,**362**,502
頭髪指導　136,164,447
同僚　64,360〜424,475
特別支援教育　21,568〜577
特別支援教育コーディネーター　568,570,576
図書館　384,520

◆な

名前　49,73,85,93,138
日記（指導）　126
日直　387
入院　343,534,535
入学式　512,556
妊娠　298,469,537
ノート（指導）　99,100

◆は

パーソナルリレーション（感情交流）　376,388,405
発言　95,96,98,107,176
発達（の遅れ）　538,539
発表　82,96,97,98,107,176
発問　97
話し合い（活動）　97,171,**244**,248
話し方　91,390
班（活動）　120,239〜244
反抗　27,44,138,215,235,436,437,438,472
反省（文）　139,142,193
班長　120,239,241,243,244
ひきこもり　546
非言語（コミュニケーション）　**44〜48**,67,216,246,403
非行　137,143,185〜193,237,551〜562
非行グループ　189,192,237
ビデオ　56,390
病院　277,300,532,533,534,543,547,575
病院内学級　535
表情　44
部活動　130,316,317,324,468,470,520
福祉事務所　541
服装　48,67,406,448,489
服装指導　136,162,165,447
不審者（対策）　285,426,501,516,527
不登校　57,128,204,205,245,246,291,307,411,433,434,435,463,473,544〜550
プライバシー　394,428,504
フリースペース（フリースクール）　546,549
プリント（お知らせ）　266,279,282,287
ふれあい　99,111
文化祭　513,522
別室登校　307,374
報告　426,427,455,458〜471
防災　480,487,490,517,518
暴走族　190,191,192
暴力　137,168,294,500,556
ホームページ　482

保健室　200, 201, 276, 277, 280, 381, 464
保健所　351, 534, 540, **543**, 546, **549**, **574**
保護観察官　528, 557
保護観察所　**557**, 561
保護司　481, 527, 528, 557
保護者　252〜357, 412, 432, 434, 437, 444,
　　　470, 472, 473, 474
保護者会　255, **269**, 273, 305
保護者面談→面談
補習授業　281
補助自我　209
補導　188, 461, 555
ほめる　83〜85, 102, 124, 146〜150, 216,
　　　220〜222, 441

◆ま

マスコミ　273, 428
マナー　**48**, 112, 160, 394
万引き　137, 186, 414, 459, 552, 555
民生委員　331, 527, 529, 540, 541
メール（Eメール）　54
面接　**26**, **27**, 229, 445
面談　**253**, 266, **270**, 279, 281, 304, 313,
　　　339
問題行動　137〜143, 193, 211, 302, 309,
　　　556

◆や

薬物　554
役割交流→ソーシャルリレーション
休み時間　75, 116, 217, 293, 296

ユーメッセージ　31, 152
養護教諭　201, 212, 381, 464, 532, 536,
　　　537, 538, 576

◆ら

来校依頼　271, 302
リーダー　131, 240
リストカット　201, 301, 460
離席（着席指導）　94, 106
リチュアル　132, 158
リフレーミング　84, 195, 309, 434
リレーション　**22**, **23**, 143, **257**, 286〜292,
　　　443
ルール（規則・規範・決まり）　87, 89, 93,
　　　111, **115**, **133**, **134**, 136, 137, 138, 141,
　　　143, 156〜167, 175, 238, 447
連絡　274〜282
連絡帳　126, 158, **263**, 327, 328, 343, 535
論理療法　29, 36, 150, 170

◆わ

わがまま　120, 175
忘れ物　158, 290
ワンネス　140, 179, 247

■執筆者紹介（五十音順）

2005年4月1日現在

赤崎　俊枝	岩手県立東和高等学校教諭
明里　春美	千葉市立花見川第一中学校教諭
明里　康弘	千葉市立花見川第二中学校教諭
秋元　典子	千葉市立磯辺第一中学校教諭
浅井　　好	千葉大学教育学部附属中学校教諭
浅川　早苗	都留市立東桂小学校教諭
朝倉　一隆	広島県教育委員会指導主事
阿部　明美	小山市立小山城南中学校教諭
阿部　千春	秋田県立秋田明徳館高等学校教諭
阿部　美知子	エルベ臨床心理研究センター研究員
阿部　由紀	鶴岡市教育研修所教育相談員
新井　　肇	埼玉県立小川高等学校定時制教諭
淡路　亜津子	秋田県立雄物川高等学校教諭
安藤　俊昭	山形県教育センター指導主事
飯島　修治	東星学園中学・高等学校教諭
飯田　　良	千葉市立新宿中学校教諭
飯野　哲朗	静岡県立池新田高等学校教頭
石川　まゆみ	千葉市立高浜中学校教諭
石川　芳子	練馬区立仲町小学校主幹
石黒　康夫	荒川区立第四中学校校長
板垣　市子	山形市立第三中学校教諭
板坂　佳奈江	東根市立東根中部小学校教諭
井戸　　仁	亀岡市立育親中学校教諭
伊藤　勝博	千葉敬愛短期大学専任講師
伊藤　敏行	掛川市立桜が丘中学校校長
稲葉　悦子	富山県上市町立宮川小学校教諭
井上　悦子	青森県立青森中央高等学校養護教諭
井上　千津子	千葉市立検見川小学校養護教諭
入駒　一美	岩手県立宮古商業高等学校養護教諭
岩本　吉美	酒田市立広野小学校教頭
植草　伸之	千葉市教育センター指導主事
内田　みどり	千葉市立千城台南中学校養護教諭
及川　哲子	盛岡市立見前小学校教諭
大泉　　勉	千葉市立高浜第三小学校教諭
大江　庸子	山形市立高瀬小学校教諭
大久保　牧子	岩手県金ヶ崎町立金ヶ崎小学校養護教諭
大越　恵子	岩手県立一関工業高等学校養護教諭
大澤　幸子	旭市立第一中学校養護教諭
大関　健道	野田市教育委員会指導主事
大高　千尋	静岡県教育委員会中部教育事務所指導主事
大竹　直子	跡見学園女子大学短期大学部カウンセラー
大舘　昭彦	流山市立南部中学校教諭
大谷　哲弘	岩手県立黒沢尻工業高等学校教諭
大友　秀人	青森明の星短期大学教授
大野　雄子	千葉敬愛短期大学専任講師
岡田　　弘	東京聖栄大学助教授
岡庭　美恵子	前橋市立城南小学校教諭
小川　暁美	盛岡市立見前小学校教諭
奥田　和徳	岡山家庭裁判所調査官
小澤　典夫	千葉県立袖ヶ浦養護学校教諭
押切　久遠	上級教育カウンセラー
小野寺　正己	盛岡市子ども科学館学芸指導主事
折舘　美由紀	岩手県立雫石高等学校養護教諭
甲斐田　博高	相模原市立大野台小学校教諭
粕谷　貴志	都留文科大学講師
片桐　　力	千葉子どもと親のサポートセンター研究指導主事
片山　養子	今治市立近見中学校養護教諭
勝田　真至	印西市立西の原小学校教諭
門永　由美	千葉県立京葉工業高等学校教諭
金井　勝代	千葉市立高浜第一小学校非常勤講師
金山　健一	函館大学専任講師
鎌田　直子	秋田市立上北手小学校教諭

神尾 通明	埼玉県立羽生高等学校教頭	斎藤 英男	埼玉県立所沢養護学校校長
亀谷 陽三	京都教育大学附属桃山小学校教諭	齊藤 優	千葉市立千城台西中学校教諭
亀山 益恵	川崎市総合教育センター指導主事	齋藤 美由紀	広島県立教育センター指導主事
加勇田 修士	東星学園幼稚園園長，小・中・高等学校校長	坂本 洋子	日本赤十字九州国際看護大学特任教授
苅間澤 勇人	岩手県立雫石高等学校教諭	櫻井 利行	千葉市立登戸小学校教諭
川端 久詩	横須賀市立公郷中学校相談学級教諭	佐々木 美根子	上級教育カウンセラー
河原 治	国立富山工業高等専門学校講師	佐々木 良重	さいたま市立指扇小学校教諭
川原 詳子	岩手県立一関第二高等学校養護教諭	笹原 英子	山形県舟形町立長沢小学校教諭
川村 淳	北上市立黒沢尻東小学校教頭	佐藤 昭雄	青森県立三本木高等学校教諭
神田 浩二	広島県立宮島工業高等学校教諭	佐藤 和	山形県中山町立長崎小学校教諭
菊地 章子	南砺市教育センター指導主事	佐藤 勝男	青森明の星短期大学副学長
菊池 進	寒河江市立陵南中学校校長	佐藤 克彦	山形県教育庁庄内教育事務所指導主事
菊地 まり	高等学校教諭，専任カウンセラー	佐藤 惠子	長井市立致芳小学校教諭
岸田 優代	信州大学教育学部附属養護学校教諭	佐藤 健吉	秋田市立泉中学校教諭
木村 慶子	山形県藤島町立藤島小学校教育相談員	佐藤 謙二	大船渡市立第一中学校教諭
工藤 長彦	あしなが育英会事務局次長，奨学課長	佐藤 節子	山形市立大曽根小学校教頭
工藤 雅敏	板橋区立赤塚第一中学校校長	佐藤 康子	青森市立造道小学校校長
小暮 陽介	富山県総合教育センター客員研究主事	静間 慎一	成田市教育委員会指導主事
小坂井 邦雄	富山県立小杉高等学校教諭	品田 笑子	江戸川区立第二松江小学校教諭
小柴 孝子	千葉県子どもと親のサポートセンター研究指導主事	柴﨑 武宏	埼玉県立岩槻高等学校校長
		柴田 綾子	岩手県大野村立向田小学校養護教諭
後藤 玲子	寒河江市立陵南中学校教諭	島田 勝美	横手市立金沢中学校教諭
小林 昭文	埼玉県立岩槻高等学校教諭	島田 牧子	秋田県立羽後高等学校養護教諭
小林 強	京華学園教育相談室室長	島田 正美	埼玉県立上尾高等学校校長
小松 礼子	千葉市立真砂第一小学校教諭	清水 井一	上尾市立南中学校校長
小峰 秀樹	埼玉県立三郷北高等学校教諭	社浦 淳子	富山県高岡教育事務所指導主事
小室 哲範	村山市立戸沢小学校校長	新保 満夫	高岡市立戸出中学校教諭
齊木 雅仁	甲府市立北東中学校教諭	杉沼 慶子	山形県山辺町立山辺小学校教諭
齊藤 智恵子	秋田県田沢湖町立生保内小学校教諭	鈴木 稔	千葉市立緑が丘中学校教諭
齋藤 俊子	上山市立本庄小学校教諭	住本 克彦	兵庫県立教育研修所・心の教育総合センター主任指導主事

瀬尾 尚隆	札幌市立平岡緑中学校教諭
関川 昭子	千葉市立真砂第二中学校教諭
相馬 良一	青森市立沖館中学校教諭
曽山 和彦	秋田県教育庁管理主事
高石 ゆみ子	千葉県野栄町立野田小学校教諭
髙島 英公子	高岡市立下関小学校教諭
髙野 利雄	立教池袋中学・高等学校教諭
髙橋 さゆ里	横手平鹿不登校適応指導「南かがやき教室」専任指導員
髙橋 美恵子	千葉県大網白里町立大網小学校講師
髙橋 百合子	千葉県多古町立多古中学校教諭
高畑 晃	国立立山少年自然の家専門職員
高柳 修	東京成徳大学深谷高等学校教諭
竹崎 登喜江	東京都公立中学校スクールカウンセラー
武野 修治	富山市立大沢野中学校カウンセリング指導員
田島 聡	神奈川県立西湘高等学校教諭
田中 和子	習志野市立第七中学校教諭
田中 桂子	山形県真室川町立安楽城小学校教諭
地井 賢一	千葉県立白里高等学校教諭
千田 雅子	岩手県立岩谷堂農林高等学校養護教諭
茅野 眞起子	都立新宿山吹高等学校教諭，専任カウンセラー
茶畑 悦子	岩手県立岩谷堂高等学校養護教諭
柘植 和洋	千葉市立稲浜中学校教諭
辻 隆造	神奈川県立総合療育相談センター療育課長
対馬 充	青森県立木造高校車力分校教頭
土田 雄一	千葉大学助教授
土屋 秋雄	掛川市教育センター教育相談員
坪内 俊輔	埼玉県立越谷西養護学校教諭
寺内 真	富山県入善町立桃李小学校教諭
寺村 路代	広島県立賀茂高等学校養護教諭
富樫 智枝	山形県朝日村教育委員会教育相談員
戸成 博宣	砺波教育事務所主任指導主事
冨田 久枝	山村学園短期大学助教授
中居 千佳	横浜市立市ヶ尾小学校教諭
中下 玲子	岩手県立西和賀高等学校養護教諭
長須 正明	東京聖栄大学専任講師
中田 尚吾	水沢市立水沢南小学校教諭
仲手川 勉	平塚市立金田小学校教諭
永見 章	渋谷区立原宿外苑中学校副校長
中村 成宏	御前崎市立白羽小学校教諭
仲村 將義	沖縄県立南風原高等学校教諭
中村 道子	全国養護教諭連絡協議会名誉顧問
中村 和賀子	埼玉大学教育学部附属教育実践総合センター教育相談研究員
中山 光一	石岡市立国府中学校教諭
中山 志保子	千葉市立朝日ヶ丘小学校養護教諭
成瀬 栄子	特定非営利活動法人セカンドスペース代表理事長
西田 正弘	あしなが育英会つどい課長
根田 真江	宮古市立崎山中学校教頭
根塚 好子	黒部市立鷹施中学校養護教諭
野中 真紀子	もと埼玉県立大宮北養護学校教頭
橋本 登	さいたま市立与野東中学校教諭
蜂屋 隆子	板橋区立志村第三中学校副校長
原田 孝治	周南市立鼓南中学校教頭
原田 友毛子	所沢市立北小学校教諭
馬場 睦子	千葉市立高洲第一中学校教諭
日高 貞雄	千葉市立花見川第一中学校教諭
平江 正実	千葉市立葛城中学校教諭
平田 元子	千葉市立園生小学校教諭
平林 かおる	千葉市立打瀬小学校教諭

平宮　正志	特定非営利活動法人日本教育カウンセラー協会
広橋　里志	富山県教職員組合執行委員長
深瀬　薫	山形大学附属中学校副校長
福田　寛	千葉市立幕張本郷中学校教諭
藤川　章	杉並区立中瀬中学校校長
藤浪　聡	大阪市立西中学校教諭
藤村　一夫	盛岡市立見前小学校教諭
古井　美忠子	岩手県　戸町立一戸中学校養護教諭
別所　靖子	さいたま市立大砂土東小学校教諭
北條　博幸	東和大学附属昌平高等学校教諭
細川　彩子	岩手県大東町立猿沢小学校教諭
細川　直宏	岩手県藤沢町立新沼小学校教諭
堀篭　ちづ子	岩手県西根町立大更小学校養護教諭
本多　豊	山本学園高等学校教諭
牧田　康之	市原市立湿津中学校教頭
増渕　邦夫	浜松市教育委員会指導主事
松田　孝志	明治大学付属明治高等学校・中学校教諭
松本　昌治	埼玉県立深谷第一高等学校校長
丸山　里奈	おおたクリニック（もと都立高等学校教諭）
水上　和夫	小矢部市立蟹谷小学校校長
水上　克美	南砺市立福光西部小学校教諭
水田　美智子	千葉市立新宿小学校教諭
水畑　久美子	富山市教育センター教育指導員
南方　真治	和歌山県立和歌山工業高等学校教育相談室長
宮下　香織	柏市立藤心小学校教諭
深山　寛	昭和学院秀英中学校・秀英高等学校事務次長
宮本　明	旭市教育委員会課長補佐
武藤　榮一	群馬県総合教育センター指導主事
村田　巳智子	富山市教育センター指導主事
森　悦郎	新湊市立新湊小学校教諭
森　憲治	三重県教育委員会指導主事
森岡　耕平	府中市立府中第八中学校教頭
森沢　勇	富山県舟橋村立舟橋小学校校長
諸富　真奈美	千葉県警察少年センター主任少年補導専門員
矢島　基一	野田市立みずき小学校教諭
保田　裕介	千葉市立蘇我中学校教諭
安塚　郁子	千葉市立磯辺第二中学校教諭
安原　敏光	広島県教育委員会生徒指導係長
簗瀬　のり子	矢板市立矢板中学校教諭
山口　励介	浦安市立美浜北小学校教諭
山垣内　雅彦	広島県教育委員会指導主事
山﨑　さなえ	成田市立遠山中学校スクールカウンセラー
山宮　まり子	柏市立風早北部小学校教頭
山本　一美	水沢市立水沢南小学校教諭
山本　葉子	高知県立高知東高等学校教諭
行木　順子	旭市立中央小学校教諭
吉澤　克彦	新潟県教育庁下越教育事務所指導主事
吉田　講子	岩手県胆沢町立小山中学校養護教諭
吉田　茂	藤沢市立富士見台小学校教諭
四杉　昭康	富山県総合教育センター研究主事
米田　薫	関西国際大学助教授
米山　成二	神奈川県立総合教育センター研修指導主事
若宮　智	広島県立宮島工業高等学校教諭
渡辺　淳子	岩手県岩泉町立大川中学校養護教諭

■編集者紹介

佐藤勝男　さとう・かつお　　　　　　　　　　　　　　【第7章担当】

青森明の星短期大学副学長・現代コミュニケーション学科教授。東京理科大学Ⅱ部理学部化学科卒。埼玉県立高等学校教諭（理科），同県立南教育センター指導主事，教頭，校長歴任。上級教育カウンセラー。1972年國分康孝に師事し，東京理科大学にて心理学聴講。カウンセリングアカデミー卒業。『困難を乗り越える学校』（共編）図書文化ほか。趣味は剣道（錬士六段）。

加勇田修士　かゆた・おさむ　　　　　　　　　　　　　【第1章担当】

東星学園幼稚園園長，小・中・高等学校校長。都立高等学校理科教諭，専任カウンセラー（都立新宿山吹高校）を経て現職。上級教育カウンセラー。人とかかわることに生きがいを感じ，自分のキャリアアンカーであることを実感している。筑波大学大学院の2年間を含め，國分康孝から受けた教えがいまも生きている。『エンカウンターとは何か』『保護者との対応』（共編）図書文化ほか。

水上和夫　みずかみ・かずお　　　　　【第2～4章・小学校の領域を中心に担当】

小矢部市立蟹谷小学校長。富山県教育カウンセラー協会代表。上越教育大学大学院生徒指導コース修了。上級教育カウンセラー。教師の力の向上を第一に考え，「教育は現場からしかよくならない」をモットーとしている。『構成的グループ・エンカウンター』（分担執筆）誠信書房，『エンカウンターで学校を創る』『困難を乗り越える学校』（共編）図書文化ほか。

佐藤節子　さとう・せつこ　　　　　　　　　　　　　　【第6章担当】

山形市立大曽根小学校教頭。上級教育カウンセラー。山形県教育カウンセラー協会副代表。山形市の適応指導教室担当教諭，山形県教育センター教育相談部指導主事，上山市立本庄小学校教頭を経て現職。不登校・いじめの発生予防には，育てるカウンセリングを現場に生かすことが大切と考え実践している。『保護者との対応』（共編）図書文化ほか。

明里康弘　あかり・やすひろ　　　　　【第2～4章・中学校の領域を中心に担当】

千葉市立花見川第二中学校教諭。千葉大学大学院学校教育臨床修了。上級教育カウンセラー。日本教育カウンセラー協会千葉県支部長，ちばエンカウンターを学ぶ会世話人。エンカウンターによる教師自身の成長が大切と力説。適応指導教室，教育センターで不登校の子どもとかかわる。『不登校』（共編）図書文化，『現代カウンセリング事典』（分担執筆）金子書房。

石黒康夫　いしぐろ・やすお　　　　　　　　　　　　　　【第8章担当】
荒川区立第四中学校校長。上級教育カウンセラー。日本教育カウンセラー協会東京支部常任理事。大学で國分康孝より教育心理学を学ぶ。その後，赴任校で出会った仲間を通してエンカウンターと出会い，國分と2度目の出会いを果たす。現在，宿泊行事やPTAの会でエンカウンターを実践している。『困難を乗り越える学校』（共編）図書文化ほか。

植草伸之　うえくさ・のぶゆき　　　　　　　　　　　　【第9章担当】
千葉市立教育センター教育相談部門指導主事。上越教育大学大学院学校教育生徒指導コース修了。上級教育カウンセラー。学校心理士。日本教育カウンセラー協会千葉県支部事務局長。ちばエンカウンターを学ぶ会役員。互いのよさを認め合える学級，年度末の3月には「このクラスでよかった」と語れる学級をめざしている。『不登校』（共編）図書文化ほか。

朝倉一隆　あさくら・かずたか　　　【第2～4章・高等学校の領域を中心に担当】
広島県教育委員会指導第三課生徒指導係指導主事。上級教育カウンセラー，学級経営スーパーバイザー。広島県構成的グループ・エンカウンター研究会顧問。生徒指導は「信念と気迫，そして絆である」と考え，厳しくともあたたかい生徒指導の普及に力を注いでいる。『非行・反社会的な問題行動』『構成的グループエンカウンター事典』（分担執筆）図書文化。

苅間澤勇人　かりまざわ・はやと　　　　　　　　　　　　【第5章担当】
岩手県立雫石高等学校教諭。岩手大学大学院教育学研究科修了。岩手県教育カウンセラー協会理事，日本カウンセリング学会理事，上級教育カウンセラー，学校心理士。Q-Uを使った学級経営コンサルテーションと教師サポートを目的とした「Q-U学習会」を運営するなど，学級経営スーパーバイザーとして活躍。『Q-Uによる学級経営スーパーバイズ・ガイド』（編著）図書文化ほか。

粕谷貴志　かすや・たかし　　　　　　　　　　　　　　【第5章担当】
都留文科大学文学部講師。岩手大学大学院修了。公立小中学校教諭，専修大学北上福祉教育専門学校講師を経て現職。日本教育心理学会理事，上級教育カウンセラー，学校心理士。大学の地域交流研究センター教育相談部のスタッフとして，学校現場の教師サポートに取り組んでいる。『学級クライシス』（分担執筆），『授業スキル』（共編）図書文化ほか。

編集を終えて

教師として，かかわればかかわるほど子どもとのきずなが強くなるコミュニケーションをめざしたい。そういう思いで編集を担当できたことを感謝している。　　　　　加勇田修士・1章

この事典にはカウンセリングの知恵がたくさんつまっている。すぐに指導に生かせるこれらの知恵は，教師の力強い味方となり，教師の自信になると思う。　　　　水上和夫・2～4章

社会も家庭も子どもも変わった。であるならば，学校と教師はこの事典を通し，子どもへのかかわり方について智慧を出す時代だと思った。　　　　　　　　　　明里康弘・2～4章

一つ一つの原稿には力がある。それは執筆者が子どもの可能性を信じ，本気でかかわっているからだと思う。そんな先生方に出会うことができて幸せだと思った。　朝倉一隆・2～4章

たくさんの原稿を拝見して，勉強になった。優れた教師は，子どもや保護者との関係づくりがうまく，かつ，同僚教師ともスムーズに協力できる教師だと思った。　苅間澤勇人・5章

伝え合い協働していくには，コミュニケーションの中でていねいに越えなければならないことが多いと感じた。意識化するヒントをたくさんもらった気がする。　　粕谷貴志・5章

人とかかわる力は生活の土台である。それは自分で変えることができる力だ。編集を通して執筆者のあたたかくしなやかな"かかわる力"を感じた。　　　　　　佐藤節子・6章

多くの原稿を拝読した。どの場面でも複数の大人のコミュニケーションを必要とした。子どもの成長のために必要なコミュニケーションを例示できた思いである。　佐藤勝男・7章

コミュニケーションは，話し手の思いよりも，話の受け手がどう感じるか，どのように受け取るかがとても大切なことと感じた。相手の気持ちを大切にしたい。　　石黒康夫・8章

外部機関との連携の必要性を，先生方だれもが感じているとあらためて感じた。連携がうまくいくことで子どももよくなる。この事典ではそれを示せたと思う。　　植草伸之・9章

■監修者紹介
國分康孝　こくぶ・やすたか
東京成徳大学教授。日本教育カウンセラー協会会長。日本カウンセリング学会会長。東京教育大学，同大学院を経てミシガン州立大学博士課程カウンセリング心理学専攻修了。Ph.D.。ライフワークは折衷主義，論理療法，構成的グループエンカウンター，サイコエジュケーション，教育カウンセラーの育成。自己イメージは，筑波大学教授時代の同僚岩崎庸男の説をとり「大和魂が星条旗の背広を着ている人間」。師匠は，霜田静志，A・エリス，W・ファーカー。著訳書150余冊。

國分久子　こくぶ・ひさこ
青森明の星短期大学客員教授。日本教育カウンセラー協会理事。関西学院大学でソーシャルワークを専攻したのち，霜田静志に精神分析的教育分析を受ける。その後，アメリカで児童心理療法とカウンセリングを学び，ミシガン州立大学大学院で修士号を取得。論理療法のA・エリスの指導を受け，実存主義的心理学者のC・ムスターカスの助手を院生時代につとめ，その影響を受ける。構成的グループエンカウンター，論理療法，実存主義的アプローチに関する著訳書多数。

教師のコミュニケーション事典

2005年7月1日　初版第1刷発行［検印省略］
2013年5月1日　初版第6刷発行

Ⓒ監　　修　國分康孝　國分久子
　編　　集　佐藤勝男　加勇田修士　水上和夫　佐藤節子
　　　　　　明里康弘　石黒康夫　植草伸之　朝倉一隆
　　　　　　苅間澤勇人　粕谷貴志
　発 行 人　村主典英
　発 行 所　株式会社　図書文化社
　　　　　　〒112-0012　東京都文京区大塚1-4-15
　　　　　　Tel.03-3943-2511　Fax.03-3943-2519
　　　　　　振替　00160-7-67697
　　　　　　http://www.toshobunka.co.jp/
　装　　幀　本永惠子
　Ｄ Ｔ Ｐ　松澤印刷株式会社
　印 刷 所　株式会社　厚徳社
　製 本 所　株式会社　駒崎製本所

[JCOPY] ＜(社) 出版者著作権管理機構　委託出版物＞
本書の無断複写は著作権法上での例外を除き禁じられています。複写される場合は，そのつど事前に，(社) 出版者著作権管理機構（電話 03-3513-6969，FAX 03-3513-6979，e-mail: info@jcopy.or.jp）の許諾を得てください。

乱丁・落丁本の場合はお取り替えいたします。
定価はケースに表示してあります。
ISBN 978-4-8100-5449-1 C3537